TRAVEL
무작정
따라하기

파리

VOL 1

| 테마북 |

절대 놓칠 수 없는
최신 여행 트렌드

오유나 지음

길벗

무작정 따라하기 파리
The Cakewalk Series - PARIS

초판 발행 · 2019년 5월 3일
개정판 발행 · 2023년 4월 10일
개정2판 발행 · 2024년 3월 25일

지은이 · 오유나
발행인 · 이종원
발행처 · (주)도서출판 길벗
출판사 등록일 · 1990년 12월 24일
주소 · 서울시 마포구 월드컵로10길 56(서교동)
대표전화 · 02)332-0931 | **팩스** · 02)323-0586
홈페이지 · www.gilbut.co.kr | **이메일** · gilbut@gilbut.co.kr

편집팀장 · 민보람 | **기획 및 책임편집** · 백혜성(hsbaek@gilbut.co.kr) | **표지 디자인** · 강은경 | **제작** · 이준호, 김우식
마케팅 · 김학흥, 박민주 | **유통혁신** · 한준희 | **영업관리** · 김명자 | **독자지원** · 윤정아

진행 · 김소영 | **본문 디자인** · 현주희, 도마뱀퍼블리싱 | **지도** · 팁맵핑 | **교정교열** · 이정현 | **일러스트** · 문수민
CTP 출력 · 인쇄 · 제본 · 상지사

- 잘못 만든 책은 구입한 서점에서 바꿔 드립니다.
- 이 책은 저작권법에 따라 보호받는 저작물이므로 무단전재와 무단복제를 금합니다.
  이 책의 전부 또는 일부를 이용하려면 반드시 사전에 저작권자와 출판사 이름의 서면 동의를 받아야 합니다.

ISBN 979-11-407-0880-2 (13980)
(길벗 도서번호 020247)

ⓒ 오유나

정가 21,000원

독자의 1초까지 아껴주는 길벗출판사

(주)도서출판 길벗 | IT교육서, IT단행본, 경제경영서, 어학&실용서, 인문교양서, 자녀교육서 **www.gilbut.co.kr**
길벗스쿨 | 국어학습, 수학학습, 어린이교양, 주니어 어학학습, 학습단행본 **www.gilbutschool.co.kr**

✦ ✦ ✦

매거진과 가이드북을 한 권에!
여행자의 준비 패턴에 따라 내용을 분리한 최초의 가이드북
여행 무작정 따라하기

"백과사전처럼 지루하지 않고, 잡지처럼 보는 재미가 있는 가이드북은 없을까?"
"내 취향에 맞는 여행 정보만 쏙쏙 골라서 볼 수 있는 구성은 없을까?"

〈여행 무작정 따라하기〉 시리즈는 여행 작가, 편집자, 마케터가 함께
여행 가이드북 독자 100여 명의 고민을 수집한 후
그들의 불편을 해소해주기 위해 계발 과정만 수년을 거쳐서 만들었습니다.

매거진 형식의 다양한 읽을거리와 최신 여행 트렌드를 담은 테마북
꼭 가봐야 할 지역별 대표 명소와 여행 코스를 풍성하게 담은 가이드북

두 권의 정보와 재미를 한 권으로 담은
여행 무직징 따라하기 시리즈가
여러분의 여행을 응원합니다.

INSTRUCTIONS
무작정 따라하기 일러두기

이 책은 파리에서 10여 년 거주한 저자가 파리와 근교 도시를 누비며 찾아낸 추천 명소와 함께
독자 여러분의 소중한 여행이 완성될 수 있도록 테마별, 지역별 정보와 다양한 여행 코스를 소개합니다.
이 책에 수록된 관광지, 맛집, 교통 등의 여행 정보는 2024년 2월 기준이며 최대한 정확한 정보를 싣고자 노력했습니다.
하지만 출판 후 또는 독자의 여행 시점과 동선에 따라 변동될수 있으므로 주의하실 필요가 있습니다.

VOL.1 테마북

파리를 비롯한 근교 지역의 다양한 여행 주제를 소개합니다. 자신의 취향에 맞는 테마를 찾은 후
가이드북의 지역과 지도에 체크해 여행 계획을 세울 때 활용하세요.

파리와 근교 도시의 다양한 여행 테마를 볼거리, 음식, 쇼핑, 체험 순서로 소개합니다.

볼거리

음식

쇼핑

체험

이 책은 국립국어원 외래어 표기법을 따랐습니다. 그러나 프랑스어 지명이나 상점명 등은 현지 발음을 기준으로 했으며, 브랜드명은 우리에게 친숙한 것이나 국내에 소개된 명칭으로 표기했습니다.

MAP
해당 스폿을 소개한 지역의 지도 페이지를 안내합니다.

INFO
테마북과 가이드북의 해당되는 스폿을 소개하는 페이지를 안내합니다.

찾아가기
주요 거리나 이동 소요 시간을 명시해 가장 쉽게 찾아갈 수 있는 방법을 설명합니다.

주소
해당 장소의 주소를 알려줍니다.

전화
대표 번호 또는 각 지점의 번호를 안내합니다.

시간
해당 장소의 운영 시간을 알려줍니다.

휴무
해당 장소에서 공식적으로 명시한 휴무일을 기재했습니다. 그러나 프랑스 특성상 수시로 휴무가 정해질 수 있으니 주의가 필요합니다.

가격
입장료, 체험료, 식비 등의 정보를 제공합니다. 식당의 경우 추천 메뉴가 여러 개인 경우에는 전반적인 가격대를 알려줍니다.

홈페이지
해당 지역이나 장소의 공식 홈페이지를 기준으로 소개합니다.

VOL.2 가이드북

파리 시내와 근교 도시를 세부적으로 나눠 지도와 여행 코스, 여행 정보를 소개합니다.
테마북에서 소개한 곳인지 페이지 연동 표시가 되어 있으니, 이를 참고해서 알찬 여행 계획을 세우세요.

◀지역 소개 페이지
각 지역의 특징과 교통편, 여행 방법, 유용한 정보를 한눈에 보여줍니다. 메트로를 이용하는 여행자를 위해 파리 주요 지역에서 해당 지역으로 이동하는 노선 정보를 소개합니다. 해당 지역에서 꼭 해보면 좋은 베스트 항목을 추천해 여행 계획의 고민을 덜어줍니다.

▲여행 무작정 따라하기
공항에 도착해서 시내에 들어가기까지 이동 방법, 시내 교통수단 등을 단계별로 꼼꼼하게 소개합니다.
처음 파리에 가는 사람도 헤매지 않고 쉽고 빠르게 이해할 수 있도록 도와줍니다.

코스 무작정 따라하기▶
해당 지역을 완벽하게 돌아볼 수 있는 다양한 여행 코스를 실측 지도와 함께 소개합니다.
❶ 코스를 순서대로 연결하여 동선이 한눈에 보이게 표시했습니다.
❷ 여행지에 대한 간단한 설명과 다음 장소를 찾아가는 방법 등 꼭 필요한 정보를 알려줍니다.
❸ 해당 지역과 코스의 매력과 특징을 별점과 한줄평으로 제공합니다.

지도에 사용된 아이콘
- ◎ 추천 볼거리
- ◎ 추천 쇼핑
- ◎ 추천 레스토랑
- ◎ 추천 즐길 거리
- ◎ 볼거리
- ◎ 레스토랑
- ◎ 쇼핑
- ◎ 관광안내소
- ◎ 마트 · 슈퍼마켓
- ◎ 스타벅스
- ◎ 맥도날드
- ◎ 즐길거리
- ◎ 경찰서
- ◎ 관공서
- ◎ 학교
- ◎ 병원
- ◎ 우체국
- ◎ 메트로
- ◎ 기차역
- ✈ 공항

◀줌 인 여행 정보
지역별 관광, 음식, 쇼핑, 체험 장소 정보를 랜드마크 기준으로 소개해 여행 정보를 쉽게 찾을 수 있도록 해줍니다.

PROLOGUE
작가의 말

"If you are lucky enough to have lived in Paris as a young man, then wherever you go for the rest of your life, it stays with you, for Paris is a moveable feast."

"만약 당신에게 충분한 행운이 따라 젊은 시절 한때를 파리에서 보낼 수 있다면, 파리는 마치 움직이는 축제처럼 남은 일생에 당신이 어딜 가든 늘 당신 곁에 머무를 것입니다."
- 어니스트 헤밍웨이, 《파리는 날마다 축제》 중

프랑스에서 내 인생의 3분의 1이라는 시간을 보내게 되리라고는 상상도 하지 못했습니다. 그 옛날 헤밍웨이에게 파리가 움직이는 축제로 남은 것처럼 한국으로 돌아온 저에게도 지난 10년의 시간은 아름다운 축제 같은 시간으로 남아 있습니다.

그저 프랑스어와 패션이 좋아서 파리로 떠났고, 공부를 마치고 바쁘게 일에 매달리다 보니 10년이라는 시간이 훌쩍 흘렀습니다. 파리는 그렇게 저의 일상이었고, 삶이었습니다. 가끔 친구를 만나러 자전거를 타고 센강을 건널 때면 10년이 가까워오는 시간이었음에도 "와, 내가 어떻게 이렇게 아름다운 도시에 있는 거지?"라는 생각을 할 때가 한두 번이 아니었습니다.

파리가 너무 아름답거나 혹은 너무 지저분할 것이라는 등의 편견 없이 여행을 시작하시길 바랍니다. 파리가 아름다운 이유는 100년이 지나도 변하지 않는 모습을 지니고 있기 때문이고, 파리가 지저분할 수도 있는 이유 또한 100년이 넘는 시간을 간직한 것들이 너무나 많기 때문입니다. 100년 전 사람들과 똑같은 거리를 걷고, 그때와 변함없는 카페에서 커피 한잔을 마실 수 있다는 상상만으로 설레는 여행이 되시길.

저와 제 프랑스 친구들이 10년간 보낸 일상을 담은 이 책이 여러분의 파리 여행에 도움이 되길 진심으로 바랍니다.

2024년 2월 오유나

Special Thanks to

몇 년간 이 책에 매달려 있던 저에게 큰 힘이 되어준 사랑하는 우리 가족과 나의 '베프' 남편에게 쑥스럽지만 고맙다는 말을 전하고 싶습니다. 오늘의 나를 만들어준 한국과 프랑스 친구들에게 사랑한다는 말을 전합니다.
그리고 이 소중한 기회를 준 《무작정 따라하기 바르셀로나》의 저자 지영 언니와 민보람 팀장님, 감사합니다.
이 많은 글을 몇 번이나 읽은 교정자님, 글이 더 아름다워 보이도록 예쁘게 디자인해주신 디자이너님들, 정말 고생 많으셨습니다. 많은 분들 덕분에 너무 마음에 드는 책이 완성되었습니다. 마지막으로 항상 밝은 목소리에 이해심 많고 아이디어가 팡팡 솟는데, 꼼꼼하기까지 한 베스트 편집자 혜성 씨를 만나 너무 행복하고 고맙다고, 다음 작업 꼭! 같이 하자고 말씀드리고 싶습니다.

CONTENTS

VOL.1 테마북

INTRO

- 006   작가의 말
- 012   프랑스 국가 정보
- 014   파리 지역 한눈에 보기
- 020   파리 여행 캘린더

STORY

- 022   프랑스의 역사
- 024   프랑스인의 라이프스타일
- 026   파리를 즐기는 법 10
- 032   PARIS News Letter 2024-2025

Part. 1 SIGHT SEEING

- 036   **THEME 01** 랜드마크
- 060   **THEME 02** 미술관 & 박물관
- 078   **THEME 03** 공원
- 086   **THEME 04** 로컬 스폿
- 100   **THEME 05** 파사주
- 106   **THEME 06** 파리의 밤
- 116   **THEME 07** 영화 속 파리
- 122   **THEME 08** 소도시 여행

Part. 2
EATING

Part. 3
SHOPPING

Part. 4
EXPERIENCE

152	**THEME 09** 전망 레스토랑	216	**THEME 15** 명품 쇼핑	260	**THEME 20** 센강 라이프
158	**THEME 10** 셰프 레스토랑	228	**THEME 16** 편집숍	266	**THEME 21** 문화 예술 공연
170	**THEME 11** 로컬 맛집	236	**THEME 17** 시장	272	**THEME 22** 테마파크
180	**THEME 12** 와인 & 치즈	246	**THEME 18** 식료품	280	**THEME 23** 축제
192	**THEME 13** 불랑주리 & 파티스리	254	**THEME 19** 약국 화장품		
202	**THEME 14** 카페				

CONTENTS

VOL.2 가이드북

INTRO

- **289** 파리 이렇게 간다
- **291** 공항에서 파리 시내 들어가기
- **293** 파리 시내 교통 한눈에 보기
- **297** 알아두면 좋은 파리 여행 정보
- **300** 파리 추천 여행 코스

PARIS

- **308** AREA 1 에펠탑 주변 : 7・15・16구
- **322** AREA 2 샹젤리제에서 루브르까지 : 1・2・8・9구
- **350** AREA 3 몽마르트르 언덕 주변 : 9・18구
- **360** AREA 4 생제르맹데프레 : 6・7・15구
- **376** AREA 5 라탱 지구 : 5구
- **386** AREA 6 시테섬 & 생루이섬 : 1・4구
- **396** AREA 7 마레 지구 : 3・4구
- **412** AREA 8 리옹 역에서 바스티유까지 : 11・12구
- **422** AREA 9 생마르탱 운하 & 벨빌 & 라 빌레트 : 10・11・19・20구
- **440** AREA 10 뷔토카유 & 베르시 & 뱅센 숲 : 12・13구
- **454** AREA 11 라 데팡스 & 불로뉴 숲 : 라 데팡스, 16구

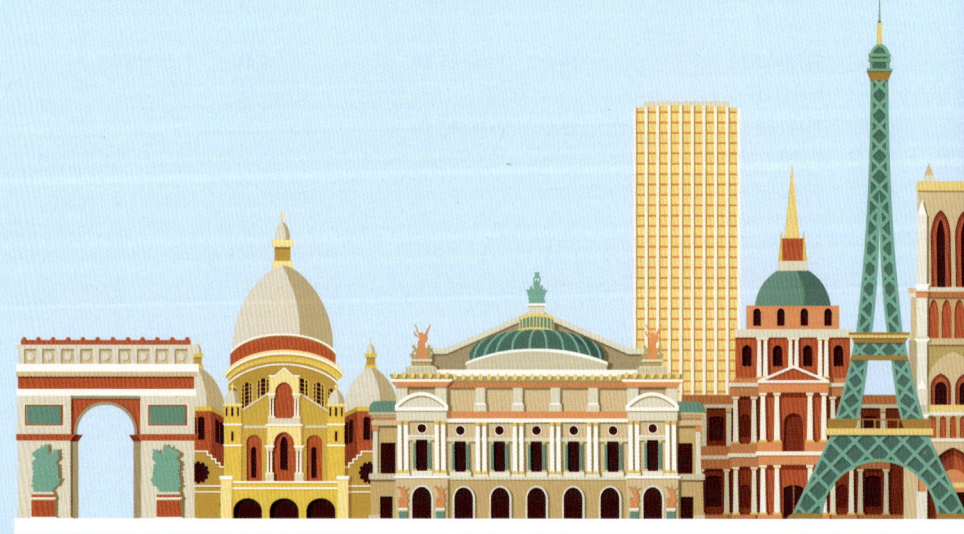

OUT OF PARIS

464 **AREA 1** 베르사유
468 **AREA 2** 몽생미셸
472 **AREA 3** 쏘
476 **AREA 4** 오베르쉬르우아즈
480 **AREA 5** 프로뱅
484 **AREA 6** 지베르니
488 **AREA 7** 옹플뢰르
492 **AREA 8** 에트르타
496 **AREA 9** 디즈니랜드 파리 & 파크 아스테릭스

OUTRO

500 디데이별 여행 준비
506 상황별 여행회화
509 인덱스

INTRO
무작정 따라하기 프랑스 국가 정보

국가명 프랑스
France

수도 파리 **Paris**

국기 삼색기
Drapeau Tricolore
프랑스혁명을 상징하는 청색, 백색, 적색의 삼색으로 이루어져 삼색기라고도 불리운다. 청색은 자유, 백색은 평등, 적색은 박애를 상징한다.

인구
프랑스의 인구는 약 6800만 명이고 파리의 인구는 210만 명이다. 프랑스는 스웨덴, 아일랜드와 함께 유럽에서 출생률이 가장 높은 나라이기도 하다.

비자 & 여권

대한민국 여권을 소지한 한국인은 가족 방문, 단순 방문, 여행 등의 목적으로 프랑스에서 비자 없이 90일 미만으로 체류할 수 있다. 여권의 유효 기간이 6개월 이상 남아 있어야 하니 꼭 확인하자.

643,801 km²

위치와 면적
프랑스의 면적은 64만 3801km²로 대한민국의 면적보다 약 6배 넓으며, 수도 파리의 면적은 105.40km²로 서울이 파리보다 6배가량 넓으니 서울에 비교하면 작은 편의 수도라고 할 수 있다. '작은 면적' 덕분에 여행하기 편리하며 대중교통편도 잘 갖춰져 있어 일정이 길다면 꼼꼼히 둘러볼 수 있다.

언어 공용어 프랑스어
Le français
프랑스어를 사용하며, 이외에도 벨기에, 스위스, 캐나다와 아프리카의 몇몇 나라에서 공용어로 프랑스어를 사용한다. 영어와 함께 국제 기구 UN에서 공용어로 쓰이며 올림픽 공식언어이기도 하다. 보통 시내에서 영어로 된 안내판을 찾기는 힘들지만 관광지 주변은 영어로 안내되어 있다. 파리 같은 큰 도시에서는 젊은이들과 영어로 소통이 가능하지만, 지방의 작은 도시로 갈수록 영어 소통이 힘들 수 있으니 프랑스 지방 여행 계획이 있다면 간단한 프랑스어 단어를 익혀두는 것이 좋다.

전기 & 전압
220v, 50Hz. 한국과 전압은 같고 주파수는 조금 다르다. 일반적으로 콘센트 모양이 동일해 따로 어댑터가 필요하지 않지만, 굵은 플러그의 경우 콘센트에 안전사고 방지 핀이 있기 때문에 들어가지 않는다. 굵은 플러그가 있는 제품과 함께 여행을 해야 한다면 여행용 어댑터가 필요하다.

소요 시간
인천공항에서 파리 샤를드골 공항까지는 직항으로 12시간 30분 정도 소요되지만 파리에서 인천으로 돌아오는 비행기는 11시간 정도 소요된다.

시차
프랑스는 서머타임제를 실행하며 보통 한국과의 시차는 8시간이고, 서머타임제가 실행되는 3월 마지막 주 일요일부터 10월 마지막 주 일요일까지 한국과의 시차는 7시간이다. 1974년 일어난 석유파동(오일 쇼크)으로 1975년 서머타임제가 시작되었으며 현재 존폐 여부를 논의 중이다.

코로나19 바이러스 관련
2022년 8월 1일부로 프랑스 보건 비상사태가 해제되어 이에 따른 관련 의무가 폐지되었다. 대한민국 정부 또한 2022년 10월 1일부로 해외여행 방역 규제를 모두 폐지하였으므로, 입국 시 자가 격리나 PCR 의무 검사는 따로 하지 않아도 된다. 추후 새로운 바이러스의 위험성에 따라 방역 지침이 재개될 수 있으니 떠나기 전 주한 프랑스 대사관과 대한민국 외무부 홈페이지를 확인해 보자.

화폐 1유로 = 약 1430원(매매기준율 기준)
프랑스는 유로화를 사용한다. 지폐와 동전 모두를 사용하며, 동전은 1·2·5·10·20·50 상팀(centime)이랑 1·2 유로 동전이 있고 지폐는 5·10·20·50·100·200·500유로가 있으나 200유로와 500유로는 일반적으로 카페나 레스토랑 등에서는 사용하기 어렵다.

국제전화

프랑스 국가 번호 +33
파리 지역 번호 01

프랑스에서 한국으로 전화 걸 때
+82(한국 국가번호) - 0을 뺀
지역 번호 혹은 휴대폰 번호
예) 0082-2-123-4567
(02-123-4567로 걸 때)

한국에서 프랑스로 전화 걸 때
+33(프랑스 국가 번호)-0을 뺀
지역 번호 혹은 휴대폰 번호
예) 001-33-1-23-45-67-89
(01-23-45-67-89로 걸 때)

현금 & 카드

현금과 카드 모두 다양하게 사용한다. 프랑스는 상점에서 카드의 최소 사용 금액을 명시할 수 있기 때문에 레스토랑에서 €15 혹은 €20 이상부터 사용이 가능한 경우도 많으니 적당한 현금을 지니고 있는 것이 좋다. 현금은 은행 앞 ATM에서 인출할 수 있다. 카드는 마스터카드(MasterCard)와 비자(VISA)가 무난하고, 만일을 대비해 여분의 신용카드를 가지고 있는 것이 좋다. 출국 전 해외에서 사용이 가능한 카드인지 반드시 확인하자.

와이파이

한국보다 많이 느리지만 유럽 내에서는 그래도 빠른 편에 속한다. 주요 공공 시설(공항, 기차역)에서 와이파이를 사용할 수 있지만 연결 상태가 그리 좋은 편은 아니다. 호텔이나 카페 등에서는 직원에게 문의하고 비밀번호를 입력하면 사용할 수 있다. 시내에 인터넷 카페가 있긴 하지만 흔하진 않다.

공휴일

정교 분리의 원칙을 지키고 있지만 프랑스는 '가톨릭 국가'라고 불리울 정도로 가톨릭 신자가 많고 가톨릭 정신이 모든 문화에 스며들어 있다. 그 때문에 종교와 관련된 공휴일이 많다. 학교에서는 부활절 방학이 있기 때문에 4~5월 중 휴가를 떠나는 사람들이 많아 문을 닫은 가게도 많이 볼 수 있다. 휴가철인 8월과 12월 크리스마스 전후 2주간은 모든 시스템이 전체적으로 느려진다. 많은 상점이 문을 닫기 때문에 8월과 12월에 여행 계획이 있다면 주의하자. ※ 2024년 기준 공휴일

1월 1일 새해
4월 1일 부활절
5월 1일 노동절
5월 8일 승전 기념일
5월 9일 예수 승천일
5월 20일 성령 강림일
7월 14일 혁명 기념일
8월 15일 성모 승천일
11월 1일 만성절
11월 11일 종전 기념일
12월 25일 성탄절

프랑스 건물 층수 표기

일반적으로 우리의 1층은 프랑스에서 0층, 레드쇼세(Rez-de-chaussée), 줄여서 RDC라고 부른다. 그러니 우리나라의 2층은 프랑스의 1층이 되는 셈이다.

팁 문화

대부분 메뉴판이나 영수증에 부가가치세와 봉사료가 포함되어 있다. 팁은 주지 않아도 되지만 도움을 받거나 친절한 서비스를 받았다면 거리낌없이 약간의 팁을 주는 경우도 많다. €1~2 정도의 팁이 일반적이며 카페나 레스토랑에서는 남은 잔돈을 테이블 위에 두고 가는 경우가 많다.

영업시간

프랑스 여행 중 영업시간은 반드시 체크해야 할 사항 중 하나이다. 일반적으로 영업시간이 아래와 같지만 매장마다 다를 수 있으며, 월요일부터 일요일까지 운영한다고 표시했어도 어느 날 갑자기 휴일이 정해지기도 한다. 프랑스에서 24시간 운영하는 매장이나 회사는 찾아보기 힘들며, 있다고 해도 정해진 날짜에만 그렇게 운영하는 경우가 많다. 1월 1일, 5월 1일, 12월 25일은 대부분의 상점과 미술관·박물관 등이 문을 닫으며 12월 24일, 31일에는 단축 운영을 하기도 한다. 요즘은 많은 상점과 레스토랑이 일요일에도 운영하지만, 그렇지 않은 곳도 많으니 주의하자.

상점	영업시간
일반 상점	월~토요일 10:00 혹은 11:00~19:00
레스토랑	월~일요일 12:00~14:30, 19:00~23:00 (브레이크 타임이 없는 곳도 있다.)
박물관	월~일요일 9:00~18:00(휴관일을 체크할 것)
관공서 및 은행	월~금요일 9:00~17:00

식수

식사를 할 때 음료나 와인 등의 마실 것을 함께 주문하는 것이 일반적이다. 보통 물을 따로 주문하지 않으면 수돗물(carafe d'eau, 카라프 도)은 무료로 제공되지만 석회질이 많다. 유료로 제공되는 미네랄 워터(eau minérale/eau plate)나 탄산수(eau gazeuse/eau pétillante)를 주문할 수 있으며, 대표적인 미네랄 워터 브랜드는 에비앙(Evian), 볼빅(Volvic)이 있고 탄산수는 바두아(Badoit), 산펠그리노(Sanpellegrino)가 있다.

INTRO 무작정 따라하기
파리 지역 한눈에 보기

파리의 면적은 서울의 1/6 정도로 서울과 비교했을 때 상대적으로 '작은 도시'에 속한다. 예를 들어 메트로 1호선의 서쪽 종착역인 라 데팡스(La Défense)에서 동쪽 종착역인 샤토 드 뱅센(Château de Vincennes) 역까지 지하철을 타고 이동했을 때 36분 정도 소요된다. 파리는 20개의 행정구역으로 이루어져 있으며, 루브르 박물관이 위치한 제1 행정구역을 중심으로 시계 방향으로 20구까지 달팽이 모양으로 이루어져 있다. 파리시의 지역 우편번호는 75로 시작하며 각 행정구역의 번호가 붙어 1구의 경우 75001, 15구의 경우 75015라고 쓰여 길을 찾거나 주소를 찾는 데 매우 편리하다. 이 책에서는 여행자가 둘러보기 편한 동선을 중심으로 파리를 11개의 구역으로 나누어 곳곳을 돌아볼 수 있도록 구성했으며, 파리 근교에 위치해 당일치기로 다녀오기 좋은 여행지를 소개한다.

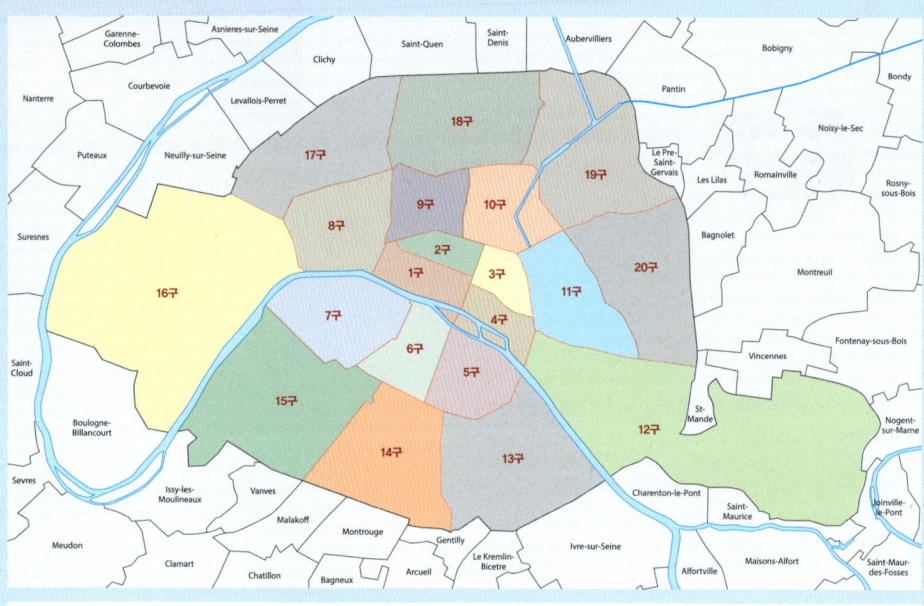

일 드 프랑스 Île-de-France
* 베르사유 Versailles
* 쏘 Sceaux
* 오베르쉬르우아즈 Auvers-sur-Oise
* 프로뱅 Provins

노르망디 Normandie
* 몽생미셸 Mont-Saint-Michel
* 지베르니 Giverny
* 옹플뢰르 Honfleur
* 에트르타 Étretat

PARIS

AREA 1 에펠탑 주변 Tour Eiffel 7·15·16구

- 📷 관광 ★★★★★
- 🍴 식도락 ★★★
- 🛍 쇼핑 ★★
- 🌙 나이트라이프 ★★★

파리의 부촌 파리를 상징하는 에펠탑이 있어 관광객들이 가장 먼저 찾는 곳이다. 파리에서도 가장 부유한 동네로, 으리으리한 저택들이 줄지어 있다. 15구 쪽에 가까워질수록 조금 더 서민적이고 활기찬 모습을 볼 수 있다.

🔍 이런 분들에게 잘 어울려요!

 파리를 처음 찾은 여행자   파리의 랜드마크를 보고싶은 여행자   기념 사진 촬영을 즐겨하는 여행자

AREA 2 샹젤리제에서 루브르까지 Champs-Élysées ~ Musée du Louvre 1·2·8·9구

- 📷 관광 ★★★★★
- 🍴 식도락 ★★★★★
- 🛍 쇼핑 ★★★★
- 🌙 나이트라이프 ★★★★★

관광, 쇼핑, 미식 모든 것을 한번에! 샹젤리제에서 루브르에 이르는 꽤 넓은 지역을 아우른다. 개선문, 튈르리 정원, 루브르 박물관, 오페라 가르니에 등 다양한 볼거리와 대표적인 쇼핑 거리가 있다. 루브르 근처는 맛집 천국이니 파리 여행에서 절대 빼놓을 수 없다.

🔍 이런 분들에게 잘 어울려요!

 파리에 짧게 머무르는 여행자   쇼핑을 사랑하는 쇼핑 마니아   미식 여행을 좋아하는 여행자

AREA 3 몽마르트르 언덕 주변 Montmartre 9·18구

- 📷 관광 ★★★★★
- 🍴 식도락 ★★
- 🛍 쇼핑 ★★★
- 🌙 나이트라이프 ★★★

낭만의 파리 아코디언 소리가 울려 퍼질 것만 같은 로맨틱한 분위기의 몽마르트르 언덕에는 메트로 12호선 아베스 역에서 내려 사크레쾨르 성당까지 올라가는 내내 아름다운 풍경이 펼쳐진다. 아기자기한 집들이 언덕을 따라 줄지어 있고, 언덕에 올라서면 탁 트인 파리의 전경을 감상할 수 있다.

🔍 이런 분들에게 잘 어울려요!

 로맨틱한 파리를 보고싶은 여행자   예쁜 풍경 사진 찍는 것을 좋아하는 사람   탁 트인 파리의 전경이 궁금한 사람

AREA 4 생제르맹데프레 Quartier Saint-Germain-des-Prés 6·7·15구

- 📷 관광 ★★★★
- 🍴 식도락 ★★★★
- 🛍 쇼핑 ★★★★
- 🌙 나이트라이프 ★★★★

예술인들이 사랑한 동네 오래전부터 파리의 예술인과 문학인들이 사랑한 지역이다. 동네 구석구석 작은 카페와 레스토랑이 많다. 오르세 미술관 등 다양한 갤러리가 있어 볼거리가 많고 봉마르셰 백화점을 비롯한 쇼핑 스폿이 많아 흔히 '파리지앵 시크'라는 말은 '생제르맹 스타일'로 간주되기도 한다.

🔍 이런 분들에게 잘 어울려요!

 예술을 사랑하는 사람   파리 갤러리를 방문하고 싶은 여행자   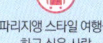 파리지앵 스타일 여행을 하고 싶은 사람

AREA 5 라탱 지구 Quartier Latin 5구

- 📷 관광 ★★★
- 🍴 식도락 ★★★
- 🛍 쇼핑 ★★★
- 🌙 나이트라이프 ★★★

학구적이면서도 활기찬 모습의 라탱 지구 팡테옹, 오데옹, 중세박물관 등의 볼거리와 명성 높은 고등교육 기관을 쉽게 찾아볼 수 있다. 소르본 대학교는 물론 명문 루이르그랑 고등학교와 앙리 4세 고등학교도 위치한다.

🔍 이런 분들에게 잘 어울려요!

 펍과 맥주를 좋아하는 사람   젊고 활기찬 분위기를 좋아하는 사람   프랑스에서 공부하고 싶은 사람

AREA 6 시테섬 & 생루이섬 Île de la Cité & Île Saint-Louis 1·4구

- 📷 관광 ★★★★★
- 🍴 식도락 ★★
- 🛍 쇼핑 ★★
- 🌙 나이트라이프 ★★

센강변의 고즈넉한 파리 옛 파리시의 중심지였던 지역이다. 규모가 크지 않아 시테섬과 생루이섬을 산책하듯 돌아볼 수 있다. 노트르담 대성당과 센강이 어우러진 아름다운 파리의 풍경을 감상할 수 있다.

🔍 이런 분들에게 잘 어울려요!

 조용하게 센강을 산책하고 싶은 사람   센강변에서 수다떨고 싶은 친구끼리 여행자   오래된 파리를 보고싶은 여행자

AREA 7 마레 지구 Le Marais 3·4구

- 관광 ★★★★★
- 식도락 ★★★★
- 쇼핑 ★★★★
- 나이트라이프 ★★★

파리지앵이 사랑하는 동네 파리 시내에서 가장 트렌디한 동네로 유대인, 중국인, 성소수자 커뮤니티, 관광객 등 다양한 사람들이 모인다. 오래된 저택이 많아 고풍스러운 분위기를 풍기면서도 핫한 스폿이 많아 젊은 파리지앵들이 즐겨 찾는다.

🔍 **이런 분들에게 잘 어울려요!**

 파리의 핫 플레이스를 찾는 여행자

 먹는 것이 여행의 중요한 즐거움인 사람

 파리의 패션 피플을 보고 싶은 여행자

AREA 8 리옹 역에서 바스티유 광장까지 Gare de Lyon ~ Place de la Bastille 11·12구

- 관광 ★★★
- 식도락 ★★★★
- 쇼핑 ★★★
- 나이트라이프 ★★★★

로컬들의 거주지역 11, 12구는 파리의 서민적이고 대중적인 면모를 많이 볼 수 있는 곳으로 샤론 거리(Rue de Charonne) 주변에는 맛집이 많다. 건물 사이사이 숨어 있는 안뜰을 여유롭게 돌아보며 나만의 숨은 아지트를 발견할 수 있다.

🔍 **이런 분들에게 잘 어울려요!**

 파리의 대표적인 시장을 보고 싶은 사람

 숨은 스폿 찾는 것을 즐기는 여행자

 파리를 여러 번 찾은 여행자

AREA 9 생마르탱 운하 & 벨빌 & 라 빌레트 Canal Saint-Martin & Belleville & La Villette 10·11·19·20구

- 관광 ★★★
- 식도락 ★★★★
- 쇼핑 ★★★
- 나이트라이프 ★★★★

다문화의 중심 생마르탱 운하 근처에는 트렌디한 레스토랑과 카페가 많아 산책하고 여유를 부리기에 좋으며, 벨빌 쪽으로 갈수록 언덕이 있어 약간의 '등산'이 필요하다. 다양한 인종과 문화가 어우러진 곳으로, 시내 중심지와는 또 다른 분위기다.

🔍 **이런 분들에게 잘 어울려요!**

  영화 〈아멜리에〉를 사랑하는 사람

  다양한 문화를 느끼고 싶은 사람

 파리를 여러 번 찾은 여행자

AREA 10 뷔토카유 & 베르시 & 뱅센 숲 Butte-aux-Cailles & Bercy & Bois de Vincennes 12·13구

- 관광 ★★
- 식도락 ★★★
- 쇼핑 ★★
- 나이트라이프 ★★★★

여유로운 풍경이 주를 이루는 곳 뷔토카유와 베르시 모두 파리의 다른 관광 지역보다 한산하고 여유로운 지역이다. 로컬들이 찾는 바와 클럽, 쇼핑센터 등이 있으며 뱅센 숲에서는 운동하거나 피크닉을 즐기는 파리지앵들의 모습을 볼 수 있다.

🔍 **이런 분들에게 잘 어울려요!**

 파리지앵의 여유를 느껴보고 싶은 사람

 파리의 똑같은 풍경이 지루한 사람

 초록ši 싱그러운 곳을 좋아하는 사람

AREA 11 라 데팡스 & 불로뉴 숲 La Défense & Bois de Boulogne 라 데팡스, 16구

- 관광 ★★★
- 식도락 ★★★
- 쇼핑 ★★
- 나이트라이프 ★★

파리의 서쪽 라 데팡스 지역에는 프랑스나 유럽 국적의 큰 기업의 본사가 위치해 있어 파리에서 흔치 않은 빌딩 숲을 볼 수 있다. 2014년 루이 비통 재단 미술관이 불로뉴 숲에 개관한 후 파리 서쪽에도 관광객이 늘어나고 있다.

🔍 **이런 분들에게 잘 어울려요!**

 파리 신도시의 면모가 보고 싶은 사람

 루이 비통 재단 미술관을 방문하고 싶은 사람

 파리 시내는 다 둘러본 여행자

OUT OF PARIS

AREA 1 베르사유 궁전 Château de Versailles

- 관광 ★★★★★
- 식도락 ★★
- 쇼핑 ★
- 나이트라이프 ★

화려한 궁전과 정원 베르사유 궁전의 규모는 실로 어마어마하다. 화려한 궁전을 통해 프랑스 절대왕정 시기의 권력을 엿볼 수 있다. 잘 가꾼 정원과 트리아농, 대운하, 왕비의 촌락에서 그 시대 권력자들의 생활을 상상하며 관람해보자.

🔍 이런 분들에게 잘 어울려요!

프랑스 역사에 관심이 많은 사람 / 화려한 유럽 중세 건축물을 좋아하는 사람 / 대표 관광지를 꼭 방문하고 싶은 여행자

AREA 2 몽생미셸 Mont-Saint-Michel

- 관광 ★★★★
- 식도락 ★★
- 쇼핑 ★★
- 나이트라이프 ★★

자연과 인간의 조화 좁디좁은 골목을 지나 709년에 세운 수도원에 도달하면 세월의 흔적을 느낄 수 있다. 바다와 어우러진 풍경이 신비로워 전세계 관광객이 찾는다. 밀물과 썰물 시간을 잘 맞춰 가면 더욱 아름다운 풍경을 감상할 수 있다.

🔍 이런 분들에게 잘 어울려요!

그 옛날 대한항공 광고 속 몽생미셸을 본 사람 / 순례길을 걸어본 여행자 / 바다 위에 떠 있는 신비로운 풍경을 보고 싶은 여행자

AREA 3 쏘 Sceaux

- 관광 ★★★
- 식도락 ★★
- 쇼핑 ★★
- 나이트라이프 ★★

작고 평화로운 마을 파리에서 아주 가까운 작은 전원 마을로 쏘 공원으로 더욱 유명하다. 시내는 도보로 금방 돌아볼 수 있을 정도로 규모가 작지만, 정감 넘치는 마을이며 토요일에 방문하면 활발한 시내의 모습을 볼 수 있다. 봄에 여행한다면 쏘 공원의 벚꽃을 놓치지 말자.

🔍 이런 분들에게 잘 어울려요!

파리를 여러 번 찾은 여행자 / 여유로운 시간을 만끽하고 싶은 사람 / 유럽 소도시에 가고 싶은 여행자

AREA 4 오베르쉬르우아즈 Auvers-sur-Oise

- 관광 ★★★
- 식도락 ★★
- 쇼핑 ★
- 나이트라이프 ★

화가 반 고흐의 발자취를 느껴보고 싶다면 오베르쉬르우아즈는 파리 근교의 작은 마을이며 '반 고흐의 마을'로 더욱 유명하다. 화가 빈센트 반 고흐가 마지막 생을 보내고 밀밭에서 자살을 시도한 후 라부 여인숙에서 숨을 거둘 때까지 그의 시간과 발자취를 살펴볼 수 있다.

🔍 이런 분들에게 잘 어울려요!

화가 반 고흐를 좋아하는 사람 / 반 고흐 작품의 배경을 실제로 보고 싶은 사람 / 파리 근교의 색다른 풍경을 보고 싶은 여행자

AREA 5 ▶ 프로뱅 Provins

📷 관광 ★★★
🍴 식도락 ★★★
🛍 쇼핑 ★
🌙 나이트라이프 ★

중세 시대의 느낌 그대로 마을 전체가 유네스코 문화유산에 등록되어 있는, 역사가 깊은 마을이다. 매년 6월에는 중세의 모습을 느껴볼 수 있는 프로뱅 메디에발 페스티벌(Les Médiévales de Provins)이 열린다. 돌담을 따라 중세의 정취를 느끼며 산책할 수 있다.

🔍 이런 분들에게 잘 어울려요!

프랑스의 중세 풍경이 궁금한 사람

중세 페스티벌을 보고 싶은 여행자

가벼운 산책과 볼거리를 즐기고 싶은 여행자

AREA 6 ▶ 지베르니 Giverny

📷 관광 ★★★
🍴 식도락 ★
🛍 쇼핑 ★
🌙 나이트라이프 ★

아름다운 정원 지베르니는 노르망디에 위치한 작은 마을로 화가 클로드 모네의 집으로 유명하다. 모네가 정성스럽게 가꾼 정원이 인상적이며, 아름다운 꽃이 계절별로 만발하는 것을 볼 수 있다. 모네의 집 주변은 천천히 산책하기에 좋지만, 마을 자체가 넓지는 않아 그리 오래 걸리지 않는다.

🔍 이런 분들에게 잘 어울려요!

화가 클로드 모네를 좋아하는 사람

클로드 모네 작품의 배경을 보고 싶은 사람

꽃과 나무, 정원을 사랑하는 사람

AREA 7 ▶ 옹플뢰르 Honfleur

📷 관광 ★★★
🍴 식도락 ★★★
🛍 쇼핑 ★★
🌙 나이트라이프 ★

동화 속 항구도시 작은 항구를 둘러싸고 색색의 집들이 있어 동화에 나오는 마을 같은 곳으로, 해산물로도 유명하다. 구항구 근처에서 여유로운 시간을 보낼 수 있고 항구 뒤편에는 프랑스에서 가장 큰 목조 성당인 생트카트린 성당이 있다.

🔍 이런 분들에게 잘 어울려요!

파리 근교에서 프랑스 바다를 보고 싶은 사람

프랑스의 아기자기한 마을이 궁금한 사람

노르망디를 한 번쯤은 방문해보고 싶은 여행자

AREA 8 ▶ 에트르타 Étretat

📷 관광 ★★★★
🍴 식도락 ★
🛍 쇼핑 ★
🌙 나이트라이프 ★

절벽이 아름다운 마을 화가 클로드 모네의 작품으로 우리에게 더욱 잘 알려진 에트르타의 코끼리 바위는 멀리서 바라보기만 해도 장관이다. 절벽을 따라 가벼운 트레킹을 하기에 좋으며, 탁 트인 바다를 감상하기에 좋다.

🔍 이런 분들에게 잘 어울려요!

작품 속 풍경을 꼭 한번 보고 싶었던 사람

해안선을 따라 가벼운 트레킹을 하고 싶은 여행자

바닷가에서 휴식을 즐기고 싶은 여행자

AREA 9 ▶ 디즈니랜드 파리 & 파크 아스테릭스

Disneyland Paris & Parc Astérix

📷 관광 ★★★★
🍴 식도락 ★★★
🛍 쇼핑 ★★★★
🌙 나이트라이프 ★

테마파크와 쇼핑을 한 번에 디즈니 마니아의 필수 코스인 디즈니랜드 파리 부근에는 대형 아웃렛 라 발레 빌라주가 있어 근교로 나가 테마파크와 함께 쇼핑을 한 번에 즐길 수 있다. 파크 아스테릭스는 짜릿함과 스릴을 찾는 여행자에게 안성맞춤이다.

🔍 이런 분들에게 잘 어울려요!

디즈니 캐릭터 마니아

해외 테마파크를 방문하고 싶은 사람

프랑스 아웃렛 쇼핑을 기대하는 여행자

CALENDAR

무작정 따라하기 파리 여행 캘린더

Jan **Feb** **Mar** **Apr** **May** **Jun**

1~2월
1월은 우리나라와 비교하면 많이 추운 편은 아니지만 추위를 많이 탄다면 두툼한 옷을 준비하자. 실내에서는 보일러가 아닌 히터를 틀기 때문에 더 춥게 느껴질 수 있다. 1월이 1년 중 가장 추우며, 1~2월에는 비도 자주 내린다.

옷차림
패딩, 경량 패딩, 코트, 두꺼운 점퍼, 우산, 목도리 필수

3~4월
아직 쌀쌀한 날씨가 계속된다. 3월에는 흐린 날이 많지만 4월이 되면서 조금씩 날이 좋아지기 시작한다. 강수량이 많지는 않으나 비가 자주 내리니 우산을 준비하는 것이 좋으며, 4월에 들어서면 얇은 옷을 여러 겹 입어 더울 때 쉽게 벗을 수 있도록 하는 것이 좋다.

옷차림
경량 패딩, 코트, 점퍼, 긴팔 니트, 우산, 목도리(3월), 머플러(4월)

5~6월
본격적으로 날씨가 좋아지기 시작하며 여행하기에 좋은 날이 많아진다. 하지만 저녁에는 아직 쌀쌀하고, 특히 유람선을 탈 계획이라면 카디건과 머플러는 필수다. 날씨가 좋으면 낮 온도가 많이 올라갈 수 있으니 옷을 여러 겹 걸쳐 입는 것이 좋다. 비가 아직 자주 내리기 때문에 비를 맞는 것이 싫다면 우산을 챙기는 것이 좋다.

옷차림
카디건, 긴팔 티셔츠, 머플러, 우산

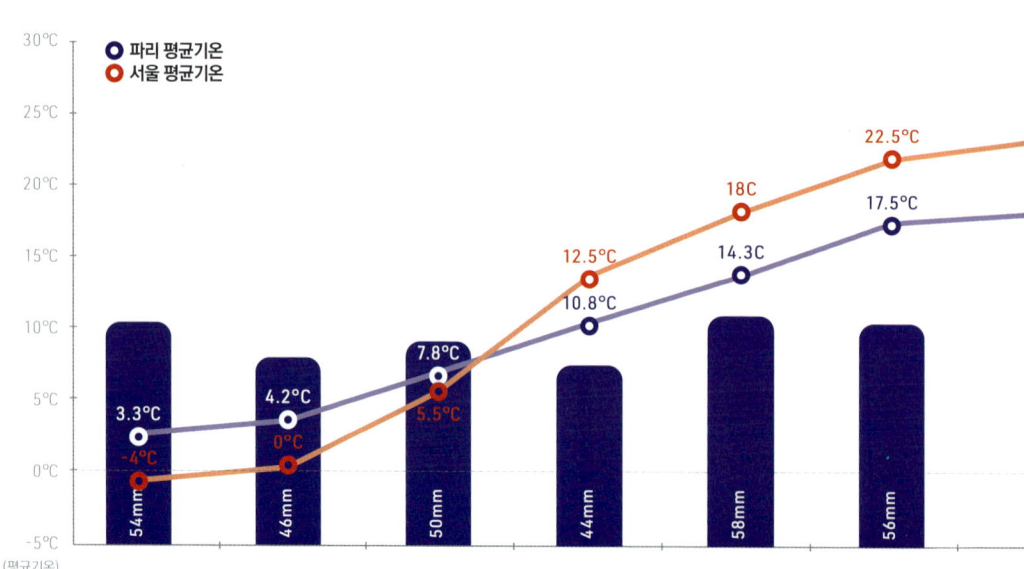

(평균기온)

우리나라와 같이 사계절이 있지만, 우리나라보다 여름에는 덜 덥고 겨울에도 덜 춥다. 전체적으로 기후가 온화하지만 프랑스 북부, 동부 지역은 겨울에 기온이 낮으니 이 지역의 여행을 계획하고 있다면 따뜻한 옷을 준비해야 한다. 일반적인 통계이므로 여행 전 지역 날씨를 꼭 체크하고 옷을 준비하자. 최근에는 이상기후 현상으로 비가 많이 와서 센강이 범람하기도 하며 가끔 폭염이 찾아와 밤잠을 설치는 경우가 많아지고 있다.

7~8월
7월에는 아직도 저녁이 되면 약간 쌀쌀한 기운을 느낄 수도 있으니 얇은 카디건을 준비하자. 7월 말부터 8월은 무덥지만 습도가 높지 않아 한국만큼 덥지는 않다. 하지만 최근 유럽의 이상 기후로 인해 폭염이 찾아오기도 한다. 해가 길어져서 하루를 길게 보낼 수 있으나 8월에는 바캉스로 인해 많은 상점이 문을 닫으니 주의하자.

옷차림
티셔츠, 반바지, 선글라스

9~10월
한여름보다는 해가 일찍 지긴 하지만 그래도 늦게까지 환하다. 여행을 하기 좋은 날씨로 기온도 햇볕도 적당하다. 한낮에는 더울 수 있지만 저녁에는 선선한 바람이 분다. 옷을 여러 겹 입어 더울 땐 벗고 추울 땐 금방 다시 걸쳐 입을 수 있는 옷차림이 좋다. 10월에는 니트와 같이 따뜻한 옷과 외투를 챙기는 것이 좋다.

옷차림
긴팔 티셔츠, 가을 코트, 머플러

11~12월
11월이 되면 날이 쌀쌀해지고 해도 빨리 지기 시작한다. 비가 많이 내리지는 않지만, 자주 조금씩 내리며 흐린 날이 많다.

옷차림
패딩, 경량 패딩, 코트, 두꺼운 점퍼, 우산, 목도리 필수

TIP
프랑스 사람들은 비가 아주 많이 오지 않는 이상 우산을 잘 쓰지 않아 이상하게 보일 수도 있다!

(평균 강수량)

HISTORY
무작정 따라하기 **프랑스 역사**

FRANCE

고대

기원전 8~9세기 경부터 켈트족이 정착하기 시작했으며 이후 고대 로마인들은 이들을 갈리아족이라 불렀다. 갈리아(Gallia)는 프랑스어로 골(Gaule)이고, 이 골족(Gaulois)은 프랑스인들의 선조로 알려져 있다. 이후 세력이 강해진 로마인 때문에 점차 로마화되었고, 당시 사용하던 라틴어가 변형되어 오늘날의 프랑스어가 되었다.

중세

로마가 영향력을 점차 잃어가며 5세기 프랑크왕국이 세워진다. 9세기 초 프랑크왕국의 샤를마뉴 대제는 이탈리아 북부까지 세력을 넓혔고, 이슬람의 침입을 막기 위해 로마 교황은 샤를마뉴 대제에게 서로마 황제의 칭호를 부여했다. 10세기 카페 왕조가 들어서며 각 지방은 지방 영주들이 다스리게 되며 중세의 전형적인 봉건제도가 성립된다. 카페 왕조에서 발루아 왕조로 넘어서며 영국과 백년전쟁을 치르게 되는데, 지속적인 전쟁으로 약탈이 이루어졌고, 영토는 황폐화되었다. 게다가 흑사병이 창궐하며 인구가 격감하고 농민 반란이 일어난다. 백년전쟁 후반 잔 다르크가 나타나 프랑스를 위기에서 구하고 영국은 프랑스로부터 떠나게 된다. 15세기 후반에는 이탈리아에서 르네상스 문화가 들어와 르네상스의 전성기를 맞이했으나 16세기 말에는 종교전쟁을 겪는다.

부르봉 왕조

1589년 앙리 4세를 시작으로 루이 13와 루이 14세 시대에 들어서며 절대왕정이 성립되었다. 이 시기 프랑스는 유럽에서 패권을 장악했으며 식민지를 개척하는데 힘썼다. 루이 15세와 16세에 들어서며 왕권은 점차 약화되었고 상업의 발달과 함께 자본이 있는 부르주아층이 부상한다. 볼테르, 장자크 루소 등에 의해 계몽사상이 보급되었고, 부패한 왕실에 대한 평민들의 비판은 점차 높아졌다. 결국 시민군은 1789년 7월 14일 정치범 수용소인 바스티유 감옥을 습격하며 프랑스혁명이 발발했다.

프랑스 제1 공화국 ~ 제2차 세계대전

1791년 10월 1일 헌법이 채택되고 입헌군주제가 성립되었으나 1792년 9월 21일 공화당파가 혁명을 주도하며 왕정을 폐지하고 프랑스 제1 공화국을 출범하며 다음 해인 1793년 루이 16세를 처형한다. 혼란해진 분위기를 틈탄 나폴레옹은 1799년 12월 13일 쿠데타를 일으켜 정권을 장악했고, 황제로 즉위한다. 전쟁에서의 잦은 패배로 나폴레옹은 유배당하고, 부르봉 가문이 왕정에 복고했지만 얼마 가지 못하고 1848년 다시 제2 공화국이 수립된다. 불안정한 제3 공화국이 지속되다 1914년 제 1차 세계대전과 1939년 제2차 세계대전이 발발하였고 1940년 독일은 프랑스를 점령한다.

프랑스 제4 공화국 ~ 현재

종전과 함께 1945년 11월 2일 샤를드골 장군이 임시정부의 대표가 되었지만 얼마 가지 못해 사임한다. 정국의 혼란과 함께 알제리 주둔 군부가 쿠데타를 일으키자 샤를 드골 장군이 알제리 사태를 수습한다. 1958년 국민투표가 실시되어 제5 공화국 헌법이 체택되었고, 샤를 드골 장군이 대통령에 취임한다. 1968년 5월 혁명이 일어나며 드골 정권은 막을 내렸고, 그 후 조르주 퐁피두, 발레리 지스카르 데스탱, 프랑스와 미테랑, 니콜라 사르코지, 프랑스와 올랑드 대통령을 거쳐 현재 엠마누엘 마크롱 대통령이 집권하고 있다.

LIFESTYLE
무작정 따라하기 프랑스인의 라이프스타일

'문화와 예술' 하면 프랑스를 떠올릴 만큼 프랑스는 문화와 예술에 각별한 애정과 힘을 쏟고 있다. 프랑스인들은 모국어인 프랑스어와 자신들의 문화적 자산에 대한 자부심이 크다. 문화 예술을 키우기 위한 정부의 예산의 비중이 크고 프랑스 문화원을 통해 해외에 프랑스 문화를 알리는 데도 앞장서고 있다. 문학, 미술, 영화, 연극, 음악 등의 분야에 투자 비율이 높을 뿐만 아니라 문화, 예술 관련 다양한 축제와 박람회를 개최하며 프랑스인들의 생활에 문화와 예술이 스며 들어가 있다. 하지만 이러한 문화와 예술 관련 콘텐츠가 수도인 파리에 집중되어 있다는 비판이 일었고 최근에는 프랑스 북동부 지역 메츠에 퐁피두 센터를, 마르세유에는 뮤셈(MUCEM) 등의 미술관을 설립하며 지방에서도 수준 높은 문화와 예술 생활을 누릴 수 있도록 꾸준히 노력하고 있다.

DISCUSSION
프랑스인은 토론을 즐긴다.

장자크 루소, 몽테뉴, 몽테스키외, 볼테르, 시몬 드 보부아르, 사르트르 등 한국인인 우리가 들어도 알 법한 이 이름들의 철학가들은 모두 프랑스인이다. 프랑스에서는 대화와 토론을 즐기는 프렌치들을 만나는 것이 어렵지 않다. 단순한 대화를 넘어 토론을 즐기는 것은 그들의 기질이기도 하고, 학교 등에서 배운 철학 수업의 영향 또한 클 것이다. 대학 입학 자격시험(바칼로레아)에 철학 과목이 포함되어 있어 단순히 내용을 암기하고 넘어가는 우리나라의 교육 스타일과는 달리 자신의 의견을 키우고 그 의견을 표현하는 방법 등을 배운다. 잠깐 보기에는 프랑스인들은 말하는 것을 좋아하는 것처럼 보일지 몰라도 그들의 이야기를 가만히 들어보면 논리 정연하게 자신의 의견을 펼치고 있는 것을 알 수 있다. 그래서 프랑스의 카페는 단순히 사람을 만나고 음료를 마시는 곳이 아니라 대화를 나누고 토론을 나누는 장이 되었으며, 이 것은 생제르맹 지구의 카페 드 플로르와 레두 마고 카페가 오늘날의 명성을 갖게 만든 이유가 되었다.

Bonjour!!

Ouaf-ouaf

Enchanté

GASTRONOMIE
프랑스인은 식사를 즐긴다.

미식의 나라 프랑스답게 프랑스인들에게 식사를 하는 시간은 매우 중요하게 여겨진다. 단순히 끼니를 때우는 행위가 아니라 식사를 함께 하는 사람들, 그리고 그들과 함께 대화하는 행위까지 모두 '식사'라는 범위에 포함되기 때문이다. 그래서 프랑스인들의 식사 시간은 1시간을 훌쩍 넘을 때가 많다. 평소에는 회사가 있기 때문에 어쩔 수 없지만 가족들이 모이는 일요일이나 명절 같은 특별한 날에는 풀코스로 준비된 식사와 함께 끊이지 않는 대화가 몇 시간이고 오간다. 가족 구성원 모두가 참여해 식사를 준비하는 것 또한 프랑스인들의 식사 문화에 포함되어 전식, 메인, 디저트 등을 구성원별로 나눠 준비하기도 한다. 우리 나라에서는 명절이 모두에게 큰 부담이 될 수도 있는 날이지만, 프랑스에서 명절이란 가족들이 모두 모이는 즐거운 날로 인식되어 맛있는 음식을 함께 나누고 그동안 하지 못한 대화를 나누며 보내는 즐거운 날로 여겨진다. 이러한 명절의 식사 시간은 3~4시간 이어질 수 있어 식사를 즐기는 프랑스인들의 특징을 잘 보여준다.

VACANCES
프랑스인은 휴가를 즐긴다.

'8월의 파리에는 관광객뿐이다' 라는 말이 있을 정도로 8월에는 많은 프랑스인들이 휴가를 떠난다. 프랑스인들에게 휴가라는 것은 인생에서 꼭 필요한 것으로 여겨지며, 적어도 1년에 총 한 달 정도는 머리를 식히고 몸을 쉬게 하는 휴가를 떠난다. 프랑스인들은 현재 주 35시간을 일하며 그 대가로 1년에 4~5주 정도 되는 휴가를 받고 직업 특성상 39시간을 일할 경우 1년에 6~7주 정도의 휴가를 보낸다. 4~5주의 휴가를 한번에 쓰는 사람들도 있고, 1년에 조금씩 나눠 쓰는 사람들도 있지만, 연말까지 휴가를 못 써서 발을 동동 구르는 일은 찾아보기 힘들다. 서로 일정만 맞는다면 회사에서 직원이 휴가를 쓰는 것에 대해 거리낌이 없으며, 직원 또한 휴가를 쓰는 것에 어려움이 없다. 프랑스인들은 따뜻한 프랑스 남부 지방으로 떠나 휴가를 보내기도 하고 가까운 스페인이나 이탈리아 등의 외국에서 휴가를 보내기도 한다. 금전적으로 어려운 가정에는 휴가비를 지원하는 경우도 있을 정도이니 프랑스인들에게 휴가가 얼마나 중요한 것인지 짐작할 수 있다.

HIGHLIGHT

무작정 따라하기 파리를 즐기는 법 10

to do list

1

좋아하는 미술관 혹은 박물관 하나쯤 방문하기

미술관과 박물관이 천지다. 미술관 혹은 박물관을 가는 것이 본인의 여행 취향이 아니더라도 하나쯤은 방문해보자. 좋아하는 화가가 있다면 그 사람들의 작품 루트를 따라 미술관 코스를 정할 수도 있다.

2 로컬 스폿 찾아가기

관광 명소만 돌다가 파리를 떠날 수 없다. 관광지보다 더 깊게 마음을 울릴 수 있는 장소가 많으니 명소를 모두 돌아봤다면 하루쯤은 로컬 스폿에 투자해보자.
파리지앵처럼 쇼핑을 하고 공원에서 시간도 보내며 그들의 여유로움을 느껴보자.

3 골목 헤매기

파리의 진면목을 보기 위해서는 골목을 찾아 헤매야 한다.
특히 라탱 지구와 레 알 지구는 골목 탐방을 하기 좋은 곳으로 골목 사이사이에서 멋진 상점과 풍경을 만날 수 있다.

시장에서 파리지앵들의 일상 엿보기

시장은 파리지앵의 활기찬 모습을 엿보기에 가장 좋은 곳이다. 특히 토요일, 일요일 오전에는 가족단위로 장을 보러 오는 사람들이 많기 때문에 파리지앵들의 일상에 스며드는 기분을 맛볼 수 있다.

공원에서 피크닉하기

카페나 레스토랑에서도 수다를 즐기는 파리지앵들이지만 피크닉은 그들의 일상이다. 날이 좋을 때에는 수건 한 장에 빵 몇 조각, 음료수를 들고 집 근처 공원으로 나간다. 책을 읽기도 하고 음악을 듣기도 하며 그들처럼 여유로운 시간을 보내보자.

6

센강 맘껏 즐기기

유람선을 타고 아름다운 파리의 모습을 만끽할 수도 있고 센강변 수영장에서 선탠을 즐길 수도 있다. 특히 오르세 미술관에서 알렉상드르 3세 다리까지는 다양한 볼거리와 즐길 거리가 있어 시간 가는 줄 모른다.

7

빵, 디저트, 와인 마음껏 먹어보기

빵, 디저트, 와인을 좋아한다면 프랑스에서만큼은 아끼지 말고 마음껏 먹자! 왜 프랑스가 제과제빵과 와인으로 유명한지 알 수 있을 것이다. 가격도 저렴하고 퀄리티도 좋은 제품들이 많기 때문에 후회없이 먹고 싶은 만큼 먹어보는 것을 추천한다.

8

다양한 축제 참가하기

헤밍웨이가 말했다. '파리는 축제'라고. 매달 다양한 축제들이 준비되어 있기 때문에 일정에 맞는다면 꼭 참가해보자! 의미 있는 축제에 참가하고 싶다면 7월 14일 샹젤리제 부근에서 열리는 혁명 기념일 축제에 가보자. 로컬 축제에 참가하고 싶다면 매월 한번씩 벨빌 근처에서 푸드마켓 축제가 열리니 체크해 보자.

미식 레스토랑 찾아가기

프랑스에 처음 방문했거나 오랜만에 방문했다면 한끼는 꼭 미식 레스토랑에서 해결하자.
전식, 메인, 치즈, 후식의 코스를 즐기며 눈과 입이 즐거운 나를 위한 시간을 보낼 수 있다.

9

10

테라스에 앉아 커피 마시기

파리 카페들의 특이한 점은 테라스의 의자들이 길을 보고 앉도록 준비되어 있다는 것이다. 지나가는 사람들을 바라보기도 하고 마주 보이는 풍경을 감상하기도 하면서 파리지앵처럼 테라스에 앉아 커피 한잔 마셔보자.

PARIS
News Letter
2024 - 2025

WELCOME TO PARIS OLYMPICS 2024

| 1 | 파리는 리노베이션 중 |

Jeux Olympiques et Paralympiques de Paris 2024

2024년 7월 26일부터 8월 11일까지 세계인이 즐기는 가장 큰 스포츠 이벤트, 올림픽을 성공적으로 개최하기 위해 파리는 지금 한창 분주한 모습이다. 그랑 팔레, 앵발리드 등 파리의 랜드마크와 같은 건축물들은 현재 리노베이션 공사 중으로 2024년 올림픽에 맞춰 재단장한 모습을 드러낼 계획이다. 에펠탑 아래에 펼쳐진 샹 드 마르스 광장에서 비치발리볼 경기가, 앵발리드-군사박물관 앞에서는 양궁 경기가 열리고, 콩코드 광장에서는 브레이크 댄스와 스케이트보드, 시청 광장에서는 육상 경기 등 파리 시내 다양한 장소에서 경기가 열릴 예정으로 그에 따른 준비가 한창이다. 파리 시내 외에도 베르사유 궁전의 정원에서 근대 5종 경기와 승마 경기가 열리고, 니스에서는 축구 경기가, 프랑스령 타히티 섬에서는 서핑 경기가 예정되어 있다고 하니 상상만으로도 영화와 같은 장면이 펼쳐질 것으로 예상된다.

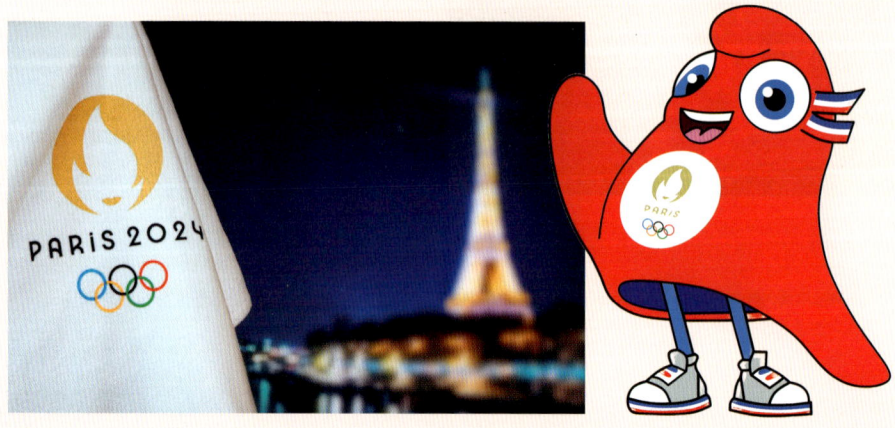

2 지금이 아니면 안돼! 루이비통의 팝업 복합 문화 공간

LV Dream

루이비통의 복합 문화 공간, LV Dream이 퐁뇌프 다리 근처, 사마리텐 백화점 바로 옆에 오픈했다. LV Dream이 위치한 이 건물은 브랜드 루이비통의 본사 건물로, 전시 및 판매, 카페 등의 공간이 있다. LV Dream의 전시 공간은 총 9개의 공간으로 구성되어 있으며, 그동안 협업해온 아티스트들과의 다양한 작품 및 제품들을 관람할 수 있다. 슈발 블랑 호텔의 수석 파티시에 겸 쇼콜라티에 셰프인 막심 프레데릭(Maxime Frédéric)의 카페 겸 초콜렛 판매점이 입점해 있고 선물 가게(Gift store)에서는 가죽제품, 액세서리, 향수, 책 등의 제품들을 구매할 수 있다. 전시는 온라인 사전 예약이 필수이며, 판매 공간은 예약없이 방문 가능하다.

사전 예약 티켓팅 바로가기

3 역사적 백화점의 아름다운 변신

Samaritaine

150년이 넘는 역사를 가진 프랑스의 역사적 문화유산 사마리텐 백화점이 16년간의 긴 인내의 시간 끝에 문을 열었다. 프랑스 럭셔리 기업 LVMH가 소유한 이 건물은 파리 시와 시민들의 반대로 오랜 시간 리모델링 공사를 시작하지 못했으며, 2021년 완전한 오픈까지 무려 1조 원의 비용이 들었다고 전해진다. 아르 누보와 아르 데코 양식의 실사판 건물인 사마리텐 백화점은 건물 자체만으로도 건축학적 가치가 높아 여행 시 필히 방문해 볼 것을 추천한다. 600여 개 이상의 브랜드가 입점해 있으며, 베이커리, 칵테일 바, 다이닝 매장까지 최고급부터 즐길 수 있다.

www.dfs.com/fr/samaritaine

4 미술관으로 새롭게 태어난 상업 거래소

Bourse de Commerce-Pinault Collection

파리의 옛 상업 거래소가 미술관으로 화려하게 탈바꿈했다. 구찌, 생로랑, 발렌시아가 등의 브랜드를 소유하고 있는 케링 그룹의 설립자이자, 미술계의 큰손 프랑수와 피노(François Pinault)가 그동안 수집한 걸렉션을 상설 전시한다. 건축 설계는 세계적인 건축가 안도 다다오가 맡아 오랜 역사를 지닌 건물을 복원하는 동시에 문화 활동을 위한 공간으로 완벽히 재디자인 되었다. 맑은 하늘을 볼 수 있는 유리 돔 아래로 아름다운 19세기의 프레스코화를 감상할 수 있다.

www.pinaultcollection.com

036	**THEME 01** 랜드마크
060	**THEME 02** 미술관 & 박물관
078	**THEME 03** 공원
086	**THEME 04** 로컬 스폿
100	**THEME 05** 파사주
106	**THEME 06** 파리의 밤
116	**THEME 07** 영화 속 파리
122	**THEME 08** 소도시 여행

매혹적인 샹송이 귓가에 맴도는 파리의 거리.
커피 향 풍기는 노천카페에 앉아 그저 거리를 바라보는 것만으로도
파리에서는 왠지 로맨틱한 일이 일어날 것만 같다.
지구상에서 '낭만'이라는 단어가 이토록 잘 어울리는 도시가 또 있을까?

영원한 파리의 상징,
엽서에서 본 바로 그곳! 에펠탑

Tour Eiffel

설레는 마음으로 시작하는 파리 여행은 누구나 동경하는 풍경인 에펠탑에서 시작되지 않을까? 파리의 높은 곳 어디에서든 쉽게 보이고 매일 봐도 질리지 않는 에펠탑이지만, 실제로 에펠탑을 눈앞에 두고 보는 기분은 무척 새롭다. 같은 자리를 100년 넘게 지켜왔다는 사실이 믿기지 않을 정도로 에펠탑은 현대적인 건축물의 모습을 하고 있다. 지금은 에펠탑이 없는 파리를 상상할 수 없지만, 에펠탑이 처음 세워졌을 당시에는 철제 구조물로 구성된 외관 때문에 파리 시민들에게 많은 비판을 받기도 했다. 프랑스의 유명한 자연주의 작가 기 드 모파상은 "에펠탑을 보지 않기 위해 에펠탑에 올라간다"라고 말했을 정도로 그 시작은 쉽지 않았다. 1889년 파리 만국박람회 개최를 기념하기 위해 교량 기술자 귀스타브 에펠과 건축가 소브스트르의 손으로 그 당시 세계에서 가장 높은 건축물로 완공되었지만, 파리의 미관을 해친다는 이유로 에펠탑을 철거해야 한다는 목소리가 점점 높아졌다.

하지만 에펠탑이 과학 발전에 도움이 될 것이라고 확신한 귀스타브 에펠은, 에펠탑에서의 기상관측과 무선 송신 작업 등에 투자를 아끼지 않았으며, 제1차 세계대전에서는 에펠탑이 군사적인 목적으로 사용되기도 하면서 철거를 면했다. 현재는 파리를 대표하는 랜드마크이자 자랑거리로 여겨진다. 프랑스어로 여성 대명사인 에펠탑(La Tour Eiffel)을 프랑스인들은 '파리의 그녀'라고 부르기도 한다. '그녀'를 보기 위해 전 세계 여행자들은 지금도 파리로 향하고 있다.

◉ **MAP** P.310F ◉ **INFO** P.316

◉ **찾아가기** 메트로 6호선 비르아켐(Bir-Hakeim) 역에서 도보 8분, RER C선 샹 드 마르스 투르 에펠(Champs de Mars Tour Eiffel) 역에서 도보 7분 ◉ **주소** Champ de Mars, 5 Avenue Anatole France, 75007 Paris ◉ **전화** 08-92-70-12-39
◉ **시간** 6월 중순~9월 초 09:00~24:45, 9월 중순~6월 초 계단 09:30~18:30 / 엘리베이터 09:30~22:45

◉ 가격	어른	12~24세	4~11세
2층(계단 이용)	€11.8	€5.9	€3
2층(엘리베이터 이용)	€18.8	€9.4	€4.7
톱 플로어 (계단+엘리베이터 이용)	€22.4	€11.2	€5.7
톱 플로어 (엘리베이터 이용)	€29.4	€14.7	€7.4

◉ **홈페이지** www.toureiffel.paris

에펠탑을 방문할 때 궁금한 것들

Q&A

Q. 에펠탑은 언제 가는 게 좋을까?

세계 유료 관광 명소 중에서 방문객이 가장 많은 곳 중 하나가 바로 에펠탑이다. 그러니 어느 시간대에 가도 줄 서는 것은 피하지 못한다. 에펠탑에 올라갈 계획이 있다면, 여유롭게 시간을 잡는 것이 좋다. 그나마 줄이 덜 늘어서는 시간대는 이른 아침이다. 한 가지 알아두어야 할 점은, 에펠탑이 보이지 않는 파리의 야경은 그다지 예쁘지 않다는 사실. 에펠탑에 꼭 올라가고 싶다면 밤보다 낮이 오히려 멋지다는 것을 명심하자.

Q. 에펠탑 주변의 치안은 어떨까?

에펠탑이 있는 샹 드 마르스 공원은 치안이 그리 좋은 편이 아니다. 낮에는 괜찮지만, 밤에 혼자 돌아다니는 것은 금물!

Q. 에펠탑 방문 꿀팁이 있다면!?

인터넷 사이트(http://ticket.toureiffel.paris)에서 예매해두고 시간에 맞춰 가면 오랫동안 줄을 설 필요가 없다. 표는 프린트하거나 휴대폰에 다운로드 받아두면 되고, 에펠탑 앞에 표를 예매한 여행객을 위한 줄이 따로 있으니 그곳으로 가면 된다. 되도록 일찍 가는 것이 좋고, 늦으면 절대 안 된다.

Q. 에펠탑의 멋진 야경을 볼 수 있는 장소는 어딜까?

건너편 트로카데로 광장 샤요 궁 앞에서 에펠탑의 멋진 야경을 정면으로 볼 수 있고, 센강 다리 위, 특히 알렉상드르 3세 다리에서 바라보는 에펠탑 야경이 멋지다. 유람선 위에서 보는 에펠탑의 야경 또한 일품이다.

Q. 에펠탑 주변 교통편은 어떨까?

트로카데로 역
메트로 6·9호선
샤요 궁과 가까워 에펠탑의 풍경을 감상하기에 좋다.

비르아켐 역
메트로 6호선
에펠탑에서 가장 가까운 역이다.

샹 드 마르스 투르 에펠 역
RER C선
에펠탑 가까이에 위치하지만 혼자 여행하거나 늦은 시간에 이용하는 것은 피하는 것이 좋다.

TIP 에펠탑에 관해 우리가 잘 모르고 있었던 사실들

1 완공된 1989년부터 1930년까지 세계에서 가장 높은 건축물이었다.

2 우리 눈에는 한 가지 색으로 보이지만, 사실 에펠탑은 높이에 따라 3개의 다른 회색으로 도색되어 있다. 밑부분은 어두운 회색이고, 위로 갈수록 점점 밝은 회색이 칠해져 있다.

3 7년에 한 번씩 새로 페인트칠을 할 때마다 60톤이 넘는 페인트가 소요된다. 그리고 그 페인트칠은 오늘날까지도 사람이 직접 한다는 놀라운 사실!

4 에펠탑 2층에는 세계적인 셰프 프레데리크 앙통이 운영하는 특급 레스토랑 '쥘 베른'이 자리한다.

5 귀스타브 에펠은 에펠탑 건축 당시 유명한 72명의 프랑스 과학자 및 기술자의 이름을 1층 외관에 새기도록 했다. 지금도 확인 가능하다.

6 우크라이나와 러시아 전쟁의 여파로 소등 시간이 1시간 15분 앞당겨져, 밤 11시 45분에는 에펠탑 조명이 꺼진다.

7 에펠탑의 전면적인 보수에 대한 의견이 분분하다. 오랜 시간 페인트 덧칠만으로 부식을 막아왔지만, 페인트를 벗겨내고 제대로 된 수리를 할 필요가 있다는 전문가 의견과 페인트 덧칠로 충분하다는 의견이 상충하고 있다.

에펠탑 층별 전격 해부

층별로 파리를 감상할 수 있는 포인트가 조금씩 다르다. 에펠탑을 자세히 살펴보고 파리의 아름다운 풍경을 마음껏 감상해보자.

le sommet
마지막 층 / top floor

귀스타브 에펠의 사무실과 전망대 등이 위치한다.

© Pierre Monetta

2ème étage
2층 / 2nd floor(3층)

2층에서는 파리의 멋진 풍경을 감상할 수 있으며, 프랑스 최고의 셰프 프레데릭 앙통이 운영하는 레스토랑 쥘 베른이 있다.

© E. Livinec

1er étage
1층 / 1st floor(2층)

일부를 강화유리로 만들어 발밑으로 파리를 아찔하게 내려다 볼 수 있다. 파리 풍경을 영상으로 감상할 수 있으며, 에펠탑에 관련된 자세한 내용을 재미있게 관람할 수 있다. 또 귀스타브 에펠이 자신의 사무실로 올라갈 때 이용하던 나선형 계단이 일부 남아 있으며, 휴식 공간 및 마담 브라스리 레스토랑과 스낵 코너 등이 자리한다.

le parvis
지상층 / ground

인포메이션, 우체국 사무소 (파리 에펠탑 도장이 찍힌 엽서를 한 장 보내고 싶다면 한번 이용해보자), 기념품 가게, 스낵 코너, ATM기와 지금은 물론 현대화되었지만 1899년부터 쓰여온 에펠탑의 엘리베이터 작동기 등을 볼 수 있다(평소에는 일반에 공개되지 않지만 프랑스 문화유산의 날이나 가이드를 따라 공개되기도 한다).

▶▶ | WHAT TO SEE
함께 둘러보면 좋은 곳

케 브랑리 박물관
Musée du Quai Branly

센강을 따라 에펠탑 바로 옆에 위치한 케 브랑리 박물관은 자크 시라크 프랑스 전 대통령의 기념비적인 건축물로, 프랑스의 유명한 건축가 장 누벨이 설계했다. 아프리카, 아시아, 오세아니아, 아메리카 등 비유럽권 지역의 예술과 문명에 관련된 수많은 작품을 볼 수 있으며, 박물관 건물 자체만으로도 파리 현대 건축의 명소로 꼽히기 때문에 방문해볼 가치가 있다. 박물관 내부를 굳이 방문하지 않아도 건물과 완벽한 조화를 이루는 외부 정원은 무료로 관람할 수 있다.

- MAP P.310F INFO P.316
- 주소 37, Quai Branly, 75007 Paris
- 전화 01-56-61-70-00
- 시간 화~일요일 10:30~19:00, 목요일 10:30~22:00
- 휴무 월요일, 1/1, 5/1, 12/25
- 가격 €12
- 홈페이지 www.quaibranly.fr

▶▶ | WHAT TO EAT
추천 맛집

쥘 베른
Jules Verne

파리에서의 로맨틱한 디너를 꿈꾼다면 에펠탑 2층에 위치한 레스토랑 쥘 베른에 가보자. 프랑스의 유명 셰프 프레데리크 앙통이 운영하는 곳으로, 에펠탑에 위치한다는 사실 때문에 유명하기도 하지만, 높은 요리 퀄리티로 미슐랭 스타를 받은 셰프를 일부러 찾는 미식가들이 많다. 가끔 프러포즈를 하는 커플을 볼 수도 있다.

- MAP P.310F INFO P.318
- 주소 2ème étage, Tour Eiffel, Avenue Gustave Eiffel, 75007 Paris
- 전화 01-83-77-34-34
- 시간 12:00~13:30, 19:00~21:00
- 휴무 7/14 저녁
- 가격 €140~
- 홈페이지 www.lejulesverne-paris.com/fr

로맨틱 파리의 대표, 센강

Seine

역사 깊은 건물을 배경으로 파리를 가로지르는, 한 편의 영화 같은 장면을 자아내는 아름다운 강. 센강은 파리 여러 구역을 가로지르며 흐르기 때문에 굳이 목적지를 정해놓고 걷지 않아도 강변을 걷다 보면 어느새 유명한 파리의 건축물과 만나게 된다. 파리의 역사를 모두 지켜보며 세월의 흔적을 그대로 간직하고 있는 센강은 그 가치를 인정받아 1991년 유네스코 세계문화유산에 등재되었다. 센강을 가르는 23개의 아름다운 다리와 생루이섬, 시테섬 전체가 오래도록 지켜야 할 세계의 문화유산이 된 것이다.

서울에 한강이 있다면 파리에는 센강이 있다고 할 수 있다. 서울이 한강을 중심으로 남쪽과 북쪽으로 나뉘듯이, 파리는 센강을 중심으로 강 왼쪽(Rive Gauche)과 오른쪽(Rive Droite)으로 나뉜다. 강변은 그야말로 파리의 화려했던 역사를 한눈에 볼 수 있는 걸작품의 연속이라고 할 수 있다. 노트르담 대성당, 생샤펠 성당, 루브르 박물관, 오르세 미술관, 콩코르드 광장, 앵발리드, 군사 박물관, 그랑 팔레, 에펠탑 등과 같은 파리의 대표적인 건축물들이 있다. 파리지앵들의 쉼터가 되어주기도 하고, 가족들의 산책길이 되어주기도 하는 센강 근처에 요즘은 여러 트렌디한 클럽이 문을 열어 밤늦게까지 젊은이들의 아지트가 되기도 한다. 아름다운 센강 주변을 여유롭게 걸으며 구경해보자. 자전거를 타도 좋고, 유람선을 타고 둘러봐도 좋다. 아름다운 노을이 지는 시간에는 카메라 셔터를 멈추지 못할 것이다.

TIP 파리의 부키니스트 Bouquinistes de Paris

센강변을 걸으면서 놓치지 말아야 할 것이 있다면 강가에 길게 늘어선 아주 작은 서점, '부키니스트'다. 파리의 부키니스트는 16세기부터 센강변에 자리 잡기 시작했으며, 그들만의 역사와 전통을 지니고 있다. 센강 북쪽으로 퐁마리 다리에서 루브르 박물관까지, 센강 남쪽으로는 투르넬 강변도로부터 볼테르 강변도로까지 200개가 넘는 부키니스트가 자리 잡고 있다.

센강의 다리와 명소

유유히 흘러가는 센강을 바라보며 마음껏 파리를 느끼기에 가장 좋은 장소는 바로 운치 있는 센강의 다리들. 다리 근처의 강가에 앉아 혹은 파리지앵처럼 바쁘게 다리를 건너며 센강을 배경으로 사진을 찍어보자. 화보 속 주인공이 된 듯한 느낌이 들 것이다.

개선문

그랑 팔레

2 이에나 다리
Pont d'Iéna

샤요 궁에서 에펠탑을 이어주는 다리로 에펠탑을 정면에서 바라볼 수 있다.

4 앵발리드 다리
Pont des Invalides

1 비르아켐 다리
Pont de Bir-Hakeim

영화 〈인셉션〉에 등장해 더욱 유명해진 다리다. 위층에는 메트로가, 아래층에는 차와 사람이 다닐 수 있는 구조로 건축되었으며, 다리에서 바라보는 에펠탑의 모습이 아름답다.

3 알마 다리
Pont de l'Alma

알마 다리 북단은 영국의 고 다이애나 왕세자비가 사고를 당했던 장소로 그녀를 기리는 사람들이 찾는다.

5 알렉상드르 3세 다리
Pont Alexandre III

센강의 다리 중에서도 가장 화려하고 눈에 띄는 것으로, 1900년 만국박람회 개최를 기념하기 위해 세웠다. 낮에도 아름답지만 밤에는 센강의 야경과 함께 더욱 빛난다.

047

THEME 01 | 랜드마크

콩코르드 광장

루브르 박물관

파리 시청

7

8

9

오르세 미술관

프랑스 학사원

파리 최고 재판소

10

노트르담 대성당

성스 저택

8 카루셀 다리
Pont du Carrousel

6 콩코르드 다리
Pont de la Concorde

9 예술의 다리
Pont des Arts

보행자 전용 다리로, 프랑스 학사원과 루브르 박물관을 연결하는 다리다. 나무로 만들어 운치 있으며, 노을이 지는 저녁이 되면 젊은이들이 기타를 치며 와인잔을 기울이는 낭만적인 모습을 볼 수 있다.

10 퐁뇌프 다리
Pont Neuf

영화 <퐁뇌프의 연인>으로 유명해진 다리. 파리에서 가장 오래된 다리이며 시테섬과 연결되어 로맨틱한 분위기를 자아낸다. 특별한 것은 없지만 퐁뇌프 다리의 야경은 평범 그 이상으로 아름답다.

7 루아얄 다리
Pont Royal

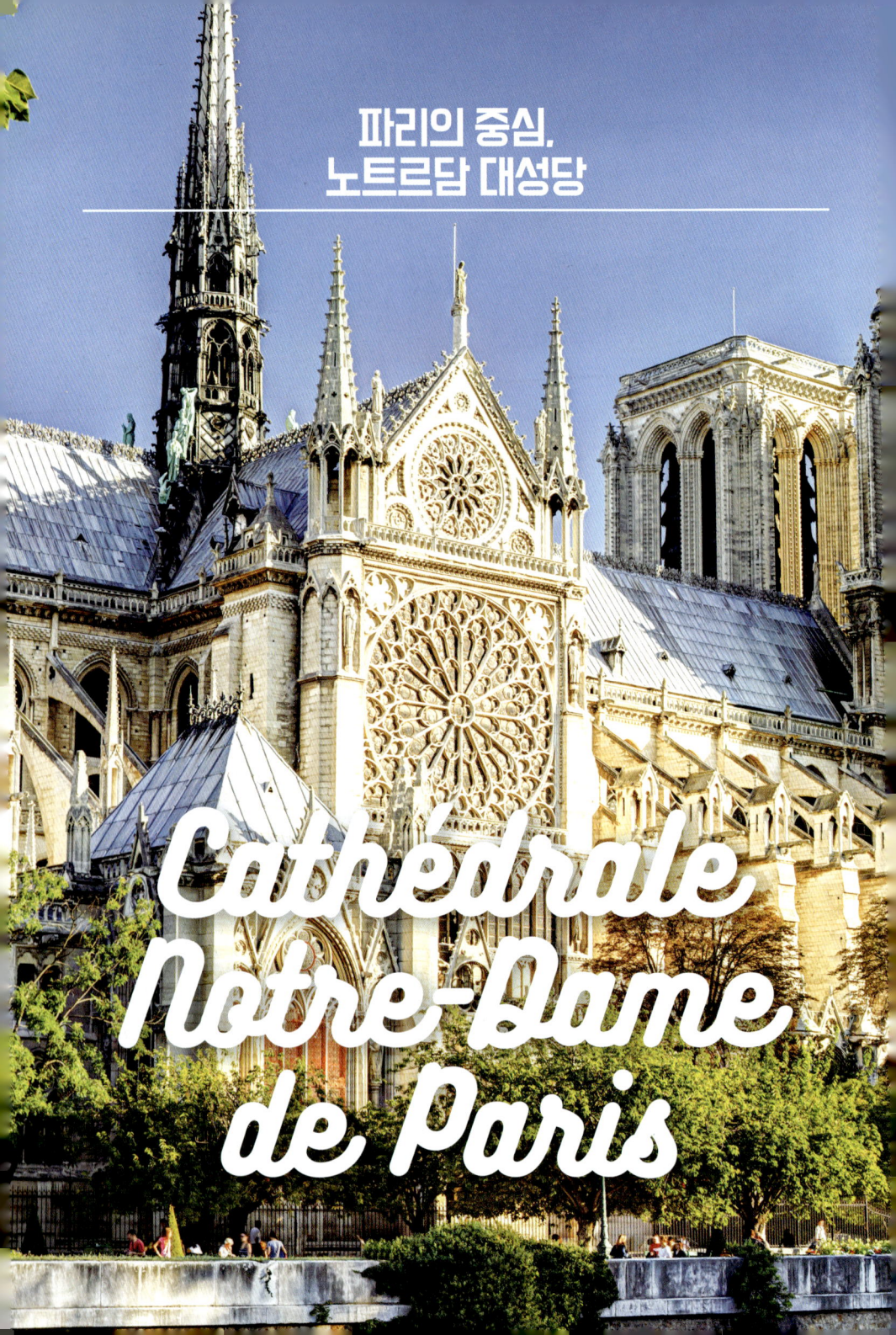

세계에서 가장 유명한 성당 중 하나라고 해도 과언이 아닌 파리의 노트르담 대성당. 빅토르 위고의 소설 《노트르담 드 파리-노트르담의 꼽추》로도 유명한 이 성당은 12세기에 지은 대표적인 고딕 건축물이다. 1163년에 건축되기 시작해 거의 3세기에 걸쳐 완공되었다. 무려 200여 년에 가까운 건축 기간은 성당의 입구 주변 섬세한 조각과 정교한 조소를 통해 짐작할 수 있다. 노트르담 성당은 정면, 후면, 측면 어느 것도 놓쳐서는 안 되는 시대의 걸작품이다. 성당 맞은편에 있는 정교하고 기하학적인 2개의 장엄한 종탑은 감탄사가 저절로 터져 나오게 만드는데, 여기서 멈추지 말고 성당 외곽을 따라 천천히 한 바퀴 돌아보자. 전혀 다른 성당을 보고 있는 듯, 또 다른 면의 노트르담 성당을 발견하게 될 것이다.

2019년 4월 화재로 인해 첨탑과 지붕이 소실되었으나 성당 정면 2개의 종탑과 아름다운 장미의 창은 불행 중 다행으로 무사하다. 가시면류관 등 성당 내부의 예술품도 일부 안전한 곳으로 옮겨 피해를 면했다. 현재 성당 내부로는 입장이 불가능하며, 잦은 공사로 인해 주변 지역 또한 통제될 수 있다. ※ 2024년 말 재개방 예정

ⓜ MAP P.388F ⓘ INFO P.392 ⓒ 찾아가기 메트로 4호선·RER B선 생미셸 노트르담(Saint-Michel Notre-Dame) 역에서 도보 2분
ⓐ 주소 6 Parvis Notre-Dame, Place Jean-Paul II, 75004 Paris
ⓗ 홈페이지 www.notredamedeparis.fr

▶▶ WHAT TO SEE
함께 둘러보면 좋은 곳

시테섬
L'île de la Cité

노트르담 대성당이 자리한 시테섬은 파리의 발상지로 알려져 있다. 학설에 따르면 기원전 2세기 때부터 '파리시스(Parisis)'라고 불리던 골루아족이 시테섬에 모여 살았다고 한다. 세월이 흘러 그 시절 시테섬의 흔적은 찾아볼 수 없지만, 역사가 깃든 곳인 만큼 아기자기한 골목들로 볼거리가 다양하다.

생루이섬
L'île de Saint-Louis

시테섬에서 노트르담 성당을 봤다면 생루이 다리를 건너 생루이섬으로 건너가보자. 옛 귀족들의 대저택이 아직도 많이 남아 있으며, 파리의 낭만적인 분위기를 물씬 느낄 수 있다.

노트르담 성당 꼼꼼히 보기

성당의 내부는 9000여 명을 수용할 수 있을 정도로 넓고 웅장하다.

TIP 피해 복구와 복원 작업이 진행되는 동안 성당 내부 방문은 불가능하지만 센강변에서 정교한 성당의 외관을 감상할 수 있다.

1 북쪽 장미의 창
반대쪽 남쪽 장미의 창과 함께 노트르담 대성당의 스테인드글라스 장식 중 가장 아름다우며, 13세기 작품이다.

2 장미의 창
지름 9.6m에 달하며, 성당의 중앙 홀에 빛을 통과시킨다. 멀리서 성당을 바라볼 때 성모마리아상에 왕관을 씌워주는 형태를 띠고 있다.

3 종
남쪽 탑에 위치한 '부르동 종'은 무게가 13톤에 이르는데, 크리스마스, 부활절, 성신강림 축일, 만성절 등 종교적으로 중요한 날과 몇몇 국경일에만 울린다. 현재 그 밖의 4개는 모두 복원된 것이며 하루에 세 번, 8시, 12시, 19시에 울린다. 일요일과 명절에는 9시 45분과 15시 45분에 모든 종이 함께 울린다.

4 플레슈(첨탑)
중앙 홀과 가로 회랑의 교차점에 위치하며 납으로 덮은 나무로 만들었다. 13세기의 모델을 바탕으로 19세기에 복원되었다. 2019년 4월 화재로 성당의 지붕과 함께 소실되었다. 복원을 위한 작업이 진행되고 있다.

5 남쪽 장미의 창
1737년 전체가 복원되었다.

6 스테인드글라스 창
18세기경 거의 모두 허물어져 가던 것을 빛이 통과하는 투명한 스테인드글라스로 교체했다. 성모마리아의 장미의 창과 북쪽 장미의 창, 남쪽 장미의 창 스테인드글라스만이 그대로 남아 있다.

7 성가대
루이 13세는 이 자리를 성모마리아를 위한 장소로 결정했으며, 루이 14세가 이곳에 1699년 성모마리아상을 세웠다.

TIP 노트르담 대성당에 관해 우리가 잘 모르고 있었던 사실들

1 파리와 지방 도시의 거리를 잴 때 쓰이는 기준점, 푸앵 제로(Point Zéro)가 노트르담 대성당 바로 앞 광장에 있으니 찾아보자. 여행자들 사이에서는 기준점을 밟으면 파리에 돌아온다는 속설도 있다.

2 우리에게도 잘 알려진 자크 루이 다비드의 '나폴레옹 1세의 대관식' 그림 속에서 나폴레옹 1세가 조세핀 황후에게 왕관을 수여하는 장소도 노트르담 대성당이다.

3 한때 마녀로 몰려 화형에 처해진 잔 다르크의 명예회복 재판이 1456년 노트르담 대성당에서 열리기도 했다. 황폐해질 대로 황폐해진 1800년대 초의 노트르담 대성당은 철거까지 거론될 정도였다고 한다.

1 성모마리아의 문
정면 왼쪽에 설치된 문으로 1210년에서 1220년에 설치되었다. 성모마리아의 죽음과 승천, 천상 모후의 관을 받은 성모마리아의 모습을 볼 수 있다.

2 최후의 심판 문
노트르담 대성당의 정문 중앙에 위치한 문으로, 1220년에서 1230년 사이에 설치되었으며 최후의 날에 심판하는 예수와 심판을 기다리는 사람들의 모습이 조각되어 있다.

3 성 안나의 문
성당 가장 오른쪽에 위치한 문으로 1200년경에 설치된 것으로 알려져 있다. 성모마리아의 어머니 성녀 안나의 모습을 볼 수 있다.

4 유대 왕들의 조각
구약성서에 나오는 28명 유대 왕들의 모습을 새긴 조각이다. 멀리서 보면 작은 듯하지만 3m가 넘는 크기다.

TIP 현재는 화재로 탑 전망대 입장이 불가능하다.

5 장미의 창
지름 13m에 달하는 장미의 창 앞에는 성모마리아상과 2명의 천사 조각이 있다. 장미의 창은 아름다운 스테인드글라스로 이루어져 성당 내부에서 보면 더욱 아름답다.

6 노트르담 북쪽 탑
노트르담 대성당의 전망대에 오를 수 있는 탑. 1235년에서 1250년 사이에 건축된 것으로 알려져 있다. 높이가 69m에 이르며 387개의 계단을 올라가야 한다.

7 노트르담 남쪽 탑
1685년에 만든 엠마누엘 종이 위치한 탑이다. 북쪽 탑에서 남쪽 탑으로 이어지는 전망대가 있다.

TIP 알아두면 좋은 방문 정보

1 석양이 질 무렵에는 센강과 어우러져 아름다운 풍경을 자아내는데, 투르넬 다리나 생루이섬에서 성당의 풍경과 센강의 아름다운 모습을 담아낼 수 있다.

2 노트르담 대성당을 방문하기 전 빅토르 위고의 《노트르담 드 파리》를 읽는다면 15세기 노트르담 성당을 중심으로 한 파리의 모습을 종지기 카지모도의 시선에서 바라볼 수 있을 것이다.

3 파리에서 가장 많은 방문객이 찾는 명소 중 한 곳인 만큼 성당 주변은 관광객과 기도객이 많고 정신이 없으니, 소지품을 분실하지 않도록 주의하자.

"오~샹젤리제, 오 샹젤리제~" 파리에 가보지 못했어도 많은 사람들이 한 번쯤은 들어봤을 노래 '샹젤리제'. "샹젤리제 거리에서는 당신이 원하는 모든 것을 찾을 수 있어요"라는 가사를 통해 알 수 있듯이 슈퍼마켓부터 명품 브랜드 매장까지 샹젤리제 거리에는 없는 것이 없다. 개선문부터 콩코르드 광장까지 약 2km 길이의 샹젤리제 거리는 왕복 8차선 차도와 함께 20m가 넘는 인도가 양쪽으로 각각 자리해 대로변에 위치한 매장을 하나하나 잠깐씩 훑어보며 내려온다고 해도 시간이 꽤 걸린다. 세계에서 가장 아름다운 거리 샹젤리제의 시작점인 개선문은 멀리서 언뜻 보면 '하나의 멋진 건축물'일 뿐이지만, 가까이 다가갈수록 웅장함에 압도된다. '거대하다'는 말이 딱 들어맞는 개선문 아래에 서 있으면 나폴레옹의 힘찬 기운을 느낄 수 있을 것이다.

MAP P.324　**INFO** P.334

찾아가기 메트로 1·2·6호선·RER B선 샤를 드 골 에투알(Charles de Gaulle-Étoile) 역에서 도보 1분. 메트로 1호선 조르주 5세(George V) 역, 프랭클랭 루스벨트(Franklin D. Roosevelt) 역, 샹젤리제 클레망소 (Champs-Élysées-Clemenceau) 역에서 모두 갈 수 있다. **주소** Place Charles de Gaulle, 75008 Paris　**전화** 01-55-37-73-77　**시간** 10:00~22:30　**휴무** 1/1, 5/1, 5/8, 7/14, 7/24, 11/11, 12/25　**가격** €13　**홈페이지** www.paris-arc-de-triomphe.fr

파리의 관광지라면 모두 마찬가지지만 샹젤리제 거리에는 특히 소매치기가 많다. 샹젤리제를 가로지르는 메트로 1호선 내부 또한 마찬가지니 소지품을 항상 단속하자.

개선문 꼼꼼히 보기

세계 곳곳에 승전을 기념하는 개선문이 존재하지만 파리의 개선문이 가장 유명한 이유는 아마도 웅장함 때문일 것이다.
천장의 화려한 장식과 정교한 부조 또한 개선문을 보는 재미를 배가해준다.

1 테라스
파리 시내 풍경을 감상하기에 좋은 위치로 17세기까지 개선문을 중심으로 8개의 대로가 뻗어 있었지만, 오늘날에는 12개의 대로를 볼 수 있다.

2 프랑스혁명 추모
프랑스혁명과 제정시대에 일어난 전쟁을 이끈 장군의 이름과 전투의 이름이 새겨져 있다. 밑줄이 쳐져 있는 군인의 이름은 전쟁에서 전사한 군인을 뜻한다.

3 최근의 사건을 추모하는 곳
인도차이나반도·알제리·한국전쟁 등에 참전한 용사를 기린다.

4 의용병들의 출발
1792년, 공화국을 지키기 위해 모인 20만 명의 사람들을 상징하는 조각이 있다. 날개를 단 여성, 자유의 정령이 민중을 일으키는 모습을 담았다.

5 나폴레옹의 글로리
조각가 장 피에르 코르토의 작품. 나폴레옹이 왼손에 검을 쥐고 승리의 여신이 나폴레옹의 머리에 월계관을 씌워주고 있는 모습이다.
1830년 오스테를리츠 전쟁에서 승리를 거둔 것을 기념하기 위해 나폴레옹의 명으로 시공된 개선문은 1836년 완공되었지만, 정작 나폴레옹 자신은 개선문을 살아서 보지 못하고, 1840년 그의 시신만이 개선문을 통과했다.

TIP 파리 풍경을 감상하고 싶다면
에펠탑은 물론 방사형으로 계획된 도시, 파리의 풍경을 있는 그대로 보고 싶다면 개선문에 올라가는 것을 추천한다. 한 가지 유의할 점은 날씨나 프랑스 자체의 행사 때문에 가끔 개장 시간이 바뀌는 경우가 있으니 웹사이트에서 미리 확인해야 한다는 것.
또 개선문 꼭대기까지 계단을 이용해 걸어 올라가야 하니, 튼튼한 다리와 함께 마음의 준비를 해둘 것.

▶ WHAT TO SEE
함께 둘러보면 좋은 곳

몽테뉴가
Avenue Montaigne

파리 최고의 명품 거리다. 샤넬, 루이 비통, 에르메스, 구찌 등 내로라하는 명품 브랜드 숍이 모두 모여 있다. 명품 거리의 명성에 맞게 최고급 호텔과 럭셔리 레스토랑이 많고, 할리우드 스타와 같은 유명인들이 쇼핑하는 모습을 쉽게 볼 수 있다.

📍 MAP P.324E 📘 INFO P.337
📍 주소 60 Avenue Montaigne, 75008 Paris

콩코르드 광장
Place de la Concorde

북쪽으로 마들렌 성당, 서쪽으로 샹젤리제 거리, 동쪽으로 튈르리 정원 남쪽으로는 센강과 프랑스 국회의사당을 마주하고 있는 콩코르드 광장에는 2개의 아름다운 분수와 1831년 이집트의 부왕 메헤메트 알리가 프랑스에 선물한 오벨리스크가 위풍당당하게 서 있다. 사방이 역사적인 건축물로 둘러싸여 있기 때문에 낮에도 좋지만, 밤에는 에펠탑과 함께 예쁜 야경을 볼 수 있는 곳이기도 하다.

📍 MAP P.324F 📘 INFO P.335
📍 주소 Place de la Concorde, 75008 Paris

그랑 팔레 & 프티 팔레
Grand Palais & Petit Palais

개선문에서 샹젤리제 거리를 따라 콩코르드 광장으로 내려오다 보면 오른쪽에 철제로 된 커다란 유리 지붕 건물이 있는데, 이 건축물이 바로 그랑 팔레다. 프티 팔레는 그 맞은편에 위치하며 그랑 팔레보다 규모가 작다. 그랑 팔레는 1900년 파리 만국박람회 개최를 기념하기 위해 지었으며 현재 국립 갤러리와 발견의 전당이 있다. 프랑스 최대의 현대 아트 페어 피악(FIAC)이 매년 10월 이곳에서 열리고, 샤넬의 수석 디자이너였던 칼 라거펠트가 패션쇼를 열기도 했다. 그랑 팔레는 현재 리노베이션 공사 중으로 2024년 파리 올림픽과 함께 재오픈 예정이다. 임시 그랑 팔레가 샹드 마르스 공원에 오픈했으니 홈페이지 체크 필수! 프티 팔레는 현재 시립 미술관으로 쓰이며, 안뜰에 아기자기한 정원과 함께 예쁜 카페가 있다.

📍 MAP P.324F 📘 INFO P.334·335
📍 주소 3 Avenue du Général Eisenhower, 75008 Paris

샹송이 흐르는 언덕, 몽마르트르
Montmartre

로맨틱한 파리에 대한 로망이 있다면, 햇볕 좋은 날 몽마르트르 언덕 방문은 필수 코스! 사크레쾨르 성당으로 올라가는 길에는 동화같이 예쁜 집들이 줄지어 서 있어 어디에서 찍어도 파리가 흠뻑 느껴지는 사진을 얻을 수 있다. 산으로 둘러싸인 서울과는 다르게 평지에 위치한 파리. 그나마 파리에서 제일 높은 곳이 바로 몽마르트르 언덕이다. 아주 높지는 않지만, 꽤 가파른 언덕을 15분 정도 올라가면 숨이 탁 트이는 파리 풍경을 감상할 수 있다. 하지만 이 풍경을 보기 위해 무조건 앞만 보고 올라가는 것은 절대 금물. 아베스 역에서 언덕 끝에 위치한 사크레쾨르 성당에 다다를 때까지 아기자기한 상점과 파리지앵들이 실제로 거주하는 아름다운 집이 너무나 많다. 하나하나 놓치지 말고 작은 골목에도 들어가보기를 추천한다.

◎ MAP P.353　ⓘ INFO P.350　ⓖ 찾아가기 메트로 2호선 앙베르(Anvers) 역에서 도보 7분, 또는 12호선 아베스(Abbesses) 역에서 도보 15분

▶I WHAT TO SEE
함께 둘러보면 좋은 곳

사크레쾨르 대성당
Basilique du Sacré-cœur

1870년 프로이센과의 전쟁에서 패한 프랑스는 가톨릭교도와 민중에게 희망과 용기를 주기 위해 성당을 건축하기로 한다. 1875년 착공했지만, 지반이 약해 예상보다 시간이 더 오래 걸렸고, 도중에 제1차 세계대전으로 공사가 중단되기도 했다. 약 40년에 걸쳐 완공된 사크레쾨르 성당은 오늘날 에펠탑, 개선문, 노트르담 대성당과 함께 파리를 상징하는 대표 건축물로 꼽힌다. 로마네스크와 비잔틴 스타일이 혼합된 사크레쾨르 성당은 멀리서도 한눈에 알아볼 수 있고, 눈부시게 하얀 파사드가 눈길을 떼기 힘들게 만든다. 몽마르트르 언덕 꼭대기에 자리한 사크레쾨르 성당에서 보는 탁 트인 파리의 풍경은 언덕을 오르느라 흘렸던 땀을 단숨에 잊게 한다.

◉ **MAP** P.353C ◉ **INFO** P.356 ◉ **주소** 1 Parvis du Sacré-Cœur, 75018 Paris ◉ **전화** 01-53-41-89-00 ◉ **시간** 성당 06:00~22:00(동절기에는 일찍 문을 닫을 수 있음) / 돔 5~9월 08:30~20:00, 10~4월 10:00~17:00 ◉ **가격** 성당 무료입장, 돔 €6 ◉ **홈페이지** www.sacre-coeur-montmartre.com

TIP 빠르고 편하게 몽마르트르 올라가는 법, 퓌니퀼레르 Funiculaire

몽마르트르 언덕에 올라 파리의 풍경을 볼 목적이라면 메트로 2호선 앙베르 역에서 내리면 빠르게 올라갈 수 있다. 앙베르 역에서 사크레쾨르 성당을 바라보며 직진하다 보면 계단 바로 앞 왼쪽에서 작은 퓌니퀼레르를 타고 언덕 위 성당 앞까지 갈 수 있으니, 계단 오르내리기가 귀찮다면 이용해볼 만하다(대중교통 정액권으로 탑승 가능하다). 하지만 몽마르트르 언덕의 진미를 느끼면서 사크레쾨르 성당까지 걸어서 올라가고 싶다면 12호선 아베스 역에서 내려야 한다는 사실을 잊지 말자. 지대가 높기 때문에 아베스 역 플랫폼에서 지상으로 올라오는 계단이 셀 수 없이 많다. 엘리베이터를 운행하니 꼭 타고 올라가자.

테르트르 광장
Place du Tertre

20세기 초 피카소, 위트릴로 같은 화가들이 즐겨 찾던 테르트르 광장은 '예술가들의 광장'이라고 불리지만, 사실 오늘날 이곳은 관광객을 위한 카페와 레스토랑을 더 쉽게 찾아볼 수 있다. 늘 사람으로 붐비지만, 규모가 작은 광장이니 천천히 한 바퀴 둘러보는 것도 나쁘지 않다. 무명 화가들의 그림을 감상하면서 몽마르트르의 분위기에 빠져보자.

◎ MAP P.353C ⓘ INFO P.356
◎ 주소 Place du Tertre, 75018 Paris

물랭 루주
Moulin Rouge

1889년에 문을 연 카바레다. 프렌치 캉캉으로 우리에게 잘 알려져 있고, 2001년에 개봉한 영화 <물랭루즈>로 더욱 유명세를 얻었다. 빨간색 페인트를 칠한 커다란 풍차가 인상적이다. 전통적인 카바레 쇼를 볼 수 있으며, 100명 이상의 무용수들이 화려한 의상을 입고 출연한다. 성인용 쇼로 어린이들은 관람할 수 없다.

◎ MAP P.352F ⓘ INFO P.358
◎ 주소 82 Boulevard de Clichy, 75018 Paris
☎ 전화 01-53-09-82-82
⏲ 시간 19:00 · 21:00 · 23:00
€ 가격 €113~
◎ 홈페이지 www.moulinrouge.fr

THEME 02
미술관 & 박물관

예술과 문화의 1번지, 파리 여행 필수 코스 미술관 & 박물관 BEST 3

파리에는 다양한 미술관과 박물관이 있어 취향에 따라 골라 방문하는 재미가 있다. 세계의 수많은 관광객을 파리로 끌어들이는 힘이라고 할 수 있는 미술관과 박물관에서는 내로라하는 유명 화가들의 작품을 실제로 감상할 수 있어 파리를 여행한다면 꼭 들러야 하는 필수 코스다.

Musée

> **TIP 미술관 & 박물관 방문 시 주의 사항**
>
> 박물관과 미술관의 휴무일과 운영 시간을 미리 체크해보고 계획을 세워야 한다. 요일별로 야간 개장이 가능한 곳이 있으며, 파업이나 기획전 등의 다양한 이유에 의해 운영 시간이 변경될 수 있다. 또한, 모든 박물관과 미술관은 폐장 시간 45분에서 1시간 전부터는 입장권을 판매하지 않으니 주의하자. 간혹 만 18세에서 25세 사이이거나 학생일 경우 할인받을 수도 있으니 여권과 같은 신분을 증명할 수 있는 문서를 챙겨 가는 것이 좋다. 매월 첫째 주 일요일에는 무료로 개방하는 곳이 있으니 여행 계획에 맞춰 잘 이용해보자!

파리 대표 미술관 & 박물관 운영 정보

	월	화	수	목	금	토	일	무료 개방*	뮤지엄 패스
루브르 박물관		휴무			21:45			X (7월 14일 무료 개방)	○
오르세 미술관	휴무			21:45				○ (온라인 예약 필수)	○
퐁피두 미술관	21:00	휴무	21:00	23:00 (기획전만 적용)	21:00	21:00	21:00	○	○
장식미술관		휴무						X	○
파리 시립 현대미술관		휴무		21:30 (기획전만 적용)				○ (기획전 제외)	X
팔레 드 도쿄	22:00	휴무	22:00	24:00	22:00	22:00	22:00	X	X
로댕 미술관		휴무						○ (10~3월)	○
피카소 미술관		휴무						○	○
루이 비통 재단 미술관			휴무		21:00			X	X
오랑주리 미술관		휴무						○ (온라인 예약 필수)	○
낭만주의 박물관	휴무							○ (기획전 제외)	X
앵발리드-군사 박물관								X	○
케 브랑리 박물관	휴무			22:00				○	○
아랍 세계 문화 연구소	휴무							X	○
팡테옹	휴무							○ (11~3월)	○

※ 대부분의 미술관과 박물관이 1/1, 5/1, 12/25에는 휴관하며, 12월 24, 31일에는 단축 운영을 한다.
※ 일부 박물관과 미술관은 매월 첫째 주 일요일에 무료로 개방한다(사정에 따라 무료 개방 시기가 달라질 수 있음)

뮤지엄 패스란?

파리 시내와 근교에 위치한 50여 곳이 넘는 박물관, 미술관 및 역사적 기념물을 하나의 티켓으로 둘러볼 수 있는 입장권이다. 패스는 2·4·6일권이 있으며, 오랫동안 줄을 서지 않고도 무제한으로 입장할 수 있어 인기가 많다. 짧은 시간에 다양한 박물관이나 미술관을 방문할 계획이라면 뮤지엄 패스를 구매하는 것이 효율적일 것이다.

홈페이지 ▶ www.parismuseumpass.com

TIP
뮤지엄 패스 구매 시 주의 사항
파리 민박집이나 소셜커머스, 중고 사이트 등에서 구매한 패스는 공식 판매처에서는 환불이나 교환이 되지 않으니 주의하자.

Musée du Louvre

미술과 역사를 한번에 만나다, 루브르 박물관
#피라미드 #모나리자 #비너스

TIP 루브르 박물관 즐기기 꿀팁

루브르 박물관 입구는 여러 개!
세계 최고의 박물관이라는 명성에 걸맞게 중앙 입구에 설치된 피라미드에는 언제 가도 입장 대기 줄이 길게 늘어서 있다. 루브르의 상징인 피라미드를 통해 들어가고 싶은 방문객도 물론 있겠지만, 루브르 박물관에는 여러 개의 입구가 존재한다는 사실을 모르는 방문객이 많아서 일지도 모른다. 사전에 예매한 티켓이나 뮤지엄 패스를 소지하고 있다면, 메트로 팔레 루아얄 뮤제 뒤 루브르 역과 피라미드 사이의 파사주 리슐리외 입구(Passage Richelieu)를 이용할 수 있다. 티켓이 없다면 카루젤 개선문 옆 지하 입구나 리볼리 거리(Rue de Rivoli) 99번지 카루젤 갤러리 입구(Carrousel du Louvre)를 통해서 들어갈 수 있다. 센강 쪽으로는 리옹의 문-포르트 데 리옹(Porte des Lions)을 통해 박물관 내부로 입장 가능한데, 쉽게 찾을 수 없고 매일 문을 열지 않는 데다, 박물관의 맨 끝에서 시작하는 만큼 동선이 흐트러질 수 있다.

영국의 대영 박물관, 바티칸 시티의 바티칸 박물관과 함께 세계 3대 박물관 중 하나로 꼽히는 루브르 박물관. 영화 〈다빈치 코드〉로 우리에게 익숙한 루브르 박물관은 코로나 19 바이러스 이전인 2019년 한 해에 960만 명의 관람객이 다녀갔을 정도로 세계에서 가장 인기 있는 박물관이라 할 수 있다. 센강 바로 옆, 파리의 가장 중심 지역인 1구에 자리한 루브르 박물관은 규모가 어마어마하다. 센강, 튈르리 정원 등 주변 배경과도 완벽한 조화를 이루어 마치 한 장의 엽서 같은 풍경을 자아낸다. 루브르의 역사는 중세부터 시작되었다고 할 수 있는데, 처음부터 궁전이나 박물관으로 사용되었던 것은 아니다. 1190년 필립 오귀스트 왕은 전쟁으로부터 파리를 지키기 위해 요새를 쌓아 올리며 서쪽 끝으로 사각형 타워와 같은 모습을 한 루브르를 처음 세웠다. 그 후 도시의 규모가 점점 커지면서 군사적 요새의 의미를 잃은 루브르는 점점 잊히고 버려졌다. 프랑스혁명 이후 루이 16세의 명으로 루브르는 박물관으로 탈바꿈하고, 1793년 처음으로 대중에게 '루브르 박물관'이 공개된다. 루브르 박물관 소장품은 해가 지날수록 늘어났으며 나폴레옹 1세는 루브르 앞 작은 개선문, '카루셀 뒤 루브르'를 건축하라는 명령을 내린다. 오늘날 루브르 박물관은 리슐리외관, 쉴리관, 드농관의 3개의 전시실로 나누어져 있으며, 총 4층으로 이루어져 있다. 3만5000개가 넘는 작품이 약 6만㎡ 전시실에 나뉘어 전시되고 있는데, 모든 작품을 보기 위해서는 하나의 작품 앞에서 10초씩만 머물러도 2박 3일간 꼬박 논스톱으로 박물관에만 있어야 한다고 한다. 그러니 여행 전 취향에 따라 루브르 박물관 관람 일정을 꼼꼼히 세워두는 것이 좋다.

MAP P.325K INFO P.338

찾아가기 메트로 1호선 팔레 루아얄 뮈제 뒤 루브르(Palais Royal Musée du Louvre)역 루브르 박물관 출구 이용 도보 2분 주소 Musée du Louvre, Rue de Rivoli, 75001 Paris 전화 01-40-20-50-50 시간 월·수·목·토·일요일 09:00~18:00, 금요일 09:00~21:45 휴무 화요일, 1/1, 5/1, 12/25 가격 €22, 7월 14일 모든 방문객 무료 입장 홈페이지 www.louvre.fr

간식을 준비하자!
루브르 박물관의 규모는 생각보다 더 크다. 편안한 신발과 간단한 간식을 미리 준비하는 것이 좋다. 박물관 내에 스낵바와 레스토랑이 있지만, 일반 스낵바나 레스토랑보다 가격대가 높다. 샌드위치를 준비해 가거나 2~3시간 정도 계획을 잘 세워 관람하고 박물관 주변 식당으로 가도 된다. 메트로 팔레 루아얄 뮈제 뒤 루브르(Palais Royal Musée du Louvre) 역을 지나 생토노레 거리(Rue Saint-Honoré) 쪽으로 가면 맛 좋고 저렴한 식당이 꽤 있다.

사기꾼 및 소매치기 조심!
요새는 수법이 다양해져 사인을 요구하듯 다가와 말을 걸며 소지품을 훔치기도 하고 사인을 하고 나면 여럿이 몰려와 당연한 듯 돈을 요구하기도 한다. 즐거운 박물관 관람을 위해 박물관 주변과 내부에서 항상 소지품에 주의를 기울이자.

루브르 박물관 꼼꼼히 보기

루브르 박물관은 3개 관으로 이루어져 있으며, 소장 작품 수와 규모가 어마어마하기 때문에 모든 작품을 꼼꼼히 챙겨 보기에는 너무나 많은 시간이 걸린다. 그러므로 최대한 미리 구조를 알아보고 봐야 할 작품들의 위치를 파악해두는 것이 좋다. 가장 볼 것이 많은 곳은 1층(우리나라의 2층)이고 드농관에 모나리자와 같은 유명한 작품이 많다.

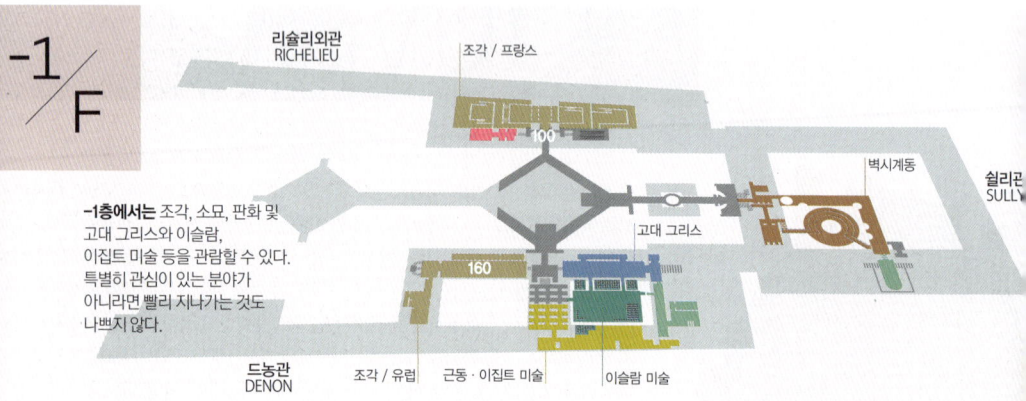

-1/F

-1층에서는 조각, 소묘, 판화 및 고대 그리스와 이슬람, 이집트 미술 등을 관람할 수 있다. 특별히 관심이 있는 분야가 아니라면 빨리 지나가는 것도 나쁘지 않다.

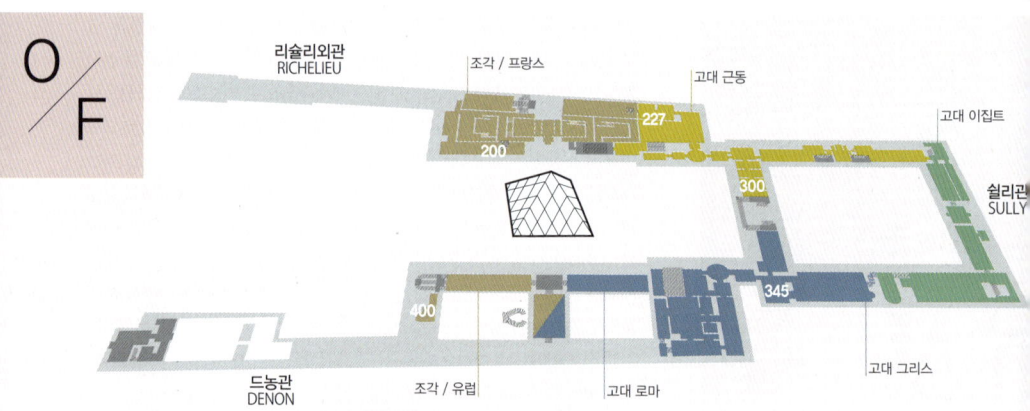

0/F

0층은 상설 전시실로 고대 근동과 이집트, 그리스, 로마 등 고대의 유물과 작품을 주로 다룬다. 특히 이집트의 석관, 석판, 목관, 스핑크스 등 다양한 형태의 유물이 방대하게 전시되어 있어 눈길을 사로잡는다. 아프로디테, 일명 밀로의 비너스상은 쉴리관 0층에서 볼 수 있다.

Room 345

아프로디테, 밀로의 비너스
Aphrodite, Vénus de Milo

기원전 2세기에서 1세기 초에 만든 것으로 추정되며, 1820년 밀로섬에서 발견되었다고 해서 밀로의 비너스라고 불린다. 대리석으로 제작했으며, 양팔이 있었던 것으로 추정되지만, 현재는 볼 수 없다. 아름다운 여성의 신체를 사실 그대로 생생하게 표현해 루브르 박물관에서 꼭 봐야 하는 작품 중 하나로 꼽힌다.

Room 227

함무라비 법전
Code de Hammurabi, roi de Babylone

고대 바빌로니아의 제6대 왕인 함무라비 왕이 편찬한 282조의 판례법이 높이 2.25m의 돌기둥에 새겨져 있다. '눈에는 눈, 이에는 이'로 유명하며 법전에는 무역, 통상 같은 경제 관련 내용은 물론 혼인, 이혼, 폭행, 채무 등과 같은 사회 전반적인 사항의 법 조항이 명시되어 있다.

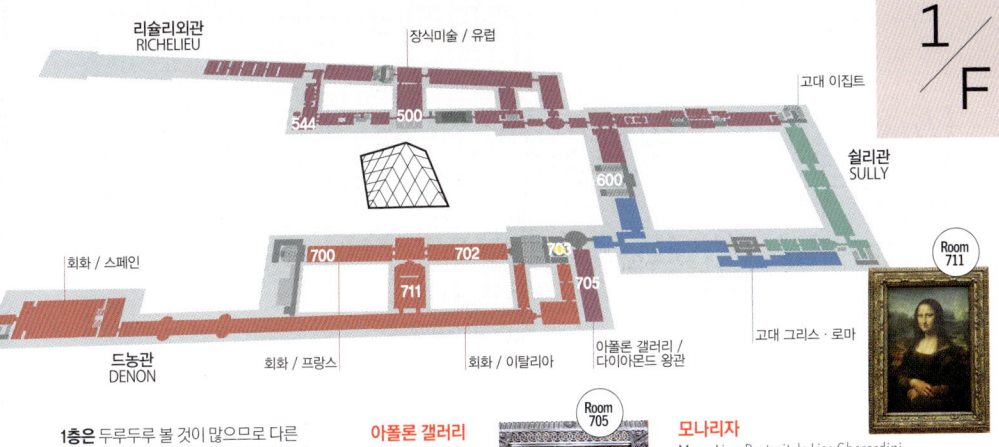

1/F

리슐리외관 RICHELIEU
장식미술 / 유럽
고대 이집트
쉴리관 SULLY
회화 / 스페인
드농관 DENON
회화 / 프랑스
회화 / 이탈리아
아폴론 갤러리 / 다이아몬드 왕관
고대 그리스 · 로마

Room 711

1층은 두루두루 볼 것이 많으므로 다른 층보다 시간을 조금 더 할애해야 할 수도 있다. 쉴리와 드농관 사이 1층으로 올라가는 길에는 사모트라케의 니케 조각상이 있으며, 화려함의 극치인 아폴론 갤러리, 프랑스와 이탈리아의 다양하고 유명한 회화 작품 등을 감상할 수 있다.

Room 544

나폴레옹 3세 아파트
Appartements Napoléon III
화려한 가구와 장식품 등을 실제로 볼 수 있다. 황금색과 진한 빨간색이 어우러져 화려함의 극치를 보여주며, 천장에는 샹들리에와 회화 작품이 있다.

승리의 여신 니케
Victoire de Samothrace
사모트라케의 승리의 여신 니케상은 에게해의 섬 사모트라케에서 발견된 대리석 조각을 모아 다시 제작한 것으로 알려져 있다. 헬레니즘 시기를 대표히는 조각으로 날개의 각도, 바람을 맞고 있는 듯 휘날리는 옷의 표현이 섬세하고 세밀하다. 드농관 계단 위에 있어 멀리서도 눈에 잘 띈다.

Room 703

아폴론 갤러리
Galerie d'Apollon
베르사유 궁전과 같이 화려한 프랑스 고전주의를 엿볼 수 있는 화랑이다. 1661년 화재로 손실된 갤러리가 재건되어 베르사유 궁전 거울의 방의 모델이 되었다. 둥근 형태의 천장에는 네 그룹의 노예상과 아홉 뮤즈 이포크렌 상이 조각되어 있으며 17~19세기 회화 작품을 볼 수 있다.

Room 705

민중을 이끄는 자유의 여신
La Liberté guidant le peuple, Eugène Delacroix
우리에게도 익숙한 작품인 낭만주의 화가, 들라크루아의 '민중을 이끄는 자유의 여신'에서는 프랑스 7월 혁명 중 자유의 여신이 프랑스 삼색기를 들고 분노에 찬 민중을 이끄는 모습이 묘사되어 있다.

Room 700

모나리자
Mona Lisa, Portrait de Lisa Gherardini, épouse de Francesco del Giocondo
루브르 박물관의 대표작이라 할 수 있는 레오나르도 다빈치의 모나리자는 드농관 1층에 자리한다. 인류의 걸작이라고 평가받는 신비한 미소의 모나리자 그림은 도난당했던 이력 때문인지 보안이 철저하고 유리관에 싸여 전시되어 있다.

Room 702

나폴레옹 1세 대관식
Sacre de l'empereur Napoléon Ier et couronnement de l'impératrice Joséphine
프랑스의 대표적인 고전주의 화가 자크 루이 다비드의 작품이다. 그는 나폴레옹을 찬미하는 작품을 여럿 남긴 것으로 유명하며 '나폴레옹 1세 대관식' 작품에서는 나폴레옹 스스로 대관을 하고 황후가 될 조세핀에게 씌워주는 모습을 통해 나폴레옹의 권력을 표현했다.

2/F

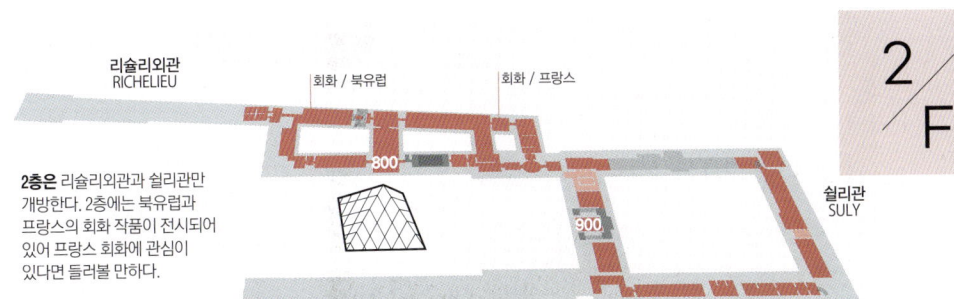

리슐리외관 RICHELIEU
회화 / 북유럽
회화 / 프랑스
쉴리관 SULY

2층은 리슐리외관과 쉴리관만 개방한다. 2층에는 북유럽과 프랑스의 회화 작품이 전시되어 있어 프랑스 회화에 관심이 있다면 들러볼 만하다.

드농관 DENON

Musée du Louvre

앵그르 '더키탕(Le Bain Turc)'
쉴리관, Room 940

프랑수아 제라르 '에로스와 프시케(Psyché et l'Amour)'
쉴리관, Room 934

요하네스 페르메이르 '레이스 뜨는 여인(La Dentellière)'
리슐리외관, Room 837

▶ | WHAT TO SEE
함께 둘러보면 좋은 곳

튈르리 정원
Jardin des Tuileries

'튈르리'는 16세기 기와(tuiles) 공장이 있던 곳에 궁전을 만들면서 붙인 이름이다. 궁전은 사라졌지만, 왕궁 조경사 앙드레 르 노트르가 설계한 튈르리 정원은 남아 있으며 전형적인 프랑스식 정원의 형태를 갖추었다. 파리에서 가장 크고 오래된 프랑스식 정원으로, 1914년부터는 역사적 기념물에 등록되었고, 유네스코 세계문화유산에도 등재되어 있다. 아름다운 2개의 인공 호수와 조용한 산책길 등이 있어 파리지앵에게 많은 사랑을 받는다. 콩코르드 광장 쪽으로는 오랑주리 미술관과 주 드 폼 미술관이 위치한다. 6월에서 8월까지는 다양한 노점상은 물론 이동식 놀이공원이 문을 열어 활기찬 분위기를 느낄 수 있다.

◎ MAP P.325G ⓘ INFO P.338
◎ 주소 113 Rue de Rivoli, 75001 Paris ⓘ 시간 4~9월 말 07:00~21:00, 10~3월 말 07:30~19:30

TIP 루브르에 대해 알고 가면 좋은 사실

루브르 박물관 = 나폴레옹 박물관?!
1803년부터 1815년 나폴레옹이 워털루 전쟁에서 패해 코르시카섬으로 유배 갈 때까지 루브르 박물관은 '나폴레옹 박물관'으로도 불렸다. 프랑스의 패배로 그간 전쟁으로 수집해온 해외 작품은 고국으로 돌아갈 수 있었다.

엄청난 하루 방문객
루브르 박물관은 하루 평균 1만5000명의 방문객이 입장하며 그중 70%가 외국인이다.

피라미드는 사탄의 음모?
댄 브라운의 소설 《다빈치 코드》에서는 유리 피라미드가 666개의 유리판을 이용해 세웠다며 사탄의 음모라 주장했지만, 이는 소설의 재미를 위한 왜곡일 뿐이다. 실제로 유리 피라미드에 사용된 유리판은 모두 673개라고 루브르 박물관이 공식적으로 발표했다.

'루브르' 하면 '모나리자'
레오나르도 다빈치의 '모나리자'는 상상한 것 이상으로 크기가 작다. 경비가 철통같아서 가까이서 볼 수도 없지만, 모나리자 앞에는 항상 사람이 북적북적하다. 1911년 도난당했지만, 갤러리상의 신고로 1914년 3년 만에 제자리로 돌아왔다.

루브르의 상징 피라미드
박물관 안뜰의 피라미드는 1985년 중국계 미국인 레오 밍 페이(Leoh Ming Pei)가 설계했는데, 당시 박물관과 전혀 어울리지 않는다는 혹독한 비판을 받았지만, 오늘날에는 전통과 현대가 잘 어우러진 모습으로 세계인에게 사랑받고 있다.

Musée d'Orsay

오래된 기차역의 아름다운 변신 오르세 미술관
#인상주의 #반 고흐 #모네 #오르세 시계탑

TIP 오르세 미술관 즐기기 꿀팁

두 미술관을 하나의 티켓으로!
오르세 미술관+로댕 미술관 티켓을 이용하면 할인된 가격에 구매할 수 있다.

미술관 주변 산책하기
오르세 미술관 주변 길은 조용하지만, 17~18세기에 지은 역사 깊은 저택이 많은 곳이기도 하다. 볼거리가 특별히 많은 것은 아니지만, 파리 느낌이 팍팍 나는 거리를 걸어보자. 추천 골목 Rue de Lille, Rue de l'Université, Rue de Solférino

루브르 박물관에서 센강을 따라 에펠탑 쪽으로 유유히 걷다 보면 웅장하고 화려한 백색의 오르세 미술관과 마주하게 된다. 오르세 미술관은 원래 파리와 남서부 지방을 잇는 기차역이었다. 본연의 목적과 어울리지 않게 화려한 외관이 눈에 띄는 오르세 미술관은 루브르 가까이 있고 근처 동네가 아름다운 지역인 만큼 주변과 잘 어울리는 조화로운 건축물이 될 수 있도록 프랑스 정부가 특별히 개조에 심혈을 기울였다. 과거 다양한 용도로 모습을 바꾸다가 한때 철거 위기에 몰리기도 했지만, 1978년 역사적 기념물로 지정되며 기차역에서 미술관으로 개조를 위한 본격적인 공사에 들어간다. 1986년 12월 1일 당시 프랑수아 미테랑 대통령이 오르세 미술관의 개관을 알렸고, 같은 달 9일부터는 대중에 공개되었다. 2007년 이후부터 코로나 19 바이러스 이전인 2019년까지 매년 3백만 명 이상의 방문객이 오르세 미술관을 방문했다. 인상파 화가의 작품이 많이 전시되어 있기로 유명한데, 1848년부터 1914년까지 창작된 서양미술품이 있으며 회화는 물론, 장식미술, 조각, 사진 등 예술품을 소장하고 있다. 인상파와 후기 인상파 화가들의 작품 440여 점 중에는 반 고흐의 '아를의 별이 빛나는 밤', 에두아르 마네의 '풀밭 위의 점심 식사', 클로드 모네의 '수련' 등 이름만 들어도 알 만한 친근한 작품을 만날 수 있다. 이외에도 고갱, 르누아르, 세잔, 드가 등의 작품을 한자리에서 볼 수 있으니 미술에 관심이 없더라도 가벼운 마음으로 관람하길 권한다.

ⓜ MAP P.362B ⓘ INFO P.368
찾아가기 메트로 12호선 솔페리노(Solférino) 역에서 도보 3분, RER C선 뮤제 도르세(Gare Musée d'Orsay) 역에서 도보 1분 주소 1 Rue de la Légion d'Honneur, 75007 Paris 전화 01-40-49-48-14 시간 화·수·금~일요일 09:30~18:00, 목요일 09:30~21:45 휴무 월요일, 5/1, 12/25 가격 €16(온라인 사전 구매), €14(현장 판매) / 목요일 18시부터 €12(온라인 사전 구매), €10(현장 판매) / 한국어 오디오 가이드 €6
홈페이지 www.musee-orsay.fr

센강 즐기기
미술관에서 센강 쪽으로 내려가면 강변을 따라 여유를 즐길 수 있으며, 특히 여름에는 볼거리가 많다.

오르세 미술관 꼼꼼히 보기

기차역이던 건물을 미술관으로 재정비해 건물 구조가 일반 미술관이나 박물관과 다르게 조금 독특하다. 미술관은 총 5층으로 시대와 화파별로 전시실이 구성되어 있지만, 크게 0·2·5층으로 나누어진다고 보면 된다. 센강 풍경을 볼 수 있는 테라스는 여름에만 한시적으로 운영하며 인생사진을 남길 수 있는 시계탑은 5층을 통해 갈 수 있다. 오르세 미술관의 작품들은 외국이나 다른 미술관에 대여되는 경우가 많기 때문에 일부 작품은 보지 못할 수도 있다.

TIP
입구에서 시작해 0층을 가볍게 관람하고 입구 반대편 끝에 위치한 엘리베이터나 에스컬레이터를 타고 5층으로 이동하여, 5층→2층→0층 순으로 관람하면 편하다.

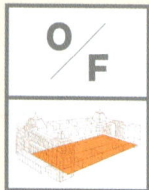
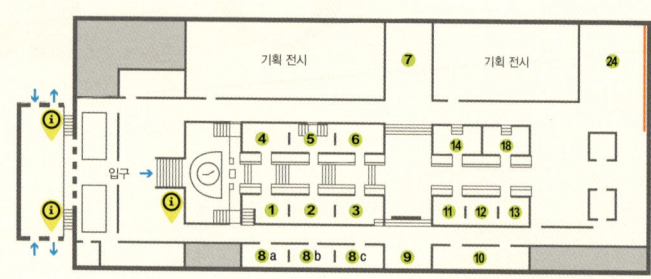

0층은 1850년에서 80년대 조각품들과 밀레, 모네, 세잔, 드가 등의 작품 및 상징주의와 사실주의 시대의 작품들을 볼 수 있다.

Room 4
이삭 줍는 사람들 장 프랑수아 밀레
Des Glaneuses, Jean-François Millet, 1857
시골 프롤레타리아 계급 여인들이 수확이 끝난 농지에서 이삭을 주워 담는 모습을 그려낸 이 작품은 장 프랑수아 밀레의 대표작 중 하나다. 농민과 노동자 계층에 대한 연민의 감정을 드러내며 당시 프랑스 사회주의자들에게 많은 찬사를 받았다.

Room 14
올랭피아 에두아르 마네
Olympia, Édouard Manet, 1863
모더니즘의 창시자이자 인상주의 화가 마네의 작품이다. 이전 누드화와는 다르게 그가 살던 동시대의 창녀를 모델로 하고 흑인 여성이 등장해 당시 수많은 비판을 받아야 했다. 직업 여성의 무표정한 시선과 흑인 여성이 전달해주는 꽃다발을 통해 남성 손님의 욕망을 보여준다.

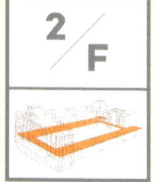

2층은 신인상주의 화가의 작품, 아르누보, 상징주의, 자연주의 등의 작품 등을 감상할 수 있으며, 폴 고갱과 반 고흐, 로댕 등 유명 화가의 작품이 있다.
※ 반 고흐의 〈아를의 별이 빛나는 밤〉은 현재 오르세 미술관에 전시되어 있지 않다.

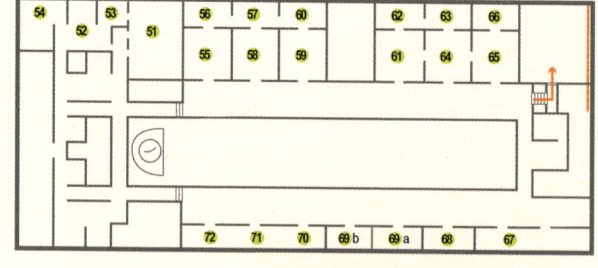

Room 67
브르타뉴의 여인들 폴 고갱
Paysannes Bretonnes, Paul Gauguin, 1894
브르타뉴 지방의 퐁타벤 마을에 머물 때 그린 시골 아낙들의 모습이다. 프랑스 시골의 색감이라기보다는 타히티의 색감에 더 가까운 이 그림은 타히티에 대한 고갱의 그리움이 잘 드러나 있다.

 Room 67

생레미드프로방스의 생폴 병원 반 고흐
Hôpital Saint-Paul à Saint-Rémy-de-Provence, Vincent Van Gogh, 1889
자신의 귀를 자른 것으로 유명한 반 고흐는 그 사건으로 생레미드프로방스의 생폴 병원에 수용되었는데, 그 시절 그린 그림이다.

5/F

5층은 인상주의 작품이 전시되어 있으며 모네, 마네, 르누아르, 세잔, 드가 등 내로라하는 인상파 화가들의 작품을 감상할 수 있다. 여름 테라스와 2개의 시계탑을 이용할 수 있다.

 Room 43, 44, 45

타히티의 여인들 폴 고갱
Femmes de Tahiti, Paul Gauguin, 1891
1891년 새로운 영감을 찾아 타히티로 떠난 고갱은 타히티 전통문화가 사라져감을 안타까워하며 시골 마을을 찾아 그곳에서 생활하며 서양 문화와 원주민들의 문화가 섞이어 있는 모습을 그렸다. 빨강, 노랑, 주황 등 대담한 색채의 사용은 마티스 화풍의 전조가 되기도 한다.

 Room 29

풀밭 위의 점심 식사 에두아르 마네
Le déjeuner sur l'herbe, Édouard Manet, 1863
마네는 회화 수업을 받으며 루브르 박물관에서 명작을 모사해 자신의 방식으로 새롭게 해석했다. '풀밭 위의 점심 식사' 역시 티치아노의 '전원 음악회'와 라파엘로의 '파리스의 심판'을 차용한 것으로, 동시대의 실존 인물인 여성과 남성을 표현했으며, 당시 큰 스캔들을 일으켰다.

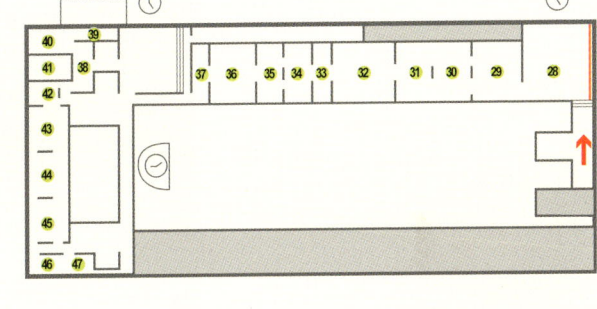

 Room 32

야외에서 인물 그리기 습작 : 양산을 쓰고 왼쪽으로 몸을 돌린 여인 클로드 모네
Essai de Figure en Plein-air : Femme à l'ombrelle Tournée Vers la Gauche, Claude Monet, 1886
'양산을 쓰고 오른쪽으로 몸을 돌린 여인'과 세트로 모델은 그의 딸, 수잔인 것으로 전해진다. 얼굴보다는 그 위에 씌워진 베일에 비치는 빛에 더욱 주목하여 그린 이 작품은 인물화보다는 풍경화로 여겨진다. 그림자의 색과 하늘의 색, 풀밭의 색 등에 빛의 효과로 차이를 준 표현법이 인상적이다.

물랭 드 라 갈레트의 무도회 오귀스트 르누아르
Bal du Moulin de la Galette, Auguste Renoir, 1876
몽마르트르 언덕의 물랭 드 라 갈레트의 정원에서 열리는 무도회의 흥겨운 분위기를 표현한 작품으로, 자연의 빛과 인공적인 빛의 조화가 다양한 색채를 통해 이루어졌다. 파리 현대사회의 일상을 혁신적인 스타일과 남다른 작품의 크기로 초기 인상주의의 걸작으로 꼽힌다.

Room 30

▶| WHAT TO SEE
함께 둘러보면 좋은 곳

국회의사당
Assemblée Nationale

상·하원 양원제의 프랑스는 상원은 뤽상부르 궁전을, 하원은 팔레 부르봉이라고 불리는 프랑스 국회의사당의 건물을 의사당으로 사용한다. 18세기 초에 건축된 팔레 부르봉은 콩코르드 다리를 따라 콩코르드 광장을 마주하고 있으며, 남쪽으로는 앵발리드가 위치한다. 평소 의사당 건물을 방문할 수 없지만, 매년 9월에 열리는 프랑스 문화유산의 날만큼은 방문할 수 있다.

ⓜ MAP P.311D ⓘ INFO P.318
주소 33 Quai d'Orsay 75007 Paris 전화 01-40-63-60-00

앵발리드 – 군사 박물관
Invalides – Musée de l'Armée

17세기까지도 참전 용사나 부상병이 치료를 받고 요양할 수 있는 마땅한 시설이 없던 것을 안타까워하던 루이 14세는 1670년 오텔 데 쟁발리드(Hôtel des Invalides)를 설립한다. 앵발리드는 군사적인 성격과 종교적인 성격을 동시에 띠며, 17세기 말 무렵에는 4000명이 넘는 참전 용사가 머무르게 된다. 나폴레옹의 유해가 돔 아래에 안장되어 있으며, 오늘날에는 군사 박물관 및 군사학교, 군사 병원 등으로 이용된다. 현재 리노베이션 공사 중으로 2024년 올림픽 이전 재오픈 예정이다.

ⓜ MAP P.311H·L ⓘ INFO P.317
주소 129 Rue de Grenelle, 75007 Paris 전화 01-44-42-38-77
시간 10:00~18:00(화요일 21시까지) 휴무 1/1, 5/1, 12/25
가격 €15 홈페이지 www.musee-armee.fr

TIP 오르세에 대해 알고 가면 좋은 사실

사진 촬영에 주의하자!
파리의 다른 미술관이나 박물관과는 다르게 2010년부터 오르세 미술관은 사진 촬영 자체를 금지해왔다. 하지만 2015년부터는 몇몇 개인 소장 작품을 제외하면, 상업 용도의 사진 촬영이 아닌 이상 촬영이 가능하다. 물론 플래시나 셀카봉, 삼각대 사용은 금지하니 조심할 것.

유명 인증사진 장소는 여기!
미술관 5층에 위치한 시계탑을 통해 유유히 흐르는 센강과 튈르리 정원, 루브르 박물관 등 아름다운 파리의 모습을 감상할 수 있다. 특히 역광을 통해 멋진 실루엣 사진을 찍을 수 있어 인증사진을 찍으려는 사람들로 시계탑 앞은 항상 만원이다.

파리의 흉물? 파리의 젊음! 퐁피두 센터
#현대미술 #마르셀 뒤샹 #스트라빈스키 분수

1977년, 커다란 주차장으로 쓰이던 파리 보부르 지역에 파격적인 건축물 조르주 퐁피두 국립 예술 문화 센터가 들어선다. 가스관, 수도관 등이 그대로 외부에 노출된 이 건물은 주변과의 조화를 중시하는 파리의 전통적인 건축 통념과 다르다는 이유로 개관 당시 혹독한 비판을 받았지만, 현재 20세기를 상징하는 건축물 중 하나로 꼽히며, 유럽 최고 현대미술관 중 하나로서 역할을 톡톡히 해내고 있다. 퐁피두 센터를 건축하기 위해 당시 프랑스에서는 처음으로 국제 콩쿠르를 개최했고, 49개국 681명의 경쟁자가 이 콩쿠르에 참가했다. 이탈리아의 렌초 피아노와 영국의 리처드 로저가 콩쿠르에서 우승하면서, 두 건축가의 공동 작업으로 1977년 1월 31일 개관했다. 현재 퐁피두 센터는 10만 점이 넘는 작품을 소장하고 있으며, 조르주 퐁피두 대통령의 염원대로 미술은 물론 영상, 사진, 건축, 디자인, 뉴미디어 등의 분야의 예술을 선보이며, 미술관과 공공 도서관, 공업 창작 센터, 음악 연구소 등 문화 예술이 공존하는 진정한 예술 센터의 중심으로 자리 잡았다.

◎ MAP P.398E · F ◎ INFO P.404
◎ 찾아가기 메트로 11호선 랑뷔토(Rambuteau) 역에서 도보 2분
◎ 주소 Centre Pompidou, Place Georges-Pompidou, 75004 Paris
◎ 전화 01-44-78-12-33 ◎ 시간 월·수·금~일요일 11:00~21:00, 목요일 11:00~23:00(기획 전시만 적용) ◎ 휴무 화요일, 5/1 ◎ 가격 €15
◎ 홈페이지 www.centrepompidou.fr

※ 퐁피두 센터는 2025년부터 약 5년간 리모델링 공사에 들어갈 예정이다.

TIP 퐁피두 센터 즐기기 꿀팁

알록달록 배관의 의미 
센터 외관에 보이는 가지각색의 배관에는 '코드'가 있는데, 파란색은 공조 시스템을 가리키고, 노란색은 선기 순환을, 초록색은 수도 순환, 빨간색은 에스컬레이터나 엘리베이터 등의 이동 선을 의미한다.

에스컬레이터를 타고 전망대에 가보자
에스컬레이터를  타고 센터 꼭대기 6층에 오르면 파리 시내가 한눈에 보이는 멋진 전망대가 있다. 그리 높지는 않지만 에펠탑, 개선문, 노트르담 대성당, 사크레쾨르 성당 등을 볼 수 있다.

디자인 제품은 이곳에서!
퐁피두 센터의 예술  서적과 기념품 판매점은 새로운 예술 서적과 감각적인 디자인 제품을 파는 것으로 유명하다.

[**Special**]
언제나 핫한 미술관

루이 비통 재단 미술관
Fondation Louis Vuitton

루이 비통, 펜디 등 명품 브랜드를 소유한 LVMH 그룹의 회장이자 프랑스 최고 갑부, 베르나르 아르노의 제안으로 세계적인 건축가 프랑크 게리가 설계했다. LVMH 그룹이 금전적으로 지원하는 루이 비통 재단 미술관은 현대미술 작품을 주로 소개한다. 불로뉴 숲 내, 아클리마타시옹 정원에 자리하며, 주변 자연환경과 조화를 이룬다는 점에서 건축적인 가치를 높이 평가받았다. 테라스에서는 멀리 파리의 풍경도 감상할 수 있다.

MAP P.457K **INFO** P.461 **주소** 8 Avenue du Mahatma Gandhi, 75116 Paris **전화** 01-40-69-96-00 **시간** 월·수·목요일 11:00~20:00, 금요일 11:00~21:00, 토·일요일 10:00~20:00(전시에 따라 변동 가능) **휴무** 화요일 **가격** €16
홈페이지 www.fondationlouisvuitton.fr

파리 시립 현대미술관 & 팔레 드 도쿄
Musée d'Art Moderne de la Ville de Paris & Palais de Tokyo

1937년 파리 국제 예술-기술 박람회를 개최하기 위해 팔레 드 도쿄 미술관이 건축되었다. 파리 시립 현대미술관은 팔레 드 도쿄 미술관 동쪽에 위치하며, 두 미술관 모두 현대미술을 소개한다. 팔레 드 도쿄에서는 독특하고 새로운 예술가들의 작품을 만나볼 수 있고, 통념에서 벗어나 관람객들이 직접 즐길 수 있는 예술 작품을 소개하는 경우가 많다. 파리 시립 현대미술관에서는 상설 전시와 기획 전시가 열리는데, 키스 해링이나 앤디 워홀 같은 유명 작가들의 기획 전시를 열어 큰 성공을 거둔 바 있다. 상설 전시의 경우 무료로 관람할 수 있으니, 미술에 관심이 있다면 들러볼 만하다.

파리 시립 현대미술관 ⓜ MAP P.310B ⓘ INFO P.317
- 주소 11 Avenue du Président Wilson, 75116 Paris
- 전화 01-53-67-40-00
- 시간 화·수·금~일요일 10:00~18:00, 목요일 10:00~21:30(기획 전시만 적용)
- 휴무 월요일, 1/1, 5/1, 12/25
- 가격 상설전시 무료, 기획전 €7~€15
- 홈페이지 www.mam.paris.fr

팔레 드 도쿄 ⓜ MAP P.032B ⓘ INFO P.039
- 주소 13 Avenue du Président Wilson, 75116 Paris
- 전화 01-81-97-35-88
- 시간 12:00~22:00, 목요일 12:00~24:00(12/24·31 단축 운영)
- 휴무 화요일, 1/1, 5/1, 12/25
- 가격 €12
- 홈페이지 http://palaisdetokyo.com

[Special]
작지만 가치 있는 미술관

오랑주리 미술관
Musée de l'Orangerie

인상파와 후기 인상파 화가들의 작품을 주로 전시하는 오랑주리 미술관은 튈르리 정원 서쪽 끝에 위치한다. 한국인에게도 친숙한 모네, 세잔, 마티스, 르누아르 등의 작품이 전시되어 있는데, 특히 모네의 '수련' 연작을 놓치지 말자.

- MAP P.324F INFO P.339 주소 Musée de l'Orangerie, Jardin Tuileries, 75001 Paris
- 전화 01-44-50-43-00 시간 09:00~18:00 휴무 화요일, 5/1, 7/14 오전, 12/25
- 가격 €12.5 홈페이지 www.musee-orangerie.fr

로댕 미술관
Musée Rodin

앵발리드와 에펠탑 근처에 위치한 로댕 미술관은 18세기에 건축된 비롱 공의 저택에 자리한다. 미술관에는 로댕의 조각과 그의 연인 카미유 클로델의 작품이 전시되어 있으며, 로댕이 생전에 수집한 그림이나 사진, 도자기 등을 볼 수 있다. 미술관 반대편으로 잘 다듬은 아름다운 정원이 있는데, '생각하는 사람', '지옥의 문' 등 로댕의 주옥같은 작품이 전시되어 있다.

- MAP P.311L INFO P.318 주소 77 Rue de Varenne, 75007 Paris 전화 01-44-18-61-10
- 시간 10:00~18:30 휴무 월요일, 1/1, 5/1, 12/25 가격 €14 홈페이지 www.musee-rodin.fr

피카소 미술관
Musée National Picasso-Paris

17세기 말 건축된 바로크 양식의 저택에 위치한 피카소 미술관은 1985년에 개관했다. 5000점이 넘는 작품이 전시되어 있으며, 피카소의 그림뿐만 아니라, 조각, 사진 등도 볼 수 있다. 그가 생전에 수집한 브라크, 세잔, 마티스, 드가 등의 작품 또한 전시되어 있어 지루할 틈이 없다.

MAP P.399G **INFO** P.406 **주소** 5 Rue de Thorigny, 75003 Paris **전화** 01-85-56-00-36
시간 화~금요일 10:30~18:00, 토·일요일 09:30~18:00 **휴무** 월요일, 1/1, 5/1, 12/25
가격 €14 **홈페이지** www.museepicassoparis.fr

낭만주의 박물관
Musée de la Vie Romantique

1830년에 건축된 네덜란드 화가 아리 스헤퍼르의 자택에 위치한 낭만주의 박물관은 19세기 유럽 낭만주의에 영향을 받은 화가나 작가의 작품을 전시한다. 규모는 아담하지만 테라스에 있는 카페 덕분에 날씨가 좋은 날에는 동네 주민들로 북적인다. 파리지앵과 함께 파리의 여유로움을 느끼고 싶다면 꼭 들러볼 곳.

MAP P.352J **INFO** P.358 **주소** 16 Rue Chaptal, 75009 Paris
전화 01-55-31-95-67 **시간** 10:00~18:00 **휴무** 월요일, 1/1, 5/1, 12/25 **가격** 상설 전시 무료
홈페이지 https://museevieromantique.paris.fr/fr

THEME 03
공원

One fine day

파리 공원에서 보내는 어느 멋진 날

공원과 산책은 프랑스 사람들의 일상이다. 주중에는 회사 동료들과 함께 근처 공원에서 삼삼오오 모여 점심 식사를 즐기고, 주말에는 아이들과 함께 피크닉을 하며 즐거운 시간을 보내기도 한다. 유명 건축물과 박물관 관람으로 여행에 조금씩 지치기 시작했다면 별다른 계획 없이 샌드위치를 준비해 공원으로 가보는 건 어떨까? 잔디밭에 누워 책을 읽거나 혹은 아무것도 하지 않고 여유로운 시간을 보내면서 프렌치들의 일상에 조금 더 가까이 다가갈 수 있다.

주말 피크닉은 이곳에서, **뱅센 숲**

Bois de Vincennes

'빨리빨리' 문화에 익숙한 한국 여행객 눈에는 한없이 여유로워 보이는 모습의 프렌치들이지만, 이러한 프렌치에게도 파리는 매우 바쁘고 정신없는 대도시다. 그런 복잡한 파리를 피하고 싶을 때 언제라도 피크닉 가방 하나 챙겨 들고나오는 곳이 파리의 뱅센 숲이다. 연인들의 진한 포옹과 아이들의 웃음소리에 행복해하는 한 편의 영화 같은 모습을 보고 싶다면 꼭 추천하는 곳이다. '녹색 지역'으로 따지자면 파리에서 면적이 가장 넓은 뱅센 숲은 여의도 면적의 약 3.4배 넓이(995헥타르)를 자랑한다. 파리의 1행정구역(1구)부터 6행정구역(6구)까지의 면적을 모두 합친 크기로, 파리 전체 면적의 10%에 해당하는 어마어마한 넓이의 숲이다. 파리 시민은 물론 주변 도시의 주민들이 피크닉과 조깅 장소로 애용한다.

MAP P.443L **INFO** P.453 **찾아가기** 메트로 8호선 포르트 도레(Porte Dorée) 역에서 도보 5분
주소 Bois de Vincennes, 75012 Paris **시간** 24시간(플로럴 공원 하절기 09:30~20:00, 동절기 09:30~18:00)

TIP 뱅센 숲 즐기기

호수를 즐겨보자
뱅센 숲에는 4개의 크고 작은 호수가 있는데, 그중 도메닐 호수(Lac Daumesnil)에서는 돛단배를 타며 여유롭게 아름다운 풍경을 즐길 수 있고, 생망데 호수(Lac de Saint-Mandé)에서는 주말을 이용해 조랑말을 타보는 경험을 할 수 있다.

뱅센 성
뱅센 숲은 11세기경부터 왕실의 사냥터로 사용되었는데, 숲 북쪽 언저리에 있는 뱅센 성(Château de Vincennes)에서 옛 모습을 찾아볼 수 있다.

간식을 준비하자
뱅센 숲은 그야말로 '숲'이다. 면적이 큰 만큼 무언가를 사고 싶거나 화장실에 가고 싶다면 한참 걸어야 한다. 물이나 간단한 식사는 미리 준비해 가는 것이 좋다.

박물관 옆 정원, **튈르리 정원**
Jardin des Tuileries

콩코르드 광장과 루브르 박물관 사이에 위치해 접근성이 매우 좋다. 16세기 기와(tuiles) 공장들이 있던 곳에 궁전을 만들면서 붙인 이름이지만, 오늘날 궁전은 찾아볼 수 없고 정원만 남아 있다. 당시 가장 명성이 높던 왕궁 조경사 앙드레 르 노트르가 설계했으며 전형적인 프랑스식 정원의 형태를 갖추었다. 루브르 박물관 쪽에서 튈르리 정원에 들어서면 19세기 초 나폴레옹 1세의 오스테를리츠 전투 승리를 기념하기 위해 건축된 카루셀 개선문을 볼 수 있으며, 그곳을 지나면 잘 가꾼 프랑스식 정원의 모습을 볼 수 있다. 콩코르드 광장 쪽으로 커다란 인공 호수가 있고, 그 양쪽으로 오랑주리 미술관과 주 드 폼 미술관이 자리한다. 공원 곳곳에 의자가 있어 산책 중 쉬어 가거나 책을 읽을 수 있어 편리하다.

ⓞ **MAP** P.325G ⓞ **INFO** P.338 ⓞ **찾아가기** 메트로 1호선 튈르리(Tuileries) 역에서 도보 1분
ⓞ **주소** 113 Rue de Rivoli, 75001 Paris ⓞ **시간** 3월 마지막 일요일~9월 마지막 토요일 07:00~21:00, 6~8월 07:00~23:00, 9월 첫째 주 일요일~3월 마지막 일요일 07:30~19:30

TIP 튈르리 정원 즐기기

노을을 보며 걷자
루브르 박물관에서 콩코르드 광장까지 이어지는 길은 아름다운 야경을 감상할 수 있는 스폿이다. 해가 지기 시작할 때쯤 튈르리 정원에서 콩코르드 광장 쪽으로 걷다 보면 아름다운 노을을 볼 수 있다.

튈르리의 여름
6월에서 8월까지는 다양한 노점은 물론 놀이공원이 문을 열어 활기찬 분위기를 느낄 수 있다.

도심 속 작은 정원, **팔레 루아얄 정원**
Jardin du Palais Royal

팔레 루아얄은 18세기 후반에서 19세기 초·중반까지 레스토랑과 카페가 즐비하고 연극과 공연 관람은 물론 카지노, 매춘가까지 찾아볼 수 있던 상업과 유흥의 중심지였다. 루브르 박물관을 등지고 팔레 루아얄 광장에 서면 프랑스 국참사원(Conseil d'État)과 마주하게 되는데, 바로 이곳이 루이 14세가 유년기에 머물던 왕궁, 팔레 루아얄이다. 오늘날 이곳은 국참사원을 비롯, 프랑스 국립극장 코메디 프랑세즈, 헌법 재판소, 프랑스 문화부 등의 정부 기관이 자리하며, 정원을 둘러싸고 갤러리 및 상점도 1층에 입주해 있다. 팔레 루아얄 앞에 넓게 펼쳐진 정원에서는 근처 회사에서 나온 파리지앵들이 벤치에 앉아 따스한 햇볕 아래 평화로운 점심시간을 즐기는 모습을 쉽게 볼 수 있다. 책을 읽거나 친구들과 페탕크를 치며 여유로운 시간을 보내는 프렌치들의 모습도 볼 수 있으니, 정원에 들러 파리지앵처럼 여유를 부려보는 건 어떨까?

◎ MAP P.325G ◎ INFO P.338 ◎ 찾아가기 메트로 1·7호선 팔레 루아얄 뮈제 뒤 루브르(Palais Royal Musée du Louvre) 역에서 도보 2분 ◎ 주소 Jardin du Palais-Royal, 75001 Paris ◎ 시간 4~9월 08:00~22:30, 10~3월 08:00~20:30 ◎ 홈페이지 www.domaine-palais-royal.fr

TIP 팔레 루아얄 정원 추천 장소

그랑 베푸르 Le Grand Véfour

나폴레옹이 즐겨 찾던 레스토랑. 한때 미슐랭 3스타에 빛나는 레스토랑이었지만, 지금은 파격적으로 가격을 낮추고 조금 더 캐주얼한 요리를 선보인다. 하지만 화려한 18세기 내부 장식을 보는 것만으로도 의미 있는 곳.

◎ 주소 17 Rue de Beaujolais, 75001 Paris
◎ 전화 01-42-96-56-27 ◎ 시간 12:15~14:00, 19:15~21:30 ◎ 휴무 일·월요일
◎ 홈페이지 www.grand-vefour.com

카페 키츠네 Cafe Kitsuné

유러피언에게 많은 사랑을 받고 있는 패션 브랜드 메종 키츠네에서 오픈한 카페. 제대로 훈련된 바리스타들의 훌륭한 커피를 맛볼 수 있다.

◎ 주소 51 Galerie Montpensier, 75001 Paris ◎ 전화 01-40-15-62-31
◎ 시간 09:30~19:00

아이들과 가기 좋은 곳, **라 빌레트 공원**
Parc de la Villette

건축에 관심이 있다면 라 빌레트 공원을 디자인한 프랑스의 유명 건축가 베르나르 추미가 공원 내부에 설치한 26개의 빨간 조형 건축물을 찾아보자!

한국 여행자에게는 생소할 수 있는 라 빌레트 공원은 파리의 북동쪽 19구 맨 끝에 있다. 생소함과는 다르게 라 빌레트 공원은 젊은 파리지앵에게 매우 사랑받는 공원 중 하나다. 현재 라 빌레트 공원이 있는 자리는 나폴레옹 3세 때 지은 도축장과 가축 시장이 자리했는데, 라 빌레트 공원의 입구에 서 있는 커다란 철조 건축물을 통해 그 흔적을 찾아볼 수 있다. 물론 지금은 대대적인 리모델링을 통해 그곳이 가축 시장이었다는 사실을 외관상으로는 전혀 알아챌 수 없지만, 당시 파리에서 가장 큰 우시장으로 쓰였던 곳으로, 1979년 프랑스의 역사적 기념물로 등록되었다. 오늘 날 그 자리에는 라 빌레트 공원을 비롯해 파리 음악원, 음악 도시(파리 필 하모니), 과학과 산업의 도시, 극장 등이 자리한 종합 문화 예술의 공간이 되었다. 수준 높은 전시와 프로그램도 준비되어 있으니 홈페이지를 미리 확인할 것!

◉ MAP P.425D ◉ INFO P.438 ◉ 찾아가기 메트로 5호선 포르트 드 팡탱(Porte de Pantin) 역에서 도보 1분, 또는 메트로 7호선 포르트 드 라 빌레트(Porte de la Villette) 역에서 도보 1분
◉ 주소 211 Avenue Jean Jaurés, 75019 Paris ◉ 시간 06:00~01:00 ◉ 홈페이지 http://lavillette.com

TIP 라 빌레트 공원 주변 추천 장소

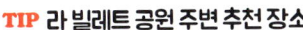

빌레트 선착장
Bassin de la Villette

시원한 바람을 쐬러 나온 파리지앵들로 선착장 주변이 늘 붐빈다. 여름에는 모래사장과 함께 각종 문화 행사가 열리는 파리 플라주가 기획되니 꼭 들러볼 것.
◉ 주소 Bassin de la Villette, 75019 Paris

파남 브루잉 컴퍼니
Paname Brewing Company

빌레트 선착장에 위치한 맥주 바로, 선착장을 바라보며 시원한 맥주 한잔을 즐길 수 있다. 화창한 날이 많아지는 5월부터는 테라스 자리를 차지하기 위한 경쟁이 치열하다.
◉ 주소 41 bis Quai de la Loire, 75019 Paris
◉ 전화 01-40-36-43-55 ◉ 시간 11:00~02:00
◉ 홈페이지 www.panamebrewingcompany.com

THEME 03 공원

젊은 파리지앵들의 아지트, **뷔트쇼몽 공원**

Parc des Buttes-Chaumont

파리 도심의 건축 개발을 위해 채석장으로 쓰이던 뷔트쇼몽은 19세기 나폴레옹 3세의 도시 개발 계획에 따라 공원으로 탈바꿈했다. 영국과 중국의 정원 스타일에서 영감을 받아 조성된 이 공원은 파리 중심의 화려한 뤽상부르 공원이나 튈르리 공원과는 확연하게 다른 스타일을 지니고 있다. 인공적으로 조성했지만 세월의 흔적이 느껴지는 폭포와 작은 동굴, 로마의 티볼리 무녀 신전을 본떠 바위 꼭대기 위에 지은 무녀 신전 등 볼거리가 많다. 특히 이 신전에서는 멋진 파리 풍경을 감상할 수 있으니 올라가볼 만하다.

⊙ MAP P.425G ⊙ INFO P.439 ⊙ 찾아가기 메트로 7B호선 뷔트쇼몽(Buttes Chaumont) 역 혹은 봇자리(Botzaris) 역에서 도보 1분 ⊙ 주소 1 Rue Botzaris, 75019 Paris ⊙ 시간 07:00~21:00 ⊙ 홈페이지 www.paris.fr/lieux/parc-des-buttes-chaumont-1757

TIP 뷔트쇼몽 공원 추천 장소

로자 보뇌르
Rosa Bonheur

타파스와 함께 와인 한잔을 즐기며 춤을 출 수 있는 공간이다. 공원 내부에 위치하기 때문에 푸른 자연을 즐기며 시간을 보낼 수 있다. 이따금 음악 공연을 열어 멋진 DJ들과 함께 자연 속 클럽 분위기를 한껏 느낄 수 있다.

⊙ 주소 2 Avenue de la Cascade, 75019 Paris
⊙ 전화 01-42-00-00-45 ⊙ 시간 목·금요일 18:00~01:00, 토·일요일 12:00~01:00(프로그램에 따라 운영시간이 다르니 홈페이지를 확인하자.)
⊙ 휴무 월~수요일 ⊙ 홈페이지 http://rosabonheur.fr/rosa-buttes

도심에서 만끽하는 작은 연주회가 있는, **뤽상부르 정원**

Jardin du Luxembourg

아름답고 화려한 뤽상부르 정원은 한가로운 시간을 즐기려는 파리지앵과 관광객으로 늘 북적인다. 앙리 4세가 암살되고 과부가 된 마리 드 메디시스는 아들 루이 13세의 섭정을 하며 뤽상부르 궁전에서 머무르게 된다. 궁전과 어울리는 정원을 만들기 위해 당시 건축가 장 살그랭에게 정원의 구성과 조경을 위임했는데, 오늘날의 모습이 있기까지 수많은 변화를 거쳤다. 정원 내에는 역사적 가치가 높은 여러 조각상과 유명한 메디시스 분수를 볼 수 있다. 6~8월에는 작은 연주회가 자주 열리는데 재즈나 클래식 등의 음악을 야외에서 즐길 수 있다. 뤽상부르 궁전은 현재 프랑스 상원 의회가 입주해 있으며, 정원 또한 상원 의회에 속해 있다.

◎ **MAP** P.363K ⓘ **INFO** P.370 ⓖ **찾아가기** RER B선 뤽상부르(Luxembourg) 역에서 도보 1분, 또는 메트로 4·10호선 오데옹(Odéon) 역에서 도보 5분 ⓐ **주소** Jardin du Luxembourg, 75007 Paris ⓣ **시간** 07:30~08:15분 사이 오픈, 16:30~21:30 폐장 (월마다 운영 시간이 다르니 홈페이지를 통해 미리 확인할 것) ⓗ **홈페이지** www.senat.fr/visite/jardin/index.html

TIP 뤽상부르 정원 즐기기

공원에서 즐기는 콘서트
날이 좋아지기 시작하는 6월부터는 재즈나 클래식 등의 음악 공연을 심심치 않게 볼 수 있다.

메디시스 분수
La Fontaine Médicis
정원 입구 왼쪽에 1630년경 앙리 4세의 후처, 마리 드 메디시스의 명에 의해 건축된 메디시스 분수가 있다. 이탈리아와 바로크 건축양식으로 화려함을 뽐낸다.

THEME 04
로컬 스폿

로컬들은 이곳에 간다!
여유롭게 보는 파리의 진면목

수많은 볼거리가 있는 파리지만 파리지앵들의 삶을 조금이라도 가까이 들여다보지
않는다면 진정 파리를 봤다고 말할 수 없다. 파리지앵들이 시장을 보고 커피를 마시며
수다 삼매경에 빠지는 곳, 한 달 전 예약해둔 레스토랑에 방문하고,
패션 피플들이 쇼핑을 즐기는 곳. 진짜 파리 로컬의 리얼 라이프 속으로 들어가보자.

역사 깊은 거리에서 느끼는 파리지앵의 일상 **몽토르괴이 거리**

RUE MONTORGUEIL

인기	쇼핑	식도락	유흥	분위기	혼잡도	접근성	치안
★★★★★	★★★★	★★★★	★★★★	★★★★★	★★★★	★★★★★	★★★★

13세기 당시 파리의 '외곽'이던 오르괴이 언덕(몽 오르괴이 Mont Orgueil)에서 오늘날의 몽토르괴이 거리 이름이 유래되었다. 몽토르괴이 거리가 시작되는 생 퇴스타슈 교회 주변의 레 알 지구(Les Halles)는 12세기부터 육류, 채소류, 어패류, 과일과 식료품 등의 대규모 도매시장이 열리던 곳이었다. 1969년 레알 시장이 파리 외곽의 렁지스(Rungis)로 옮겨 갈 때까지 파리의 중심에서 가장 큰 도매시장 역할을 톡톡히 하던 곳이었는데, 덕분에 주변의 몽토르괴이, 생드니, 레 알 지구는 지금까지도 파리지앵들에게 사랑받는 활발한 상업 지구가 되었다. 몽토르괴이 거리에 들어서자마자 다른 곳에서는 볼 수 없는 활기를 느낄 수 있다. 수많은 카페와 과일 가게, 정육점, 빵집 등을 찾아볼 수 있고, 몇백 년이 훨씬 넘은 건물도 쉽게 볼 수 있다. 1878년 화가 클로드 모네의 작품 '1878년 6월 30일, 축제가 열린 파리의 몽토르괴이 거리'에 등장할 정도로 거리와 그 주변의 역사는 깊다. 오늘날에는 몽토르괴이 거리를 둘러싼 주변 작은 골목들 사이사이로 트렌디한 상점이 자리하며 레스토랑이 즐비해 테라스와 요리를 사랑하는 파리지앵들에게 많은 사랑을 받고 있다. 파리지앵의 일상생활을 느껴보고 싶다면 몽토르괴이 거리의 카페 테라스에 앉아 커피 한잔을 마셔보자.

모네의 작품 '1878년 6월 30일, 축제가 열린 파리의 몽토르괴이 거리'

◉ MAP P.325H ◉ INFO P.343 ◉ 찾아가기 RER 샤틀레 레 알(Châtelet-Les Halles) 역 플라스 카레(Place Carrée)·자르댕파티오(Jardin-Patio) 출구로 나와 생퇴스타슈 본당을 마주 보고 오른쪽으로 약 50m 걸어간다. 본당 바로 옆길인 몽마르트르 거리(Rue Montmartre) 말고 오른쪽으로 더 가면 첫 번째 나오는 길이 몽토르괴이 거리다.

몽토르괴이 거리를 걸어보자!

❶ 파티스리 스토러
Pâtisserie Stohrer

루이 15세의 부인 마리 레슈친스카 왕비의 파티시에 니콜라 스토러(Nicolas Stohrer)에 의해 1730년 문을 연 빵집. 당시의 오페라 극장 내 대연회장 내부 장식을 담당하던 폴 보드리가 1860년 이 빵집의 내부 장식을 맡았다. 현재 역사적 기념물로 등록되어 있다.

- 주소 51 Rue Montorgueil, 75002 Paris
- 전화 01-42-33-38-20
- 시간 08:00~20:30
- 가격 바바 오 럼(Baba au rhum) €5.6, 퓌 다무르(Puits d'amour) €5.9
- 홈페이지 http://stohrer.fr

❷ 에스카르고 몽토르괴이
L'escargot Montorgueil

1875년에 문을 연 레스토랑. 달팽이 요리가 유명하며 입 생 로랑, 마르셀 프루스트, 피카소, 달리 등의 유명인들이 즐겨 찾던 레스토랑이다.

- 주소 38 Rue Montorgueil, 75001 Paris
- 전화 01-42-36-83-51 시간 12:00~22:30
- 가격 전통식 달팽이 요리 6개 €12~, 본식 €19~65
- 홈페이지 www.escargotmontorgueil.com

❸ 카페 뒤 상트르
Café du Centre

위치가 좋아 테라스에는 늘 사람들로 붐빈다. 먹을 것 없는 잔칫집인가 싶지만, 의외로 식사도 가격 대비 굉장히 훌륭한 편에 속한다. 오리 요리 마그레 드 카나르(Magret de canard)와 햄버거가 맛있으니 꼭 맛볼 것!

- 주소 57 Rue Montorgueil, 75002 Paris
- 전화 01-42-33-20-40
- 시간 06:30~02:00
- 가격 치즈버거 €17, 마그레 드 카나르 €24
- 홈페이지 www.lecafeducentre.com

❹ 프렌치 레스토랑 & 프렌치 바르 아 뱅
Frenchie & Frenchie Bar à Vins

포럼 데 알 쇼핑몰에서 몽토르괴이 길을 북쪽으로 끝까지 따라 올라가면 레오뮈르 거리(Rue Réaumur)를 건너 오른쪽 첫 번째 거리(Rue du Nil)에 꼭 들르자. 좁고 짧지만 굉장히 핫한 곳이다. 오가닉 과일, 채소를 파는 작은 슈퍼와 커피 로스팅을 해주는 곳, 생선 가게 등이 줄지어 있고 프렌치 레스토랑, 그 맞은편에 있는 프렌치 와인 바가 위치해 있다. 분위기도 좋고 맛도 좋으니 늘 사람으로 북적인다. 가벼운 와인 한잔을 위해서는 프렌치 바르 아 뱅이 좋고, 분위기를 내고 싶을 때는 프렌치를 이용하면 된다. 다만 2019년 미슐랭 원스타를 받은 프렌치 레스토랑은 미리 온라인으로 예약 가능 여부를 체크할 것!

- 주소 5 · 6 · 9 rue du Nil, 75002 Paris 전화 01-40-39-96-19
- 시간 프렌치 월~금요일 18:30~22:30 / 프렌치 바르 아 뱅 18:30~23:00
- 휴무 프렌치 토 · 일요일 가격 프렌치 디너 €140~ / 프렌치 바르 아 뱅 €9~
- 홈페이지 www.frenchie-restaurant.com

❺ 오 로셰 드 캉칼
Au Rocher de Cancale

몽토르괴이 거리를 걷다 보면 자연스럽게 눈에 띄는 건물. 오래된 벽에 최근에 새로 하늘색 페인트를 입혀 눈에 띈다. 1846년에 문을 연 레스토랑으로, 건물 2층에는 프랑스의 화가 폴 가바르니가 그린 벽화들이 그대로 남아 있다.

- 주소 78 Rue Montorgueil, 75002 Paris
- 전화 01-42-33-50-29
- 시간 08:00~02:00
- 가격 연어구이 €17
- 홈페이지 www.aurocherdecancale.fr

❻ 에드가르 Edgar

골목 끝에 숨어있어 일부러 찾아가야 한다. 맛있는 칵테일과 심플하지만 세련된 메뉴 덕에 젊은 프렌치들이 많이 찾는다. 싱싱한 해산물 요리가 많으며, 미리 예약하는 것이 좋다.

- 주소 31 Rue d'Alexandrie, 75002 Paris
- 전화 01-40-41-05-69
- 시간 월~토요일 07:30~22:30, 일요일 08:00~16:00
- 가격 €17
- 홈페이지 www.edgarparis.com

TIP
몽토르괴이 거리 근처에는 파사주 뒤 그랑세르(Passage du Grand Cerf)가 있다. 매우 '파리스러운' 곳이니 꼭 가볼 것! (P.105 참고)

보고 또 봐도 늘 새로운 **마레 지구**

MARAIS

인기	쇼핑	식도락	유흥	분위기	혼잡도	접근성	치안
★★★★★	★★★★★	★★★★	★★★★	★★★★★	★★★★	★★★★★	★★★★

파리에서 가장 역사적인 지구 중 하나인 마레 지구는 원래 늪지였다. 오늘날에는 파리시의 3·4 행정구역에 포함되어 있으며 유대인, 중국인 등이 마레 지구에 커뮤니티를 이루며 살아가고 있다. 20세기 후반 들어 성소수자들의 커뮤니티가 눈에 띄게 늘어났고, 그와 함께 마레 지구는 파리에서도 트렌디한 패셔니스타들이 모인 곳이라는 명성을 얻었다. 이전까지 파리의 외곽에 속하던 마레 지구는 17세기 보주 광장의 건축과 함께 귀족들의 거주지로 자리 잡기 시작한다. 수많은 귀족의 저택이 그 당시에 건축되었고, 오늘날에도 그 흔적을 쉽게 찾아볼 수 있다. 마레 지구에 터를 잡았던 귀족들은 18세기 생제르맹과 생토노레 지역의 개발과 함께 마레 지구를 떠나고, 프랑스혁명 후에는 마레 지구에서 귀족을 찾아보기 더욱 힘들어진다. 주인을 잃은 마레 지구의 저택에 수공업자와 노동자 계층이 들어와 자리를 잡으며 그들만의 실용적인 아틀리에를 만든다. 이러한 특별한 역사 덕분에 지금 마레 지구가 매우 독특한 분위기를 풍기게 된 것은 아닐까?

TIP
시청에서 센강을 따라 동쪽으로 내려가다 보면 루이 필리프 다리(Pont Louis Philippe)가 나온다. 다리를 건너지 말고 내려온 그대로 왼쪽 길로 들어서면 생제르베 성당(Église Saint-Gervais)이 있는 바르 거리(Rue des Barres)가 나온다. 짧은 길이지만 컬러풀한 레스토랑과 아기자기한 상점이 가득한 곳이니 한 번쯤 방문해볼 것!

MAP P.398　**INFO** P.396　**찾아가기** 마레 지구를 찾아가는 방법은 다양하다. 메트로 1호선 생폴(Saint-Paul) 역에 내려서 갈 수 있고, 8호선 피 뒤 칼베르(Filles du Calvaire) 역, 생세바스티양 푸아사르(Saint-Sébastien Froissart) 역, 슈맹 베르(Chemin Vert) 역을 통해 갈 수 있다. 관광하기에는 1호선 생폴 역과 8호선 슈맹베르 역이 가장 무난하다.

마레 지구를 걸어보자!

PARIS MARAIS

❶ 보마르셰 거리
Boulevard Beaumarchais

이제는 누구나 들른다는 파리 최고의 편집숍 메르시(Merci)의 오픈을 시작으로 파리 여행객들의 필수 코스가 되었다. 메르시 이외에도 봉통(Bonton), 아페쎄(A.P.C), 메종 키츠네(Maison Kitsuné), 블렌드(Blend), 그라지에(Grazie), 메종 플리송(Maison Plisson), 뒤 팽(Du Pain) 등 많은 패션 매장과 맛집이 있다.

❷ 프랑 부르주아 거리
Rue des Francs Bourgeois

마레 지구 최고의 쇼핑 거리. 무지(MUJI), 유니클로, 딥티크, 키엘, 산드로, 벤시몽 매장 등 없는 것이 없다.

❸ 브르타뉴 거리
Rue de Bretagne

테라스가 있는 카페가 줄지어 있다. 사람들로 늘 북새통을 이루며, 이 길의 39번지쯤으로 가면 마르셰 데 장팡 루주(Marché des Enfants Rouges)라는 작지만 특별한 시장이 있다. 시장에서 가볍게 끼니를 해결할 수도 있고, 과일이나 꽃 등을 구매할 수도 있다.

❹ 비에이 뒤 탕플 거리
Rue Vieille du Temple

마레 지구 최중심을 가로지르는 비에이 뒤 탕플 거리는 패션 학교에서 파리 스트리트 패션을 담아 오라고 하면 이곳으로 조사를 나갈 정도로 패셔니스타들이 애용하는 길이다. 브랜드 옷 매장도 있고 예쁜 카페도 많지만, 의외로 조용해 파리지앵들이 즐겨 찾는다.

❺ 보주 광장
Place des Vosges

마레 지구의 터줏대감이지만 처음부터 보주 광장이라고 불린 것은 아니다. 1612년 루이 13세와 안 도트리슈 왕비의 약혼을 기념해 조성되었으며 플라스 루아얄, 즉 '왕궁 광장'이라 불렸다. 왕궁 광장은 주로 기마행렬이나 집단 경기, 결투 등에 사용되었으며 옷을 제대로 갖춰 입지 않으면 입장할 수 없었다. 프랑스혁명과 함께 여러 명칭을 거쳐 1800년 세금을 처음으로 납부한 보주 지방을 기념하기 위해 보주 광장이라고 명명되었다. 보주 광장은 파리에서도 가장 오래되고 아름다운 광장으로 유명하며 파리지앵의 작은 쉼터가 되어주기도 한다. 주말에는 삼삼오오 잔디밭에 앉아 책을 읽거나 노래를 들으며 여유를 즐기는 사람들을 볼 수 있다.

📍 주소 Place des Vosges, 75004 Paris

TIP
프랑스의 낭만파, 국민적 문호 빅토르 위고가 보주 광장 6번지에 살았으며, 현재는 빅토르 위고 기념관으로 사용하고 있다.

❻ 생폴 생루이 본당
Paroisse Saint-Paul Saint-Louis

메트로 1호선 생폴(Saint-Paul) 역 바로 앞에 위치해 수많은 여행객의 마레 지구 여행 시작점이 되어 주기도 하는 생폴 생루이 본당은 1627년에 세운 유서 깊은 곳으로, 파리의 첫 번째 예수회 성당이기도 하다. 아름답고 화려한 바로크 양식의 내·외부는 보는 이로 하여금 저절로 감탄을 자아내게 만든다.

📍 주소 99 Rue Saint-Antoine, 75004 Paris ☎ 전화 01-42-72-30-32 🕐 시간 08:00~20:00 🌐 홈페이지 www.spsl.fr

❼ 카로 뒤 탕플
Carreau du Temple

1863년에 지은 카로 뒤 탕플은 메탈이나 유리 벽돌 등의 물건을 파는 시장 상인들의 공간이었다. 제2차 세계대전 이후로는 파리의 유명한 중고 의류 시장이 되었지만, 20세기 후반이 될수록 상인의 숫자는 눈에 띄게 줄어들었다. 한때 철거 위기를 맞기도 했지만 1982년 프랑스의 역사적 기념물로 등록되면서 2011년 고고학 발굴 작업 후 재개발에 들어가 2014년 현재 모습으로 재개방했다. 지금은 다양한 문화 사업이나 이벤트 등 파리 시민이 직접 이용할 수 있는 공간으로 탈바꿈했다.

📍 주소 4 Rue Eugène Spuller, 75003 Paris ☎ 전화 01-83-81-93-30 🕐 시간 월~금요일 10:00~21:00, 토요일 10:00~19:00(프로그램에 따라 다름) ⊖ 휴무 일요일 🌐 홈페이지 www.carreaudutemple.eu

❽ 파리 시청
Hôtel de ville

파리지앵들은 '파리는 시청도 아름답다'라는 말을 종종 한다. 파리 시청은 중심부인 센강 바로 옆에 위치하며, 1357년부터 파리시의 여러 기관이 소속되어 시에 관한 행정을 맡고 있다. 오늘날 우리가 보고 있는 신르네상스 스타일은 1533년 건축된 것이지만, 프랑스혁명 정부 파리 코뮌에 의해 1871년 화재로 소실되었다가 1882년 재건축되었다. 파리 시청에서는 수시로 수준 높은 전시회를 기획하는데, 주로 파리에 관련된 사진전이나 역사에 관한 전시다. 무료 관람이어서 사람이 항상 북적이니 이른 아침에 가는 편이 좋다.

📍 주소 Place de l'Hôtel de ville, 75004 Paris

젊은 파리 보보들의 아지트 **11구-12구**

11ᴱ-12ᴱ ARRONDISSEMENT

인기	쇼핑	식도락	유흥	분위기	혼잡도	접근성	치안
★★★★	★★★	★★★★	★★★★	★★★★	★★★	★★★★★	★★★★

TIP
어디라고 딱 꼬집어 말할 수는 없지만, 거리마다 특징과 느낌이 다르다. 11구에서는 어디를 찾아가는 것보다 그냥 여유를 두고 방황하는 게 더 나을 때도 있다. 그래도 잘 모르겠다면 바스티유 광장에서 시작하면 된다.

'이 생소한 11구, 12구는 대체 뭐지? 어디에 있는 거지?' 파리 동쪽 11구, 12구로 가보라는 말에 대한 대부분 여행자들의 대답이다. 그 정도로 아직까지 이 지역은 관광지로는 생소한 곳. 하지만 보컬들이 걷는 거리에 가보고 싶다면, 요즘 젊은 파리지앵들은 뭘 먹고 사는지, 어디서 수다를 떠는지 보고 싶다면 지체하지 말고 파리 동쪽으로 발걸음을 옮겨야 한다. 이곳은 19세기 프랑스 노동자층의 혁명과 반란의 중

심에 있었던 장소다. 수공업자와 장인들의 아틀리에가 아직까지 많이 남아 있으며, 지금도 그러한 분위기를 풍긴다. 적당하게 트렌디한 11·12구에는 요즘 젊은이들이 좋아하는 핫 플레이스가 앞다퉈 문을 열고 있으니, 에펠탑과 센강만 있는 파리를 보러 온 게 아니라면 들러보자. 생각지 못한 특별함을 만나게 될 것이다.

ⓞ **MAP** P.414~415 ⓘ **INFO** P.412 ⓞ **찾아가기** 11·12구를 지나가는 메트로 노선이 많다. 무난하게 메트로 1·5·8호선이 지나는 바스티유(Bastille) 역에서 시작해도 좋고, 맛집이 많은 샤론 거리의 메트로 9호선 샤론(Charonne) 역에서 시작해도 좋다. 파리 시장의 대중적인 면모를 보고 싶다면 8호선 레드뤼몰랭(Ledru-Rollin) 역에서 내려 알리그르 시장으로 갈 수도 있다.

094

THEME 04 로컬 스폿

❶ 다모이 안뜰 (11구)
Cour Damoye

바스티유 광장의 번잡함을 피해 단번에 숨어버릴 수 있는 곳. 마치 시간이 멈춰버린 듯한 이곳은 주의 깊게 보지 않으면 그냥 지나칠 수 있다. 18세기 철물점을 하던 앙투안 피에르 다모이가 재정비한 다모이 안뜰은 당시 생탕투안 지역의 장인들과 수공업자들의 아틀리에가 모여 있던 장소다. 현재는 주로 광고 회사들의 사무실이 자리하지만, 전체적인 건물의 구조는 그대로 남아 있다.

- 주소 Cour Damoye, 75011 Paris
- 시간 08:00~21:00(아틀리에 드 토레팍시옹 11:00~19:00, 일요일 12:00~19:00)

11구-12구를 걸어보자!

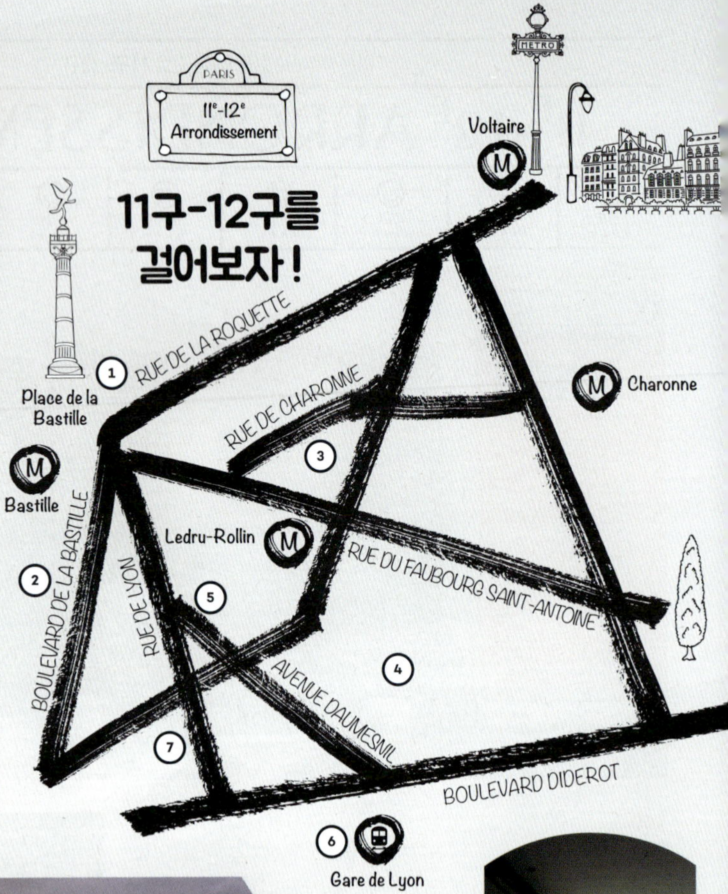

(지도: Place de la Bastille ①, Bastille M, Boulevard de la Bastille, Rue de Lyon ②, Ledru-Rollin M ⑤, Rue de la Roquette, Rue de Charonne ③, Charonne M, Voltaire M, Rue du Faubourg Saint-Antoine ④, Avenue Daumesnil ⑦, Boulevard Diderot, Gare de Lyon ⑥)

❷ 아르스날 선착장 (11구)
Port de l'Arsenal

파리 행정구역 4구와 12구를 가르는 아르스날 선착장은 파리 북동쪽에서 들어오는 우르크(Ourcq)강과 센강을 생마르탱 운하로 잇는 역할을 한다. 한때 파리의 중요한 상업 항구로 포도주나, 곡류, 나무 등의 운반이 이루어졌으나, 오늘날에는 요트나 유람선과 같은 레저용 배의 선착장으로 쓰인다. 밤에는 아름다운 야경을 자랑한다.

- 주소 Port de l'Arsenal, Boulevard de la Bastille, 75011 Paris

❸ 파사주 롬므 (11구)
Passage l'Homme

맛집이 즐비한 샤론 거리를 3~4분 정도 걸어가다 보면 오른쪽에 파사주 롬므 입구가 있다. 모든 파사주가 그렇듯 천천히 주의를 기울이지 않으면 그냥 지나치니 주의하자. 도금 장인들의 아틀리에나 목공소가 많이 모여 있던 곳이지만, 현재는 건축 인테리어 사무소 및 일반 아파트로 사용되고 있다.

- 주소 Passage l'Homme 75011 Paris

❺ 비아뒤크 데 자르
-쿨레 베르트 산책길 (12구)
Viaduc des Arts-Coulée Verte
René-Dumont

'비아뒤크'는 육교나 고가 다리를 뜻하는 말로 직역하면 예술의 육교 정도 되겠다. 1859년에 세운 이 육교는 원래 파리 바스티유 기차역에서 뱅센을 연결하는 철로였지만, 1994년 재정비를 통해 오늘날의 모습을 갖추게 되었다. 현재는 화가나 디자이너 등 예술가들의 아틀리에로 쓰이거나 카페, 레스토랑, 상점 등이 입점해 있으며, 기차가 다니던 다리 위로는 잔디와 나무를 심어 파리 시민들이 애용하는 조깅 및 산책 코스가 되었다. 입구는 1·11·67·73·127번지 옆에 있다.

주소 1-129 Avenue Daumesnil, 75012 Paris 홈페이지 www.leviaducdesarts.com

❹ 알리그르 시장 (12구)
Marché d'Aligre Beauvau

12구 알리그르 시장 주변에는 신선한 재료로 요리를 하는 레스토랑이 밀집해있다. 시장 구경도 하고 맛 좋은 레스토랑에서 점심도 맛볼 수 있으니 금상첨화.

주소 Marché d'Aligre Beauvau, 75012 Paris
시간 상설 시장 화~금요일 09:00~13:00·16:00~19:30, 토요일 09:00~13:00·15:30~19:30, 일요일 09:00~13:30 / 외부 시장 화~금요일 07:30~13:30, 토·일요일 07:30~14:30 휴무 월요일

❻ 리옹 역 (12구)
Gare de Lyon

오르세 미술관이 옛날에는 기차역이었다는 사실을 잊지 말자. 파리 기차역은 무척 아름답다. 에펠탑도 보고 센강도 보고 파리의 이곳저곳을 다 돌아봤다면 파리 기차역만 방문해도 좋다. 북역, 오스테를리츠 역 모두 이름답지만, 그중 제일은 리옹 역이다. 리옹 역은 파리와 프랑스 남부 지방을 잇는 역할을 하며, 사방에서 볼 수 있는 아름다운 시계탑으로도 유명하다.

주소 Place Louis Armand, 75012 Paris

❼ 크레미유 거리 (12구)
Rue Crémieux

리옹 역을 뒤로하고 바스티유 광장 방향으로 발걸음을 옮기다 보면 숨겨진 보석 같은 길, 크레미유 거리와 마주하게 된다. 연분홍, 연노랑, 하늘색 등으로 칠한 예쁜 파스텔 톤의 집들이 줄지어 있어 마치 런던 노팅힐의 포토벨로에 온 것과 같은 느낌을 받을 것이다. 크레미유 거리 8번지에는 1910년에 대홍수가 났을 때 175m까지 침수되었던 흔적이 아직도 남아 있다.

주소 Rue Crémieux, 75012 Paris

아멜리에가 물수제비 뜨던 그 장소 **생마르탱 운하**

CANAL SAINT-MARTIN

인기	쇼핑	식도락	유흥	분위기	혼잡도	접근성	치안
★★★★★	★★★★	★★★★	★★★★	★★★★★	★★★★	★★★★★	★★★

아름답고 낭만적인 파리 중심부를 돌아봤다면, 대중적이고 사람 냄새 나는 파리 북동쪽 생마르탱 운하로 가보자. 영화 〈아멜리에〉의 한 장면으로 우리에게 꽤 익숙한 곳이다. 생마르탱 운하는 파리에 식수를 공급하기 위해 19세기 초반에 만들었다. 센강 중심까지 이어지는 위치적 이점으로 곡류와 건축 자재 등의 물건을 운반하는 데 쓰이기도 했다. 교통수단의 발달과 함께 지금은 유람선같은 레저용 배들이 운하 사용의 대다수를 차지한다. 운하를 따라 앉아 수다를 떨거나 헤드폰을 끼고 음악을 들으며 책을 읽는 자유롭고 여유로운 파리지앵의 모습을 볼 수 있다.

📍 MAP P.424F · J ℹ️ INFO P.432

🚶 **찾아가기** 메트로 5호선 자크 봉세르장(Jacques Bonsergent) 역에서 하차, 랑크리 거리Rue de Lancry 오름차순 번지를 따라 300m 이동, 도보 4분, 또는 메트로 3·5·8·9·11호선 레퓌블리크(République) 역에서 하차, 포부르 뒤 탕플 거리(Rue du Faubourg du Temple) 출구 이용 도보 5분

☑️ **자크 봉세르장 역 & 레퓌블리크 역**

메트로 5호선 자크 봉세르장(Jacque Bonsergent) 역에서 내리면 운하까지 가장 빠르게 도착할 수 있다. 레퓌블리크(République) 역을 이용해도 좋다. 파리 여러 집회의 시작점이 되는 레퓌블리크 광장은 프랑스 자유와 혁명의 상징으로, 2015년 파리에서 일어난 테러 사건으로 화가 난 파리지앵들이 집결한 곳이기도 하다. 지금도 광장에서 그때의 낙서와 흔적을 찾아볼 수 있다. 프랑스공화국을 상징하는 마리안상이 광장 중앙에 서 있으며 각종 문화 행사가 열리기도 하니, 함께 찾아볼 가치가 있다.

생마르탱 운하를 걸어보자!

☑ 유람선 타고 운하를 즐기자!

파리 북서쪽 빌레트 선착장과 센강을 잇는 4.55km의 운하(그중 2km는 지하)를 유람선을 타며 즐기는 것도 특별한 경험이 될 수 있다.

파리 카날 Paris Canal

오르세 미술관 앞 솔페리노 항구(Port de Solférino)와 19구의 빌레트 공원을 오가는 유람선 코스가 있다. 센강의 아름다운 풍경은 물론 바스티유 광장 근처에 위치한 아르스날 항구, 생마르탱 운하의 수문과 지하 수도 등을 통과하므로 색다른 경험을 할 수 있다.

- ⏱ 시간 3~12월 중순 운영, 오르세 미술관 출발 10:00, 빌레트 공원 출발 14:30(2시간 30분 운항, 계절에 따라 운영시간 다르니 홈페이지 체크 필수!) 💶 가격 €23
- 🌐 홈페이지 www.pariscanal.com/croisiere-canal-saint-martin/seine-bastille-villette

카노라마 Canauxrama

아르스날 항구에서 출발해 빌레트 선착장으로 도착하는 코스를 운항한다. 2시간 30분 동안 천천히 이동하는데, 수문을 지나려면 물이 다 빠질 때까지 기다려야 해서 조금 지루할 수도 있다.

- ⏱ 시간 09:45 · 14:30(날마다 일정이 다르니 홈페이지를 통해 미리 확인할 것)
- 💶 가격 €18 🌐 홈페이지 www.canauxrama.com/fr/croisieres/croisieres-canal-saint-martin.html

☑ 생마르탱 추천 카페 & 레스토랑

생마르탱 운하 주변에는 파리에서 제일가는 카페와 레스토랑이 즐비하다.

❶ 홀리벨리 Holybelly

생마르탱 운하에서 가장 잘나가는 조식 전문점이다. 호주, 캐나다, 영국 스타일에 프렌치 터치를 가미한 힙한 레스토랑. 주말 오후에는 무조건 대기 시간이 있으니 여유 있게 방문하자.

- 📍 주소 5 Rue Lucien Sampaix, 75010 Paris ☎ 전화 01-82-28-00-80
- ⏱ 시간 09:00~17:00

❷ 텐 벨 Ten Belles

홀리벨리와 함께 생마르탱 운하 근처의 핫 플레이스로 꼽힌다. 커피 전문점으로 직접 내려주는 드립 커피는 물론, 파리에서 찾기 힘든 아이스 커피도 즐길 수 있다.

- 📍 주소 10 Rue de la Grange aux Belles, 75010 Paris
- ☎ 전화 09-83-08-86-69
- ⏱ 시간 월~금요일 08:00~17:30, 토 · 일요일 09:00~18:00

❸ 리베르테 Liberté

인더스트리얼 스디일의 인테리어 덕분에 자세히 들여다보지 않으면 빵집이라고 생각하기 어렵다. 기본적인 프랑스빵은 물론 다양한 디저트 케이크까지 하나하나 맛있다. 2013년 10구의 리베르테 매장을 첫 오픈한 이후 지금까지 파리 시내에 9개의 매장을 더 오픈했다.

- 📍 주소 39 Rue des Vinaigriers 75010 Paris ☎ 전화 01-42-05-51-76
- ⏱ 시간 월~토요일 07:30~20:00, 일요일 08:30~17:00

[**Special**]
색다른 로컬 스폿을 찾고 있다면 이곳으로!

파리 안의 또 다른 마을, 뷔토카유
Butte-aux-Cailles

프랑스어 '뷔트(butte)'는 '언덕'이라는 뜻이다. 따라서 뷔토카유는 '카유 언덕'이라는 의미. 오래전부터 석회암 채석장으로 쓰인 카유 언덕 근처에는 지금은 외관으로 볼 수 없는 비에브르 하천이 흐른다. 19세기 중반까지도 카유 언덕은 파리시에 속하지 않았으며, 대대적인 공사와 함께 20세기 초 오늘과 같은 모습을 하게 되었다. 당시만 해도 파리의 외곽이었기 때문에 19세기 중반 나폴레옹 3세의 명으로 이루어진 도시 재정비 사업에서 아무런 혜택도 받지 못했다. 더군다나 채석장이었기 때문에 매립되었다고 해도 이곳에 높은 건물을 지을 수는 없었다. 이러한 이유 덕에 오늘까지도 '파리 속 시골 마을' 같은 뷔토카유만의 매력이 남아있다.

MAP P.442E · I **INFO** P.450 **찾아가기** 메트로 5·6·7호선 플라스 디탈리(Place d'Italie) 역에서 보빌로 거리(Rue Bobillot) 방향으로 도보 8분, 또는 6호선 코르비사르(Corvisart) 역에서 브라사이 정원으로 가는 계단으로 올라가 조나스 거리(Rue Jonas)에서 시작하면 된다.

TIP
뷔토카유는 젊은 아티스트들의 그래피티나 길거리 예술로도 유명하다. 하나하나 찾아가며 골목길을 걷는 것도 흥미로울 것이다.

이민자의 문화가 깃든 마을, 벨빌
Belleville

저자가 파리에서 머물던 10여 년간 패션업계에서 일하는 프렌치 친구들이 가장 많이 이사한 곳이 바로 벨빌이다. 오래전부터 '이민자의 동네'라는 낙인이 찍혔던 벨빌이 탈바꿈을 시작한 것이다. 중부 유럽과 북아프리카에서 넘어온 유대인들이 모여 파리에서 처음으로 유대인 커뮤니티를 이루었고, 사하라 이남 아프리카인들의 커뮤니티와 아랍계 커뮤니티는 물론, 중국인을 중심으로 한 아시아 커뮤니티도 벨빌에 모여 있다. 파리 외곽에 속해 오랫동안 관심을 받지 못하며 지저분했던 이 동네는 하루가 멀다하고 오르는 집값에 힘겨워하던 젊은 파리지앵의 물가피한 선택이다. 하지만 그런 젊은이들이 하나둘 모여 카페를 열고 바, 레스토랑을 오픈해 벨빌의 분위기는 10여 년 전과 확연히 달라졌다. 언덕에 위치한 벨빌 지역을 요즘엔 우스갯소리로 미국의 부촌 '베벌리힐스'에 빗대어 '벨빌힐스'라고 부르기도 한다.

ⓜ MAP P.425G~L ⓘ INFO P.435 ⓖ 찾아가기 메트로 2·11호선 벨빌 역에서 하차, 또는 11호선 피레네(Pyrénées) 역에서 하차

TIP 치안에 조심, 또 조심!

파리 20구에 속한 벨빌은 치안이 좋지 않기로 소문이 나 있다. 프랑스어를 자유롭게 구사하지 못하는 여행자 혼자 카메라를 들고 다니는 것은 절대 추천하지 않는다. 하지만 여럿이 함께라면 가볼 만한데, 사실 큰길로만 다닌다면 전혀 문제가 없다. 꼭 가보고 싶은게 무섭다면 메트로 11호선 피레네(Pyrénées) 역에서 내려 벨빌 거리(Rue de Belleville)를 따라 벨빌 역까지 내려가는 코스를 추천한다. 이방인을 위한 상점이 많지만, 분위기 좋은 소박한 카페를 만날 수 있다. 벨빌 공원 북동쪽으로는 숨겨진 파사주도 많고 예쁜 빌라들도 있어 파리에 있다는 사실이 믿기지 않을 정도.

THEME 05
파사주

파리의 또 다른 역사
PASSAGE

할 것도 볼 것도 많은 파리. 남들과 똑같은 여행이 싫다면 파사주로 가자. 파사주(passage)란 프랑스어로 통로, 복도 등을 뜻한다. 19세기, 비 맞는 것을 싫어하던 당시 사람들은 비가 와도 편안하게 쇼핑을 하며 멀리 돌아가지 않는 지름길을 사용할 수 있도록 건물과 건물 사이의 통로에 유리 천장을 만들고 그 밑으로 여러 상점을 입점시켰다. 대부분 파사주는 1800년대에 지었으며, 최근 리모델링했다고 해도 19세기의 느낌을 그대로 간직하고 있다. 최근 들어 파사주에 대한 새로운 평가가 쏟아지면서 트렌디한 숍이나 핫한 레스토랑이 많이 들어섰다.

Passage des Panoramas
파사주 데 파노라마

프랑스 역사적 유산으로 지정된 파사주 데 파노라마는 들어가는 순간부터 건축 당시의 시대에 와 있는 듯한 느낌을 준다. 1834년에 문을 연 스테른(Stern)이라는 인쇄·제판소의 파사드를 현재까지 볼 수 있는데, 이 인쇄소는 최근 고급 이탤리언 레스토랑 '카페 스테른(Caffè Stern)'으로 탈바꿈했다. 이외에도 '라신(Racines)'이나 '아다르(Adar)', '교자 바(Gyoza bar)' 등 모던하고 트렌디한 레스토랑이 파사주 데 파노라마에 위치한다. 주변에 회사가 많기 때문에 복잡한 점심시간보다는 저녁에 가는 것을 추천한다.

TIP
핵심 감상 포인트
19세기 타일로 이루어진 바닥과 상점을 구경하며 옛 파리를 느껴보자.

◎ MAP P.325H ◎ INFO P.343
◎ 찾아가기 메트로 8·9호선 그랑 불바르(Grands Boulevards) 역 · 리슐리외 드루오(Richelieu Drouot) 역에서 도보 3분 ◎ 주소 11 Boulevard Montmartre, 75002 Paris ◎ 시간 06:00~24:00

Galerie Vero-Dodat
갤러리 베로도다

since 1826

TIP
장 자크 루소 길
갤러리 베로도다 인근 장자크 루소 거리(Rue Jean-Jacques Rousseau)는 짧지만 볼만한 상점들이 줄지어 있고 쇼핑의 명소 생토노레 거리(Rue Saint-Honoré)까지 이어진다.

루브르 박물관 근처에 위치한 갤러리 베로도다는 옛 시대의 '허영심'을 제대로 엿볼 수 있을 만큼 몹시 고풍스럽고 화려한 파사주 중 하나이다. 그래서 파사주보다 갤러리라는 이름이 더욱 잘 어울린다. 바닥 타일 패턴부터 상점 간판과 전등 하나하나까지, 20세기 흑백영화에나 나올 법한 분위기를 그대로 간직하고 있다. 유럽 전체적으로 봤을 때 파사주는 점차 줄어드는 추세지만, 여전히 파리에는 여러 개의 파사주가 남아 있고, 갤러리 베로도다는 그중에서도 꼭 들러야 할 곳 중 하나다.

ⓜ MAP P.325H
ⓖ 찾아가기 메트로 1·7호선 팔레 루아얄 뮈제 뒤 루브르(Palais royal Musée du Louvre) 역에서 도보 5분 ⓐ 주소 1 Galerie Véro-Dodat, 75001 Paris ⓣ 시간 07:00~22:00 ⓗ 휴무 일요일

TIP
르 콩투아 에 레 캬브 르그랑 (Le Comptoir et les Caves Legrand) 바에 들어가서 와인 한잔을 시켜 음미해보자. 웅장한 내부 장식을 보며 여유로운 와인 한잔으로 여행의 피곤함을 풀어볼 것! 주로 와인을 판매하는 곳이기 때문에 저녁에는 일찍 문을 닫는다.
○ 시간 10:00~23:00
○ 휴무 일·월요일

Galerie Vivienne
갤러리 비비엔

프랑스 제2 제정시대에 인기가 많았던 갤러리 비비엔은 그 시대의 웅장함을 단번에 보여주는, 단연코 파리의 파사주 중 가장 볼만한 갤러리다. 바닥의 모자이크와 유리 천장의 정교함을 놓치지 말자. 오래된 서점부터 유명한 와인 바까지 낮에도 아름답지만, 저녁에는 화려한 조명과 웅장한 건축양식이 어우러져 더더욱 아름다워진다. 프렌치들에게도 갤러리 비비엔은 파리의 유명한 관광 체크포인트 중 하나!

○ MAP P.325H ○ INFO P.343
○ 찾아가기 메트로 3호선 북스(Bourse) 역에서 도보 4분, 또는 7·14호선 피라미드(Pyramides) 역에서 도보 8분 ○ 주소 5 Rue de la Banque, 75002 Paris ○ 시간 08:30~20:00

Passage du Grand-Cerf
파사주 뒤 그랑세르

파사주 뒤 그랑세르는 장인과 디자이너들의 상점이 밀집한 곳이다. 매우 상업적이기는 하지만 그만큼 활발한 분위기가 생동감을 느끼게 한다. 유리 천장 장식이 특히 예뻐 놓치지 말고 들러 볼 파사주 중 하나로 꼽힌다. 또 이곳은 젊은이들에게 인기가 좋은 레 알-몽토르괴이(Les Halles-Montorgueil) 지역 근처에 위치해 접근성도 좋다. 파사주 왼쪽으로 틱톤 거리(Rue Tiquetonne)를 따라 몽토르괴이 거리(Rue Montorgueil)까지 걸어보자. 멋진 부티크와 디자인 숍, 레스토랑이 가득하다.

◎ MAP P.325H ◎ INFO P.343
◎ 찾아가기 메트로 4호선 에티엔 마르셀(Etienne Marcel) 역에서 도보 3분
◎ 주소 Passage du Grand-Cerf, 75002 Paris ◎ 시간 08:30~20:30 ◎ 휴무 일요일

THEME 06
파리의 밤

a Night in Paris

파리의 밤은
당신의 낮보다 아름답다

'로맨틱한 파리'라는 말을 눈으로 느낄 수 있는 파리의 밤. 좁은 골목을 따라 고즈넉한 건물들 사이를 걸으며 느끼는 파리의 밤에는 낮과는 또 다른 아름다움이 존재한다. 때로는 조용하고 때로는 시끌벅적한 파리의 밤거리에서 뉴욕이나 홍콩과 같은 휘황찬란함을 찾으면 곤란하다. 대신 파리의 밤은 그 어느 곳의 밤보다 아름답고 로맨틱하다. 유유히 흐르는 센강물에 비쳐 일렁이는 조명들은 지금 파리에 있는 것이 마치 꿈일지도 모른다는 착각을 불러일으키기에 충분하다. 여기, 이토록 로맨틱한 파리의 밤을 즐기는 방법이 있다.

Museum Night in Paris

파리 미술관 & 박물관의 밤

여름에 해가 긴 유럽은 밤 10시에도 초저녁 같은 모습을 볼 수 있지만, 겨울에는 말이 달라진다. 오후 5시만 되어도 깜깜해지는 탓에 겨울에는 시간을 더욱 알차게 활용해야 한다. 월요일부터 금요일까지 파리 시내의 미술관이나 박물관 야간 개장 시간을 잘 이용한다면, 여행 시간을 더 길게 쓸 수 있을 것이다.

MON	Musée Jacquemart-André 자크마르앙드레 박물관		Palais de Tokyo 팔레 드 도쿄
TUE	Fondation Cartier pour l'Art Contemporain 까르띠에 현대미술 재단		Jeu de Paume 주 드 폼 미술관
WED	Musée Maillol 마욜 미술관		Grand Palais 그랑 팔레
THR	Musée d'Art Moderne de la ville de Paris 파리 시립 현대미술관	Centre Pompidou 퐁피두 센터	Musée d'Orsay 오르세 미술관
FRI	Musée du Louvre 루브르 박물관		Fondation Louis Vuitton 루이비통 재단 미술관

TIP
티켓 판매 마감 시간에 주의!
10시까지 오픈한다고 해도 티켓 판매는 30분~1시간 전에 마감하는 경우가 많으니 촉박하게 움직여야 하는 일정이라면 홈페이지를 통해 미리 확인하고, 시간을 잘 맞춰 가야 한다.

MONDAY | LUNDI
월요일

자크마르앙드레 박물관
Musée Jacquemart-André

19세기 예술품 수집가 자크마르앙드레 부부의 개인 수집 작품과 가구가 전시되어 있다. 박물관이 위치한 화려한 저택도 볼만하다. 리노베이션 공사 중으로 2024년 재오픈 예정이다.

- MAP P.324B INFO P.335
- 주소 158 Boulevard Haussmann, 75008 Paris 전화 01-45-62-11-59
- 시간 화~일요일 10:00~18:00, 월요일(기획전시) 10:00~20:30
- 가격 상설전시 €12, 기획전시 €17
- 홈페이지 www.musee-jacquemart-andre.com

팔레 드 도쿄
Palais de Tokyo

주로 창의적인 현대미술 작품을 볼 수 있다. 휴일을 제외하고 항상 낮 12시부터 밤 12시까지 개방하기 때문에 젊은 방문객들이 많이 찾는다.

- MAP P.310B INFO P.317
- 주소 13, Avenue du Président Wilson 75116 Paris
- 전화 01-81-97-35-88
- 시간 12:00~22:00, 목요일 12:00~24:00(12/24 · 31 단축 운영)
- 휴무 화요일, 1/1, 5/1, 12/25
- 가격 €12 홈페이지 www.palaisdetokyo.com

TUESDAY | **MARDI**
화요일

까르띠에 현대미술 재단
Fondation Cartier pour l'Art Contemporain

주얼리와 시계로 유명한 명품 브랜드 까르띠에가 1984년에 창립한 현대미술 재단이다. 몽파르나스 타워 근처에 있으며, 유명 건축가 장 누벨이 설계한 외관이 아름답다. 기획전시가 있을 때만 오픈한다.

MAP P.326J **INFO** P.370
주소 261 Boulevard Raspail 75014 Paris 전화 01-42-18-56-50
시간 화요일 11:00~22:00, 수~일요일 11:00~20:00
휴무 월요일 가격 €11
홈페이지 www.fondationcartier.com

주 드 폼 미술관
Jeu de Paume

튈르리 정원 안에 있으며 몇몇 현대 예술 작품과 사진 및 이미지 등의 작품을 주로 전시한다.

MAP P.325G **INFO** P.339
주소 1 Place de la Concorde, 75008 Paris
전화 01-47-03-12-50 시간 화요일 11:00~21:00, 수~일요일 11:00~19:00 휴무 월요일, 1/1, 5/1, 7/14, 12/25
가격 €12 홈페이지 www.jeudepaume.org

WEDNESDAY

MERCREDI
수요일

CLOSED
22:00

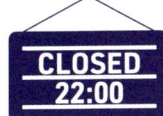

마욜 미술관
Musée Maillol

프랑스 조각가 아스트리드 마욜의 조각을 주로 전시하는 미술관이다. 로댕과 함께 프랑스 최고의 조각가 중 한 명으로 손꼽히는 작가인 만큼 미술관의 가치도 높다.

MAP P.362F **INFO** P.372
주소 59-61 Rue de Grenelle, 75007 Paris **전화** 01-42-22-59-58
시간 월~일요일 10:30~18:30, 수요일 10:30~22:00 **가격** €16.5
홈페이지 www.museemaillol.com

CLOSED
20:00

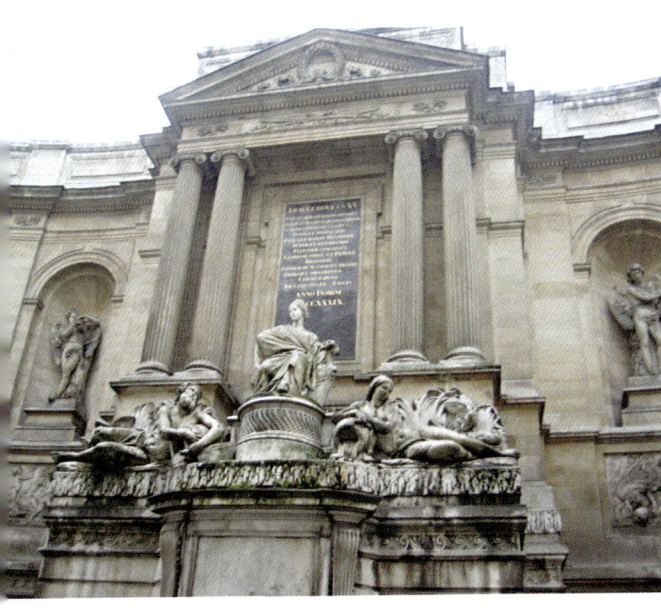

그랑 팔레 **Grand Palais**

리모델링 공사로 현재 샹드 마르스 광장 근처에 임시로 "그랑 팔레 에페메르"를 오픈했다. 기획전시 운영기간 및 시간을 반드시 홈페이지를 통해 미리 확인하자. 그랑 팔레는 2024년 올림픽 개최 이전 재오픈 한다. 태권도와 펜싱 경기가 열릴 예정이다.

MAP P.324F **INFO** P.334 **주소** 2 Place Joffre, 75007 Paris **전화** 01-44-13-17-17
시간 10:00~20:00 **휴무** 화요일, 1/1 · 5/1 · 5/8 오전, 7/14 오전, 11/11 오전, 12/25 **가격** €14(전시마다 다름)
홈페이지 www.grandpalais.fr

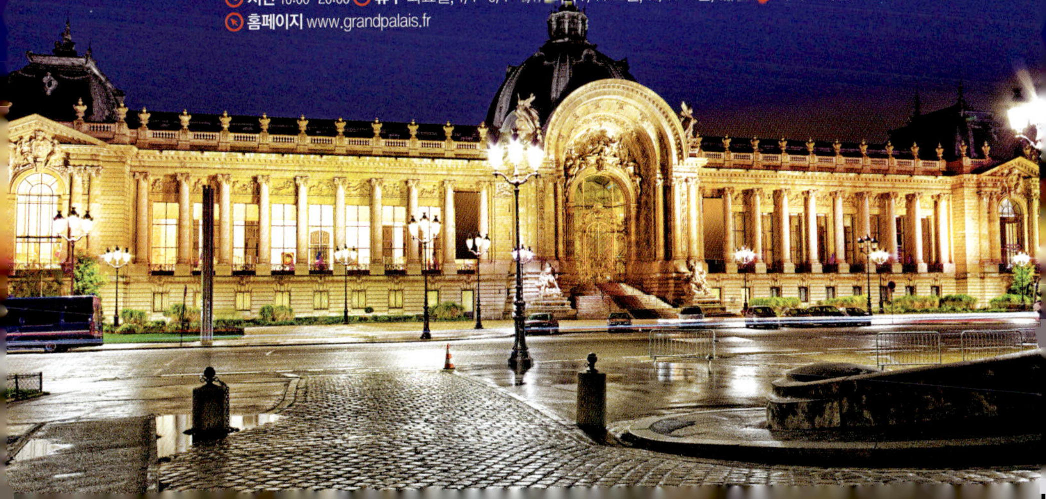

THURSDAY | JEUDI
목요일

파리 시립 현대미술관
Musée d'Art Moderne de la ville de Paris

인기 있는 기획 전시가 주로 열리며, 기획 전시가 있을 때는 낮에도 줄이 매우 길다. 혼잡함을 피하고 싶다면 저녁 시간을 이용해 관람하자.

- MAP P.310B INFO P.317
- 주소 11 Avenue du Président Wilson 75116 Paris, 12-14 Avenue de New York 75116 Paris(공사 중 출입구, 센강 쪽) 전화 01-53-67/-40-00 시간 화~일요일 10:00~18:00, 목요일 10:00~21:30 휴무 월요일, 1/1, 5/1, 12/25 가격 상설 전시 무료, 기획 전시 €7~15
- 홈페이지 www.mam.paris.fr

퐁피두 센터
Centre Pompidou

인기가 많은 기획 전시들이 자주 열리기 때문에 야간 개장을 활용하면 사람도 적고 한적해서 전시를 제대로 즐길 수 있다. 옥상에서 보는 파리의 야경은 덤! 기획 전시가 있을 때만 야간 개방을 하므로 미리 홈페이지에서 체크해보는 것이 좋다.

- MAP P.398E · F INFO P.404
- 주소 Centre Pompidou, Place Georges-Pompidou, 75004 Paris
- 전화 01-44-78-12-33 시간 월 · 수 · 금~일요일 11:00~21:00, 목요일 11:00~23:00 휴무 화요일, 5/1
- 가격 박물관 & 전시 €15 홈페이지 www.centrepompidou.fr

오르세 미술관
Musée d'Orsay

늘 사람으로 북적이는 오르세 미술관 또한 밤에는 조금 한산해진다. 센강과 가까워 미술관을 관람한 후 센강의 야경도 감상할 수 있다.

- MAP P.362B INFO P.368
- 주소 1 Rue de la Légion d'Honneur, 75007 Paris
- 전화 01-40-49-48-14 시간 화 · 수 · 금 · 토 · 일요일 09:30~18:00, 목요일 09:30~21:45 휴무 월요일, 5/1, 12/25 가격 €16(온라인 사전 구매), €14(현장 판매), 목요일 18시부터 €12(온라인 사전 구매), €10(현장 판매)
- 홈페이지 www.musee-orsay.fr

FRIDAY

VENDREDI
금요일

루브르 박물관
Musée du Louvre

혼잡한 시간에 박물관을 관람하는 것이 질색이라면, 밤에 방문하는 것이 좋다. 한적하고 조용한 박물관을 즐기는 느낌이 색다를 것이다.

- MAP P.325K INFO P.338
- 주소 Musée du Louvre, Rue de Rivoli, 75001 Paris
- 전화 01-40-20-50-50
- 시간 월·수·목·토·일요일 09:00~18:00, 금요일 09:00~21:45
- 휴무 화요일, 1/1, 5/1, 12/25
- 가격 €22
- 홈페이지 www.louvre.fr

루이비통 재단 미술관 Fondation Louis Vuitton

불로뉴 숲에 자리해 주변 환경과 잘 어우러진 루이비통 재단 미술관은 야경도 아름답다. 항상 사람이 많은 편이기 때문에 금요일 저녁 시간을 활용하는 것도 좋을 것이다.

- MAP P.457K INFO P.461 주소 8 Avenue du Mahatma Gandhi, 75116 Paris
- 전화 01-40-69-96-00 시간 월~목요일 11:00~20:00, 금요일 11:00~21:00, 토·일요일 10:00~20:00
- 휴무 화요일 가격 €16 홈페이지 www.fondationlouisvuitton.fr

센강과 함께 즐기는 밤

조용한 골목길을 지나 아름다운 센강변을 거닐며 로맨틱한 파리의 밤을 만끽했다면, 왁자지껄한 파리도 즐겨보자. 센강을 따라 분위기 좋은 레스토랑, 젊은이들의 아지트인 클럽이 가득하다. 여름에는 대낮부터 테라스에서 선탠을 하며 맥주를 마시는 젊은이들로 시끌벅적하고, 저녁이 되면 음악에 몸을 맡기는 진정한 파리의 클러버를 볼 수 있다.

Restaurant

무슈 블루 Monsieur Bleu

트렌디한 인테리어와 아름다운 에펠탑을 바라보며 식사를 즐길 수 있는 곳. 오픈한 지 오래되지는 않았지만, 이미 파리지앵에게 많은 사랑을 받는 레스토랑이다. 저녁 식사는 예약하는 것이 좋다.

- MAP P.310B INFO P.318
- 주소 20 Avenue de New York, 75116 Paris
- 전화 01-47-20-90-47
- 시간 런치 월~금요일 12:00~14:30 / 브런치 주말 12:00~16:00 / 디너 19:00~02:00(라스트 오더 23:00)
- 홈페이지 http://monsieurbleu.com

투르 다르장 Tour d'Argent

미슐랭 1스타 프렌치 정통 미식 레스토랑 투르 다르장은 노트르담 성당과 시테 섬을 볼 수 있는 파노라마 뷰로도 유명하다. 문서로 공식적으로 확인된 바는 없으나, 전해오는 말에 의하면 이곳은 1582년에 문을 연 유럽에서도 가장 오래된 레스토랑 중 하나라고 한다. 홈페이지를 통해 예약을 하고 가는 것이 좋으며, 깔끔한 정장을 입어야 한다. 9개월간의 긴 리모델링 공사 후, 2023년 6월 새롭게 오픈했다.

- MAP P.379C INFO P.385
- 주소 15 Quai de la Tournelle, 75005 Paris
- 전화 01-43-54-23-31
- 시간 런치 예약 가능 시간 12:00 · 12:30 · 13:00 · 13:30, 디너 예약 가능 시간 19:00~21:30(매 30분 간격)
- 휴무 일·월요일, 8월
- 홈페이지 www.tourdargent.com

Club

포스트 Faust

알렉상드르 3세 다리 밑에 위치한 포스트는 센강 바로 옆에 있어 멋진 야경을 감상하며 밤을 즐길 수 있는 클럽이다. 입구 바로 앞에는 1990년대 파리 비스트로풍의 레스토랑이 있으며, 오른쪽으로 클럽이 있다.

ⓜ MAP P.311D ⓘ INFO P.319
📍 주소 Faust, Pont Alexandre III, 75007 Paris
📞 전화 06-60-58-45-15 🕐 시간 금·토요일 17:00~24:00
휴무 일~목요일
🏠 홈페이지 www.faustparis.fr

© Maxime Chermat

카페 오즈 루프탑
Café Oz Rooftop

프랑스 최고 패션 스쿨 IFM 건물 테라스에 위치한다. 높은 만큼 야경이 아름다워 밤에는 사람들로 북적인다. 오후 5시부터 바를 운영하기 때문에 음료를 즐기거나 간단한 애프터워크 시간을 즐기는 사람도 많다. 유명한 DJ들을 초청해 클럽의 분위기 또한 최고!

ⓜ MAP P.442B ⓘ INFO P.452
📍 주소 34, 36 Quai d'Austerlitz, 75013 Paris 📞 전화 01-73-71-29-09
🕐 시간 수요일 17:00~02:00, 목요일 17:00~04:00, 금·토요일 17:00~05:00, 일요일 17:00~03:00

프티 뱅 Petit Bain

13구 프랑수아 미테랑 대통령 국립 도서관 근처에 자리한다. 일렉트로닉 뮤직과 하우스 뮤직이 주를 이루어 활기 넘치는 파리 젊은이들의 모습을 볼 수 있다.

ⓜ MAP P.443G ⓘ INFO P.453
📍 주소 7 Port de la Gare, 75013 Paris 🕐 시간 18:00~ (프로그램에 따라 운영시간 다름), 테라스 레스토랑 5월부터 월~금요일 17:00~, 토·일요일 12:00~
🏠 홈페이지 www.petitbain.org

원더러스트 Wanderlust

카페 오즈 루프탑과 같은 건물 1층에 있으며, 복합 문화 공간이다. 낮에는 요가와 같은 간단한 스포츠 프로그램이 준비되어 있으며, 밤에는 영화를 상영하고, 더 늦은 시간에는 클럽으로 변한다. 건물 주변이 거주 지역이 아니기 때문에 밤늦게까지 음악을 틀어놓고 야외에서 춤을 출 수 있다.

ⓜ MAP P.442B ⓘ INFO P.452
📍 주소 32 Quai d'Austerlitz, 75013 Paris 📞 전화 06-12-74-07-28
🕐 시간 금·토요일 23:00~05:00 (프로그램에 따라 운영시간이 다를 수 있음, 인스타그램 계정 확인)
휴무 일~목요일 🏠 홈페이지 http://wanderlustparis.com, www.instagram.com/wanderlustparis

TIP
파리 클럽의 운영 시간은 매우 유동적이니, 홈페이지나 페이스북 페이지를 통해 미리 확인하는 것이 좋다.

THEME 07
영화 속 파리

PARIS in the MOVIE

영화 속에 등장하는 아름다운 파리의 모습에 반해 파리 여행을 꿈꾸는 이들이 많을 것이다. 영화 〈아멜리에〉의 생마르탱 운하, 〈물랭루즈〉의 카바레 물랭 루주 등은 영화로 더욱 유명해져 파리를 대표하는 명소 중 한 곳으로 꼽히게 되었다. 영화의 발자취를 따라 영화처럼 아름다운 파리를 실제로 한번 만나보자!

MOVIE 01 / 비포 선셋

Before Sunset, 2004
감독 리처드 링클레이터

에단 호크와 줄리 델피가 열연하고 리처드 링클레이터 감독이 지휘봉을 잡은 2004년작 영화 〈비포 선셋〉. 6개월 후 다시 만나자는 약속을 뒤로하고 9년 후 파리에서 재회한 두 사람의 이야기이다. 노을이 지기 전 평화로운 분위기의 파리의 모습을 볼 수 있다.

1 / 셰익스피어 & 컴퍼니 서점
Shakespeare & Company
주인공 제시와 셀린이 9년 만에 재회한 장소이다. 영화 때문에 너무나 유명해진 오래된 영어 서적 전문 서점으로, 1919년 오픈해 현재까지 운영되고 있다.
▶ MAP P.378B ▶ INFO P.382

2 / 센강 유람선 Bateaux-Mouches
시원한 강바람을 맞으며 서로 다른 생각에 관해 이야기를 나누는 제시와 셀린처럼 센강에서 유람선을 타는 것은 파리에서 꼭 해야 하는 투 두 리스트(to do list) 중 하나!
▶ INFO P.044

3 / 쿨레 베르트 산책길
Coulée Verte René-Dumont
주인공들이 산책하며 서로의 마음을 확인하는 곳이다. 12구 리옹 역 근처에 있는 옛 철도를 리모델링해 조성한 공중 정원이다.
▶ MAP P.415K ▶ INFO P.418

♪ 추천 OST : 줄리 델피가 직접 부른 'A Waltz For A Night'

MOVIE 02 / 미드나잇 인 파리

Midnight In Paris, 2011
감독 우디 앨런

파리가 배경인 영화 중 파리를 가장 아름답게 표사한 영화가 아닐까.
영화 트레일러만 봐도 파리 여행 '뽐뿌'를 마구 불러일으킨다. 반짝이는 에펠탑과 아름다운 콩코르드 광장,
로맨틱한 센강 풍경 등 영화 곳곳에 등장하는 파리가 매력적인 작품이다.
마리옹 코티야르, 카를라 부르니, 레아 세이두 등 유명 프랑스 배우들이 등장해 재미를 더한다.

1 / 로댕 미술관
Musée Rodin

주인공 길과 이네즈가 친구들과 미술관 정원을 방문해 미술관 가이드 역을 맡은 카를라 부르니의 안내에 따라 로댕의 작품을 감상하며 이야기를 나누는 장면에 등장한다. 정원이 아름다운 6월에서 8월 사이에 방문하는 것이 좋다.
MAP P.311L INFO P.076, 318

2 / 오랑주리 미술관
Musée de l'Orangerie

모네의 '수련'을 감상하고 피카소 등 인상주의 화가들의 작품을 감상하는 장면에서 오랑주리 미술관이 등장한다. 작지만 알찬 미술관인 만큼 볼거리가 풍부하다.
MAP P.324F INFO P.076, 339

3 / 노트르담 대성당
Cathédrale Notre-Dame de Paris

노트르담 대성당 뒤편 공원에서 주인공 길과 기를라 부르니가 벤치에 앉아 아드리아나의 일기를 읽어주는 장면에서 등장한다. 관광객이 북적북적한 성당 정문 쪽과는 다르게 작은 정원이 여유롭다. 하지만 2019년 4월 성당 화재로 인해 출입을 통제할 수 있으니 유의하자.
MAP P.388F INFO P.048, 392

4 / 지베르니 모네의 집 Fondation Claude Monet

영화 초반, 파리의 아름다움을 찬양하는 길과 미국을 떠나 살 수 없다는 이네즈의 대화 장면은 파리 근교 도시 지베르니에 있는 모네의 집 정원에서 촬영했다.
MAP P.486D INFO P.136, 487

♪ 추천 OST : 모든 음악이 파리와 잘 어울리지만 1920년대 파리를 상상하게 되는 'The Charleston'

MOVIE 03 / 사랑해, 파리

Paris, I Love You, 2006
감독 올리비에 아사야스, 프레데릭 오뷔르탱, 엠마뉴엘 벤비히 외 다수

파리 곳곳에서 벌어지는 얼여덟 가지 서로 다른 이야기를 촬영한 옴니버스식 영화다.
마레 지구, 메트로 역, 에펠탑, 몽마르트르 언덕 등
여러 장소에서 이야기가 펼쳐지기 때문에 파리의 다양한 모습을 볼 수 있다.

1 / 에펠탑
Tour Eiffel

홀로 연기하던 마임 아티스트가 유치장에서 사랑하는 연인을 만나게 되는 과정을 유쾌하게 풀어낸 단편이다. 에펠탑 바로 아래 샹 드 마르스 공원에서 그의 마임 연기가 펼쳐진다.

📍 MAP P.310F ℹ️ INFO P.038, 316

2 / 보주 광장
Place des Vosges

프랑스 청년이 처음 만난 미국인 청년에게 사랑에 빠져 말을 건넸지만, 잘 알아듣지 못한 청년이 뒤늦게 깨닫고 그를 찾아 떠나는 마지막 장면에 보주 광장이 등장한다. 프랑스 미소년 배우 고(故) 가스파르 울리엘이 가스파르 역을 맡았다.

📍 MAP P.399K ℹ️ INFO P.092, 405

3 / 페르 라셰즈 묘지
Cimetière du Père Lachaise

파리 여행 중인 커플이 페르 라셰즈 묘지 오스카 와일드의 무덤 앞에서 말다툼하다 여자가 먼저 떠나버린다. 그녀를 잡으려 하지만 돌에 걸려 넘어지며 돌에 머리를 박은 그가 눈을 뜨니 오스카 와일드가 직접 그에게 조언한다.

📍 MAP P.425L ℹ️ INFO P.435

추천 OST : 비 오는 날 파리와 잘 어울리는 'La même Histoire - Feist'

MOVIE 04 / 아멜리에

Le Fabuleux Destin d'Amélie Poulain, 2001
감독 장 피에르 주네

2001년 개봉해 큰 인기를 얻은 영화 〈아멜리에〉를 통해 몽마르트르 언덕 부근은 더욱 유명세를 치렀다. 수년이 지난 지금까지도 아멜리에를 촬영했던 거리는 크게 변하지 않았으며 여전히 그때의 카페를 찾아볼 수 있다.

1 / 생마르탱 운하
Canal Saint-Martin

주인공 아멜리에가 답답할 때 자주 찾아와 물수제비를 뜨던 장소인 생마르탱 운하. 파리지앵들이 즐겨 찾는 장소로 영화 덕분에 관광객들에게 더욱 많이 알려졌다.
◎ MAP P.424F · J ⓘ INFO P.096, 432

2 / 카페 데 두 물랭
Café des 2 Moulins

아멜리가 일하던 카페. 영화 〈아멜리에〉를 사랑했던 관광객들이 여전히 찾고 있으며 몽마르트르 근처 주민들에게도 인기가 좋다. 카페 곳곳에서 아멜리에의 포스터나 소품을 찾아볼 수 있고 크렘 브륄레도 맛볼 수 있다.
◎ MAP P.352F ⓘ INFO P.359

3 / 몽마르트르 언덕
Montmartre

아멜리에가 니노에게 공중전화로 전화를 걸어 화살표를 따라 올라가 자신을 만나고 싶은지 묻는 장면이 사크레쾨르 성당 앞에서 펼쳐진다. 경쾌한 아코디언 소리와 함께 몽마르트르 언덕의 분위기를 한껏 느낄 수 있다.
◎ MAP P.353 ⓘ INFO P.056, 350

♪ 추천 OST : 선율이 아름다운 'Comptine d'un Autre Été : L'Après-midi'

MOVIE 05 / 라비앙 로즈

La Vie en Rose(La Môme), 2007
감독 올리비에 다한

20세기 프랑스 최고의 가수 에디트 피아프의 삶을 이야기하는 영화다. 파리와 로스앤젤레스, 프라하 등지에서 촬영했으며 파리에서는 주로 몽마르트르 언덕 주변에서 촬영이 이루어졌다.

아브르부아 거리
Rue de l'Abreuvoir

그녀가 돈을 벌기 위해 거리에서 노래하는 장면이 몽마르트르 언덕 주변 아브르부아 거리에서 촬영되었으며 지금도 아브르부아 언덕길에서는 몽마르트르의 매력을 한껏 느낄 수 있다.

MOVIE 06 / 위크엔드 인 파리

Le Week-End, 2013
감독 로저 미쉘

2013년 제작된 영국 코미디 드라마 작품으로 결혼한 지 30년 된 주인공 커플이 신혼여행지였던 파리를 다시 찾지만 30년 전과는 또 다른 모습의 부부가 여행 중 겪는 일을 그렸다.

몽마르트르 언덕
Montmartre

몽마르트르 언덕의 계단을 오르며 힘들어하는 그들의 모습에 왠지 공감하며 재미있고 가볍게 볼 수 있다. 중간중간 나오는 파리의 풍경이 반갑다.
MAP P.353 INFO P.056, 350

MOVIE 07 / 인셉션

Inception, 2010
감독 크리스토퍼 놀란

레오나르도 디카프리오가 주연한 액션 스릴러. 사고로 국제적인 수배자가 된 돔 코브 역의 레오나르도 디카프리오는 머릿속에 정보를 입력하는 인셉션이라는 임무를 수행하게 된다.

비르아켐 다리
Pont de Bir-Hakeim

'인셉션 다리'로 더욱 유명해진 센강의 비르아켐 다리는 에펠탑 근처에 있으며 특별한 인증사진을 찍을 수 있는 곳이다.
MAP P.310l INFO P.047

MOVIE 08 / 물랭루주

Moulin Rouge, 2001
감독 바즈 루어만

니콜 키드먼과 이완 맥그리거가 주연을 맡은 영화다. 19세기 말 파리의 카바레 물랭 루주에 대한 이야기지만, 물랭 루주에서 직접 찍은 영화는 아니다.

물랭 루주
Moulin Rouge

영화의 주요 배경이 되는 장소. 지금도 카바레 공연을 관람할 수 있다. 영화를 통해 물랭 루주의 분위기를 한껏 느낄 수 있고 공연도 미리 보기처럼 맛볼 수 있다.

MAP P.352F INFO P.059, 358

MOVIE 09 / 다빈치 코드

The Da Vinci Code, 2006
감독 론 하워드

댄 브라운의 베스트셀러 소설 《다빈치 코드》를 원작으로 한 영화다.

루브르 박물관
Musée du Louvre

촬영이 어렵다고 알려진 루브르 박물관 내부에서 박물관이 문을 닫는 매주 화요일 저녁 실제 촬영이 이루어졌으며 루브르 박물관 곳곳을 미리 영상으로 볼 수 있다.

MAP P.325K INFO P.062, 338

MOVIE 10 / 퐁뇌프의 연인들

Les Amants Du Pont-Neuf, 1991
감독 레오 카락스

1992년 개봉작으로 비록 오래되었지만, 여전히 명작으로 꼽히며 특별할 것 없던 퐁뇌프 다리에 유명세를 안겨준 영화다.

퐁뇌프 다리
Pont Neuf

퐁뇌프에서 만나 열정적인 사랑을 나누는 연인들의 이야기로 쥘리에트 비노슈의 미모가 돋보이며 마지막 장면이 특히 아름답다. 놀라운 사실은 영화가 실제로 촬영된 장소는 퐁뇌프가 아닌 세트장이라는 것.

MAP P.338A INFO P.394

THEME 08
소도시 여행

BON Appétit!

파리 근교 소도시 여행 레시피

Travel Recipe

세계 제일의 관광지로 유명한 파리지만 우리가 영화나 사진을 통해 보던 모습을 그대로 간직하고 있어 이미 익숙하게 느껴질지도 모른다. 파리의 관광을 모두 마쳤다면, 혹은 이미 파리를 여러 번 여행하고 조금 색다른 풍경을 찾고 있다면, 기차나 버스를 타고 파리 근교로 떠나보자. 프랑스는 지역마다 특색이 눈에 띄게 다르기 때문에 파리 시내를 조금만 벗어나도 전혀 다른 느낌의 소도시를 만날 수 있다.

THEME 08 | 소도시 여행

프랑스에 왔으니
베르사유 궁전은
보고 가야겠다고
생각한다면

역사
+
전통
+
화려한
베르사유
★★★★

하루쯤은
여유롭고
한적하게
보내고 싶다면

여유
+
자연
+
조용한
쏘
★★★

화가 반 고흐의
자취를 느껴보고
싶다면

예술
+
시골
+
한적한
**오베르쉬르
우아즈**
★★★

화가 클로드 모네를
좀 더 자세히
알고 싶다면

예술
+
정원
+
여유로운
지베르니
★★★★

중세 프랑스는
어땠을까
궁금하다면

역사
+
전통
+
시골
프로뱅
★★★

아기자기한 바닷가
마을에서 시드르
한잔 맛보고 싶다면

바다
+
예술
+
노르망디
옹플뢰르
★★★★

예술가들이
사랑했던 하얀
코끼리 바위가
절경인 마을

바다
+
예술
+
절경
에트르타
★★★★

유네스코
세계문화유산,
바다 위의 수도원

바다
+
역사
+
관광
몽생미셸
★★★★★

1 베르사유 궁전
절대 권력의 상징

Château

◉ MAP P.466　◉ INFO P.467　◉ 찾아가기 베르사유 샤토 리브 고슈 방향 RER C선을 이용하면 파리 시내에서 베르사유 샤토 리브 고슈(Versailles Château Rive Gauche) 역까지 30분 정도 소요된다. 역에서 나와 길을 건너 오른쪽으로 꺾은 뒤 큰 사거리에서 왼쪽으로 꺾어 그대로 직진하면 된다. ◉ 주소 Château de Versailles, Place d'Armes, 78000 Versailles
◉ 전화 01-30-83-78-00　◉ 홈페이지 www.chateauversailles.fr

de Versailles

1979년 세계문화유산에 등록된 베르사유 궁전은 17세기 프랑스 예술 실현 건축물 가운데 가장 아름다운 건축물 중 하나로 꼽힌다. 루이 13세가 즐겨 찾던 사냥터를 넓혀 그의 아들 루이 14세가 궁전을 세우고 정원을 만들었다. 1789년 프랑스혁명 이전까지 여러 프랑스 왕들이 머물렀던 베르사유는 점차 더 화려하고 완벽한 궁전의 모습을 갖추었다. 특히 루이 14세 왕정기에는 그의 절대 권력을 자랑하듯 왕궁의 개축과 증축이 이어졌다. 왕실의 결혼이나 외국의 사신을 접견하는 '거울의 방'을 만들어 왕실의 웅장함과 화려함을 표현했으며, 8000헥타르가 넘는 정원에는 운하와 테라스 등을 만들어 아름답고 쾌적한 권력의 상징인 궁전을 만들고자 했다. 조경사 앙드레 르 노트르와 건축가 루이 르보 등 당대 최고의 예술가와 장식가가 베르사유 궁전과 정원을 완성했으며, 오늘날에도 유럽 최고의 궁전이라는 평가를 받고 있다.

베르사유 궁전과 정원 운영 시간

성수기 4월 1일~10월 31일
비성수기 11월 1일~3월 31일

	궁전	트리아농	황금 마차 갤러리	정원	공원
성수기 운영 시간	09:00~18:30	12:00~18:30	12:30~18:30	08:00~20:30	07:00~20:30
마지막 입장	18:00	18:00	17:45	19:00	19:45
매표소 마감	17:45	17:50			
휴무	월요일, 5/1				
비성수기 운영 시간	09:00~17:30	12:00~17:30	12:30~17:30	08:00~18:00	08:00~18:00
마지막 입장	17:00	17:00	16:45	17:30	17:30
매표소 마감	16:50	16:50			
휴무	월요일, 12/25, 1/1				

※날씨나 행사, 공휴일 일정 등에 따라 오픈하지 않거나 일찍 폐장하는 경우가 있음.
입장하는 게이트에 따라 오픈 시간이 달라질 수 있음.

입장료

음악 분수 쇼와 음악 정원

4월부터 10월 말까지 토요일, 일요일 및 특정 날짜에 화려한 분수 쇼가 펼쳐진다.
정확한 일정 확인은 홈페이지를 통해 확인할 수 있다.

	궁전 + 전시	정원 (음악분수 제외)	정원 (음악분수 포함)	트리아농	조각품과 주조품 갤러리	황금 마차 갤러리	공원	포함 사항	입장료	
									현장 판매*	온라인 판매
1년권	☑	☑	☑	☑				궁전 및 정원 무한 이용 가능	솔로 €65 듀오 €98	
패스포트 티켓									€24 (음악분수 X)	€32 (음악분수 O)
+ 미식가 휴식								프리드 베니스 침심식사	€124 (싱인 2명)	
+ 프티 트랭 왕복	☑	☑	☑	☑				프티 트랭 왕복 1회	€39	
+자전거								공원 내 자전거 1시간 이용	비수기 €58 성수기 €74(성인 2명)	
+보트					4~10월 주말 운영	주말 운영	☑	그랑 카날 보트 1시간 이용	추후 공지	
궁전 티켓	☑	☑	–	–				–	€21	
트리아농 티켓	–	–	–	☑				–	€12	
+자전거	–	–	–	–				공원 내 자전거 가이드 2시간	€34	
음악분수 티켓	–	–	☑	–					€12	€10.5
음악정원 티켓	–	–	☑	–					€10	€10
음악분수 야간 티켓	–	–	–	–					€34	€34

* 현장 판매는 당일 가능한 수량 내에서만 살 수 있다.

베르사유 궁전 돌아다니기

베르사유 궁전과 정원은 상상 이상으로 규모가 크고 넓다.
베르사유 궁전과 정원을 모두 편안하고 여유롭게 둘러보는 방법을 체크해보자.

☑ 베르사유를 돌아보는 여러 가지 방법

1. 프티 트랭(리틀 트레인) Petit Train
궁전에서 출발해 프티 트리아농 → 그랑 트리아농 → 대운하 → 테라스를 거치는 프티 트랭을 이용하면 먼 거리까지 편하게 관람할 수 있다.
⊙ **시간** 11:10~17:10(시즌에 따라 변동), 10~30분 간격으로 운행 € **요금** €8.5

2. 자전거 Bicyclette
날씨 좋은 봄·가을에는 자전거를 이용해 베르사유 정원을 둘러보면 좋다.
⊙ **대여 장소** 대운하 초입 프티트 베니스
⊙ **시간** 10:00~17:00(시즌에 따라 변동)
€ **요금** 1시간 €10(15분 추가당 €2.5), 4시간 €21, 8시간 €23

3. 보트 Barques
베르사유 궁전 대운하를 작은 배를 타고 돌아볼 수 있다. 겨울철(11월 중순~2월) 휴무.
€ **요금** 30분 €16, 1시간 €20

☑ 시간이 부족하다면 정원을 강추!

시기가 봄, 여름, 가을이고 베르사유 궁전과 정원을 모두 돌아볼 시간이 충분하지 않다면, 궁전보다는 정원을 둘러볼 것을 추천한다. 물론 궁전 안에는 왕과 왕비의 침실, 거울의 방 등 볼거리가 많지만 파리 시내 오페라 가르니에나 루브르 박물관 등을 이미 봤다면, 궁전 내부가 식상하게 느껴질 수도 있다. 다만 겨울에는 정원이 적막하고 썰렁할 수 있다는 점을 잊지 말자.

4. 전기차 Petits Véhicules Électriques
미니 전기차를 대여해 정원 곳곳 자유롭게 둘러볼 수 있다. 국제 운전면허증이 필요하며 24세 이상 대여 가능하다. (1~2월 중순 휴무)
⊙ **시간** 10:00~17:00(시즌에 따라 변동)
€ **요금** 1시간 €42(15분 추가당 €10.5)

화요일과 주말은 사람이 특히 많다!

프랑스 필수 관광 코스이다 보니 에펠탑 저리 가라 할 만큼 방문객이 많다. 특히 화요일과 주말에는 사람이 많이 몰려 입장 시간이 오래 걸릴 수 있다. 주말보다는 평일에 가는 것이 좋고, 뮤지엄 패스가 있으면 좋다.

인포메이션에서 한국어 지도와 오디오 가이드 GET!

인포메이션에서 궁선과 정원 인니 지도와 한국어 버전 오디오 가이드를 대여할 수 있다. 오디오 가이드는 €5이며, 7세 이상부터 사용할 수 있다. 영어가 가능하다면 미리 베르사유 궁전(Palace of Versailles) 애플리케이션을 다운받자. 작품 설명 및 지도 등을 한 번에 이용할 수 있어 편리하다. 다만 앱에서 제공하는 무료 한국어 가이드 번역이 조금 어색하다는 의견이 많다.

조심 또 조심! 소매치기 조심!

베르사유 궁전과 같이 사람이 많이 모이는 곳에서는 언제나 소매치기를 조심해야 한다고 생각하면 된다. 아름다운 궁전 내부를 관람할 때도 주의를 기울이지 않으면 쥐도 새도 모르게 소지품이 없어질지도 모른다.

간식 준비는 필수!

8000헥타르에 이르던 정원은 오늘날 815헥타르로 작아졌지만, 그래도 베르사유의 정원은 한없이 넓다. 중간중간 매점이나 레스토랑이 있긴 하지만, 정원을 모두 둘러볼 생각이라면 샌드위치나 마실 거리를 준비해 가면 좋다.

베르사유 궁전 꼼꼼히 보기

웅장한 베르사유 궁전과 아름다운 정원 곳곳에 볼거리가 가득하다.
다만 궁전에서 시간을 너무 많이 빼앗기면 정원을 둘러 볼 시간이 부족하다는 사실을 염두에 두자.

- 대운하
- 그랑 트리아농
- 프티 트리아농
- 왕비의 촌락
- 아폴론 분수
- 라토나 분수
- 궁전

궁전 *Château de Versailles*

17세기 프랑스 예술의 꽃이라 불리는 베르사유 궁전의 역사는 루이 13세의 사냥터를 루이 14세가 확장해 1682년 궁정과 내각을 모두 베르사유로 이전하며 시작된다. 1789년 프랑스혁명과 함께 왕궁으로 사용되지 않다가 1837년 루이 필리프가 프랑스 역사 박물관으로 쓰임을 변경하며 역사적으로 가치가 높은 작품을 수집한다. 오늘날에는 2300여 점의 작품이 6만3000㎡의 규모에 전시되어 있다.

← **거울의 방**
La Galerie des glaces
궁전 내부에서 인기가 가장 많은 곳이며 화려함의 극치를 볼 수 있다. 벽면의 유리와 천장의 샹들리에가 화려함을 더해주며 17개의 커다란 거울이 배치되어 있다.

→ **왕의 아파트먼트**
Le Grand Appartement du Roi
루이 14세의 취향을 가장 두드러지게 엿볼 수 있는 방이다. 7개의 방으로 이루어졌으며 그림, 보석, 오브제, 조각품 등 다양한 작품이 전시되어 있다.

정원과 트리아농 *Les Jardins et le domaine de Trianon*

루이 14세가 1661년 당대 최고의 조경 예술가 앙드레 르 노트르에게 베르사유 정원의 조경을 맡긴다. 공사는 40여 년에 걸쳐 완성되었으며 당시 내로라하는 예술가들이 정원의 완성도를 높였다. 또 루이 14세는 왕궁 생활에서 잠시 벗어나기 위해 운하 근처 마을이 있던 자리에 트리아농을 건축했고, 루이 15세와 마리 앙투아네트 등에 의해 규모가 커졌다.

↓ **그랑 트리아농**
Le Grand Trianon
베르사유 궁전의 별궁이며 분홍빛 대리석과 화려한 내관을 자랑한다. 루이 14세가 애인 멩트농 부인을 위해 17세기 말경 지었으며 방마다 커다란 창이 있어 햇빛이 잘 들어온다.

↑ **프티 트리아농**
Le Petit Trianon
루이 15세가 정부 퐁파두 부인을 위해 지었으며 이후 루이 16세가 마리 앙투아네트에게 선사했다. 신고전주의 양식의 단아하고 소박한 모습이 특징이다.

↓ **앙비의 촌락**
Le Hameau de la Reine
18세기 유행하던 전원 풍경의 촌락으로 마리 앙투아네트를 위해 지었다. 12개의 건물로 구성되었으며, 왕비의 집, 당구장, 물방앗간, 농장 등으로 이루어져 있다. 각각의 건물에 정원이 딸려 있다.

2 *Sceaux*

여유롭고 한가로운 파리 근교의 부촌
쏘

◎ MAP P.474　◎ INFO P.475　◎ 주소 Parc de Sceaux, Sceaux 92330 (쏘 공원)
◎ 찾아가기 파리 남쪽 로뱅송(Robinson)과 생레미레슈브로즈(Saint-Rémy-lès-Chevreuse) 방향 RER B선을 타고 쏘(Sceaux) 역에서 하차 후 공원과 시내(Centre) 방향 출구로 나온다. 직진하다가 교차로에서 왼쪽으로 꺾고 사거리에서 다시 오른쪽으로 꺾어 4~5분 정도 걸으면 시내에 도착한다. 성당이 보이는 방향으로 이동 후 공원 팻말을 따라간다.

파리 중심 샤틀레(Châtelet) 역에서 RER B선을 타고 20분 정도만 외곽으로 나가면 아기자기한 소도시 쏘에 도착한다. 쏘 시내는 왕복 15분이 걸리지 않을 정도로 규모가 작으며, 건물 높이가 낮기 때문에 마치 작은 시골 마을에 온 듯한 기분이 든다. 특히 이곳은 루이 14세의 궁정 조경사이자 베르사유 궁전과 정원의 조경을 맡은 앙드레 르 노트르가 조경한 쏘 공원(Parc de Sceaux)으로 유명한데, 공원의 면적은 181헥타르에 이르며, 베르사유 궁전의 정원과 매우 비슷한 양식

쏘 돌아다니기

쏘 역에 내리자!
RER B선을 타고 부르 라 렌(Bourg la Reine) 역, 쏘(Sceaux) 역 또는 파르크 드 쏘(Parc de Sceaux) 역 셋 중 한 곳에 내리면 되는데, 그중에서도 쏘 역에서 하차해 공원으로 가는 코스를 추천한다. 시내를 거쳐 가기도 하고, 공원 옆길로 바로 들어가기 때문에 프랑스 사람들의 단독주택을 구경하면서 성까지 빠르게 도착할 수 있다.

봄날의 쏘 공원을 만끽하자!
봄철 흐드러지게 핀 벚꽃이 쏘 공원의 명물이다.

을 띤다. 정원의 전체 형태는 직선형으로 체계적이며 대칭적으로 구성되었고, 커다란 인공 호수를 따라 늘어선 미루나무가 장관을 이룬다. 공원 내에는 현재 박물관으로 사용되고 있는 쏘 성(Château de Sceaux)이 있다. 이 성은 1856년에서 1862년 사이에 건축되어, 원래 면적의 1/3로 작아진 것이라고 한다. 쏘 공원 내에는 인공 호수를 비롯한 숲속 산책길이 많아 쏘 시민은 물론 주변 도시 시민들에게도 많은 사랑을 받고 있다.

3 화가 반 고흐의 붓끝을 따라
오베르쉬르우아즈

파리에서 북쪽으로 27km 정도 떨어진 곳에 있는 오베르쉬르우아즈. 이 작은 마을은 19세기 풍경 화가들, 특히 인상주의 화가들 덕분에 유명세를 얻기 시작했다. 폴 세잔, 샤를 프랑스와 도비니, 그리고 반 고흐 등의 화가들이 이곳에 정착해 작품 활동을 펼쳤다. 특히 오베르쉬르우아즈에서 70여 점이 넘는 작품을 남긴 고흐 덕분에 '반 고흐의 마을'로 유명한데, 그는 자신의 주치의이자 후원자, 수집가 폴 가셰를 따라 치료를 받기 위해 이 마을에 정착했다. 고흐는 1890년 7월 당시 그가 머무르던 라부 여인숙(Auberge Ravoux)에서 생을 마감했으며, 그의 무덤은 동생 테오의 무덤과 함께 오베르쉬르우아즈 한쪽에 자리한다. 반 고흐가 이 마을에 머무른 시간은 3개월도 되지 않지만, 이곳에서 많은 작품 활동을 하고 생을 마감하면서 그의 흔적을 찾기 위해 오베르쉬르우아즈를 찾는 사람들이 많다. 마을 곳곳에서 반 고흐의 흔적을 볼 수 있을 뿐 아니라, 집들도 아기자기하고 예뻐 동네 구경에 시간 가는 줄 모를 것이다.

 TIP 관광안내소를 먼저 찾자!

역에서 내려 제네랄 드 골(Rue du Général de Gaulle) 거리에서 왼쪽으로 꺾은 후 2분 정도 걷다 보면 오른쪽에 있다. 마을은 작지만 지도가 있으면 편하게 돌아볼 수 있다.
- 주소 38 Rue du Général de Gaulle, 95430 Auvers-sur-Oise 전화 01-30-36-71-81
- 시간 09:30~18:00(동절기 16:30까지, 점심시간 12:30~14:00) 휴무 월요일 홈페이지 http://tourisme-auverssuroise.fr

Auvers-Sur-Oise

ⓜ MAP P.478 ⓘ INFO P.476 ⓖ 찾아가기 파리 생라자르(Saint-Lazare) 역에서 트랑실리앵(Transilien) 기차 J선을 타고 퐁투아즈(Pontoise)에서 H선으로 환승한 후 오베르쉬르우아즈 역에서 하차. 1시간 20분 소요.

오베르쉬르우아즈에서 만나는 고흐의 흔적

까마귀가 나는 밀밭
Le Champ de blé aux corbeaux

반 고흐의 최후작 중 하나로, 그가 생을 마감하기 직전에 그린 것으로 알려진다. 빠르게 요동치는 붓 터치와 거칠고 어두운 색감, 까마귀 떼 등으로 그의 불안한 심리를 나타낸다.

오베르 성당
L'église d'Auvers-sur-Oise

오베르쉬르우아즈의 성당을 표현한 작품으로, 성당은 13세기 초 고딕 양식으로 건축되었다. 성당 양쪽으로 예배당이 딸려 있으며 지금도 그 모습을 유지하고 있다.

반 고흐의 무덤
Tombeau de Van Gogh

마을에서 조금 떨어진 곳에 있으며, 담 아래 고흐와 그의 동생 테오의 무덤이 나란히 위치한다. 우애가 깊었던 형제였기 때문인지 고흐가 죽자, 크게 상심한 테오도 6개월 후 병으로 생을 마감한다.

라부 여인숙
L'auberge Ravoux

반 고흐가 오베르쉬르우아즈에 와서 머물던 여인숙이다. 1층에는 레스토랑이 2층에는 박물관, 3층에는 그가 실제로 살던 다락방의 모습과 사용하던 가구를 볼 수 있다.

4 지베르니 *Giverny*

클로드 모네의 아름다운 작업 공간

📍 MAP P.486　ℹ️ INFO P.484　🚌 찾아가기 파리 생라자르(Saint-Lazare) 역에서 베르농 지베르니(Vernon-Giverny) 직행 기차를 타고 40~50분 소요. 베르농 역에서 내려 셔틀버스 탑승 후 20분 정도 걸린다.

오베르쉬르우아즈가 반 고흐의 마을로 유명하다면 지베르니는 화가 클로드 모네의 마을로 유명하다. 인구 500여 명 정도의 작은 마을이지만 클로드 모네가 실제로 살던 집과 그가 가꾸던 아름다운 정원이 있어 늘 관광객으로 붐빈다. 모네는 지베르니에서 40여 년간 거주했으며 그의 대표작인 '수련'과 '루앙 대성당' 등의 작품을 이곳에서 완성했다. 그가 가족과 생활하던 집은 현재 박물관으로 일반에 공개하며 그가 직접 가꾼 정원과 작업실 등도 볼 수 있다. 박물관 내부는 그가 거주하던 당시의 모습 그대로 보존되어 모네의 작품의 복사본과 함께 전시되어 있다. 파란색, 노란색 등의 화사한 색감으로 구분된 주방과 식당의 모습이 인상적이며 일본에서 영감을 많이 받은 모네답게 다양한 일본풍의 그림과 예술품을 볼 수 있다. 창밖으로 보이는 정원에는 다양한 화초와 식물이 심겨 있고 정원을 돌아 연못 쪽으로 이동하면 일본풍 다리와 대나무, 버드나무 등 인공적으로 만든 정원이라 하기에는 너무나 자연스럽고 아름다운 모습을 볼 수 있다. 마을 끝으로 이동하면 모네의 무덤이 있는 성당이 있는데, 작은 마을이기 때문에 모네 박물관 주변을 둘러보는 것은 30분 정도로 가능하다.

🗹 모네의 집 살펴보기

클로드 모네 박물관
Fondation Claude Monet

화가 모네의 작업실은 물론 꽃이 화사하게 피기 시작하는 봄철부터 여름까지 푸르고 아름다운 정원의 모습을 감상할 수 있다

- 주소 84 Rue Claude Monet, 27620 Giverny　전화 02-32-51-28-21
- 시간 4월~10월 말 09:30~18:00
- 가격 €11, 온라인 €11.5　홈페이지 http://fondation-monet.com

화가의 지베르니 정원
Le Jardin de l'artiste à Giverny

모네가 시간 보내기를 좋아했다는 정원에서 그린 그림이다. 붉은색과 초록색, 보라색 등을 이용해 꽃과 나무를 표현했다.
오르세 미술관 소장

수련
Le Bassin aux Nymphéas : Harmonie Verte

자신의 집 정원을 그린 모네 말년의 대표작이다. 초록빛 물풀 사이로 보이는 작은 다리와 버드나무 등이 물과 어우러진 모습을 그림으로 표현했다. 오르세 미술관 소장

중세 프랑스 모습 그대로
프로뱅 / *Provins*

◉ MAP P.482 ◉ INFO P.480 ◉ 찾아가기 파리 동역(Gare de l'Est)에서 출발하는 트랑실리앙(Trainsilien) P선이 오전 6시부터 오후 10시까지 1시간에 1대 정도 운행된다. 1시간 30분 정도 소요되며 주말에는 운행 횟수가 줄어들 수 있으니 미리 기차 시간을 확인하자.

파리 남동쪽 약 80km 거리에 위치한 프로뱅은 2001년, 마을 전체가 세계문화유산으로 등록되었다. 중세에서 시간이 멈춘 듯한 이 마을은 지리적 이점으로 고대 로마 군인들이 이용하던 요새이자 길목이었다. 9세기경에는 파리, 루앙(Rouen)과 함께 프랑스에서 세 번째로 중요한 도시였을 만큼, 큰 무역 시장이 정기적으로 열리는 곳으로 유명했다. 프로뱅 거리의 건물이나 집을 정면에서 가만히 바라보고 있으면 약간 기우뚱하고 무너질 듯 허술해 보여 걱정이 되지만, 사실 알고 보면 이곳 건물들은 대부분 지은 지 1000년이 다 되어가는 것들이다. 특히 12세기에 지은 생키리아스 성당(Collégiale Saint-Quiriace) 앞에 서면 성당이 그 자리에서 보내온 시간이 느껴지며 절로 숙연해진다. 필리프 4세 왕의 통치 당시 재정난으로 생키리아스 성당은 오늘날까지도 미완성인 채 남겨졌으며, 외관을 통해 그 세월의 흔적을 느낄 수 있다. 생키리아스 성당 옆에 위치한 세자르 탑(Tour César) 역시 12세기 건축물로, 경비나 보초를 서던 탑이었으나 후에는 감옥으로 쓰이기도 했다. 오늘날에는 탑 위에 올라 프로뱅 마을의 전경을 감상할 수 있도록 정비되었다.

프로뱅 돌아다니기

중세 축제를 즐기자!
6월에는 중세 축제가 열린다. 프로뱅 시민들이 중세 복장을 해서 중세 일상을 엿볼 수 있으니, 방문해볼 만하다.

타박타박 걸어보자!
걸어서 돌아다닐 수 있을 정도로 작은 동네이니, 역에 내려 굳이 버스를 이용하지 않아도 된다.

라파르트 L'appart
점심 식사는 프로뱅 시내에 있는 작은 레스토랑 라파르트를 추천한다. 가격도 적당하고 신선한 재료로 만든 맛있는 식사를 즐길 수 있다.
◉ MAP P.482B ◉ INFO P.483
◉ 주소 37 Rue du Val, 77160 Provins
◉ 전화 01-64-08-32-91 ◉ 시간 12:00~14:00, 18:45~21:45 ◉ 휴무 일~수요일

6 / 아기자기한 항구도시 옹플뢰르 / *Honfleur*

◉ **MAP** P.490 ◉ **INFO** P.488 ◉ **찾아가기** 파리 생라자르(Saint-Lazare) 역에서 트랭 노마드 (Train Nomad) 기차를 타고 르 아브르(Le Havre) 역까지 이동 후 기차역 바로 옆 르 아브르 버스 터미널 (Gare Routière)에서 111, 122, 123번 버스를 이용해 옹플뢰르까지 갈 수 있다.

TIP
당일치기 여행을 계획한다면 옹플뢰르와 에트르타를 한번에 묶어 여행할 수 있는데 옹플뢰르와 에트르타 사이를 직행으로 운행하는 교통수단은 없고, 중간 지점인 르 아브르에 들러 버스를 이용해야 하기 때문에 조금 피곤할 수 있다.

센강이 흘러 영국해협으로 빠져나가는 길목에 위치한 옹플뢰르는 지리적인 이점 덕분에 일찍이 무역 항구와 군사적 항구 역할을 해왔다. 실제로 17~18세기에는 이곳에서 캐나다, 앤틸리스 제도, 아프리카 등과의 무역이 활발히 이루어졌다. 19세기 초에는 옹플뢰르에서 태어난 화가 외젠 부댕(Eugène Boudin)과 함께 수많은 예술가가 모여 작품을 구상하는 장소로 이름을 알렸으며, 그들의 작품에 옹플뢰르가 등장해 아름다운 바닷가 마을로 명성이 높아졌다. 옹플뢰르의 터줏대감으로 불리는 생트카트린 성당(Église Sainte-Catherine)은 첫 예배당이 15세기 중반에 세워진 것으로 알려져 있다. 프랑스에 남아 있는 목조 건축 성당 중 가장 큰 성당이며, 1879년 그 가치를 인정받아 프랑스 역사적 기념물에 등록되었다. 옹플뢰르의 가장 큰 볼거리는 구항구(Vieux Bassin)다. 요트와 작은 배들이 정박해 있는 항구를 둘러싸고 17~18세기에 건축된 좁고 작은 건물들이 높낮이와 색깔이 다른 모습으로 늘어서 있는 풍경은 마치 한 장의 엽서 같다. 옹플뢰르가 위치한 노르망디 지방에는 제2차 세계대전 중 폐허가 되면서 재건축된 도시가 많으나, 다행히도 옹플뢰르는 전쟁의 피해를 피하며 옛 모습을 그대로 간직하고 있다.

Étretat

예술가들이 사랑한 절경 에트르타

📍 MAP P.494 ℹ️ INFO P.492 🚌 **찾아가기** 파리 생라자르(Saint-Lazare) 역에서 브레오테 뵈즈빌(Bréauté-Beuzeville) 역까지 2시간 가까이 걸리고 브레오테 뵈즈빌 역 앞에서 에트르타행 버스 504번을 타고 30분 정도 이동한다. 또는 생라자르 역에서 르 아브르(Le Havre) 역까지 2시간 정도 걸려 르 아브르 역 앞에서 에트르타행 13번 버스를 타고 1시간 정도 가면 도착한다.

클로드 모네의 그림에 자주 등장하는 프랑스 북부 해안 마을 에트르타는 아찔한 해안 절벽으로 유명하다. 파리에서 기차를 타고 2시간, 버스로 갈아타고 30분이나 더 가야 닿을 수 있지만, 분명 그만한 가치가 있다. 분필같이 하얀 모래와 푸르른 바다, 끝없이 이어지는 절벽이 만나 장관을 이루는 에트르타는 19세기 이전까지만 해도 작은 어촌에 불과했다. 근처의 도빌(Deauville)이나 트루빌쉬르메르(Trouville-sur-Mer) 같은 해안 마을은 일찍이 해수욕장 역할을 톡톡히 해내며 관광지로 이름을 알렸지만, 모래 없이 조약돌만 가득한 에트르타의 해변은 프랑스 소설가이자 비평가 알퐁스 카(Alphonse Karr)가 그의 작품에 에트르타를 자주 언급하면서부터 조금씩 알려졌다. 그 후 클로드 모네, 귀스타브 쿠르베, 기 드 모파상 등의 유명 인사들이 이곳에 머물며 휴양 겸 작품 활동을 하면서 프랑스의 대표적 관광지로 자리 잡았다. 해수욕장을 가운데 두고 양쪽의 절벽을 따라 산책할 수 있는데, 끝없이 펼쳐진 초원과 넓디넓은 바다를 바라보며 걷다 보면 가슴이 확 뚫리는 것을 느낄 수 있다. 해수면이 낮아지는 썰물 시간에는 코끼리 바위 가까이 접근할 수도 있다. 에트르타 해변은 바람의 방향과 밀물에 따라 조약돌 해변이 되기도 하고 모래사장이 되기도 한다.

TIP
기차 시간에 맞춰 각 역에서 출발하는 버스가 있지만, 버스 이용 시간을 꼭 확인해야 하며 당일 여행을 준비한다면 버스 시간에 더욱 각별히 주의할 것! 참고로 브레오테보다 르 아브르로행 기차가 더 자주 운행된다.

바다 위의 수도원
8 몽생미셸

Mont-

바다와 하늘 사이에 떠 있는 듯한 몽생미셸 수도원은 화강암질의 작은 바위섬에 있으며, 밀물 때 바닷물에 섬이 잠기는 모습이 매우 인상적이다. 성 미카엘 대천사의 명으로 709년 처음 성당을 세웠으며 966년 수도원이 자리 잡는다. 11세기에서 16세기까지 총 5세기에 걸쳐 증축되고 개축되었으며 프랑스 혁명 시기에는 감옥으로 쓰이기도 했다. 몽생미셸은 1000년이 넘는 시간 동안 로마, 생 자크 드 콩포스텔 등과 함께 중세 유럽의 가장 중요한 성지순례지로 꼽혔다. 작은 섬 안에 수도원과 그 주변을 둘러싸고 형성된 작은 마을은 역사적 가치를 인정받아 1862년 역사적 기념물에 등록되었으며, 1979년 유네스코 세계문화유산에 등록되어 매해 200만 명이 넘는 방문객을 맞이하고 있다. 19세기 한때 1000명이 넘는 인구가 몽생미셸에 거주했지만 오늘날 상주하는 인구는 40여 명에 불과하다.

📍 **MAP** P.470 ℹ️ **INFO** P.468 🅖 **찾아가기** 파리 몽파르나스(Montparnasse) 역에서 렌(Rennes) 역까지 이동 후 버스를 이용하는 것이 가장 간단한 방법이다. 렌까지는 기차로 2시간정도 소요되며 렌 역 버스 터미널에서 몽생미셸 행 버스를 이용할 수 있다. 1시간 10분 정도 소요되고 종점에서 하차 후 무료 셔틀버스(Navette)를 타고 수도원 앞까지 갈 수 있다. 💰 **가격** 몽생미셸 수도원 €20.5
🌐 **홈페이지** www.ot-montsaintmichel.com

몽생미셸 돌아다니기

갈레트를 먹어보자!
몽생미셸 수도원 초입에 이곳의 특산품인 프랑스 과자 갈레트로 유명한 메르 풀라르 호텔 레스토랑이 있다. 이곳에서 다양한 버터 과자 갈레트를 살 수 있다. 달콤짭짜름한 맛이 일품이다. 일반 수퍼마켓에서도 구입이 가능하다.

일몰 시간을 미리 체크하자!
밀물이 최고조에 이르는 날에는 수도원의 입장이 통제될 수도 있으니, 가기 전 홈페이지를 통해 꼭 확인하자.
▶ 홈페이지 www.abbaye-mont-saint-michel.fr

Saint-Michel

152	**THEME 09** 진망 레스토랑
158	**THEME 10** 셰프 레스토랑
170	**THEME 11** 로컬 맛집
180	**THEME 12** 와인 & 치즈
192	**THEME 13** 불랑주리 & 파티스리
202	**THEME 14** 카페

EATING intro

미식의 나라 프랑스

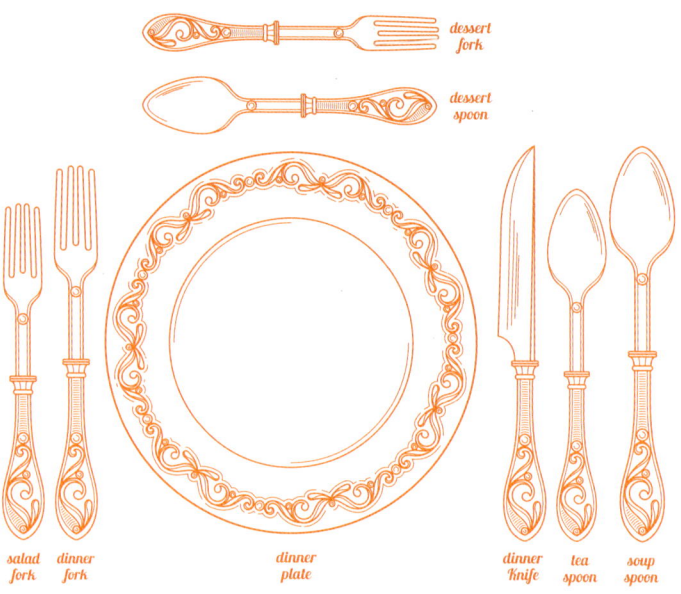

사전적으로 미식(美食)이란 좋은 음식, 혹은 그런 음식을 먹는 것을 뜻한다. 아직 우리나라에서 매우 익숙한 단어는 아니지만 프랑스에서 미식이란 일반적으로 일상에서 자주 사용되는 단어일 정도로 음식을 대하는 태도나 생각이 우리와는 많이 다르다고 볼 수 있다. '가스트로노미 프랑세즈(Gastronomie française)'라고 불리는 이것은 2010년 유네스코의 세계무형유산에 등재되었으며, 그만큼 프랑스인들은 프렌치 요리에 대한 자부심이 매우 강하다.

프랑스의 미식은 몇 가지 세부사항을 포함하고 있어야 하는데, 그중에는 신선하고 질 좋은 재료를 고르는 것에서부터 요리의 맛, 테이블의 조화, 요리와 잘 어울리는 와인의 선택, 그리고 식사 중 대화까지 포함해서 다양한 요소가 프랑스 미식을 이룬다고 볼 수 있다.

또 프랑스 미식은 정해진 순서를 지켜야 하는데, 식욕을 돋구기 위한 아페리티프(apéritif)로 시작해 소화를 시키기 위한 디제스티프(digestif)로 끝나며, 그 둘 사이 전식을 시작으로 생선 혹은 육류 요리와 채소, 치즈 플레이트, 디저트까지 모두 포함되어야 한다. 이런 전통적인 '의식'을 중요하게 생각하는 프렌치들은 여전히 이 순서를 지키지만, 그렇지 않은 이들도 있다. 하지만 이러한 복잡하고 긴 순서를 모두 지키지는 않는다 하더라도 일반적으로 프렌치들은 전식+메인+디저트, 혹은 전식+메인, 메인+디저트 식의 식사를 한다.

프렌치 레스토랑 메뉴 보기

Entrées
전식

Salades 샐러드 [살라드]
Soupe 수프 [스프]
Escargots 달팽이 요리 [에르카르고]
Terrine 테린 [테린느]
Œufs 삶은 달걀 [웨프]
Foie gras 푸아 그라 [푸아 그라]

Plats
메인

Viande 육류 [비앙드]
Bœuf 소고기 [뵈프]
Faux-filet 등심 [포필레]
Entrecôte 갈비 사잇살 [엉트르코뜨]
Bavette 등심 아랫부위살 [바베트]
Escalope de veau 얇게 썬 송아지 고기 [에스칼로프 드 보]
Tartare 육회 [따흐따흐]
Porc 돼지고기 [뽀흐]
Canard 오리고기 [카나흐]
Agneau 양고기 [아뇨]
Poulet 닭고기 [뿔레]
Cuisse de poulet 닭다리 요리 [뀌스 드 뿔레]
Poulet rôti 구운 치킨 요리 [뿔레 호티]
Poissons 생선 [뿌아쏭]
Saumon 연어 [쏘몽]
Dorade 도미 [도하드]
Thon 참치 [통]
Truite 송어 [트휘트]
Cabillaud 대구 [꺄비요]
Coquille saint-jacques 가리비 [고끼 생쟈크]
Huître 굴 [위트흐]
Moule 홍합 [물]
Légume 채소 [레귐]
Courgette 호박 [쿠흐제트]
Épinard 시금치 [에삐나흐]
Carotte 당근 [카호뜨]
Poivron 피망 [푸아브홍]
Oignon 양파 [오니옹]
Asperge 아스파라거스 [아스페흐주]
Pomme de terre 감자 [폼 드 테흐]
Champignon 버섯 [샹피뇽]
Sel 소금 [셀]
Poivre 후추 [푸아브흐]
Moutarde 머스타드 [무타흐드]

Boissons
음료

Carafe d'eau
수돗물
[카라흐 도]

Eau plate/eau minérale
물
[오 쁠라트 / 오 미네할]

Eau pétillante / Eau gazeuse
탄산수
[오 뻬띠양뜨 / 오 갸쥬스]

Bière
맥주 [비에흐]

Coca, Sprite
콜라, 스프라이트
[코카, 스프하이트]

Vin rouge / Vin blanc
레드 / 화이트 와인
[뱅 후즈 / 뱅 블랑]

Thé
차 [테]

Café
커피 [카페]

Desserts
디저트

Fromage
치즈
[프호마주]

Mousse au chocolat
초콜릿 무스케이크
[무쓰 오 쇼꼴라]

Fondant au chocolat
퐁당 오 쇼콜라
[퐁당 오 쇼꼴라]

Moelleux au chocolat
부드러운 초코 케이크
[무엘루 오 쇼꼴라]

Tiramisu
티라미수
[티하미수]

Crème brûlée
크렘 브륄레
[크헴 브휠레]

Tarte
타르트
[타흐트]

Salade de fruits
과일 샐러드
[살라드 드 프휘]

Glace
아이스크림 [글라스]

Pêche
복숭아 [뻬쉬]

Poire
배 [푸아흐]

Fraise
딸기 [프헤즈]

PLUS TIP

프랑스에서는 대부분 자리에서 계산을 한다. 종업원을 부르고 영수증을 받았다면 카드로 계산할 것인지 현금으로 계산할 것인지 의사 표현을 하면 필요에 따라 종업원이 카드 계산기를 가져다준다.

파리에 왔다면, 이것만은 꼭 먹어보자!

Foie gras
푸아그라

고급 요리에 속하는 푸아그라는 '기름진 간'이라는 뜻으로 거위 간을 이용한 요리를 말한다. 돼지고기로 만든 테린(terrine)처럼 빵에 발라 먹거나 스테이크처럼 구워 먹을 수 있다. 가격대가 높아 거위보다 사육이 쉬운 오리의 간으로 만드는 경우도 많지만 잔인한 사육 방식으로 인한 비판 여론이 점점 높아지고 있다.

Boeuf Bourguignon
뵈프 부르기뇽

소고기 등에 레드 와인을 첨가해 장시간 끓여낸 스튜다. 프랑스 동부 부르고뉴 지역의 대표적인 요리로, 이때 프랑스어로 뵈프(boeuf)는 소고기를, 부르기뇽(bourguignon)은 부르고뉴식으로 조리한 요리를 뜻하므로, 뵈프 부르기뇽(Boeuf Bourguignon)이라 하면 부르고뉴식 소고기 요리라는 의미를 지닌다.

Escargot
달팽이 요리

부르고뉴 지방의 전통 음식으로 메인 식사 전, 전식(entrée)으로 즐겨먹는다. 식용 달팽이로 요리하며, 다양한 조리 방법이 있지만 그중에서도 마늘, 바질, 버터 등을 이용해 양념한 후 오븐에 구워내는 것이 일반적이다. 골뱅이와 비슷한 식감에 강한 양념 맛에 익숙한 한국인에게는 조금 심심한 맛일 수 있다.

Ratatouille
라타투이

프로방스 지역의 대표 요리로 가지, 호박, 피망, 토마토 등의 채소에 허브와 올리브 오일을 넣고 뭉근히 끓여 만든 채소 스튜(vegetable stew)다. 모든 채소를 한꺼번에 넣고 익히기도 하고, 각각을 따로 익혀 섞기도 한다. 특히 여름철에 즐겨 먹으며, 프로방스 지방에서는 전통적으로 로제 와인을 곁들인다.

Coq au vin
코크 오 뱅

프랑스 부르고뉴 지방의 대표적인 닭고기 스튜다. 부르고뉴 지역에서 생산되는 레드 와인에 장닭을 넣고 양파, 버섯, 마늘, 돼지기름, 부케 가르니(bouquet garni, 다양한 허브와 향신료를 묶어 만든 다발)로 향미를 더해 푹 고아 만든다.

Steak et Frites
스테이크와 감자튀김

일반적으로 음식점에서 가장 많이 찾아볼 수 있는 메뉴이다. 육류가 그리 비싸지 않기 때문에 맛있는 소고기 요리를 접하기 쉽다. 함께 플레이팅한 갓 튀긴 감자튀김과 먹으면 아주 잘 어울린다. 다양한 부위가 있으며 일반적으로 앙트르코트(entrecôte), 바베트(bavette), 코트 드 뵈프(côte de bœuf), 필레 드 럼스테이크(filet de rumsteak), 포 필레(faux filet) 등이 우리 입맛에 잘 맞는다.

Crêpe
크렙

한국에서는 '크레페'라고도 불리며 얇은 팬케이크와 비슷하다. 굉장히 얇고 가벼우며 밀가루와 달걀 등을 이용해 만든다. 주로 후식으로 먹는 쉬크레(sucré)에는 설탕이나 누텔라 크림 등을 발라 먹고, 식사용으로 먹는 살레(salé)에는 버섯, 달걀, 치즈 등 다양한 재료가 들어간다. 크렙의 두께가 얇을수록 맛있고 고소하다.

Macaron
마카롱

요즘 한국에서 가장 잘나가는 프랑스의 대표 제과 메뉴. 바삭하면서도 쫀득쫀득한 달콤한 맛으로 모든 연령층에서 사랑받는다. 거의 모든 제과 제빵집에서 마카롱을 판매하지만 프랑스에서는 라뒤레나 피에르 에르메 마카롱을 먹어보는 것을 추천한다.

Baguette
바게트

프랑스인들의 주식으로 가늘고 긴 빵이다. 밀가루, 이스트, 소금, 물로만 만들어지며 겉은 딱딱하지만 속은 부드럽고 고소한 맛이 일품이다. 프랑스인들은 바게트를 그냥 먹거나 버터와 잼을 발라 먹기도 하며 거의 모든 음식과 함께 곁들여 먹는다. 아침 식사 전 혹은 퇴근 길에는 바게트 구매를 위해 빵집 앞에 길게 늘어선 모습을 어렵지 않게 볼 수 있다.

Croissant
크루아상

바쁜 아침 시간에 프랑스인들이 아침 식사로 많이 애용하는 빵이다. 초승달 모양으로 반죽이 겹겹이 쌓여 겉은 바삭하지만 속은 부드럽다. 초콜릿을 넣거나 아몬드를 올린 크루아상 등이 있지만 일반 크루아상을 일단 꼭 먹어봐야 한다. 갓 구운 크루아상은 말로 표현하기 힘들 정도로 맛이 좋다.

Vin
와인

레스토랑에서 식사를 하게 되면 곁들여 마실 와인을 꼭 주문해보자. 글라스 와인도 판매하는 경우가 대부분이며 하우스 와인이더라도 맛이 좋다. 다양한 종류의 와인은 전문 판매점이나 슈퍼마켓에서도 구매할 수 있으니 왜 '와인 종주국'이라고 불리는지 알 수 있다.

프렌치 레스토랑 이용 시 알아두어야 할 것

1. 맛집 레스토랑 예약은 필수다.

예약을 받지 않는 몇몇의 레스토랑이나 사람이 아주 많거나 아주 적은 레스토랑에서는 물론 예약을 굳이 하지 않아도 되지만, 대다수의 프랑스인들이 레스토랑 예약을 필수로 여긴다. 특히 저녁 타임, 파리에서 맛있고 분위기 좋은 레스토랑을 원한다면, 며칠 전 혹은 몇 달 전부터 예약해야 하는 경우도 있다.

2. 밥 먹는 시간은 정해져 있다.

아무 때나 어디에서든 밥을 먹을 수 있는 우리나라의 외식 문화와는 다르게 프랑스에서는 식사를 할 수 있는 시간이 정해져 있다. 점심은 대게 12시에 시작해서 오후 2시 30분, 3시 이전에 마감하고, 저녁 식사는 오후 7시경에 시작, 10시 30분, 11시에는 마감한다. 그러므로 점심은 12시 30분에서 1시에 가는 것이 좋고, 저녁은 7시 30분에서 8시 사이에 가는 것이 좋다. 점심과 저녁 시간 사이에는 아예 문을 열지 않으니, 따로 샌드위치를 준비해 두거나 관광객들만 이용하는 레스토랑에 갈 것이 아니라면, 식사 시간을 잘 지키자.

3. 자리 안내를 기다리자.

식당에 들어가자 마자 내 마음에 드는 자리로 달려간다면 주변의 손님은 물론이고 웨이터들의 핀잔을 받을 수 있다. 심한 경우 아주 못마땅한 표정으로 다시 정해진 자리로 옮겨달라는 요청을 받을 수도 있다. 그러니 식당에 들어서면 먼저 웨이터가 다가오길 기다리자. 몇 명인지 물어보고 준비된 자리로 안내해줄 것이다.

4. '오늘의 메뉴'가 신선하다.

많은 레스토랑이 '오늘의 메뉴(plat du jour)'를 준비한다. 메뉴판에서 다른 음식을 골라도 되지만, 셰프가 준비하는 오늘의 메뉴 음식은 그날 그날 받아 오는 식재료로 요리하기 때문에 신선할 수밖에 없다.

5. 느리다.

시간이 걸릴 수 있으니 느긋한 마음으로 식사를 해야 한다. 점심 시간에는 누구나 바쁘니 그나마 음식이 빨리 나오는 편이지만, 저녁 시간에는 느긋하게 마음먹어야 한다. 들어가면 세팅이 바로 되는 한국과는 다르게, 전식과 메인 요리 사이 엄청난 텀이 있을지 모른다. 파리에서만큼은 느긋한 마음으로 식사해보자.

메뉴는 매일 바뀔 수 있다.
메뉴 하나가 특별히 유명한 곳이 아니라면, 메뉴가 매일매일 혹은 일주일 단위로 바뀌는 레스토랑이 많다. 잘 모를 때는 웨이터에게 물어보면 된다.

8월 중에는 문을 닫는 레스토랑이 많다.
'휴가철의 파리에는 관광객밖에 없다' 라는 말이 있을 정도로 8월에는 많은 프랑스인들이 휴가를 떠난다. 레스토랑도 예외는 없다. 8월 한 달 내내 문을 닫는 경우도 있고 7월 중순에서 9월 초까지 문을 닫는 레스토랑도 있으니, 한여름에 여행을 계획하고 있다면 염두에 두어야 할 것이다.

웨이터는 정규직 직업이다.
아르바이트를 많이 채용하는 우리나라의 식당과는 다르게 프랑스의 레스토랑에서 일하는 많은 웨이터들은 정규직 직원으로, 오랫동안 웨이터를 해온 전문 직업인이다. 그러니 웨이터들도 요리 메뉴에 대한 해박한 지식을 가지고 있으며, 때로는 음식에 따른 와인 추천 선택도 매우 탁월하다.

아직도 현금을 많이 쓴다.
카드를 많이 써서 현금을 잘 못 본다는 한국과는 다르게 파리에서는 여전히 현금을 많이 쓴다. 레스토랑에서도 마찬가지인데, 대부분의 레스토랑에서 카드를 쓸 수 있는 최소 금액을 정해놓는다. 15유로에서 20유로 정도이니 점심시간에는 현금을 준비해두는 것이 좋다.

거리감 느껴지는 식사 에티켓 굳이 지키지 않아도 된다.
예를 들어 본격적으로 식사를 하기 전 '아페리티프(apéritif)'라는 술 한잔을 마신다 거나 전채 요리를 주문하고, 다음으로 메인 요리도 먹었으니, 예절상 치즈도 먹고 디저트도 먹어야 한다는 그런 식사 에티켓은 꼭 지키지 않아도 된다. 프랑스 사람들도 메인 요리에 와인 한잔 곁들여 간단하게 식사하는 사람들이 많다.
전통 있는 고급 미식 레스토랑이라면 말이 조금 달라지겠지만, 일반 레스토랑에서는 한국에서와 마찬가지로 주변 다른 사람들에게 불편과 불쾌감을 주지 않는다면, 식사 예절은 거의 비슷하다. 다만, 프랑스 사람들은 식사를 하면서 휴대폰을 식탁에 올려두거나, 식사를 함께 하는 상대방이 있는데 휴대폰을 만지거나 쳐다보지 않으니 주의하자.

THEME 09
전망 레스토랑

파리를 바라보며 즐기는 로맨틱한 식사

반짝이는 에펠탑을 바라보며 혹은 유유히 흐르는 센강을 바라보며 하는 식사는 로맨틱의 극치다. 실제로 아름다운 파리의 전망을 만끽할 수 있는 레스토랑에서 커플들이 청혼하는 경우도 드물지 않다. 경치와 맛이라는 두 마리 토끼를 한번에 잡을 수 있는 이 레스토랑에 주목해보자.

♥ 어떤 전망 레스토랑으로 갈까?

에펠탑 VIEW
Monsieur Bleu
무슈 블루

루브르 박물관 VIEW
Café Marly
카페 마를리

파리 시내 VIEW
Georges
조르주

파리 시내 VIEW
Jules Verne
쥘 베른

노트르담 & 센강 VIEW
Tour d'Argent
투르 다르장

BEST VIEW 노트르담 & 센강

역사와 전통이 살아 있는 럭셔리한 분위기
TOUR D'ARGENT / 투르 다르장
GUIDE MICHELIN 2023

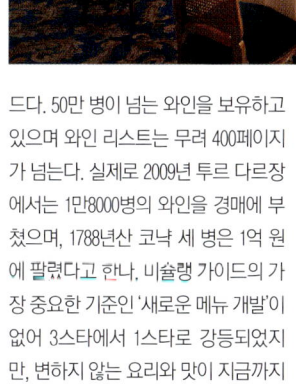

1582년 문을 연 파리에서 가장 오래된 레스토랑으로 알려져 있으며, 내부는 물론 리모델링했지만 샹들리에 같은 여러 내부장식은 18, 19세기 것이 그대로 남아 있다. 앙리 4세와 루이 14세를 시작으로 미국의 케네디 대통령, 일왕 부부 등의 세계적으로 이슈가 될 만한 정치인들은 물론, 우디 앨런, 폴 매카트니 등의 세계적인 스타들도 애용하는 레스토랑이다.

투르 다르장의 특식인 오리 요리를 주문하는 손님들에게는 특별한 '오리 카드'가 나오는데 19세기 말 프레데릭 드레르가 레시피를 만든 이후 요리된 몇 번째 오리인지 번호가 적혀 있는 카드다. 50만 병이 넘는 와인을 보유하고 있으며 와인 리스트는 무려 400페이지가 넘는다. 실제로 2009년 투르 다르장에서는 1만 8000병의 와인을 경매에 부쳤으며, 1788년산 코냑 세 병은 1억 원에 팔렸다고 한다. 미슐랭 가이드의 가장 중요한 기준인 '새로운 메뉴 개발'이 없어 3스타에서 1스타로 강등되었지만, 변하지 않는 요리와 맛이 지금까지 세계 미식가들에게 사랑받는 이유 중 하나가 아닐까. 2022년 긴 리모델링 공사 끝, 2023년 재오픈했다.

블랙 앵거스 플랭크 스테이크와 구운 채소

초콜릿과 캐러멜, 땅콩 아이스 크림을 얹은 알루메트

BEST VIEW
노트르담 성당과 센 강이 흐르는 파리의 풍경을 바라보며 식사할 수 있다.

PLUS TIP
드레스 코드에 주의! 저녁 식사 시 남자는 재킷을 입어야 한다.

투르 다르장의 귀여운 오리 카드

- MAP P.379C INFO P.385
- 주소 17 Quai de la Tournelle, 75005 Paris
- 전화 01-43-54-23-31
- 시간 12:00~14:00, 19:00~21:30
- 휴무 일·월요일, 8월 중 일부
- 홈페이지 www.tourargent.com

가장 로맨틱한 한 끼
JULES VERNE / 쥘 베른
GUIDE MICHELIN 2023

© Pierre Monetta

오랜 시간 줄을 서서 올라가지 않아도 에펠탑에서 파리를 바라볼 수 있는 또 다른 방법이 있다. 지상 125m의 에펠탑 2층에 자리한 쥘 베른 레스토랑을 이용하는 것이다.

이 레스토랑은 2007년부터 셰프 알랭 뒤카스 팀이 이끌었으나, 2019년 여름부터는 미슐랭 3스타에 빛나는 프레데리크 앙통 팀이 진두지휘한다. 밤낮 구별 없이 높은 곳에서 바라보는 파리의 아름다운 풍경과 레스토랑 유리창 너머 보이는 에펠탑의 철조 구조물이 매우 인상적이다. 파리 여행자들의 로망인 에펠탑 안에서 섬세하고 고급스러운 프랑스 미식을 즐길 수 있으며, 쥘 베른 레스토랑에서 맛볼 수 있는 와인은 100% 프렌치 와인으로 400종류가 넘는다고 한다. 품질 좋고 맛있는 보르도 와인과 부르고뉴 와인을 맛볼 수 있다.

가리비 요리

BEST VIEW
멀리서만 바라보던 에펠탑의 철조 구조물을 바로 눈앞에서 감상하며 파리의 풍경을 즐길 수 있다.

살비아가 들어간 토끼고기 스테이크

© Emerio LIVINEC

PLUS TIP
드레스 코드에 주의!
티셔츠나 반바지, 운동복차림으로는 입장할 수 없다.

📍 **MAP** P.310F ℹ️ **INFO** P.318
📍 **주소** Le Jules Verne, Avenue Gustave Eiffel 75007 Paris 📞 **전화** 01-83-77-34-34
🕐 **시간** 12:00~13:30, 19:00~21:00
🚫 **휴무** 7/14 저녁 🌐 **홈페이지**
www.restaurants-toureiffel.com/fr/restaurant-jules-verne.html

야경이 아름다운
CAFÉ MARLY / 카페 마를리

루브르 박물관을 가까이에서 볼 수 있는 가장 아름다운 곳. 카페 마를리에 앉아 칵테일 한잔과 석양에 반사되어 금빛으로 반짝이는 피라미드를 바라보면 영화 속 주인공이 된 듯하다. 아름다운 경치를 감상하기 위해, 커피 한잔이 일반 카페의 두세 배는 되어도 아까워하지 않고 찾는 세계 각국의 관광객으로 늘 붐빈다.

인테리어 디자이너로 유명한 자크 가르시아가 장식한 나폴레옹 3세 스타일의 내부는 로코코 양식의 금장과 함께 모던하면서도 웅장한 모습을 연출해 궁전 내의 테라스에 있는 듯한 기분을 한껏 느낄 수 있다. 오전과 오후에는 관광객이 많고 저녁으로 갈수록 멋들어지게 차려입은 모델과 디자이너 등이 칵테일 한잔과 함께 이브닝 파티나 저녁을 즐기러 온다. 남녀 웨이터 모두 모델 같은 자태를 자랑하며, 매우 친절하다.

BEST VIEW
노을이 질 때쯤 카페 마를리 테라스에 앉아 아름다운 석양에 반짝이는 피라미드와 루브르 박물관을 볼 수 있다.

삶은 바닷가재 요리와 아스파라거스

게살과 아보카도 퓌레

- **MAP** P.325K **INFO** P.340
- **주소** 93 Rue de Rivoli, 75001 Paris
- **전화** 01-49-26-06-60
- **시간** 08:00~02:00(마지막 주문 24:00까지)
- **홈페이지** http://oafo-marly.com

미술관에서 바라보는 파리 풍경
GEORGES / 조르주

BEST VIEW
모던한 인테리어가 돋보이는 레스토랑 내부 창가 쪽에 앉으면 노트르담 성당을, 시원한 테라스 자리에서는 에펠탑을 볼 수 있으며, 오밀조밀한 파리의 지붕들을 가까이에서 볼 수 있어 흥미롭다.

현대 예술의 명소, 퐁피두 센터의 본 명칭은 국립 조르주 퐁피두 예술 문화 센터다. 19대 프랑스 대통령 이름을 딴 조르주 퐁피두 센터에는 그 명성에 걸맞은 모던한 레스토랑, 조르주가 위치한다. 퐁피두 센터 맨 위층에 있어 환상적인 파리의 풍경을 감상하기에 제격인 이곳은 석양이 질 때 특히 아름답기로 유명하다. 반짝이는 에펠탑과 노트르담 성당을 볼 수 있어, 날씨 좋은 저녁에는 테라스가 북적인다.

퐁피두 센터의 특성상 관광객이 많은 시간대도 있지만, 저녁 식사 시간에는 외국 바이어를 접대하는 프랑스의 회사원이나 가족과 함께 좋은 시간을 보내는 현지인도 많다. 가격대는 높지만 아름다운 파리의 풍경을 분위기 좋은 레스토랑에서 즐길 수 있어 인기가 많다. 미래파 양식의 모던한 내부 장식은 도미니크 제이콥과 브랜던 맬팔랜의 작품이다.

PLUS TIP
레스토랑만 이용한다면 정문 왼쪽에 위치한 엘리베이터가 레스토랑까지 한 번에 데려다주니, 미술관 정문으로 줄을 서서 들어가지 않아도 된다. 오후 9시 이후부터는 랑뷔토 거리 50번지(50 Rue Rambuteau) 맞은편에 있는 에스컬레이터를 이용해야 한다.

- **MAP** P.398E **INFO** P.407
- **주소** 6e étage, Centre Pompidou, Place Georges Pompidou, 75004 Paris
- **전화** 01-44-78-47-99
- **시간** 12:00~02:00(마지막 주문 24:00까지) **휴무** 화요일
- **홈페이지** http://restaurantgeorgesparis.com

두말 필요 없는 에펠탑 핫 플레이스
MONSIEUR BLEU / 무슈 블루

입구에서부터 탄성이 절로 나오는 팔레 드 도쿄의 무슈 블루 레스토랑은 2013년 문을 열었지만, 모던한 인테리어와 에펠탑이 보이는 환상적인 뷰를 자랑하며 파리의 '힙'한 레스토랑으로 자리 잡았다. 팔레 드 도쿄 한편에 위치한 이곳은 '요즘 한창 뜨는 인테리어 디자이너' 조세프 디랑(Joseph Dirand)이 재디자인해, 아르데코 양식의 인테리어와 따뜻한 느낌의 녹색 가구, 모던한 대리석 장식이 하모니를 이뤄 시크한 파리지앵들의 마음을 사로잡았다.

9m나 되는 천장 덕에 조명이 어두운 저녁에도 탁 트인 느낌을 준다. 메뉴는 계절에 따라 바뀌지만, 개구리 다리 요리나 농어 요리, 구운 송아지 간 요리 등 전통 프랑스 요리를 현대적으로 재해석해 선보인다. 예약은 필수!

BEST VIEW
테라스 자리 예약이 가능하다면 에펠탑을 가까이에서 볼 수 있으며, 창문이 보이는 내부 가운데 자리가 레스토랑을 즐기며 에펠탑을 감상하기에 가장 좋은 자리다.

구운 블랙타이거 새우 감바스 요리와 구운 옥수수 & 파프리카 크림

- MAP P.310B INFO P.318
- 주소 20 Avenue de New York 75116, Paris
- 전화 01-47-20-90-47
- 시간 런치 월~금요일 12:00~14:30 / 브런치 주말 12:00~16:00 / 디너 19:00~02:00(라스트 오더 23:00)
- 홈페이지 http://monsieurbleu.com

THEME 10
셰프 레스토랑

파리 여행의 진미, 셰프 레스토랑

파리에 간다면 꼭 여행 예산에 따라 넉넉히 준비해두어야 할 것이 있는데,
바로 '식사 비용'이다. 자린고비의 심정으로 1, 2유로씩 아껴가며
패스트푸드를 먹고 샌드위치를 싸 가지고 다닐 생각이 아니라면
파리 여행에서는 식사 비용을 아끼지 말라고 권하고 싶다.
분위기 좋으면서 저렴한 레스토랑에서의 식사만 추구한다면 물론 조금 어려울지도 모른다.
하지만 예산을 잘 짠다면 한 번쯤은 미슐랭 스타에 빛나는 레스토랑에서
파리 미식 여행의 진미를 느낄 수 있을 것이다.

Menu

나에게 딱! 맞는 셰프 레스토랑

A Type
파리의 미슐랭 레스토랑은 정장을 입고 가야 한다던데,
너무 격식을 차리지 않은 캐주얼한 분위기의 미슐랭 레스토랑은 없을까요?

☞ 세팀 P.160

B Type
불안하긴 하지만 그래도 이왕이면
'카르트 블랑슈(셰프의 재량으로 메뉴를 정하는 식사)'
레스토랑에 가보고 싶어요!

☞ 얌차 P.163 | 프렌치 P.164

C Type
옛날 프랑스 영화에 나오는
'비스트로', '브라스리' 느낌의 레스토랑이 없을까요?

☞ 브라스리 투미유 P.166 | 르 봉 생 푸르생 P.168

D Type
잡지에서 본 것처럼 예쁘게 플레이팅하는
프렌치 레스토랑에서 미식을 즐기고 싶어요!

☞ 라신 데 프레 P.167

E Type
젊고 캐주얼한 분위기에서 로컬 느낌 팍팍 받으며
식사할 수 있는 곳을 알고 싶어요!

☞ 세르방 P.162 | 라방 콩투아 뒤 마르셰 P.169

160

THEME 10 | 셰프 레스토랑

보보 파리지앵의 트렌디 레스토랑

EXECUTIVE CHEF
베르트랑 그레보

캐주얼 미식 레스토랑
SEPTIME / 세팀
GUIDE MICHELIN 2023

1981년 파리에서 태어난 진정한 파리지앵, 베르트랑 그레보. 그는 세팀 레스토랑으로 만 36세의 나이에 2017년 '월드 베스트 레스토랑 50(The World's 50 Best Restaurants)'에서 35위를 차지했다. 디자인에 관심이 많은 미술학도였던 그는 프랑스 요리 학교 페랑디에 다니며 미식으로 명성 높은 레스토랑에서 실력을 키웠다. 한동안 아시아로 요리 여행을 다녀온 그가 2011년 프랑스로 돌아와 처음 오픈한 곳이 세팀이며, 오픈 3년 만인 2014년 미슐랭 스타를 받았다. 미슐랭 스타 레스토랑임에도 여느 고급 미식 레스토랑들과 다르게 가격대가 비교적 낮고 웨이터들 또한 편안한 차림이다.

2011년 처음 오픈한 세팀은 요즘 젊은 보보 파리지앵들이 가장 선호하는 레스토랑이다. 제철 재료를 엄선해 신선하고 보기 좋은 플레이팅을 선보이며, 완벽한 요리의 맛을 뽐낸다. 직접 만든 플레인 요거트에 꿀과 사과 등을 섞은 디저트와 와인 한잔까지 곁들인 저녁 식사는 €100 이상의 예산이 필요하지만, 점심시간에는 €70 안팎으로 식사할 수 있다. 모던한 인더스트리얼 스타일의 인테리어는 마레 지구의 편집숍 메르시와 프랑스 명품 아동복 봉쁘앙의 창립자 코엔 부부의 아들 줄리앙 코엔이 담당했다. 참고로 세팀이 위치한 샤론 거리(Rue de Charonne)는 요즘 파리에서 가장 잘나가는 먹자골목. 세팀 외에도 수많은 멋진 레스토랑이 모여 있다.

- **MAP** P.415D　**INFO** P.420　**주소** 80 Rue de Charonne, 75011 Paris
- **전화** 01-43-67-38-29　**시간** 런치 화~금요일 12:15~14:00, 디너 월~금요일 19:30~23:00
- **휴무** 토·일요일　**홈페이지** www.septime-charonne.fr

*보보는 '부르주아 보헤미안(bourgeois-bohème)'의 줄임말이다. 기존 부유층을 뜻하는 부르주아에 속하면서도 전통적 부르주아와 다른 사상과 라이프스타일을 가지고 있는 계층이다. 유행과 패션에 민감하며 사회문제에도 관심이 많다는 특징이 있다.

Menu
세팀의 메뉴는 미리 정해져 있지 않은 카르트 블랑슈(Carte Blanche)로 그날그날 재료와 셰프의 임의대로 메뉴를 선정하고 서빙한다.
런치 €70~, 디너 €120~

PLUS TIP 이곳도 놓치지 말자!

베르트랑 그레보가 이끄는 세팀 레스토랑 팀은 이곳 말고도 주변에 두 세 곳의 매장을 더 운영한다. 80번지 세팀 바로 옆에 위치한 '클라마토(Clamato)'와 길 건너에 위치한 와이너리 '카브 세팀(La Cave Septime)', 그리고 65번지에 새로 문을 연 빵집 '타피스리(Tapisserie)'가 바로 그곳이다. 클라마토는 매일매일 공급받는 신선한 해산물을 이용한 직퐁 디파스와 와인을 즐길 수 있는 곳이며, 예약은 불가능하다. 카브 와인 바에서는 와인 한잔과 간단한 안줏거리들 들길 수 있어 일과를 마치고 이용하는 파리지앵이 많다. 가장 최근 오픈한 타피스리 빵집에서는 공정무역을 통해 공급된 재료들로 매일 아침 갓구운 빵과 커피를 맛볼 수 있다.

클라마토 Clamato
- 주소 80 Rue de Charonne, 75011 Paris
- 전화 01-43-72-74-53
- 시간 12:00~14:30, 19:00~22:30

카브 세팀 La Cave Septime
- 주소 3 Rue Basfroi, 75011 Paris
- 전화 01-43-67-14-87
- 시간 16:00~23:00 (테이크아웃 가능)

타피스리 Tapisserie
- 주소 65 Rue de Charonne, 75011 Paris
- 전화 01-55-28-79-43
- 시간 월~금요일 08:30~19:00, 토요일 09:30~19:30, 일요일 09:30~17:00

**EXECUTIVE CHEF
타티아나 레부아**

프랑스 고등사범학교 수험 준비반에 다니던 그녀가 공부에 흥미를 잃어가기 시작할 즈음 요리에 관심을 가졌고, 그 관심은 결국 학교를 옮기는 결정으로 이어졌다. 페랑디 요리 학교에서 요리를 공부하고 미슐랭 3스타 셰프인 알랭 파사르와 파스칼 바르보의 레스토랑에서 요리 실력을 쌓았다. 2014년 그녀의 동생 카티아와 함께 29세가 되던 해, 파리 11구의 작은 바 자리에 세르방을 오픈했고, 실력으로 무장한 그녀의 레스토랑은 오픈과 동시에 주목받았다. 심플하지만 엘레강스하며 아시아 음식의 감성을 곁들여 까다로운 파리지앵에게 꾸준히 사랑받고 있다.

© Edouar Sepulchre

베스트 비스트로
SERVAN / 세르방

필리핀 어머니를 둔 2명의 프랑스인 자매가 2014년 성공적으로 문을 연 세르방은 프렌치와 아시안 요리를 선보이며 11구에서 가장 맛있는 비스트로로 선정되었다. 요리를 맡고 있는 타티아나 레부아는 알랭 파사르의 '아르페주(Arpège)'와 파스칼 바르보의 '아스트랑스(Astrance)'에서 경험을 쌓았으며, 미슐랭 1스타 레스토랑 '세팀'의 셰프 베르트랑 그레보의 동반자이기도 하다. 실내는 심플하지만 모던한 인테리어에 20개 정도의 테이블이 준비되어 있으며, 웨이터는 편안한 복장에 파란 앞치마를 두르고 있다. 메뉴는 매일 바뀌며 신선한 재료를 쓰는 것이 입안에서 느껴질 정도다. 디저트로 나오는 레몬 타르트는 꼭 맛봐야 할 메뉴다.

Menu
메뉴는 매일 바뀔 수 있고,
안주거리처럼
다양하게 고를 수 있다.
메뉴 €12~€70

- MAP P.425K　INFO P.437　주소 32 Rue Saint-Maur, 75011 Paris
- 전화 01-55-28-51-82　시간 월~금요일 12:00~14:00, 19:30~22:30, 토요일 12:00~14:00, 19:30~22:30　휴무 일요일　홈페이지 http://leservan.com

**EXECUTIVE CHEF
아들린 그라타르**

교사를 꿈꾸며 대학에서 독일어를 전공한 아들린 그라타르는 페랑디 요리 학교에서 다시 요리 공부를 마치고 내로라하는 셰프들 밑에서 경험을 쌓았다. 미슐랭 3스타에 빛나는 레스토랑 '아스트랑스(Astrance)'의 셰프 파스칼 바르보 팀에 속해 3년간 주방의 모든 일을 습득하면서 요리 '기술'을 꽃 피웠다. 홍콩계 중국인 남편을 둔 아들린은 남편과 함께 중국으로 떠나 새로운 음식을 발견하고 요리법을 배웠다. 2009년 얌차를 오픈했으며, 차 소믈리에인 남편과 함께 아시아 차에 잘 어울리는 요리를 소개하며 1년 후에는 미슐랭 가이드의 1스타를 획득한다.

TIP
하절기에는 7월 말부터 9월 초까지 문을 닫기도 하니 주의하자.

© Edouard Caupeil

차와 함께하는 중국 퓨전 요리의 향연
YAM'TCHA / 얌차

GUIDE MICHELIN 2023

아들린 그라타르(Adeline Grattard)는 프랑스의 흔치 않은 미슐랭 스타 여성 셰프다. 유일한 코스메뉴가 €170가 넘으니, 예산이 빠듯하다면 고민해야겠지만, 충분히 가치 있는 식사를 할 수 있다. 얌차는 중국식 퓨전 레스토랑으로, 모든 요리의 재료는 프랑스와 아시아에서 주로 공급받는다. 2~3가지 재료로 깊은 맛을 내는 아들린 그라타르는 중국인보다 더 중국스러운 요리를 프랑스식으로 풀어낸다. 음식과 잘 어울리고 아시아에서도 쉽게 구하기 힘든 차를 공수해 음식과 함께 선보인다. 최상의 서비스를 즐길 수 있으며, 셰프가 요리하는 것도 직접 볼 수 있다. 얌차의 가격이 부담된다면 5분 거리에 가벼운 중국식 패스트푸드를 즐길 수 있는 '라이차(Lai'Tcha)가 있다. 볜(짜증), 딤섬과 함께 가벼운 요리들을 선보여 아들린 그라타르 셰프의 스타일을 엿볼 수 있다.

Menu
매일 그날의 재료에 따라 메뉴가 달라진다. 얌차에서 자주 사용하는 재료는 굴, 가리비 관자, 푸아그라, 카레, 코코넛 밀크 등이다.

◉ MAP P.325L ◉ INFO P.341 ◉ 주소 121 Rue Saint-Honoré, 75001 Paris
◉ 전화 01-40-26-08-07 ◉ 시간 12:00~13:00, 19:30~21:00 ◉ 휴무 토~월요일
◉ 홈페이지 www.yamtcha.com

TIP
예약은 필수!
1~2개월 전부터 예약은 필수이고, 예약이 취소될 경우에는 페이스북이나 인스타그램 계정에서 확인할 수 있다. 물론 흔한 일은 아니다.

EXECUTIVE CHEF
그레고리 마르샹

가족 같은 분위기, 모던한 요리
FRENCHIE / 프렌치
GUIDE MICHELIN 2023

호텔 관련 공부를 한 그레고리 마르샹은 스코틀랜드, 영국, 미국, 홍콩, 스페인 등지를 돌며 요리를 배우고 경험을 쌓았다. 영국의 스타 셰프 제이미 올리버와 함께 런던에서 일하며 아내를 만났고, 그 후로도 뉴욕에서 머물다 아이와 함께 파리로 돌아왔다. 2009년 아무것도 없던 닐 거리(Rue du Nil)에 레스토랑 프렌치를 오픈했으며, 현재 닐 거리에 3개의 레스토랑과 1개의 와인 숍을 소유하고 있을 정도로 그의 도전은 성공적이었다. 2016년에는 런던 코벤트 가든에도 레스토랑을 오픈했으며, 2018년 초에는 뉴욕에도 팝업 스토어 형태의 레스토랑을 오픈했다. 해가 갈수록 프렌치는 브랜드화되어가고 있지만, 친근감 있고 가족 같은 분위기의 '패밀리 컴퍼니' 자세를 잃지 않고 있다.

프렌치. 세계적으로 유명한 영국 최고의 스타 셰프, 제이미 올리버(Jamie Oliver)가 그레고리 마르샹(Gregory Marchand)에게 직접 붙여준 애칭이다. 그런 이유로 2009년 그가 파리에 레스토랑을 내기로 결심했을 때 간판은 당연스럽게 '프렌치'로 결정했다고. 잘나가는 몽토르고이 거리 근처이긴 하지만 중국과 중동 지역에서 건너온 이민자의 원단 가게들이 커뮤니티를 이루어 약간 떨어진 곳에 자리 잡은 프렌치 레스토랑 덕분에 주변 상권이 살아나기 시작했다. 처음에는 그레고리 혼자서 요리를 맡고 다른 한 사람이 서빙을 맡아 2명으로 운영하는 작은 레스토랑일 뿐이었지만, 아름다운 음식을 열심히 만들어내는 프렌치는 하루가 다르게 성장했다. 문을 연 지 5년 만에 완벽 재정비한 후, 깔끔한 인테리어와 새로운 메뉴로 돌아왔다. 다양한 재료가 서로 어우러지는 맛이 놀랍다. 새로운 재료와 새로운 조화, 새로운 맛을 발견해내는 것을 즐기는 그레고리의 호기심이 레스토랑을 찾는 손님들을 즐겁게 한다. 예약 필수!

- **MAP** P.325H **INFO** P.345 **주소** 5 Rue du Nil, 75002 Paris
- **전화** 01-40-39-96-19 **시간** 월~금요일 18:30~22:30
- **휴무** 토·일요일 **홈페이지** www.frenchie-ruedunil.com

Menu
시즌별로 달라지는
메뉴를 맛볼 수 있다.
메뉴는 셰프 그레고리의 선택을
전적으로 신뢰해야 하는
'카르트 블랑슈'.
디너 코스 €140~

PLUS TIP 이곳도 놓치지 말자!

프렌치의 성장과 함께 같은 길에 두 곳의 가게가 문을 더 열었다. 와인 바 '바르 아 뱅 프렌치(Bar à Vins Frenchie)'와 와인 전문 판매 숍 '프렌치 카비스트 Frenchie Caviste'이다.

바르 아 뱅 프렌치
Bar à Vins Frenchie
- 주소 6 Rue du Nil 75002 Paris
- 시간 18:30~23:00(예약 불가능)

프렌치 카비스트
Frenchie Caviste
- 주소 9 Rue du Nil, 75002 Paris
- 전화 01-44-82-07-82
- 시간 화~토요일 11:00~14:00 · 16:00~20:30,
- 휴무 일 · 월요일

Part 2
파리 느낌 가득, 프렌치 비스트로

EXECUTIVE CHEF
프랑스와 발레로

2021년 미슐랭 스타 셰프 '실베스트르 와이드'가 브라스리 투미유를 떠나고, 페루인 셰프 프랑스와 발레로가 진두지휘를 맡았다. 실베스트르 와이드의 투미유가 '블링블링 프렌치 레스토랑'이었다면, 발레로의 투미유는 조금 더 따뜻하고 친근한 '전통 프렌치 비스트로'의 느낌이다. 발레로 셰프는 오페라 가르니에의 레스토랑 코코(Coco)와 패션의 거리 몽테뉴가에 위치한 만코(Manko) 레스토랑에서 실력을 쌓았다. 투미유에서는 전통 프렌치 요리를 '현대적 입맛'으로 재탄생시킨 요리들을 선보인다.

영화 속 한 장면 같은 브라스리
Brasserie Thoumieux
/ 브라스리 투미유

1923년 문을 연 브라스리 투미유가 2009년 크리용 호텔의 셰프였던 장 프랑스와 피에주의 지휘로 한층 젊게 탈바꿈했다. 커다란 거울과 스테인리스 장식, 빨갛고 긴 쿠션 의자 등 영화 속의 한 장면과 같은 실내는 식사하는 내내 1930년대로 돌아간 듯한 느낌이 들게 한다. 이곳에서는 먼저 식전 빵과 버터가 간단한 사르딘 요리나 푸아그라와 함께 서빙되는데, 앞으로 나올 코스들을 예고라도 하듯 모든 맛이 완벽하게 조화를 이룬다. 전식과 메인 요리, 디저트까지 저녁에는 €50 안팎으로 식사 가능하며 전통 프렌치의 맛과 모양으로 편안하게 먹을 수 있는 요리가 대부분이다.

Menu
여럿이 나눠 먹을 수 있는 음식을 주문할 수도 있고, 각각 주문할 수도 있다. 메뉴는 시즌별로 변경된다.
€21~49

ⓜ MAP P.311G ⓘ INFO P.319 주소 79 Rue Saint-Dominique, 75007 Paris
전화 01-47-05-79-00 시간 런치 12:30~14:30, 디너 19:00~23:00 휴무 8월 중 1주간 여름휴가(홈페이지 공지 참고) www.thoumieux.fr

EXECUTIVE CHEF
알렉상드르 나바로

젊은 셰프지만 라신 데 프레의 전신인 '라신 2(Racines 2)'에서 이미 셰프로 주방을 이끌었다. 크리스티앙 콩스탕, 알랭 뒤카스, 프레데리크 앙통, 알랭 페구레 등 유명 셰프 밑에서 실력을 쌓고 기술을 배웠다. 그중에서도 알랭 페구레와 함께 '르 로랑(Le Laurent)' 레스토랑에서 수년간 일하며 완벽한 요리를 구현해내고자 노력했다. 현재 레스토랑 사업가 다비드 라네르와 함께 레스토랑 라신을 이끌어가고 있으며, 지나친 격식을 갖추지 않은 요리를 지향하며 자연 친화적이고 건강한 재료를 이용하여 만들어내는 요리를 구현하는 데 앞장서고 있다.

그림같이 예쁜 한 끼 식사

Racines des Prés
/ 라신 데 프레

Menu
채소, 생선, 육류 등이 메인인
메뉴가 준비되어 있고
셰프의 재량에 따라 자주 변경된다.
런치 €45~,
여섯 가지 시식 메뉴(Dégustation) €78,
일반 메뉴 전식 €20~,
메인 €32~

모던한 인테리어가 눈길을 끄는 라신 데 프레는 레스토랑 사업가로 유명한 다비드 라네르(David Lanher)가 운영하며 생제르맹데프레에 위치한 레스토랑이다. 크리스티앙 콩스탕, 알랭 뒤카스 등 톱 셰프들 밑에서 경력을 쌓은 알렉상드르 나바로 셰프가 이끌고 있으며 전통적인 프랑스 요리를 모던하게 재해석한 음식을 제공한다. 동물성 단백질, 설탕, 소금, 밀가루 등을 적게 쓰고 소스 또한 가볍게 만드는 것이 특징이다. 그가 만들어내는 플레이팅은 한 폭의 아름다운 그림 같아서 보는 이를 감탄하게 만든다. 전식, 메인, 디저트까지 €50 이하의 런치 가격이 매력적이므로 점심시간 이용을 추천하지만, 여러 가지 요리를 맛보고 싶다면 저녁에 가는것이 좋다.

- MAP P.362B INFO P.375 주소 1 Rue de Gribeauval, 75007 Paris
- 전화 01-45-48-14-16 시간 월~금요일 12:00~13:30 · 19:30~22:00
- 휴무 토 · 일요일 홈페이지 www.racinesdespres.com

EXECUTIVE CHEF
마티유 테체

미식 레스토랑 뤼카 카르통(Lucas Carton)과 르 세르장 르쿠뤼테르(Le Sergent Recruteur)를 거쳐 셰프가 되었다. 아직 알려진 것이 많이 없는 그이지만, 르 봉 생 푸르생 레스토랑에서는 그가 요리하는 모습을 눈앞에서 직접 볼 수 있다. 주방이 오픈되어 있으며 팀워크가 좋아 서빙 직원들과 즐겁게 호흡을 맞추는 모습도 볼 수 있어 즐겁다. 그가 선보이는 요리는 꾸밈이 없고 단정하고 깔끔하며 잡내가 없어 재료 본연의 맛을 즐기기에 좋다. 세계적으로 유명한 셰프가 아님에도 그의 레스토랑은 늘 만석이니 사전에 예약할 것을 추천한다.

파리지앵 비스트로
Le Bon Saint Pourçain
/ 르 봉 생 푸르생

라신 데 프레 레스토랑의 오너 다비드 라네르의 또 하나의 작품이다. 파리의 오래된 비스트로 느낌의 인테리어로 생쉴피스 성당 근처에 위치해 더욱 운치 있다. 옛것과 오늘날의 것이 조화를 이루며 편안한 분위기로 점심 식사하기 좋다. 요리 스타일이 라신 데 프레와 비슷하지만, 파리지앵 시크 스타일의 인테리어가 파리의 오래된 비스트로에서 식사하는 것처럼 입맛을 돋아준다. 프랑스의 저명한 미식 가이드 〈푸딩(Fooding)〉이 선정한 2016년 최고의 비스트로 꼽히기도 했다. 시골스럽지만 고소함이 입안에 가득 퍼지는 테린과 버섯을 넣어 달큰한 닭고기 요리 등 클래식한 비스트로 요리를 맛깔스럽고 세련되게 선보인다.

Menu
르 봉 생 푸르생은 시장에서 가져오는 재료들의 신선함을 가장 큰 무기로 메뉴를 준비하기 때문에 메뉴 변동이 잦다.
전식 €9~, 런치 €23~,
디저트 €9~

ⓜ MAP P.363G ⓘ INFO P.370 주소 10 bis Rue Servandoni, 75006 Paris
전화 01-42-01-78-24 시간 화~토요일 12:00~14:30 · 19:30~22:15(목요일은 21:15까지)
휴무 일·월요일

**EXECUTIVE CHEF
이브 캉드보르드**

농장을 운영하는 아버지와 돼지고기를 판매하는 어머니 아래에서 자라 일찍부터 돼지고기 요리에 관심이 많았다. 본격적으로 요리를 배우며 요리 자격증을 딴 그는 리츠 호텔, 크리용 호텔, 투르 다르장 등에서 경험을 쌓았다. 본격적으로 자신의 커리어를 만들어가며 요리 전문 기자가 붙여준 '비스트로노미(비스트로(bistro)와 미식을 뜻하는 가스트로노미(gastronomie)를 합친 말)'의 선구자가 된다. 그가 요리에서 가장 중요시하는 것은 서비스와 분위기다. TV 프로그램 〈마스터셰프〉의 심사위원으로 나와 더욱 유명세를 떨쳤으며, 2016년에는 에어프랑스 비즈니스 클래스의 기내식을 6개월 동안 담당했다.

쿨한 분위기의 타파스 바

L'Avant Comptoir du Marché / 라방 콩투아 뒤 마르셰

오데옹 극장과 생쉴피스 성당 근처, 생제르맹 시장 긴물 내부에 있다. 문에 그려진 빨간 돼지 그림이 반겨주며, 레스토랑 내부에는 커다란 빨간 돼지 모형이 천장에 매달려 있는 것을 볼 수 있다. 인테리어를 통해 미루어 짐작할 수 있듯 돼지고기가 주를 이루는, 가볍게 와인을 즐길 수 있는 타파스 바. 모던하고 세련된 인테리어가 특징이지만, 분위기는 왁자지껄하고 웃음소리가 끊이지 않는다. 순대와 비슷한 부댕 테린, 서양식 만두라고 할 수 있는 돼지고기 라비올리, 족발, 돼지고기 스테이크를 넣은 번 햄버거 등 돼지고기로 만든 다양한 요리의 향연을 느끼게 될 것이다. 음식과 어울리는 각종 와인이 준비되어 있으니, 와인과 함께 즐겨보자.

Menu
메뉴는 자주 변경되지만, 돼지고기 타파스 요리에서 크게 벗어나지 않는다. 양이 적기 때문에 다양하게 주문하는 것을 추천한다.
가격 €5~

◎ MAP P.363G　ℹ INFO P.371　주소 14 Rue Lobineau, 75006 Paris
☎ 전화 01-44-27-07-97　⏱ 시간 12:00~23:00

THEME 11
로컬 맛집

LOCAL RE

파리지앵이 사랑하는 로컬 맛집

김치찌개와 된장찌개를 즐겨 먹는 한국인의 습관을 본의 아니게
잠시 내려놓아야만 하는 해외여행. 이왕 파리까지 왔으니
그리운 김치찌개는 잠시 가슴 한편에 묻어두자.
'미식의 나라' 프랑스까지 와서 프렌치들에게 사랑받는 레스토랑에서
식사 한 끼 해보지 않는다는 것은 말이 되지 않는다.
가격은 적당하고 분위기도 괜찮은 로컬 맛집이 없을까,
고민하고 있다면 이 테마를 주목하자.

Q | 마레 지구에서 그곳만의 분위기를 한껏 느끼고 싶어요. 어디가 좋을까요?

메종 플리송(P.174)으로 가세요. 편집숍 메르시 근처에 있어 찾기도 쉽고, 레스토랑과 식료품점이 함께 있어 쇼핑하기에도 좋아요. 마레 지구 근처에 거주하는 파리지앵들이 즐겨 찾는 레스토랑입니다.

Q | 너무 비싸지 않으면서 프렌치들이 매일 이용하는 현지 맛집이 있을까요?

루브르 박물관 근처에 위치하지만, 관광객들은 잘 모르는 레스토랑이 있어요! 프랑스 문화부와 프랑스 은행 등 규모가 큰 회사 사무실이 자리해 회사원이 점심시간이나 퇴근 후 자주 찾는 카페 블랑(P.172)에 가보시는 게 어떨까요?

bon

TAURANT

🔍 **프랑스가 해산물이 유명하다고 하던데, 파리 해산물 요리를 맛볼 수 있나요?**

타블 달리그르(P.173)로 가세요! 알리그르 시장에 위치해 신선한 해산물 요리를 맛볼 수 있습니다. 바닷가재, 생선구이, 새우튀김 등 다양한 해산물을 멋스럽게 플레이팅해 보는 즐거움까지 있는 곳이에요.

🔍 **패스트푸드 햄버거보다는 수제버거를 좋아합니다.**
미식의 나라 수제버거는 어떤 맛일까 궁금한데 추천하시는 곳이 있을까요?

파리의 수제버거 맛집 **블렌드(P.177)**를 적극 추천해요. 부드럽고 고소한 빵에 맛깔나는 소스가 일품입니다. 파리에 다섯 개의 지점을 운영하고 있어 여행 계획에 따라 편한 곳으로 방문할 수 있어요.

🔍 **건강한 식재료로 만든 요리를 먹으려고 노력하는 편입니다.**
기름진 음식 말고 건강한 음식을 먹을 수 있는 곳이 있을까요?

홀리벨리(P.174)는 건강한 음식을 먹을 수 있는 곳이에요. 생마르탱 운하 근처에서 가장 핫한 레스토랑이 아닐까 싶네요. 다만 식사 시간에 너무 딱 맞춰 가면 웨이팅이 길어질 수 있어요.

🔍 **유럽 배낭여행 중이에요. 오랜 여행에 지치기도 하고, 한식이 그리워지기**
시작합니다. 파리에서 한식을 먹고 싶은데, 어디가 좋을까요?

파리에는 한식당이 정말 많습니다. 그중에서도 추천하고 싶은 곳은 **순 그릴(P.178)**인데, 마레 지구에 있고 인테리어가 아주 감각적인 곳이라 파리지앵에게 사랑받고 있습니다. 한식을 먹으면서도 파리를 느낄 수 있는 일거양득 레스토랑입니다.

appetit

직장인들에게 사랑받는 Restaurant

Le Petit Marché 프티 마르셰

Menu
Main Dish 메인 디시
€20~26
Millefeuille de Thon Cru à la Japonaise
참치 밀푀유
€21

오리고기와 참치를 좋아한다면 강력 추천한다. 다른 메뉴가 맛이 없다는 게 아니라, 이곳 오리고기와 참치 요리는 한번 맛보면 잊지 못하는 맛이랄까. 마레 지구의 보주 광장에서 멀지 않은 곳에 있어 외국인 관광객들도 많지만 파리지앵 단골도 많다. 프렌치 요리지만 깨를 뿌린 생참치 요리나 바삭한 새우튀김 등을 통해 프렌치-아시안 퓨전 음식을 즐길 수 있어서인지 더욱 친근하다. 보헤미안 비스트로 스타일 인테리어에 왁자지껄한 분위기다.

📍 MAP P.399K ℹ️ INFO P.408
주소 9 Rue de Béarn, 75003 Paris 전화 01-42-72-06-67
시간 월~금요일 12:00~15:00 · 19:00~23:30, 토 · 일요일 12:00~16:00 · 19:00~23:30 홈페이지 http://www.lepetitmarche.eu

Le Café Blanc 카페 블랑

Menu
Main Dish 메인 디시
€16~32
Tartare de Saumon
연어 타르타르
€18

루브르 박물관 근처에 있어 박물관 방문 후 식사할 곳을 찾는다면 더없이 좋은 곳이다. 프랑스 문화부 건물 바로 맞은 편에 자리하며 1, 2층으로 공간이 넓은 곳임에도 점심시간에는 사람으로 꽉 찬다. '오늘의 메뉴'는 신선한 생선이나 육류 등을 이용해 매일 다른 메뉴를 제공하고 그 외의 메뉴 또한 점심으로 먹기 좋다. 상큼한 레몬과 파가 어우러진 연어 타르타르와 카페 블랑의 햄버거, 닭고기를 넣은 웍 요리까지, €16~32 정도로 즐길 수 있다.

📍 MAP P.325H ℹ️ INFO P.340
주소 10 Rue Croix des Petits Champs, 75001 Paris
전화 01-42-33-55-75 시간 08:00~02:00
홈페이지 http://lecafeblanc.com

남녀노소 구별 없이 일정한 나이의 성인이라면 모두 일을 하는 프랑스 사회의 특성상, 상당수의 프렌치는 점심을 회사 근처 레스토랑에서 해결한다. 회사에 구내식당이 마련되어 있거나, 도시락을 싸서 출퇴근하는 경우가 아니라면 점심시간 시작과 동시에 회사원들은 모두 레스토랑으로 고고! 프렌치들이 점심에 애용하는 레스토랑을 하나하나 짚어본다.

Le Pot de Vins 포 드 뱅

Menu
Main Dish 메인 디시
€18~33
Paleron de Bœuf
팔르롱 드 뵈프
€14.5

수준 높은 와인 리스트를 자랑하는 프렌지 비스트로 맛집이다. 레스토랑 바로 맞은편에 우리나라로 치면 한국은행 격인 프랑스 은행이 위치해 은행 직원들의 손님 대접을 위해 찾기도 한다. 가격은 그리 비싸지 않으면서도 미식 레스토랑에서 맛볼 수 있는 요리를 만끽할 수 있으니, 일거양득! 그날그날 시장에서 직접 공급받는 신선한 재료로 혀끝을 즐겁게 해주며, 당일 재료에 따라 메뉴는 항상 다르다. 오징어 먹물 리소토와 고등어 요리 등을 제공한다.

- MAP P.325H
- 주소 36 Rue Croix des Petits Champs, 75001 Paris
- 전화 09-53-84-21-19 시간 12:00~14:30, 19:00~22:30
- 휴무 토·일요일 홈페이지 www.lepotdevins.com

La Table d'Aligre 타블 달리그르

Menu
Main Dish 메인 디시
€23~48
Bar de Ligne
각종 채소와
어우러진 농어구이
€38

파리에서 신선함이 가득한 레스토랑을 꼽을 때 둘째가라면 서러울 곳이나. 알리그르 시장 중심에 자리한 타블 달리그르 레스토랑은 시푸드 레스토랑이다. 바닷가재와 참치, 가자미 등과 같은 생선은 물론 가리비 같은 조개류도 맛볼 수 있다. 당일 시장의 신선한 재료에 따라 메뉴가 결정되므로 매일 메뉴가 달라진다. 유리창 너머 셰프가 요리하고 있는 조리실을 볼 수 있어 더 믿음이 간다. 요리의 신선함과 친절한 서비스까지 완벽한 레스토랑이지만, 가격대가 €23~48 정도로 저렴하지는 않다.

- MAP P.415G INFO P.420
- 주소 11 Place d'Aligre, 75012 Paris 전화 01-43-07-84-88
- 시간 12:00~15:00, 19:00~23:00
- 휴무 일요일 홈페이지 www.tabledaligre.com

Restaurant

비주얼 취향 저격! 인증사진을 부르는

Holybelly
홀리벨리

Menu
Main Dish
메인 디시
€16~35
(런치 기준)

언제나 인기 있는 핫 플레이스로, 한 번에 들어갈 수 없는 곳으로 유명하다. 이곳에 들어서면 타투가 가득한 팔뚝을 내놓고 모자를 푹 뒤집어쓴 스타일리시한 직원들과 마주하게 된다. 호주 멜버른을 사랑하는 오너 커플 덕분에(?) 영어가 많이 들린다. 무화과와 헤이즐넛을 넣은 팬케이크와 고소한 스크램블드에그 등을 아침 식사로 간단하게 먹을 수 있고, 생선구이나 채소를 듬뿍 넣은 태국식 면 요리 등을 점심시간에 맛볼 수도 있다. 후식으로 나오는 쿠키도 달콤하니 꼭 맛보자. 메뉴는 매일 바뀐다.

- MAP P.424F INFO P.433
- 주소 5 Rue Lucien Sampaix, 75010 Paris
- 전화 01-82-28-00-80
- 시간 09:00~17:00(마지막 주문 16:00까지)
- 홈페이지 http://holybellycafe.com

Maison Plisson
메종 플리송

Menu
Main Dish
메인 디시
€14-28

편집숍 메르시(Merci)가 위치한 보마르셰 거리(Boulevard Beaumarchais)에 또 하나의 힙한 레스토랑이 문을 열었다. 프렌치 컨템퍼러리 패션 브랜드 클로디 피에로의 CEO를 맡았던 델핀 플리송이 문을 연 감각적인 레스토랑이다. 델핀이 프랑스 방방곡곡을 직접 발로 뛰어 찾아낸 식자재로 파리지앵에게 새로운 '시장' 개념을 선보이며 많은 사랑을 받고 있다. 레스토랑의 메뉴는 많지 않고 계절에 따라 바뀌는데, 신선한 샐러드 종류는 가격도 적당하고 맛도 좋다.

- MAP P.099I I INFO P.411
- 주소 93 Boulevard Beaumarchais, 75003 Paris
- 전화 01-71-18-19-09
- 시간 월~토요일 08:30~21:00, 일요일 08:30~20:00
- 홈페이지 www.lamaisonplisson.com

파리지앵은 식사 전, 레스토랑 내에서 사진을 많이 찍는 편이 아니다. 그럼에도 꼭 한 번 인증사진을 찍고 싶게 하는 레스토랑이 있다. 미슐랭 스타에 빛나는 레스토랑도 정장을 입고 가야 하는 호텔 레스토랑도 아니다. 조용한 골목 사이에 숨어 있는 작지만 트렌디한 레스토랑들이다. 유기농 채소를 사용하는 곳부터 플레이팅 솜씨가 멋진 곳까지 유럽 감성이 넘쳐흐르는 취향 저격 레스토랑에서 맛과 멋을 겸비한 나만의 인증사진을 남겨보자.

Pollop
폴업

Menu
SET
세트 메뉴
€23~29

Mûre
뮈르

Menu
Main Dish
메인 디시
€15~20

깔끔한 인테리어가 돋보이는 레스토랑. 벽면을 장식하는 커다란 책장이 도서관에 온 듯한 느낌을 준다. 이곳은 시장에서 들여온 신선한 재료에 태국 요리의 터치를 가미해 파리지앵에게 사랑받고 있다. 메뉴판은 시장 물건에 따라 매일 바뀐다. 고수를 넣은 소고기 요리, 레몬즙을 뿌린 닭고기 요리, 새우와 무로 끓여낸 시원한 국물 요리까지, 프렌치와 아시안 퓨전 요리를 제대로 맛볼 수 있다.

🔘 MAP P.325H 🔘 INFO P.344
🔘 주소 15 Rue d'Aboukir, 75002 Paris
🔘 전화 01-40-41-00-94 🔘 시간 런치 화~금요일 12:15~14:15, 디너 화~토요일 19:45~22:15 🔘 휴무 월 · 일요일
🔘 홈페이지 www.pollop.fr

클럽이 밀집한 그랑 불바르(Grands Boulevards) 근처에 작고 예쁜 레스토랑이 문을 열었다. 노란색과 하얀색이 어우러진 외관은 지나던 사람들의 눈길을 쉽게 사로잡는다. 점심시간에는 근처 회사에서 나온 회사원들로 북새통을 이루고, 포장해 가려는 사람들이 많아 줄이 길게 늘어선다. 샐러드나 렌틸콩을 이용한 건강한 요리를 맛볼 수 있어 여성들에게 많은 사랑을 받는다. 아침에는 간단한 아침 식사를, 점심 시간 이후에는 직접 구워낸 마들렌과 커피 한잔을 여유롭게 즐길 수 있다.

🔘 MAP P.325H 🔘 INFO P.345
🔘 주소 6 Rue Saint-Marc, 75002 Paris
🔘 전화 없음 🔘 시간 월~토요일 09:00~15:00
🔘 휴무 일요일
🔘 홈페이지 www.mure-restaurant.com

RESTAURANT

파리에서 만나는 세계 요리

🇮🇹 Italian

Il Fico
일 피코

Menu

Main Dish
메인 디시
€16-30

Burrata Avec Légumes Grillées et Tomates Cerises
부라타 치즈와 구운 채소, 체리토마토
€15

이탈리아에서도 요리로 명성이 높은 사르데냐섬에서 온 가족이 운영하는 작은 레스토랑이다. 맛있는 이탈리언 요리는 물론 와인도 사르데냐섬에서 공수한다. 일 피코의 '오늘의 메뉴'는 매일 변화를 주어 늘 새로운 요리로 입맛을 사로잡는다. 전식으로는 클래식하지만 신선한 재료를 쓴 부팔라 모차렐라와 방울토마토 요리가 인기가 많다. 한 가지 주의할 점은 셰프가 1명이라 식사가 천천히 나온다는 것. 맛있는 음식을 먹기 위해 여유를 가지고 기다리자.

- 🗺 MAP P.325H ℹ INFO P.342
- 📍 주소 31 Rue Coquillière, 75001 Paris
- 📞 전화 01-44-82-55-23
- 🕐 시간 12:00~14:30 · 19:30~23:00 🚫 휴무 일요일
- 🌐 홈페이지 www.ilficoparis.com

🇪🇸 Spanish

Les Caves Saint-Gilles
카브 생질

Menu

Main Dish
메인 디시
€15~40

Pinchos Morunos de Polloy Cordero
양념 닭꼬치와 양꼬치
€16

마레 지구 보주 광장으로 가는 길목에 자리한 카브 생질은 20년이 넘게 한자리를 지켜왔다. 오징어, 한치, 사르딘 등의 타파스를 맛볼 수 있으며, 스페인에서 공수한 소시지는 와인 한잔의 유혹을 떨치기 힘들게 만든다. 스페인 남부 안달루시아 지방의 세비야가 떠오르는 실내에서 레스토랑 셰프가 직접 담근 상그리아 한잔을 마시는 기분은 몹시 특별하다. 2022년 리모델링 후 한층 모던해졌다.

- 🗺 MAP P.399L ℹ INFO P.408
- 📍 주소 4 Rue Saint-Gilles, 75003 Paris
- 📞 전화 01-48-87-22-62
- 🕐 시간 월~토요일 12:00~24:00, 일요일 12:00~23:00
- 🌐 홈페이지 www.caves-saint-gilles.fr

미식의 나라 프랑스에서는 프렌치 요리 말고도 다양하고 색다른 요리를 맛볼 수 있는 곳이 많다.
'프랑스에까지 와서 굳이 다른 나라의 요리를 먹을 필요가 있을까?' 라는
생각을 깰 수 있는, 파리에서도 잘나가는 세계 요리 레스토랑 리스트를 뽑아봤다.

American

Blend
블렌드

Menu
SET 세트 메뉴
€18.5~
Cheesy 체다 치즈버거
단품 €13.5
세트 €18.5

블렌드가 처음 문을 열었을 때만 해도 그동안 먹어오던 익숙한 소스가 아닌 새로운 소스와 빵의 수제 버거집은 파리에서 거의 처음이었다고 해도 과언이 아니었다. 점심시간에는 사람이 많아 작디작은 레스토랑에서 다른 그룹과 같은 테이블에서 먹게 될 때도 있지만, 부드러운 빵과 고기에 잘 어울리는 소스의 매력으로 많은 사람이 블렌드를 다시 찾게 된다. 새롭게 오픈한 블렌드 보마르셰점(1 Boulevard des Filles du Calvaire)은 편집숍 메르시를 방문하는 사람이 늘면서 찾는 사람이 늘었다.

- MAP P.325H INFO P.346
- 주소 44 Rue d'Argout, 75002 Paris
- 전화 01-42-45-27-26
- 시간 월~토요일 12:00~24:00, 일요일 12:00~23:00
- 홈페이지 http://blendhamburger.com

PNY Oberkampf
PNY 오베르캄프

Menu
Hamburger 햄버거
€12~19
Vintage Cheeseburger & French Fries 빈티지 치즈버거와 감자튀김
€17.40~

2014년 프랑스 대형 신문사 <르 피가로(Le Figaro)>가 꼽은 파리에서 가장 맛있는 햄버거 가게. 빵과 고기, 채소, 감자튀김 모두에서 높은 점수를 받았다. 금속과 나무, 전구를 적절히 사용한 파리 뉴욕 햄버거집은 언뜻 보면 레스토랑이라기보다 감각적인 인테리어를 자랑하는 분위기 좋은 라운지 바 같은 느낌이다. 모든 햄버거가 하나같이 맛있고 블루 치즈 햄버거를 제외한 모든 햄버거에 9개월간 숙성시킨 체더치즈가 들어간다. PNY는 파리에 현재 8곳의 매장을 운영하고 있으며, 홈페이지를 통해 확인할 수 있다.

- MAP P.425K INFO P.436
- 주소 96 Rue Oberkampf, 75011 Paris
- 전화 01-88-47-98-12 시간 월~금요일 12:00~15:00, 19:00~23:00, 토·일요일 12:00~23:00
- 홈페이지 http://pnyburger.com

🇰🇷 *Korean*

RESTAURANT

Soon Grille
순 그릴

Menu
BBQ
바비큐(일본산 와규)
€182
Dolsot Bibimbab
돌솥비빔밥
€19

한국 레스토랑 순 그릴은 이미 프랑스의 많은 언론에 소개되어 인기가 하늘을 찌른다. 한국의 정통 바비큐를 제대로 맛볼 수 있으며 프랑스 유명 셰프들이 애용한다는 메종 멧제르(Maison Metzger)의 질 좋은 소고기를 쓰는 것으로도 유명하며, 일본산 와규도 맛볼 수 있다. 또 전문 소믈리에가 메뉴에 맞게 추천해주는 고급 와인을 함께 즐길 수 있고, 건축가 임우진이 직접 디자인한 세련된 인테리어도 이곳의 매력 포인트다.

- MAP P.399H INFO P.408
- 주소 78 Rue des Tournelles, 75003 Paris
- 전화 01-42-77-13-56 시간 12:00~14:30, 19:00~22:30
- 휴무 1/1~2, 5/1, 7/14, 12/25
- 홈페이지 http://soon-grill.com

🇯🇵 *Japanese*

Restaurant Kunitoraya
레스토랑 쿠니토라야

Menu
Udon
우동
€14~26
Kake-udon
가케우동
€14

파리 최고의 일식집으로 평가받는 쿠니토라야는 고급 레스토랑 샤르봉 쿠니토라야와 레스토랑 쿠니토라야 2개의 지점으로 나누어져 있다. 레스토랑 쿠니토라야가 따뜻하고 진한 우동을 맛보며 가벼운 점심을 먹을 수 있는 곳이라면, 샤르봉 쿠니토라야는 세련된 프렌치 비스트로의 인테리어와 잘 어울리는 고급스러운 식사를 할 수 있는 곳이다. 레스토랑 쿠니토라야에서는 바로 만들어낸 탱탱한 우동 면을 경험할 수 있다. 카드는 €20 이상부터 사용할 수 있다.

- MAP P.325G INFO P.341
- 주소 41 Rue de Richelieu, 75001 Paris
- 전화 01-47-03-33-65
- 시간 12:00~14:30, 19:00~22:00 휴무 일요일
- 홈페이지 www.kunitoraya.com

★ Vietnamese　　　　🇹🇭 Thai

RESTAURANT

Paris Hanoï
파리 하노이

Menu
Bò Bún
쌀국수
€13.9~

Monthai
몽타이

Menu
Main Dish
메인 디시
€14~
Pad-thai-au Boeuf
소고기 팟타이
€14.9

파리에서 제일 가는 베트남 요리 전문점이다. 맛집이 즐비한 샤론 거리에서도 가장 잘 나가는 레스토랑으로, 항상 웨이팅이 있다. 노란색 외관이 눈에 띄며 식사 시간대에는 항상 맛있는 냄새를 풍겨 지나가는 행인들의 발목을 잡는다. 메뉴는 재료별로 다양하며, 바삭한 넴이 특히 맛있다. 베트남 샐러드, 소고기 스프 등이 인기 있는 메뉴로, 포장도 가능하다. 동네 주민들에게 가장 사랑받는 베트남 음식점이고 멀리서도 찾아오는 손님도 많다.

몽타이는 바쁜 점심시간에도 빠르게 먹을 수 있는 태국식 스트리트 패스드푸드점이다. 몽토르괴이 거리의 치즈 가게와 과일 가게 사이에 위치한다. 주방이 오픈되어 있기 때문에 태국 셰프들이 주문과 동시에 커다란 웍을 능숙하게 돌려가며 요리하는 모습을 직접 볼 수 있다. 레스토랑 내에서 바로 먹을 수도 있고, 테이크아웃해 주변의 공원이나 숙소에 가서 먹을 수도 있다. 가격대도 적당해 여행 중 쌀밥이 생각난다면 몽타이에서 빠르고, 싸고, 맛있게 먹을 수 있으니 기억해두자!

- MAP P.415C INFO P.421
- 주소 74 Rue de Charonne, 75011 Paris
- 전화 01-47-00-47-59
- 시간 12:00~14:30, 19:00~22:30
- 홈페이지 www.parishanoi.fr

- MAP P.325H INFO P.346
- 주소 84 Rue Montorgueil, 75002 Paris
- 전화 01-42-36-40-25
- 시간 12:00~22:30
- 홈페이지 www.monthai.fr

Vin
프렌치 와인
와인을 알지 못하는 사람을 위한 몇 가지 상식

1. 와인은 오래될수록 좋은 게 맞나요?

프랑스 백화점 와인 코너에 가면 유리 냉장고에 자물쇠를 채워두거나 따로 문을 열고 들어가 구경해야 할 정도로 값비싼 와인이 있습니다. 물론 그 와인은 적게는 몇 년부터 몇십 년까지 오래된 와인이죠. 하지만 이러한 와인은 극히 드물고 나머지 대부분은 구매 후 금방 마셔야 하는 것들입니다. 와인은 와인 전용 냉장고나 햇빛이 들지 않는 서늘한 창고에서 보관하는 것이 좋습니다.

2. 와인은 어려운 술 아닌가요, 어떻게 마셔요?

흔히 와인이 비싸다는 인식이나 나와 어울리지 않는 술이라고 어렵게 생각하는 경우가 많습니다. 하지만 사실 프랑스에서 와인은 우리나라의 소주와 같은 느낌의 술입니다. 구매하기도 쉽고, 널리고 널린 것이 와인이니, 절대 겁먹을 필요 없습니다. 흔히 미디어에서 보여주는 와인 에티켓이란, 그저 프렌치들에게 자연스러운 문화일 뿐입니다. 한국인이 소주병 뚜껑을 따기 전 가볍게 한번 흔들어주듯, 혹은 어른에게 한 손을 받치고 잔을 따르듯, 와인을 마시는 방법 또한 그들의 일상 속 문화인 것입니다. 파리에 왔다면 어색해하지 말고 프렌치가 된 듯한 기분으로 꼭 한번 시도해보세요!

3. 와인은 왜 떫은가요?

와인에서 떫은맛이 나는 이유는 타닌(tannin)이라는 성분 때문인데, 이는 포도 줄기나 포도씨, 포도 껍질 등에 함유되어 있습니다. 하지만 같은 타닌이라 하더라도 오래된 와인일수록 떫은맛이 덜하고, 어린 와인일수록 타닌의 맛이 진하게 드러날 수 있습니다. 시간이 갈수록 타닌의 맛이 줄어드는 것일 뿐, 이것이 와인의 품질을 좌우하는 것은 아니라고 할 수 있습니다.

4. 와인을 너무 좋아하지만, 마시고 나서 숙취가 심해요. 어떻게 해야 할까요?

우선 술을 섞어 마시거나 빨리 마시는 것은 삼가야 합니다. 와인은 쉽게 마실 수 있는 술이지만, 도수가 꽤 높은 편이라 칵테일이나 맥주처럼 마시면 숙취가 올 수 있어요. 무엇보다 와인 숙취의 원인으로 꼽히는 타닌과 히스타민, 그리고 설탕이 두통을 일으키는 것으로 알려져 있는데, 타닌과 히스타민에 민감한 사람일수록 숙취를 심하게 느낄 수 있습니다. 와인 1잔당 물 1잔이라는 생각으로 와인을 마실 때는 물을 많이 마시고, 인위적으로 설탕을 많이 넣어 당도를 높인 너무 저렴한 와인은 구매하지 않는 것이 좋습니다.

대표 와인 생산지

프랑스 각 지방의 대표 와인 생산지를 알아보자.

1 Loire
루아르

프랑스에서도 가장 큰 와인 산지 중 하나로 꼽힌다. 화이트 와인이 주로 생산되며 레드 와인의 경우 묵직하기보다는 가벼운 와인이 많다. 루아르의 대표적인 포도 품종은 소비뇽 블랑이며 대표적인 산지는 상세르(Sancerre)와 푸이 퓌메(Pouilly Fumé)다.

2 Alsace
알자스

알자스는 청포도 재배가 주를 이룬다. 서늘하지만 춥지 않고, 강수량이 적으며 일조량이 많아 드라이하고 섬세한 향의 와인이 많다. 유명한 포도 품종으로는 리슬링(Riesling), 뮈스카(Muscat), 피노 블랑(Pinot Blanc) 등이 있다.

3 Bourgogne
부르고뉴

최고의 명성을 지닌 와인 산지로, 코트 드 뉘에서 생산하는 섬세하고 풍부한 향의 레드 와인 피노 누아(Pinot Noir)와 샤블리에서 생산하는 화이트 와인 샤르도네(Chardonnay)가 특히 유명하다.

4 Bordeaux
보르도

보르도는 포도를 생산하기에 적합한 기후와 토양 조건을 갖추어 오래전부터 세계 최대의 고급 와인 생산지로 이름을 알렸다. 메도크(Médoc), 생테밀리옹(Saint-Émilion), 그라브(Grave) 등의 산지가 있으며 메도크에서는 생테스테프(Saint-Estèphe), 생줄리앙(Saint-Julien), 마르고(Margaux)가 특히 유명하다.

5 Rhône
론

지리적으로 이탈리아와 근접해 있으며 북쪽과 남쪽의 기후가 달라 와인의 생산지에 따라 맛이 다르기도 하다. 주로 레드 와인이 많이 생산되며 진하고 알코올 함량이 높다. 유명 산지로는 코트 로티(Côte Rotie), 에르미타주(Hermitage), 샤토네프뒤파프(Châteauneuf-du-Pape)가 있다.

6 Provence
프로방스

지중해와 접하고 있어 여름에 주로 마시는 과일 향의 시원한 로제 와인으로 특히 유명하다. 로제 와인이 프로방스 와인 생산의 70% 이상을 차지하며, 유명 생산지로는 코트 드 프로방스(Côtes de Provence), 방돌(Bandol) 등이 있다.

와인을 즐기는 순서

이왕이면 프렌치처럼, 어색하다면 건배부터!

1. 라벨 확인하기

대부분 레스토랑에서는 와인을 주문하면 와인 병을 들고와 주문이 맞는지 라벨 확인을 한다. 확인 과정이 없었다면 스스로 병 라벨을 확인하고, 혹시 다른 와인이라면 웨이터에게 말하면 된다. 웨이터가 가져온 와인 라벨을 확인하고 고개를 끄덕이며 "오케이"라고 답한다.

2. 시음하기

대부분 레스토랑에서는 라벨 확인이 끝난 후 뚜껑을 따고 손님 한 명에게 시음을 권한다. 아주 적은 양이니 걱정하지 말자. 와인잔을 테이블에 놓은 채 가볍게 한번 흔들어 향기를 맡고 맛을 음미하면 된다. 맛이 괜찮다면 웨이터를 바라보며 고개를 끄덕이거나 또 한 번 "오케이"라고 답하면 되고, 혹시 맛이 아주 떨떠름하고 냄새가 쾨쾨한 것이 거슬린다면 상한 와인일 수 있다. 이를 '부쇼네(bouchonné)'라고 하는데, 이상하다고 말하면 확인 후 새것으로 바꿔준다.

3. 와인 따르기

맛이 좋다고 오케이를 했다면 웨이터가 시음을 한 사람을 제외한 나머지 사람들에게 먼저 와인을 따라준다. 맨 마지막에 시음을 한 사람의 와인잔을 채워주고 떠난다. 와인잔은 들고 있을 필요 없이 테이블에 두고 와인을 받으면 된다. 와인을 잘 따라준 웨이터에게 "메르시(감사합니다)" 한마디도 잊지 말자.

4. 와인 파악하기

와인잔을 테이블 위에 둔 채로 가볍게 돌리자. 천천히 향을 맡고 음미한다. 향을 느끼기 위해 하는 행동으로, 시계 반대 방향으로 돌리는 게 정석이라고 하지만, 와인이 밖으로 튀지 않게 조심한다면 시계 방향이든 아니든 상관없다. 와인의 상태를 살펴보기 위해 와인잔의 다리 부분을 들어 빛에 비추어보기도 하는데, 사실 초보자에게 해당되는 단계는 아니다.

5. 건배하기

'건배'는 프랑스어로 '상테(Santé)' 혹은 '친친(tchin-tchin)'이라고 하며 서로 눈을 마주 보고 잔을 부딪친다. 잔을 부딪칠 때는 입을 대는 가장자리보다 볼록한 부분을 부딪치는 것이 좋다.

PLUS TIP

눈을 바라보며 잔을 부딪치는 관습은 중세부터 전해 내려오던 것으로 '나는 당신의 와인잔에 독을 넣지 않았다'라는 것을 표현하는 수단이었다고 알려진다. 오늘날에는 와인을 함께 마시는 사람에 대한 가벼운 예의의 표시로 여겨진다.

6. 와인과 함께 식사와 담소 즐기기

사실 웨이터나 소믈리에가 준비해주는 1번부터 3번은 그렇다 쳐도, 4~5번까지 단계는 꼭 지켜야 하는 것은 아니다. 맛있는 와인을 맛보는 것이 중요하지, 그 외의 에티켓과 매너에 신경을 쓰는 이는 별로 없다는 말이다. 프렌치들은 이 문화가 몸에 배어 있어 자연스럽게 나오는 행동이므로 굳이 비교해가며 주눅들 필요 없다는 것. 저렴하고 맛있는 와인을 기분 좋게 즐기면 그것으로 충분하다!

와인 라벨 읽는 법
와인을 알지 못하는 사람을 위한 몇 가지 상식

- 보르도 와인의 등급 표기
  - 프리미에 그랑 크뤼(특급)
  - 그랑 크뤼(1등급)
  - 프리미에 크뤼(중간 등급)
- 샤토에서 병입함을 뜻하며, 제품에 따라 샤토 대신 회사명이나 병입자 이름을 써넣는다.
- 와이너리 이름
- 생산 연도
- 원산지 명칭, 가운데 들어가는 것이 지역명이다. 해당 농식품 부문 상품 중 최상급임을 나타내는 증표(AOC)
- 생산 국가

내 취향의 프렌치 와인 찾기

와인은 기호식품이기 때문에 취향에 따라 좋아하는 와인이 모두 다를 수 있다. 와인을 잘 알지 못한다면 와인 바나 와인 판매점을 찾아 취향을 설명하고 소믈리에에게 직접 추천 받는 것이 가장 좋은 방법이다. 이전 구매한 와인을 시음하고 좋지 않았던 기억이 있다면 그러한 사항도 정확히 전달해주는 것이 내 입맛에 맞는 와인을 찾는 데 도움이 된다.

타닌이 적고 보디감이 가벼운 와인
↓
Pinot Noir
피노 누아

타닌이 풍부하고 묵직한 와인
↓
Margaux
마르고

과일 향이 진하고 섬세한 와인
↓
Chablis
샤블리

여름에 어울리는 시원한 와인
↓
Côtes-de-Provence
코트 드 프로빙스

추천 와인

와인은 대부분 지역의 이름과 함께 명명된다.
브루이, 생테스테프 등도 지역 이름이며, 그곳에서 생산한 여러 가지 와인 중
제조 연도와 포도 품종 등에 따른 선호도에 따라 와인을 선택하면 된다.
예를 들어 2011년은 프랑스에서 포도 수확이 아주 성공적이었던 해로 유명해서,
와인 초보도 믿고 선택하는 제조 연도다.

vin rouge 레드 와인

생테스테프
Saint-Estèphe
[보르도]
세계 최고의 레드 와인 산지인 메도크 지역의 한 마을로, 산도가 높고 타닌이 강해 진한 와인 맛을 제대로 느낄 수 있는 와인이다.

마르고
Margaux
[보르도]
육류와 매우 잘 어울리며 오랫동안 숙성해서 마실 수 있다. 와인의 여왕이라 불리는 샤토 마르고(Château Margaux) 또한 이 지역에서 생산된 것이다.

브루이
Brouilly
[부르고뉴]
보졸레 지방의 레드 와인으로 과일 맛이 느껴지며, 숙성시키지 않고 가볍게 바로 마실 수 있다.

피노 누아
Pinot Noir
[부르고뉴]
부르고뉴 지방에서 생산되는 포도의 품종으로 콩테와 같은 암소의 젖으로 만드는 치즈 등에 잘 어울린다. 포도주의 떫은맛을 내는 타닌이 적어, 강하고 진한 보르도 와인보다 과일 향이 짙다.

vin blanc 화이트 와인

샤블리
Chablis
[부르고뉴]
부르고뉴 지방 가장 북쪽 지역인 샤블리에서 생산되는 와인. 과일 향이 강해 식사 전 식욕을 돋우기 위해 한잔하기도 하며, 굴이나 조개 등과도 잘 어울린다.

상세르(블랑)
Sancerre(Blanc)
[루아르]
섬세하면서도 상큼한 맛으로 생선 요리와 잘 어울리는 상세르 와인은 루아르 계곡에 있는 마을에서 생산된다. 상세르 레드 와인도 있으니 고를 때 주의할 것.

rosé 로제 와인

타벨
Tavel
[론]
어니스트 헤밍웨이가 가장 사랑했다고 전해지는 로제 와인. 드라이하고 묵직해 닭고기나 훈제 요리 등에 잘 어울린다.

코트 드 프로방스
Côtes de Provence
[프로방스]
지중해와 접한 프로방스 지방의 로제 와인이다. 과일 향이 풍부하고 신선해 여름이 되면 파리의 테라스에는 코트 드 프로방스의 로제 와인이 넘쳐난다.

추천 와인 바

밑고 가는 파리 최고의 와인 바를 소개한다.

Coinstot Vino 쿠앙스토 비노

파사주 데 파노라마(Passage des Panoramas)에 위치한 심플하고 소박한 와인 바. 하지만 다른 곳에서는 찾기 어려운 와인은 물론, 품질 좋은 유기농 와인까지 맛볼 수 있어 인기가 많다. 와인과 잘 어울리는 소시지와 햄 등의 가공 숙성육으로 이루어진 샤르퀴트리(Charcuterie) 플레이트나 치즈 플레이트의 맛이 일품이니 놓치지 말자.

MAP P.325D INFO P.344 주소 22-30 Galerie Montmartre, 75002 Paris 전화 01-44-82-08-54 시간 12:00~14:00, 18:00~24:00 휴무 토·일요일 홈페이지 http://lecoinstotvino.com

Le Baron Rouge 바롱 루주

알리그르 시장으로 장을 보러 오는 파리지앵들에게 빼놓을 수 없는 약속 장소. 일요일에는 붐비는 사람들로 와인 바 앞 인도까지 사람들이 가득하다. 시장 특유의 시끄러움과 복작복작한 분위기가 정겹다. 일요일에는 신선한 굴과 맛 좋은 상세르 화이트 와인을 맛볼 수 있다. 예약은 불가능하고 카드는 €20부터 가능하다.

MAP P.415G INFO P.420 주소 1 Rue Théophile Roussel, 75012 Paris 전화 01-43-43-14-32 시간 월요일 17:00~22:00, 화~금요일 10:00~14:00·17:00~22:00, 토요일 10:00~22:00, 일요일 10:00~16:00 홈페이지 http://lebaronrouge.net

La Buvette 뷔베트

유능하고 젊은 주인 언니의 작지만 분위기 있는 와인 바. 세계적으로 유명한 파리의 디자인 호텔 마마 셸터 레스토랑의 매니저와 프렌치 비스트로의 정석 샤토브리앙, 도팡 등의 레스토랑에서 일한 화려한 경력을 지니고 있다. 그녀가 추구하는 와인은 AOC 마크를 단 프랑스의 유명 와인이 아니라, 직접 발로 뛰며 만난 작은 와인 생산업자들이나 패밀리 컴퍼니에서 만들어내는 와인이다. 잘 모를 땐 무조건 추천해주는 와인으로 가볍게 시작해보자.

MAP P.425K INFO P.437 주소 67 Rue Saint-Maur, 75011 Paris 전화 09-83-56-94-11 시간 17:00~22:00

Frenchie bar à Vins
프렌치 바르 아 뱅

닐 거리에 위치한 레스토랑 프렌치, 프렌치 투 고와 함께 '프렌치' 식당 시리즈 중 하나다. 아주 작은 와인 바지만 다양한 안줏거리와 먹거리로 파리지앵에게 인기가 많다. 소믈리에나 웨이터의 와인 관련 지식이 대단해서 각자에게 맞는 와인을 추천받을 수 있다. 예약은 받지 않는다.

⊙ MAP P.325H ⊙ 주소 6 Rue du Nil, 75002 Paris ⊙ 시간 18:30~23:00 ⊙ 홈페이지 www.frenchie-bav.com

Le Verre Volé 베르 볼레

생마르탱 운하 근처에 위치한 꼭 가야 할 와인 바. 주인장이 프랑스 각지를 돌아다니며 찾아낸 와인과 유기농 와인을 주로 판매하며 와인에 어울리는 신선한 샤르퀴트리 플레이트와 치즈 플레이트가 준비되어 있다. 가격대도 적당해 좋은 와인 한 병을 선물할 예정이라면, 이곳에서 골라도 좋다.

⊙ MAP P.424F ⊙ INFO P.433 ⊙ 주소 67 Rue de Lancry, 75010 Paris ⊙ 전화 01-48-03-17-34 ⊙ 시간 12:30~14:00, 19:30~24:00 ⊙ 홈페이지 www.leverrevole.fr

En Vrac 앙 브라크

앙 브라크는 한국말로 '무게로' 혹은 '너저분하게 늘어놓은'이라는 뜻이다. 1960년대 프랑스에서는 커다란 와인 통에서 와인을 따라 덜어 팔곤 했다. 그 기억을 간직하고 있던 주인장 티에리가 2011년 파리에 처음으로 다시 옛날처럼 와인을 리터에 따라 파는 와인 가게를 오픈했다. 와인을 담아 갈 통이 있다면 와인값만 받고, 따로 병이 없다면 €2~3에 유리병을 판매한다.

⊙ MAP P.353D ⊙ INFO P.359 ⊙ 주소 2 Rue de l'Olive, 75018 Paris ⊙ 전화 01-53-26-03-94 ⊙ 시간 11:00~24:00 ⊙ 홈페이지 www.vinenvrac.fr

Fromage
치즈

프랑스 치즈 상식

프랑스인에게 치즈는 우리나라 밥상의 '김치'와도 비교할 수 있다. 김치처럼 밥을 먹을 때마다 밥상에 함께 올라오는 것은 아니지만, 저녁을 먹고 나오는 치즈 플레이트나 요리마다 올라가는 치즈를 보면, 치즈가 프랑스인의 밥상에서 얼마나 중요한 역할을 하는지 알 수 있다. 실제로 프랑스 국민 1인당 1년에 소비하는 치즈량이 평균 25kg을 넘는다고 한다. 300여 종이 넘는 치즈가 존재하며 요리는 물론 디저트, 와인에 곁들여 먹는 안주로 애용되기도 하니 파리 여행 중에도 프랑스인들의 치즈 예찬을 쉽게 엿볼 수 있을 것이다.

치즈의 종류

치즈는 암소, 염소, 양 등 동물의 젖을 발효시켜 만든 식품이다. 정확한 유래는 알 수 없지만, 인류의 역사가 시작되고 가축의 젖을 먹으면서 치즈의 역사가 시작되었다고 추정된다. 치즈는 크게 신선한 치즈와 숙성된 치즈로 나누어지며, 우리가 잘 알고 있는 이탈리아 모차렐라 치즈나 그리스의 페타 치즈가 대표적인 신선한 치즈다. 숙성된 치즈로는 스위스의 에멘탈 치즈나 프랑스의 카망베르, 브리 치즈 등이 있다. 이외에도 치즈를 분류하는 방법은 다양하지만, 치즈 초보자들에게 중요한 것은 무엇보다 자신의 입맛에 맞는 치즈를 찾는 것이다.

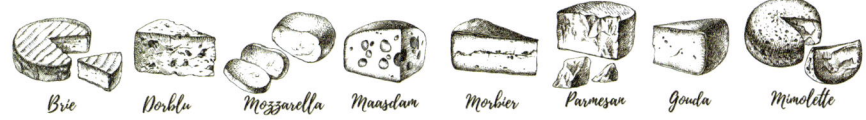

치즈 어떻게 살까?

대부분 치즈는 그램(g) 단위로 판매한다. 치즈 가게에 들어가서 거대한 치즈에 붙어 있는 가격표에 놀라지 말자. 원하는 만큼만 살 수 있으며, 판매원이 치즈를 들고 얼마만큼 원하냐고 물어보기 때문에 적은 양도 살 수 있다.

치즈 구매, 어디에서 할까?

대중적인 식품이라 프랑스에서 치즈를 구매하는 것은 어려운 일이 아니다. 대형 마트나 동네 슈퍼마켓 어디에서든 치즈를 판매하지만, 대량으로 가공한 만큼 맛은 조금 떨어질 수도 있다. 치즈 전문 판매처는 프로마주리(Fromagerie) 혹은 크레므리(Crèmerie)라고 불리며, 시장 골목이나 주거지에서 많이 찾아볼 수 있고, 봉 마르셰 백화점의 그랑드 에피스리에서도 다양한 제품을 살 수 있다.

한국인의 입맛에 맞는 치즈

너무 진하지도 너무 순하지도 않은 내 입맛에 꼭 맞는 치즈를 찾아보자.

Comté 콩테

프랑스 치즈 AOP(원산지 표기 치즈 중 높은 등급) 등급의 치즈 중 2014년 64만 톤의 생산량을 자랑하며 1등을 차지한 치즈다. 지정 산지 내에서 4개월 이상 숙성시킨 치즈로, 12·18·24개월 동안 숙성시킨 치즈를 주로 찾아볼 수 있으며 숙성 개월 수가 높아질수록 맛이 진해진다. 흔히 저녁 식사를 하기 전 레드 와인과 함께 바게트에 올려 먹는다.

Brie 브리

역사 깊은 치즈로 파리 근처 일 드 프랑스 지방에서 유래했다. 종류가 다양지만 브리 드 모(Brie de Maux)와 브리 드 믈랭(Brie de Melun)이 유명하며, 흰색 곰팡이가 표면을 덮고 있다. 부드럽고 깊은 맛으로 프랑스는 물론 전 세계인들에게 사랑받는다.

Saint-Nectaire 생넥테르

오베르뉴 지방에서 전통적인 방식으로 만드는 생넥테르 치즈는 콩테나 브리 치즈보다는 맛과 향이 진하지만, 부드럽고 고소한 맛을 내 한번 맛을 들이면 끊기 힘들다. 생넥테르 치즈의 회색빛 나는 곰팡이 부분은 먹는 사람도 있고 먹지 않는 사람도 있으니, 불편하다면 칼로 잘라내고 먹으면 된다.

Camembert 카망베르

한국인에게 가장 익숙한 프랑스 치즈다. 프랑스 북쪽 노르망디 지방의 작은 마을 이름에서 유래되었으며, 부드럽고 말랑말랑한 원반 형태를 띤다. 맛은 진하지만 부드러워 먹기에도 쉽고, 얇게 썬 사과와 함께 먹으면 그 궁합이 최고다. 세계적으로 명성이 높아 복제품도 많으니, 파리에서 꼭 한번 맛보자.

추천 치즈 판매처

믿고 가는 파리의 프로마주리(Fromagerie)는 이곳!

La Fermette 페르메트
지극히 일반적인 치즈 전문 판매점이다. 몽토르괴이 거리에 있으며, 젊은 파리지앵들이 애용하는 곳이다. 종류도 다양하고 친절한 '치즈 전문가'에게 추천을 받을 수도 있어 항상 사람이 많다. 한때 꽃미남 배우로 불리던 프랑스 영화배우 고(故) 가스파르 울리엘이 애용하던 치즈 가게이다.

- 주소 86 Rue Montorgueil, 75002 Paris
- 전화 01-42-36-70-96 시간 월요일 16:00~20:00, 화~토요일 09:00~20:00, 일요일 09:00~14:00
- 홈페이지 http://la-fermette-paris.com

La Fromagerie de la Grande Épicerie de Paris
프로마주리 드 라 그랑드 에피스리 드 파리

봉 마르셰 백화점의 식품관 그랑드 에피스리 드 파리 내에 위치한 치즈 판매 코너다. 일반 치즈 가게보다 가격대는 약간 높은 편이지만, 그랑드 에피스리의 명성에 맞게 품질이 좋고 맛 좋은 치즈를 구입할 수 있다.

- MAP P.362F INFO P.373 주소 38 Rue de Sèvres, 75007 Paris 전화 01-44-39-81-00 시간 월~토요일 08:30~21:00, 일요일 10:00~20:00 홈페이지 www.lagrandeepicerie.com

Barthélémy 바르텔레미
외관상으로는 파리의 일반적인 상점 중 하나처럼 보이지만, 바르텔레미는 프랑스 유명 여배우 샤를로트 갱스부르나 카트린 드뇌브 등이 애용하는 이른바 '유명인 전용' 치즈 가게다. 1973년부터는 프랑스 대통령의 관저인 엘리제궁의 공식 납품업체가 되었다.

- MAP P.362F INFO P.375 주소 51 Rue de Grenelle, 75007 Paris 전화 01-42-33-82-24 시간 화~토요일 08:30~19:30
- 휴무 일·월요일

Quatrehomme 카트르옴
1953년 파리 식료품점으로 시작한 카트르옴은 오늘날까지도 파리에서 다섯 손가락 안에 꼽히는 프로마주리라는 명성을 지키고 있다. 카트르옴의 치즈 제조사이자 주인인 마리 카트르옴은 2000년 프랑스 최초 여성 명장으로 국가에서 인정받았으며, 2014년에는 프랑스 레지옹 도뇌르 훈장을 받기도 했다.

- MAP P.362F INFO P.374 주소 62 Rue de Sèvres, 75007 Paris 전화 01-47-34-33-45 시간 화~토요일 09:00~19:45, 일요일 09:00~13:00 휴무 월요일
- 홈페이지 www.quatrehomme.fr

THEME 13
불랑주리 & 파티스리

Boulangerie & Pâtisserie

빵과 디저트의 천국, 파리 빵 투어

빵, 바게트, 크루아상. 우리에게 너무나 익숙해진 이 단어들은 모두 프랑스어다. 빵 하면 프랑스, 프랑스 하면 빵 아니겠는가? 각종 빵과 디저트의 천국 프랑스에서는 어느 곳에서나 금방 구운 신선하고 맛있는 빵을 맛볼 수 있다. 새벽 3~4시에 기상하는 프랑스 불랑제(제빵사)들 덕분에, 시민들이 출근하는 아침 7~8시에는 고소한 빵 냄새가 거리에 가득하다. 프랑스인들에게 빵은 주식이고, 빵과 디저트는 식사 중 떼려야 뗄 수 없는 필수 요소. 전식은 안 먹어도 후식은 꼭 챙겨 먹는다는 프렌치들의 사랑, 불랑주리와 파티스리에 대해 알아보자.

Boulangerie
불 랑 주 리

불랑주리(boulangerie)란 우리 말로 쉽게 '빵집'이라고 생각하면 된다. 영어식 발음으로 '블랑제리'라고 읽기도 한다. 프랑스인들의 주식 바게트나 전통 빵을 주로 판매하는데, 디저트 케이크 등을 함께 파는 곳이 많다. 대체로 불랑주리 간판에 아르티장(artisan)이란 단어가 붙어 있다면, 전통 방식으로 빵을 만들어내는 곳을 말하며, 그 외의 곳은 일반 빵집이라고 할 수 있다.

Pâtisserie
파 티 스 리

파티스리(pâtisserie)는 과자류를 가리키며, 불랑주리와 다르게 이스트를 사용하지 않고 밀가루, 설탕, 버터 등으로 만든 과자나 케이크 등을 말한다. 예를 들어 우리가 흔히 생각하는 바게트는 불랑주리에 속하는 빵이지만, 버터와 설탕 등이 들어가는 크루아상이나 팽 오 쇼콜라(초콜릿빵) 등은 제과 제빵 기술적으로 파티스리에 속하는 '비에누아즈리(viennoiserie)'라고 한다. 하지만 통상적으로는 비에누아즈리도 큰 카테고리인 불랑주리에 속하는 빵의 한 종류로 본다. 특급 호텔 레스토랑 같은 경우에는 불랑주리 셰프와 파티스리 셰프를 따로 둘 정도로 각각을 중요하게 생각한다.

빵이 맛있는 불랑주리
Boulangerie

흔히 '프렌치' 하면 콧수염 난 인상 좋은 할아버지가 베레모를 쓰고 바게트를 들고 있는 모습을 상상하기 마련이다. 바게트가 프랑스를 상징할 만큼 프랑스인들에게 빵이란 삶의 일부라고 해도 과언이 아니다. 우리가 프랑스인 하면 떠올리는 이 모습은 사실 프랑스에서도 쉽게 볼 수 있는데, 오후 6시쯤 퇴근 시간이 되면 저녁 식사로 먹을 빵을 사려는 사람들이 빵집마다 길게 줄을 늘어선 모습을 볼 수 있다. 또 거리에서 기다란 바게트를 들고 가는 프랑스 사람들을 어렵지 않게 마주칠 수 있다. 하지만, 프랑스에 바게트만 있는 것은 아니다. 맛도 모양도 다양한 빵을 프렌치 빵집에서 직접 맛보는 특권을 누려보자.

Maison Landemaine
느리고 자연스러운 발효 과정을 거친 빵, **메종 랑드멘**

메종 랑드멘의 특별한 밀로 만든 빵

톱 파티시에 피에르 에르메(Pierre Hermé)와 프랑스 최고 셰프 폴 보퀴즈(Paul Bocuse) 곁을 거쳐 루카 카르통(Lucas Carton) 레스토랑과 르 브리스톨(Le Bristol) 호텔에서 탄탄한 실력을 쌓아온 로돌프 랑드멘(Rodolphe Landemaine)과 그의 일본인 부인 제빵사 이시카와 요시미(Sikawa Yoshimi)가 합심해 메종 랑드멘을 오픈했다. 품질 좋은 밀을 사용하는 것으로 유명한 이곳은 2007년부터 매해 점포를 하나씩 늘려갈 정도로 인기가 높아졌다. 메종 랑드멘에서 사용하는 밀은 살충제 없이 키운 밀로 직접 키운 효모와 함께, 느리고 자연스러운 발효 과정을 거쳐 특유의 향을 느낄 수 있다. 추천하는 빵은 초콜릿을 넣은 카카오 빵과 호밀로 만든 둥근 빵, 전통 바게트(baguette traditionnelle) 등이다. 메종 랑드멘은 파리에 총 14개의 매장을 운영하고 있으며, 도쿄에도 지점이 있다.

몽마르트르에서 찾아가기 좋아요!

클리시 CLICHY 지점
MAP P.352I
주소 56 Rue de Clichy, 75009 Paris
전화 09-54-03-95-56
시간 휴무 월요일~토요일 07:00~20:15,
일요일 07:00~19:45

볼테르 VOLTAIRE 지점
MAP P.425K
주소 130 Rue de la Roquette, 75011 Paris
전화 01-43-79-98-03
시간 월~토요일 07:00~20:30,
일요일 08:00~20:00 휴무 수요일

바스티유 광장과 페르 라세즈 묘지에 갈 때 들를 수 있어요!

보주 광장에서 가까워요!

보마르셰 BEAUMARCHAIS 지점
MAP P.399L
주소 28 Boulevard Beaumarchais, 75011 Paris 전화 01-48-06-22-43
시간 월~토요일 07:00~20:30,
일요일 07:30~20:00 휴무 수요일

Gontran Cherrier Artisan Boulanger
대대손손 이어지는 장인의 손길, **곤트란 셰리에 아르티장 불랑제**

한국에도 매장이 들어와 유명한 파리 빵집이다. 화려한 한국 빵집과는 다르게 동네에 있을 법한 외관이 진정 파리 스타일이다. 이곳 주인인 곤트란 셰리에는 빵집 집안에서 태어나 유명 요리 학교와 불랑주리와 파티스리 학교를 졸업하고 1990년대 유명한 미식 평론가 베네딕트 보제의 도움으로 미슐랭 3스타에 빛나는 알랭 파사르(Alain Passard) 셰프의 아르페주(Arpège) 레스토랑과 알랭 상드렝스(Alain Sendrens) 셰프의 루카 카르통에서 경력을 쌓았다. 여행을 통해 넓은 시각을 바탕으로 곤트란 쉐리에는 현재 파리를 비롯, 서울, 도쿄, 타이페이 등에도 매장을 운영하고 있다.

⊙ 몽파르나스 지점 ⊙ 주소 Accès TGV / Quai 1 & 2 Gare Montparnasse 75014 Paris ⊙ 전화 01-46-06-82-66 ⊙ 시간 06:00~21:00 ⊙ 휴무 수요일 ⊙ 홈페이지 www.gontran-cherrier.com

Liberté Boulangerie Pâtisserie
인더스트리얼 인테리어의 시크한 빵집, **리베르테 불랑주리 파티스리**

역사와 전통이 깊은 파리의 백화점 봉 마르셰의 식료품점 그랑드 에피스리(Grande Épicerie)의 스타 셰프 브누아 카스텔(Benoit Castel)이 인더스트리얼 콘셉트의 '시크한 빵집'을 오픈했다. '불랑주리 파티스리(제과 제빵집)'라고만 쓰여 있는데, 이는 맛으로 평가받을 수 있다는 자신감에 힘입어 자신의 이름을 앞으로 내세우지 않기 때문이리라. 입에서 녹아드는 레몬 크림을 고소하고 바삭한 사블레 위에 얹어 조화로운 맛을 이루는 타르트 시트롱이 유명하다. 커다란 모과빵 또한 리베르테의 인기 메뉴로, 모과에서 추출한 자연 효모로 만든 빵이기 때문에 붙인 이름이다. 간단하게 먹을 수 있는 식사나 브런치도 가능해서 생마르탱 운하 주변으로 피크닉을 나온 파리지앵들이 많이 이용한다.

Tarte Citron 타르트 시트롱
사블레, 레몬 크림, 라임 껍질을 넣어 만든 타르트

⊙ MAP P.424F ⊙ INFO P.433 ⊙ 주소 39 Rue des Vinaigriers, 75010 Paris ⊙ 전화 01-42-05-51-76 ⊙ 시간 월~토요일 07:30~20:00, 일요일 08:00~17:00 ⊙ 홈페이지 www.liberte-paris.com

디저트가 맛있는 파티스리
Pâtisserie

프랑스를 배경으로 한 영화 〈마리 앙투아네트〉를 보면, 고운 색깔의 화려한 케이크와 마카롱, 각종 디저트가 눈을 즐겁게 한다. 프렌치 파티스리의 역사가 깊다는 것을 잘 보여주는 이 영화에서처럼 파티스리는 오랫동안 프랑스인들의 삶 속에서 함께했다. 실제로 프랑스의 파티스리는 이미 중세부터 일반 요리와 구분되었으며, 16세기 카트린 드 메디시스와 앙리 2세의 결혼으로 이탈리아의 파티스리가 유입되었다고 한다. 19세기가 되면서 본격적으로 프랑스의 파티스리가 명성을 얻었고, 현재는 세계적으로 유명한 피에르 에르메 셰프 파티시에 등을 비롯한 여러 프렌치 셰프 파티시에들이 전 세계적으로 인정받으며 프렌치 파티스리의 명성을 굳건히 지키고 있다.

Lenôtre
프랑스 제과업계의 대부, **르노트르**

프랑스 제과업계의 장인, 가스통 르노트르(Gaston Lenôtre). 20세기 프랑스 제과업계를 혁신했다고 평가받을 정도로 파티스리계의 대가로 꼽힌다. 1957년 파리에 처음으로 자신의 이름을 건 파티스리를 오픈하며 특별한 이벤트와 국가 행사 등의 케이터링을 맡았다. 1971년에는 파리 근교 도시에 파티스리는 물론 요리까지 배울 수 있는 르노트르 학교를 설립하며 유명 스타 셰프들을 키워냈다. 사실 르노트르는 리셉션이나 이벤트, 행사 등의 럭셔리 케이터링에 더욱 심혈을 기울이고 있기 때문에 파리 매장은 이상하다 싶을 정도로 외곽에만 위치한다. 그렇지만 바스티유 광장 근처에 있는 바스티유 지점에 들러 '아름답다'고 평가받는 그의 파티스리를 파리에서 꼭 한번 먹어보자.

ⓜ MAP P.399L ⓘ INFO P.409 주소 10 Rue Saint-Antoine, 75004 Paris 전화 01-53-01-91-91
시간 09:00~20:00 홈페이지 www.lenotre.com

Pierre Hermé
파티스리계의 피카소, 피에르 에르메

최근 한국에서도 마카롱으로 유명해진 스타 셰프 파티시에 피에르 에르메. 대대로 빵집을 해온 알자스 지방의 한 빵집 아들로 태어나 열네 살의 나이에 가스통 르노트르와 함께 일을 시작했고, 스물다섯 어린 나이에 포숑의 셰프가 된다. 서른여섯 살에는 라뒤레의 셰프 파티시에가 되니, 그의 파티시에 인생은 최고만 거쳤다고 할 수 있겠다. 전통 프렌치 파티스리를 현대적으로 재해석한 피에르 에르메의 파티스리는 섬세한 미적 감각과 먹는 즐거움을 가장 중요하게 여긴다. '파티스리계의 피카소', '아방가르디스트 파티시에', '맛의 마술사' 등으로 다양한 수식어를 얻은 피에르 에르메 파티스리에는 마카롱만 있는 것이 아니니, 에클레르(éclair)나 다양한 디자인의 쇼트케이크 등도 맛보자.

샹젤리제 86번지에도 매장이 있다.

MAP P.324A INFO P.335 주소 133 Avenue des Champs-Élysées, 75008 Paris
전화 01-45-12-24-02 시간 10:30~22:30 홈페이지 www.pierreherme.com

Ladurée
아름다운 컬러의 향연, **라뒤레**

예쁜 파스텔 톤 과자를 선보이는 라뒤레는 1862년 루아얄 거리(Rue Royale)에 처음으로 문을 열었다. 프랑스의 제2 제정 시대에 럭셔리한 살롱 드 테(Salon de Thé, 차를 마시며 담소를 나누는 곳)가 유행했고, 그에 힘입어 라뒤레 살롱 드 테는 파리의 여성들에게 많은 사랑을 받았다. 20세기 초 레시피를 그대로 간직한 라뒤레의 마카롱은 달콤하면서도 고소하며 적당히 바삭거리는 맛으로 꾸준히 사랑받는다. 라뒤레 매장은 샹젤리제, 루아얄 거리, 생제르맹 지구, 카루셀 뒤 루브르 등 여행자들이 방문하기 쉬운 지역에 자리하며, 그중에서도 샹젤리제 매장과 루아얄 거리 매장이 화려하다.

ⓜ MAP P.324E ⓘ INFO P.335 ⓐ 주소 75 Avenue des Champs-Élysées, 75008 Paris
ⓟ 전화 01-40-75-08-75 ⓢ 시간 08:00~21:30 ⓗ 홈페이지 www.laduree.fr

Sébastien Gaudard
클래식 디저트의 대가, **세바스티앙 고다르**

루브르 박물관을 방문하고 들르기 좋은 위치에 자리한다. 튈르리 정원에 도착하기 전, 잔 다르크 동상 바로 옆 고풍스러운 건물 1층에 있어 풍요로운 집안의 저택 같은 인테리어가 인상 깊다. 세바스티앙 고다르는 파티시에였던 아버지 다니엘 고다르(Daniel Gaudard) 덕에 어릴 때부터 아몬드 가루를 넣은 반죽을 가지고 놀았다고 한다. 스물두 살에는 프랑스 총리 관저인 마티뇽(Hôtel Matignon)에서 파티시에로 일했으며, 스물세 살에 포숑(Fauchon)에 입사했고, 스물여섯이던 세바스티앙 고다르는 포숑의 셰프 파티시에가 된다. 2011년 홀로 첫 매장의 문을 열며, 전통 프렌치 파티스리의 진가를 보여주고 있다.

- MAP P.325G ⓘ INFO P.341 주소 3 Rue des Pyramides, 75001 Paris
- 전화 01-71-18-24-70 시간 10:00~19:00 홈페이지 www.sebastiengaudard.com

La Pâtisserie Cyril Lignac
모던하고 세련된 클래식 디저트, **파티스리 시릴 리냐크**

미슐랭 스타 셰프로 더 유명한 시릴 리냐크이지만, 2011년 브누아 쿠브랑(Benoit Couvrand) 셰프 파티시에와 함께 파티스리를 오픈했다. 브누아 쿠브랑 역시 포숑에서 10년간 셰프 파티시에로 자리를 지켰을 만큼 실력이 뛰어나다. 두 사람이 합심해 문을 연 파티스리인 만큼 제과점 앞에는 늘 줄이 길게 늘어서 있고, 저녁이 되어가면 솔드아웃되는 경우가 많다. 유리창에 진열된 조각 케이크와 과자는 군침을 돌게 만든다. 추천 파티스리는 바닐라 향과 캐러멜, 프랄린, 스페퀼로스 비스킷을 넣은 에키녹스(équinoxe)와 땅콩의 고소한 맛과 레몬의 상큼한 맛이 함께 어우러진 레몬 타르트, 달콤한 에클레르 등이 있다.

- MAP P.415D ⓘ INFO P.421 주소 24 Rue Paul Bert, 75011 Paris
- 전화 01-55-87-21-40 시간 월요일 07:00~19:00, 화~일요일 07:00~20:00
- 홈페이지 www.gourmand-croquant.com

요즘 유행하는 파티스리
SPECIAL 1

빵과 디저트에도 유행이 있다. 파티스리의 한 종류로 워낙 유명하기도 했지만, 최근 한창 재조명 받고 있는 두 가지 디저트, 에클레르와 슈. 유명 파티시에들이 나서서 창작 작품을 만들기도 하고 생각지 못한 전혀 새로운 맛을 첨가해 똑같은 맛의 지루함을 없앴다. 우리나라에도 이미 들어와 있지만, 현지에서 맛보는 에클레르와 슈는 분명히 뭐가 달라도 다르다!

Chou à la Crème
슈 아 라 크렘

짧게 '슈'라고도 부르며 에클레르와 비슷하다고 보면 된다. 차이점이라면 동그랗게 부풀어 올라 있다는 점. 안을 휘핑 크림으로 채워 폭신폭신한 느낌의 달콤한 과자다. 과자가 너무 눅눅하지 않고 크림이 너무 물처럼 느껴지지 않도록 하기 위해 약간 차갑게 해서 먹는것이 가장 좋다.

오데트 Odette

생 미셸 먹자골목을 거닐다 보면 골목 한쪽에 자리한 무척 파리다운 분위기의 슈 전문점 오데트가 눈에 띈다. '파리에서 가장 맛있는 슈'라고 자부하는 오데트는 바삭하고 고소해 보이는 슈에 각종 컬러풀한 크림을 얹어 눈으로 보기에도 맛있는 슈를 선보인다. 끊이지 않고 몰려드는 손님을 위해 매일 슈를 구워내 신선하고 다양한 맛의 슈를 즐길 수 있다.

- MAP P.378B INFO P.384
- 주소 77 Rue Galande, 75005 Paris
- 전화 01-43-26-13-06 시간 10:00~19:45
- 홈페이지 www.odette-paris.com

Éclair
에클레르

프랑스 전통 파티스리로 손가락 2개 만한 너비에 기다란 장방형을 띠며, 보통 안에는 초콜릿 크림이나 커피 크림을 넣는다. 요즘에는 초콜릿이나 커피 크림 외에도 바닐라 향 크림, 마론(밤) 크림 등의 새로운 맛을 즐길 수 있다.

에클레르 드 제니 크리스토프 아담

Éclair de Génie Christophe Adam
파리의 특급 호텔 크리용과 포숑을 거친 크리스토프 아담이 오픈한 에클레르 전문점이다. 에클레르를 도화지 삼아 다양한 색깔을 입혀내는 것으로 유명하다. 혁신적인 디자인에 새로운 맛을 만들어내는 그의 명성에 걸맞게 이곳에는 보기에도 예쁘고 아기자기한 에클레르가 많다. 가끔 사이트에서 에클레르에 쓰고 싶은 문구를 올려주는 주문 제작 이벤트를 하기도 하니 방문 전 확인해볼 것. 갤러리 라파예트 백화점 구르메 0층에 있다.

- MAP P.325C INFO P.349
- 주소 35 Boulevard Haussmann, 75009 Paris
- 전화 01-42-82-34-56 시간 월~토요일 09:30~21:30, 일요일 11:00~20:00 홈페이지 http://leclairdegenie.com

놓칠 수 없는 프렌치 파티스리
SPECIAL 2

요즘 유행하는 파티스리 외에도 프랑스에서 전통적으로 사랑받는 몇 가지 대표적인 파티스리가 있다. 레스토랑이나 비스트로의 디저트 메뉴에 들어가기도 하고, 몇몇 제과점에서는 대표 디저트로 꼽히기도 하는 파티스리다. 아무리 한국에 다양한 프렌치 파티스리가 들어와 있다 해도 파티스리의 본고장에서 맛보는 파티스리의 맛은 오랫동안 잊지 못할 것이다.

Mille-feuille
밀푀유

'천 개의 잎'이란 뜻으로, 대개 직사각형의 모양을 하고 있으며 바삭바삭한 과자에 층층이 달콤한 크림을 넣은 것이 특징이다.

Fraisier
프레지에

프랑스의 대표적인 파티스리 중 하나다. 생딸기를 넣은 촉촉한 스펀지케이크라서 여성들에게 특히 많은 사랑을 받는다.

Macaron
마카롱

아몬드 가루와 가루 설탕, 달걀흰자 등으로 만든 고소한 프랑스 과자. 재료는 단순하지만 만들기 어려워 마카롱 맛있는 집이 진정한 제과점이라고 할 정도다.

Crème brûlée
크렘 브륄레

달걀노른자와 설탕, 크림, 바닐라, 캐러멜로 이루어진 프렌치 레스토랑 디저트의 대표. 난난해진 설탕이 캐러멜층을 만들어 톡톡 깨서 먹는 재미가 있다.

Opéra
오페라

케이크 시트인 비스퀴 조콩드와 커피, 초콜릿, 버터크림 등이 조화를 이루는 파티스리다. 초콜릿으로 쌓인 오페라의 윗면에는 오페라 가르니에의 지붕 장식처럼 금가루를 올린다.

THEME 14
카페

커피 한잔의 여유, 테라스의 기쁨

파리를 여행하다 보면 어렵지 않게 마주치는 카페는
서울 도심의 스타벅스만큼이나 거리 곳곳에 위치한다.
출근 시간, 테라스에 옹기종기 모여 에스프레소 한잔을 마시는 회사원,
한낮에 공원을 산책하러 나온 노부부가 나란히 앉아 커피 한잔과 함께
지나가는 사람들을 바라보며 담소를 나누는 모습은 우리에게는
조금 낯설지 몰라도 그들에겐 매우 일상적인 모습이다.
한 가지 주목할 점은 서로 마주 보는 테이블 의자도 있지만,
대부분 파리의 카페 테라스 의자는 길을 향해 놓여 있다는 것.
행인들을 바라보며 이야기꽃을 피우는
매우 프렌치적인 자세로 커피 한잔을 즐겨보자.

미리 알고 가는 파리 커피
MENU

파리에서 커피를 마실 때 몇 가지 꼭 알아두어야 할 점이 있다. 일단 카페에 들어서면 종업원이 나와 무엇을 먹을지 물어보고, 테라스에 앉길 원하는지, 아니면 카페 안쪽에 앉길 원하는지 묻는다. 그리고 자리를 잡고 나면 음료 메뉴판을 가져다준다. 그렇지 않은 경우도 있으니, 무엇을 마실지 아직 고르지 못했다면 "라 카르뜨 씰부 플레(La carte, s'il vous plaît., 메뉴판 좀 부탁합니다)!"라고 말하면 된다. 자, 이제 메뉴판을 보고 음료를 시키려 하는데 카페 라테 말고는 이게 다 뭔가 싶을 것이다. 그런 사람들을 위해 준비했다. 물론 카페마다 부르는 명칭과 방식이 조금씩 다를 수 있으니 참고하자.

Café / Café Noir
[카페 / 카페 누아르]
에스프레소

Café Allongé
[카페 알롱제]
아메리카노

Café Glacé / Café Frappé
[카페 글라세 / 카페 프라페]
얼음을 넣은 커피

Café Latte
[카페 라테]
우유와 우유 거품을 넣은 커피. 카페 크렘보다 우유량이 훨씬 많다.

Café Crème / Crème
[카페 크렘 / 크렘]
우유 거품을 넣은 커피. 자다는 뜻이 프티(petit)와 크다는 뜻의 그랑(grand)을 붙여 프티 크렘 혹은 그랑 크렘으로 불리기도 한다.

Noisette
[누아제트]
에스프레소에 우유를 한 방울 떨어뜨린 커피. 헤이즐넛과 같은 색깔 때문에 누아제트라고 불린다.

Café Filtre [카페 필트르] : 드립 커피
Déca / Café Décaféiné [데카 / 카페 데카페이네] : 디카페인 커피
Chocolat Chaud [쇼콜라 쇼] : 핫초코
Lait de Soja [레드 소자] : 두유
Thé [테] : 차 (Noir 누아르=블랙, Vert 베르=녹차)
Jus [쥐] : 주스(Orange 오랑주=오렌지, Pomme 폼므=사과, Pamplemousse 팡플루무스=자몽)

PART 1
파리의 커피 전문가

TIP 카페오테크 맛보기 수업
한 달에 한 번씩 맛보기 수업(cours d'initiation)을 진행한다. 영어로 진행되는 2시간 수업이며 1인당 €70 정도다. 미리 전화해서 자리가 있는지 알아보고 예약해야 한다.

카페 라테 투샷
(Latte 2 Shots)
€5.80

TIP 다양한 커피가 준비되어 있는 카페오테크
우리에게 친숙한 아메리카노, 플랫 화이트, 마키아토 등은 물론 프렌치프레스, 케멕스, 아에로프레스 등과 같은 다양한 커피 추출기와 필터 커피로 새로운 커피 맛을 느낄 수 있다.

La Caféothèque
카페오테크

- MAP P.398J　INFO P.407
- 주소 52 Rue de l'Hôtel de ville, 75004 Paris　전화 01-63-01-03-04
- 시간 월~금요일 09:00~19:00, 토·일요일 09:30~19:00
- 홈페이지 www.lacafeotheque.com

커피 로스팅부터 바리스타 양성과정까지

파리 시청과 생루이섬 인근에 자리하지만, 인적이 드문 곳에 있어 센강변을 걷다가 우연히 마주치거나 일부러 찾아가야 한다. 하지만 카페 문을 열자마자 늘어서 있는 줄이 이곳의 인기를 실감케 한다. 커피 원두를 로스팅해주기도 하고, 갈아서 바로 판매하기도 한다. 가게 이름은 프랑스어로 '카페(café)'와 도서관을 뜻하는 '비블리오테크(bibliothèque)'를 합성해 만든 단어로, 커피에 관련된 모든 것을 아우른다는 의미로 지었다. 커피에 관련된 도서와 잡지 등을 볼 수 있는 깃은 물론이고, 바리스타를 양성하는 학교가 있어 커피에 관한 수업과 바리스타 전문 과정 수업을 들을 수 있다. 매일 원산지에 따라 다른 커피를 추천하니, 오늘의 추천 커피를 마셔보는 것도 좋다.

TIP 쿠팀의 바리스타 전문 교육
15시간과 30시간 바리스타 전문 교육과정이 있으며, 주중에만 운영한다. 15시간 수업은 커피를 만들기 위한 기초부터 기계 다루는 법, 에스프레소 추출과 필터 커피 메소드 등에 대해 다룬다. 30시간 수업은 라테 아트 심화 수업은 물론, 바리스타로서 실제로 겪는 과정과 카페 운영에 대해 배울 수 있다. 홈페이지를 통해 예약할 수 있다.

아이스 라테
(Latte Glacé)
€5

카푸치노
(Cappuccino)
€4.5

Coutume Café
쿠팀 카페

- MAP P.362E INFO P.374
- 주소 47 Rue de Babylone, 75007 Paris
- 전화 09-88-40-47-99
- 시간 월~금요일 08:30~17:30,
  토·일요일 09:00~18:00
- 홈페이지 www.coutumecafe.com

생제르맹의 인텔리 파리지앵 카페

모던하면서도 꾸미지 않은 듯한 세련된 분위기가 살아 있는 매우 '파리스러운' 카페 쿠팀은 커피를 로스팅하는 곳으로 2010년 문을 열었다. 대표 앙투안 네티앙(Antoine Nétien)은 2011년 프랑스 베스트 로스터로 선정되기도 했으며, 호주에서 온 톰 클라크와 함께 일본 등 해외에 커피를 판매하고 있다. 커피콩을 생산지까지 직접 가서 찾아내고, 생산국의 지역 경제 활성화를 위한 공정 거래를 하는 것으로도 유명하다. 주문에 따라 로스팅하기 때문에 커피의 신선도가 높다. 온도 유지 기능이 뛰어나 바리스타들 사이에서 최고의 커피 머신으로 꼽히는 '시네소 싱크라'를 통해 추출한 에스프레소로 만든 다양한 커피를 제공한다.

PART 2
파리 힙스터 카페

카페 크렘
(Café Crème)
€4

Téléscope
텔레스코프

- ⊙ MAP P.325G ⓘ INFO P.341
- 주소 5 Rue Villedo, 75002 Paris
- 전화 01-42-61-33-14
- 시간 월~금요일 08:30~16:00
- 휴무 토·일요일

일부러 찾아가는 파리지앵 카페

시끌벅적한 파리의 아시안 거리, 생탄 거리(Rue Sainte-Anne)를 지나 조금은 한적한 오른쪽 거리로 들어서면 밋밋한 베이지색 외관이 소박한 작은 카페 텔레스코프와 마주친다. 여행을 사랑하는 사진가 니콜라 클레와 다비드 플린이 한창 파리에 불기 시작한 '커피숍'의 분위기를 반영해 2012년 오픈했다. 당시만 해도 잘나가는 파리의 카페는 대부분 호주나 뉴질랜드, 미국에서 건너온 젊은이들이 운영하는 곳이었다. 텔레스코프는 커피를 사랑하는 젊은 파리지앵의 새로운 시도인 힙스터 카페의 선두 주자라고 할 수 있다. 이곳은 주변 유명 레스토랑 셰프들이 모닝 커피를 마시고 갈 정도로 에스프레소 맛이 일품이다. 8월과 연말에는 문을 닫을 수 있으니 유의하자.

207

텐 벨의 트레이드마크인 복고풍 로고. 카푸치노 (Cappuccino) €4

THEME 14 | 카페

Ten Belles
텐 벨

◎ MAP P.424F ☐ INFO P.433
◎ 주소 10 Rue de la Grange aux Belles, 75010 Paris ☎ 전화 09-83-08-86-69
⏱ 시간 월~금요일 08:30~17:30, 토·일요일 09:00~18:00
🌐 홈페이지 www.tenbelles.com

생마르탱 지구의 동네 커피 바(bar)

생마르탱 운하 근처에 가게 되면 꼭 들러야 하는 곳! 잘나가는 파리지앵 힙스터들은 물론 패션 피플, 동네 주민, 운하 옆을 산책하던 사람들로 늘 북적이지만, 소박하고 분위기 좋은 카페다. 이곳의 오너 토마 르후는 텔레스코프의 다비드 플린과 함께 커피 로스팅 도매업체 '브륄르리 벨빌(Brûlerie Belleville)'도 운영하며, 파리의 커피업계에서는 빼놓을 수 없는 존재다. 카페 규모는 매우 작지만 복층으로 이루어져 위층에서 조용히 담소를 나눌 수도 있다. '커피 바'라는 별칭에 걸맞게 바 앞에서 혹은 테라스 자리에서 커피를 즐기는 사람이 많다. 마레 지구 인근에 텐 벨 브레드(Ten Belles Bread, 17-19 Rue Breguet)를 오픈해 맛있는 빵과 신선한 식사 메뉴로 인기를 얻고 있다.

카페 누아르 글라세
(Café Noir Glacé) €4.5

Loustic 루스틱

- MAP P.398B INFO P.407
- 주소 40 Rue Chapon, 75003 Paris
- 전화 09-80-31-07-06
- 시간 월~금요일 8:30~17:30,
  토~일요일 10:00~17:30
- 홈페이지 www.cafeloustic.com

커피에 대한 자존심, 카페 루스틱

파리 3구, 중국인들의 원단 공장이 가득한 골목을 걷다 보면 도착하는 곳. 수많은 파리의 카페가 그렇듯 내부는 아주 작지만, 아기자기하게 꾸몄다. 전혀 있을 법하지 않은 장소에 위치해 생각지 못한 고소한 커피 향이 먼저 발길을 붙잡는다. '에스프레소 바'임을 강조하는 이곳은 커피 원두의 퀄리티를 중요시하는 작은 로스팅 독립업체에서 원두를 공급받는다. 커피를 내려주는 바리스타는 기다리는 줄이 아무리 길더라도 묵묵히 커피를 시간과 온도에 맞춰 내린다. 여름에는 파리에서 구경하기 힘든 시원한 얼음을 넣은 아이스커피 누아르 글라세도 맛볼 수 있다.

카페 라테 (Café Latte) €4.5

Café Kitsuné 카페 키츠네

- MAP P.325G INFO P.310
- 주소 51 Galerie de Montpensier, 75001 Paris 전화 01-40-15-62-31
- 시간 09:30~19:00
- 홈페이지 http://shop.kitsune.fr

팔레 루아얄 정원에서 여유로운 한때

커피 맛으로만 따지자면 앞에 언급한 카페들보다 경쟁력이 떨어질지도 모른다. 카페 키츠네는 커피를 사랑하는 커피 팬보다는 패션 브랜드 메종 키츠네를 사랑하는 파리의 패션 피플들이 더 많이 찾는 곳이기 때문이다. 팔레 루아얄 정원에 자리한다는 이유 하나만으로도 들를 가치가 있고, 안석한 공원에서 여유로운 한 때를 보내고 싶을 때 가기 좋은 곳이다. 독특하고 눈에 띄는 로고와 함께 인증사진을 찍기에도 탁월하다.

SPECIAL
예술가와 지성인들이 사랑한 카페

프렌치들의 삶에 자연스럽게 녹아든 카페 문화. 식사를 마치고 커피를 마시는 당연한 의식은 오늘날 우리나라에도 존재하지만, 파리는 커피와 함께 사회·철학·예술 등 다양한 분야에 관련된 토론을 발전시켜 역사에 새겨진 카페와 카페 문화가 있다. 생제르맹데프레 지구의 '카페 드 플로르(Café de Flore)'와 카페 '레 두 마고(Les Deux Magots)'가 바로 그 예. 기욤 아폴리네르, 장 폴 사르트르부터 알랭 들롱, 이브 몽탕, 입 생 로랑, 지방시 등 철학·문학·예술계를 대표하는 사람들이 즐겨 찾던 카페 드 플로르와 앙드레 지드, 피카소, 헤밍웨이가 즐겨 찾던 레 두 마고를 방문해 그 시절 그들의 모습을 상상해볼 수 있다. 비록 지금은 관광객이 더 많고, 에스프레소 값이 €5에 가깝지만 지극히 파리다운, 파리에서만 느낄 수 있는 카페 문화를 체험하고 싶다면 추천하는 곳이다.

Les deux Magots 레 두 마고

- 주소 6 Place Saint-Germain des Prés, 75006 Paris
- 전화 01-45-48-55-25
- 시간 07:30~01:00
- 홈페이지 www.lesdeuxmagots.fr

Café de Flore 카페 드 플로르

- 주소 172 Boulevard Saint-Germain, 75006 Paris
- 전화 01-45-48-55-26
- 시간 07:30~01:30
- 홈페이지 http://cafedeflore.fr

216	**THEME 15** 명품 쇼핑
228	**THEME 16** 편집숍
236	**THEME 17** 시장
246	**THEME 18** 식료품
254	**THEME 19** 약국 화장품

쇼핑 천국 파리. 알뜰하고 완벽한 쇼핑을 하기 위해서는
여행을 떠나기 전 미리 쇼핑할 아이템을 정리해놓는 것이 좋다.
모든 것이 한곳에 모인 백화점을 돌 것인지, 최신 트렌드를 이끌어가는 편집숍에 갈 것인지
아니면 약국 화장품 할인점에 꼭 들릴 것인지 등 각자의 취향과 필요에 따라
각 매장의 위치와 머스트 해브 아이템 리스트를 만들어 충분한 시간을 계획해두자.
여행에서 빼놓을 수 없는 또 하나의 즐거움이 될 것이다.

Étiquette
쇼핑 할 때 지켜야 할 에티켓!

프랑스에서는 매장에 들어가고 나올 때 대부분 매장 직원과 인사를 나눈다. 매장뿐만 아니라 버스를 타더라도 마찬가지지만, 어디든 매장에 들어갈 때 직원과 눈이 마주쳤다면 "봉주르(Bonjour, 안녕하세요)"라고 인사하는 것을 잊지 말자. 그리고 SPA 브랜드 매장이 아니라면 옷을 입어보고 싶을 때는 직원을 불러 입어봐도 되는지 물어보자.

Soldes
알고 가는 프랑스 세일 기간!

프랑스에서는 크게 1년에 두 번 정기 세일을 한다. 프랑스 경제부 산하 공정거래국(DGCCRF)이 정한 날짜이며, 6월 말경에 여름 세일이 시작되고, 1월 중순경 겨울 세일이 시작된다. 6주 정도 정상가의 20~30%에서 최고 70%까지 할인해 판매하기 때문에 세일이 시작되면 프랑스 전역이 들썩인다. 세일 폭은 첫째 주보다 마지막 주에 가까워질수록 커지지만 그럴수록 원하는 상품이 없는 경우가 허다하니 주의하자!

TIP 신용카드의 해외 사용 가능 여부와 한도는 여행 가기 전 꼭 체크해야 할 사항!

Détaxe
부가세 환급 제도

여행 중 쇼핑한 상품에 대해 해당 국가에서 정해놓은 부가세를 돌려주는 제도다. 프랑스에서는 한 매장당 €175 이상 구매해야 하며 현금(10.8%) 혹은 카드(12%)로 환불받을 수 있는데 현금은 바로 돈을 받을 수 있는 장점이 있고 카드는 수수료가 적다는 장점이 있다. 하지만 카드는 환급 기간이 매우 오래 걸리며 서류를 보내거나 확인해야 하는 등 복잡한 과정을 거쳐야 한다. 리펀 방법은 ①물건 구매 후 구매처에서 택스 리펀 용지와 영수증을 받아 공항에서 확인 후 도장을 받아 우체통에 넣어 카드로 환불받는 방법과 ②택스 리펀 용지와 영수증을 받아 공항에서 확인 후 바로 현금으로 환불받는 방법, ③구매처에서 바로 리펀을 받는 방법이 있는데, 받은 서류는 공항에서 반드시 확인받아야 하며 확인 절차를 거치지 않는다면 카드를 통해 해당 요금이 빠져나간다.

TIP 환급 시 잊지 말아야 할 것!
❶ 면세를 받으려면 여권이 있어야 한다. 여권을 잊지 말자!
❷ 백화점에서 쇼핑을 했다면 백화점 택스 리펀 창구로 가서 서류를 작성해야 한다.
❸ 영수증과 환불 서류 등은 사진으로 찍어두는 것이 좋다.
❹ 리펀 용지를 공항 세관원에게 확인 받을 때 서류와 물건을 함께 보여줘야 하는 경우가 있다. 그러니 체크인을 하기 전 면세 접수처에서 택스 리펀 접수를 먼저 하는 것이 좋다.

Guide des Tailles
사이즈 표기

신발 같은 경우 사이즈가 브랜드별로 다른 경우가 있거나 이탈리아 사이즈인 경우가 많다. 반드시 착용해보고 구매하는 것이 좋으며, 프랑스 사이즈인지 이탈리아 사이즈인지 확인해보자. 브랜드에 따라 사이즈는 조금씩 다를 수 있다.

여성복

한국	44	55	66	77	88
	85	90	95	100	105
프랑스	34	36	38	40	42
미국	0	2-4	4-6	8	10

남성복

한국	XS	S-M	M-L	L	XL
	90	95	100	105	110
프랑스	44	46	48	50	52
미국	34	36	38	40	42

여성 신발

한국	230	235	240	245	250	255
프랑스	35	36	37	38	39	40
이탈리아	34	35	36	37	38	39

남성 신발

한국	255	260	265	270	275	280
프랑스	40	41	42	43	44	46
이탈리아	39	40	41	42	43	44

이것만은 꼭 사야 한다! 파리 추천 기념품

2 에펠탑 메모꽂이
작고 귀여운 에펠탑 메모꽂이. 책상 위에 두고 파리를 떠올리기 좋다! 길거리 기념품 숍에서 쉽게 구할 수 있다.

5 약국 화장품
한국에서보다 훨씬 저렴한 가격에 좋은 제품을 구매할 수 있다. €175 이상 구매하면 택스 리펀드도 가능하니 잊지 말고 꼭 들르자!

1 벤시몽 테니스
프랑스의 국민 신발이라 불리며 한국에도 많이 알려져 있는 브랜드 벤시몽은 가볍고 편안한 스니커즈 '테니스'를 선보이며 유명세를 얻었다. 영국의 가수이자 배우인 제인 버킨과 배우 샤를로트 갱스부르 등이 착용하며 '테니스'는 그야말로 벤시몽의 시그너처 아이템이 되었다. 심플한 디자인이지만 다양한 컬러를 선보이며 꾸준히 인기를 얻고 있다.

3 모네의 작품
모네가 아니어도 좋다! 평소 미술에 관심이 많다면 파리에서 흔하게 찾아볼 수 있는 기념품점이나 박물관, 미술관 등의 기념품 숍에서 구매할 수 있다.

6 마그넷
냉장고에 붙여둘 수 있어 파리 여행의 추억을 새록새록 떠올릴 수 있다.

4 와인
와인을 좋아하든 좋아하지 않든 프랑스에서 와인 한 병은 필수 쇼핑 아이템! 선물하기에도 좋다.

7 베이킹 초콜릿
베이킹을 좋아한다면 꼭 필요한 초콜릿. 베이킹 전용 초콜릿이며 카카오 순도별로 여러 종류가 있다.

11 딥티크 향초
향이 은은하고 좋은 딥티크의 향초.

9 디자인 서적
예술이 유명한 프랑스인 만큼 디자인에 관련된 책이 방대할 정도로 많다. 프나크(Fnac)나 박물관 미술관 등의 기념품 숍에서 구매할 수 있다.

12 루이 비통 재단 파우치
루이 비통 미술관 재단 기념품 숍에서 구매할 수 있는 파우치. 나름 명품 루이 비통을 들 수 있는 기회가 될 수도!

8 잡지
프랑스는 다양한 분야의 잡지가 존재하는 잡지 천국이다. 가격도 저렴한 편이므로 관심 있는 분야의 프랑스 잡지를 살펴보는 것도 좋은 경험이 될 것이다. 주로 전철역이나 기차역에 위치한 헐레(Relay)에서 구매할 수 있다.

10 마리아주 프레르 티
프랑스에 처음으로 홍차를 소개한 홍차 전문 브랜드로 한국에서도 직구를 할 만큼 널리 알려진 제품이다. 450종 이상의 차를 보유했으며 매장 혹은 슈퍼마켓에서도 구매할 수 있다.

13 누가
주로 프랑스의 기성세대가 좋아하는 간식거리로 달콤하고 고소한 맛이 일품이다.

THEME 15
명품 쇼핑

파리에서 명품 쇼핑 하기

루이 비통, 샤넬, 에르메스… 세계적인 명성을 자랑하는 이 브랜드들의 국적은 모두 프랑스다. 명품의 도시 파리에서는 프렌치 터치 특유의 명품 브랜드 제품을 한국보다 저렴한 가격에 구매할 수 있으니, 명품에 관심이 있다면 이 테마에 주목하자. 패션부터 디자인, 인테리어 제품까지 한번에 볼 수 있는 파리의 대표적인 대형 백화점과 최고급 쇼핑 거리, 알뜰한 명품 쇼핑이 가능한 파리 근교 아웃렛을 모두 소개한다.

프랑스 대표 명품 브랜드 스토리

흔히 사람들은 명품을 찾지만, 그것이 왜 명품(名品)인지, 그리고 프랑스 명품이 왜 유명한지 잘 모르는 경우가 많다. 비록 디지털 시대에 광고와 홍보로 더욱 널리 명성을 알리게 된 점도 있지만 프랑스 명품 브랜드들은 모두 그들만의 히스토리를 가지고 있다. 100년이 넘은 브랜드들과 그 장인 정신을 이어가는 사람들의 스토리를 살펴보자.

CHANEL

#샤넬 넘버 5 #트위드 재킷 #샤넬 2.55

에르메스, 루이 비통과 함께 프랑스를 대표하는 3대 명품 브랜드다. 20세기 여성 패션을 혁신했다는 평가를 받는 가브리엘 샤넬(Gabrielle Chanel)이 1910년 창립했다. 시작은 작은 모자 가게였지만, 제1차 세계대전과 함께 파리 부호들이 모인 도빌과 비아리츠에서 옷을 팔았다. 이후 전쟁이 막바지에 이르자 파리로 돌아와 캉봉 거리에 매장을 열었다. 샤넬에게 오늘의 명성을 얻게 한 샤넬 넘버 5 향수 또한 이즈음 탄생했다. 자신의 연인들에게 영감을 받은 샤넬은 남성복의 실용성을 여성복에 적용했으며 짧은 머리에 바지를 입고, 트위드, 카디건, 장갑과 함께 진주 목걸이 등을 착용해 그녀만의 룩을 만들어냈다. 1971년 그녀가 세상을 떠나고 1982년 칼 라거펠트가 샤넬 하우스에 입성해 생을 마감할 때까지 샤넬에게 영감을 받은 라거펠트 자신만의 샤넬 하우스를 완성했다는 평가를 받고 있다.

오페라, 튈르리 정원, 방돔 광장에서 찾아가기 쉬워요! 본점만의 화이트 쇼핑백을 받을 수 있어요!

캉봉점
- 주소 31 Rue Cambon, 75001 Paris
- 전화 01-44-50-66-00
- 시간 월~토요일 10:00~19:00, 일요일 11:00~19:00
- 홈페이지 www.chanel.com

LOUIS VUITTON

#모노그램 캔버스 #다미에 캔버스 #스피디 백

1854년 트렁크 제조인이자 가죽 제품을 만들던 루이 비통(Louis Vuitton)이 창립했으며, 1989년부터 베르나르 아르노 회장이 운영하는 루이 비통 모엣 헤네시(LVMH) 그룹에 속해 있다. 스위스와 국경을 접한 작은 마을에서 태어난 그는 16세가 되던 해 수도인 파리로 올라와 그 시대 유명인들의 여행 가방을 만드는 회사에 들어갔다. 그곳에서 외제니 황후를 위해 물건을 만들었고 그의 유명세 또한 높아지기 시작했다. 그는 부티크를 열어 외제니 황후뿐만 아니라 헤밍웨이, 윈저 공 부부 등 유명 인사들의 트렁크를 제작했다. 1997년 루이 비통의 아트 디렉터로 합류한 마크 제이콥스는 현대적이고 럭셔리한 루이 비통의 오늘의 모습을 만들어내는 데 크게 기여했다. 오늘날 샹젤리제 거리에서 볼 수 있는 루이 비통 매장은 1914년 오픈했다.

샹젤리제 거리나 몽테뉴가에서 찾아가기 쉬워요!

샹젤리제점
- 주소 101 Avenue des Champs-Élysées, 75008 Paris
- 전화 09-77-40-40-77
- 시간 월~토요일 10:00~19:45, 일요일 11:00~18:45
- 홈페이지 http://fr.louisvuitton.com

HERMÈS

#켈리 백 #버킨 백 #에르메스 까레 스카프

1837년 티에리 에르메스(Thierry Hermès)가 창립했다. 섬유 산업이 주를 이루던 마을에서 태어난 그는 마들렌 성당 근처에서 말을 위한 장비를 만들어 판매했다. 오늘날 에르메스 로고에서 볼 수 있는 마차와 마부가 이를 뜻한다. 1880년 포부르 생토노레 24번지에 자리 잡고 고급 승마제품을 판매했다. 1920년대 들어 남성복과 여성복, 시계, 주얼리, 스포츠 액세서리 등을 판매했으며 1929년에는 에르메스의 상징인 까레 스카프를 탄생시켰다. 2003년 장 폴 고티에가 수석 디자이너로 임명되며 클래식한 에르메스 하우스에 모던한 이미지를 더하는데 성공했다. 대표 상품으로는 1935년 출시된 켈리 백과 1984년 출시된 버킨 백이 있으며 대부분 상품이 프랑스에서 만든다. 에르메스의 지분은 창업자의 가족인 에르메스가에서 가장 많이 가지고 있어 프랑스 가족 경영의 예시가 되었다.

마들렌 성당과 콩코르드 광장에서 가까워요!

포부르 생토노레점
- 주소 24 Rue du Faubourg Saint-Honoré, 75008 Paris
- 전화 01-40-17-46-00
- 시간 월~토요일 10:30~18:30
- 휴무 일요일
- 홈페이지 www.hermes.com

Dior

#뉴룩 #NEW LOOK #레이디 디올 백

우아함의 대명사 크리스찬 디올(Christian Dior). 1905년 노르망디 지방의 그랑빌에서 태어났으며, 그가 자란 집은 현재 크리스찬 디올 박물관으로 쓰이고 있다. 유복한 집안의 아들이었지만 사정이 어려워지며 친구들에게 배운 크루키로 모자나 드레스 등을 디자인해 판매하기 시작했다. 1940년 크리스찬 디올 하우스를 설립했고 1947년 바로 첫 컬렉션을 선보이는데, 한국에서도 유명한 디자이너 피에르 가르댕도 그의 팀 소속이었다. 파격적인 첫 컬렉션은 미국 〈하퍼스 바자〉의 편집장에게 '뉴룩(New Look)'이라는 평가를 받으며 큰 반향을 불러일으켰다. 뉴룩은 가는 허리와 종아리 길이의 풍성한 치마 라인으로 여성의 우아함을 극대화한 모습이었다. 코르셋에서 여성을 해방시킨 샤넬과는 또 다른 길을 걸었던 것이다. 이외에도 H라인, A라인 등의 실루엣을 소개하며 여성의 우아함을 강조했다. 1957년 그가 생을 마감하고 이브 생 로랑, 마크 보앙, 지안프랑코 페레, 존 갈리아노, 라프 시몬 등이 하우스의 명성을 이어갔다. 현재는 마리아 그라치아 치우리가 이끌고 있다.

몽테뉴점
- 주소 30 Avenue Montaigne, 75008 Paris
- 전화 01-57-96-19-47
- 시간 월~토요일 10:00~20:00, 일요일 11:00~19:00
- 홈페이지 www.dior.com

#그 외 프랑스 대표
#명품 브랜드

#겐조 #KENZO
#고야드 #GOYARD
#까르띠에 #Cartier
#끌로에 #Chloé
#랑방 #LANVIN
#발렌시아가 #Balenciaga
#셀린느 #CELINE
#쇼메 #CHAUMET
#지방시 #GIVENCHY
#생로랑 #SAINT LAURENT

파리 대표 백화점

알고 있는가? '백화점'이라는 콘셉트가 파리에서 시작되었다는 것을.
'패션의 도시 파리'로 불리게 된 계기도 백화점의 탄생과 밀접한 관계가 있다.
1800년대에 문을 연 파리의 대표적인 백화점들이 현재까지도
그 자리를 굳건히 지키고 있으니, 굳이 쇼핑을 위해 가지 않는다고 해도
파리의 백화점들은 역사 깊은 장소인 만큼 방문할 가치가 충분하다.

파리 3대 백화점을 비교해보자!

	봉 마르셰 LE BON MARCHÉ	갤러리 라파예트 GALERIES LAFAYETTE	프랭탕 LE PRINTEMPS
인지도	파리지앵에게 최고 인기	외국인들이 사랑하는 곳	한국인들이 사랑하는 곳
혼잡도	느긋하게 쇼핑할 수 있어요.	다양한 국적의 사람들을 볼 수 있어요.	세일 때만 아니라면 편하게 쇼핑할 수 있어요.
인테리어	교차하는 에스컬레이터	아름다운 쿠폴과 아르누보 양식의 계단	가까이에서 볼 수 있는 쿠폴
테라스	NO	YES	YES
위치&접근성	생제르맹 지구 세브르 바빌로 역 (메트로 10·12호선)	오페라 근처 쇼세 당탱 라파에트 역 (메트로 7·9호선)	오페라 근처 아브르 코마르탱 역 (메트로 3·9호선)

봉 마르셰
LE BON MARCHÉ

- **MAP** P.362F
- **INFO** P.372
- **찾아가기** 메트로 10·12호선 세브르 바빌론(Sèvres–Babylone)역에서 도보 5분
- **주소** 24 Rue de Sèvres, 75007 Paris
- **전화** 01-44-39-80-00
- **시간** 월~토요일 10:00~19:45, 일요일 11:00~19:45
- **홈페이지** www.lebonmarche.com

#파리지앵처럼 쇼핑하자 세계 최초의 백화점인 봉 마르셰는 원래 1838년 문을 연, 가정용 리넨 제품이나 우산 등의 잡화를 파는 매장에 불과했다. 1852년 아스트리드 부시코가 봉 마르셰 백화점을 창립해 오늘날 백화점의 기본적인 틀을 잡았다. 당시 봉 마르셰는 처음으로 고객에게 제품 가격을 공지했으며, 일반인의 출입이 자유로웠고, 반품이 쉬워 획기적이라는 평가를 들었다. 단순히 물건을 사고 팔던 기존 상점의 틀을 뛰어넘어 본격적으로 구매 욕구를 끌어내는 곳으로 자리 잡은 것이다. 성공 가도를 달리며 1869년, 1872년, 1879년 봉 마르셰의 증축이 이어졌는데, 에펠탑을 설계한 귀스타브 에펠 또한 이 증축에 참여했다. 1852년 12명에 불과하던 직원은 1877년 1788명으로 늘어났고, 이 직원들이 곧 중산층을 이루며, 백화점을 이용하는 새로운 고객층이 되었다. 여성 고객의 마음을 사로잡아야 한다는 것을 일찍이 깨달았던 부시코는 여성을 위한 화장실을 만들고, 그녀들의 남편이 기다리는 동안 책을 읽으며 시간을 보낼 수 있는 공간도 따로 마련했다. 제품 홍보를 위한 카탈로그는 물론 봉 마르셰만의 광고도 시작했다. 오늘날 봉 마르셰는 외국인이 주로 찾는 갤러리 라파예트 백화점이나 프랭탕 백화점보다 현지 파리지앵이 가장 많이 찾는 곳이며, 질 좋은 고가의 제품이 많아 파리 부유층이 즐겨 찾는다.

TIP
그랑드 에피스리
LA GRANDE ÉPICERIE
봉 마르셰 백화점 바로 옆 식료품점 '그랑드 에피스리'에서는 고급스럽고 차별화된 식료품을 판매하며 파리지앵은 물론 관광객들도 많이 찾는다.

갤러리 라파예트
GALERIES LAFAYETTE

#파리 스타일 화려함의 진수 매장을 이용하는 고객 2명 중 1명은 외국인이라는 말이 있을 정도로 외국인 관광객들에게 유명한 갤러리 라파예트 백화점은 파리의 중심부 오페라 가르니에 근처에 위치한다. 알자스 지방에서 온 테오필 바데와 알폰스 칸이 1894년 신제품을 판매하는 매장을 열면서 갤러리 라파예트 백화점의 역사가 시작되었다. 1912년 백화점만큼이나 유명한 쿠폴(둥근 천장)이 건축되었고, 1916년 니스점이 문을 열면서 프랑스 지방은 물론 세계 곳곳에 지점을 내기 시작했다. 오늘날 2500여 개가 넘는 세계 각국의 브랜드가 갤러리 라파예트 백화점에 입점해 있으며, 해마다 3700만 명이 넘는 쇼핑객이 방문한다. 관광객이 많아 때로는 소란스럽고 정신이 없을 수도 있지만, 많은 브랜드가 입점해 있기 때문에 쇼핑을 그다지 즐기지 않는다면 한 번에 쇼핑을 끝내기에 편리하고, 쇼핑을 좋아하는 사람들에게는 여러 개의 브랜드 매장이 모여 있어 쇼핑하기에 좋다.

- **MAP** P.325C
- **INFO** P.348
- **찾아가기** 메트로 7·9호선 쇼세 당탕 라 파예트(Chaussée d'Antin La Fayette) 역에서 도보 1분
- **주소** 40 Boulevard Haussmann, 75009 Paris
- **전화** 01-42-82-34-56
- **시간** 월~토요일 10:00~20:30, 일요일 및 공휴일 11:00~20:00
- **홈페이지** www.galerieslafayette.com

TIP
2019년 3월 28일 샹젤리제 거리 60번지(60 Avenue des Champs-Élysées, 75008 Paris)에 갤러리 라파예트 샹젤리제점이 오픈했다. 백화점보다는 대형 편집숍에 더욱 가깝다.

✱ 갤러리 라파예트, 이것도 놓치지 말자!

본관 쿠폴
1912년에 만든 쿠폴의 화려한 장식에 입이 저절로 벌어진다.

쇼윈도
가끔은 전시회에 온 듯한 착각까지 들게 하는 갤러리 라파예트의 쇼윈도 장식은 꼭 봐야 하는 포인트! 특히 크리스마스 시즌의 스페셜 윈도를 놓치지 말자.

본관 옥상 테라스
백화점 본관의 7층에 위치한 옥상은 무료로 개방해 파리 풍경을 볼 수 있다.
🕐 **시간** 월~토요일 10:00~20:00 일요일 11:00~20:00 (계절이나 날씨, 상황에 따라 일찍 문을 닫을 수도 있음)

✱ 갤러리 라파예트 층별 안내

본관 COUPOLE
Etage-1 남녀 구두
Etage 0 화장품/잡화/주얼리/시계/인포메이션
Etage 1 명품관/명품 주얼리/화장품/**주르**
Etage 2 여성복/**조&더 주스**
Etage 3 여성복/**쿠팀**
Etage 4 여성복/언더웨어/수영복/가방
Etage 5 유아용품/아동복/임부복/장난감
Etage 6 책, 문구류/기념품/**라파예트 카페**
Etage 7 테라스

남성관 L'HOMME
Etage 0 시계/향수/잡화/액세서리/선글라스
Etage 1 남성 구두/데님
Etage 2 캐주얼/컨템퍼러리/언더웨어
Etage 3 남성 정장/명품관

식품관 & 가정용품관 LA MAISON & LE GOURMET
Etage-1 식품관/농수산물/축산물
Etage 0 프렌치 푸드/파티스리/초콜릿/빵
Etage 1 가전용품/와인
Etage 2 식기/테이블 장식용품/디퓨저/향초
Etage 3 침구류/커튼/욕실용품

🍴 레스토랑 · 스낵 · 카페

TIP
가끔 프랑스 관광청 홈페이지에서 갤러리 라파예트 백화점의 이벤트를 찾아볼 수 있으니 참고할 것.
🌐 **홈페이지**
kr.france.fr/ko

식품관 & 가정용품관
갤러리 라파예트 구르메 건물에는 식료품점은 물론 톱 셰프들의 파티스리 매장이 입점되어 있다.

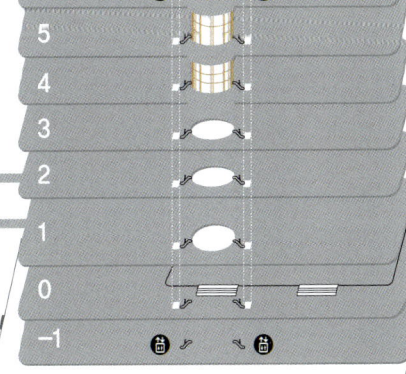

프랭탕
PRINTEMPS

- MAP P.325C
- INFO P.347
- 찾아가기 메트로 3·9호선 아브르 코마르탱(Havre Caumartin) 역에서 도보 1분
- 주소 64 Boulevard Haussmann, 75009 Paris
- 전화 01-42-82-50-00
- 시간 월~토요일 10:00~20:00, 일요일 11:00~20:00
- 홈페이지 www.printemps.com

#전통과 모던함이 공존하는 곳 2015년 창립 150주년을 맞은 프랭탕 백화점은 1865년 쥘 자뤼조가 설립했다. 품질 높은 신제품을 싼 가격에 판매한다는 슬로건을 내걸어 큰 성공을 이루었고, 1930년대에는 오스만 거리에서 3개의 건물을 차지하며 면적을 넓혔다. 1907년에 지은 오늘날의 패션(mode/femme)관에는 거대한 쿠폴이 화려하고 웅장한 자태를 뽐내는데, 아르 누보 양식의 계단과 함께 당시 파리에서 가장 우아하고 아름다운 건물이라는 칭송을 받았다. 그 계단과 쿠폴은 지금도 관람 가능하며 거대한 쿠폴의 정교한 아름다움에 눈을 떼기 힘들다. 획기적이었던 상품 판매 전략과 더불어 '세일'이라는 것을 처음으로 시작하기도 했으며, 다양한 이벤트를 준비해 고객의 마음을 끌었다고 한다. 오늘날 프랭탕 백화점은 몇 년간 계속된 레노베이션과 리모델링을 거쳐 파리 최고의 럭셔리 쇼핑 공간이 되었다.

✱ 프랭탕, 이것도 놓치지 말자!

레스토랑 BLEU COUPOLE
패션관 쿠폴 아래에는 레스토랑이 자리하는데, 실제 많은 파리지앵이 점심시간에 이용한다. 화려하고 웅장한 쿠폴 아래에서 맛보는 프렌치 점심 식사는 여행을 즐겁게 하는 또 다른 방법일 것이다.

옥상 테라스 Terrasse
프랭탕 백화점의 옥상에서 보는 파리 풍경은 그 어느 곳에서 보는 풍경보다 멋지니 절대 놓치지 말자. 옥상에는 페뤼슈(Perruche)라는 레스토랑이 자리하며 자연 친화적인 분위기에 파리의 전경을 감상하며 식사할 수 있다. 남성관(Homme) 9층에 위치한다.

✱ 프랭탕 층별 안내

패션관 MODE/FEMME
- Etage-1 액세서리/잡화/**코정**
- Etage 0 액세서리/명품 액세서리-잡화/**라뒤레**
- Etage 1 명품 주얼리관
- Etage 2 인터내셔널 디자이너 브랜드
- Etage 3 여성복
- Etage 4 여성복
- Etage 5 구두/신발
- Etage 6 언더웨어/웨딩/**블루 쿠폴**
- Etage 7 오디토리움

남성관 HOMME
- Etage-1 액세서리/**카페 베르**
- Etage 0 액세서리/잡화/시계
- Etage 1 디자이너 브랜드
- Etage 2 캐주얼
- Etage 3 컨템퍼러리 디자이너/데님
- Etage 4 캐주얼
- Etage 5 신발
- Etage 6 속옷
- Etage 7 식료품점
- Etage 8 잡화
- Etage 9 테라스/**페뤼슈**

레스토랑·스낵·카페

화장품/홈/키즈관
BEAUTÉ / MAISON / ENFANT
- Etage-1 화장품/관리 센터
- Etage 0 화장품
- Etage 1 향수
- Etage 2 홈
- Etage 3 주방용품
- Etage 4 침구류
- Etage 5 아동복

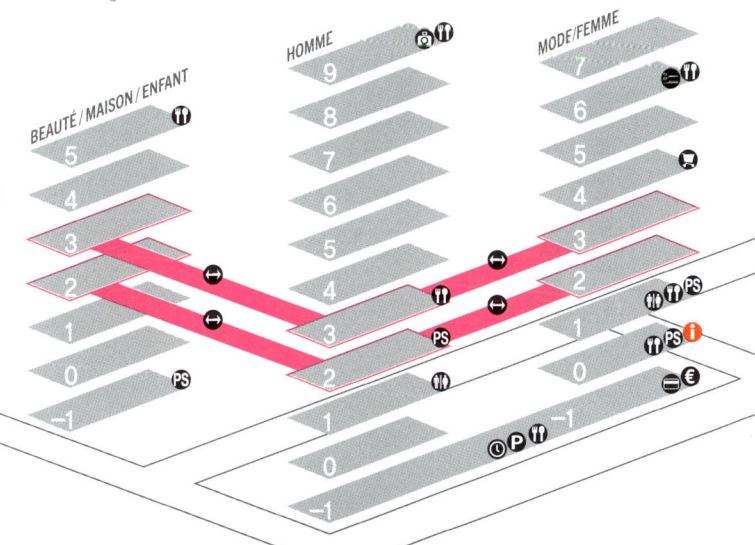

파리 쇼핑 거리

일거수일투족이 관심의 대상이 되는 할리우드 패셔니스타들의
프랑스 방문 파파라치 컷을 보면 파리에서 쇼핑 중인 모습을 찍은 사진이 유독 많다는 것을 눈치챌 것이다.
그만큼 파리의 몇몇 거리는 셀러브리티들이 파리를 찾을 때
일부러 들러 쇼핑을 하는 장소로 유명하고, 고유의 매력으로 쇼핑에 흥미가 없는 사람들까지 불러모은다.
길을 따라 늘어선 명품 숍과 쇼핑백 한가득 쇼핑을 즐기는 파리지앵을 만날 수 있는 장소.
잡지 화보의 한 컷처럼 인증사진을 남기는 것도 잊지 말자.

#여유롭고 고급스러운 #몽테뉴가　샹젤리제와 에펠탑을 이웃으로 둔 몽테뉴가는 생토노레 거리와 함께 파리 최고의 명품 쇼핑 거리로 뽑힌다. 제2차 세계대전 이후 프랑스의 대표적인 패션 디자이너 크리스찬 디올이 몽테뉴가에 자리 잡으면서 이 거리가 명성을 얻었다. 몽테뉴가는 세계 최고의 명품가로 뽑히는 뉴욕의 매디슨가나 도쿄의 긴자, 브뤼셀의 루이스 거리 등과 자매결연을 맺고 있다. 현재 샤넬, 루이 비통, 디올, 구찌, 프라다, 발렌티노 등의 명품 패션 브랜드는 물론, 명품 만년필과 라이터 브랜드 뒤퐁, 명품 시계 브랜드 해리 윈스턴 등의 매장을 찾아볼 수 있다.

TIP 레스토랑 라브뉘
L'Avenue
디올 매장 대각선 맞은편에는 라브뉘라는 고급 레스토랑이 있다. 리한나, 저스틴 비버, 킴 카다시안 등 할리우드 톱스타들이 즐겨 찾는 곳이니, 혹시 마주칠 기회가 있지 않을까?

ⓜ MAP P.324E　ⓘ INFO P.337　ⓒ 찾아가기 메트로 1·9호선 프랭클랭 루스벨트(Franklin D. Roosevelt) 역·9호선 알마 마르소(Alma-Marceau) 역 하차　ⓐ 주소 Avenue Montaigne, 75008 Paris

#꼭 한번 들러야 하는 #포부르 생토노레 거리

마들렌 교회를 중심으로 왼쪽은 포부르 생토노레 거리(Rue du Faubourg Saint-Honoré), 오른쪽은 생토노레 거리(Rue Saint-Honoré)다. 한국에서는 간단히 생토노레 거리라고 부른다. 생토노레 구역은 17세기 말부터 빠르게 개발되었는데, 아직까지 그대로 남아 있는 호화 저택들이 당시의 모습을 대변한다. 포부르 생토노레 거리에는 에르메스 같은 세계 최고의 명품 브랜드의 매장이 들어서 있을 뿐만 아니라, 세계 각국의 대사관들은 물론, 프랑스의 대통령 궁인 엘리제 궁이 위치해 번지수가 높아질수록 경비가 삼엄하다. 포부르 생토노레 거리는 미국 뉴욕의 5번가와 1964년부터 자매결연을 맺고 있다.

TIP 루아얄 거리 Rue Royale & 생토노레 거리 Rue Saint-Honoré
마들렌 교회를 둘러싼 루아얄 거리와 마들렌 교회 광장 뒤편 포부르 생토노레 거리를 잇는 생토노레 거리 모두 유명한 쇼핑 거리이니, 쭉 한번 돌다 보면 기념품, 선물까지 모두 한번에 해결할 수 있을 것이다.

ⓜ MAP P.324F　ⓘ INFO P.336　ⓒ 찾아가기 메트로 8·12·14호선 마들렌(Madeleine) 역, 1·8·12호선 콩코르드(Concorde) 역 하차　ⓐ 주소 Rue du Faubourg Saint-Honoré, 75008 Paris

TIP 포부르 생토노레 거리의 볼 만한 곳
22번지 명품 브랜드 '랑방(LANVIN)'의 설립자 잔 랑방이 19세기 말 이곳에 처음으로 매장을 열었다.
24번지 1879년부터 에르메스의 본사와 매장이 위치한다.
25번지 모나코의 왕자 알베르 1세가 머물던 곳이었다.
35번지 18세기 초에 건축된 저택으로 오늘 날 영국 대사관으로 사용되고 있다.
41번지 19세기 중반에 건축된 이 저택은 미국 대사가 머물고 있다.
55번지 프랑스 대통령 관저, 엘리제 궁이다. 1720년에 지었으며 황제 나폴레옹이 퇴위 문서에 서명한 장소이기도 하다.
96번지 1768년 건축된 저택으로, 1860년부터는 프랑스 내무부가 자리한다.

파리 근교 아웃렛

쇼핑을 사랑하는 이들을 위한 공간, 아웃렛. 한국에서는 상상도 못할 가격에 명품 지갑 득템이 가능하다. 브랜드별, 시즌별 다양한 제품들이 준비되어 있고 가격까지 저렴하니 파리 시내에서 조금 멀리 떨어져 있다 해도 합리적인 명품 쇼핑을 위해서라면 꼭 들러야 할 곳!

라 발레 빌라주
LA VALLÉE VILLAGE

#명품 브랜드 득템 찬스 미리 말하자면, 파리치고 좀 멀다. 파리의 중심 샤틀레 레 알 역에서 RER을 타고 40분간 열심히 달리고도 걸어서 10분을 더 가야 한다. 가는 길이 긴 만큼 보람도 있는 법. 라 발레 빌라주에 도착하면 120개가 넘는 명품과 준명품 브랜드 숍이 줄지어 있다. 마치 프랑스의 작은 시골 마을에 온 것처럼 예쁘고 아기자기하게 잘 정리된 아웃렛은 세계 각국의 여행객들이 찾는 쇼핑 포인트다. 한국에서도 유명한 브랜드 숍이 많기 때문에 할인과 면세를 이용해 구매한다면 저렴한 가격에 알뜰하게 쇼핑할 수 있다. 패션 브랜드는 물론 라이프스타일 브랜드 숍까지 한 번에 많은 제품을 둘러볼 수 있다.

- **MAP** P.498F
- **INFO** P.499
- **주소** 3 Cours de la Garonne, 77700 Serris
- **전화** 01-60-42-35-00
- **시간** 10:00~20:00
- **홈페이지** www.thebicestercollection.com

* 라 발레 빌라주, 이것도 놓치지 말자!

할인 쿠폰
추석이나 명절과 같은 특별한 시즌에는 방문하기 전 포털사이트에서 '라발레 빌라주' 혹은 '라발레 빌리지'만 검색해보면 여행사나 카페 등을 통해 쉽게 할인 쿠폰을 구할 수 있다. 확인하고 해당 전단을 프린트해 가면 된다. 다만 프린트물을 교환하는 곳이 메인 입구 반대쪽에 위치하니 일단 천천히 구경하며 물건을 골라 두고 프린트물을 쿠폰으로 교환해서 돌아오는 길에 구매하는 것도 방법이다.

에어프랑스 멤버십 혜택
에어프랑스 플라잉 블루 회원에게는 또 다른 혜택을 제공하니 미리 홈페이지를 통해 확인해보자.

* 라 발레 빌라주 가는 방법

RER에서 내려 가는 법 RER A선 발 듀로프(Val d'Europe) 역 1번 출구를 이용해 역을 나온다. 1번 출구가 보이지 않는다면 '상트르 코메르시알(Centre Commercial)'이라고 쓰인 표지판을 찾으면 된다. 역에서 내리면 아웃렛이 바로 눈앞에 있을 것 같지만, 빠른 걸음으로 10분은 걸어야 한다. 역에서 내려 오른쪽으로 꺾어 길을 건너 맞은편 초록색 쇼핑몰 입구를 통해 들어가 쇼핑몰 끝까지 이동한 후 반대편으로 나오면 라 발레 빌라주 입구가 보인다. 쿠폰을 교환하거나 카드 혜택을 받을 수 있는 인포메이션은 빌라주 메인 입구 반대쪽에 위치한다. 간혹 너무 일찍 도착해 쇼핑몰이 오픈하기 전이라면 오른쪽으로 돌아 주차장을 통해 라 발레 빌라주에 갈 수 있다.

셔틀 이용하는 방법 오전 9시, 오후 1시 30분에 출발하며, 온라인으로 출발 전날 17시까지는 반드시 예약해야 한다. 반나절 이용권은 오후 2시 30분에 아웃렛에서 출발하며, 종일 이용권은 오후 6시 45분에 출발한다.

- **주소** Hotel Pullman Paris Bercy, 1 Rue de Libourne 75012 Paris
- **요금** 반나절권 €30, 종일권 €25
- **홈페이지** www.lavalleevillage.com/en/getting-here/#shopping-express

* 입점 브랜드 리스트

Armani 아르마니
Ami 아미
Bonpoint 봉쁘앙
Burberry 버버리
Calvin Klein Jeans 캘빈 클라인 진
Calvin Klein Underwear 캘빈 클라인 언더웨어
Coach 코치
Céline 셀린느
Chloé 클로에
Claudie Pierlot 끌로디 피에로
Diesel 디젤
Dolce & Gabbana 돌체 앤 가바나
Dsquared2 디스퀘어드2
Eric Bompard 에릭 봉파르
Fred Perry 프레드 페리
Furla 훌라
Givenchy 지방시
Gucci 구치
Guess 게스
Isabel Marant 이자벨 마랑
Jimmy Choo 지미 추
Kenzo 겐조
Lacoste 라코스테
Lancel 랑셀
Loewe 로에베
Longchamp 롱샴
Maje 마쥬
Marc Jacobs 마크 제이콥스
Marni 마르니
Max Mara 막스 마라
Moncler 몽클레어
Montblanc 몽블랑
Paul Smith 폴 스미스
Pierre Hermé Paris 피에르 에르메
Polo Ralph Lauren 폴로 랄프로렌
Prada 프라다
RedValentino 레드 발렌티노
Repetto 레페토
Saint Laurent 생로랑
Sandro 산드로
Timberland 팀버랜드
Tod's 토즈
Tommy Hilfiger 토미 힐피거
UGG 어그
Valentino 발렌티노
Vans 반스
Versace 베르사체
Zadig & Voltaire 쟈딕 앤 볼테르

THEME 16
편집숍

이제는
파리 쇼핑의
필수 코스

SELECT SHOP
IN
PARIS

패션과 라이프스타일에 대한 관심이
높아지고, 단순 구매를 넘어 '구매의 즐거움'과
미적 가치를 추구하는 사람들이 많아진 요즘,
파리의 최고 편집숍은 저마다의
개성 있는 모토와 콘셉트로 파리지앵에게는
물론, 파리를 여행하는 외국인 관광객에게도
어필하고 있다. 이제 몇몇 편집숍은 파리를
여행하면 꼭 들러야 하는 코스가 되었다.

마레 여행 시작점
메르시
MERCI

2009년 마레 지구의 그야말로 '변두리'에 오픈한 메르시 편집숍은 오늘날 그 '변두리'를 마레 지구를 찾는 사람들로 하여금 '마레 여행 시작점'으로 만들게 할 만큼 이 지역의 랜드마크가 되었다. 프랑스 최고급 아동복 브랜드 봉쁘앙(Bon Point) 창립자, 베르나르 코엔과 그의 아내 마리 프랑스 코엔이 2009년 설립했으며, 오픈 당시 수익의 일부를 마다가스카르의 지속 가능한 발전을 위한 기부에 쓰인다는 사실이 알려지며 많은 호응을 얻었다. 코엔 부부는 패션과 디자인, 가구와 실내장식숍, 레스토랑 등이 한곳에 모여 있는 장소가 파리에 없다는 점을 안타까워하며 메르시 매장을 구상했다고 한다. 그들의 생각과 같이 메르시 부티크 지하 1층에서는 작은 테라스가 보이는 레스토랑과 식기, 원예 등에 관련된 제품을 판매하며, 0층에는 남성복, 여성복, 주얼리, 액세서리, 잡화 숍 등과 함께 아늑한 카페가 자리한다. 1층에서는 주로 침구, 작은 가전제품이나 가구, 인테리어 장식품을 판매해 다양한 쇼핑을 즐길 수 있다. 또 메르시에서는 매번 특별한 콘셉트와 주제를 정해, 그에 맞는 작은 전시회와 함께 관련 있는 물건을 판매한다. 오픈할 당시 새롭다는 평을 받았지만, '오래 버틸 수 있을까?'라는 의문을 자아냈던 메르시는 현재 연 100만 명이 넘는 방문객을 맞이하며 파리 최고의 라이프스타일 편집숍으로 자리 잡았다.

TIP 보 마르셰 거리도 놓치지 말자!
Boulevard Beaumarchais
2009년 메르시가 문을 열 때만 해도 마레 지구 외곽에 있던 보마르셰 거리(Boulevard Beaumarchais)는 오토바이 상점과 카메라 전문 상점이 즐비하고 몇몇 작고 예쁜 상점이 있기는 했지만, 오늘날과 같이 번화한 모습이 아니었다. 메르시가 문을 열면서 주변으로 아페쎄(A.P.C), 메종 키츠네(Maison Kitsuné) 등과 같은 패션 브랜드들의 매장이 들어섰고, 그라치에(Grazie)나 메종 플리송(Maison Plisson) 같은 맛집이 문을 열면서 마레 지구의 핫 플레이스가 되었다.

MAP P.399H INFO P.411 찾아가기 메트로 8호선 생세바스티앙 푸아사르(Saint-Sébastien-Froissart) 역에서 도보 2분 주소 1111 Boulevard Beaumarchais, 75003 Paris 전화 01-42-77-00-33 시간 월~목요일 10:30~19:30, 금·토요일 10:30~20:00, 일요일 11:00~19:30 홈페이지 www.merci-merci.com/fr

메르시 노트
€8~
다양한 사이즈와 컬러가 준비되어 있다. 파리에서 가장 잘나가는디자인은 크래프트 용지 노트와 플로럴 프린트 노트.

MERCI
MUST HAVE
ITEMS

메르시 페이퍼 백
€6~9
인테리어 소품으로 활용하기에 좋은 페이퍼 백. 100% 재활용 종이로 만들었다.

메르시 팔찌
€5~12
천이나 끈으로 이루어진 팔찌에 골드 혹은 실버 메달이 심플하지만 포인트 주기에 좋다.

메르시 에코 백
€19~
가격이 조금 비싼 감이 없지 않아 있지만, 오가닉 코튼 100%로 부드러움과 가벼움을 동시에 느낄 수 있다.

더 브로큰 암
THE BROKEN ARM
모던한 젊은이들의 모임

여러 가지 이벤트로 늘 북적이는 마레 지구의 카로 뒤 탕플(Carreau du Temple)에서 멀지 않은 곳에 위치한 더 브로큰 암은 지리적으로 그나마 '조용한' 마레 지구의 한편에 자리 잡고 있다. 주변의 다른 매장으로 가려면 수십 걸음은 걸어야 하니, 마레 지구치고 그나마 한적한 편에 속한다. 이런 곳으로 누가 찾아올까 싶지만, 더 브로큰 암은 파리 젊은이들의 아지트 역할을 한다. 이곳을 설립한 이들 또한 '모던한 젊은이들'이라는 슬로건을 내걸었다. 지방에서 올라온 3명의 젊은이가 각자 추구하는 아트와 패션을 결합한다는 취지로 2013년 마레 지구에 더 브로큰 암을 오픈했다. 0층에는 카페와 남성복, 여성복, 액세서리, 잡화 코너가 있고, 지하 1층에는 디자인 아트 북이나 작은 오브제 등을 판매하는 공간 외에 음악을 듣고 CD를 고를 수 있는 공간도 마련되어 있다. 자크뮈스, 르메르 등과 같이 요즘 프랑스에서 가장 핫한 디자이너 브랜드에서 까다롭게 선별한 의상과 액세서리 등을 선보인다. 1층 카페는 기성복 매장과 분리되어 있지만, 작은 문을 통해 건너갈 수 있으며, 아늑한 공간에서 쇼핑한 후 커피 한잔을 즐길 수 있다.

- **MAP** P.399C **INFO** P.411 **찾아가기** 메트로 3호선 탕플(Temple) 역에서 도보 4분
- **주소** 12 Rue Perrée, 75003 Paris **전화** 01-44-61-53-60 **시간** 숍 화~토요일 11:00~19:00 **휴무** 일 · 월요일
- **홈페이지** http://the-broken-arm.com

모두를 위한 패밀리 콘셉트 스토어
스몰라블
SMALLABLE

온라인 쇼핑몰 형태로 시작한 스몰라블은 지금은 파리 최고의 유아용품 판매처를 넘어 최근 모두를 위한 "패밀리 콘셉트 스토어"로 컨셉을 변경했다. 온라인 쇼핑몰 스몰라블닷컴이 '멋 좀 부린다'는 엄마들 사이에서 선풍적인 인기를 끌면서, 2015년 생제르맹 지구에 스몰라블 이미지와 꼭 들어맞는 오프라인 숍을 오픈했다. 450여 개가 넘는 브랜드의 2만 개가 넘는 제품을 소개하는 스몰라블의 매장은 유아용품은 물론 여성복, 홈웨어, 화장품, 가구 및 인테리어 제품까지 판매하고 있다. 선택의 폭이 넓고 가격대도 다양해 파리지앵들에게 인기가 많다. 북유럽은 물론 북미 지역에서도 잘나가는 제품을 바잉해 판매하기 때문에 트렌디한 제품을 찾을 수 있다. 때때로 명품 브랜드들과 컬래버레이션해 스페셜 에디션을 선보이기도 하니, 운이 따른다면 어디에서도 찾을 수 없는 리미티드 에디션 제품을 구입할 수 있을 것이다.

- MAP P.362J INFO P.374 찾아가기 메트로 4호선 생플라시드(Saint-Placide) 역에서 도보 5분
- 주소 81 Rue du Cherche-Midi, 75006 Paris(여성복 82번지) 전화 09-67-87-29-43 시간 월~토요일 11:00~19:00
- 휴무 일요일 홈페이지 www.smallable.com

더 콘란 숍
THE CONRAN SHOP
모던한 영국 라이프 스타일 편집숍

봉 마르셰 백화점 바로 옆에 위치한 더 콘란 숍은 1992년 봉 마르셰 백화점의 창고 역할을 하던 공간에 오픈했다. 19세기 건물로 에펠탑을 설계한 귀스타브 에펠이 철골 구조를 디자인한 것으로도 유명하다. 더 콘란 숍에서는 가구, 램프, 실내장식, 액세서리 등 인테리어를 위한 모든 것을 찾아볼 수 있다. 3층으로 나눠진 1800m^2의 면적에 용도별로 나누어진 실내는 침실, 거실, 욕실, 주방, 정원 등의 테마로 구성되어 있다. 계단을 내려가면 작은 서점이 있는데, 이곳에서는 예술이나 건축, 디자인에 관련된 다양한 책을 판매한다. 어린이를 위한 공간도 마련되어 특별한 선물을 찾는다면 탁월한 선택을 할 수 있다. 영국 디자인의 거장 테런스 콘란(Terence Conran)이 창립했으며, 파리와 런던, 도쿄에 매장을 운영한다.

- **MAP** P.362F **INFO** P.373 **찾아가기** 메트로 10·12호선 세브르 바빌론(Sèvres-Babylone) 역에서 도보 3분
- **주소** 117 Rue du Bac, 75007 Paris **전화** 01-42-84-10-01 **시간** 월~금요일 10:00~19:30, 토요일 10:00~20:00, 일요일 11:00~19:00
- **홈페이지** www.conranshop.fr

생마르탱에서 느끼는 북유럽 감각
칸 디자인
KANN DESIGN

생마르탱 지구 골목 안 파란색 외관이 궁금증을 자아내는 칸 디자인의 쇼룸. 감각적인 스칸디나비아 디자인과 1950년대로부터 영감을 받아 2010년 첫 번째 컬렉션을 선보였다. 고급 가구 세공인 아버지 밑에서 장인들의 훌륭한 작업을 보며 자란 우쌈(Houssam Kanaan)이 아버지의 사업을 물려받으며 조금 더 모던한 라인으로 발전시켰다. 심플하면서도 조화롭고 컬러로 포인트가 되는 가구들을 소개하는 칸 디자인은 전생 후 사랑받던 스타일과 가구들의 형태를 오늘날의 취향으로 완벽하게 변화시켰다. 쇼룸이 위치한 비네그리에 거리 28번지에 '레지당스 칸 커피숍(RESIDENCE KANN COFFEE SHOP)'을 오픈해 쿠팀 카페에서 공수해온 커피와 함께 칸 디자인의 제품을 감상할 수 있다.

칸 디자인 쇼룸 ⓘ MAP P.424F ⓘ INFO P.434 ⓘ 찾아가기 메트로 5호선 자크 봉세르장(Jacques Bonsergent) 역에서 도보 5분 ⓘ 주소 51 Rue des Vinaigriers, 75010 Paris ⓘ 전화 09-62-54-42-03 ⓘ 시간 월~목요일 09:30~13:00, 14:00~19:00 / 금요일 09:30~13:00, 14:00~18:00 / 토요일 예약제 ⓘ 휴무 토 · 일요일 ⓘ 홈페이지 www.kanndesign.com
레지당스 칸 커피 숍 ⓘ 주소 28 Rue des Vinaigriers, 75010 Paris ⓘ 시간 월~금요일 08:30~17:30, 토 · 일요일 10:00~18:30

THEME 17
시장

TIP 대부분 시장이 오후 12시 30분에서 2시 30분 사이에 문을 닫으니, 이 시간을 잘 이용한다면 저렴한 가격에 물건을 살 수 있다. 하지만 정작 사려고 했던 물건을 못 살 수도 있고, 시간에 쫓겨 바쁘게 움직여야 할 수도 있으니 유의하자.

주말엔 시장으로!
Marché

Marché d'Aligre Beauvau
Marché Monge & Marché Mouffetard
Marché des Enfants Rouges
Marché Bastille
Puces de Saint-Ouen
Puces d'Aligre, Puces de Vanves, Puces de Montreuil
Marché aux Fleurs

프랑스에서는 상설 시장보다는 주기적으로 열리는 정기 시장을 더 쉽게 찾아볼 수 있다. 그래서일까, 프랑스인들에게 일요일 아침 시장 보기는 거의 필수 코스라 할 수 있다. 상인과 구매자가 흥정하는 소리가 정겹게 들려오는 시장을 돌며 좋은 물건을 고르려는 부지런한 파리 사람들의 모습을 볼 수 있다. 서민적인 재래시장부터 볼거리가 다양한 벼룩시장, 파리 특유의 분위기가 흐르는 꽃 시장까지, 다양한 시장을 통해 파리지앵들의 일상을 체험해보자.

> **TIP**
> 파리에서는 구역별로 곧잘 벼룩시장이 선다. 일정 체크는 아래 사이트에서 가능하고, 프랑스어로 되어 있지만, 날짜와 이름이 바로 표시되니 쉽게 알아볼 수 있다.
> ⓘ http://vide-greniers.org/ile-de-France

{ 재래시장 }

서민적이고 대중적인 시장
알리그르 시장

Marché d'Aligre - Marché Beauvau

TIP
길거리에 늘어선 상점도 있지만, 알리그르 광장 주변으로 가면 '지붕이 막힌 작은 시장 건물'을 볼 수 있다. 그 안에서도 시장이 열리며 맛 좋은 치즈와 과일을 싼 가격에 구매할 수 있다.

18세기 말에 문을 열어 파리 시내 현존하는 시장 중 가장 오래된 시장인 알리그르 시장에서는 여전히 서민들이 흥정하는 모습과 정겨운 분위기를 찾아볼 수 있다. 지금은 비록 장소를 옮겼지만, 파리에서 가장 큰 시장이던 레알 시장 다음으로 규모가 커 파리의 '두 번째 복부'라고 불렸다. 또 리옹 기차역과 오스테를리츠 기차역에서 가까워 19세기 이민의 중심지이기도 했다. 당시 전쟁이나 경제·정치 난민이 많이 이주했고, 유고슬라비아, 스페인, 포르투갈, 이탈리아, 북아프리카 등의 지역에서 온 이민자들이 알리그르 시장 주변에 자리 잡았다. 채소, 과일, 육류와 같은 식품뿐만 아니라 알리그르 광장 주변에 작은 벼룩시장이 서며, 상인들이 자리를 잡기 시작하면 통기타를 치며 노래를 부르는 뮤지션의 노래도 들을 수 있다. 분위기도 좋고 저렴한 가격에 좋은 물건을 구매할 수 있으니, 꼭 한 번쯤 들러보길 추천한다.

◎ MAP P.415G ◎ INFO P.419
◎ 찾아가기 메트로 8호선 레드뤼 롤랭(Ledru-Rollin) 역에서 도보 4분 ◎ 주소 Place d'Aligre, 75012 Paris ◎ 시간 화~금요일 07:30~13:30 토·일요일 07:30~14:30 / 지붕이 닫힌 시장(알리그르 광장 옆에 위치) 화~금요일 09:00~13:00 · 16:00~19:30, 토요일 09:00~13:30 · 15:30~19:30, 일요일 09:00~13:30 ◎ 휴무 월요일

{ 재래시장 }

프랑스 특유의 감성 듬뿍
몽주 & 무프타르 시장

Marché Monge & Marché Mouffetard

몽주 광장에서 열리는 몽주 시장은 정기 시장으로 수·금·일요일 오전에만 열리고, 무프타르 거리 아래쪽 시장은 월요일을 제외한 매일 오전에 열린다. 무프타르 거리 맨 아래 지섬에서 시작해 얕은 언덕을 타고 시장이 이어지는데, 길 아래쪽에는 채소, 과일 등을 판매하는 식품점이 수로 위치히고, 콩트르스카르프 광장(Place de la Contrescarpe) 쪽으로 올라갈수록 레스토랑과 카페가 많아진다. 레스토랑을 지나면 펍과 바(bar)가 많아 라탱 지구 주변 학생들이 이용한다. 무프타르 길은 프랑스 특유의 감성을 간직하고 있어 오래전부터 시인이나 학자들의 사랑을 받은 것으로 유명하며, 소르본 대학교나 파리 의과 대학 등이 멀지 않아 젊은이들이 많고 분위기가 매우 활기차다. 시인 폴 베를렌, 소설가 프로스페르 메리메, 어니스트 헤밍웨이 등이 무프타르 지구에 머무른 것으로 알려진다.

● MAP P.378J · 379K　● INFO P.385
● 찾아가기 몽주 시장 메트로 7호선 플라스 몽주(Place Monge) 역에서 도보 1분 / 무프타르 시장 메트로 7호선 상시에 도방통(Censier-Daubenton) 역 에서 도보 2분
● 주소 Place Monge, 75005 Paris
● 시간 몽주 시장 수·금·일 07:00~14:30 / 무프타르 시장 화~일요일 08:00~13:00　● 휴무 몽주 시장 월·화·목·토요일 / 무프타르 시장 월요일

{ 재래시장 }

마레와 어울리는
마르셰 데 장팡 루주

Marché des Enfants Rouges

시장의 이름인 '앙팡 루주'라는 프랑스어는 16세기 무렵 현재 시장 자리에 있던 고아원 이름에서 유래된 것으로 전해진다. 이 고아원의 아이들이 천주교에서 '자비와 동정, 자선'의 의미를 나타내는 빨간색 옷을 입고 있었기 때문에 '빨간 옷 입은 아이들의 고아원'이라는 이름으로 불렸다. 루이 13세 때 조성한 기본틀은 유지한 채 2000년대 들어 재건축해 오늘날 마레 지구의 필수 관광 코스로 꼽힌다. 채소나 과일, 치즈 및 육류를 파는 코너는 물론, 모로코, 이탈리아, 레바논, 아프리카 등 여러 나라의 전통 음식도 저렴한 가격에 맛볼 수 있다. 날씨가 좋은 날에는 테라스에 사람이 많아 오래 기다려야 하는 경우도 있지만, 시끌벅적한 시장 안에서 신선하고 맛있는 재료로 요리한 음식을 맛볼 수 있다는 생각에 기다리는 시간이 지루하지 않다.

◉ MAP P.399C   ⓘ INFO P.406
◉ 찾아가기 메트로 8호선 피 뒤 칼베르(Filles du Calvaire) 역에서 도보 6분   ◉ 주소 39 Rue de Bretagne, 75003 Paris
◉ 시간 화~토요일 08:30~20:30, 일요일 08:30~17:00   ◉ 휴무 월요일

TIP
시장 건물은 오후까지 열리지만 시장 분위기를 느끼기 위해서는 오전 11시부터 오후 1시 사이에 방문하는 것이 가장 좋다.

{ 재래시장 }

평범하면서도 뭔가 특별한
바스티유 시장

Marché Bastille

바스티유 광장 바로 옆에서 시작해 리샤르 르누아르 거리(Boulevard Richard Lenoir)를 따라 길게 늘어선 시장이다. 파리에서 가장 큰 시장 중 하나로 꼽히는 바스티유 시장은 신선한 생선부터 양념육, 치즈와 소시지를 판매하는 가판대, 꽃집, 옷집까지 다양한 상점이 줄지어 있다. 바스티유 시장은 목요일과 일요일 아침에 열리며 3·4·11구 주민이 주로 애용한다. 규모가 크고 물건이 다양한 만큼 가격 또한 상점마다 다른 경우가 많다. 흥정도 가능하니 좋은 물건을 잘 골라서 흥정에 나서보자. 바스티유 광장 근처에 위치한 만큼 교통이 편리하고, 시장을 본 후에는 멀지 않은 곳에 위치한 마레 지구를 돌아볼 수도 있다. 또 바스티유 광장 근처 젊은이들의 먹자골목(Rue de la Roquette-Rue de Lappe)으로 이동 가능한 위치적 장점이 있다.

MAP P.414B **INFO** P.420
찾아가기 메트로 1·5·8호선 바스티유(Bastille) 역에서 도보 2분
주소 Boulevard Richard Lenoir, 75011 Paris **시간** 목요일 07:00~14:30, 일요일 07:00~15:00
휴무 월·수·금·토요일

{ 벼룩시장 }

파리의 만물상
생투앙 벼룩시장

Puces de Saint-Ouen

오랜 역사를 자랑하는 생투앙 벼룩시장은 가구, 예술품, 골동품 등의 제품이 구획별로 자리 잡아 벼룩시장의 진리를 느끼게 해주는 곳이다. 다양한 물건과 다양한 가격대에 파리지앵들도 이사할 때면 꼭 한 번씩 들러 물건을 체크한다. 오래전부터 유랑민들의 시장 역할을 했다고 전해지며, 공식적으로는 1885년 오늘날의 생투앙 벼룩시장이 조성되었다고 한다. 생투앙 벼룩시장은 비롱, 랑트르포, 베르네종, 말리크, 도핀, 폴베르, 세르페트 시장 등으로 나뉘는데, 구역마다 스타일이 다르고 벼룩시장 자체의 규모가 매우 크기 때문에 가기 전에 꼭 보고 싶은 곳의 위치를 미리 체크해놓는 것도 시간을 아끼는 방법이다. 현재 세계에서 가장 큰 골동품상과 고물상의 시장이라고 알려져 있으며, 매년 500만 명의 방문객이 생투앙 벼룩시장을 방문한다.

MAP P.353D INFO P.358

찾아가기 메트로 13호선 가리발디(Garibaldi) 역에서 도보 10분, 또는 메트로 4호선 포르트 드 클리냥쿠르(Porte de Clignancourt) 역에서 도보 8분

주소 Rue des Rosiers, 93400 Saint-Ouen 시간 토~월요일 10:00~13:00, 14:00~17:30(많은 상점이 월요일에 문을 닫는다)

휴무 화~금요일

홈페이지 www.marcheauxpuces-saintouen.com

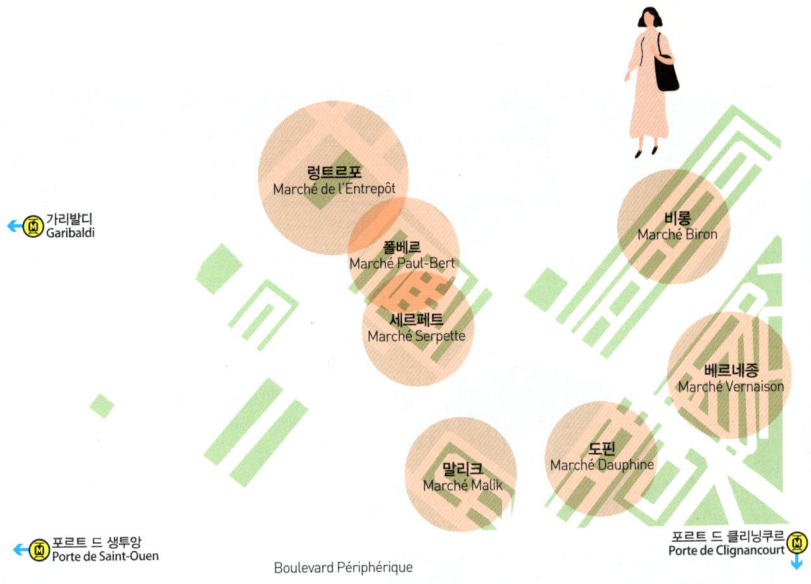

비롱 시장 Marché Biron
18·19·20세기의 고급 가구나 카펫, 거울, 장식장 등을 판매한다.
- 주소 85 Rue des Rosiers, 93400 Saint-Ouen

렁트르포 시장 Marché de l'Entrepôt
상대적으로 커다란 예술 작품과 가구, 실외장식품 등을 판매한다.
- 주소 80 Rue des Rosiers, 93400 Saint-Ouen

베르네종 시장 Marché Vernaison
우리가 상상하는 가장 벼룩시장다운 곳이다. 작은 단추부터 물감, 옛날 시진까지 찾아볼 수 있다. - 주소 99 Rue des Roisers, 93400 Saint-Ouen

말리크 시장 Marché Malik
메트로 4호선 포르트 드 클리냥쿠르 역에서 벼룩시장 쪽으로 가는 길에 위치한 시장이다. 빈티지 의류나 스트리트 웨어를 판매하는 곳으로, 중·고등학생이 많이 찾는다. - 주소 7 Rue Jules Vallè, 93400 Saint-Ouen

도핀 시장 Marché Dauphine
생투앙 벼룩시장 구역 내 시장 중 가장 최근에 문을 연 곳으로, 1층에서는 고미술품과 고가구를, 2층에서는 빈티지 의류를 판매한다.
- 주소 140 Rue des Rosiers, 93400 Saint-Ouen

폴베르 시장 Marché Paul-Bert
제2차 세계대전 후 조성된 시장으로, 벼룩시장 분위기를 느끼기 단연 최고다. 실내장식품이나 예술 작품 등 다양한 품목을 취급한다. 2010년 우디 앨런 감독의 영화 <미드나잇 인 파리>의 배경이 되기도 했다.
- 주소 96 Rue des Rosiers, 93400 Saint-Ouen

세르페트 시장 Marché Serpette
19~20세기 가구를 판매하며 벼룩시장임에도 고급스러운 느낌이다. 폴베르 시장과 함께 관광객이 가장 많이 찾는 곳이기도 하다.
- 주소 110 Rue des Rosiers, 93400 Saint-Ouen

TIP 이것도 놓치지 말자!

월요일 시장의 또 다른 매력, 그래피티
생투앙 벼룩시장은 공식적으로 토~월요일에 오픈하지만, 실상 많은 상점이 주말에만 오픈하고 월요일에는 문을 닫는다. 하지만 월요일에는 문을 닫은 상점들 셔터에 새겨진 형형색색의 그래피티를 볼 수 있다는 장점도 있다.

{ 벼룩시장 }

빈티지 전문
알리그르 벼룩시장

Puces d'Aligre

매주 일요일 알리그르 광장에서는 40여 명의 벼룩시장 상인이 모여 다양한 빈티지 물건을 판매한다. 그릇, 액자, 책 등의 가벼운 물건부터 작은 가구까지 재래시장을 보고 난 후 잠시 눈요기로 구경할 만하다. 시장의 규모가 큰 것은 아니지만, 빈티지 폴라로이드나 전화기 등을 €10도 되지 않는 가격에 득템할 수 있다. 손재주가 있어 옛날 물건을 리폼할 능력이 있다면 살 만한 물건이 더 많다. 가격 흥정 또한 가능하니, 제값을 주고 사면 손해다.

ⓜ MAP P.415G ⓖ 찾아가기 메트로 8호선 레드뤼롤랭(Ledru-Rollin) 역에서 도보 5분 ⓐ 주소 Place d'Aligre, 75012 Paris ⓣ 시간 08:00~13:00 ⓒ 휴무 월요일

없는 것 없이 다 있다
방브 벼룩시장

Puces de Vanves

매주 주말이면 400여 명에 가까운 벼룩시장 상인들이 방브 시장으로 모여든다. 18세기, 19세기의 가구나 장식품은 물론 1950년대와 1970년대의 가구, 빈티지 주얼리, 카메라, 라디오, 고서적, 화폐 등 흥미롭고 신기한 물품으로 가득해 한번 들어가면 시간 가는 줄 모른다. 제대로 물건을 고르기 위해서는 오전에 방문하는 것이 좋다.

ⓜ MAP P.362J ⓘ INFO P.370 ⓖ 찾아가기 메트로 13호선 포르트 드 방브(Porte de Vanves) 역에서 도보 7분 ⓐ 주소 Avenue Marc Sangnier, Avenue Georges Lafenestre, 75014 Paris ⓣ 시간 07:00~14:00 ⓒ 휴무 월~금요일 ⓗ 홈페이지 www.pucesdevanves.fr

빈티지 의상을 찾고 있다면
몽트뢰유 벼룩시장

Puces de Montreuil

과거에는 유명세가 하늘을 찌르던 몽트뢰유 벼룩시장이었지만, 방브 벼룩시장의 개발과 발전으로 점점 입지를 잃었다. 오늘날 몽트뢰유 벼룩시장은 무엇보다 빈티지 의류로 유명한데, 밀리터리 의상이나 점퍼, 두꺼운 겉옷, 가죽 장화 등 빈티지용품과 의상을 찾아볼 수 있다. 치안이 좋지 않으니 수시로 가방이나 소지품을 확인하고 조심하는 것이 좋으며, 월요일보다는 주말에 가는 것이 좋다.

ⓜ MAP P.425L ⓘ INFO P.436 ⓖ 찾아가기 메트로 9호선 포르트 드 몽트뢰유(Porte de Montreuil) 역에서 도보 8분 ⓐ 주소 Marché aux Puces de la Porte de Montreuil, Avenue du Professeur André Lemierre, 75020 Paris ⓣ 시간 토~월요일 08:00~18:30 ⓒ 휴무 화~금요일

{ 꽃시장 }

싱그러운 꽃향기가 가득한
파리 꽃 시장

Marché aux Fleurs

1808년 처음 문을 연 파리 꽃 시장은 시테섬 한가운데 위치하며, 센강이 바로 옆에 있어 꽃 시장을 거닐다 보면 로맨틱한 감성에 젖는다. 1900년대에 철제 구조물로 세운 파빌리온이 눈길을 끌며, 꽃을 사러 온 파리지앵들과 구경 온 관광객으로 늘 북적북적하다. 작은 화분부터 제철 꽃, 제법 큰 나무까지 구매할 수 있고, 일요일에는 새 시장도 함께 문을 열어 새소리와 어우러진 꽃 시장 풍성이 파리의 도심이 아닌 듯한 착각을 불러일으킨다.

시테섬에 위치한 꽃 시장 말고도 파리에는 꽃 시장이 두 곳 더 있는데, 하나는 마들렌 광장(Place de la Madeleine, 일요일 휴무) 오른쪽에서 오전에 열리고, 다른 하나는 테른 광장(Place des Ternes, 일요일 휴무)에서 열린다.

TIP 서울의 꽃 시장에 비교하면 규모가 한참 작을지도 모른다. 하지만 분위기가 남다른 파리의 꽃 시장은 꼭 들러볼 만한 장소다.

MAP P.388F **INFO** P.393
찾아가기 메트로 4호선 시테(Cité)역에서 도보 1분
주소 37 Place Louis Lépine, 75004 Paris
시간 월~일요일 09:30~19:00 (여름휴가 기간인 8월에는 문을 여는 매장 수가 현저하게 줄어든다)

THEME 18
식료품

여행을 가면
슈퍼마켓부터 찾는
당신을 위해!

골목 사이사이 편의점이나 작은 슈퍼마켓이 자리한 한국의 편리함에 익숙해져 있다면, 파리에서는 식료품 쇼핑을 하는 것이 힘들게 느껴질 수도 있다. 대형 마트는 대부분 파리 외곽에 있고, 동네의 작은 슈퍼마켓에서는 물건 수가 적어 원하는 것을 찾기 힘든 데다, 웬만한 슈퍼마켓은 사람 북적이는 시내에나 있으니 말이다. 하지만 잘 찾아보면 고유의 분위기와 개성이 있는 파리의 식료품 상점에서 야무지게 쇼핑을 즐길 수 있다. 파리만의 특별한 식료품을 사고 싶다면, 이 테마에 주목하자!

ÉPICERIE
특별한 식료품점

LA GRANDE ÉPICERIE DE PARIS
그랑드 에피스리 드 파리

TIP 와인은 그랑드 에스삐리에서!
그랑드 에피스리 드 파리의 와인 코너는 퀄리티 높은 와인을 선별해 판매하는 것으로 유명하다. 좋은 와인을 선물해야 한다면 매장에 있는 소믈리에게 도움을 청하면 된다.

'그랑드 에피스리 드 파리'는 줄임말인 '그랑드 에피스리'라고 불리며, 번역하자면 '파리의 큰 식료품점'이라는 뜻이다. 세계 최초의 백화점 봉 마르셰에서 선보이는 특별한 식료품 쇼핑점으로, 1923년 '콩투아 드 랄리망타시옹'이라는 이름으로 차나 통조림 같은 식료품을 파는 매장으로 문을 열었다. 당시 콩투아 드 랄리망타시옹에서는 국가별 특산품을 전시하는 특별한 디스플레이를 선보이며 인기를 끌었고, 1978년 파리의 미식가들이 찾는 슈퍼마켓, 그랑드 에피스리 드 파리로 자리매김했다. 1988년, 1999년, 그리고 2013년까지 계속 이어진 레노베이션은 그랑드 에피스리가 파리 최고의 식료품점으로 자리 잡기 위한 기반이 되었으며, 오늘날 파리에서 제일가는 식료품점으로, 구하기 힘들면서도 프랑스만의 개성이 담긴 독특한 제품을 판매하는 것으로 유명하다.

◎ **MAP** P.362F ◎ **INFO** P.373 ◎ **찾아가기** 메트로 10·12호선 세브르 바빌론(Sèvres–Babylone) 역에서 도보 2분
◎ **주소** 38 Rue de Sèvres, 75007 Paris ◎ **전화** 01-44-39-81-00 ◎ **시간** 월~토요일 08:30~21:00, 일요일 10:00~20:00
◎ **홈페이지** www.lagrandeepicerie.com

ÉPICERIE
특별한 식료품점

LAFAYETTE GOURMET
라파예트 구르메

오스만 거리의 백화점에서 쇼핑하다가 맛있는 디저트 거리를 찾는다거나, 한국에 사 갈 특별한 기념품을 고민한다면, 주저 없이 갤러리 라파예트 구르메를 추천한다. 1층에는 톱 셰프들의 빵과 디저트 등을 맛볼 수 있는 불랑주리와 파티스리, 레스토랑이 자리하고, 지하 1층에는 식료품점이 있다. 외국인 관광객들이 많이 찾는 갤러리 라파예트 백화점의 특성상 선물하기 좋은 프렌치 스타일의 과자, 올리브유 등을 쉽게 찾아볼 수 있다. 0층에는 피에르 에르메, 필립 콩티치니의 제과점은 물론 알랭 뒤카스, 장폴 에방, 피에르 마르콜리니 등과 같은 프랑스 초콜릿 장인들의 매장이 있으니 반드시 들러 입 안의 즐거움을 느껴보자!

ⓘ MAP P.325C ⓘ INFO P.349 찾아가기 메트로 7·9호선 쇼세 당탕 라 파예트(Chaussée d'Antin La Fayette) 역에서 도보 2분
주소 35 Boulevard Haussmann, 75009 Paris 전화 01-40-23-52-67 시간 월~토요일 09:30~21:30, 일요일 11:00~20:00
홈페이지 https://gourmet.galerieslafayette.com

ÉPICERIE
특별한 식료품점

LA MAISON PLISSON
메종 플리송

작지만 깔끔하고 세련되어 보이는 인테리어 덕에 오픈 당시부터 인기를 끌었지만, 메종 플리송의 진가는 바로 '제품' 그 자체다. 채소와 과일 등 메종 플리송의 대표가 생산자들에게 직접 받아 오는 것으로 유명하다. 유기농 식자재이기 때문에 모양이 좀 안 예쁠 수도 있지만, 건강하고 신선한 제품을 제공한다는 대표의 자부심이 가득하다. 지하 1층에서는 통조림이나 과자, 술, 아이스크림 등을 판매하는데, 포장이 너무 예뻐 빈손으로 나올 수 없게 만든다. 식료품점 바로 옆에 위치한 레스토랑은 가격이 적당하고 맛도 좋아 젊은 파리지앵들에게 인기가 많다.

MAP P.399H INFO P.411 찾아가기 메트로 8호선 생세바스티앙 프아사르(Saint-Sébastien-Froissart) 역에서 도보 2분 주소 93 Boulevard Beaumarchais, 75003 Paris 전화 01-71-18-19-09 시간 월~토요일 08:30~21:00, 일요일 08:30~20:00 홈페이지 www.lamaisonplisson.com

TEA HOUSE
티 하우스

MARIAGE FRÈRES
마리아주 프레르

프랑스에 처음으로 홍차를 소개한 홍차 전문 브랜드로 한국에서도 소비자들이 직구를 할 만큼 널리 알려져 있는 제품이다. 450종 이상의 차를 보유하고 있으며 매장 혹은 슈퍼마켓에서도 구매할 수 있다.

가장 유명한 홍차는 마르코폴로와 웨딩 임페리얼!

마레점 MAP P.398J INFO P.410 주소 30 Rue du Bourg Tibourg, 75004 Paris
전화 01-42-72-28-11 시간 티 엠포리움 10:30~19:30, 레스토랑 & 티 살롱 12:00~19:00 홈페이지 www.mariagefreres.com

FAUCHON
포숑

1886년 마들렌 광장에 처음 문을 연 포숑은 제과·제빵업으로 시작해 레스토랑과 호텔 사업까지 확장했다. 프렌치 톱 파티시에들이 포숑을 거쳐 갔으며, 차를 비롯해 다양한 디저트를 만날 수 있다. 그랑 카페 포숑에서는 포숑의 제품들을 직접 맛볼 수 있다.

꾸준히 사랑받는 포숑의 애플 티.

MAP P.325G 주소 11 Place de la Madeleine, 75008 Paris 전화 01-70-39-38-00
시간 월~토요일 10:30~18:30 휴무 일요일 홈페이지 www.fauchon.com
그랑 카페 포숑 전화 01-87-86-28-15 시간 08:00~10:00, 12:00~21:30

KUSMI TEA
쿠스미 티

홍차를 좋아한다면 절대 지나쳐서는 안 될 쿠스미 티. 티백이나 가루형 등 다양하게 준비되어 있으며 티의 종류에 따라 가격이 조금씩 다르다.

여러 개를 쌓아두면 더 예쁜 쿠스미 티 특유의 틴 케이스.

오페라점 MAP P.325G INFO P.340 주소 33 Avenue de l'Opéra, 75002 Paris
전화 01-42-65-23-56 시간 월~토요일 10:00~19:30, 일요일 11:00~19:00 홈페이지 www.kusmitea.com

SUPERMARCHÉ
슈퍼마켓

MONOPRIX
모노프리

도심에서 볼 수 있는 대중적인 슈퍼마켓이다. 대규모 경제 위기를 겪고 난 1932년에 루앙에 처음 문을 열었으며, 좋은 물건을 싼 가격에 판매한다는 슬로건을 내걸었다. 도심에 있는 만큼 가격이 조금 비싸기도 하지만, 물건도 많고 모노프리 자체 브랜드의 제품 또한 퀄리티가 좋아 프랑스인들에게 인기가 많다. 대형 슈퍼마켓의 형태인 모노프리 말고도 편의점 형태의 모놉(Monop), 모놉 데일리(Monop' Daily) 등의 체인 상점이 파리 시내 곳곳에 위치한다.

✔ **여행하면서 편하게 들를 수 있는 모노프리 매장**
샹젤리제점 ⊙ 주소 109 Rue De La Boetie, 75008 Paris
오페라점 ⊙ 주소 23 Avenue de l'Opéra, 75001 Paris

CARREFOUR
까르푸

전 세계에서 미국의 월마트 다음으로 규모가 큰 대형 할인 매장이다. 영세 업자를 살리기 위한 법안으로 파리 도심에는 대형 할인 매장이 들어올 수 없게 되었다. 그로인해 몸집을 줄여 까르푸 시티(Carrefour City)나 까르푸 마켓(Carrefour Market) 같은 도심 맞춤형 마트를 오픈해 파리 곳곳에 자리 잡았다. 까르푸 시티는 일반 슈퍼마켓보다 크고 물건 종류도 많으며, 까르푸 마켓과 엑스프레스는 까르푸 시티보다 작고, 우리나라의 편의점과 비슷하다고 할 수 있다.

✔ **여행하면서 편하게 들를 수 있는 까르푸 시티 매장**
에펠탑점 ⊙ 주소 84 Rue Saint Dominique, 75007 Paris
생제르맹점 ⊙ 주소 71 Rue de Rennes, 75006 Paris

NATURALIA
나투랄리아

파리에서 가장 유명한 공정 무역과 유기농 제품 판매 체인 매장이다. 1973년 처음 문을 열었고, 유기농 제품과 공정 무역에 대한 관심이 높아지면서 현재 프랑스 전국 127개의 매장을 소유하고 있다. 유기농 제품에 대한 끊임없는 연구와 환경보호에 앞서는 나투랄리아의 이미지 덕분에 파리지앵들도 많이 이용한다. 유기농이어서 제품 수가 적을 것이라 생각하면 오산. 음식부터 코즈메틱 제품까지 5000여 개가 넘는 다양한 제품을 찾아볼 수 있다.

✔ **여행하면서 편하게 들를 수 있는 나투랄리아 매장**
몽토르괴이점 ⊙ 주소 11-13 Rue Montorgueil, 75001 Paris
무프타르점 ⊙ 주소 94-96 Rue Mouffetard, 75005 Paris

FRANPRIX
프랑프리

1958년 처음 문을 연 슈퍼마켓 체인이다. 매장이 많아 찾기 쉽지만, 선택의 폭이 넓지만은 않다. 꼭 필요한 생필품과 식료품을 살 수 있다. 고가의 브랜드 제품을 팔기도 하지만, 매우 저렴한 디스카운트 브랜드인 리더 프라이스(Leader Price) 제품 또한 많아 프랑스에서 대중적으로 이용된다.

✔ **여행하면서 편하게 들를 수 있는 프랑프리 매장**
노트르담점 ⊙ 주소 14 Rue Lagrange, 75005 Paris
트로카데로점 ⊙ 주소 19-21 Avenue Paul Doumer, 75016 Paris

슈퍼마켓 쇼핑 득템 리스트

메르 풀라르 갈레트 카라멜 오 베르 살레
La Mère Poulard Galettes Caramel au Beurre Salé
'몽생미셸 과자'라고도 불리며 140년의 역사를 지니고 있다. 가염 버터와 캐러멜이 조화를 이루어 달콤 짭짤한 맛이 일품이다.

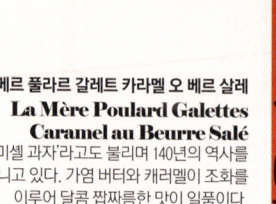

카프리스 데 디유 치즈
Caprices des Dieux
프랑스에서 가장 대중적인 치즈인 만큼 한국인 관광객에게도 인기 높다. 부드럽고 향이 진하지 않아 먹기 편하고 작은 사이즈 제품도 있어 휴대용으로 쇼핑 후 간편하게 맛볼 수 있다.

에퀴송 시드르 두
Écusson Cidre Doux
노르망디 지방의 특산품인 신선한 사과주다. 사과를 압착해 즙을 낸 후 발효해 만든 술로, 알코올 도수가 높지 않아 부드럽고 가볍게 마실 수 있다.

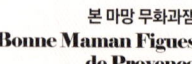

본 마망 무화과잼
Bonne Maman Figues de Provence
지중해의 스타이자 프랑스 남부 지방의 상징인 무화과로 만든 잼이다. 본 마망의 모든 잼이 맛있지만, 특히 추천하는 무화과잼은 적당히 달콤하고 부드러워 인기가 많다.

로투스 스페퀼로스
Lotus Speculoos
벨기에 전통 과자 스페퀼로스는 커피와 잘 어울리는 비스킷으로, 프랑스에서도 많은 사랑을 받는 간식 거리다. 커피를 좋아하는 사람에게 선물하면 좋다.

마이 무타르드 디종 오리지날
Maille Dijon Original Moutarde
디종은 오래전부터 프랑스에서 머스터드로 유명한 마을이다. 그중에서도 마이의 머스터드는 최고급으로 프랑스인들에게 인기가 많다. 미국식 머스터드와는 맛이 확연히 다르며 스테이크와 잘 어울린다.

프티 마르세예 핸드 워시
Le Petit Marseillais
프랑스 가정이나 사무실 등에서 가장 일반적으로 사용하는 손 비누 브랜드다. 막대형과 액체형이 있으며 다양한 향 중에서도 라벤더와 올리브 향이 인기 많다.

마미 노바 누아 드 코코 요거트
Mamie Nova Noix de Coco
프랑스는 요거트가 매우 다양하기 때문에 매일매일 다양한 맛의 요거트를 맛볼 수 있다. 마미 노바 누아 드 코코는 코코넛 맛 요거트로, 고소하면서도 달콤해 꼭 한번 맛보길 추천한다.

뤼 프티 테콜리에
LU Petit Écolier
바삭한 비스킷 위에 초콜릿을 두툼하게 올려 프랑스는 물론 유럽에서 아이들에게 가장 인기가 많은 과자다. 가격도 저렴해 가방에 여유만 있다면 선물용으로 챙겨 와도 좋다.

THEME 19
약국 화장품

바이오데마 / *BIODERMA*

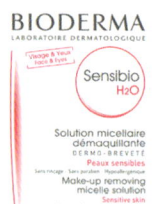

Bioderma Hydrabio Serum
바이오데마 하이드라비오 세럼
피부의 수분 손실을 최소화해 오랫동안 촉촉하게 유지해주는 세럼이다. 가벼운 텍스처로 수분을 최대한 공급해 하루 종일 피부를 쾌적하게 유지할 수 있는 것이 장점.

Bioderma Sensibio H₂O
바이오데마 센시비오 H₂O 클렌징 워터
바이오데마의 베스트셀러 아이템. 순하고 자극이 없으며, 세안할 필요 없어 편하게 쓸 수 있는 클렌징 아이템이다.

TIP 대부분 €176 이상이면 텍스 리펀을 받을 수 있으니, 여권을 꼭 지참하도록!

파리 약국 화장품 필수 쇼핑 리스트

한국 소비자에게도 널리 알려진 프랑스 약국 화장품은 성능이 뛰어난 데다 가격이 명품 브랜드 화장품처럼 비싸지 않아 많은 인기를 끌고 있다. 젊은 여성들의 필수 관광 스폿이 되어버린 프랑스 약국은 사람도 많고 복잡해 귀찮기는 하지만, 돌아간다고 해도 들러야 할 만큼 가치가 있다. 파리의 대표 약국 화장품 할인점과 어떤 화장품을 사는 게 좋은지 체크해보자.

엠브리올리스 / *EMBRYOLISSE*

Embryolisse Lait-Crème Concentré
엠브리올리스 콘센트레이티드 크림
1950년에 탄생한 크림으로, 지금까지 당시의 명성을 유지하고 있다. 로션, 에센스, 크림의 기능을 하나로 모아 데일리 크림으로 쓰면 좋다. 단, 지성 피부에는 유분기가 많이 느껴질 수 있으니 주의할 것.

아벤느 / *AVÈNE*

Avène Eau Thermale Spray
아벤느 오 테르말 스프레이
환절기나 겨울철 건조한 피부에 꼭 필요한 미스트 중 단연 최고의 제품이다. 피부 진정과 유연 효과를 한번에 느낄 수 있으며 건강한 피부로 가꿔준다.

Avène Hydrance Optimale UV légère
아벤느 이드랑스 옵티말 UV 레제르
끈적거리지 않고 가벼운 수분 크림으로 자외선 차단 기능도 갖추었다. 아벤느 온천수를 함유해 진정 효과가 뛰어나며 민감성 피부에도 사용 가능하다.

눅스 /
NUXE

NUXE
Huile Prodigieuse
눅스 윌 프로디지우스
우리나라에서는 '김남주 오일'이라고 불리며 인기를 누리고 있으며, 파리에서도 눅스의 프로디지우스 오일의 명성은 톱 중의 톱이다. 토너, 세럼 크림의 효과를 한 병에 담은 오일로, 전신 사용 가능하며, 손상된 모발에도 이용할 수 있다.

르네 휘테르 /
RENÉ FURTERER

René Furterer
Forticea
르네 휘테르 포티샤 샴푸
100% 에센셜 오일과 식물 추출물로 모발을 건강하게 가꿔준다. 실리콘이 없고 바이오스피어 입자가 두피를 깨끗이 클렌징해준다.

유리아쥬 /
URIAGE

URIAGE
GYN PHY
유리아쥬 진피
여성 청결제 유리아쥬 진피는 적정한 산도를 유지해주고 유익균을 보호하는 것으로 유명하다. 산부인과 테스트를 마친 제품으로, 샤워 중 간단하게 사용할 수 있다.

르봉 /
LEBON

LEBON
르봉 치약
치약계의 에르메스라고 불릴 만큼 가격도 비싸고 퀄리티도 뛰어나다. 시나몬, 파인애플, 망고 등과 민트가 어우러져 다양하고 색다른 맛을 낸다. 파라벤, 불소 등 인체에 유해한 성분을 배제했다.

THEME 19 약국 화장품

라로슈제 /
LA ROCHE-POSAY

**La Roche-Posay
CICAPLAST
BAUME B5**
라로슈포제 시카플라스트 밤 B5
예민하고 트러블 많은 피부에 좋은 라로슈포제 시카플라스트 밤 B5는 손상된 피부를 강화하고 홍조 현상을 완화한다.

**La Roche-Posay
EFFACLAR DUO +**
라로슈포제 에파클라 듀오 +
외부 자극에 노출된 민감한 피부를 위한 제품이다. 모공 속 노폐물과 각질을 녹여 피부를 깨끗하게 만들어준다. 유·수분을 한번에 채워주기 때문에 시간이 지나도 피부가 당기지 않는다.

달팡 /
DARPHIN

**Darphin
Hydraskin Light**
달팡 수분 크림
수분감이 많이 느껴져 가볍게 사용할 수 있다. 천연 성분을 함유하고 수분과 보습력이 뛰어나 피부에 촉촉하게 흡수된다. 일명 '고현정 크림'으로 불리며, 몽주 약국의 베스트셀러 아이템이기도 하다.

꼬달리 /
CAUDALIE

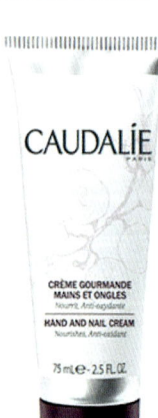

**Caudalie
Crème Gourmande
Mains et Ongles**
꼬달리 핸드크림
은은한 향이 매력적인 꼬달리 핸드크림은 손 피부와 손톱에 풍부한 영양을 공급해준다. 파라벤이나 방부제 등 인체에 유해한 성분이 없어 꾸준히 인기를 끄는 제품이다.

**Caudalie
Eau De Beauté**
꼬달리 미스트
피부가 건조할 때 얼굴에 뿌려 수분을 공급하고 메이크업 후 메이크업을 고정하는 역할을 하는 미스트다. 아로마 오일 성분이 들어 있어 사용 전 흔들어 분사해야 한다.

약국 화장품은 여기서!

CITYPHARMA
시티파르마

📍 MAP P.363G ℹ️ INFO P.371
🚇 찾아가기 메트로 4호선 생제르맹데프레(Saint-Germain-des-Prés) 역에서 도보 2분
📍 주소 26 Rue du Four, 75006 Paris
📞 전화 01-46-33-20-81
🕐 시간 월~금요일 0:30~21:00, 토요일 09:00~21:00((일요일 부정기 오픈, 홈페이지나 전화로 미리 확인 필요))
🌐 홈페이지 www.pharmacie-citypharma.fr

파리에서 가장 큰 대형 할인 약국 중 하나로, 20여 년 전부터 제약 제품과 화장품 디스카운트를 가장 먼저 실행해온 약국 중 하나다. 오래된 만큼 프랑스인들도 애용하며, 세계 각국 관광객들의 발길이 끊이지 않는다. 끊임없이 가격을 낮추기 위해 20여 년간 노력한 결과, 근처에 사는 파리지앵들이 전부였던 고객층이 10년 만에 세계인으로 확대되었다. 평균적으로 일반 약국보다 20~30% 더 저렴하다고 할 수 있으며, 가끔 50%까지 세일하는 제품 또한 만날 수 있으니, 화장품을 즐겨 찾는 여성에게는 이보다 좋은 천국이 없다.

PHARMACIE MONGE
몽주 약국

📍 MAP P.379K ℹ️ INFO P.385
몽주점 🚇 찾아가기 메트로 7호선 플라스 몽주(Place Monge) 역에서 도보 1분 📍 주소 1 Place Monge, 75005 Paris 📞 전화 01-43-31-39-44
🕐 시간 월~토요일 08:00~20:00
🚫 휴무 일요일 🌐 홈페이지
www.pharmacie-monge.fr

한국 여행자들에게는 파리의 어느 관광지보다 유명한 '관광지'가 된 파리의 몽주 약국은 소문처럼 정말 저렴하다. 한국인 점원이나 한국말을 구사할 수 있는 프랑스 점원이 상시 대기할 정도로 한국인 관광객이 많이 찾는다. 장점은 한국말이 가능해 쇼핑하기 쉽다는 것, 단점은 규모가 크지 않고 한국인 관광객이 많아 마치 한국의 번잡한 매장에 온 듯한 느낌이 든다는 것이다. 계산이 오래 걸린다는 것만 제외한다면, 한국에선 비싼 프랑스의 약국 화장품을 저렴한 가격에 득템할 수 있을 것이다.

260	**THEME 20** 센강 라이프
266	**THEME 21** 문화 예술 공연
272	**THEME 22** 테마파크
280	**THEME 23** 축제

THEME 20
센강 라이프

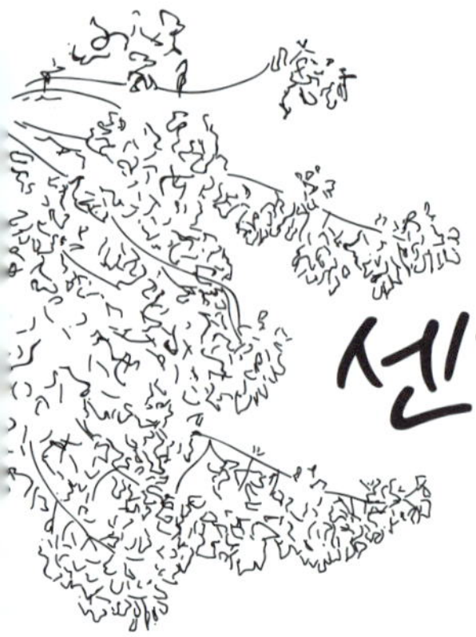

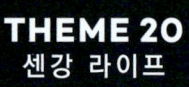

센강에서 파리를 느끼는 세 가지 방법

고즈넉한 파리의 건물들 사이로 흘러가는
아름다운 센강변을 거닐다 보면 마치 내가 우디 앨런 영화의
주인공이 된 듯한 느낌이 든다. 맥주 한 캔과 함께
센강변에 앉아 지나가는 사람들을 가만히 구경해도 좋고,
유람선을 타고 파리의 야경을 즐기고
강변 수영장에서 시원한 바람과 함께
수영을 하며 알차고 즐거운 시간을 보내도 좋다.
오늘 하루쯤은 파리지앵처럼 센강을 즐겨보자!

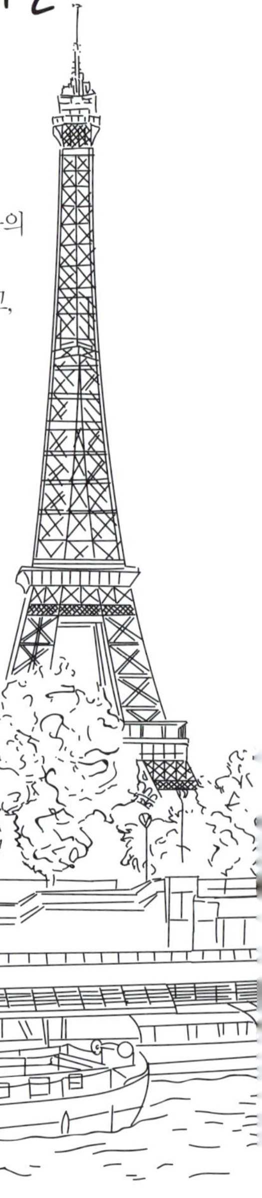

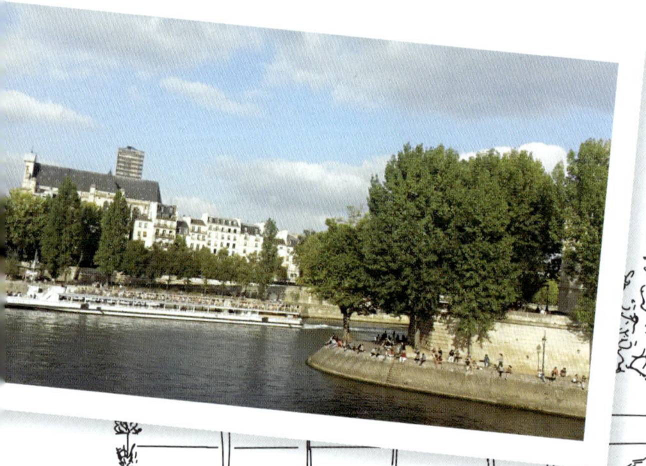

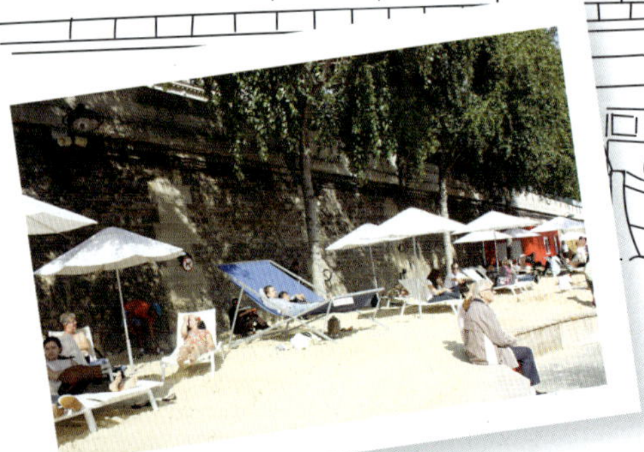

#1 Boating

프랑스의 유력 일간지 르 피가로 (Le Figaro)에 따르면 센강 중심에 위치한 시테섬 주변으로 하루에 200척이 넘는 배가 오간다고 한다. 실제로 노트르담 성당이 있는 시테섬의 강변에 앉아 있으면 쉴 새 없이 지나가는 유람선과 마주치곤 한다. 우리나라 관광객들에게는 센강에 있는 '바토 무슈' 유람선 회사가 가장 많이 알려져 있지만, 사실 바토 무슈 외에도 여러 유람선 회사가 있으며, 저녁 식사와 함께 파리의 야경을 감상하는 등의 프로그램이 포함된 유람선 코스도 있으니, 여행 목적에 맞게 자신만의 코스를 짠다면 센강에서 잊지 못할 추억을 만들 수 있을 것이다. 1시간 만에 센강을 돌며 유명 관광지를 모두 볼 수 있기 때문에 파리에 머무르는 시간이 많지 않은 여행객들에게는 매우 유용하다.

대중적으로 인기가 많은 **바토 무슈**
Bateaux Mouches

☺ 잘 들리지는 않지만 한국어 설명을 짧게라도 들을 수 있다.

☹ 배가 크기 때문에 사람이 매우 많아 피사체와 함께 단독으로 사진 찍기가 쉽지 않다.

1949년에 설립된 유람선 회사다. 이름을 들었을 때 생각나는 프랑스어, '마담, 무슈(Madame, Monsieur)'의 무슈가 아니다. 무슈(Mouche)는 프랑스의 한 지방 도시로 이곳은 1867년 파리만국박람회를 위해 열린 콩쿠르에서 배를 만드는 기술자의 아틀리에가 있던 장소로 유명하다. 유람선의 코스는 알마 다리를 시작점으로 콩코르드 광장과 루브르 박물관을 지나 노트르담 성당이 있는 시테섬을 한 바퀴 돌아 오르세 박물관과 에펠탑을 지나온다. 여름에는 자주 운행하지만, 겨울에는 운행 횟수가 줄어드니 홈페이지에서 미리 시간표를 확인하자. 관광 크루즈는 약 1시간 10분 코스이고, 디너를 즐길 수 있는 코스는 따로 예약해야 하며 2시간 15분 정도 코스다.

> **추천 크루즈**
> **크루아지에르 프롬나드**
> Croisière Promenade 1시간 10분
>
> **콩코르드 광장 → 루브르 박물관 → 파리 시청사 → 콩시에르주리 → 시테섬 → 노트르담 대성당 → 생루이섬 → 에펠탑**

📍 **MAP** P.311C ℹ️ **INFO** P.320
🚇 **찾아가기** 메트로 9호선 알마 마르소(Alma-Marceau) 역에서 하차. 알마 다리(Pont de l'Alma) 왼쪽에 강변으로 내려가는 길이 있으며 바토 무슈 간판이 보인다. 🏠 **주소** Compagnie des Bateaux-Mouches, Port de la Conférence, Pont de l'Alma, Rive Droite, 75008 Paris
📞 **전화** 01-42-25-96-10
🕐 **시간** 4~9월(성수기) 10:15~22:00(30~45분 간격), 10~3월(비성수기) 10:15~22:00(30~45분 간격, 홈페이지를 통해 미리 시간을 확인할 것)
💰 **요금** 어른 €15, 어린이(4~13세 미만) €6
🌐 **홈페이지** www.bateaux-mouches.fr/ko

TIP 센강 유람선 꿀팁
강바람이 꽤 세다. 날씨가 좋은 여름밤이라도 옷을 얇게 입었다면 서늘한 기운을 느끼기 쉽다. 얇은 카디건이나 무릎 담요 등을 챙겨 가면 좋다. 한여름 파리는 오후 9시가 넘어야 어둑어둑해지기 때문에 유람선과 함께 야경을 볼 생각이라면 오후 9시 이후에 이용하는 것이 좋다.

'세트 메뉴'를 선택 가능한 **브데트 드 파리**
Vedettes de Paris

😊 적당한 크기의 유람선에서 하는 여정이기 때문에 친근한 분위기가 좋다.

☹ 한국말 설명이 준비되어 있지 않다.

📍 MAP P.310E ℹ️ INFO P.320

🚇 **찾아가기** 선착장은 이에나 다리(Pont d'Iéna) 옆 에펠탑 쪽에 있다. 메트로 6호선 비르아켐(Bir-Hakeim) 역에서 에펠탑을 지나 이에나 다리 오른쪽에 있으며, RER C선 샹 드 마르스(Champ de Mars) 역에서 갈 수도 있다.

🏠 **주소** Vedettes de Paris, Port de Suffren, 75007 Paris

☎ **전화** 01-44-18-19-50

🕐 **시간** 1시간 코스 관광 크루즈 여름 10:30~23:00(약 30분 간격), 겨울 11:15~21:05(약 45분 간격, 홈페이지를 통해 미리 시간을 확인할 것)

💶 **요금** 어른 €20, 어린이(4~11세) €9

🌐 **홈페이지** www.vedettesdeparis.fr

센강의 여러 유람선 가운데서도 가장 다양한 프로그램을 선보이는 유람선 회사가 아닐까 싶다. 유람선과 샴페인 1잔, 유람선과 피자, 유람선과 크렙 등 다양한 '세트 메뉴' 중 고를 수 있다. 브데트 드 파리 유람선의 가장 큰 장점은 배 크기가 적당해서 너무 시끄럽지 않은 분위기에서 파리의 경치를 감상할 수 있다는 것이다. 생일을 맞이한 손님에게는 (본인 소유 여권 소지) 무료로 유람선을 탈 기회도 제공하니 이벤트가 있는지 미리 홈페이지에서 확인하자. 또 유람선을 이용하는 고객에 한해 오베르쉬르 아즈나 초콜릿 박물관, 파리 국립 해양 박물관 등의 관광지 요금을 할인해준다.

추천 크루즈
크루아지에르 데쿠베르트
Croisière Découverte 1시간

에펠탑 → 앵발리드 → 국회의사당 → 오르세 미술관 → 프랑스 학사원 → 콩시에르주리 → 노트르담 대성당 → 아랍 세계 연구소 → 파리 시청사 → 루브르 박물관 → 콩코르드 광장 → 그랑 팔레 → 샤요 궁 / 트로카데로

😊 식사 코스가 다양하며 배에 따라 센강변을 바라보며 파리의 경치를 감상할 수 있다.

☹ 유람선을 선택할 수 있는 것이 아니라서 1층에 타게 될 수도 있고, 2층에 타게 될 수도 있다.

로맨틱한 식사와 함께 바토 파리지앵

Bateaux Parisiens

생마르탱 운하에서 배타기 카노라마

Canauxrama

관람만 할 수 있는 관람 코스, 브런치 코스, 점심 식사 코스, 저녁 식사 코스 등 다양한 코스가 준비되어 있다. 1층으로 이루어진 유람선도 있고, 2층으로 이루어진 유람선도 있는데, 2층 유람선의 테라스는 다른 유람선들과 달리 의자가 센강을 바로 마주 보고 앉을 수 있게 배치되었다. 보통은 에펠탑 근처 선착장에서 출발하지만, 성수기(5~11월)에는 노트르담 성당 근처의 선착장에서도 출발한다. 에펠탑에서 출발하는 코스에는 한국어 안내가 가능하고, 노트르담 성당에서 출발하는 코스에는 한국어 설명이 준비되어 있지 않다.

😊 운하의 원리를 볼 수 있어서 특별한 체험이 가능하다.

☹ 시간이 길어 지루하게 느껴질 수 있다.

센강에서만 유람선을 탈 수 있는 것이 아니다. 생마르탱 운하에서 배를 타고 빌레트 선착장까지 올라가거나 그 반대로 이동하는 방법도 있다. 특이한 점이 있다면 운하에서 시작하는 만큼 운하의 원리를 몸소 체험하며 배를 탈 수 있어, 조금 더 색다른 경험이 된다는 것이다. 생마르탱 운하를 거쳐 빌레트 공원까지 거슬러 올라가는 코스, 아르스날 선착장에서 바스티유 수문을 거쳐 센강을 거치는 코스 등 다양하다. 단, 수문을 거쳐 가야 하는 만큼 시간이 길게 느껴질 수도 있다. 간혹 홈페이지에서 할인 행사를 하기도 하니, 운하에서 유람선을 탈 계획이 있다면 미리 확인해보자. 반드시 사이트를 통해 예약해야 한다.

추천 크루즈
크루아지에르 디너 Croisière Dîner 2시간 30분

에펠탑 → 앵발리드 → 국회의사당 → 오르세 미술관 → 프랑스 학사원 → IFM → 파리 시청사 → 노트르담 대성당 → 콩시에르주리 → 루브르 박물관 → 콩코르드 광장 → 그랑 팔레 → 샤요 궁

📍 MAP P.310F ℹ INFO P.320 🚇 찾아가기 선착장은 이에나 다리(Pont d'Iéna) 옆 에펠탑 쪽에 있다. 메트로 6호선 비르아켐(Bir-Hakeim) 역에서 에펠탑을 지나 이에나 다리 오른쪽에 있으며, RER C선 샹 드 마르스(Champ de Mars) 역에서 하차해 갈 수도 있다. 🏠 주소 Bateaux Parisiens, Port de la Bourdonnais, 75007 Paris 📞 전화 01-76-64-14-45 🕐 시간 런치 12:45, 디너 18:15, 20:30 🚫 휴무 1/1, 1월 둘째 주 월요일 💰 요금 관광 크루즈 €18(온라인 €16), 런치 €69~, 디너(시간에 따라) €89~, €119~ 🌐 홈페이지 www.bateauxparisiens.com

추천 크루즈
생마르탱 운하에서 즐기는 '오래된 파리'
Croisière du 'Vieux Paris' sur le Canal Saint Martin 2시간 30분

아르스날 선착장 → 빌레트 선착장 도착 또는 빌레트 선착장 출발 → 아르스날 선착장

📍 MAP P.425C ℹ INFO P.439
🚇 찾아가기 아르스날 선착장 메트로 1·5·8호선 바스티유(Bastille) 역에서 아르스날 선착장 출구(Port de l'Arsenal) 이용 도보 3분 / 빌레트 선착장 메트로 2·5·7B호선 조레스(Jaurès) 역에서 빌레트 선착장(Bassin de la Villette) 쪽 출구 이용 도보 3분 🏠 주소 13 Quai de la Loire, 75019 Paris(빌레트 선착장), Port de l'Arsenal, 75004 Paris(아르스날 선착장) 📞 전화 01-42-39-15-00
🕐 시간 09:45, 14:30(계절에 따라 다름)
🚫 휴무 계절에 따라 다름(11~3월 운영 횟수 감소)
💰 요금 €18~ 🌐 홈페이지 www.canauxrama.com

#2 Eating & Drinking

센강변은 유네스코 세계문화유산으로 등록될 만큼 역사적인 기념물과 건축물이 많지만 놀 거리, 먹을거리도 많다. 알렉상드르 3세 다리 주변에는 로자 보뇌르(Rosa Bonheur) 같은 테라스를 갖춘 바들이 있어 산책 중 목을 축일 수 있고, 밤에는 클럽 포스트(Faust)에서 여행 중 불타는 파리의 밤을 보낼 수도 있다. 여기까지가 센강 남서쪽에 관한 이야기였다면, 요즘 젊은 파리지앵들은 바와 클럽이 모여 있는 남동쪽을 더 즐겨 찾는다. 오스테를리츠 다리(Pont d'Austerlitz)부터 프랑스 최고의 패션 학교 IFM 건물을 지나 프랑수아 미테랑 국립 도서관 사이에는 명성 높은 파리의 클럽과 바가 즐비하다. 정박한 배 위에서 점심을 즐길 수도 있으며 센강을 바라보며 선탠을 할 수도 있다. 몇몇 젊은이가 모여 페탕크(프랑스 전통 구기 놀이)를 즐기는 모습도 볼 수 있으니, 센강변에서는 놀고 먹는 것만으로도 바쁘다.

> **TIP**
> **도심 속 작은 해변, 파리 플라주**
> 매년 7월 중순에서 8월 말까지 개최되는 파리 플라주 축제는 미처 바캉스를 떠나지 못한 파리지앵들이 마치 해변가에 온 듯한 느낌을 받으며 여름날을 즐길 수 있도록 마련되었다. 퐁뇌프 인근에서 시작해 마레 지구 근처의 쉴리 다리(Pont de Sully)까지 이어지는 구간이 인공 모래사장으로 탈바꿈한다. 샤워 시설도 갖추어 정말로 해변에 온듯한 느낌을 풍긴다. 빌레트 선착장에서도 파리 플라주 행사가 진행되며, 일정은 홈페이지에서 확인할 수 있다.
> 홈페이지 http://en.parisinfo.com(Paris Plages 검색)

로자 보뇌르 쉬르 센
Rosa Bonheur sur Seine

로자 보뇌르는 원래 19구 뷔트쇼몽 공원에 있는 유명한 바인데, 성공에 힘입어 센강에도 문을 열었다. 뷔트쇼몽점의 분위기를 그대로 살려 편안하면서도 즐거운 공간으로서 확실히 자리매김했다.

MAP P.311D   INFO P.319   찾아가기 메트로 8·13호선 앵발리드(Invalides)역에서 알렉상드르 3세 다리 방면 센강변에 위치 주소 Rosa Bonheur sur Seine, Port des Invalides, 75007 Paris 전화 01-47-53-66-92 시간 수~금요일 18:00~01:30, 토요일 12:00~01:30, 일요일 12:00~24:30 휴무 월·화요일 및 강수량 많은 시기 홈페이지 http://rosabonheur.fr

#3 Swimming
Piscine Joséphine Baker
조세핀 베커 수영장

무더운 한여름 날 뜨겁게 내리쬐는 파리의 햇볕은 한국의 더위와는 또 다른 느낌이다. 한국보다 건조한 여름을 보내기 때문에 한여름 햇살이 더욱더 뜨겁게 느껴지는데, 이럴 때 시원하게 수영을 할 수 있다면 얼마나 좋을까? 생각만 하지 말고 실천에 옮겨보자.

13구에 있는 프랑수아 미테랑 국립 도서관 앞 센강변으로 가면 센강에 떠 있는 조세핀 베커 수영장(Piscine Joséphine Baker)을 볼 수 있다. 무더운 여름에는 천장이 오픈 되고 겨울에는 닫히는 시스템이라 선탠을 즐겨 하는 파리지앵들이 애용한다. 25m밖에 되지 않는 짧은 수영장이지만, 센강을 바라보며 수영할 수 있다는 장점 덕분에 여름이든 겨울이든 이용하는 사람이 많다. 여름에는 30분에서 1시간 이상 줄을 서서 기다릴 때도 많지만 아침·저녁으로 덜 붐비니 이용해볼 만하다. 베이비 풀도 갖추어 아이와 함께 가기 좋다.

◎ **MAP** P.443G ◎ **INFO** P.452 ◎ **찾아가기** 메트로 6호선 케 드 라 가르(Quai de la Gare) 역에서 도보 4분 ◎ **주소** Piscine Joséphine Baker, Quai François Mauriac, 75013 Paris ◎ **전화** 01-56-61-96-50 ◎ **시간** 월~금요일 07:00~8:15, 17:00~22:00(시즌에 따라 이용 시간대가 바뀔 수 있으니 홈페이지에서 미리 확인할 것) ◎ **휴무** 1/1, 5/1, 12/25 ◎ **요금** 1회 입장 €3.5, 성수기(7~8월) €6.5 ◎ **홈페이지** www.piscine-baker.fr

웅장하고 황홀한
오페라 가르니에 & 오페라 바스티유
Opéra Garnier & Opéra Bastille

TIP 세일 예매를 노리자!
예매는 인터넷을 통해 혹은 창구에서 직접 할 수 있다. 창구 오픈 시간은 오전 11시 30분. 가끔 오페라의 공식 웹사이트를 통해 플래시 세일을 할 때가 있다. 조건이 맞으면 파격적인 가격으로 공연을 볼 수 있는 기회가 있으니 한번 노려볼 만하다.
국립 파리 오페라 페이스북을 통해서도 다양한 행사를 확인할 수 있다.

여행 중 파리에서 놓치지 않고 공연을 하나 꼭 보고 싶다면 오페라 가르니에의 공연을 추천한다. 1875년 건축된 오페라 가르니에는 건축물로서 가치도 뛰어나 혹시나 공연이 지루해지더라도 웅장하고 화려한 내부 장식 덕에 눈 호강을 할 수 있다. 이딜리아의 궁정 연회에서 탄생한 것으로 전해지는 발레는 프랑스에서 오랜 시간에 걸쳐 발전했으며, 덕분에 세계에서 공용으로 쓰는 수많은 발레 용어들은 프랑스어를 바탕으로 한다. 태양왕이라 불리는 루이 14세는 오늘날 파리 오페라 극장의 전신인 국립 무용 학교를 설립하기도 했다. 이렇듯 프랑스는 발레에 대한 오랜 전통과 역사를 지니고 있기 때문에 파리는 세계 각국에서 내로라하는 무용수들이 일생에 꼭 한번 서보고 싶어 하는 무대가 되었다. 오페라 바스티유는 비교적 최근에 세운 현대식 건물이지만, 오페라 가르니에와 오페라 바스티유 공연장 모두에서 오페라 공연과 발레 공연을 감상할 수 있다. 영화 〈블랙 스완〉의 안무가이자 할리우드 영화배우 나탈리 포트먼의 남편이기도 한 벤자민 밀피에(Benjamin Millepied)가 파리 오페라 발레단의 예술 감독이기도 했다.

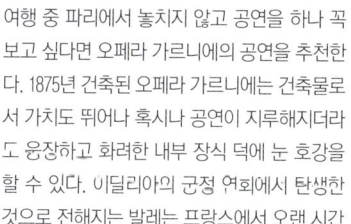

오페라 가르니에 ⓜ MAP P.325C ⓘ INFO P.339 ⓖ 찾아가기 메트로 3·7·8호선 오페라(Opéra) 역에서 도보 2분 ⓐ 주소 Palais Garnier, Place de l'Opéra, 75009 Paris
오페라 바스티유 ⓜ MAP P.414B ⓘ INFO P.419 ⓖ 찾아가기 메트로 1·5·8호선 바스티유(Bastille) 역에서 도보 2분 ⓐ 주소 Opéra Bastille, Place de la Bastille, 75012 Paris ⓗ 홈페이지 www.operadeparis.fr

카바레

몽마르트르의 심벌
물랭 루주 Moulin Rouge

2001년 개봉한 니콜 키드먼과 이완 맥그리거 주연의 영화〈물랭 루주〉의 성공으로 더욱 많이 알려졌다. 영화에서 나오듯 물랭 루주는 세계에서 가장 오래되고 화려한 공연을 하는 카바레 중 하나로 꼽힌다. 1889년에 문을 열어 오늘날까지도 관객이 끊이지 않고 공연을 하고 있다. 프랑스의 유명 가수 에디트 피아프, 이브 몽탕 같은 가수들이 물랭 루주를 거쳤다. 세계 각국에서 찾아온 최고의 미녀, 미남 무용수들은 이곳의 무대에 서기 위해 까다롭고 엄격한 조건을 통과해야 한다. 여성은 키 175cm 이상, 남성은 185cm 이상이며, 다리 길이 또한 정해진 최소 수치를 넘어야 하고 물랭 루주에서 정해놓은 아름다운 몸매의 실루엣에 맞아야 하는 등 까다로운 심사 기준을 통과해야 무대에 설 수 있다. 공연료는 €113부터 시작하며 음료나 식사의 포함 여부에 따라 달라진다.

TIP
운동화나 운동복, 반바지, 슬리퍼 등의 차림으로는 입장을 거절당할 수 있으니 복장에 유의하자. 사진 촬영은 금지다.

ⓜ MAP P.352F ⓘ INFO P.358
ⓐ 찾아가기 메트로 2호선 블랑슈(Blanche) 역에서 도보 2분
ⓐ 주소 82 Boulevard de Clichy, 75018 Paris
ⓐ 전화 01-53-09-82-82
ⓐ 홈페이지 www.moulinrouge.fr

샹젤리제 거리에서 즐기는 디너쇼
리도 두 파리 Lido 2 Paris

TIP 리도 쇼 체크 사항
사진 및 비디오 촬영 금지, 어린이 만 4세부터 입장 가능, 반바지, 운동화, 운동복 입장 금지, 일요일부터 목요일 사이 저녁 9시 공연에 자리가 남을 시에는 발코니석에서 €60에 쇼를 감상할 기회를 잡을 수도 있다(홈페이지 확인).

물랭 루주와 어깨를 나란히 하는 파리 최고의 카바레다. 샹젤리제에 위치한다는 지리적 이점 때문에 세계 각국의 관광객들이 방문한다. 화려하고 웅장한 무대의 모습에 감탄하게 되는데, 쇼가 시작되면 감탄사를 더욱 멈출 수 없게 된다. 리도 쇼는 1946년부터 시작되어 세계 3대 쇼라고도 불린다. 쇼는 무용수들의 공연은 물론, 마술 쇼, 서커스 등으로 구성해 처음부터 끝까지 눈을 뗄 수 없을 정도로 흥미진진하다. 우리나라에서는 그 의미가 변질되어 카바레에 대한 부정적인 인식이 남아 있지만, 리도 쇼를 보면서 진정한 카바레의 의미를 찾아볼 수 있을 것이다. 공연료는 €29부터지만 저렴한만큼 뷰가 제한적일 수 있다. 밸런타인데이, 크리스마스, 12월 31일 등의 특별한 날에는 특별한 프로그램으로 운영되며 가격대도 달라진다.

ⓜ MAP P.324A ⓘ INFO P.337
ⓐ 찾아가기 메트로 1호선 조르주 V(George V) 역에서 도보 1분 ⓐ 주소 116 Avenue des Champs-Élysées, 75008 Paris ⓐ 전화 01-53-33-45-50
ⓐ 홈페이지 www.billetterie.lido2paris.com

재즈 클럽

파리 재즈 음악의 중심지

선셋 선사이드 Sunset Sunside

샤틀레와 퐁피두 센터 근처에 위치한 선셋 선사이드는 1983년 롱바르 거리(Rue des Lombards)에 처음으로 자리 잡은 재즈 클럽이다. 색다른 공연 장소로 빠르게 자리매김한 선세 선사이드 재즈 클럽은 파리에서도 재즈 음악의 중심지 역할을 하게 된다. 미국의 유명한 허비 행콕이나 마일스 데이비스 등과 같은 재즈 뮤지션들이 공연과 상관없이 선셋 선사이드를 찾는다. 이처럼 선셋 선사이드는 재즈 음악계의 유명 인사들이 파리를 거쳐 갈 때 꼭 들르는 장소가 되었다. 2001년부터는 새로운 구성으로 '선셋'에서는 일렉트릭 재즈 음악을 '선사이드'에서는 어쿠스틱 재즈 음악을 들을 수 있게 구분되었다. 연주 공간이 매우 협소해서 모르는 사람과도 바로 옆에서 공연을 즐겨야 하지만, 뮤지션이 바로 앞에서 연주해주는 라이브 음악을 생생하게 들을 수 있으니 분위기가 금방 달아오른다. 일주일 내내 문을 열고 매일 두 차례 콘서트를 개최한다. 가끔 월요일에는 무료 공연도 있으니 놓치지 말자.

TIP 재즈 클럽 거리

롱바르 거리(Rue des Lombards)에는 선셋 선사이드 말고도 르 베제 살레(Le Baiser Salé), 르 뒤크 데 롱바르(Le Duc des Lombards) 등과 같은 여러 재즈 클럽이 있다. 각 공연장의 차이는 그다지 크지 않고 프로그램에 따라 달라지니, 재즈 음악을 잘 모른다면 마음에 드는 공연장으로 들어가는 것도 나쁘지 않을 것이다.

◎ MAP P.325L 🚇 INFO P.347 ◉ 찾아가기 메트로 1·4·7·11·14호선 샤틀레(Châtelet) 역에서 도보 2분 ◉ 주소 60 Rue des Lombards, 75001 Paris ☎ 전화 01-40-26-46-60 ◉ 홈페이지 www.sunset-sunside.com

역사 깊은 극장에서 복합 문화 예술의 중심지로

게테 리리크 La Gaîté Lyrique

복합 문화 예술 공간

TIP
게테 리리크에서 할 수 있는 일
① 전시회 관람
② 콘서트
③ 아티스트와의 만남
④ 아틀리에 직접 참여해보기
⑤ 어린이를 위한 다양한 프로그램
⑥ 도서관 이용
⑦ 비디오게임 이용
⑧ 디지털 관련 직업에 대한 교육
⑨ 일요일 브런치
⑩ 쇼핑

게테 리리크는 미디어와 같은 디지털 아트의 진수를 볼 수 있는 곳이다. 쉽게 말해 미디어 문화 공간이라고 생각하면 되는데, 콘서트를 즐길 수도 있고, 바에서 친구들과 맥주 한잔할 수도 있으며, 비디오 게임을 맘껏 즐길 수 있는 곳이기도 하다. 음악과 영화, 게임, 디자인 등을 이용한 여러 형태의 예술을 즐기고 감상할 수 있다. 게테 리리크는 1862년에 문을 연 1800석의 극장을 리모델링했으며, 프랑스 역사적 기념물에도 등록되어 있다. 2011년 오랜 공사 끝에 파리시에 속한 문화 예술 공간으로 다시 태어났다. 현재는 문화, 예술과 역사, 그리고 현대가 공존하는 공간으로서 예술의 발전과 테크닉 등을 대중이 쉽게 접하고 이해할 기회를 제공한다는 평가를 받고 있다.

MAP P.398B INFO P.406 찾아가기 메트로 3·4호선 레오뮈르 세바스토폴(Réaumur-Sébastopol) 역에서 도보 1분 주소 3 bis Rue Papin, 75003 Paris 전화 01-53-01-52-00 시간 화~금요일 14:00~22:00, 토·일요일 11:00~19:00(프로그램에 따라 야간에도 운영한다) 휴무 월요일 가격 €5~ 홈페이지 http://gaite-lyrique.net/en

파리 19구 문화 예술의 성지
상카트르 104

상카트르가 위치한 퀴리알 거리 5번지는 1905년부터 파리시에서 운영하는 장례식장이었다. 당시에는 매우 획기적이었는데 이곳 시립 장례식장에서는 종교나 성별에 상관없이 장례식을 치를 수 있었다고 한다. 1997년 시립 장례식장은 문을 닫았지만, 건물 자체는 역사적인 가치를 인정받아 프랑스 역사적 기념물에 등록되었다. 파리시에서 나서서 추진한 오랜 재정비 끝에 2008년 장례식장이 복합 문화 예술 공간으로 재탄생해 파리 시민들에게 공개되었다. 이민자들의 동네로 알려져 문화 예술의 혜택이 별로 없던 파리의 19구는 상카트르의 오픈과 함께 젊은이들을 끌어 모을 수 있었다. 개관 초반에는 파리시가 투자하는 비용에 비해 적은 방문객 수에 말이 많았지만, 오늘날에는 한 해 50만 명이 넘는 방문객들이 이곳을 찾으며 문화 예술 공간으로서 위치를 확고히 하고 있다. 콘서트, 댄스, 연극, 영화, 비디오 예술 등 다양한 공연이 펼쳐지고, 직접 참여할 수 있는 프로그램이 많아 인기 높다.

MAP P.425C **INFO** P.438
찾아가기 메트로 7호선 리케(Riquet) 역에서 도보 4분 **주소** 5 Rue Curial, 75019 Paris **전화** 01-53-35-50-00
시간 화~금요일 12:00~19:00, 토·일요일 11:00~19:00(전시 수~일요일 14:00~19:00, 프로그램에 따라 야간에도 운영한다) **휴무** 월요일, 8월 3주간(전시 월·화요일)
가격 무료, €3~
홈페이지 www.104.fr

길거리 예술

아코디언 선율이 흐르는 파리에 대한 상상, 누구나 해보았을 것이다. 파리는 정말로 그렇다. 영화에서처럼 거리에서 아코디언 선율이 흐르고, 센강가에서 피아노를 연주하고, 퐁피두 센터 앞에서는 단막 연극 공연이 펼쳐지고, 그래피티를 하고 있는 길거리 예술인을 마주치는 일이 그리 어렵지 않은 곳이 파리다. 마치 태어날 때부터 문화와 예술에 대해 잘 알고 있는 사람들처럼 프랑스인들은 문화와 예술을 장려하는 데 적극적으로 참여하고 감상한다. 특히 파리에서는 정부에서 지원하는 유명한 문화 예술 콘텐츠도 접할 수 있지만, 지인들끼리 모여서 만든 작은 규모의 예술인 모임 공연이나 예술 활동도 길거리에서 경험할 수 있다. 아쉬운 점은 일정을 하나하나 정확히 알 수 없다는 것이지만, 걷다 보면 접할 수 있기에 접근성도 좋고 참여도 또한 높아 색다른 추억을 만들 수 있다.

THEME 22
테마파크

Theme Parks in Paris

어른도 아이도 즐거운 파리의 테마파크

아이들과 함께 파리를 방문한다면 마냥 관광지만 돌아다닐 수는 없을 것이다. 아이들 눈높이에서 바라보는 파리는 어른들이 보는 만큼 아름답게 느껴지지만은 않을 수도 있다는 생각에서 준비한 테마. 파리에는 관광객을 위한 관광지만 존재하는 것이 아니다. 테마파크 '덕후'를 위한 디즈니랜드, 그보다 더 마니아스러운 파크 아스테릭스도 있다. 파리에서 즐길 수 있는 다양한 테마파크를 하나하나 파헤쳐보자.

THEME 22 테마파크

AWESOME

STUNNING

DISNEYLAND PARIS

어른과 어린이가 함께 행복해지는 곳
디즈니랜드 파리

파리에서 약 30km 거리에 있는 마른라발레시에 위치한다. 어린이뿐만 아니라 어른도 즐거운 시간을 보낼 수 있는 디즈니랜드 파리는 놀이 기구를 갖춘 디즈니랜드 파크와 디즈니 애니메이션 영화를 소재로 한 테마 스튜디오인 월트 디즈니 스튜디오 파크로 이루어졌으며, 그 외에도 디즈니랜드 골프장과 호텔 등이 있어 단순히 놀이공원에 가는 것을 넘어서는 즐거움을 느낄 수 있다. 1992년 '유로 디즈니 리조트'로 시작해 오늘날에는 '디즈니랜드 파리'로 불리며, RER선이 연계되어 파리 샤틀레 역에서 40분 정도면 도착한다. 2017년 오픈 25주년을 맞아 2015년부터 대대적인 리뉴얼 공사를 시작했으며, 새로운 놀이 기구와 다양한 프로그램을 추가했다. 특히 디즈니랜드에서 가장 인기가 높은 스타 투어와 하이퍼 스페이스 마운틴은 놓치지 말고 타자!

TIP 입장권을 미리 예매해두자!
성수기에는 사람이 많아 입장권을 현장에서 구매하려면 너무 많은 시간을 소비할 수 있다. 미리 디즈니랜드 파리 홈페이지나 한국 온라인 판매 사이트에서 구매해두거나 파리 관광안내소, 기차역, 공항 혹은 머무르는 호텔에서도 판매할 수 있으니 문의해보자. 프낙(Fnac) 같은 대형 문화·전자 제품 매장에서도 구매할 수 있다.

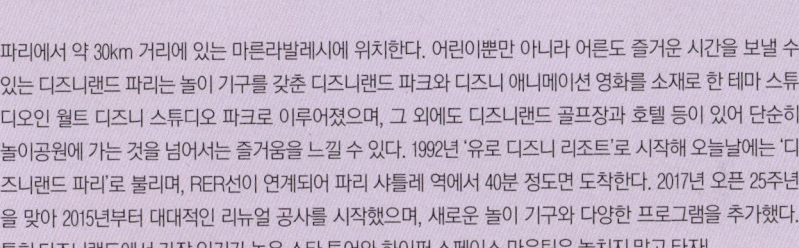

TIP 먹을거리를 준비하자!
디즈니랜드 파리에는 다양한 식당이 있지만, 가격대가 높은 편이다. 샌드위치나 간단한 간식 같은 먹을거리를 준비해 가는 것도 좋은 방법이다.

◎ MAP P.498F ⓘ INFO P.496 ⓒ 찾아가기 RER A선 종점 마른라발레 셰시(Marne-La-Vallée-Chessy(Disneyland Paris)) 역에서 도보 7분 ⓐ 주소 Disneyland Paris, Boulevard de Parc, 77700 Coupvray
ⓟ 전화 08-25-30-05-00 ⓣ 시간 디즈니랜드 파크 09:00~22:00 / 월트 디즈니 스튜디오 파크 09:00~21:00(시기에 따라 파크별 오픈 시간이 다르니, 미리 홈페이지에서 확인할 것) ⓟ 가격 1일권 1 Park 어른 €56~, 어린이(3~11세) €52~ / 2 Park 어른 €81~, 어린이 €77~(판매 티켓 종류는 시기에 따라 달라지니 홈페이지를 통해 확인할 것)
ⓗ 홈페이지 www.disneylandparis.com

디즈니랜드 파크 꼼꼼히 보기

디즈니랜드 파크는 각종 놀이 기구가 있는 테마파크로 레스토랑과 상점이 자리한 메인 스트리트 이외에 총 4개의 테마로 이루어졌다.

Adventureland
모험의 나라
인디아나 존스, 캐리비안의 해적 등을 테마로 한 놀이 기구가 있어 인기가 좋으니 제일 먼저 가는 것이 좋다.

Fantasyland
환상의 나라
어린이 위주의 놀 거리가 많은 곳으로 이상한 나라의 앨리스, 잠자는 숲속의 공주, 백설 공주, 미키마우스 등을 만날 수 있다.

Frontierland
개척의 나라
19세기 서부 개척시대를 테마로 해 가장 인기 있는 놀이 기구는 빅 선더 마운틴(Big Thunder Mountain)이라는 광산 기차다.

Main Street
메인 스트리트
테마파크 곳곳으로 가기 위한 출입구라고 할 수 있다. 거리 양옆으로 레스토랑과 상점이 있고 길 끝에는 디즈니랜드의 상징인 디즈니 성이 있어 인증사진을 찍기에 좋다.

Discoveryland
발견의 나라
미래에 대한 탐험과 새로운 세계의 발견을 주제로 한 발견의 나라에서는 인기가 높은 스타 투어(Star Tours)와 스타워즈 하이퍼스페이스 마운틴(Star Wars Hyperspace Mountain) 등의 놀이 기구가 있다.

월트 디즈니 스튜디오 파크 꼼꼼히 보기

영화의 테마를 주제로 한 스튜디오 테마파크로 영화 촬영장의 특수 효과를 생생하게 느껴볼 수 있다.
다양한 공연이 준비되어 있기 때문에 시간을 미리 체크하는 것이 좋다.

① 라타투이 Ratatouille 생쥐 레미가 주방에서 쫓고 쫓기는 모습을 모티브로 했다.
② 트와일라이트 존 타워 오브 테러 The Twilight Zone Tower of Terror 추락하는 엘리베이터에서 공포를 느낄 수 있다.
③ 플라잉 카펫 오버 아그라바 Les Tapis Volants-Flying Carpets over Agrabah 어린이들이 즐겨 타는 놀이 기구다.
④ RC 레이서 RC Race U자형 코스를 질주하는 스릴 만점 레이스.
⑤ 미키와 마술사 Mickey et le Magicien 미키마우스와 마술사의 뮤지컬 공연이다.
⑥ 모터 액션! 스턴트 쇼 Moteurs...Action! Stunt Show Spectacular 자동차와 오토바이가 묘기를 부리듯 멋진 장면을 연출한다.
⑦ 스티치 라이브! Stich Live! 디즈니 캐릭터 스티치와 함께하는 공연. 만 3~6세 아이들에게 인기가 많다.
⑧ 디즈니 주니어 라이브! Disney Junior Live! 디즈니 캐릭터들의 공연으로 온 가족이 즐기기에 좋다.
⑨ 레미의 비스트로 Bistrot Chez Rémy 비스트로 음식을 맛보기에 좋은 레스토랑.
⑩ 카페 데 카스카되르 Café des Cascadeurs 정통 아메리칸 햄버거를 맛볼 수 있다.
⑪ 레스토랑 데 스타 Restaurant des Stars 미국 스타일 뷔페.
⑫ 디즈니 블록버스터 카페 Disney Blockbuster Café 영화 속 헛간과 같은 레스토랑에서 즐기는 샌드위치.

PARC ASTÉRIX

좀 더 짜릿한 자극을 원한다면!
파크 아스테릭스

미국에 디즈니가 있다면, 프랑스에는 아스테릭스가 있다. 디즈니랜드 파리보다 강도가 더 높고 짜릿한 놀이기구를 원한다면 파크 아스테릭스를 찾아야 한다. 아스테릭스는 프랑스를 대표하는 만화 캐릭터로 로마제국의 지배를 받는, 현대 프랑스인들의 선조 격인 골루아족의 한 마을에서 일어나는 일을 배경으로 주인공 아스테릭스와 오벨릭스의 영웅담을 재미있게 그려 프랑스는 물론 유럽 전체에서 인기가 높다. 전 세계적으로 3억 5000만 부가 팔리고 100여 개의 언어로 번역이 되었다고 하니 가히 프랑스 국민 만화라고 불릴 만하다. 이러한 인기에 힘입어 1989년 파크 아스테릭스를 오픈했고, 아스테릭스를 사랑하는 프랑스인들에게 꾸준한 사랑을 받고 있다. 파크 아스테릭스는 만화 〈아스테릭스〉와 관련이 있는 6개의 테마로 이루어져 있으며, 대체로 스피드를 즐길 수 있는 놀이 기구가 많다.

ⓜ **MAP** P.498B ⓘ **INFO** P.496 ⓖ **찾아가기** 샤를 드골 공항 방향 RER B선 이용, 샤를 드골 공항 1에서 하차. 파크 아스테릭스(Parc Astérix) 데스크에서 전용 버스 이용(돌아올 때는 폐장 후 1시간까지 30분마다 버스가 있으니 폐장 시간을 확인할 것) ⓐ **주소** Parc Astérix, 60128 Plailly ⓣ **시간** 4~1월 10:00~18:00(여름철, 금요일 등 시기에 따라 개장 시간이 다르니 홈페이지를 통해 미리 확인할 것) ⓟ **가격** 어른 €59, 어린이(3~11세) €51(홈페이지에서 자주 프로모션이 있으니 미리 체크할 것) ⓗ **홈페이지** www.parcasterix.fr

파크 아스테릭스 꼼꼼히 보기

파크 아스테릭스는 놀이 기구와 함께 다양한 공연이 준비되어 있어 조금도 지루할 틈이 없다. 스릴 넘치는 놀이 기구와 어린이들이 즐길 수 있는 놀이 기구가 잘 섞여 있으며, 동선도 그리 복잡하지 않다.

TIP 짜릿함을 즐기는 방문객에게는 **오지리스(Ozlris)**가 인기가 많고, 가족 단위 방문객에게는 **디스코벨릭스(Discobélix)**의 인기가 단연 최고다. **이데픽스의 숲(Forêt d'Idéfix)**은 2014년 문을 연 만 3세에서 만 11세 어린이를 위한 테마파크 존으로, 프랑스 어린이들이 파크 아스테릭스에 가고 싶어 하는 가장 큰 이유이기도 하다.

THEME 23
축제

파리는 날마다 축제

"만약 당신에게 충분한 행운이 있어
젊은 시절 파리에서 살아볼 수 있었다면,
당신의 남은 일생 중 어디를 가든,
파리는 마치 움직이는 축제처럼
늘 당신 곁에 머무를 것이다."
미국의 소설가 헤밍웨이는 '파리는 날마다
축제'라는 회고록에서 이렇게 썼다.
파리는 매달 축제가 넘치고,
축제가 없더라도 소소한 즐거움이 가득한
인생을 즐길 줄 아는 파리지앵들만의 축제가
매일 계속된다. 루브르 박물관 피라미드 옆에
걸터앉아 석양을 즐기는 파리지앵들,
생마르탱 운하를 따라 음악 볼륨을 높이고
춤을 추며 와인을 마시는 사람들,
날씨 좋은 저녁 피크닉 준비와 함께
삼삼오오 라 빌레트 공원에 모여
야외 영화 관람을 준비하는 사람들.
헤밍웨이는 아마도 이 즐거운
모습을 통해 파리가 날마다
축제를 하는 듯 느끼지 않았을까?

1
Janvier

☐ 새해맞이 축제
JOUR DE L'AN

12월 31일에 시작해 1월 1일을 맞는 신년 파티는 파리 곳곳에서 열린다. 샹젤리제 거리는 차량을 통제하기 때문에 많은 사람들이 모여 함께 샴페인을 마시면서 새해의 기쁨을 함께 나누고, 에펠탑 앞에서 또한 12시 정각 점등 행사를 기다리며 새해를 맞는다.

☐ 파리 패션 위크
SEMAINE DE LA MODE

매년 1·3·6·7·9월에 파리 패션 위크가 열린다. 세계 각국의 디자이너와 브랜드들이 앞다퉈 컬렉션을 소개하는 시기다. 다양한 박람회들이 패션 위크 기간 동안 진행된다.
🏠 홈페이지 http://fhcm.paris

2
Février

☐ 음력 새해 축제
NOUVEL AN LUNAIRE

1월 말에서 2월 초에는 파리에 거주하는 중국인 커뮤니티를 중심으로 13구와 20구에서 음력 새해를 축하한다. 아시아인뿐만 아니라 프랑스인들도 어울려 즐기는 축제 한마당이다.

☐ 국제 농축산박람회
SALON INTERNATIONAL DE L'AGRICULTURE DE PARIS

파리 농축산박람회는 생각보다 규모가 크고 매해 대통령이 방문할 정도로 인지도가 높다. 생산자가 준비한 제품을 직접 맛볼 수 있고, 동물도 볼 수 있어 가족 단위 방문객에게 인기가 많다.
🏠 홈페이지 www.salon-agriculture.com

Mars

☐ 푸아르 뒤 트론
FOIRE DU TRÔNE

3월 말경부터 뱅센 숲 근처에서 개방하는 이동식 놀이공원이다. 19세기에 문을 연 놀이공원으로 알려져 있으며, 당시에는 나시옹 광장(Place de la Nation) 근처에 문을 열었지만, 규모가 커져 1964년 뱅센 숲 근처에 자리 잡았다.

▶ 홈페이지 www.foiredutrone.com

Avril

☐ 파리 마라톤
MARATHON DE PARIS

세계 70개국 3만 명이 넘는 참가자가 파리 시내 42.195km를 달린다. 참가하려면 홈페이지를 통해 사전에 등록해야 한다.

▶ 홈페이지
www.schneider electricparismarathon.com

☐ 파리 국제박람회 FOIRE DE PARIS

100년이 넘도록 매해 열리는 전통이 깊은 박람회다. 음식부터 인테리어 제품, 가전 제품 등의 신제품을 전시해 매년 많은 인파가 모인다.

▶ 홈페이지 www.foiredeparis.fr

Mai

☐ 박물관의 밤
NUIT DES MUSÉES

저녁 7시에서 새벽 1시까지 파리의 미술관과 박물관에 조명 장식을 하고 음악, 연극 등이 준비된다.

▶ 홈페이지 http://nuitdesmusees.culture.gouv.fr

☐ 프랭탕 데 뤼
LE PRINTEMPS DES RUES

파리 10구 생마르탱 운하를 중심으로 스트리트 아트를 홍보하는 기간이다. 연극이나 마리오네트, 샹송, 서커스, 댄스 등의 행사를 준비하며, 누구나 즐길 수 있다.

▶ 홈페이지 www.leprintempsdesrues.com

☐ 롤랑 가로스
ROLAND GARROS

프랑스 오픈 테니스 대회. 5월 말, 6월 초 파리 16구 롤랑 가로스 경기장에서 세계 4대 국제 테니스 대회로 꼽히는 롤랑 가로스가 열린다.

▶ 홈페이지
www.rolandgarros.com

6
Juin

□ 파리 재즈 페스티벌
PARIS JAZZ FESTIVAL

뱅센 숲의 플로랄 공원(Parc Floral)에서 펼쳐지는 파리 재즈 페스티벌은 퀄리티 높은 재즈 공연을 볼 수 있는 것으로 유명하다. 플로랄 공원 내에서 열리는 만큼 색다른 구성과 분위기가 공연 관람의 흥을 한층 더 돋운다.
🌐 홈페이지 http://en.parisjazzfestival.fr/intro

□ 댄스 축제
FÊTE DE LA DANSE

파리 13구 베르시 공원에서 펼쳐지는 댄스 축제에서는 현대무용이나 아프리카 전통 댄스, 힙합 등의 다양한 장르의 댄스 공연이 열린다.
🌐 홈페이지 http://entrezdansladanse.fr

□ 음악 축제
FÊTE DE LA MUSIQUE

1983년 공식적으로 시작된 프랑스 '음악 축제'는 매년 6월 21일 프랑스 전국 곳곳에서 열린다. 콘서트장이나 바, 레스토랑은 물론이고 길거리 곳곳에서 선보이는 뮤지션들의 퀄리티 높은 음악을 무료로 즐길 수 있다.
🌐 홈페이지 http://fetedelamusique.culture.gouv.fr

□ 게이 프라이드
GAY PRIDE

6월 말, 성 소수자들의 권리를 인정받기 위해 열리는 행진이다. 뉴욕에서 유래된 게이 프라이드 퍼레이드에서는 일렉트로닉 뮤직과 함께 여러 가지 공연을 준비해 유쾌하고 즐거운 행진이 이어진다.
🌐 홈페이지 www.gaypride.fr

THEME 23 축제

Juillet

TIP 파리의 7월은 1년 중 축제가 가장 많은 달로, 일정을 잘 체크하고 준비만 잘 해둔다면 잊지 못할 추억을 많이 만들 수 있을 것이다.

프랑스혁명 기념일 FÊTE NATIONALE DU 14 JUILLET

1789년 프랑스혁명으로 시민들이 봉기해 바스티유 감옥을 습격한 날로, 이 혁명을 계기로 프랑스는 왕정에서 공화정으로 변모했다. 매해 7월 14일은 프랑스 국경일로 지정되어 있어, 이날만큼은 전국 곳곳에서 불꽃놀이를 볼 수 있으며, 소방서 근처에서는 소방관들과 함께 축제를 즐기는 '발 네 퐁피에(Bal des Pompiers)'가 열린다. 7월 14일 아침에는 샹젤리제 거리가 전면 통제되며, 땅에서는 제복 차림의 군사 행진이, 하늘에서는 공군의 화려한 에어쇼가 펼쳐진다.

홈페이지 www.parisinfo.com

파리 플라주 PARIS PLAGES

7월 중순에서 8월 말까지 이어지는 축제로, 시청사 근처의 센강가와 빌레트 선착장 근처에서 콘서트나 연극 등 여러 가지 프로그램이 준비된다. 모래사장이 있어 해변에서처럼 선탠을 즐길 수도 있다. 어린이를 위한 특별한 놀이 기구나 어른도 함께 즐길 수 있는 시설물을 설치해 남녀노소 즐겨 찾는 축제로 자리 잡았다.

홈페이지 www.parisinfo.com

야외 영화 축제 CINÉMA EN PLEIN AIR

7월 중순에서 8월 중순까지 라 빌레트 공원에서 열리는 영화 축제. 모든 영화는 오리지널 버전으로 상영되며, 프랑스어 자막이 준비되어 있다.

홈페이지 http://lavillette.com/evenement/cinema-en-plein-air-home-cinema/

파리 여름 거리 축제 PARIS QUARTIER D'ÉTÉ

파리 플라주와 함께 파리의 대표적인 축제로 자리 잡은 파리 '카르티에 데테' 축제는 1990년에 시작되었다. 정해진 공연장이 아닌, 공원이나 길거리 등에서 야외 공연이 펼쳐지며, 거의 모든 행사가 무료다. 많은 파리지앵들이 바캉스를 떠나 텅 빈 듯한 파리의 허전함을 파리 여름 거리 축제가 채워준다는 평을 받는다.

홈페이지 www.parislete.fr

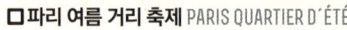

프나크 라이브 페스티벌 FNAC LIVE FESTIVAL

프랑스 대표적 문화 상품 매장 '프나크(Fnac)'가 7월 중순경 주최하는 무료 라이브 콘서트. 파리 시청사 광장에서 열리며 유명 가수들이 초청되어 매해 성공적으로 개최된다.

홈페이지 www.fnac.com

솔리데이스 SOLIDAYS

불로뉴 숲 경마장에서 3일간 펼쳐지는 콘서트다. 에이즈 예방과 치료를 홍보하는 콘서트로, 프랑스 젊은이들이 사랑하는 페스티벌 중 하나다.

홈페이지 www.solidays.org

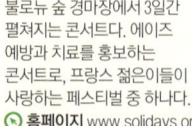

Août

☐ 시네마 오 클레르 드 륀
CINÉMA AU CLAIR DE LUNE

파리시가 주최하는 무료 영화 상영 행사.
사크레쾨르 성당 앞,
트로카데로 광장, 보주 광장 등의 파리
시내 곳곳에서 펼쳐진다.

🌐 홈페이지 www.forumdesimages.fr

☐ 록 페스티벌
ROCK EN SEINE

파리에서 열리는 가장 유명한 록 페스티벌로 8월 말 생클루 공원에서 3일간 열린다. 세계 유명 아티스트들의 공연을 볼 수 있는 좋은 기회지만, 서두르지 않으면 표가 매진된다.

🌐 홈페이지 www.rockenseine.com

Septembre

☐ 파리 가을 축제
FESTIVAL D'AUTOMNE

9월에서 10월까지 열리는 가을 축제로 댄스, 연극, 조형예술 등 다양한 프로그램을 파리 곳곳에서 경험할 수 있다.

🌐 홈페이지 www.festival-automne.com

☐ 문화유산의 날
JOURNÉE DU PATRIMOINE

9월 셋째 주 주말에 열리는 프랑스 문화유산의 날은 평소 일반 시민의 출입을 통제하는 프랑스 관공서나 건축물, 유명 개인 저택 등을 방문할 수 있는 날이다. 1년에 딱 이틀밖에 출입이 허락되지 않기 때문에, 이 기회를 잘 이용하면 파리의 숨겨진 보물을 방문할 기회를 가질 수 있을 것이다.

🌐 홈페이지 http://journeesdupatrimoine.culture.gouv.fr

☐ 빌레트 재즈 페스티벌
JAZZ À LA VILLETTE

빌레트 공원에서 펼쳐지는 재즈 페스티벌은 9월에 약 열흘간 열리며, 어린이를 위한 재즈 공연도 준비되는 등 재즈를 재미있게 즐길 수 있도록 한다.

🌐 홈페이지 http://jazzalavillette.com

10
Octobre

☐ 뉘 블랑슈
NUIT BLANCHE

10월 초 열리는 야간 페스티벌로, 조형예술이나 공연 등을 밤에 관람할 수 있다. 구역별로 공연을 개최하는데, 미리 일정을 체크하면 밤새 좋은 공연을 즐길 수 있을 것이다.

🏠 홈페이지 www.facebook.com/NBParis

☐ 피악
FOIRE INTERNATIONAL D´ART CONTEMPORAIN(FIAC)

프랑스 최대의 현대미술 박람회다. 그랑 팔레와 루브르 박물관, 튈르리 정원 등에서 열리며, 전 세계 수많은 화랑이 참여한다. 🏠 홈페이지 www.fiac.com/paris

☐ 몽마르트르 포도 수확제
FÊTE DES VENDAGES

10월 첫째 주 혹은 둘째 주에 몽마르트르 포도밭에서 첫 수확 축제를 연다. 단순한 수확 축제가 아니라, 세세히 준비된 프로그램으로 가득하니, 여행 시기가 맞물린다면 즐겁게 축제를 즐길 수 있는 기회가 될 것이다.

🏠 홈페이지 www.fetedesvendangesdemontmartre.com

11
Novembre

☐ 보졸레 누보
BEAUJOLAIS NOUVEAU

한국에서도 유명한 보졸레 누보 축제는 보졸레 지방에서 그해 생산하는 와인을 수확하고 짧게 숙성시켜 마시는 데서 유래되었다. 지역 축제였지만 프랑스 전국으로 퍼져나갔으며, 보졸레 누보 와인은 매해 출시한 지 2~3주 만에 완판되기도 한다.

🏠 홈페이지 www.beaujolais.com

12
Décembre

🗌 크리스마스 마켓
MARCHÉ DE NOËL

유럽의 축제답게 크리스마스가 있는 12월에는 곳곳에서 크리스마스 마켓이 열린다. 전통적인 크리스마스 마켓보다는 상업적인 마켓이 많지만, 크리스마스 분위기를 한껏 느낄 수 있고, 향기로운 뱅쇼 한잔으로 따뜻하게 몸을 녹일 수 있다.

🌐 홈페이지 www.parisinfo.com

TIP 매달 열리는 축제
벨빌 푸드 마켓
LE FOOD MARKET

2015년 9월에 처음 열린 벨빌 푸드 마켓은 시작부터 젊은 파리지앵들에게 폭발적인 기대와 사랑을 받았다. 그 후로 매달 열리고 있으며, 날싸는 홈페이지에 공지된다. 벨빌 거리에서 열리는데, 세계 각국의 음식은 물론 프렌치 음식도 싼 가격에 즐길 수 있다. 거리 축제인 만큼 특유의 분위기에 매번 사람으로 북적인다.

🌐 홈페이지 www.lefoodmarket.fr
www.facebook.com/lefoodmarketparis

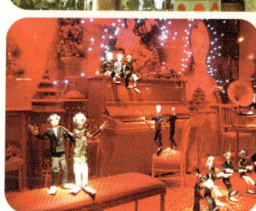

🗌 일루미나시옹 드 노엘
ILLUMINATIONS DE NOËL

파리 곳곳의 거리에서 크리스마스를 맞아 불빛을 밝힌다. 샹젤리제 거리의 불빛 축제가 가장 유명하며, 오페라에서 플라스 방돔으로 가는 패 거리(Rue de la Paix)의 조명 장식 또한 아름답다. 거리뿐만 아니라, 파리 시내 백화점 모두 크리스마스 특별 쇼윈도를 설치하는데, 전통이 깊은 만큼 매해 백화점들의 크리스마스 쇼윈도를 일부러 보러 온 사람들로 북적인다.

파리

VOL 2

| 가이드북 |

꼭 가야할 지역별
대표 명소 완벽 가이드

오유나 지음

길벗

무작정 따라하기 1단계 파리 이렇게 간다

파리 입국하기

인천에서 파리까지는 직항 비행기를 타고 12시간 30분 정도 소요된다. 프랑스는 출입국 신고서를 따로 작성하지 않기 때문에 특별한 문제 없이 여권만 소지하면 간단하고 빠르게 입국 심사를 마칠 수 있다.

✚ TIP
프랑스 입국 면세 범위
항공·선박 이용 시 총액 €430(만 15세 미만 €150), 담배 200개비, 시가 50개비, 주류(거품이 없는 와인) 4L, 알코올 도수 22도 이상 1L, 22도 미만 2L.
만 17세 이하일 경우 주류와 담배를 소지하고 입국할 수 없음.

1 공항 도착 후 입국 심사대 찾아가기
비행기에서 내려 파리 샤를 드골 공항에 도착하면 알파벳밖에 보이지 않아 당황할 수 있다. 하지만 어려울 것 없다. 그저 가방이 그려져 있는 'Bagages–Sortie' 표지판을 따라가면 된다.

2 입국 심사받기
입국 심사는 도착하는 비행기의 승객 수에 따라 진행 속도가 달라진다. 밤늦게 도착하지 않는 이상 빨리 진행되는 편이며 심사관이 몇 가지 질문을 할 수 있다. 보통 왜 파리에 왔는지, 며칠이나 머무는지 정도만 물어보니 바로 대답할 수 있도록 미리 생각해두자.

3 수하물 찾기
심사대를 지나면 곳곳에서 전광판으로 수하물 위치 안내를 볼 수 있다. 해당 비행편의 번호를 확인하고 짐을 찾으면 된다. 짐을 가지고 공항을 떠나기 전에 본인 짐이 맞는지 잘 확인해보자.

4 공항 나서기
짐을 찾은 후 'Sortie' 표시를 따라 나간다. 세관 검사대(Douane–Customs)가 출구 근처에 있는데, 따로 신고할 물품이 없으면 그냥 지나가면 된다.

파리 샤를 드골 공항 자세히 보기

파리에는 샤를 드골 공항(Aéroport Paris-Charles de Gaulle)과 파리오를리 공항(Aéroport de Paris-Orly)이 있다. 샤를 드골 공항은 파리를 대표하는 국제공항으로 우리나라에서 출발하는 모든 비행기는 샤를 드골 공항에 도착한다. 총 3개의 여객 터미널이 있으며 1, 3터미널이 가까이 있고 2터미널은 규모가 커 2A · 2B · 2C · 2D · 2E · 2F · 2G의 터미널로 다시 나눠진다.

◎ 홈페이지 www.parisaeroport.fr

> **TIP**
> 터미널을 잘못 찾았다면 CDG VAL을 타고 무료로 1, 2터미널로 갈 수 있다.

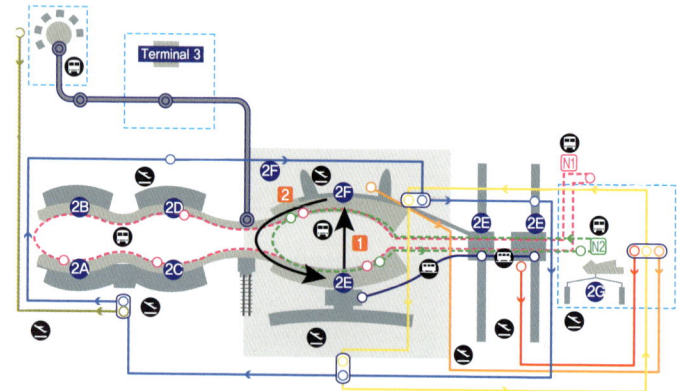

▶ 제1 터미널

규모가 그리 크지는 않고 동그란 형태로 게이트를 찾는 것이 어렵지 않다. 아시아나, 에바 항공, 쿠웨이트 항공, 말레이시아 항공, 싱가포르 항공 등의 항공사가 취항한다. 맥도날드와 스타벅스가 2층(Niveau 2)에 있다.

▶ 제2 터미널

대한항공은 물론 에어 프랑스, 캐세이퍼시픽, 일본항공, 중국 동방 · 남방항공, 에미레이트 항공 등이 취항한다. 규모가 크지만 해당 터미널 번호만 잘 따라가면 쉽게 찾을 수 있다. RER B선이 연결돼 있어 파리로 쉽게 이동할 수 있으며 TGV 기차역도 있기 때문에 파리가 아닌 다른 지역으로도 바로 이동할 수 있어 편리하다. 출국장의 면세점 규모가 크고 입국장에도 다양한 편의 시설이 준비되어 있다.

▶ 제3 터미널

저가 항공이나 소규모 항공사들이 취항한다. 저가 항공으로 근처 유럽을 여행할 경우 이용하게 될 수 있다.

오를리 공항 자세히 보기

파리 남쪽에 위치한 공항으로 가까워 보이지만 교통편은 그리 좋지 않다. 샤를 드골 공항 개항 전까지는 파리의 대표 공항이었으나 지금은 저가 항공이나 주변 국가들을 다니는 근거리 노선이 이용한다. 파리 이외의 유럽 다른 도시를 여행할 경우 오를리 공항을 이용하게 될 수 있다. 남 터미널(Orly Sud)과 서 터미널(Orly Ouest)이 있으며 오전 6시에서 오후 11시 35분까지는 오를리 발(Orly Val) 열차를 타고 터미널 사이를 이동할 수 있다.

◎ 홈페이지 www.parisaeroport.fr

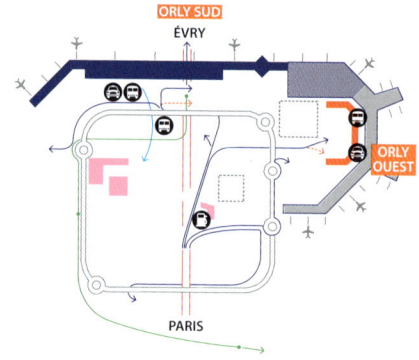

무작정 따라하기 2단계 공항에서 파리 시내 들어가기

샤를 드골 공항에서 시내 가기

샤를 드골 공항에서 파리 시내까지 운행하는 다양한 교통수단이 있어 접근성이 좋다. 하지만 버스를 타거나 택시를 탈 경우 차가 막혀 너무 많은 시간을 길에서 보낼 수 있으니 주의하자.

▶ RER

RER은 파리 시내로 들어가는 가장 대표적인 교통수단이다. 제1 터미널과 제2 터미널 모두 각각 RER 역이 있다. 파업이나 고장이 없는 이상 가장 빠르고 정확하게 파리의 중심부까지 들어갈 수 있다. 중간에 정차하지 않는 급행과 모든 역을 정차하는 일반 열차가 있으며 빠르면 북역(Gare de Nord)까지 25분, 샤틀레 레 알(Châtelet-Les Halles) 역까지 28분, 덩페르 로슈로(Denfert-Rochereau) 역까지 35분 정도 소요된다. 표는 RER 역 내 자동 발매기를 통해 살 수 있으며, 발매기에는 'TICKETS ET NAVIGO'라고 쓰여있다. 1~5존까지 이용 가능한 나비고(NAVIGO)를 구매했다면 한번에 갈 수 있다.

⏰ 시간 04:50~23:50(배차 간격 10~20분) 💶 요금 €11.8

RER 탑승 순서

1 'RER PARIS' 표지판을 따라 가자.

2 기차 표시(Grandes Lignes)와 RER(Vers Paris) 표시를 혼동하지 말자.

3 자동 발매기로 RER 표를 구입하자.

4 전광판에 다음 정차역이 북역(Paris Nord RER)이라면 급행열차고 파크 데 젝스포지시옹(Parc des Expositions) 역이 나온다면 일반 열차다.

5 열차에 탑승하자.

▶ 버스 BUS

버스 그림이 그려진 표지판을 따라가면 정류소에 도착한다. 운영 종류에 따라 세 가지 정도로 나누어볼 수 있다.

루아시버스 RoissyBus

샤를 드골 공항에서 파리 시내 오페라 가르니에까지 갈 수 있는 버스다. 공항 1·2·3 모든 터미널에 정차하며 시내까지는 1시간 15분 정도 소요된다. 숙소가 오페라 근처에 있거나 바로 갈아탈 수 있는 메트로 3·8·9호선, RER A선을 이용해야 한다면 편리하게 이용할 수 있다.

📍 주소 11 Rue du Scribe, 75009 Paris(오페라 정류소) ⏰ 시간 05:15~24:30(배차 간격 15~20분)
💶 요금 €16.6

350번 · 351번

파리 동역(Gare de l'Est)으로 가는 350번 버스와 나시옹 역(Nation)으로 가는 351번 일반 버스가 있지만, 추천하지 않는다. 정류장이 너무 많아 정차를 자주 하고 시간도 너무 오래 걸린다.

350번
- 70분 소요(포르트 드 라 샤펠 Porte de la Chapelle 역 하차 시)
- 포르트 드 라 샤펠 Porte de la Chapelle 역 하차, 메트로 12호선, 트램 T3b와 연결
- 🕐 **시간** 06:05~22:30(낮 15~20분 간격, 저녁 30~35분 간격)
- € **요금** €2.15

351번
- 80분 소요(나시옹 Nation 역 하차 시)
- 메트로 3호선 갈리에니 Gallieni, 포르트 드 바뇰레 Porte de Bagnolet, 9호선 포르트 드 몽트뢰이 Porte de Montreuil, 1호선 포르트 뱅센느 Porte Vincennes, 1, 2, 6, 9, RER A선 나시옹 Nation 역과 연결
- 🕐 **시간** 05:36~20:20(30분 간격)
- € **요금** €2.15

야간버스 N143번, N140번

여러가지 상황으로 밤 늦게 샤를드골 공항에 도착하게 될 경우 이용할 수 있다. 파리 북역(Gare du Nord)과 동역(Gare de l'Est)에 정차한다. 치안이 안좋게 느껴질 수 있다.

143번
- 60분 소요(동역 하차 시)
- 🕐 **시간** 00:06~04:32(20~30분 간격)
- € **요금** €2.15

140번
- 100분 소요(동역 하차 시)
- 🕐 **시간** 01:00~04:00(1시간 간격)
- € **요금** €2.15

▶ **택시 TAXIS & 우버 UBER**

택시

요금은 비싸지만 여럿이 이용하거나 짐이 많다면 가장 편리한 교통수단이다. 공항에서 택시 표시를 따라가면 택시 정류장에 도착하며 시내까지 35분~1시간가량 소요될 수 있다. 요금은 정찰제로 센강 위쪽으로는 €56, 센강 아래쪽으로는 €65이다. 반드시 정해진 택시 승강장에서 탑승하자. 택시 승강장이 아닌 곳에서 택시를 잡을 경우 정찰제를 이용할 수 없을 수 있으니 주의하자. 차가 많이 막히는 러시아워에는 요금이 지나치게 많이 나올 수 있으며 큰 짐에 대한 추가 요금을 내야 할 수도 있다. 우버를 이용할 경우 미리 앱을 받아놓고 공항 내에서 미리 기사를 매칭해 연락을 취한 후 타는 것이 좋다.

> **TIP**
> 우버를 이용할 때 픽업 장소를 잘 체크하자. 일반 택시 승강장에서 탑승하지 않고 도착하는 터미널에 따라 탑승 위치도 자주 달라진다.

오를리 공항에서 시내 가기

오를리 공항은 대중교통이 그리 편리하지 않다. 그마저도 밤늦게 도착하면 선택권 없이 택시를 이용해야 한다. 오를리 공항에서 오를리발(Orlyval) 열차를 타고 RER 앙토니(Antony) 역까지 가서 RER B선으로 갈아탄 후 파리로 진입하는 것이 가장 무난한 방법이다.

Orlyval(8분) + RER B선(25~35분)
🕐 **시간** 06:00~23:35 € **요금** €14.5(오를리발은 나비고 패스나 메트로 티켓 등이 적용되지 않아 해당 티켓을 잘 체크하고 구매해야 한다)

> **TIP**
> 교통수단 정보 홈페이지
> - 공항 www.parisaeroport.fr
> - 공항 이용 관련 https://cdgfacile.com
> - RATP(메트로, RER, 버스) www.ratp.fr

오를리버스 OrlyBus

환승없이 간편하게 파리로 진입할 수 있다. 메트로 4, 6호선과 RER B선이 있는 덩페르 로슈로(Denfert Rochereau)에서 하차한다. 30분 소요.
🕐 **시간** 5월~9월 05:25~00:22, 10월~4월 05:55~02:22(10~15분 간격)
€ **요금** €11.5(1~4존 나비고 패스 사용 가능)

택시

정찰제 요금으로 센 강 아래쪽은 €36, 위쪽은 €44다. 대기시간, 수화물에 따라 추가 요금이 있을 수 있다.

무작정 따라하기 3단계 파리 시내 교통 한눈에 보기

파리의 메트로는 역 사이 간격이 멀지 않고 노선이 다양하다. 시내에서는 메트로, RER, 버스, 트램, 택시, 자전거 등을 이용할 수 있으며, 여행객은 메트로와 RER을 주로 이용한다. 숙소의 위치에 따라 버스나 트램을 이용할 수도 있지만, 익숙하지 않으면 노선을 찾기 쉽지 않고 한 장의 티켓으로 여정이 끝나지 않을 수도 있어 추천하지 않는다.

TALK
프랑스에서 '파업(Grève)'은 하나의 '관습'과 같은 절차다.
파업의 규모가 워낙 커 서비스 미니멈(service minimum) 제도가 생겼지만, 메트로·RER·버스·기차·비행기 등 모든 대중교통 수단에서 여전히 파업이 잦다. 혹시라도 파리에서 파업을 경험하게 된다면 이것도 '하나의 문화'라고 받아들이는 것이 속 편할 것이다.

대중교통 티켓 한눈에 보기

TIP 환승 주의사항
※ 서울의 환승 개념과는 달리, 역에서 나갈 수 없다.
※ 버스 내에서 구매 한 티켓은 한 장으로 그 구간만 이동 가능하다.
※ 매번 환승할 때마다 티켓 펀칭을 해야한다.

티켓 명칭	T+ (Ticket T+)	파리 비지트 (Paris Visite)	나비고 이지 패스 (Passe Navigo Easy)
사용가능 교통수단	– 메트로 – 파리 시내 RER (1존) – 일 드 프랑스 내 버스 (오를리버스, 루아시 버스 제외) – 트램 – 몽마르트르 퓌니퀼레르	– 메트로 – RER – 버스 – 트램 – SNCF 트랑실리앙	– 메트로 – 파리 시내 RER(1존) – 일드프랑스 지역 버스 (오를리버스, 루아시버스 제외) – 트램 – 몽마르트 퓌니퀼레르
환승	* 메트로→메트로 : 첫 펀칭 후 2시간 동안 * 메트로→RER, RER→RER 1존 내 : 첫 펀칭 후 마지막 펀칭까지 2시간 이내 * 버스→버스 : 첫 펀칭 후 마지막 펀칭까지 1시간 30분 이내 * 버스→트램, 트램→트램 : 첫 펀칭 후 마지막 펀칭까지 1시간 30분 이내	선택한 존 내에서 무제한 사용 – 1일권 – 2일권 – 3일권 – 5일권	* 메트로→메트로 : 승차 태그 후 1시간 30분 동안 * 메트로→RER, RER→RER 1존 내 : 승차 태그 후 하차 전 태그까지 1시간 30분 동안 * 버스→버스 : 승차 태그 후 하차 전 태그까지 1시간 30분 동안 * 버스→트램, 트램→트램 : 승차 태그 후 하차 태그까지 1시간 30분 동안
요금	1장 €2.15 버스 내 구매 시 €2.5 (종이 티켓 10장 묶음은 2023년 판매가 중단되었다. 나비고 이지 패스(Passe Navigo Easy)나 스마트폰 애플리케이션(Bonjour RATP)을 통해 10회 승차권을 구입할 수 있다.)	1~3존 : 1일 €13.95, 2일 €22.65, 3일 €30.9, 5일 €44.45 1~5존 (공항, 베르사유, 디즈니랜드 포함) : 1일 €29.25, 2일 €44.45, 3일 €62.3, 5일 €76.25	패스 가격 : €2 (Bonjour RATP 앱 이용 시 무료) 1장 €2.15 10장 €17.35
주의 사항	– 티켓 마그네틱 선 손상에 유의 – 역을 벗어날 때까지 소지하고 있어야 한다. 불시 검문 시 티켓이 없을 경우 €50~70 상당의 벌금 부과	– 티켓에 이름 및 사용 시작 날짜와 끝나는 날짜 기입 필수	– 스마트폰에서 Bonjour RATP 애플리케이션을 미리 다운받아 설치해두고 사용법을 익혀두는 것이 좋다.

홈페이지 www.ratp.fr

대중교통 티켓 구매하기

교통 티켓은 역사 내에 있는 창구에서 구매하거나 자동 발매기로 살 수 있다. 자동 발매기도 한 단계씩 천천히 고를 수 있어 편리하다.

교통 티켓 창구

교통 티켓 자동 발매기

● **TIP**
Bonjour RATP 앱을 다운받으면 T+, 오를리버스, 루아시버스 티켓 등을 애플리케이션을 통해 구입하거나 충전 할 수 있다.

자동 발매기 이용 방법

1 자동 발매기를 찾는다.

2 언어를 선택한다.

3 패스 종류를 선택한다.

4 필요에 따라 티켓 종류를 선택한다.

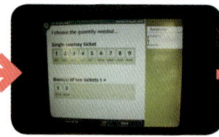
5 필요한 수량을 선택한다.

6 동전 혹은 카드를 삽입한다.

메트로 Métro

파리 시내와 함께 가까운 근교 도시를 잇는 지하철 노선으로 16개의 노선이 운행되고 있다. 첫 노선은 1900년 만국박람회를 위해 개통되었으니 가히 그 역사를 짐작할 만하다. 그러니 소문과 같이 메트로가 더럽고 냄새가 나도 '세월의 흐름'이라 생각하는 여유로운 자세를 갖고 여행하는 것이 마음 편할 것이다. 도시 전체를 그물망처럼 촘촘히 잇는 메트로 덕분에 파리가 초행인 여행자도 쉽고 편하게 이용할 수 있다. 메트로 노선도는 역 내 인포메이션 창구에서 쉽게 구할 수 있다.

● **TIP**
파리의 메트로는 최근에 생긴 몇몇 노선이나 새로 단장한 차량을 제외하고는 수동으로 문을 열어야 한다. 버튼을 누르거나 손잡이를 위로 돌려 열 수 있다.

RER

파리 시내와 파리를 둘러싸고 있는 일 드 프랑스(Île-de-France) 지역을 잇는 경전철(Réseau Express Régional d'Île-de-France)이다. A에서 E까지 5개의 노선으로 운행하며 A선과 B선에 승객이 몰려 있다. 특히 A선을 따라 라 데팡스 등지에 많은 기업이 위치해 출퇴근 시간에는 열차 몇 대를 보내고 나서야 탑승하게 될 수도 있다. 목적지가 본인이 소지하고 있는 교통 티켓의 구역을 벗어난다면 따로 티켓을 구입해야 하니 유의하자. 또 RER은 플랫폼 전광판에서 본인이 가고자 하는 목적지에 정차하는지 반드시 확인해야 한다.

버스
BUS

파리 시내에서는 차가 많이 막히지 않기 때문에 쾌적하고 편리한 대중교통이지만 노선도가 복잡해서 초행길인 여행자가 쉽게 이용할 수 있는 교통수단은 아니다. 하지만 42번·95번과 같은 버스는 관광지에 많이 정차하기 때문에 잘만 이용하면 지하철보다 편하게 이동할 수 있다. 버스 티켓은 보통 파리 시내에서 하나로 충분하지만, 파리를 조금 벗어난다면 2~3장의 티켓이 필요할 수 있다. 티켓은 버스 내에 있는 펀칭 기계로 펀칭을 해야 하고 나비고 패스의 경우 패스기에 접촉하면 된다. 티켓이 없을 경우에는 버스 내에서 기사에게 바로 살 수 있으며 한 구간만 이용할 수 있다(€2.5). 버스에서 내릴 때는 우리나라와 마찬가지로 빨간색 하차 버튼을 누르면 된다.

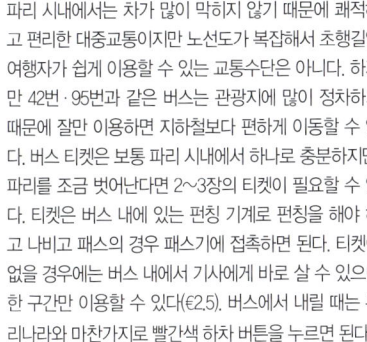

● TIP
프랑스 통신사 선불 유심을 소지하고 있다면 버스를 타기 전 93100으로 'Bus+이용할 버스의 번호' 문자를 보내면 된다. 예를 들어 42번 버스를 탈 경우, Bus42라고 문자를 보내 버스 티켓을 구매할 수 있다. Bus와 42 사이에 띄어쓰기는 하지 않는다.

42번 주요 행선지
샹 드 마르스 공원, 에펠탑, 콩코르드 광장, 마들렌 성당, 오페라, 갤러리 라파예트 백화점, 북역

95번 주요 행선지
몽파르나스 역, 생제르맹데프레, 루브르 박물관, 오페라, 생라자르 역, 클리쉬-콜랑쿠르(물랭 루주 부근)

트램
Tramway

10개의 노선이 파리 외곽 지역에서 운행되고 있으나, 여행 중에는 별로 이용하게 되지 않는다. 숙소가 13구나 빌쥐프 쪽 등의 파리 남쪽 외곽에 있다면 T3a·T3b 노선을 간혹 이용하게 될 수도 있다. 이용 방법은 메트로·RER·버스와 동일하고 트램 역에서 티켓을 구매하거나 나비고를 이용해 승차할 수 있다. 펀칭은 트램 내부에서 해야한다.

택시 & 우버
Taxi & Uber

아무 곳에서나 택시를 잡을 수 있는 우리나라와는 달리 파리에서는 정해진 택시 승강장에서 택시를 탈 수 있다. 프랑스어를 못해도 주소만 있으면 편안하게 이용할 수 있다. 파리 시민들은 대부분 전화로 택시를 불러 이용하게나 우버 앱을 통해 우버 택시를 이용한다. 우버는 앱을 통해 요금이 미리 책정되지만 택시는 프랑스어를 잘 구사하지 못할 경우 바가지요금을 씌우는 운전기사들도 있으니 조심하자.

ⓒ 요금 기본 요금 €8, 즉시 예약 €4, 사전 예약 €7

● TIP
대표적인 택시 회사
● Taxis G7 전화 3607
● Alpha Taxis 전화 01-45-85-85-85

벨리브 자전거
Vélib Métropole

파리를 여행하며 유용하게 사용할 수 있는 공용 대여 자전거 서비스다. 서울의 따릉이와 같은 개념이다. 2007년부터 파리 시민들에게 많은 사랑을 받아 자전거 정류소가 곳곳에 위치해 있다. 정류소에 있는 무인 기계를 통해 빌리고 아무 정류소에나 반납하면 된다.

투어 버스
Bus Touristique Paris

파리에는 다양한 투어 버스가 있지만 가장 대표적인 투어 버스는 빅 버스(Big Bus)와 툿버스(Tootbus)다. 주요 관광 명소만 연결해 운행하기 때문에 일정이 짧은 여행자들이 유용하게 이용할 수 있다. 버스나 유람선 코스, 야경 코스 등 다양한 코스가 마련되어 색다르게 여행할 수 있다. 빅 버스는 한국어 안내 방송이 있다는 장점이 있고, 툿버스는 정류장이 곳곳에 많아 이용이 매우 편리하다.

빅 버스-클래식 레드 노선
※ 한국어 설명 있음
- **시간** 총 2시간 15분 소요, 7~15분 간격 운행
- **요금** 1일 €40.5~(온라인 예약)
- **코스** 에펠탑, 샹 드 마르스 공원, 오페라 가르니에, 루브르-피라미드, 루브르-예술의 다리, 노트르담, 오르세 미술관, 샹젤리제, 그랑 팔레, 트로카데로
- **홈페이지** www.bigbustours.com

툿버스-파리 디스커버리 코스
※ 한국어 설명 없음
- **요금** 1일 패스 €37.4~(온라인 예약)
- **코스** 갤러리 라파예트 백화점, 오페라, 노트르담 대성당, 라탱 지구, 오르세 미술관, 콩코르드 광장, 샹젤리제, 트로카데로, 에펠탑, 알렉산더 3세 다리
- **홈페이지** www.tootbus.com/fr/paris/accueil

무작정 따라하기 4단계 알아두면 좋은 파리 여행 정보

파리 관광 안내소 Office de Tourisme

관광의 도시 파리임에도 의외로 공식 관광 안내소가 많지 않다. 시청에 메인 관광 안내소가 있고 루브르 박물관 지하 카루셀 인포메이션 센터에서 가벼운 정보를 얻을 수 있다. 관광 안내소에서는 지도를 구하거나 뮤지엄 패스 등을 구매할 수 있고 호텔, 액티비티 등의 예약이 가능하다.

파리 관광 안내소 메인 사무실 시청점 Bureau Principal – Hôtel de Ville
- 찾아가기 메트로 1·7호선 팔레 루아얄 뮈제 뒤 루브르(Palais Royal Musée du Louvre) 역에서 하차
- 주소 99 Rue de Rivoli, 75001 Paris
- 시간 월~일요일 10:00~18:00
- 휴무 12/25

루브르 박물관 카루셀 인포메이션 포인트 Point partenaire - Réception du Carrousel du Louvre
- 찾아가기 루브르 박물관 내부 매표소 근처에 위치
- 주소 99 Rue de Rivoli, 75001 Paris
- 시간 수~월요일 11:00~19:00
- 휴무 화요일

환전 Change

미리 한국에서 환전해왔다면 편하지만, 혹시 환전하지 못했거나 영국, 스위스 등지에서 사용하고 남은 화폐가 있어 유로로 환전하고 싶다면, 공항이나 파리 시내의 환전소를 이용할 수 있다. 다만 공항 환전소는 수수료가 조금 더 비싸기 때문에 시내에서 하는 것이 더 낫다. 시내 환전 오피스는 오페라 대로(Avenue de l'Opéra), 루브르 박물관 근처, 샹젤리제(Avenue des Champs-Élysées)에서 쉽게 찾아볼 수 있다.

샹주 에 콜렉시옹 Change et Collection(루브르 박물관 근처, 튈르리 정원 인근)
- 주소 1 Rue Rouget de Lisle, 75001 Paris
- 전화 01-42-60-00-35
- 시간 월~금요일 08:30~18:00, 토요일 09:30~13:00 · 14:00~17:30
- 휴무 일요일

콩투아 샹주 오페라 Comptoir Change Opéra(오페라 대로)
- 주소 8 Place de l'Opéra, 75002 Paris
- 전화 01-43-12-87-35
- 시간 월~금요일 09:15~18:15, 토요일 10:00~17:30
- 휴무 일요일

UME 샹주 엘리제 66 UME Change Élysées 66(샹젤리제)
- 주소 66 Avenue des Champs-Élysées, 75008 Paris
- 전화 01-42-25-19-01
- 시간 10:00~20:00

짐 보관 Consigne à Bagage

파리 시내에는 테러의 위험 때문에 코인 로커가 많지 않다. 공항이나 큰 기차역에서는 로커를 이용할 수 있으니 일정과 동선이 맞는다면 유용할 수 있다. 되도록 짐은 숙박업체에 맡기는 것이 좋고 사정이 여의치 않을 때는 사설 짐 보관 서비스 플랫폼인 '내니백' 등을 이용할 수 있다. 내니백은 근처 일반 상점에 짐을 맡기는 시스템으로 유럽 전역에서 실행되고 있으며 저렴한 가격에 이용할 수 있다.

샤를 드골 공항 짐 보관 서비스
- 홈페이지 http://easycdg.com/airport-guide/baggage-storage

내니백
- 홈페이지 www.nannybag.com/en

> **TIP**
> 코인 로커가 있는 기차역
> 북역(Gare du Nord)
> 리옹 역(Gare de Lyon)
> 오스테를리츠 역(Gare d'Austerlitz)
> 동역(Gare de l'Est)
> 몽파르나스 역(Gare Montparnasse)

치안

프랑스에 거주하지 않는 이상, 어디를 가도 낯설고 위험하게 느껴질 수 있다. 하지만 위험하다는 강박관념에 빠져 있으면 여행을 망쳐버릴지도 모르니 편안한 마음으로 여행하는 것 또한 중요하다. 되도록 '위험한 지역'이라고 알려진 몽마르트르 주변(클리쉬, 피갈, 앙베르 역 부근), 북역·동역 부근, 19구, 20구는 저녁에 혼자 방문하지 않는 것이 좋다. 물론 우리나라와 마찬가지로 어느 곳이든 밤에 혼자 돌아다니는 것은 위험할 수 있으니 주의하자. 평상시에는 지갑, 휴대폰, 카메라 등의 귀중품을 본인 몸에서 떨어뜨리지 않는 습관을 들이고 식사를 할 때도 휴대폰이나 지갑 등을 테이블 위에 올려놓지 않아야 한다. 특히 사람이 많은 큰 역이나 관광 명소에서는 소매치기들이 눈에 불을 켜고 여행자를 지켜보고 있다는 사실을 잊지 말자. 뒷주머니에 넣어둔 지갑이나 손에 달랑달랑 들고 있는 카메라 등은 잠시 한눈을 판 사이에 없어질 수 있다.

> **TIP**
> 분실 대비 따로 챙겨 두면 좋은 것들
> 여권용 사진, 여권 복사본, 항공권 복사본, 여행자보험 증명서, 신용카드 분실 신고 연락처 등

프랑스 긴급 연락번호
- 응급 의료 서비스 Samu (국번없이) 15
- 사건, 사고 Police (국번없이) 17
- 화재 신고 및 긴급 의료 Pompier (국번없이) 18

주 프랑스 대한민국 대사관 Ambassade de la République de Corée en France
- 주소 125 Rue de Grenelle, 75007 Paris
- 전화 주간 01-47-53-01-01, 야간 및 주말 06-80-28-53-96
- 시간 09:30~16:30

전화 및 인터넷

로밍을 하지 않는다면 미리 포켓 와이파이 기기를 대여하거나 유심을 준비해 가는 것이 좋다. 유심은 한국에서 구매할 수도 있지만, 프랑스에서 직접 살 수도 있다. 프랑스 통신사 오랑주(Orange) 매장이나 잡지를 판매하는 헐레(Relay) 매장 등에서 구입 가능하다. 헐레 매장은 규모가 있는 메트로 역이나 기차역 혹은 길가에도 많이 찾기 쉽고 샤를 드골 공항에는 제1·2 터미널에 여러 개의 점포가 입점해 있어 편리하다. 다만 프랑스에서 구매하는 유심의 데이터는 용량이 적을 수도 있다.

오랑주 오페라점 Boutique Orange Opéra
- 주소 6 Rue du Havre, 75009 Paris
- 시간 월~토요일 10:00~19:30

오랑주 레 알점 Boutique Orange Gdt Les Halles
- 주소 120 Rue Rambuteau, 75001 Paris
- 시간 월~토요일 09:30~19:30

오랑주 샹젤리제점 Boutique Orange Champs-Élysées
- 주소 10 Avenue des Terne, 75017 Paris
- 시간 월~토요일 10:00~19:30

오랑주 생미셸점 Boutique Orange St-Michel
- 주소 9 Boulevard Saint-Michel, 75005 Paris
- 시간 월~토요일 10:30~13:00, 14:00~19:30

한인 슈퍼

파리 시내에 한인 슈퍼가 많은 편은 아니지만, 찾아가기 쉬운 오페라 근처와 한국인이 많이 거주하는 15구에 K 마트가 있다. 일반 슈퍼처럼 한국과 일본의 다양한 제품들을 팔지만 한국 상품이 더 많다. 콩나물, 무, 배추 등과 같은 요리 재료는 물론 라면, 햄 등 가공식품도 판매하니 가끔 라면이 그리울 때 이용하면 좋다.
- 홈페이지 www.k-mart.fr

화장실 이용

해외여행을 하다 보면 우리나라만큼 공중화장실을 잘 갖춘 곳이 드물다는 것을 깨닫게 된다. 길거리에 간혹 공중화장실이 있지만 청소가 잘 안 되어 냄새가 많이 나고 사용하기 꺼려진다. 작은 메트로 역에는 따로 화장실이 없고 기차역에는 있는데 €0.5의 사용료를 내야 하는 경우가 많다. 화장실은 웬만하면 숙소에서 해결하는 것이 좋고, 정 급할 때는 카페나 레스토랑의 화장실을 이용해야 한다. 간혹 오래된 호텔에서는 세면대 옆에 낮은 높이의 수도꼭지가 달린 수조 같은 것이 있는데, 이것은 다름 아닌 비데다. 현대식 비데는 아니지만, 경험으로 한번 사용해 볼 만하다

● TIP
파리 여행 시 유용한 애플리케이션

구글맵스 Google Maps
파리는 뭐니 뭐니 해도 구글 지도가 최고다. 작은 상점들의 정보는 물론 이용자의 의견까지 찾아볼 수 있어 여행지에서 매우 편리하다.

시티매퍼 Citymapper
파리에서 이용할 수 있는 교통수단과 방법이 자세히 나온다. 대중교통 도착 시간 및 목적지까지 걸리는 시간 등 필요한 정보를 꼭꼭 짚어주는 앱이다.

Bonjour RATP(파리 시내 대중교통 정보)
파리 교통공사에서 운영하는 앱으로 메트로, RER, 버스, 트램 등 다양한 교통수단의 정보를 볼 수 있다. 공사가 있거나 도착이 지체될 때도 바로 알려주기 때문에 유용하다.

우버 Uber
파리 택시 회사에 전화가 어렵다면 간편하게 앱으로 우버 서비스를 이용할 수 있다. 출발지와 목적지를 입력하면 근처에 있는 기사의 신상 정보와 요금이 뜬다.

푸딩 Le Fooding Guide
푸딩은 파리지앵에게 요즘 가장 사랑받고 있는 레스토랑 추천 사이트다. 푸딩에 선정된 레스토랑은 믿고 갈 정도로 평판이 좋다. 이름, 구역별로 레스토랑을 검색할 수 있다.
Lefooding

※그 밖에 다운로드해두면 좋은 앱
- 트래비포켓(여행 경비 관리)
- 베르사유 궁전 앱(Palace of Versailles)
- 벨리브(Vélib, 파리 자전거 이용)
- 내니백(Nannybag, 짐보관 서비스) 등

1 단계 · 2 단계 · 3 단계 · 4 단계 · **5 단계**

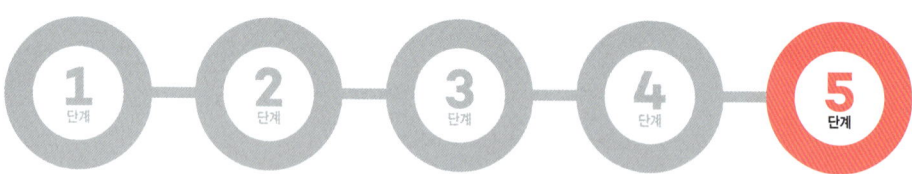

무작정 따라하기 5단계 파리 추천 여행 코스

일정별 추천 코스 ① 관광과 식사까지 완벽한 파리 1일 코스

출장으로 바쁜 시간 짬을 내 오직 하루만 관광할 수 있다면 파리에서 무엇을 하면 좋을까? 대표 관광 명소와 맛집을 쏙쏙 뽑아 파리를 100% 즐길 수 있는 코스를 구성했다. 여정이 짧은 만큼 시간을 잘 맞춰 서둘러 다니는 것이 좋다.

TIP
시간이 부족하다면 투어 버스나 유람선을 이용해 파리의 대표 관광 명소를 빠르게 돌아보는 것도 좋은 방법이다.

AM 09:00

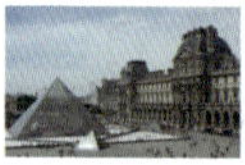

루브르 박물관 P.062, 113, 338

TIP
명작 중심으로 관람해도 2시간 정도 걸린다.

도보

PM 12:30

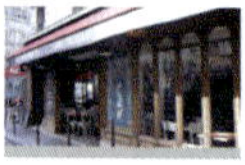

카페 블랑 점심 식사 P.172, 340

도보

PM 15:00

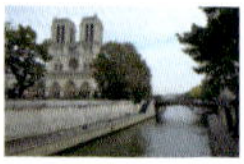

노트르담 대성당 P.048, 392

RER C 선

PM 17:00

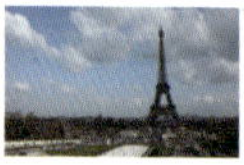

에펠탑 P.038, 316

TIP
에펠탑이 보이지 않는 파리의 야경은 그리 아름답지 않으니 해가 진 후 에펠탑 위로 올라가는 것은 추천하지 않는다. 노을 질 때쯤이 매우 아름답지만, 에펠탑에 올라가려는 줄이 길어 시간 맞추기가 쉽지 않다.

도보

PM 18:30

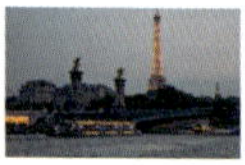

센강 유람선 바토 파리지앵 P.044, 320

TIP
여름이라 해가 지기 전이라면 저녁을 먼저 먹고 유람선을 타는 것도 나쁘지 않다.

도보

PM 20:30

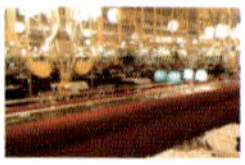

브라스리 투미유 저녁 식사 P.166, 319

일정별 추천 코스 ② 파리 핵심 명소 정복 2일 코스

이틀 정도의 시간이 있다면 파리 곳곳을 천천히 들여다볼 수는 없어도 대표 명소는 모두 볼 수 있다. 가까운 거리는 주변을 구경하며 도보로 이동하고 20분 이상의 거리는 메트로를 이용해 더욱 빠르고 정확하게 다니는 것이 좋다.

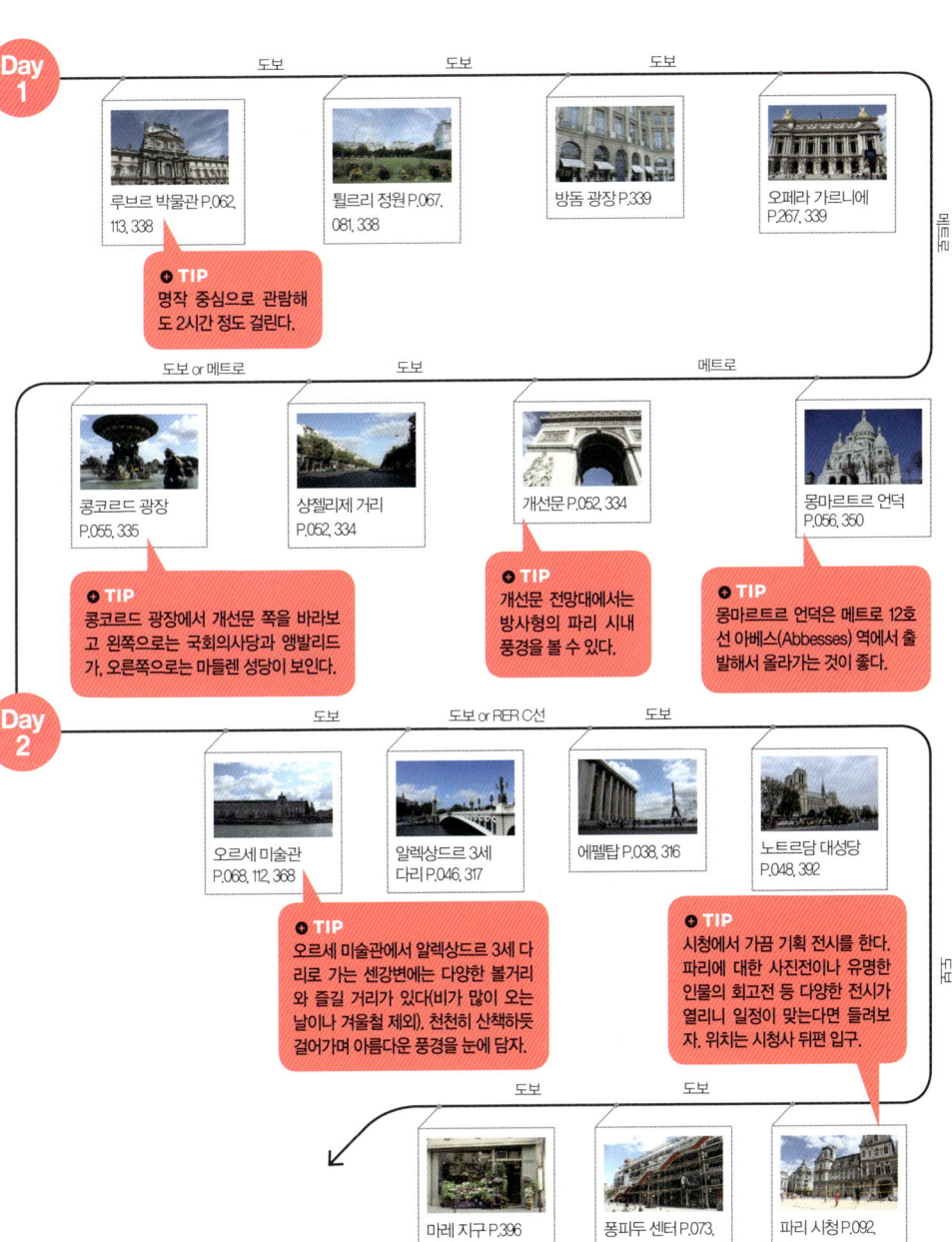

일정별 추천 코스 ③ 여유롭게 즐기는 파리 4일 코스

4일 정도 시간이 있다면 그래도 파리를 조금 더 자세히 들여다볼 수 있다. 미술관을 하루에 몰아서 보는 것은 꽤 피곤한 일이니 되도록 동선이 편리하도록 센강 위편, 아래편 혹은 동쪽, 서쪽으로 나누어 돌아보는 것이 좋다. 많이 걸어야 하니 편한 신발을 준비하면 좋다.

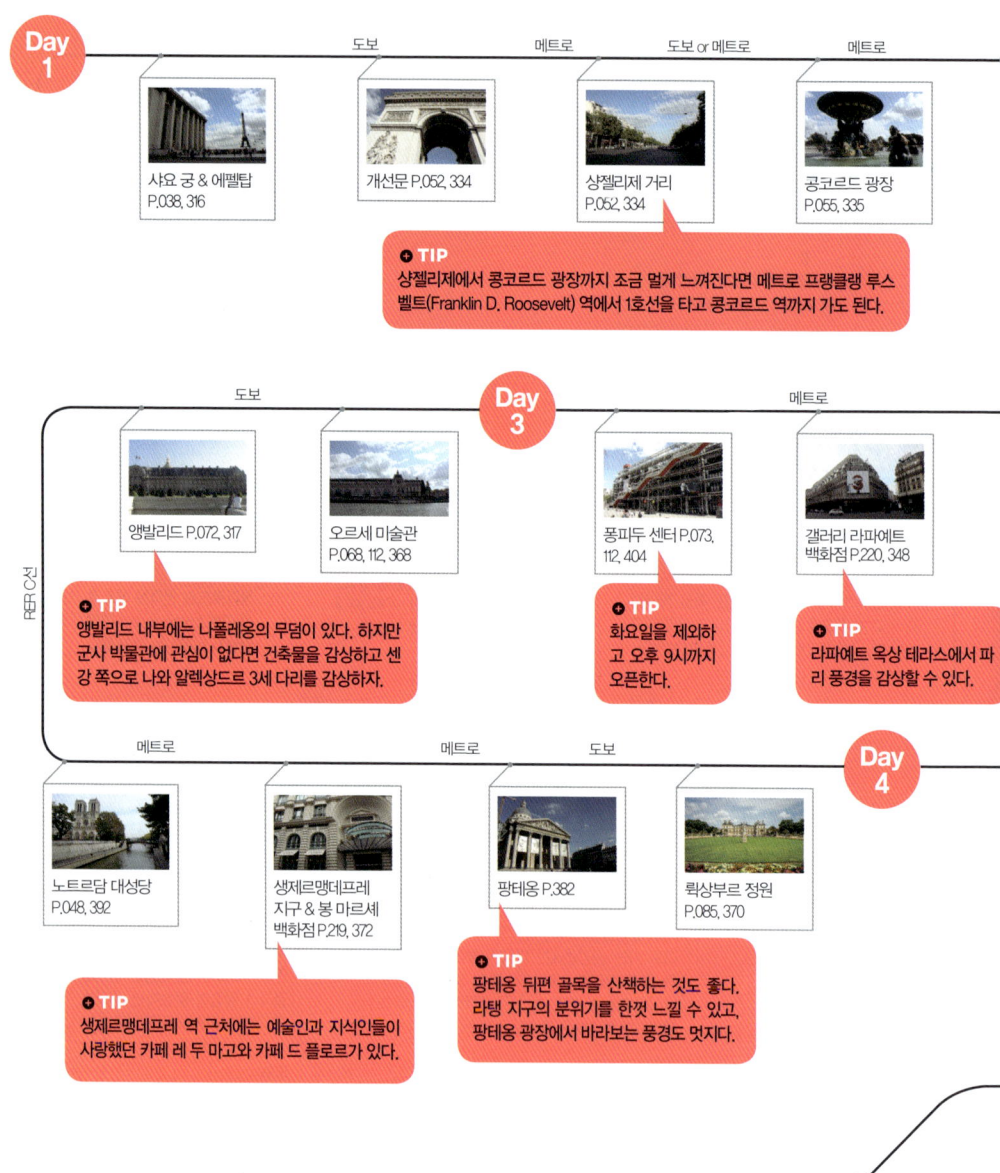

Day 1
- 샤요 궁 & 에펠탑 P.038, 316 — 도보 —
- 개선문 P.052, 334 — 메트로 —
- 샹젤리제 거리 P.052, 334 — 도보 or 메트로 —
- 콩코르드 광장 P.055, 335 — 메트로 —

TIP 샹젤리제에서 콩코르드 광장까지 조금 멀게 느껴진다면 메트로 프랭클랭 루스벨트(Franklin D. Roosevelt) 역에서 1호선을 타고 콩코르드 역까지 가도 된다.

Day 3
- 앵발리드 P.072, 317 — 도보 —
- 오르세 미술관 P.068, 112, 368
- 퐁피두 센터 P.073, 112, 404 — 메트로 —
- 갤러리 라파예트 백화점 P.220, 348

TIP 앵발리드 내부에는 나폴레옹의 무덤이 있다. 하지만 군사 박물관에 관심이 없다면 건축물을 감상하고 센강 쪽으로 나와 알렉상드르 3세 다리를 감상하자.

TIP 화요일을 제외하고 오후 9시까지 오픈한다.

TIP 라파예트 옥상 테라스에서 파리 풍경을 감상할 수 있다.

Day 4
- 노트르담 대성당 P.048, 392 — 메트로 —
- 생제르맹데프레 지구 & 봉 마르셰 백화점 P.219, 372 — 메트로 —
- 팡테옹 P.382 — 도보 —
- 뤽상부르 정원 P.085, 370

TIP 생제르맹데프레 역 근처에는 예술인과 지식인들이 사랑했던 카페 레 두 마고와 카페 드 플로르가 있다.

TIP 팡테옹 뒤편 골목을 산책하는 것도 좋다. 라탱 지구의 분위기를 한껏 느낄 수 있고, 팡테옹 광장에서 바라보는 풍경도 멋지다.

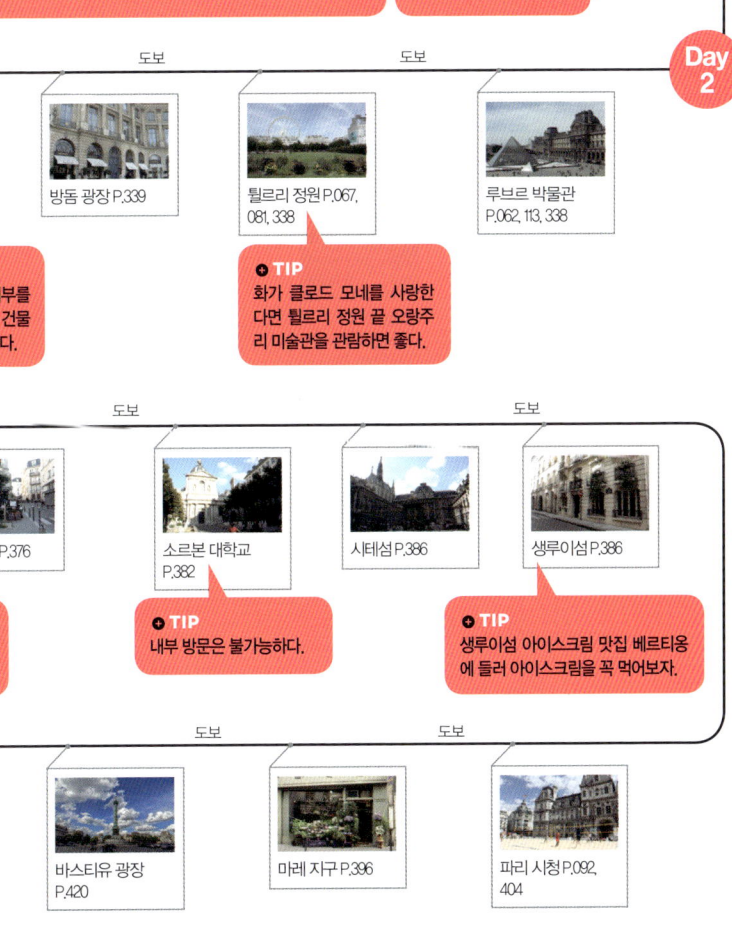

메트로

몽마르트르 언덕 P.056, 350

⊕ **TIP** 메트로 12호선을 타고 한번에 이동할 수 있다.

⊕ **TIP** 달에 한 번 목요일 저녁에 벨빌 푸드 마켓이 열린다. 길거리에서 열리는 행사로 젊은 층에게 많은 사랑을 받고 있다. 홈페이지를 통해 날짜를 미리 확인할 수 있다. ⓘ 홈페이지 www.lefoodmarket.fr

생마르탱 운하 P.096, 432

⊕ **TIP** 메트로 5호선 자크 봉세르장(Jacques Bonsergent) 역에서 하차한다.

도보 **도보** **도보**

Day 2

오페라 가르니에 P.267, 339

방돔 광장 P.339

튈르리 정원 P.067, 081, 338

루브르 박물관 P.062, 113, 338

⊕ **TIP** 오페라 가르니에 내부를 관람하기 위해서는 건물 뒤쪽 입구로 가야 한다.

⊕ **TIP** 화가 클로드 모네를 사랑한다면 튈르리 정원 끝 오랑주리 미술관을 관람하면 좋다.

도보 **도보** **도보**

프타르 시장 239, 385

라탱 지구 P.376

소르본 대학교 P.382

시테섬 P.386

생루이섬 P.386

⊕ **TIP** 프타르 시장을 따라 콩트르스카르프 장까지 활기찬 분위기가 이어진다.

⊕ **TIP** 내부 방문은 불가능하다.

⊕ **TIP** 생루이섬 아이스크림 맛집 베르티옹에 들러 아이스크림을 꼭 먹어보자.

도보 **도보**

바스티유 광장 P.420

마레 지구 P.396

파리 시청 P.092, 404

테마별 추천 코스 ① 나도 파리지앵처럼! 핫한 로컬 스폿 하루 코스

파리의 진짜 매력은 로컬 스폿에 숨어 있다는 사실! 파리지앵들이 사랑하는 장소를 찾아 로컬처럼 파리를 살펴보자. 관광 명소에서만 보던 파리와는 또 다른, 색다른 모습의 파리와 마주하게 될 것이다.

👍 **이런 분들에게 추천해요!**
✓ 파리를 로컬의 눈으로 보고싶은 사람
✓ 관광명소만 돌고 싶지 않은 사람
✓ 맛있는 식사를 놓치고 싶지 않은 사람

AM 09:00 — 도보  — 홀리벨리 아침 식사 P.174, 433

AM 10:30 — 메트로 or 도보 — 생마르탱 운하 산책 P.096, 432

AM 11:30 — 도보 — 메종 플리송 식료품점 쇼핑 P.249, 411

PM 12:15 — 메르시 편집숍 쇼핑 P.230, 411

PM 13:00 — 도보 — 프티 마르셰 점심 식사 P.172, 408

PM 14:30 — 도보 — 피카소 미술관 P.077, 406

PM 16:30 — 보주 광장 P.092

PM 17:40 — 도보 — 몽토르괴이 거리 P.087, 343

PM 19:00 — 도보 — 에드가르 레스토랑에서 저녁 식사 P.089, 346

PM 20:30 — 프렌치 바르 아 뱅에서 와인 한잔 P.089, 187, 345

⊕ **TIP**
목요일 오후와 일요일 오전에 바로 옆 생퇴스타슈 본당 부근에 있는 몽마르트르 거리에서 시장이 열린다.

테마별 추천 코스 ② 파리에서 보내는 여유와 낭만 가득 하루 코스

파리지앵의 여유로움을 느끼고 싶다면 파리의 낭만 가득한 코스를 돌며 작은 골목을 산책해 볼 것을 추천한다. 평범한 길거리에서 혹은 따스한 안뜰이 있는 호텔 테라스에서 커피 한 잔의 여유를 느껴보자.

👍 **이런 분들에게 추천해요!**
✔ 유럽인의 여유를 느끼고 싶은 사람
✔ 파리를 이미 몇 번 방문한 사람
✔ 골목 산책과 탐방을 좋아하는 사람

AM 9:30  — 시테섬 파리 꽃 시장 P.245, 393
도보
AM 10:00 — 생루이섬 산책 P.386
도보
AM 11:00 — 생제르베 성당 & 바르 거리 P.404
도보
AM 11:30 — 베아쉬베(BHV) 쇼핑 P.410
메트로
PM 12:30 — 호텔 아무르 점심 식사 P.359
도보
PM 14:30 — 낭만주의 박물관 P.077, 358
메트로
PM 16:00 — 뤽상부르 정원 P.085, 370
도보
PM 17:45 — 생제르맹데프레 산책 P.360
도보
PM 19:30 — 르 봉 생 푸르생 저녁 식사 P.168, 370
도보

PARIS

AREA 01 TOUR EIFFEL
[에펠탑 주변 : 7·15·16구]

세계 최고의 관광지
파리의 랜드마크

남녀노소 불문하고 파리를 찾는 관광객들이 가장 먼저 들르는 곳. 파리를 온몸으로 느끼기에 가장 좋은 에펠탑과 그 주변 지역은 파리에서도 소문난 부촌이다. 으리으리한 주택이 줄지어 있고, 박물관이나 대사관 등 공공 시설이 많아 경찰이나 군인을 심심치 않게 볼 수 있다. 박물관에 관심이 많은 여행자라면 이곳을 중심으로 여행을 시작해볼 만하며, 골목 곳곳으로 들어가면 잡지 화보에나 나올 법한 사진 찍기 좋은 장소가 많다.

MUST SEE
이것만은 꼭 보자!

MUST EAT
이것만은 꼭 먹자!

MUST BUY
이것만은 꼭 사자!

MUST DO
이것만은 꼭 해보자!

№. 1
해가 진 저녁, 매시 정각에 5분가량 반짝이는 **에펠탑** 바라보기

№. 1
에펠탑 위에서 프렌치 정통 미식 맛보기
쥘 베른

№. 2
북적북적한 그르넬 시장에서 파는 음식 맛보기
코메르스 거리

№. 1
에펠탑 주변 키오스크에서 기념품 저렴하게 구매하기

№. 1
상 드 마르스 공원 잔디에 앉아 피크닉하기

№. 2
영화 〈인셉션〉처럼 **비르아켐 다리** 건너보기

309

에펠탑 주변 교통 한눈에 보기

기준역 ★ 트로카데로 Trocadéro

❶ 비르아켐 Bir-Hakeim `6호선`
ⓘ 시간 1정거장, 8분

❷ 샹 드 마르스 투르 에펠 Champ de Mars Tour Eiffel `RER C선`
ⓘ 시간 1정거장, 11분

❸ 오페라 Opéra `8호선`
ⓘ 시간 앵발리드 환승 4정거장, 18분

❹ 몽파르나스 Montparnasse Bienvenüe `6호선`
ⓘ 시간 6정거장, 11분

❺ 플라스 디탈리 Place d'Italie `6호선`
ⓘ 시간 13정거장, 21분

❻ 샤틀레 Châtelet `4호선`
ⓘ 시간 몽파르나스 역 환승 13정거장, 26분

❼ 생미셸 노트르담 Saint-Michel Notre-Dame `RER C선`
ⓘ 시간 3정거장, 11분

❽ 북역 Gare du Nord `RER B선`
ⓘ 시간 생미셸 노트르담 환승, 5정거장, 27분

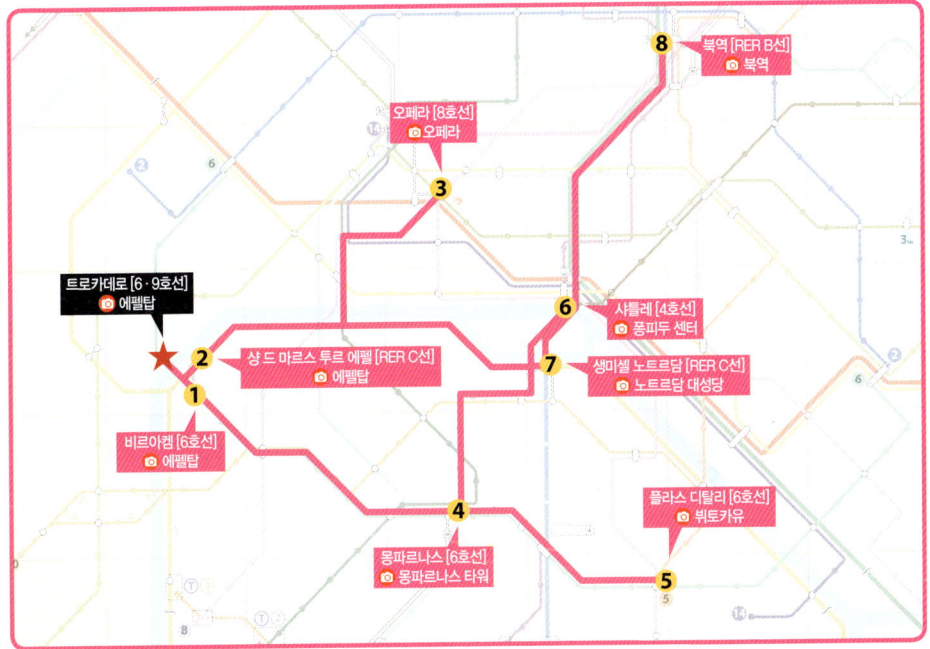

여행 이동 정보

걷기 특별히 언덕이 있는 지형은 아니지만, 전철을 타고 코스를 돌기도 애매하다. 파리의 랜드마크와 아름다운 건축물을 감상하며 걸어야 하기 때문에 이동 거리가 길다. 편안한 운동화를 준비할 것!

자전거 대여 자전거를 타고 센강을 따라 시원한 바람을 맞으며 이동하기에 좋다.

유람선 에펠탑 쪽 센강변 선착장에서 바토 파리지앵(Bateaux Parisiens)이나 브데트 드 파리(Vedettes de Paris) 유람선을 이용할 수 있다.

주변 시설 정보

관광안내소 에펠탑 주변에는 공식 관광안내소가 따로 없다. 지하철역 내의 인포메이션이나 거리 곳곳에 준비된 지도를 보며 체크하자.

치안 및 경찰서 에펠탑이 있는 샹 드 마르스 공원은 치안이 좋지 않기로 유명하다. 낮에도 밤에도 항상 조심해야 하지만 특히 밤에 혼자 다니는 것은 절대 금물!

환전소 에펠탑 근처에는 환전소가 없다. 오페라나 샹젤리제 거리 근처에서 미리 환전해두자.

MAP
에펠탑 주변 한눈에 보기

- 갈리에라 박물관 Palais Galliera P.317
- 입 생 로랑 박물관 Musée Yves Saint Laurent Paris
- 국립 동양 박물관 Musée Guimet
- 이에나 역 Iéna
- 팔레 드 도쿄 Palais de Tokyo P.317
- 알마 마르 Alma-Ma
- 파리 시립 현대미술관 Musée d'Art Moderne de la Ville de Paris P.317
- 자유의 불꽃 Flamme de la Liberté
- 모노프리 Monoprix
- Avenue du Président Wilson
- 한국 문화원 Centre Culturel Coréen
- 무슈 블루 Monsieur Bleu P.318
- 알마 다 Pont de l'Al
- 트로카데로 역 Trocadéro
- 파리 건축 문화재 단지 Cité de l'architecture et du Patrimoine P.316
- 퐁 드 알마 역 Pont de l'Alma
- 샤요 궁 Palais de Chaillot P.316
- 파리 아쿠아리움 L'Aquarium de Paris P.320
- 국립 해양 박물관 Musée National de la Marine P.316
- 트로카데로 정원 Jardin du Trocadéro
- 프랑프리 Franprix
- 케 브랑리 박물관 Musée du Quai Branly P.316
- 바토 파리지앵 Bateaux Parisiens P.320
- 이에나 다리 Pont d'Iéna
- 브데트 드 파리 Vedettes de Paris P.320
- 쥘 베른 Jules Verne P.318
- 아스트랑스 Astrance
- 에펠탑 Tour Eiffel P.316
- 우체국 La Po
- 카페 콩스통 Café-constan
- 비르아켐 다리 Pont de Bir-Hakeim
- 샹 드 마르스 공원 Champ de Mars P.316
- 샹 드 마르스 투르 에펠 역 Champ de Mars Tour Eiffel
- 비르아켐 역 Bir-Hakeim
- 쁘티 카지노 Petit Casino
- 코메르스 거리 P.320 Rue de Commerce 방면

311

그랑 팔레
Grand Palais P.334

프티 팔레
Petit Palais P.335

바토 무슈
Bateaux-Mouches P.320

알렉상드르 3세 다리
Pont Alexandre III P.317

로자 보뇌르 쉬르 센
Rosa Bonheur sur Seine P.319

포스트
Faust P.319

프랑스 외무부
Ministère des Affaires Étrangères

국회의사당
Assemblée Nationale P.318

앵발리드 역
Invalide

Rue de l'Université

까르푸 시티
Carrefour City

G20

스타벅스
Starbucks

브라스리 투미유
Brasserie Thoumieux P.319

생도미니크 거리
Rue Saint-Dominique

앵발리드
Invalides P.317

대한민국 대사관
Ambassade de la République de Corée en France

퐁텐 드 마르스
La Fontaine de Mars

라 투르모부르 역
La Tour-Maubourg

프티 트로케
Le P'tit Troquet

카페 드 마르스
Le Café de Mars

바렌 역
Varenne

우체국
La Poste

아르페주
Arpege

까르푸 시티
Carrefour City

에콜 밀리테르 역
École Militaire

군사 박물관
Musée de l'Armée P.317

로댕 미술관
Musée Rodin P.318

프랑프리
Franprix

파리 군사 학교
École Militaire

쿠틈 카페
Coutume Café P.374

생 프랑수아 자비에 역
Saint-François-Xavier

에펠탑 주변 랜드마크 코스

COURSE 1

파리의 웅장함과 섬세함을 엿볼 수 있는 대표 랜드마크 코스. 에펠탑을 비롯, 앵발리드, 알렉상드르 3세 다리를 통해 파리의 화려함을 엿볼 수 있고, 골목골목에서 '프렌치 시크', '파리지앵 시크'의 의미를 제대로 느낄 수 있는 동선이다. 메트로를 이용하기보다는 조금 힘들어도 도보가 좋으니, 편안한 신발은 필수!

S 메트로 트로카데로 역 투르 에펠 출구

→ 트로카데로 역 투르 에펠 출구에서 나와 1분 정도 직진하면 왼쪽에 에펠탑이 보인다. → 샤요 궁 도착

+ TIP
프랑스는 '출구 문화'가 많이 발달해 있지는 않지만, 에펠탑과 같은 유명 관광지에서는 에펠탑으로 이어지는 출구가 따로 마련된 것을 볼 수 있다.

1 샤요 궁
Palais de Chaillot

건축 박물관과 해양 박물관 등이 위치하며, 현재의 외관은 1937년 열린 파리 만국 박람회 때 완성되었다. 에펠탑을 정면에 서 볼 수 있는 곳이다.
→ 에펠탑을 향해 트로카데로 정원 쪽으로 계단이나 언덕을 이용해 내려온다. 에펠탑을 바라보며 이에나 다리(Pont d'Iéna)를 건너 이동 → 에펠탑 도착

2 에펠탑
Tour Eiffel

가까이에서 마주하는 에펠탑은 생각보다 크고 웅장하다. 전 층 엘리베이터를 운영하며, 1층까지는 계단으로 걸어 올라갈 수도 있다.
→ 에펠탑을 내려와 센강변 브랑리 길(Quai Branly)을 따라 비르아켐 다리를 바라보며 10분가량 도보 이동 → 비르아켐 다리 도착

+ TIP
이 주변은 파리에서 날고 기는 소매치기가 모두 모여 있다고 보면 된다. 전철 안에서는 물론이고, 에펠탑 구경한다고 넋 놓고 바라보기만 해서는 안 된다. 소지품과 가방을 늘 조심하자.

+ TIP
계단은 문을 일찍 닫으니 주의할 것. 도시의 건물들이 전체적으로 낮고 화려하지 않아 에펠탑에 올라 바라보는 파리의 야경이 그리 예쁘지 않다. 차라리 해가 지면 샤요 궁에서 매시 정각 5분에서 10분가량 반짝이는 에펠탑을 감상하는 것이 더 아름답다.

+ TIP
관광객도 많고 순찰하는 경찰관이나 군인의 모습도 자주 볼 수 있지만, 치안이 그렇게 좋은 편은 아니다. 밤에 혼자 돌아다니는 것은 삼가자.

3 비르아켐 다리
Pont de Bir-Hakeim

영화 <인셉션>에 나온 다리다. 대칭 구조로 재미있는 사진을 찍을 수 있다.
→ 오던 길과 똑같이 에펠탑 쪽으로 이동하거나 에펠탑을 바라보고 10분에서 15분 정도 이동하면 샹 드 마르스 공원에 도착할 수 있다. → 샹 드 마르스 공원 도착

4 샹 드 마르스 공원
Champ de Mars

에펠탑과 군사학교 사이에 자리 잡고 있으며 피크닉 장소로 많은 사랑을 받고 있다.
→ 샹 드 마르스 공원에서 생도미니크 거리(Rue Saint-Dominique)로 이동 → 생도미니크 거리 79번지 투미유 호텔 도착

5 브라스리 투미유
Brasserie Thoumieux

세련되면서도 레트로한 인테리어로 주목받고 있으며, 깔끔한 프렌치 요리의 진수를 보여준다.
→ 브라스리에서 나와 오른쪽으로 도보 500m → 앵발리드 도착

😊 분위기 ★★★★★ 센강과 함께라면 로맨틱 가득!
😊 이동 편리성 ★★★★☆ 메트로, 도보 모두 가능
😊 볼거리 ★★★★★ 랜드마크가 모여있는 동네
😊 식도락 ★★★☆☆ 맛집 찾기 어려운 동선
😊 쇼핑 ★☆☆☆☆ 에펠탑 주변 기념품 숍 정도는 OK
😊 액티비티 ★☆☆☆☆ 샹 드 마르스 공원에서 피크닉

코스 무작정 따라하기 START
S. 트로카데로 역 투르 에펠 출구
도보 124m, 1분
1. 샤요 궁
도보 782m, 10분
2. 에펠탑
도보 808m, 10분
3. 비르아켐 다리
도보 980m, 12분
4. 샹 드 마르스 공원
도보 911m, 11분
5. 브라스리 투미유
도보 446m, 5분
6. 앵발리드
도보 510m, 6분
7. 알렉상드르 3세 다리
도보 196m, 3분
F. 로자 보뇌르 쉬르 센

6 앵발리드
Invalides
나폴레옹의 무덤이 위치한 앵발리드, 황금빛 돔 덕분에 한눈에 알아볼 수 있다.
→ 앵발리드를 나와 센강 방면으로 직진
→ 알렉상드르 3세 다리 도착

7 알렉상드르 3세 다리
Pont Alexandre III
아름답고 화려하기로 유명한 다리로 대충 사진을 찍어도 작품이 된다.
→ 알렉상드르 3세 다리 위에서 앵발리드를 정면으로 두고 왼쪽 계단 이용, 도보 3분 → 로자 보뇌르 도착

F 로자 보뇌르 쉬르 센
Rosa Bonheur sur Seine
프랑스의 여성 예술가 로자 보뇌르를 모티브로 한 바(bar). 센강에서 바람을 맞으며 여유롭게 맥주나 칵테일 한잔을 즐길 수 있다. 계절과 날씨에 따라 운영 시간이 달라지니 미리 체크하자.

COURSE 2

에펠탑 주변 뮤지엄 완전 정복 코스

미술관과 박물관이 많은 파리 시내에서도 이 지역은 특히 미술관, 박물관이 많은 곳이다. 개인적 취향에 맞는 곳을 골라 방문할 수도 있고, 굳이 내부에 들어가지 않는다고 해도 건축학적으로 아름다운 건물이 많으니 들러볼 만하다.

S 메트로 트로카데로 역 투르 에펠 출구

→ 트로카데로 역 투르 에펠 출구에서 직진 1분 → 파리 건축 문화재 단지 도착

1 파리 건축 문화재 단지
Cité de l'Architecture et du Patrimoine

2007년 문을 연 파리 건축 문화재 단지는 중세부터 오늘날까지 프랑스의 주요 건축물의 역사를 보여주는 곳으로, 실제 도면이나 조형물, 사진 등의 형태로 감상할 수 있다.
→ 파리 건축 문화재 단지에서 나와 오른쪽 내리막길 윌슨 대통령가(Avenue du Président Wilson)를 따라 이에나(Iéna) 역까지 걷는다. → 국립 동양 박물관 도착

2 국립 동양 박물관
Musée national des Arts Asiatiques-Guimet

조선 최초의 프랑스 유학생인 홍종우가 외국인 협력자로 근무하기도 한 박물관이다. 한국, 중국, 일본은 물론 동남 아시아와 인도, 파키스탄, 아프가니스탄 등 동양의 문물과 유물 등을 전시한다.
→ 국립 동양 박물관에서 나와 윌슨 대통령가를 따라 약 300m 내려간다. → 갈리에라 박물관 도착

● TIP 작지만 한국관이 따로 마련되어 있으며, 보물급으로 추정되는 6~7세기 금동미륵보살반가사유상과 조선시대 화가 김홍도의 '사계풍속도' 또한 놓치지 말고 감상하자.

3 갈리에라 박물관
Palais Galliera

18세기 이후의 의상을 소장하고 있으며, 패션 디자이너들과 함께 종종 특별 전시를 기획한다.
→ 갈리에라 박물관 맞은편 오른쪽 건물로 이동 → 팔레 드 도쿄 도착

● TIP 오래된 의상을 영구 보존하기 위해 상설 전시 없이 기획전으로만 운영하니, 방문 전 홈페이지 확인 필수!

4 팔레 드 도쿄 & 무슈 블루
Palais de Tokyo & Monsieur Bleu

현대미술을 소개하며 쉽고 편하게 대중이 다가갈 수 있는 전시가 많다. 무슈 블루에서 점심 식사를 할 수 있다.
→ 팔레 드 도쿄를 나와 오른쪽 건물로 이동 → 파리 시립 현대미술관 도착

● TIP 팔레 드 도쿄 건물에 위치한 트렌디한 레스토랑 무슈 블루에서 점심을 먹고 이동하자.

5 파리 시립 현대미술관
Musée d'Art Moderne de la Ville de Paris

피카소나 마티스, 조르주 브라크 등 20세기 작가의 미술 작품을 소장하고 있다.
→ 알마 다리를 건넌 후 유니베르시테 거리(Rue de l'Université)에서 우회전 → 케 브랑리 박물관 도착

● TIP 파리 시립 현대미술관은 시에서 운영하며 상설 전시는 무료로 관람할 수 있다.

- 😊 분위기 ★★★★★ 파리의 웅장함
- 😊 이동 편리성 ★★★☆☆ 다리가 아플 수 있다.
- 😊 볼거리 ★★★★★ 다양한 박물관과 미술관
- 😊 식도락 ★★★☆☆ 비싸거나 더욱 비싸거나
- 😊 쇼핑 ★★★☆☆ 박물관 내 기념품 숍
- 😊 액티비티 ★☆☆☆☆ 특별한 액티비티 없음

코스 무작정 따라하기 START

S. 트로카데로 역 투르 에펠 출구	
도보 346m, 3분	
1. 파리 건축 문화재 단지	
도보 511m, 6분	
2. 국립 동양 박물관	
도보 377m, 4분	
3. 갈리에라 박물관	
도보 349m, 3분	
4. 팔레 드 도쿄 & 무슈 블루	
도보 67m, 1분	
5. 파리 시립 현대미술관	
도보 1080m, 10분	
6. 케 브랑리 박물관	
도보 1084m, 23분	
7. 군사 박물관	
도보 557m, 6분	
F. 로댕 미술관	

● **TIP**
추천 뮤지엄 갈리에라 박물관, 팔레 드 도쿄, 시립 현대 미술관, 케 브랑리 박물관, 로댕 미술관

6 케 브랑리 박물관
Musée du Quai Branly

아프리카와 오세아니아의 문명에 관련된 전시품을 소장하고 있다.
→ 부르도네개(Avenue de la Bourdonnais)를 900m 이동 후 에콜 밀리테르 광장에서 대각선으로 투르빌가(Avenue de Tourville) 450m 이동 → 군사 박물관 도착

7 군사 박물관
Musée de l'Armée

프랑스가 세계 최고라 자부하는 군사 박물관이며, 나폴레옹의 무덤이 자리한다.
→ 앵발리드 거리(Boulevard des Invalides)에서 좌회전한 후 200m 이동. 바렌 거리(Rue de Varenne)에서 우회전 → 로댕 미술관 도착

F 로댕 미술관
Musée Rodin

로댕의 유명한 작품들을 실제로 볼 수 있는 곳이다. 잘 가꾼 정원이 있어 여행자들에게는 물론 파리지앵에게도 사랑받는다.

ZOOM IN

에펠탑 주변

파리 여행은 누구나 꿈꾸는 로망의 장소, 에펠탑에서 시작해야 하지 않을까. 에펠탑의 전신을 바라볼 수 있는 샤요 궁을 시작으로 센강을 건너가면 랜드마크 코스를, 센강을 따라 알마 마르소 전철역으로 내려가면 뮤지엄 코스를 즐길 수 있다. 알차디알찬 에펠탑 주변 명소를 소개한다.

1 에펠탑 & 샹 드 마르스 공원
Tour Eiffel & Champ de Mars
투르 에펠 & 샹 드 마르스

'파리의 그녀' 에펠탑은 명실상부 세계 최고의 관광지이자, 파리의 랜드마크. 135번째 생일이 지났지만 여전히 현대적인 모습이 감탄을 자아낸다. 오래된 아파트들 사이, 철골 구조가 어울릴까 싶은 생각도 잠시, 센강을 배경으로 낮은 파리 시내의 아파트들 사이로 보이는 에펠탑은 그야말로 영화의 한 장면이다. 1899년 만국박람회를 위해 건축되었을 당시 파리와 어울리지 않는다는 많은 비판을 받았고, 철거 위기도 수차례 겪었지만, 꿋꿋이 한자리를 지켜온 파리의 명물이다. 바로 앞에서 바라보는 에펠탑도 아름답지만, 여행하는 도중 골목 사이로 보이는 에펠탑과 센강을 배경으로 서 있는 에펠탑 모두 놓치지 말 것. 에펠탑과 파리 군사 학교 사이에 자리한 샹 드 마르스 공원에서는 여행자는 물론 파리지앵도 피크닉을 하는 장소로 유명하며, 때때로 음악 공연이나 이벤트 등이 마련되기 때문에 구경하면서 쉬어 갈 수도 있다.

INFO P.039　**MAP** P.310F-J
구글 지도 GPS 48.858342, 2.294503　**찾아가기** 메트로 6호선 비르아켐(Bir-Hakeim) 역 투르 에펠 출구 이용　**주소** Champ de Mars, 5 Avenue Anatole France, 75007 Paris　**전화** 08-92-70-12-39　**시간** 6월 중순~9월 초 09:00~24:45 / 9월 중순~6월 초 계단 09:30~18:30 · 엘리베이터 09:30~22:45　**홈페이지** www.toureiffel.paris

가격

	2층(2nd floor) 계단 이용	2층(2nd floor) 엘리베이터 이용	톱 플로어(top floor) 계단+엘리베이터 이용	톱 플로어(top floor) 엘리베이터 이용
어른	€11.8	€18.8	€22.4	€29.4
12~24세	€5.9	€9.4	€11.2	€14.7
4~11세	€3	€4.7	€5.7	€7.4

2 샤요 궁 (국립 해양 박물관 & 파리 건축 문화재 단지)
Palais de Chaillot (Musée national de la Marine de Paris & Cité de l'architecture et du patrimoine)
팔레 드 샤요

전망 좋은 곳에서 에펠탑을 마주 보고 감상하기에 최적의 장소다. 사람은 많지만 그만큼 가치 있는 곳. 햇빛이 쨍쨍해 날씨가 좋은 날에도 안개가 자욱한 흐린 날에도 에펠탑을 한눈에 볼 수 있는 장소이기도 하다. 샤요 궁은 동쪽과 서쪽, 2개의 건물로 구성되어 있는데, 서쪽 건물에는 국립 해양 박물관(Musée National de la Marine)과 인류학 박물관이, 동쪽 건물에는 파리 건축 문화재 단지(Cité de l'Architecture et du Patrimoine) 및 샤요 극장이 자리 잡고 있다. 국립 해양 박물관에서는 해양에 관련된 다양한 주제를 다루며, 건축과 문화재 박물관에서는 프랑스의 건축과 문화재에 대해 심도 있고 흥미로운 전시를 개최한다. 해양 박물관은 2023년 리노베이션 공사를 마쳤다.

MAP P.310A
구글 지도 GPS 48.862367, 2.287120　**찾아가기** 메트로 9호선 트로카데로(Trocadéro) 역에서 투르 에펠 출구에서 도보 3분

국립 해양 박물관　주소 17 Place du Trocadéro, 75116 Paris　**전화** 01-53-65-69-48　**시간** 11:00~19:00(목요일 ~22:00)　**휴무** 월 · 화요일 · 공휴일　**가격** €11~　**홈페이지** www.musee-marine.fr/paris

파리 건축 문화재 단지　주소 1 Place du Trocadéro, 75116 Paris　**전화** 01-58-51-52-00　**시간** 금~수요일 11:00~19:00, 목요일 11:00~21:00　**휴무** 화요일, 1/1, 5/1, 7/14, 12/25　**가격** €9(상설 전시)　**홈페이지** www.citedelarchitecture.fr

3 케 브랑리 박물관
Musée du Quai Branly
뮈제 뒤 케 브랑리

파리 시내 몇 안 되는, 최근 세운 박물관 중 하나다. 아프리카, 아시아, 오세아니아, 남미 등의 문명에 대한 전시가 주로 열린다. 자연 친화적인 건축물로 정원이 매우 아름다우며, 프랑스의 유명 건축가 장 누벨이 설계해 건축학적으로도 가치가 높다.

Tip 박물관 내부를 관람하지 않아도 정원을 돌아볼 수 있으며 여름에는 정원 한쪽에서 콘서트가 열린다.

INFO P.043　**MAP** P.310F
구글 지도 GPS 48.860873, 2.298565　**찾아가기** 알마 다리에서 센강을 건너 오른쪽　**주소** 37, Quai Branly, 75007 Paris　**전화** 01-56-61-70-00　**시간** 화~일요일 10:30~19:00, 목요일 10:30~22:00　**휴무** 월요일, 1/1, 5/1, 12/25　**가격** €12　**홈페이지** www.quaibranly.fr

4 팔레 드 도쿄 & 파리 시립 현대미술관
Palais de Tokyo & Musée d'Art Moderne de la Ville de Paris
팔레 드 도쿄 & 뮈제 다르 모데른 드 라 빌 드 파리

근대와 현대 예술에 관심이 많다면 꼭 방문해야 할 곳이다. 샤요 궁과 비슷한 형태로 서쪽 건물에는 팔레 드 도쿄가, 동쪽 건물에는 파리 시립 현대미술관이 자리한다. 팔레 드 도쿄에서는 창의적인 작품을 볼 수 있으며, 파리 시립 현대미술관에서는 주로 유명 작가들의 작품을 전시한다. 팔레 드 도쿄는 밤 12시까지 오픈한다는 장점이 있고, 파리 시립 현대미술관은 상설 전시를 무료로 감상할 수 있다는 장점이 있다. 파리 시립 현대미술관에서는 퀄리티가 높으면서도 다가가기 쉬운 작품을 기획 전시해 프랑스 내에서도 인기가 많다.

팔레 드 도쿄
INFO P.075, 109 MAP P.310B
구글 지도 GPS 48.864577, 2.296652
찾아가기 메트로 9호선 이에나(Iéna) 역에서 팔레 드 도쿄 & 시립 미술관 출구 이용 내리막길로 도보 5분, 오른쪽에 위치 주소 13 Avenue du Président Wilson, 75116 Paris
전화 01-81-97-35-88 시간 12:00~22:00(목요일 ~24:00) 휴무 화요일, 1/1, 5/1, 12/25
가격 €12 홈페이지 www.palaisdetokyo.com

파리 시립 현대 미술관
INFO P.075, 112 MAP P.310B
구글 지도 GPS 48.864577, 2.296652
찾아가기 메트로 9호선 이에나(Iéna) 역에서 팔레 드 도쿄 & 시립 미술관 출구 이용 내리막길로 도보 5분, 왼쪽에 위치 주소 11 Avenue du Président Wilson, 75116 Paris 전화 01-53-67-40-00
시간 10:00~18:00(기획전시 기간 목요일 ~21:30)
휴무 월요일, 1/1, 5/1, 12/25 가격 상설 전시 무료 홈페이지 http://mam.paris.fr

5 갈리에라 박물관
Palais Galliera
팔레 갈리에라

파리 의상 장식 박물관이라고도 불리며, 기획 전시가 있을 때만 오픈한다. 18세기 이후 프랑스 의상의 역사를 한눈에 볼 수 있다. 종종 유명 디자이너들과 함께 기획 전시를 개최하는데, 인기가 많아 한번에 입장하기 힘들 때도 있다.

MAP P.P.310B
구글 지도 GPS 48.865763, 2.296892 찾아가기 메트로 9호선 이에나(Iéna) 역 팔레 드 도쿄 & 시립 미술관 출구에서 내리막길로 도보 5분, 팔레 드 도쿄 맞은편에 위치 주소 10, Avenue Pierre 1er de Serbie, 75016 Paris 전화 01-56-52-86-00 시간 10:00~18:00(상설 전시가 없으니 홈페이지로 반드시 미리 확인할 것) 휴무 월요일, 1/1, 5/1, 12/25 가격 €15~ 홈페이지 http://palaisgalliera.paris.fr

6 군사 박물관 – 앵발리드
Musée de l'Armée - Invalides
뮈제 드 라르메 – 앵발리드

루이 14세가 1670년 참전 용사들의 요양소로 사용하기 위해 세웠으며, 전쟁에 패한 후 유배 중이던 나폴레옹 1세의 유해가 안장된 것으로 유명하다. 현재는 군사 박물관으로 쓰이며, 1789년 프랑스혁명 당시 군중들이 바스티유 감옥을 습격할 때 앵발리드의 무기고에서 탈취한 무기로 투쟁한 것으로 알려져 있다. 현재 리노베이션 공사 중으로 올림픽 이전 오픈 예정에 있다.

INFO P.072 MAP P.311H-L
구글 지도 GPS 48.855190, 2.312836 찾아가기 메트로 13호선 바렌(Varenne) 역 앵발리드 방면 출구에서 도보 4분 주소 129 Rue de Grenelle, 75007 Paris 전화 01-44-42-38-77 시간 10:00~18:00(화요일 ~21:00) 휴무 1/1, 5/1, 12/25 가격 €15 홈페이지 www.musee-armee.fr

7 알렉상드르 3세 다리
Pont Alexandre III
퐁 알렉상드르 투와

파리 시내 센강 위에 세운 다리 중에서도 가장 아름답고 화려하다. 1892년 체결한 프랑스와 러시아의 동맹을 기념하기 위해 러시아의 황제 알렉상드르 3세의 이름을 따 알렉상드르 3세 다리라고 불린다. 앵발리드 광장과 그랑 팔레, 프티 팔레를 이어주는 다리로 웅장한 화강암 기둥과 섬세한 조각, 화려한 금빛 문양으로 시선을 사로잡는다. 낮에 보는 알렉상드르 3세 다리의 모습도 환상적이지만, 에펠탑과 함께 빛나는 밤의 알렉상드르 3세 다리는 파리 어느 관광지보다도 아름다울 것이다. 다리 위에서 웨딩 화보를 찍는 커플들도 많다. 그만큼 '파리스러운' 사진을 찍기 좋은 곳이니 멋진 기념사진을 남겨보자.

INFO P.046 MAP P.311D
구글 지도 GPS 48.863914, 2.313559 찾아가기 메트로 8·13호선 앵발리드(Invalides) 역에서 센강 쪽을 바라보며 도보 3분 주소 Pont Alexandre III, Quai d'Orsay, 75007 Paris

8 국회의사당
Assemblée Nationale
아썽블레 나씨오날 ★★

부르봉 궁전(Palais Bourbon, 팔레 부르봉)이라고도 불리는 국회의사당은 루이 14세의 딸 부르봉 공작 부인을 위해 지은 곳이다. 이탈리아의 한 건축가가 설계해 1728년 완공되었는데, 1791년 국가유산으로 등록된 이후 프랑스 왕정과 정부를 위한 용도로 사용되어왔으며, 현재는 프랑스 국회의사당으로 사용되고 개인 방문은 제한되어 있다. 9월에 열리는 문화유산의 날 축제 때 방문할 수 있다.

ⓘ INFO P.072 ⓜ MAP P.311D
구글 지도 GPS 48,861689, 2,318369 찾아가기 메트로 12호선 국회의사당(Assemblée Nationale) 역 국회의사당 출구에서 도보 2분. 출구로 나오자마자 위치 주소 126 Rue de l'Université, 75007 Paris 전화 01-40-63-60-00 홈페이지 www.assemblee-nationale.fr

9 로댕 미술관
Musée Rodin
뮈제 로댕 ★★★★★

'생각하는 사람', '지옥의 문' 등의 주옥같은 작품으로 유명한 프랑스 조각가 로댕의 작품을 한곳에서 감상할 수 있다. 18세기에 건축된 비롱 저택은 조각가 로댕이 세상을 떠날 때까지 뫼동(Meudon) 지역의 저택과 함께 이용했던 곳으로 로댕이 저택을 사용하기 전에도 장 콕토, 마티스 등과 같은 아티스트들이 거쳐 간 것으로 알려졌다. 철거 위기의 비롱 저택을 로댕이 자신의 모든 작품을 기부하고 미술관으로 활용하자고 제안했으나, 정작 로댕은 미술관이 완성되는 것을 보지 못했다. 깔끔하고 세련된 비롱 저택의 정원 곳곳에는 로댕의 작품이 전시되어 있으며, 화려한 비롱 저택의 외관 덕분에 크리스챤 디올 같은 럭셔리 메종들의 패션쇼가 열리기도 한다.

ⓘ INFO P.076 ⓜ MAP P.311L
구글 지도 GPS 48,855531, 2,315806 찾아가기 메트로 13호선 바렌(Varenne) 역 로댕 박물관 출구에서 왼쪽 첫 번째 골목으로 도보 3분, 오른쪽에 위치 주소 77 Rue de Varenne, 75007 Paris 전화 01-44-18-61-10 시간 10:00~18:30 휴무 월요일, 1/1, 5/1, 12/25 가격 €14 홈페이지 www.musee-rodin.fr

10 쥘 베른
Jules Verne
쥘 베른 ★★★★

© Pierre Monetta

쥘 베른 레스토랑은 에펠탑 위에서 파리 시내를 바라보며 낭만적인 식사를 할 수 있는 곳이다. 에펠탑 2층에 위치하며 프랑스의 유명 셰프 프레데리크 앙통이 운영하는 레스토랑 프레 카틀랑(Pré Catelan)에서 미슐랭 3스타를 획득하고 프랑스 정부가 인정한 프랑스 최고 명장 MOF 훈장에 빛나는 프레데리크 앙통의 아름다운 요리를 맛볼 수 있다.

Tip 티셔츠나 반바지, 운동복으로는 입장할 수 없다.

ⓘ INFO P.043, 154 ⓜ MAP P.310F
구글 지도 GPS 48,855531, 2,315806 찾아가기 메트로 6호선 비르아켐(Bir-Hakeim) 역 투르 에펠 출구에서 에펠탑을 향해 이동, 전용 엘리베이터를 타고 2층으로 이동 주소 2ème étage, Tour Eiffel, Avenue Gustave Eiffel, 75007 Paris 전화 01-83-77-34-34 시간 12:00~13:30, 19:00~21:00 휴무 7/14 저녁 가격 €140~ 홈페이지 www.lejulesverne-paris.com/fr

11 무슈 블루
Monsieur Bleu
무슈 블루 ★★★★

에펠탑을 바라보며 식사할 수 있는 레스토랑이다. 세련된 인테리어와 맛있는 음식으로 유명한데, 전통 프렌치 요리를 현대적으로 재조명해 보기 좋고 먹기 좋게 만드는 것이 특징이다. 늘 사람이 많아 예약은 필수다.

ⓘ INFO P.114, 157 ⓜ MAP P.310B
구글 지도 GPS 48,863681, 2,296792 찾아가기 메트로 9호선 이에나(Iéna) 역에서 팔레 드 도쿄 출구로 직진 5분, 팔레 드 도쿄와 시립 미술관 사이의 계단을 내려가면 오른쪽에 위치 주소 20 Avenue de New York, 75116 Paris(팔레 드 도쿄 건물 내에 위치) 전화 01-47-20-90-47 시간 런치 월~금요일 12:00~14:30 / 브런치 토~일요일 12:00~16:00 / 디너 19:00~2:00(라스트 오더 23:00) 가격 €45~ 홈페이지 http://monsieurbleu.com

12 브라스리 투미유
Brasserie Thoumieux
브라스리 투미유

영화 속으로 들어온 듯한 배경에 맞는 음식, 완벽한 서비스, 프랑스 정통 브라스리를 표방하는 곳. 프렌치 전통 음식을 주로 맛볼 수 있으며, 가격이 비싼 편이긴 하지만 파인 다이닝 레스토랑치고는 그리 높지 않다. 레스토랑이 위치한 생도미니크 거리는 에펠탑을 배경으로 다양한 레스토랑과 술집이 있어 활기차다.

INFO P.166 **MAP** P.311G

구글 지도 GPS 48.859740, 2.308601 찾아가기 메트로 8호선 라 투르 모부르(La tour Maubourg) 역에서 그르넬 거리(Rue de Grenelle) 로 5분, 투미유 호텔 내 주소 79 Rue Saint-Dominique, 75007 Paris 전화 01-47-05-79-00 시간 런치 12:30~14:30, 디너 19:00~23:00 휴무 8월 여름휴가 기간(홈페이지에서 미리 확인할 것) 가격 €30~ 홈페이지 www.thoumieux.fr

14 로자 보뇌르 쉬르 센
Rosa Bonheur sur Seine
로자 보뇌르 쉬르 센느

파리 19구 뷔트쇼몽 공원의 로자 보뇌르가 센 강변에도 문을 열었다. 볕이 좋은 날, 시원한 강바람을 맞으며 왁자지껄한 분위기에서 맥주 한잔의 즐거움을 느낄 수 있다. 캐주얼하게 먹을 수 있는 햄버거와 스낵 등이 준비되어 있다. 낮 시간에는 주로 가볍게 목을 축이거나 가벼운 간식거리를 즐기는 사람들이 많이 이용하고, 저녁 시간으로 갈수록 시끌벅적해지며 음악 소리도 함께 커진다. 음악에 몸을 맡기거나 떼창을 하는 파리지앵들을 만날 수 있다.

INFO P.264 **MAP** P.311D

구글 지도 GPS 48.863310, 2.315500 찾아가기 메트로 8·13호선 앵발리드(Invalides) 역 알렉상드르 3세 다리 방면 센강변에 위치 주소 Rosa Bonheur sur Seine, Pont des Invalides, 75007 Paris 전화 01-47-53-66-92 시간 수~금요일 18:00~1:30, 토요일 12:00~1:30, 일요일 12:00~00:30 휴무 강수량이 많거나 추운 겨울철에는 운영하지 않으니 홈페이지에서 미리 체크할 것 가격 €30~ 홈페이지 www.rosabonheur.fr

13 포스트
Faust
포스트

알렉산더 3세 다리 밑에 위치한 포스트는 센강 바로 옆에 위치해 멋진 야경을 감상하며 밤을 즐길 수 있는 클럽이다. 입구 바로 앞에는 1990년대 파리 비스트로풍의 레스토랑이 있으며, 오른쪽에 클럽이 위치한다. 지리적 특성상 날씨가 좋지 않거나 강수량이 많으면 운영하지 않는다.

INFO P.115 **MAP** P.311D

구글 지도 GPS 48.863087, 2.313140 찾아가기 알렉상드르 3세 다리 남단 아래쪽 주소 Faust, Pont Alexandre III, 75007 Paris 전화 06-60-58-45-15 시간 월요일 18:00~02:00, 화~일요일 14:00~02:00(프로그램에 따라 다를 수 있으니 홈페이지에서 미리 확인할 것) 홈페이지 www.faustparis.fr

15 에펠탑 주변의 노점상과 키오스크
Kiosques
키오스크

에펠탑 주변에는 가격 흥정을 하는 수많은 '이동 노점상'과 키오스크라 불리는 잡지 및 잡화 판매점이 있다. 키오스크에서는 가격이 정해져 있지만, 이동 노점상에서는 흥정만 잘 하면 열쇠고리나 자석 등 작은 기념품을 착한 가격에 득템할 수 있을 것이다.

MAP P.310F

찾아가기 메트로 6호선 비르아켐(Bir-Hakeim) 역 투르 에펠 출구 이용. 에펠 주변에 여기저기 흩어져 있다. 주소 Champ de Mars, 5 Avenue Anatole France, 75007 Paris

16 코메르스 거리
Rue du Commerce
뤼 뒤 코메르스

15구에 위치한 코메르스 거리는 그르넬 시장이 열려 15구에서도 가장 활기찬 거리 중 하나로 꼽힌다. 거주 지역이면서 상점도 많아 늘 북적북적하고, 시장이 열리는 수요일과 일요일 오전에는 장을 보러 나온 프랑스인들로 가득해 그들의 일상생활을 엿볼 수 있다.

ⓞ MAP P.310J
ⓞ 찾아가기 메트로 6·8·10호선 라 모트 피케그르넬(La Motte Picquet–Grenelle) 역 1번 출구에서 직진한 후 왼쪽 거리 ⓞ 주소 Rue du Commerce, 75015 Paris ⓞ 시간 수·일요일 07:00~13:00 ⓞ 홈페이지 http://equipement.paris.fr/marche-grenelle-5502

17 파리 아쿠아리움
Aquarium de Paris
아꾸아히움 드 빠히

1867년 파리 만국박람회를 기념해 '트로카데로의 아쿠아리움'이라는 명칭으로 건축되었다. 세계에서 가장 오래된 아쿠아리움으로 쥘 베른의 소설 《해저 2만 리》의 영감이 되었다. 2006년 리모델링 후 재오픈한 파리 아쿠아리움에서는 현재 3500m²의 면적에 500여종이 넘는 해양 생물을 볼 수 있다.

ⓞ MAP P.310A
ⓞ 구글 지도 GPS 48.862234, 2.291000 ⓞ 찾아가기 샤요 궁에서 에펠탑 방향으로 계단을 내려가다 왼쪽에 위치, 도보 5분 ⓞ 주소 5 Avenue Albert de Mun, 75016 Paris ⓞ 전화 01-40-69-23-23 ⓞ 시간 10:00~19:00(매표소 마감 18:00) ⓞ 휴무 7/14 ⓞ 가격 어른 €27.5, 어린이(3~12세) €20(예약 필수. 현장 구매 가능하나 입장이 불가능할 수 있음, 시기에 따라 요금이 상이할 수 있음) ⓞ 홈페이지 www.aquariumdeparis.com/tarifs

18 바토 파리지앵
Bateaux Parisiens
바또 빠히지앵

보통은 에펠탑 근처의 선착장에서 출발하지만, 성수기(5~11월)가 되면 노트르담 성당 근처의 선착장에서도 출발한다. 에펠탑에서 출발하는 코스에는 한국어 안내가 가능하다. 관람만 할 수 있는 관람 코스, 브런치를 함께 즐길 수 있는 코스, 점심·저녁 식사 코스 등 다양한 코스가 준비되어 있다.

ⓞ INFO P.263 ⓞ MAP P.310F
ⓞ 구글 지도 GPS 48.860420, 2.293556 ⓞ 찾아가기 선착장은 이에나 다리 옆 에펠 탑 쪽에 위치 ⓞ 주소 Bateaux Parisiens, Port de la Bourdonnais, 75007 Paris ⓞ 전화 01-76-64-14-45 ⓞ 시간 런치 12:45, 디너 18:15, 20:30 ⓞ 가격 유람선 €16, 런치 €69~, 디너(시간에 따라) €89~, €109~ ⓞ 홈페이지 www.bateauxparisiens.com

19 바토 무슈
Bateaux Mouche
바또 무슈

한국인들 사이에서도 유명한 센강의 유람선이다. 알마 다리를 시작점으로 콩코르드 광장과 루브르 박물관을 지나 노트르담 성당이 있는 시테섬을 한 바퀴 돌아 오르세 미술관과 에펠탑을 지난다.

ⓞ INFO P.261 ⓞ MAP P.311C
ⓞ 구글 지도 GPS 48.864034, 2.305930 ⓞ 찾아가기 메트로 9호선 알마 마르소(Alma–Marceau) 역에서 센강 북단 강변으로 도보 6분 ⓞ 주소 Compagnie des Bateaux-Mouches, Port de la Conférence, Pont de l'Alma, Rive droite, 75008 Paris ⓞ 전화 01-42-25-96-10 ⓞ 시간 10:15~15:30(45분 간격), 15:30~22:00(30분 간격) / 약 1시간 10분 소요 ⓞ 가격 어른 €15, 어린이(13세 이하) €6 ⓞ 홈페이지 www.bateaux-mouches.fr/ko

20 브데트 드 파리
Vedettes de Paris
브데뜨 드 빠히

유람선과 샴페인 한 잔, 유람선과 피자, 유람선과 크레페 등 여러 가지 '세트 메뉴'를 고를 수 있다. 브데트 드 파리의 가장 큰 장점은 배의 크기가 너무 크지도, 또 너무 작지도 않아 시끄럽지 않은 분위기에서 센강 너머 아름다운 파리의 경치를 감상할 수 있다는 것이다.

ⓞ INFO P.262 ⓞ MAP P.310E
ⓞ 구글 지도 GPS 48.860604, 2.295362 ⓞ 찾아가기 이에나 다리 남단 에펠탑을 등지고 오른쪽 강변에 위치 ⓞ 주소 Vedettes de Paris, Port de Suffren, 75007 Paris ⓞ 전화 01-44-18-19-50 ⓞ 시간 1시간 코스 관광 크루즈 10:30~23:00(약 30분 간격) / 홈페이지를 통해 미리 시간을 확인할 것 ⓞ 가격 어른 €20, 어린이(4~11세) €9 ⓞ 홈페이지 www.vedettesdeparis.fr

AREA 02 CHAMPS-ÉLYSÉES
[샹젤리제에서 루브르까지 : 1·2·8·9구]

쇼핑, 관광, 미식, 모든 걸 한번에!

웅장한 개선문을 지나 세계 최고의 아름다운 거리, 샹젤리제를 걷노라면 여행 온 것을 실감하게 된다. 윈도 쇼핑만으로도 즐거운 샹젤리제 거리를 따라 금장 분수대가 자리한 콩코르드 광장에 도착하면 튈르리 정원을 넘어 장엄한 루브르 박물관과 마주하게 된다. 역사 깊은 백화점들의 인테리어에 감탄하며 파리지앵들과 할리우드 톱 스타들이 즐겨 찾는 생토노레가와 몽테뉴가에서 한 번쯤은 사치를 꿈꿔봐도 좋지 않을까?.

MUST SEE
이것만은 꼭 보자!

№. 1
명실상부 세계 최고의 박물관, **루브르 박물관**

№. 2
프랑스인들의 자부심, **개선문과 샹젤리제**

MUST EAT
이것만은 꼭 먹자!

№. 1
'진짜' 마카롱을 맛보자! **라뒤레**

MUST BUY
이것만은 꼭 사자!

№. 1
파리 최고의 럭셔리 거리 걸어보기 **몽테뉴가**

№. 2
역사적인 백화점에서 쇼핑하기 **갤러리 라파예트**

MUST DO
이것만은 꼭 해보자!

№. 1
1, 2구의 골목에서 헤매다 **파사주** 들어가보기

MUSÉE DU LOUVRE 323

샹젤리제 주변 교통 한눈에 보기

기준역 ★ 샤를 드골 에투알 Charles de Gaulle Etoile

❶ 비르아켐 Bir-Hakeim 6호선
⏱ 시간 5정거장, 11분

❷ 오페라 Opéra RER A선
⏱ 시간 역 내에서 RER A선이 운행하는 오베르(Auber) 역으로 이동. 1정거장, 2분

❸ 몽파르나스 Montparnasse Bienvenüe 6 · 13호선+1호선
⏱ 시간 6호선 이용 시 11정거장, 15분 / 13호선 이용 시 샹젤리제 클레망소(Champs–Élysées – Clemenceau) 역에서 1호선 환승, 8정거장, 12분

❹ 샤틀레 레 알 Châtelet - Les Halles 1호선 RER A선

❺ 시간 2정거장, 5분
❺ 플라스 디탈리 Place d'Italie 6호선
⏱ 시간 18정거장, 27분

❻ 북역 Gare du Nord RER B · D선+A선
⏱ 시간 RER B · D선 모두 샤틀레 레 알 역에서 RER A선으로 환승. 3정거장, 14분

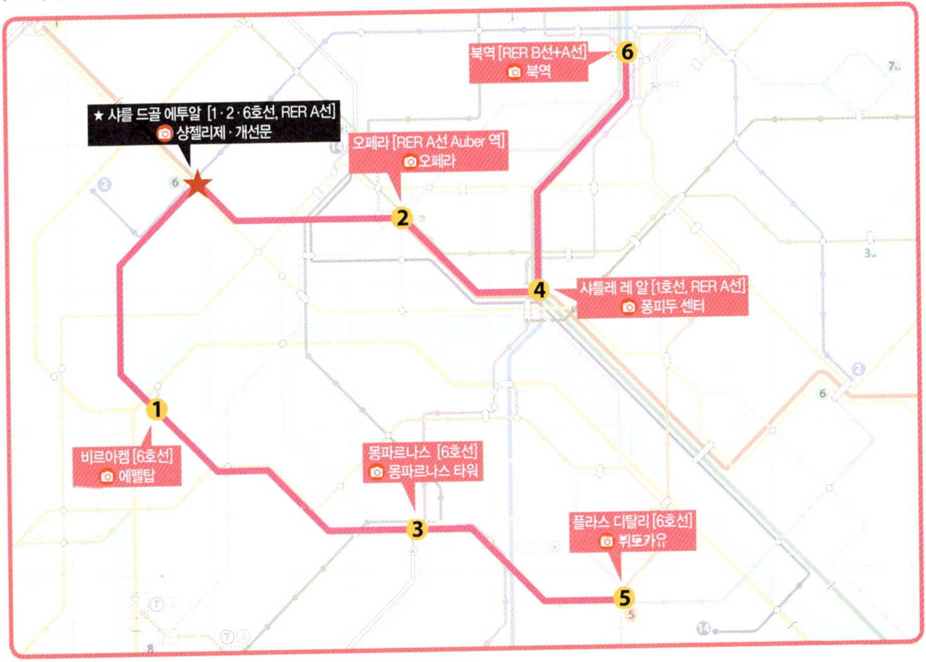

지역 이동 정보

 걷기 샹젤리제 거리에서 루브르 박물관까지는 꽤 멋진 코스지만, 상당히 멀다. 편안한 운동화를 신고 이동하자!

자전거 대여 샹젤리제 거리를 다 걸어 내려오려면 조금 지루할 수도 있다. 벨리브 자전거를 이용해 조금 속도를 내 이동하는 것도 좋은 방법이다. 단, 파리에서는 자전거를 타고 인도를 이용할 수 없다.

버스 샹젤리제 거리와 몽테뉴가가 만나는 지점에서 42번 버스를 타면 바깥 경치를 감상하며 오페라까지 편안하게 이동할 수 있다.

주변 시설 정보

 치안 대체적으로 위험한 곳은 별로 없으나, 밤낮 구별 없이 소매치기를 조심해야 한다. 샹젤리제 거리의 매장 구역이 끝나는 지점부터 콩코드 광장 사이는 밤에 매우 어두우니 조심하자.

 환전소 오페라가(Avenue de l'Opéra)에 환전소가 많지만, 수수료가 높은 편이다.

325

상트르 코메르시알 생라자르
Centre Commercial Saint-Lazare P.349

생라자르 역
Saint-Lazare

파사주 뒤 아브르
Passage du Havre P.348

모노프리
Monoprix P.348

시움 Citadium P.348

아브르 코마르탱 역
Havre - Caumart

프랭탕
Le Printemps P.347

갤러리 라파예트
Galeries Lafayette P.348

라파예트 메종 & 구르메
Fayette Maison & Gourmet P.349

쇼세 당탱 라 파예트 역
Chaussée d'Antin La Fayette

리슐리외 드루오 역
Richelieu-Drouot

쿠앙스토 비노 Coinstot vino P.344

클레르 드 제니 크리스토프 아담
de Génie Christophe Adam P.349

세포라 Sephora P.349

카페 스테른 Caffé Stern P.344

애플 스토어 Apple P.349

라신 Racines P.345

오페라 가르니에
Opéra Palais Garnier P.339

그랑 불바르 역
Grands Boulevards

마들렌 역
Madeleine

카페 드 라 페
Café de la Paix

파리 오페라 코미크 극장
Opéra Comique P.343

파사주 데 파노라마
Passage des Panoramas P.343

포숑
Fauchon 1권 P.250

오페라 역
Opéra

가브로슈
Le Gavroche P.345

뮈르 MÛRE P.345

마들렌 성당
Église de la Madeleine

카트르 셉탕브르 역
Quatre-Septembre

파리 구 증권거래소
Bourse P.343

샤넬 캉봉점(본점)
CHANEL

비스트로 볼네
Bistro Volnay

북스 역
Bourse

상티에 역
Sentier

에드가르 Edgar P.346

방돔 광장
Place Vendôme P.339

쿠스미 티
Kusumi Tea P.340

그랑 베푸르
Grand Véfour P.342

시 튀 부
Si Tu Veux P.347

프렌치 Frenchie P.345

방비누 Bambinou P.346

드 폼 미술관
de Paume P.339

폴롭 Pollop P.344

몽토르괴이 거리
Rue Montorgueil P.343

모노프리 Monoprix

텔레스코프
Télescope P.341

갤러리 비비엔
Galerie Vivienne P.343

몽타이 Monthaï P.346

생토노레 거리
Rue Saint Honoré

쿠니토라야 Kunitoraya P.341

블렌드 Blend P.346

오 로셰 드 캉칼
Au Rocher de Cancale P.344

스파 발몽 르 모리스
Spa Valmont pour Le Meurice P.337

피라미드 역
Pyramides

카페 키츠네
Café Kitsuné P.340

카페 뒤 상트르
Café du Centre P.345

파사주 뒤 그랑세르
Passage du Grand Cerf P.343

한인마트 K-mart

팔레 루아얄
Palais Royal P.338

포 드 뱅
Le Pot de Vins 1권 P.173

스토러 Stohrer P.344

에스카르고 L'escargot P.344

튈르리 정원
n des Tuileries P.338

파리 장식미술관
Musée des Arts Décoratifs P.340

팔레 루아얄 뮈제 뒤 루브르
Palais Royal Musée du Louvre

일 피코 Il Fico P.342

생퇴스타슈 본당
Église Saint-Eustache P.342

스파 뉙스
Spa Nuxe P.347

세바스티앙 고다르
astien Gaudard P.341

카페 마를리
Le Café Marly P.340

크리스찬 루부탱
Christian Louboutin

카페 블랑 Café Blanc P.340

레알 역
Les Halles

샤틀레 레알 역
Châtelet-les Halles

개선문
Arc de Triomphe du Carrousel

얌차 Yam'Tcha P.341

포럼 데 알
Forum des Halles P.346

오르세 미술관
Musée d'Orsay P.368

루브르 박물관
Musée du Louvre P.338

루브르-리볼리 역
Louvre – Rivoli

상업 거래소-피노 콜렉시옹 Bourse de Commerce - Pinault Collection P.342

선셋 선사이드
Sunset-Sunside P.347

갤러리 베로도다
Galerie Vero–Dodat 1권 P.103

샤틀레 역
Châtelet

COURSE 1

샹젤리제에서 루브르 박물관까지 랜드마크 코스

방사형의 도시계획 형태를 가장 잘 볼 수 있는 개선문 전망대와 샹젤리제 거리, 역사 속의 파리를 엿볼 수 있는 파리 1, 2구 행정구역까지 놓치지 말고 꼭 보아야 할 것들을 모았다.

S 메트로 샤를 드골 에투알 역 개선문 출구
Charles de Gaulle Étoile

샤를 드골 에투알 역 개선문(Arc de Triomphe) 출구로 나와 바로 앞 길가 쪽 개선문으로 갈 수 있는 지하 통로 이용. 도보 2분 → 개선문 도착

1 개선문
Arc de Triomphe

지하 통로 내부 티켓을 살 수 있는 창구가 있다.
→ 개선문 아래 지하 통로를 이용해 다시 메트로 입구 쪽으로 이동 → 샹젤리제 거리 도착

2 샹젤리제 거리
Avenue des Champs-Élysées

대부분의 상점이 오후 7시면 모두 문을 닫는 파리지만, 샹젤리제 거리의 매장들은 늦은 시간까지 오픈하기 때문에 쇼핑하기 편리하다.
→ 샹젤리제 거리를 따라 내려오다 보면 메트로 조르주 5세(George V) 역을 지나 프랭클랭 루스벨트(Franklin D. Roosevelt) 역까지 내려오게 된다. 개선문을 뒤로하고 오른쪽으로 유리 돔 형태의 그랑팔레를 볼 수 있다. → 그랑 팔레 도착

⊕ TIP
콩코르드 광장과 그랑 팔레 사이 센강변은 밤에 너무 어두우니 피하자.

3 그랑 팔레
Grand Palais

1900년 파리 만국박람회를 기념하기 위해 지었다.
→ 다시 샹젤리제 거리 쪽으로 이동, 개선문을 두고 맞은편 오벨리스크가 보이는 곳으로 이동한다. → 콩코르드 광장 도착

4 콩코르드 광장
Place de la Concorde

탁 트인 시야로 가까이로는 마들렌 교회부터 멀리 개선문까지 한눈에 볼 수 있다.
→ 콩코르드 광장의 동남쪽 튈르리 정원 입구로 이동. 개선문을 등지고 이동한다고 생각하면 쉽다. → 튈르리 정원 도착

5 튈르리 정원
Jardin des Tuileries

16세기에 건축한 루브르 궁전의 정원으로 정갈한 조경이 주변 풍경과 조화를 이룬다.
→ 정원 중앙 길을 따라 카루셀 개선문 쪽으로 이동한다. → 루브르 박물관 도착

- 😊 분위기 ★★★★★ 화려하면서 고즈넉할 수도 있는 파리!
- 😊 이동 편리성 ★★★★☆ 메트로, 도보 모두 가능
- 😊 볼거리 ★★★★★ 놓칠 게 하나 없는 코스
- 😊 식도락 ★★★☆☆ 샹젤리제 근처는 별로!
- 😊 쇼핑 ★★★★★ 안 파는 것 빼고 다 판다는 샹젤리제 거리!
- 😊 액티비티 ★☆☆☆☆ 튈르리 정원에서 노을 감상하기

코스 무작정 따라하기
START

S.	샤를 드골 에투알 역
	도보 192m, 2분
1.	**개선문**
	도보 1100m, 12분
2.	**샹젤리제**
	도보 701m, 8분
3.	**그랑 팔레**
	도보 740m, 9분
4.	**콩코르드 광장**
	도보 754m, 9분
5.	**튈르리 정원**
	도보 942m, 11분
6.	**루브르 박물관**
	도보 543m, 6분
7.	**팔레 루아얄**
	도보 1200m, 15분
8.	**오페라 가르니에**
	도보 655m, 8분
F.	**방돔 광장**

6 루브르 박물관
Musée du Louvre
세계 3대 박물관 중 하나.
→ 파사주 리슐리외(Passage Richelieu)를 통해 팔레 루아얄 광장 쪽으로 진입, 맞은편 프랑스 국무원(Conseil d'État) 쪽으로 길을 건너 왼쪽 팔레 루아얄 입구로 150m 정도 이동 → 팔레 루아얄 도착

7 팔레 루아얄
Palais Royal
파리지앵들이 사랑하는 도심 속 작은 정원. 갤러리를 따라 쇼핑도 할 수 있다.
→ 코메디 프랑세즈(Comédie Française)를 지나 오페라가(Avenue de l'Opéra)로 이동한다. → 오페라 가르니에 도착

8 오페라 가르니에
Palais Garnier
외부만큼 내부도 화려하다. 공연이 없는 시간에는 내부 관람도 가능하다.
→ 극장을 뒤에 두고 오페라 대로 오른쪽 길 남서쪽으로 간 후 팩 거리(Rue de la Paix) 끝까지 이동 → 방돔 광장

F 방돔 광장
Place Vendôme
프랑스 최고의 명품 주얼리 매장이 들어서 있는 방돔 광장은 파리의 수많은 광장 중에서도 가장 아름다운 광장으로 꼽힌다.

파리 뮤지엄 샅샅이 훑기 코스

COURSE 2

세계 3대 박물관 중 하나인 루브르 박물관을 비롯해 오랑주리 미술관, 그랑 팔레, 자크마르앙드레 박물관까지 다양한 분야의 뮤지엄을 놓치지 말자. 다만 뮤지엄 광팬을 위한 코스이니 일정이 하드코어일 수 있다. 취향에 맞는 뮤지엄만 골라 방문하는 것도 하나의 방법!

S 팔레 루아얄 뮈제 뒤 루브르 역 루브르 박물관 출구
Palais Royal Musée du Louvre

→ 루브르 박물관(Musée du Louvre) 출구를 이용해 지상의 유리 피라미드 출입구로 가거나 카루셀 뒤 루브르(Carrousel du Louvre) 출구를 이용하면 카루셀 뒤 루브르 쇼핑몰을 통해 피라미드 밑 매표소로 바로 연결된다. → 루브르 박물관 도착

1 루브르 박물관
Musée du Louvre

세계 3대 박물관 중 하나. 방대한 소장품과 웅장한 규모에 감탄이 절로 나온다.
→ 루브르 박물관을 등지고 피라미드 오른쪽에 있는 파사주 리슐리외(Passage Richelieu)를 통해 나와 맞은편 프랑스 국무원(Conseil d'État) 쪽으로 길을 건넌다. 국무원 바로 앞 생토노레 거리(Rue Saint-Honoré)에 들어서면 오른쪽으로 200m 이동하면 프랑스 문화부 건물(철골 구조에 프랑스 국기가 걸려 있다)을 지나 왼쪽으로 크루아 데 프티 샹 거리(Rue Croix des Petits Champs)를 60m 정도 이동한다. → 카페 블랑 도착

2 카페 블랑
Café Blanc

맛도 좋고 가격도 착해 주변 회사원들이 애용하는 레스토랑이다.
→ 카페 블랑에서 나와 다시 루브르 박물관 쪽으로 이동, 튈르리 정원 쪽으로 이동하는 길목에 있다. 루브르 박물관의 날개 쪽 건물에 위치한다고 보면 찾기 쉽다. → 파리 장식미술관 도착

3 파리 장식미술관
Musée des Arts Décoratifs

보석·도자기·기구·유리 세공품 등 다양한 장식미술품을 소장하고 있다.
→ 파리 장식미술관에서 나와 튈르리 정원을 통해 정원 끝에 위치한 주 드 폼 국립 미술관으로 이동 → 주 드 폼 국립 미술관 도착

4 주 드 폼 국립 미술관
Galerie Nationale du Jeu de Paume

미디어 작품이나 사진 작품을 주로 전시하는 미술관으로, 작지만 퀄리티 있는 사진전으로 인기가 많다.
→ 맞은편에 자리한 오랑주리 미술관으로 이동 → 오랑주리 미술관 도착

5 오랑주리 미술관
Musée de l'Orangerie

인상파 화가들의 작품이 전시되어 있어 전 세계인들이 찾는다.
→ 콩코르드 광장을 지나 샹젤리제 거리를 따라 개선문 쪽으로 올라가거나 센강 변을 따라 알렉상드르 3세 다리까지 이동 → 그랑 팔레 도착

329

- 😊 분위기 ★★★★★ 학구적이면서도 이국적이다.
- 😊 이동 편리성 ★★★★★ 메트로, 도보, 벨리브 모두 가능
- 😊 볼거리 ★★★★★ 볼거리가 너무나. 많다.
- 😊 식도락 ★★★★★ 루브르 박물관 근처 숨은 맛집 찾기
- 😊 쇼핑 ★★★☆☆ 뮤지엄 기념품관 정도?
- 😊 액티비티 ★☆☆☆☆ 특별한 액티비티 없음

코스 무작정 따라하기 START

| S. 팔레 루아얄 뮈제 뒤 루브르 역 루브르 박물관 출구 |
| 도보 412m, 5분 |
| 1. 루브르 박물관 |
| 도보 372m, 4분 |
| 2. 카페 블랑 |
| 도보 563m, 7분 |
| 3. 파리 장식미술관 |
| 도보 770m, 9분 |
| 4. 주 드 폼 국립 미술관 |
| 도보 507m, 6분 |
| 5. 오랑주리 미술관 |
| 도보 847m, 11분 |
| 6. 프티 팔레 |
| 도보 420m, 5분 |
| 7. 그랑 팔레 |
| 메트로 1정거장+도보 6분 |
| F. 자크마르앙드레 박물관 |

TIP 추천 박물관
루브르 박물관, 오랑주리 미술관

6 그랑 팔레 Grand Palais

각종 기획 전시회가 열리는 전시장, 피악(FIAC) 같은 아트 페어 박람회장, 패션쇼 등으로 쓰인다.
→ 프티 팔레 정문 맞은편 건물로 길을 건너 이동한다. → **프티 팔레 도착**

7 프티 팔레 Petit Palais

1900년 파리 만국박람회를 위해 그랑 팔레와 함께 건축되었다.
→ 메트로 샹젤리제 클레망소(Champs-Élysées–Clemenceau) 역에서 13호선 이용, 미로메닐(Miromesnil) 역에서 하차 → **자크마르앙드레 박물관 도착**

F 자크마르앙드레 박물관 Musée Jacquemart-André

자크마르앙드레 부부가 생전에 모은 프랑스와 이탈리아 유명 화가들의 작품이을 전시하며, 부부의 유언에 따라 저택과 개인 소장품은 모두 프랑스 학사원에 기증했다.

COURSE 3

옛 흔적을 따라 가는 1, 2구 집중 탐구 코스

센강의 시테섬이 파리의 중심이던 시절, 오늘날 파리 최중심지인 1, 2구 행정구역은 '파리의 외곽'이었다고 할 수 있다. 루브르 궁전이 건축되기 전, 루브르 궁전의 터에는 파리를 지키는 성채가 있었으며, 그 성채의 일부는 여전히 1, 2구 곳곳에서 그 흔적을 찾아볼 수 있다. 프렌치들도 궁금해하는 코스, 1, 2구를 집중 탐구해보자.

S 레 알 역 4번 출구 플라스 카레/포럼 데 알 출구 또는 파티오 출구
Les Halles

메트로와 RER선이 많이 매우 복잡한 역이다. 포럼 데 알이라는 쇼핑센터와 연결되어 있다.
→ 네모진 광장이라는 뜻의 '플라스 카레'는 쇼핑센터의 지하 광장으로 플라스 카레 출구를 따라 지하철에서 올라온 길을 뒤에 두고 오른쪽 계단을 이용하면 된다. 또는 가장 큰 피디오(Patio) 출구를 이용해도 된다. → 생퇴스타슈 본당 도착

1 생퇴스타슈 본당
Paroisse Saint-Eustache

오랜 시간 레 알 지역을 지켜온 역사 깊은 성당이다.
→ 생퇴스타슈 본당을 나와 본당을 등 뒤에 두고 왼쪽으로 50m 정도 걸어가면 한눈에 보기에도 복작복작한 카페 거리가 나온다. → 몽토르괴이 거리 도착

2 몽토르괴이 거리
Rue Montorgueil

카페와 레스토랑이 즐비하고, 식료품점, 과일 가게, 정육점 등이 모여 있어 활기찬 파리의 단면을 엿볼 수 있다.
→ 마리 스튜아르 거리(Rue Marie Stuart)를 따라 우회전 후, 100m가량 이동하면 파사주 입구가 보인다. → 파사주 뒤 그랑 세르 도착

3 파사주 뒤 그랑세르
Passage du Grand Cerf

파리의 오래된 파사주 중 하나로 리모델링을 통해 현대적인 느낌을 더했다.
→ 에티엔 마르셀(Etienne Marcel) 거리를 따라 300m 직진해 빅투아르 광장을 지나 계속 직진하면 오른쪽에 비비엔 레스토랑이 있다. → 갤러리 비비엔 도착

4 갤러리 비비엔
Galerie Vivienne

화려하고 웅장한 파사주다. 특히 겨울철 크리스마스 시즌이 되면 더욱 아름답다.
→ 파사주 끝의 비비엔 거리(Rue Vivienne)를 따라 직진으로 약 200m 이동 → 파리 구 증권 거래소 도착

5 파리 구 증권 거래소
Bourse-Palais Brongniart

증권 거래소로 쓰이던 옛 건물로, 현재는 각종 박람회장으로 활용된다.
→ 생마르크 거리(Rue Saint-Marc)에서 우회전 후 약 30m 이동하면 파사주 데 파노라마 입구에 도착한다. → 파사주 데 파노라마 도착

331

코스 무작정 따라하기 **START**
S. 레 알 역 4번 출구
도보 72m, 1분
1. 생퇴스타슈 본당
도보 307m, 3분
2. 몽토르괴이 거리
도보 137m, 1분
3. 파사주 뒤 그랑 세르
도보 832m, 10분
4. 갤러리 비비엔
도보 415m, 5분
5. 파리 구 증권 거래소
도보 219m, 4분
6. 파사주 데 파노라마
도보 359m, 4분
7. 파리 오페라 코미크 극장
도보 194m, 2분
F. 가브로슈

😊 분위기 ★★★★★ 파리 느낌 물씬
😊 이동 편리성 ★★★★★ 도보로 편하게~
😊 볼거리 ★★★★★ 골목골목 놓치지 않을 거예요!
😊 식도락 ★★★★★ 1, 2구는 맛집 천지!
😊 쇼핑 ★★★☆☆ 쇼핑보다 식도락
😊 액티비티 ★★★☆☆ 노천카페 즐기기

TIP 이 동네는 골목골목 투어하는 것을 강력 추천한다. 길을 잃어도 좋고 건물 안뜰이 나오면 들어가봐도 좋다. 좁은 골목들 사이로 파리의 옛 모습을 그대로 느낄 수 있으며 실제로도 2구는 젊은 파리지앵이 많이 사는 핫한 구역이니, 예쁜 카페도 작은 맛집도 너무나 많다. 마음에 든다면 주저 말고 들어가자!

TIP 추천 스폿
이 코스의 베스트 추천 스폿은 몽토르괴이 거리와 갤러리 비비엔, 파사주 데 파노라마이다.

6 파사주 데 파노라마 Passage des Panoramas

파리의 파사주 중에서도 가장 오래되고, 유럽에서도 역사가 가장 깊은 파사주 중 하나로 꼽힌다.
→ 다시 생마르크 거리로 이동, 끝까지 간다.
→ 파리 오페라 코미크 극장 도착

7 파리 오페라 코미크 극장 Théâtre National de l'Opéra-Comique

건축가 장 프랑수아 외르티에가 설계한 극장. 1783년 마리 앙투아네트가 참석한 가운데 개관했다.
→ 리슐리외 거리(Rue Richelieu)를 건너 생마르크 거리 19번지까지 이동 → 가브로슈 레스토랑 도착

F 가브로슈 Le Gavroche

동네 주민을 위한 레스토랑이지만 언제나 반갑게 맞아주는 주인장 덕에 늘 사람으로 북적인다. 프렌치 요리를 저렴한 가격에 맛볼 수 있다.

프랑스 명품 쇼핑 코스

COURSE 4

가장 유명한 루이 비통의 샹젤리제점부터 쇼핑의 천국 몽테뉴가, 포부르 생토노레 거리는 물론, 주얼리 명품 쇼핑 코스 방돔 광장까지 한번에 둘러볼 수 있다.

S 조르주 5세 역 홀수 출구
George

홀수 출구(Coté Impairs – 샹젤리제 거리 10번지 쪽)로 나오면 바로 샹젤리제 거리에 도착한다. 대로이기 때문에 사람도, 차도 많은 지역이니 정신을 똑바로 차리고 걷자. → 루이 비통 샹젤리제 도착

1 루이 비통 샹젤리제
Louis Vuitton Champs-Élysées

외국인들에게는 샹젤리제 거리의 상징과도 같은 곳. 쇼핑에 관심이 없는 사람도 매장 규모를 보면 혀를 내두를 터.
→ 개선문을 등지고 샹젤리제 거리를 200m 정도 내려온다. → 라뒤레 도착

2 라뒤레
Ladurée

마카롱의 성지로 불리는 곳인 만큼 꼭 들러 맛보자.
→ 라뒤레에서 나와 바로 오른쪽, 링컨 거리(Rue Lincoln)로 진입해 끝까지 이동한다. → 프랑수아 1세 거리 도착

3 프랑수아 1세 거리
Rue François Premier

샹젤리제 거리와 몽테뉴가 사이에 위치하며, 최고의 명품 브랜드는 물론 고급 호텔과 방송국도 있다.
→ 사거리가 나올 때까지 프랑수아 1세 거리를 직진으로 이동 → 몽테뉴가 도착

4 몽테뉴가
Avenue Montaigne

포부르 생토노레 거리와 함께 명실상부 파리 최고의 패션 쇼핑 거리로 불린다.
→ 샹젤리제 거리를 건너 마티뇽가(Avenue Matignon)까지 약 400m 이동 → 포부르 생토노레 거리 도착

5 포부르 생토노레 거리
Rue du Faubourg Saint-Honoré

몽테뉴가와 함께 파리 2대 쇼핑 거리로 꼽힌다.
→ 마들렌 성당에서 길을 건너 생토노레 거리에 도착해 약 400m 직진 후 왼쪽 → 방돔 광장 도착

F 방돔 광장
Place Vendôme

1600년대 후반에 조성된 아름다운 광장으로, 세계에서 가장 아름답고 럭셔리한 광장으로 손꼽힌다.

> **TIP**
> 포부르 생토노레 거리(Rue du Faubourg Saint-Honoré)와 생토노레 거리(Rue Saint-Honoré)가 있으니 헷갈리지 않도록 주의하자. 하지만 두 거리 모두 쇼핑 거리이며, 연장선상에 있다.

코스 무작정 따라하기
START

- 분위기 ★★★★★ 그들이 사는 세상
- 이동 편리성 ★★★★☆ 도보, 혹은 자전거로 가능
- 볼거리 ★★★★★ 파리는 쇼핑 천국!
- 식도락 ★★★☆☆ 물가가 비싸요!
- 쇼핑 ★★★★★ 쇼핑, 쇼핑, 쇼핑!
- 액티비티 ★☆☆☆☆ 특별한 액티비티는 없어요.

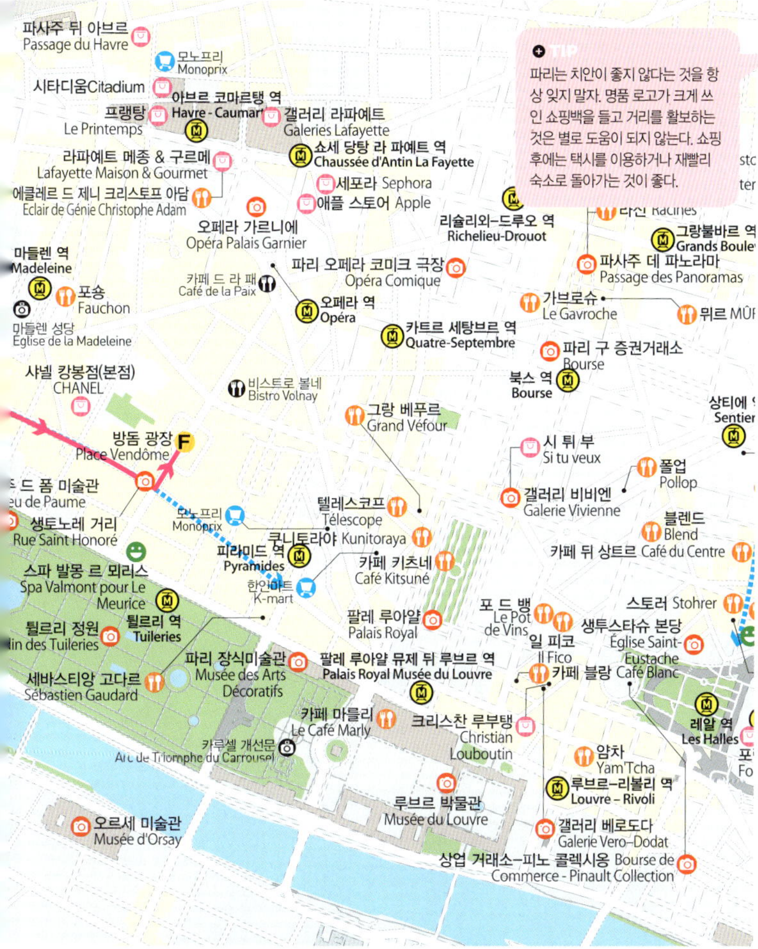

TIP 파리는 치안이 좋지 않다는 것을 항상 잊지 말자. 명품 로고가 크게 쓰인 쇼핑백을 들고 거리를 활보하는 것은 별로 도움이 되지 않는다. 쇼핑 후에는 택시를 이용하거나 재빨리 숙소로 돌아가는 것이 좋다.

| S. 조르주 5세 역 홀수 출구 |
| 도보 21m, 1분 |
| 1. 루이 비통 샹젤리제 |
| 도보 210m, 2분 |
| 2. 라뒤레 |
| 도보 313m, 3분 |
| 3. 프랑수아 1세 거리 |
| 도보 289m, 3분 |
| 4. 몽테뉴가 |
| 도보 1360m, 17분 |
| 5. 포부르 생토노레 거리 |
| 도보 788m, 9분 |
| F. 방돔 광장 |

(map of Paris area: Passage du Havre, Monoprix, Citadium, Havre - Caumartin, Le Printemps, Galeries Lafayette, Lafayette Maison & Gourmet, Chaussée d'Antin La Fayette, Eclair de Génie Christophe Adam, Sephora, Apple, Opéra Palais Garnier, Madeleine, Richelieu-Drouot, Grands Boulevards, Café de la Paix, Opéra Comique, Passage des Panoramas, Fauchon, Eglise de la Madeleine, Quatre-Septembre, Le Gavroche, MÛR, CHANEL, Bistro Volnay, Bourse, Sentier, Place Vendôme, Grand Véfour, Si tu veux, Pollop, Jeu de Paume, Télescope, Galerie Vivienne, Blend, Rue Saint Honoré, Monoprix, Kunitoraya, Café du Centre, Spa Valmont pour Le Meurice, Pyramides, Café Kitsuné, K-mart, Le Pot Le Vins, Stohrer, Palais Royal, Eglise Saint-Eustache, Jardin des Tuileries, Tuileries, Il Fico, Musée des Arts Décoratifs, Palais Royal Musée du Louvre, Café Blanc, Sébastien Gaudard, Les Halles, Le Café Marly, Christian Louboutin, Yam'Tcha, Arc de Triomphe du Carrousel, Louvre - Rivoli, Musée du Louvre, Galerie Vero-Dodat, Musée d'Orsay, Bourse de Commerce - Pinault Collection)

ZOOM IN

샹젤리제~ 루브르 박물관

웅장한 개선문에 올라 '방사형 도시' 파리의 아름다운 풍경을 감상하고, '샹젤리제' 노래를 흥얼거리며 샹젤리제 거리를 내려오다 보면 어느새 탁 트인 콩코르드 광장과 마주하게 된다. 콩코르드 광장을 주변으로 그랑 팔레, 프티 팔레, 튈르리 정원, 마들렌 교회, 루브르 박물관까지 한번에 돌아볼 수 있다.

1 개선문
Arc de Triomphe
아크 드 트히옹프

오스테를리츠 전쟁이 승리를 기념하기 위해 나폴레옹 1세 때 세웠다. 정작 나폴레옹은 살아 생전 완공된 개선문을 보지 못했지만, 유배지에서 돌아온 그의 시신만이 1840년 개선문을 통과한다. 개선문의 규모가 워낙 웅장하고 조각이 섬세하기 때문에 멀리서 보는 것보다 가까이에서 보는 것이 더 직접적으로 느껴질 수 있다. 개선문에 올라 파리 풍경을 바라보는 것도 추천한다. 엘리베이터가 설치되어 있지만, 노약자를 위해 운영하며 건강한 관광객들은 튼튼한 다리를 이용해 걸어 올라가야 한다. 조금 힘들어도 개선문 정상에 올라 탁 트인 파리의 뷰를 감상하다 보면 피로가 금세 사라질 것이다. 방사선 형태로 계획된 파리의 모습을 가장 잘 볼 수 있는 곳이며, 멀리 에펠탑이 보이는 풍경이 특히 아름답다.

ⓘ **INFO** P.052 ⓜ **MAP** P.324A
🌐 구글 지도 **GPS** 48.873785, 2.295022 🚇 찾아가기 메트로 1·2·6호선·RER A선 샤를 드 골 에투알 역 개선문 출구 이용 📍 주소 Arc de Triomphe, Place Charles de Gaulle, 75008 Paris ☎ 전화 01-55-37-73-77 🕐 시간 10:00~22:30 🚫 휴무 1/1, 5/1, 5/8 오전, 7/14 오전, 11/11 오전, 12/25 💰 가격 €13 🌐 홈페이지 www.paris-arc-de-triomphe.fr

2 샹젤리제 거리
Avenue des Champs-Élysées
아브뉴 데 샹젤리제

세계에서 가장 아름다운 거리로 유명한 샹젤리제 거리. 기대를 많이 하면 실망할 수도 있지만 샹젤리제 거리에는 '샹젤리제' 가사처럼 '우리가 원하는 모든 것'이 있다. 럭셔리 명품 매장부터 자동차 플래그십 스토어, 이탈리언 레스토랑, 슈퍼마켓까지, 없는 게 없는 샹젤리제 거리에서는 아이쇼핑만으로도 즐거울 수 있다.

ⓘ **INFO** P.052 ⓜ **MAP** P.324E
🌐 구글 지도 **GPS** 48.873305, 2.296785 🚇 찾아가기 메트로 1·2·6호선·RER A선 샤를 드 골 에투알 역 개선문 출구 이용 📍 주소 Avenue des Champs-Élysées, 75008 Paris

3 그랑 팔레
Grand Palais
그헝 빨레

1900년 파리 만국박람회를 위해 건축되었으며, 오늘날에는 주로 기획전 형식의 미술 전시가 자주 열린다. 아트 페어 피아크(FIAC)나 샤넬의 오트 쿠튀르 쇼 등과 같은 패션쇼가 열리기도 한다. 그랑 팔레에서 열리는 기획 전시는 퀄리티가 높아 늘 사람이 많다. 현재 리노베이션 공사 중으로, 2024년 파리 올림픽에 맞춰 오픈 예정에 있다. 그랑 팔레 에페메르(Grand Palais Éphémère)가 임시적으로 샹 드 마르스 광장 근처(Place Joffre, 75007 Paris)에 오픈했다. 프로그램은 홈페이지를 참고하자.

ⓘ **INFO** P.055, 111 ⓜ **MAP** P.324F
🌐 구글 지도 **GPS** 48.866110, 2.312446 🚇 찾아가기 메트로 1·13호선 샹젤리제 클레망소(Champs-Élysées Clemenceau) 역 그랑 팔레 출구 이용 📍 주소 3 Avenue du Général Eisenhower, 75008 Paris ☎ 전화 01-44-13-17-17 🕐 시간 10:00~20:00 🚫 휴무 화요일, 1/1, 5/1, 5/8 오전, 7/14 오전, 11/11 오전, 12/25 💰 가격 €14~(전시마다 다름) 🌐 홈페이지 www.grandpalais.fr

4 프티 팔레
Petit Palais
쁘띠 빨레 ★★★★

1900년 파리 만국박람회 개최 시 그랑 팔레, 알렉상드르 3세 다리와 함께 건축되었다. 그랑 팔레 바로 맞은편에 위치한 프티 팔레는 현재 시립 미술관으로 사용하며, 유리창을 통해 쏟아지는 자연광이 특히 아름답다. 안뜰에는 예쁜 정원과 작은 카페가 있다.

ⓘ INFO P.055 ⓜ MAP P.324F
구글 지도 GPS 48.866061, 2.314554 찾아가기 메트로 1·13호선 샹젤리제 클레망소 (Champs-Élysées Clemenceau) 역 그랑 팔레 출구 이용, 그랑 팔레 맞은편에 위치 주소 Petit Palais, Avenue Winston Churchill, 75008 Paris 전화 01-53-43-40-00 시간 10:00~18:00 휴무 월요일, 1/1, 5/1, 7/14, 11/11, 12/25 가격 상설 전시 무료 홈페이지 www.petitpalais.paris.fr

5 콩코르드 광장
Place de la Concorde
쁠라스 드 라 꽁꼬흐드 ★★★★★

낮에 봐도 밤에 봐도 아름다운 콩코르드 광장에서는 강 건너 프랑스 국회의사당은 물론, 나폴레옹의 무덤이 있는 앵발리드와 군사 박물관을 한눈에 볼 수 있다. 북쪽으로는 마들렌 성당, 동쪽으로 튈르리 정원과 루브르 박물관을 한번에 감상할 수 있는 아름다운 광장이다.

ⓘ INFO P.055 ⓜ MAP P.324F
구글 지도 GPS 48.865634, 2.321737 찾아가기 메트로 1호선 콩코르드(Concorde) 역 콩코르드 광장 출구 이용 주소 Place de la Concorde, 75008 Paris

6 자크마르앙드레 박물관
Musée Jacquemart-André
뮈제 자크마르앙드레 ★★★

© Culturespaces-C.Recoura.

자크마르앙드레 부부가 생전에 모은 프랑스와 이탈리아 유명 화가들의 작품을 전시한다. 많은 사람이 컬렉션을 볼 수 있길 희망했던 부부의 유언에 따라 1913년 박물관으로 개장했으며, 저택과 개인 소장품은 모두 프랑스 학사원에 기증했다. ※ 2024년 중 오픈 예정

ⓘ INFO P.109 ⓜ MAP P.324B
구글 지도 GPS 48.875449, 2.310488 찾아가기 메트로 9·13호선 미로메닐(Miromesnil) 역에서 나와 왼쪽으로 꺾어 미로메닐 거리를 따라가다 오스만 대로(Boulevard Haussmann)에서 길을 건너 왼쪽으로 도보 약 5분 주소 158 Boulevard Haussmann, 75008 Paris 전화 01-45-62-11-59 시간 10:00~18:00(상설 전시가 없으니 홈페이지로 반드시 미리 확인할 것) 가격 €17 홈페이지 www.musee-jacquemart-andre.com

7 라뒤레
Ladurée
라뒤헤 ★★★★

1862년 빵집으로 처음 문을 열어 디저트의 명가로 자리 잡았는데, 특히 마카롱으로 인기를 끌며 유명해졌다. 1900년대 초반 여성들이 자유롭게 모임을 가질 수 있는 카페 문화, '살롱 드 테(Salon de Thé)'가 자리 잡으면서 라뒤레의 입지는 더욱더 확고해졌다.

ⓘ INFO P.198 ⓜ MAP P.324E
구글 지도 GPS 48.870813, 2.303069 찾아가기 메트로 1호선 조르주 5세(George V) 역 홀수 출구(Côté Impair) 이용 주소 75 Avenue des Champs-Élysées, 75008 Paris 전화 01-40-75-08-75 시간 08:00~21:30 가격 마카롱 1개 €2.5~ 홈페이지 www.laduree.fr

8 피에르 에르메
Pierre Hermé
삐에흐 에흐메 ★★★★

라뒤레와 함께 마카롱계의 양대 산맥으로 불린다. 톱 파티시에 피에르 에르메의 감각적이고 트렌디한 디자인의 디저트로 유명하다. 시각적으로도 아름다운 디저트를 맛볼 수 있다. 개선문과 가까운 샹젤리제 133번지, 퍼블리시스 드러그스토어 내에 매장이 있고, 86번지에도 매장이 있다.

ⓘ INFO P.197 ⓜ MAP P.324A
구글 지도 GPS 48.872502, 2.297040 찾아가기 메트로 1·2·6호선·RER A선 샤를 드골 에투알 개선문 출구 이용, 바로 옆 샹젤리제 거리 횡단보도를 건너면 맞은편에 위치 주소 86 & 133 Avenue des Champs-Élysées, 75008 Paris 전화 01-45-12-24-02 시간 10:30~22:30 가격 마카롱 3개 €11 홈페이지 www.pierreherme.com

9 퍼블리시스 드러그스토어
Publicis Drugstore
퓨블리시스 드허그스토어 ★★★★

샹젤리제의 전설적인 드러그스토어다. 최근 디자이너 톰 딕슨이 재조명한 인테리어와 미슐랭 스타에 빛나는 에릭 프레숑 셰프가 합류하며 새로운 바람을 일으키고 있다. 24시간 운영하는 약국과 식료품점, 와인 바, 서점, 신문 가판대 등이 위치해, 관광지 샹젤리제에 있음에도 파리지앵들이 애용한다.

ⓜ MAP P.324A
구글 지도 GPS 48.872502, 2.297040 찾아가기 1·2·6호선과 RER A선 샤를 드골 에투알 역 개선문 출구 이용, 바로 옆 샹젤리제 거리 횡단보도 건너면 맞은편에 위치 주소 133 Avenue des Champs-Élysées, 75008 Paris 전화 01-44-43-75-07 시간 월~금요일 08:00~02:00, 토·일요일 10:00~02:00 홈페이지 www.publicisdrugstore.com

10 루이 비통 샹젤리제
Louis Vuitton Champs-Élysées
루이 뷔뚱 샹젤리제

★★★★

프랑스 명품의 자존심, 루이 비통. 루이 비통 샹젤리제점은 가히 '루이 비통 왕국'이라 불릴 만하다. 휘황찬란한 디스플레이로 채운 윈도를 지나 사람 키의 몇 배나 되는 루이 비통 샹젤리제점의 정문에 들어서면 세계 각국에서 찾아온 관광객들의 다양한 언어가 한꺼번에 들려오는 진귀한 경험을 하게 될 것이다.

TIP 부가세 환급(tax refund)이 가능하기 때문에 쇼핑을 할 생각이라면 반드시 여권을 챙기도록 하자!

INFO P.216 **MAP** P.324E

구글 지도 GPS 48.871590, 2.300517 **찾아가기** 메트로 1호선 조르주 5세(George V)역 홀수 출구(Côté Impair) 이용 **주소** 101 Avenue des Champs-Élysées, 75008 Paris **전화** 01-53-57-52-00 **시간** 월~토요일 10:00~20:00, 일요일 11:00~19:00 **휴무** 1/1, 5/1, 12/25 **홈페이지** http://fr.louisvuitton.com

11 알 66
Halle 66
알 스와썽 씨스

★★★

샹젤리제 66번지에 위치해 상호를 외우기도 쉽다. 2007년 문을 연 알 66 콘셉트 스토어는 다양한 나라의 유능한 디자이너들로부터 바잉한 남성복, 여성복, 액세서리 등을 선보인다. 겉보기와 다르게 숍 내부는 총 4층에 걸쳐 있어 규모가 꽤 크다. 현재 리모델링 공사 중으로 2024년 상반기 오픈 예정이다.

MAP P.324E

구글 지도 GPS 48.871054, 2.305392 **찾아가기** 메트로 1호선 조르주 5세(George V)역 짝수 출구(Côté pair) 이용, 66번지 건물 내부에 위치 **주소** 66 Avenue des Champs-Élysées, 75008 Paris **시간** 24시간(시기에 따라 변경될 수 있음) **홈페이지** http://halle66champselysees.com

12 갤러리 라파예트 샹젤리제점
Galeries Lafayette Champs-Élysées
갈르리 라파예뜨 샹젤리제

★★★★★

© Delfino Sisto Legnani e Marco Cappelletti

2019년 3월 28일 갤러리 라파예트 백화점이 샹젤리제에 오픈했다. 샹젤리제 거리 60번지에 위치하며 6500㎡의 규모를 자랑한다. 갤러리 라파예트 샹젤리제점은 백화점보다는 콘셉트 스토어의 형태에 가깝고, 리미티드 에디션이나 디자이너 브랜드와의 콜래버레이션 등의 이벤트도 다양하게 펼칠 계획이다. 300여 명의 퍼스널 스타일리스트가 쇼핑을 돕고 애플리케이션을 통해 더욱 편리한 쇼핑이 되도록 준비했다. 패션뿐만 아니라 푸드, 코즈메틱, 라이프스타일 등의 분야에서 최신 유행을 선보이며 팝업 스토어도 많이 열릴 예정이다.

아르 데코 양식의 건축물을 리모델링한 덴마크 건축가 비야케 엥겔스가의 솜씨가 훌륭하다.

INFO P.220 **MAP** P.324E

구글 지도 GPS 48.870559, 2.306343 **찾아가기** 메트로 1호선 조르주 5세(George V)역 짝수 출구(Côté pair) 이용, 샹젤리제 거리 60번지에 위치 **주소** 60 Avenue des Champs-Élysées, 75008 Paris **전화** 01-83-65-61-00 **시간** 10:00~21:00 **휴무** 12/25 **홈페이지** www.galerieslafayettechamp.selysees.com

13 포부르 생토노레 거리
Rue du Faubourg Saint-Honoré
휘 뒤 포부흐 생토노헤

★★★

프랑스의 대통령이 머무는 엘리제 궁과 세계 각국의 대사관 등이 위치하며 옛 귀족들의 대저택이 그대로 남아 있다. 번지수가 낮아지고 생토노레 거리(Rue Saint-Honoré)에 가까워질수록 매장이 많아지며 조금 더 대중적인 모습을 띤다.

INFO P.225 **MAP** P.324F

구글 지도 GPS 48.871054, 2.314286 **찾아가기** 몽테뉴가를 따라 메트로 1호선 프랑클랭 루스벨트 역이 있는 샹젤리제 거리까지 이동해 마티뇽가(Avenue Matignon)로 약 400m 직진한 후 우회전 **주소** 114 Rue du Faubourg Saint-Honoré, 75008 Paris

14 몽테뉴가
Avenue Montaigne
아브뉘 몽땐느

제2차 세계대전 후 이곳에 정착한 디자이너 크리스챤 디올의 매장(30~32번지)을 시작으로 파리 내 명품 브랜드의 메카가 되었다. 빅토리아 베컴이나 리한나 등도 파리에 오면 꼭 들르는 쇼핑 코스이며, 몽테뉴가 41번지에 위치한 라브뉘 레스토랑(Restaurant l'Avenue)에서 곧잘 식사를 즐긴다. 15번지에 위치한 샹젤리제 극장은 1913년 세운 아르데코 양식의 건축물이며, 25번지에 위치한 플라자 아테네 호텔은 1911년 문을 열어 전통이 깊다.

ⓘ **INFO** P.055, 225 　 **MAP** P.324E
● **구글 지도 GPS** 48,866991, 2,306203 ● **찾아가기** 루이 비통 샹젤리제 매장에서 조르주 5가로 약 200m 이동 후 좌회전, 프랑수아 1세 거리로 약 500m 이동 ● **주소** 1~102 Avenue Montaigne, 75008 Paris

15 리도 2 파리
Lido 2 Paris
리도 두 빠히

리도 쇼는 1946년부터 시작되어 세계 3대 쇼로 불리며 물랭루주와 견주는 파리 최고의 카바레다. 샹젤리제에 위치하는 지리적 이점 덕분에 세계 각국의 관광객들이 줄을 잇는다. 쇼는 무용수들의 공연은 물론, 미술, 서커스 등으로 구성되어 있어 처음부터 끝까지 눈을 뗄 수 없을 정도로 흥미진진하다.

ⓘ **INFO** P.268 　 **MAP** P.324A
● **구글 지도 GPS** 48,87233, 2,3008 ● **찾아가기** 샹젤리제 거리 116번지에 위치 ● **주소** 116 Avenue des Champs-Élysées, 75008 Paris ● **전화** 01-53-33-45-50 ● **시간** 공연 월~금요일 20:00, 토요일 15:00, 20:00 ● **휴일** 일요일, 공휴일 ● **가격** €29~149 ● **홈페이지** www.billetterie.lido2paris.com

16 스파 발몽 르 뫼리스
Spa Valmont pour Le Meurice
스빠 발몽 뿌흐 르 뫼히스

안티에이징 제품으로 유명한 스위스 화장품 브랜드 발몽과 르 뫼리스 호텔이 함께 최고의 기술과 제품을 소개한다. 커플이나 가족이 모두 함께 즐길 수 있는 다양한 프로그램이 있으니 이용해 볼 만하다. 터키식 목욕탕 하맘, 사우나, 네일 숍, 피트니스 센터는 물론 작은 테라스까지 마련되어 있다.

● **MAP** P.324G
● **구글 지도 GPS** 48,865348, 2,328142 ● **찾아가기** 튈르리 정원과 마주보는 리볼리 거리(Rue de Rivoli) 228번지에 위치 ● **주소** 228 Rue de Rivoli, 75001 Paris ● **전화** 01-44-58-69-77 ● **시간** 09:00~19:00 ● **가격** 얼굴 관리(45분) €140~, 전신 관리(30분) €135~ ● **홈페이지** www.dorchestercollection.com/fr/paris/le-meurice/spa/

17 스파 르 브리스톨 바이 라 프레리
Spa Le Bristol by La Prairie
스빠 르 브히스똘 바이 라 프헤히

1925년 오픈한 팔라스 호텔 르 브리스톨과 고급 스킨케어 브랜드 라 프레리가 손을 잡았다. 2012년 세계 럭셔리 스파 어워즈에서 최고의 명품 스파로 선정되었으며 르 브리스톨의 품격에 맞춘 스파와 마사지를 즐길 수 있어 인기 높다.

● **MAP** P.324B
● **구글 지도 GPS** 48,871707, 2,314794 ● **찾아가기** 포부르 생토노레 거리 112번지에 위치 ● **주소** 112 Rue du Faubourg Saint-Honoré, 75008 Paris ● **전화** 01-53-43-41-67 ● **시간** 09:00~21:00 ● **가격** 얼굴 관리(55분) €250, 전신 관리(60분) €215 ● **홈페이지** www.oetkercollection.com/fr/destinations/le-bristol-paris/spa-et-bienetre(예약 spa@lebristolparis.com)

18 스파 클라랑스 & 마이블렌드
Le Spa Clarins & myBlend
스빠 끌라항스 마이블렌드

호텔 루아얄 몽소에 입점해 있다. 거울로 둘러싸인 23m의 수영장과 남녀 각각을 위한 사우나와 하맘, 로마식 사우나 라코니움, 샤워실 등이 있다. 스파와 피부 관리를 받을 수 있는 개별 룸과 커플 룸, 피트니스 센터, 헤어 숍은 물론 디톡스 바도 갖추어 편안하게 케어를 받을 수 있다.

● **MAP** P.324A
● **구글 지도 GPS** 48,875688, 2,300496 ● **찾아가기** 개선문에서 오슈 거리(Avenue Hoche)를 따라 5분 정도 이동 ● **주소** 37 Avenue Hoche, 75008 Paris ● **전화** 01-42-99-88-99 ● **시간** 월~토요일 07:30~22:00, 일요일 07:30~20:30 ● **가격** 시그니처 마이블렌드 (1시간 30분) €262, 얼굴 관리 (1시간) €195 ● **홈페이지** www.leroyalmonceau.com/spa/spa-my-blend-by-clarins(예약 contact@spaleroyalmonceau.com)

ZOOM IN

루브르 박물관~
오페라 가르니에

루브르 박물관을 중심으로 서쪽에는 튈르리 공원이, 북서쪽에 오페라 가르니에가 위치한다. 파리의 최중심지이자 역사가 깊은 지역으로 볼 것이 많은 지역이다.

1 루브르 박물관
Musée du Louvre
뮈제 뒤 루브흐

에펠탑과 함께 파리의 상징이자 랜드마크로 여겨지는 곳이며, 영국의 대영 박물관, 바티칸 시티의 바티칸 박물관과 함께 세계 3대 박물관 중 하나로 꼽힌다. 크게 리슐리외관, 쉴리관, 드농관 등 3개의 전시실로 나누어져 있으며, 모두 4층으로 이루어졌다. 규모가 매우 크기 때문에 계획을 잘 세워 꼭 봐야 하는 작품을 놓치지 말자. 파사주 리슐리외 입구 쪽에 있는 카페 마를리(Café Marly)에서 간단하게 허기를 채우거나 아름다운 루브르 광장을 바라보며 커피 한잔의 여유를 느껴보자.

ⓘ **INFO** P.062, 113　ⓜ **MAP** P.325K

- 구글 지도 **GPS** 48.860617, 2.337635
- 찾아가기 메트로 1·7호선 팔레 루아얄 뮈제 뒤 루브르(Palais Royal Musée du Louvre) 역 루브르 박물관 전용 출구(Musée du Louvre) 이용
- 주소 Musée du Louvre, 75001 Paris
- 전화 01-40-20-50-50
- 시간 09:00~18:00(금요일은 ~21:45)
- 휴무 화요일, 1/1, 5/1, 12/25
- 가격 €22, 7월 14일 모든 방문객 무료 입장
- 홈페이지 www.louvre.fr

2 튈르리 정원
Jardin des Tuleries
쟈흐댕 데 튈르히

튈르리 정원은 파리 시내의 정원 중에서도 가장 크고 오래된 것으로 유명하다. 서쪽으로는 콩코르드 광장, 동쪽으로는 루브르 박물관과 맞닿아 있어 여행 중 잠시 쉬어 가기 좋다. 튈르리 정원 분수 앞에 앉아 파리지앵처럼 일광욕을 즐겨보자.

ⓘ **INFO** P.067, 081　ⓜ 지도 P.325G

- 구글 지도 **GPS** 48.864004, 2.325834
- 찾아가기 메트로 1·7호선 팔레 루아얄 뮈제 뒤 루브르(Palais Royal Musée du Louvre) 역 2번 출구 팔레 루아얄 광장(Pl. Palais Royal) 방면 이용, 루브르 박물관 쪽으로 길을 건너 리볼리 거리(Rue de Rivoli)를 따라 5분 정도 이동하다 보면 왼쪽에 정원이 보인다.
- 주소 113 Rue de Rivoli, 75001 Paris
- 시간 3월 마지막 일요일~9월 마지막 토요일 07:00~21:00, 6~8월 07:00~23:00, 9월 첫째 주 일요일~3월 마지막 일요일 07:30~19:30

3 팔레 루아얄
Palais Royal
빨레 후아얄

18세기 후반 상업과 유흥의 중심지인 팔레 루아얄은 그야말로 오늘날의 '종합 쇼핑몰'이었다고 할 수 있다. 오늘날에는 헌법 재판소, 국무원, 프랑스 문화원 등이 들어서 있으며, 루이 14세의 명령으로 17세기 창립한 국립 극단 '코메디 프랑세즈(Comédie Française)' 국립 극장이 자리를 지키고 있다. 코메디 프랑세즈는 프랑스 배우들의 자존심이라 불리며, 이자벨 아자니, 잔 모로, 피에르 니네이 등이 대표적인 코메디 프랑세즈 출신 배우다.

ⓘ **INFO** P.082　ⓜ **MAP** P.325G

- 구글 지도 **GPS** 48.863762, 2.337136
- 찾아가기 메트로 1·7호선 팔레 루아얄 뮈제 뒤 루브르(Palais Royal Musée du Louvre) 역 2번 출구 팔레 루아얄 광장(Pl. Palais Royal) 방면 이용, 프랑스 국무원을 마주 보고 길을 건너 왼쪽으로 약 10m 이동해 우회전하면 카페 옆으로 팔레 루아얄 출입구가 있다.
- 주소 Palais Royal, 75001 Paris
- 시간 4~9월 07:00~22:30, 10~3월 말 08:00~20:30

4 오페라 가르니에
Opéra Garnier
오뻬하 갸흐니에

공연이 없는 시간에 내부 관람이 가능하니 놓치지 말자. 오페라 공연장 천장에 그려진 샤갈의 작품과 오페라를 감상할 수 있는 시원한 테라스가 관람 포인트. 베르사유 궁전이 멀어서 갈 수 없는 관광객들에게 추천한다. 현재 공사 중으로 2024년 재오픈 예정에 있다.

INFO P.267　**MAP** P.325C
구글 지도 GPS 48,871927, 2.331591　찾아가기 팔레 루아얄에서 나와 코메디 프랑세즈를 지나 오페라가 진입 후 도보 약 12분　주소 8 Rue Scribe, 75009 Paris　전화 01-71-25-24-23　시간 10:00~17:00　휴무 1/1, 5/1(특별 공연 예정 시, 오픈하지 않는 경우도 있으니 홈페이지에서 미리 체크할 것)　가격 €15　홈페이지 www.operadeparis.fr/en/visits/palais-garnier

5 방돔 광장
Place Vendôme
쁠라스 방돔

방돔 광장은 파리 시내 수많은 광장 중에서도 가장 아름답다고 손꼽힌다. 광장 중앙에는 오스테를리츠 전투 승전 기념탑이 서 있으며, 탑 꼭대기에는 나폴레옹의 기마상을 볼 수 있다. 광장 주변으로는 피아제, 쇼메, 부쉐론, 샤넬 주얼리, 까르띠에 등과 같은 최고의 명품 주얼리 브랜드 숍이 들어서 있다. 크리스마스 시즌이 되면 방돔 광장 상가번영회가 자체적으로 마련하는 일루미네이션은 특히 아름답기로 유명하다. 매우 파리지앵 스타일의 광장으로, 스냅사진 촬영 장소로도 인기가 많으니 방돔 광장에서 인생 사진을 찍어보는 것도 나쁘지 않을 듯.

MAP P.325G
구글 지도 GPS 48,867472, 2.329435　찾아가기 오페라 가르니에를 뒤에 두고 오페라를 따라 걷다 오른쪽으로 나오는 대각선 길, 패 거리(Rue de la Paix)를 따라 이동　주소 Place Vendôme, 75001 Paris

6 오랑주리 미술관
Musée de l'Orangerie
뮈제 드 로헝쥬히

인상파와 후기 인상파 화가들의 작품을 주로 전시하며, 한국인에게도 친숙한 모네, 세잔, 마티스, 르누아르 등의 화가들의 작품이 전시되어 있다. 특히 모네의 '수련' 시리즈를 소장하고 있어 이 작품을 보기 위해 오랑주리를 일부러 찾는 방문객도 많다. 내부에 작은 카페와 서점을 겸하는 부티크가 있어 가볍게 끼니를 때우기 좋다. 한국어 오디오 가이드(€5)도 대여 가능하다.

INFO P.076　**MAP** P.324F
구글 지도 GPS 48,863798, 2.322723　찾아가기 튈르리 정원 가장 끝 쪽으로, 콩코르드 광장 바로 앞에 위치한다. 주 드 폼 미술관과 쌍둥이처럼 서 있는데, 루브르 박물관을 등지고 왼쪽 건물이다.　주소 Musée de l'Orangerie, Jardin Tuileries, 75001 Paris　전화 01-44-50-43-00　시간 09:00~18:00　휴무 화요일, 5/1, 7/14 오전, 12/25　가격 €12.5　홈페이지 www.musee-orangerie.fr

7 주 드 폼 미술관
Jeu de Paume
죄 드 뽐므

사진이나 비디오 등의 미디어 작품을 소개하는 갤러리와 같은 미술관이다. 관광객보다는 파리지앵들이 더 많이 찾는 작은 미술관이라 조용하게 관람할 수 있다. 튈르리 정원과 콩코르드 광장 사이에 위치하며 테라스에서 바라보는 콩코르드 광장의 풍경이 아름답다.

INFO P.110　**MAP** P.325G
구글 지도 GPS 48,865797, 2.324071　찾아가기 튈르리 정원 가장 끝 쪽, 콩코르드 광장 바로 앞에 위치한다. 오랑주리 미술관과 쌍둥이처럼 서 있는데, 루브르 박물관을 등지고 오른쪽 건물이다.　주소 1 Place de la Concorde, 75008 Paris　전화 01-47-03-12-50　시간 화요일 11:00~21:00, 수~일요일 11:00~19:00(12/24 · 31은 ~17:00)　휴무 월요일, 1/1, 5/1, 7/14, 12/25　가격 €12　홈페이지 www.jeudepaume.org

8 파리 장식미술관
Musée des Arts décoratifs
뮈제 데 자호 데꼬하티프

디자인, 패션과 섬유, 그래픽 아트 등 장식 예술과 관련된 작품을 전시하는 미술관이다. 특히 파리 장식미술관의 기획전은 규모와 퀄리티에 대한 명성이 자자해 한 번쯤 들러보는 것이 좋다. 보기 힘들었던 작품을 공개한다거나 내로라하는 디자이너들의 전시도 곧잘 열린다.

◉ MAP P.325G

ⓘ 구글 지도 GPS 48.863073, 2.333393 ⓘ 찾아가기 메트로 1·7호선 팔레 루아얄 뮈제 뒤 루브르(Palais Royal Musée du Louvre) 역 2번 출구 팔레 루아얄 광장(Pl. Palais Royal) 방면 이용, 리볼리 거리(Rue Rivoli)를 따라 튈르리 정원 쪽으로 걷다보면 미술관 팻말이 크게 보인다. ⓘ 주소 107 Rue de Rivoli, 75001 Paris ⓘ 전화 01-44-55-57-50 ⓘ 시간 11:00~18:00(목요일 11:00~21:00) ⓘ 휴무 월요일, 1/1, 5/1, 12/25 ⓘ 가격 €15(26세 미만 무료) ⓘ 홈페이지 www.lesartsdecoratifs.fr

9 카페 마를리
Café Marly
까페 마흘리

루브르 박물관 날개 쪽 건물에 위치해 테라스에서 아름다운 루브르 박물관과 피라미드의 모습을 감상할 수 있다. 간단한 아침 식사부터 점심, 저녁 식사는 물론 달콤한 와인 한잔도 할 수 있다. 가격대가 높은 편이지만 분위기와 뷰만으로도 충분히 가치가 있다. 아름다운 가로등 불빛과 어우러진 루브르 박물관의 야경은 황홀 할 정도다.

ⓘ INFO P.155 ◉ MAP P.325K

ⓘ 구글 지도 GPS 48.861932, 2.335704 ⓘ 찾아가기 루브르 박물관 파사주 리슐리외(Passage Richelieu) 쪽에 입구가 있다. ⓘ 주소 93 Rue de Rivoli, 75001 Paris ⓘ 전화 01-49-26-06-60 ⓘ 시간 08:30~02:00 ⓘ 가격 €16~ ⓘ 홈페이지 http://cafe-marly.com/fr

10 카페 키츠네
Café Kitsuné
까페 키츠네

일본 브랜드 메종 키츠네에서 오픈한 카페. 천천히 내려주는 카페라테는 설탕을 넣지 않아도 달콤하고 고소한 맛이 일품이다. 깔끔한 마들렌 과자와 쿠키 등이 준비되어 있다.

ⓘ INFO P.082, 208 ◉ MAP P.325G

ⓘ 구글 지도 GPS 48.865517, 2.337345 ⓘ 찾아가기 팔레 루아얄 입구에서 왼쪽 복도 끝 쪽에 위치 ⓘ 주소 51 Galerie de Montpensier, 75001 Paris ⓘ 전화 01-40-15-62-31 ⓘ 시간 09:00~19:00 ⓘ 가격 에스프레소 €2.5 ⓘ 홈페이지 http://kitsune.fr

카페 라테 €4.5

11 카페 블랑
Café Blanc
까페 블랑

프랑스의 흔한 레스토랑으로 주변 회사원들에게 인기가 많다. 그런 만큼 가격대도 높지 않고 퀄리티도 좋다. 점심시간에는 특히 사람이 많고 오후 7시 이후부터는 음주를 즐기는 파리지앵들을 볼 수 있다. 그날그날 신선한 재료로 준비하는 '오늘의 메뉴'를 추천한다.

ⓘ INFO P.172 ◉ MAP P.325H

ⓘ 구글 지도 GPS 48.862728, 2.339555 ⓘ 찾아가기 팔레 루아얄 광장에서 프랑스 국무원(Conseil d'État) 쪽으로 길을 건너 생토노레 거리(Rue Saint-Honoré)에서 우회전해 200m 이동, 프랑스 문화부 건물을 지나 왼쪽에서 60m 정도 이동한다. ⓘ 주소 10 Rue Croix des Petits Champs, 75001 Paris ⓘ 전화 01-42-33-55-85 ⓘ 시간 월~금요일 07:00~02:00, 토·일요일 08:00~02:00 ⓘ 가격 점심 €15~ ⓘ 홈페이지 http://lecafeblanc.com

12 쿠스미 티
Kusmi tea
쿠스미 티

홍차를 좋아한다면 절대 그냥 지나쳐서는 안 될 곳. 티백이나 가루형 등 다양하게 준비되어 있으며 티의 종류에 따라 가격이 조금씩 다르다. 오페라, 루브르 박물관 등 유명 관광지 근처에 매장이 있어 쇼핑하기에 편리하다.

ⓘ INFO P.250 ◉ MAP P.325G

ⓘ 구글 지도 GPS 48.867775, 2.333354 ⓘ 찾아가기 메트로 7호선 오페라와 피라미드 역 중간 즈음에 위치, 오페라 가르니에를 뒤로 두고 오른편에 있다. ⓘ 주소 33 Av. de l'Opéra, 75002 Paris, France ⓘ 전화 01-42-65-23-56 ⓘ 시간 월~토요일 10:00~19:30, 일요일 11:00~19:00 ⓘ 홈페이지 www.kusmitea.com/fr

13 얌차
Yam'Tcha
얌차

미슐랭 3스타 레스토랑 '아스트랑스(Astrance)'의 셰프 파스칼 바르보 팀에 속해 3년간 다양한 경험을 쌓은 여성 셰프 아들린 그라타르가 운영하는 아시안 프렌치 퓨전 레스토랑이다. 2009년 오픈해 1년 후인 2010년 미슐랭 1스타를 받았으며 두세 가지 재료로 깊은 맛을 내 중국인보다 더 중국스러운 요리를 프랑스식으로 풀어낸다는 평을 받는다. 음식과 잘 어울리면서 아시아에서도 구하기 힘든 차들을 공수해 요리와 함께 즐길 수 있다. 정해진 메뉴는 없고 그날 준비된 재료에 따라 셰프의 재량 아래 제공된다.

ⓘ **INFO** P.163 ⓜ **MAP** P.325L
구글 지도 **GPS** 48.861514, 2.341767 ● 찾아가기 메트로 1호선 팔레 루아얄 뮈제 뒤 루브르(Palais Royal Musée du Louvre) 역에서 생토노레 거리(Rue Saint-Honoré)를 따라 121번지까지 내려간다. ● 주소 121 Rue Saint-Honoré, 75001 Paris ● 전화 01-40-26-08-07 ● 시간 화~금요일 12:00~13:00, 19:30~21:00 ● 휴무 토~월요일 ● 홈페이지 www.yamtcha.com

14 레스토랑 쿠니토라야
Restaurant Kunitoraya
레스또랑 쿠니토하야

고급 레스토랑 샤르봉 쿠니토라야(Charbon Kunitoraya)와 따뜻하고 진한 우동을 가볍게 맛볼 수 있는 레스토랑 쿠니토라야(Restaurant Kunitoraya), 2개 지점으로 나누어져 있다. 카드는 €20 이상부터 가능하다.

ⓘ **INFO** P.178 ⓜ **MAP** P.325G
구글 지도 **GPS** 48.865906, 2.336740 ● 찾아가기 메트로 7·14호선 피라미드(Pyramides) 역에서 오페라를 마주 보고 오른쪽으로 도보 4분 ● 주소 41 Rue de Richelieu, 75001 Paris ● 전화 01-47-03-33-65 ● 시간 12:00~14:30, 19:00~22:00 ● 휴무 일요일 ● 홈페이지 http://kunitoraya.com

15 세바스티앙 고다르
Sébastien Gaudard
세바스띠앙 고다흐

고풍스러운 건물 1층에 위치해 풍요로운 저택 같은 인테리어가 인상적이다. 스물셋에 포숑에 입사해 피에르 에르메 셰프 파티시에의 오른팔이 된 세바스티앙 고다르는 스물여섯 살에 포숑의 셰프 파티시에가 되었다. 전통 프렌치 파티스리의 진가를 맛볼 수 있다.

가기 메트로 1호선 튈르리(Tuileries) 역에서 나와 길을 건너 오른쪽으로 도보 2분 ● 주소 3 Rue des Pyramides, 75001 Paris ● 전화 01-71-18-24-70 ● 시간 화~일요일 10:00~19:00 ● 휴무 월요일 ● 홈페이지 www.sebastiengaudard.com

ⓘ **INFO** P.199 ⓜ **MAP** P.324G
구글 지도 **GPS** 48.864153, 2.332215 ● 찾아

16 텔레스코프
Télescope
뗄레스꼬쁘

커피를 사랑하는 젊은 파리지앵들의 새로운 시도인 힙한 카페의 첫 번째 주자 격인 카페. 주변 유명 레스토랑 셰프들이 텔레스코프에서 모닝 커피를 마시고 갈 정도로 에스프레소 맛이 일품이다. 8월에는 한 달 내내 문을 닫을 수 있으니 유의하자.

ⓘ **INFO** P.206 ⓜ **MAP** P.325G
구글 지도 **GPS** 48.866139, 2.336230 ● 찾아가기 메트로 7·14호선 피라미드(Pyramides) 역에서 오페라를 마주 보고 오른쪽으로 도보 4분 ● 주소 5 Rue Villedo, 75002 Paris ● 전화 01-42-61-33-14 ● 시간 월~금요일 08:30~16:00 ● 휴무 토·일요일

17 그랑 베푸르
Grand Véfour
그헝 베푸흐

1784년 오픈했으며 나폴레옹이 즐겨 찾던 레스토랑이다. 한때 미슐랭 3스타에 빛나는 레스토랑이었지만, 지금은 한층 더 캐주얼한 분위기의 식당으로 콘셉트를 바꿨다.

INFO P.082 **MAP** P.325G **찾아가기** 루브르 박물관에서 팔레 루아얄로 들어가 반대편 입구에 위치, 메트로 팔레 루아얄 뮈제 뒤 루브르(Palais Royal Musée du Louvre) 역에서 도보 5분 **주소** 17 Rue de Beaujolais, 75001 Paris **전화** 01-42-96-56-27 **시간** 12:15~13:45, 19:00~21:30 **휴무** 일·월요일 **홈페이지** www.grand-vefour.com

18 일 피코
Il fico
일 피코

이탈리아 사르데냐섬에서 온 가족이 운영하는 작은 이탈리아 레스토랑. 전식으로 클래식하지만 신선한 재료를 쓴 부팔라 모차렐라와 방울토마토 요리가 인기 있다. 셰프가 한 명이기 때문에 서빙 속도가 느릴 수 있다.

INFO P.176 **MAP** P.325H **구글 지도 GPS** 48.864264, 2.341322 **찾아가기** 메트로 1호선 팔레 루아얄 뮈제 뒤 루브르(Palais Royal Musée du Louvre) 역에서 도보 7분 **주소** 31 Rue Coquillère, 75001 Paris **전화** 01-44-82-55-23 **시간** 12:00~14:30, 19:30~23:00 **휴무** 일요일 **홈페이지** http://ilficoparis.com

ZOOM IN

레 알 지구~ 구 증권 거래소

레 알 지구에서 증권 거래소 주변은 주거 지역이기도 하면서 회사도 많아 파리지앵들의 일상을 엿보기에 적격이다. 오래된 파리를 보는 즐거움을 느낄 수 있으므로 코스대로 도는 것보다는 골목골목 살펴보는 것을 추천한다.

1 생퇴스타슈 본당
Paroisse Saint-Eustache
파후아쓰 생뙤스따슈

17세기부터 한자리에서 레 알 지구를 지키는 수호신 같은 존재다. 역사 깊은 파이프오르간과 아름다운 스테인드글라스로 유명한데, 특히 노트르담 성당의 건축에서 영감을 받은 스테인드글라스와 외부 장식은 섬세하면서도 기품 있다.

MAP P.325H **구글 지도 GPS** 48.863388, 2.345051 **찾아가기** 메트로 4호선 레 알(Les Halles) 역 플라스 카레(Place Carée)·파티오(Patio) 출구 이용 **주소** 2 Impasse Saint-Eustache, 75001 Paris **전화** 01-42-36-31-05 **시간** 월~금요일 09:30~19:00, 토요일 10:00~19:15, 일요일 09:00~19:15(기도 시간 중 12:30·18:00, 주말 18:00) **홈페이지** www.saint-eustache.org

2 상업 거래소 – 피노 콜렉시옹
Bourse de Commerce - Pinault Collection
북스 드 꼬멕스 – 삐노 꼴렉씨옹

파리의 옛 상업 거래소가 미술관으로 화려하게 변신했다. 미술계의 큰손 프랑수아 피노(François Pinault)가 그동안 수집한 컬렉션을 상설 전시한다. 건축 설계는 세계적인 건축가 안도 다다오가 맡아 오랜 역사를 지닌 건물을 복원하는 동시에 문화 활동을 위한 공간으로 완벽하게 재디자인했다.

INFO P.033 **MAP** P.325L **구글 지도 GPS** 48.862974, 2.342343 **찾아가기** 생퇴스타슈 본당을 마주 본 위치에서 왼쪽 편 커다란 돔이 있는 건물이다. **주소** 2 Rue de Viarmes, 75001 Paris **전화** 01-55-04-60-60 **시간** 11:00~19:00(금요일 21:00까지) **휴무** 화요일, 5/1 **가격** €14 **홈페이지** www.pinaultcollection.com/fr/boursedecommerce

3 몽토르괴이 거리
Rue Montorgueil
휘 몽토르괴이

1878년 화가 클로드 모네의 작품 '파리의 몽토르괴이 거리'에 등장할 정도로 역사가 깊다. 오늘날에는 트렌디한 상점과 레스토랑이 즐비해 테라스와 요리를 사랑하는 파리지앵들에게 많은 사랑을 받고 있다. 목요일 오후(12:30~20:30)와 일요일 오전(07:00~15:00)에 몽토르괴이 거리 초입과 바로 옆 몽마르트 길(Rue Montmartre)에서 작은 시장이 열린다.

🅘 INFO P.087 🅜 MAP P.325H
🅟 찾아가기 메트로 4호선 레 알(Les Halles) 역에서 플라스 카레(Place Carrée)·파티오(Patio) 출구로 나와 생퇴스타슈 본당을 마주 보고 오른쪽으로 50m 정도 걸어간다. 바로 옆쪽의 몽마르트르 거리(Rue Montmartre)에서 오른쪽으로 한 블록 더 간다. 🅐 주소 1 Rue Montorgueil, 75001 Paris

4 파사주 뒤 그랑세르
Passage du Grand Cerf
빠사쥬 뒤 그헝셰흐 ★★★

생퇴스타슈 본당에서 도보 5분 거리의 가까운 파사주다. 1825년에 지은 파사주로 12m에 달하는 높은 층고가 인상적이며 금속, 쇠, 유리로 이루어진 천장 덕분에 햇빛이 들어와 따스한 느낌이다. 가구나 보석, 디자인 소품을 파는 작은 매장이 들어서 있어 눈이 즐겁다.

🅘 INFO P.105 🅜 MAP P.325H
구글 지도 GPS 48,864945, 2,348671 🅟 찾아가기 몽토르괴이 거리를 따라 200m 이동한 후 오른쪽으로 난 마리 스튜아르 거리(Rue Marie Stuart)로 우회전. 약 100m 직진하면 파사주 입구가 나온다. 🅐 주소 8 Rue Dussoubs, 75002 Paris 🅢 시간 08:30~20:30 🅗 휴무 일요일

5 갤러리 비비엔
Galerie Vivienne
갈르히 비비엔느 ★★★★

프랑스 제2 제정시대에 인기가 많았던 갤러리 비비엔은 그 시대의 웅장함을 단번에 보여주는, 단연코 파리의 파사주 중 가장 볼만한 곳이다. 바닥의 모자이크와 유리 천장의 정교함을 놓치지 말자. 오래된 서점부터 유명한 와인 바까지 낮에도 아름답지만, 저녁에는 화려한 조명과 웅장한 건축양식이 어우러져 더더욱 아름다워진다.

🅘 INFO P.104 🅜 MAP P.325H
구글 지도 GPS 48,866524, 2,340137 🅟 찾아가기 메트로 3호선 북스(Bourse) 역에서 도보 4분. 또는 7·14호선 피라미드(Pyramides) 역에서 도보 8분. 🅐 주소 5 Rue de la Banque, 75002 Paris 🅢 시간 08:30~20:00 🅗 홈페이지 www.galerie-vivienne.com

6 구 증권 거래소
Bourse, Palais Brongniart
부르스, 빨레 브홍니아흐 ★★★

19세기 초 나폴레옹 1세가 프랑스 경제의 근간을 세우기 위해 건립했다. 이제는 더 이상 증권 거래소의 역할을 하지 않지만 주변에는 아직 거래 사무소나 금, 기념 화폐 등의 판매소 등이 남아 있다. 주로 박람회장으로 쓰이며 프랑스 문화유산의 날을 제외하고 내부 입장은 불가능하지만, 화·금요일 오후에 거래소 앞 광장에서 시장이 서니 들러볼 만하다.

🅜 MAP P.325H
구글 지도 GPS 48,869201, 2,341413 🅟 찾아가기 메트로 3호선 북스(Bourse) 역 2번 노트르담 데 빅투아르(Rue Notre Dame des Victoires) 출구 이용 🅐 주소 16 Place de la Bourse, 75002 Paris 🅣 전화 01-83-92-20-38 🅢 시간 시장 화·금요일 12:30~19:30(18:00 이전에 가는 게 좋다) 🅗 홈페이지 www.palaisbrongniart.com

7 파사주 데 파노라마
Passage des Panoramas
빠사쥬 데 빠노하마 ★★★★★

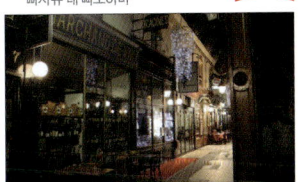

프랑스 문화유산에 등록된 파사주로, 들어가는 순간 1800년대로 돌아간 듯한 착각을 불러일으킬 정도로 독특하고 신비로운 분위기를 풍긴다. 파리의 여러 파사주 중에서도 요즘 가장 힙한 파사주다. 트렌디한 레스토랑이 밀집해 있어 한 번씩 들러볼 만하다. 입구는 생마르크 거리(Rue Saint-Marc) 10번지 또는 몽마르트르 대로(Boulevard Montmartre) 11번지 부근에서 찾을 수 있다.

🅘 INFO P.102 🅜 MAP P.325H
구글 지도 GPS 48,870498, 2,341601 🅟 찾아가기 메트로 8·9호선 그랑 불바르(Grands Boulevard) 역 3번 출구(Rue Montmartre)에서 약 50m 직진하면 왼쪽에 파사주 입구가 있다. 🅐 주소 11 Boulevard Montmartre, 75009 Paris 🅢 시간 06:00~24:00

8 파리 오페라 코미크 극장
Théâtre National de l'Opéra Comique
떼아트흐 나씨오날 드 로뻬라 꼬믹끄 ★★

프랑스 국립 희극 극장이다. 2015년 개관 300주년을 기념한 파리 오페라 코미크 극장은 연극을 관람하지 않는 한, 개인적으로 내부를 방문할 수는 없지만, 1년에 며칠 정도는 가이드와 함께 개방된다. 일정은 미리 홈페이지를 통해 확인해야 한다.

🅜 MAP P.325G
구글 지도 GPS 48,871242, 2,337879 🅟 찾아가기 메트로 8·9호선 리슐리외 드루오(Richelieu Drouot) 역 7번 출구 마리보 거리(Rue de Marivaux) 출구에서 약 100m 이동, 왼쪽에 위치 🅐 주소 1 Place Boieldieu, 75002 Paris 🅣 전화 01-70-23-01-31 🅗 홈페이지 www.opera-comique.com

9 에스카르고
L'Escargot
레스꺄흐고

1875년에 문을 연 레스토랑으로 이름처럼 달팽이 요리가 가장 유명하다. 입 생 로랑, 마르셀 프루스트, 피카소, 달리 등의 유명인들이 즐겨 찾던 레스토랑이다. 달팽이 요리 외에도 다양한 프랑스 요리를 맛볼 수 있으며 한국의 여행 프로그램에서도 소개된 적이 있다.

🔴 INFO P.088 🟠 MAP P.325H
🚶 구글 지도 GPS 48.864215, 2.346696 🚇 찾아가기 메트로 4호선 레 알(Les Halles) 역에서 몽토르고이 거리 진입 후 도보 2분 🏠 주소 38 Rue Montorgueil, 75001 Paris 📞 전화 01-42-36-83-51 🕐 시간 12:00~22:30 💰 가격 전통식 달팽이 요리 6개 €12~, 본식 €19~65 🌐 홈페이지 www.escargotmontorgueil.com

10 스토러
Stohrer
스토헤흐

루이 15세의 부인 마리 레슈친스카 왕비의 파티시에 니콜라 스토러(Nicolas Stohrer)에 의해 1730년 몽토르고이 거리에 문을 열었다. 당시의 오페라 극장 내, 대연회장 내부 장식을 담당하던 폴 보드리가 1860년 이곳의 내부 장식을 맡아, 현재 역사적 기념물로 등록되어 있다.

🔴 INFO P.088 🟠 MAP P.325H
🚶 구글 지도 GPS 48.865280, 2.346810 🚇 찾아가기 메트로 4호선 레 알(Les Halles) 역에서 몽토르고이 거리 진입 후 도보 4분 🏠 주소 51 Rue Montorgueil, 75002 Paris 📞 전화 01-42-33-38-20 🕐 시간 월~토요일 08:00~20:30, 일요일 08:00~20:00 💰 가격 바바 오 럼(Baba au Rhum) €5.6, 몽블랑(Mont-blanc) €8 🌐 홈페이지 http://stohrer.fr

11 오 로셰 드 캉칼
Au Rocher de Cancale
오 호셰드 깡꺌

몽토르고이 거리를 걷다 보면 자연스럽게 눈에 띄는 하늘색 건물에 위치한다. 1846년 오픈한 레스토랑으로, 건물 2층에는 프랑스의 화가 폴 가비르니가 그렸던 벽화들이 그대로 남아 있다. 오래된 건물이라 외관이 약간 기울어진 것 같은 느낌을 받을 수 있다.

🔴 INFO P.089 🟠 MAP P.325H
🚶 구글 지도 GPS 48.865592, 2.347165 🚇 찾아가기 메트로 4호선 레 알(Les Halles) 역에서 몽토르고이 거리로 진입한 후 도보 5분 🏠 주소 78 Rue Montorgueil, 75002 Paris 📞 전화 01-42-33-50-29 🕐 시간 08:00~02:00 🌐 홈페이지 http://au-rocher-de-cancale.zenchef.com

12 폴옵
Pollop
뽈옵

아시안 요리 같지 않으면서도 아시아의 향기가 느껴지는 퓨전 레스토랑이다. 벽면을 장식한 커다란 책장이 마치 도서관에 있는 듯한 느낌이 들게 한다. '오늘의 메뉴'는 시장의 물건에 따라 매일 바뀌지만 믿고 먹을 수 있다.

🔴 INFO P.175 🟠 MAP P.325H
🚶 구글 지도 GPS 48.866455, 2.342884 🚇 찾아가기 메트로 3호선 상티에(Sentier) 역에서 아부키르 거리(Rue d'Aboukir)를 따라 도보 3분 🏠 주소 15 Rue d'Aboukir, 75002 Paris 📞 전화 01-40-41-00-94 🕐 시간 런치 화~금요일 12:15~14:15, 디너 화~토요일 19:45~22:15 🚫 휴무 월·일요일 🌐 홈페이지 www.pollop.fr

13 쿠앙스토 비노
Coinstot vino
꾸엥스또 비노

퇴근 후 찾아오는 회사원들이 많은 쿠앙스토 비노는 다른 곳에서 찾기 어려운 와인은 물론, 품질 좋은 유기농 와인까지 찾아볼 수 있어 인기가 많다. 샤르퀴트리(Charcuterie) 플레이트나 치즈 플레이트의 맛이 일품이니 놓치지 말자.

🔴 INFO P.186 🟠 MAP P.325D
🚶 구글 지도 GPS 48.870622, 2.341629 🚇 찾아가기 메트로 8·9호선 그랑 불바르(Grands Boulevards) 역 몽마르트르 거리 출구로 나온 후 파사주 데 파노라마로 들어가 가장 끝에 위치 🏠 주소 26 bis, Passage des Panoramas, 75002 Paris 📞 전화 01-44-82-08-54 🕐 시간 12:00~14:00, 18:00~24:00 🚫 휴무 토·일요일 🌐 홈페이지 http://lecoinstotvino.com

14 카페 스테른
Caffé Stern
까페 스떼흔

1834년 설립된 스테른 인쇄소가 자리했던 곳이다. 고급 이탈리안 레스토랑으로 음식도 음식이지만, 내부가 멋지다. 역사적 기념물에 등록되어 내부를 보는 것만으로도 흥미롭다.

🟠 MAP P.325D
🚶 구글 지도 GPS 48.870888, 2.341602 🚇 찾아가기 메트로 8·9호선 그랑 불바르(Grands Boulevards) 역에서 몽마르트르 거리 출구로 나온 후 파사주 데 파노라마로 들어가 끝까지 이동, 오른쪽에 위치 🏠 주소 47 Passage des Panoramas, 75002 Paris 📞 전화 01-75-43-63-10 🕐 시간 12:00~14:30, 19:00~22:30 🚫 휴무 월·일요일 🌐 홈페이지 www.alajmo.it/en/sezione/caffe-stern/caffe-stern

15 라신
Racines
하씬

파사주 데 파노라마의 오래된 맛집 중 하나로, 맛있고 정갈한 프렌치 정통 비스트로 요리를 맛볼 수 있다. 특히 와인 셀렉션도 좋으니 추천받은 와인과 함께 식사를 해보자. 구하기 힘든 유기농 와인도 있어 새로운 와인을 경험할 수 있다.

🗺 **MAP** P.325D

구글 지도 GPS 48.871264, 2.341852 찾아가기 메트로 8·9호선 그랑 불바르(Grands Boulevards) 역 몽마르트르 거리 출구로 나온 후 파사주 데 파노라마로 들어가 중간쯤 왼쪽에 위치 주소 8 Passage des Panoramas, 75002 Paris 전화 01-40-13-06-41 시간 12:15~14:00, 19:30~22:00 홈페이지 www.racinesparis.com

16 가브로슈
Le Gavroche
르 갸브호슈

프랑스 집밥의 진수를 맛볼 수 있는 곳이다. 다양한 스테이크와 신선한 감자튀김을 맛볼 수 있으며, 특히 와인 셀렉션이 탁월하다. 주변에 회사가 많기 때문에 점심시간이 시작되는 오후 1시, 저녁 시간인 8시부터는 북적인다.

🗺 **MAP** P.325H

구글 지도 GPS 48.870379, 2.340093 찾아가기 메트로 3호선 북스(Bourse) 역 2번 노트르담 데 빅투아르(Rue Notre Dame des Victoires) 출구 이용, 구 증권 거래소를 등지고 오른쪽으로 비비엔 거리(Rue Vivienne)를 약 150m 이동한 후 생마르크 거리에서 좌회전하면 19번지에 위치 주소 19 Rue Saint-Marc, 75002 Paris 전화 01-42-96-89-70 시간 월~금요일 08:00~02:00, 토요일 16:00~02:00 휴무 일요일 가격 €13~

17 카페 뒤 상트르
Café du Centre
까페 뒤 썽트흐

가장 대중적인 레스토랑으로, 몽토르괴이 거리 중심부에 위치해 늘 북적인다. 테라스에 앉아 와인 한잔을 즐기며 지나가는 사람들을 바라보는 것도 여행의 즐거움이 될 것이다. 수제 버거가 맛있다.

ℹ️ **INFO** P.088   🗺 **MAP** P.325H

구글 지도 GPS 48.865464, 2.346986 찾아가기 메트로 4호선 레 알(Les Halles) 역에서 나와 생퇴스타슈 본당에서 몽토르괴이 거리(Rue Montorgueil)로 이동, 몽토르괴이 거리 57번지 왼쪽에 위치 주소 57 Rue Montorgueil, 75002 Paris 전화 01-42-33-20-40 시간 06:30~02:00 가격 €15~ 홈페이지 www.lecafeducentre.com

18 뮈르
Mûre
뮈흐

펍이나 비스트로가 많던 그랑 불바르 지구에 여심을 저격하는 귀엽고 작은 레스토랑이 문을 열었다. 각종 샐러드를 비롯한 건강 음식의 향연을 느낄 수 있다. 주변 지역 특성상 저녁에는 운영하지 않는다.

ℹ️ **INFO** P.175   🗺 **MAP** P.325H

구글 지도 GPS 48.870448, 2.342083 찾아가기 메트로 8·9호선 그랑 불바르(Grands boulevards) 역 3번 몽마르트르 거리 출구에서 뒤돌아 작은 사거리에서 우회전한 후 약 160m 직진, 오른쪽 첫 번째 길 세 번째 가게 주소 6 Rue Saint-Marc, 75002 Paris 시간 월~금요일 09:00~15:00 휴무 토·일요일 가격 €7.5~ 홈페이지 www.mure-restaurant.com

19 프렌치
Frenchie
프렌치

2019년 미슐랭 원스타를 획득하며 요즘 파리에서 가장 잘나가는 핫한 레스토랑이다. 예약이 꼭 필요한 미식 전문 레스토랑인 프렌치, 간단한 샌드위치와 핫도그를 파는 프렌치 투 고, 와인 바 프렌치 바르 아 뱅이 사이 좋게 한 골목에 들어서 있다. 덕분에 원단 가게가 많던 특별할 것 없던 닐 거리(Rue du Nil)는 늘 사람들로 북적인다. 프렌치가 닐 거리에 들어오면서 파리지앵들에게 신선한 농수산품을 공급하기로 유명한 테루아 다브니르(Terroir d'avenir)의 생선 가게, 정육점, 식료품점과 빵집 또한 닐 거리에 오픈하며 거리에 활기를 더했다. 레스토랑 프렌치 메뉴는 카르트 블랑슈로 미리 알 수 없고, 그날 그날 재료와 셰프의 재량에 따라 달라진다.

ℹ️ **INFO** P.089, 164   🗺 **MAP** P.325H

구글 지도 GPS 48.867741, 2.347913 찾아가기 메트로 3호선 2번 프티 카로 거리(Rue des Petits Carreaux) 출구로 나와 레오뮈르 거리(Rue Réaumur)를 건너 오른쪽 첫 번째 작은 골목길에 위치 주소 5 Rue du Nil, 75002 Paris 시간 월~금요일 18:30~22:30 휴무 토·일요일 가격 €140~ 홈페이지 www.frenchie-restaurant.com

20 에드가르
Edgar
에드가흐

엄격히 말하면 에드가르 호텔 내의 호텔 레스토랑이지만, 맛있는 칵테일과 심플하지만 세련된 메뉴 덕에 젊은 프렌치들이 많이 찾는다. 번화가에서 조금 떨어져 있지만 그래서 더 조용하고 매력적인 곳이다. 싱싱한 해산물 요리가 많은데, 한국에서 맛보지 못한 독특한 요리법으로 구미를 당긴다. 식사를 할 경우에는 예약하는 것이 좋고, 가볍게 목을 축이거나 술을 한잔 하고 싶을 때 찾아가도 좋다.

ⓘ **INFO** P.089 ⓜ **MAP** P.325H

ⓖ **구글 지도 GPS** 48.868139, 2.349945 ⓚ **찾아가기** 메트로 3호선 상티에(Sentier) 역 2번 프티 카로 거리(Rue des Petits Carreaux) 출구에서 레오뮈르 거리(Rue Réaumur)를 건넌다. 50m 이동 후 오른쪽 대각선 길(Rue d'Aboukir)로 약 200m 이동해 우회전하면 40m 앞 오른쪽에 있다. ⓐ **주소** 31 Rue d'Alexandrie, 75002 Paris ⓟ **전화** 01-40-41-05-69 ⓣ **시간** 조식 월~일요일 07:30~10:30(주말 ~11:00, 런치 월~일요일 12:00~14:30, 디너 월~토요일 18:30~23:00 ⓒ **가격** €16~ ⓗ **홈페이지** www.edgarparis.com

21 몽타이
Monthaï
몽따이

간단하게 먹기 좋은 태국 스트리트 푸드 레스토랑이다. 요리하는 모습을 직접 볼 수 있어 재미까지 더한다. 레드 카레와 코코넛 우유를 첨가한 소고기 요리와 땅콩소스를 넣은 팟타이가 인기가 많다.

ⓘ **INFO** P.179 ⓜ **MAP** P.325H

ⓖ **구글 지도 GPS** 48.865783, 2.347168 ⓚ **찾아가기** 메트로 4호선 레 알(Les Halles) 역 랑뷔토 거리(Rue Rambuteau) 출구에서 생퇴스타슈 본당 쪽으로 이동하다 오른쪽 몽토르괴이 거리(Rue Montorgueil)를 약 260m 이동한 후 오른쪽에 위치 ⓐ **주소** 84 Rue Montorgueil, 75002 Paris ⓟ **전화** 01-42-36-40-25 ⓣ **시간** 12:00~22:30 ⓒ **가격** €14~ ⓗ **홈페이지** www.monthai.fr

22 블렌드
Blend
블렌드

좁은 매장에도 불구하고 언제나 손님으로 붐빈다. 블렌드 햄버거 빵 특유의 고소함과 소스의 달콤함은 많은 수제 버거집이 파리 곳곳에 생겨났음에도 불구하고 여전히 최고로 남아 있는 이유일 것이다.

ⓘ **INFO** P.177 ⓜ **MAP** P.325H

ⓖ **구글 지도 GPS** 48.865861, 2.343579 ⓚ **찾아가기** 생퇴스타슈 본당을 등 뒤에 두고 오른쪽 루브르 거리(Rue du Louvre)까지 이동 후 오른쪽으로 꺾어 3분 정도 걸어 아르구 거리(Rue d'Argout)에서 다시 오른쪽으로 꺾으면 바로 보인다 ⓐ **주소** 44 Rue d'Argout, 75002 Paris ⓟ **전화** 01-40-26-84-57 ⓣ **시간** 월~수요일 11:30~15:00, 18:30~22:30, 목~토요일 11:30~23:00, 일요일 11:30~22:30 ⓒ **가격** 햄버거 단품 €12.5~ ⓗ **홈페이지** http://blendhamburger.com

23 포럼 데 알
Forum des Halles
포럼 데알

파리 시내 최중심지에 위치한 최대 규모의 복합 쇼핑몰이다. 최근 레노베이션을 마치며 좀 더 자연 친화적인 모습을 갖추었다. 포럼 데 알이 위치한 샤틀레 레 알 역은 메트로와 RER선이 모두 정차하는 구간이므로 소매치기당할 위험이 매우 높으니 조심해야 한다.

ⓜ **MAP** P.325L

ⓖ **구글 지도 GPS** 48.862041, 2.346515 ⓚ **찾아가기** 샤틀레 레 알(Chatelet les Halles) 역에서 내렸다면 지하철 4호선 표시를 따라가면 된다. 4호선 표시를 따라가다 보면 4번 출구 플라스 카레(Place Carrée)가 보이며, 이곳부터 사방이 쇼핑몰이다. ⓐ **주소** 101 Rue Berger, 75001 Paris ⓟ **전화** 01-44-76-87-08 ⓣ **시간** 월~토요일 10:00~20:30, 일요일 11:00~19:00(상점에 따라 다름) ⓗ **홈페이지** http://fr.westfield.com/forumdeshalles

24 방비누
Bambinou
방비누

'단순한 유아용품 판매를 넘어 출산 준비를 위한 워크숍은 물론, 요가나 요리 수업도 들을 수 있어서, 일반 유아용품 숍과는 또 다른 스타일로 사랑받는다. 매장은 3층으로 이루어져 있으며 지하 1층에는 인테리어 소품과 제품이, 2층에는 의류가 주를 이루고 1층에는 유모차와 같은 제품이 전시되어 있다.

ⓜ **MAP** P.325H

ⓖ **구글 지도 GPS** 48.867433, 2.346241 ⓚ **찾아가기** 메트로 3호선 상티에(Sentier) 역에서 도보 1분 ⓐ **주소** 93 Rue Réaumur, 75002 Paris ⓟ **전화** 01-42-36-36-37 ⓣ **시간** 화~토요일 11:00~19:00 **휴무** 일·월요일 ⓗ **홈페이지** www.bambinou.com

25 시 튀 부
Si Tu Veux
씨 뛰 부

갤러리 비비엔 내부에 있다. 영·유아보다는 어린이들을 위한 장난감과 책을 주로 판매한다. 나무로 된 장난감도 많아서 플라스틱을 꺼리는 부모들의 마음도 배려했다. 아이를 위한 뭔가 특별한 선물을 찾고 있다면 꼭 들러야 할 매장이다.

MAP P.325H
구글 지도 GPS 48,867136, 2,339505 **찾아가기** 메트로 3호선 북스(Bourse) 역에서 방크 거리(Rue de la Banque)를 따라 3분 정도 내려와 오른쪽에 보이는 갤러리 비비엔 입구로 들어간다. **주소** 68 Galerie Vivienne, 75002 Paris **전화** 01-42-60-59-97 **시간** 월~토요일 10:30~19:00 **휴무** 일요일 **홈페이지** http://situveuxjouer.com

26 스파 눅스
Spa Nuxe
스파 눅스

17세기 술 창고로 쓰이던 공간을 2002년 눅스가 스파로 리모델링했다. 커다란 돌로 이루어진 내부는 마치 분위기 있는 옛 동굴에 들어온 듯한 느낌이다. 2015년 트립어드바이저에서 최고의 스파로 인증받았으며 편안하고 대중적으로 이용할 수 있는 스파 중 하나로 꼽힌다.

MAP P.325H
구글 지도 GPS 48,863784, 2,346665 **찾아가기** 몽토르괴이 거리 32번지. 생퇴스타슈 본당에서 가깝다. **주소** 32-34 Rue Montorgueil, 75001 Paris **전화** 01-42-36-65-65 **시간** 월~금요일 10:00~20:00, 토요일 09:30~19:30, 일요일 11:00~19:00 **가격** 얼굴 관리(45분) €95, 전신 관리(1시간 15분) €160 **홈페이지** http://fr.nuxe.com/spa-nuxe-montorgueil(예약 spanuxe-montorgueil@nuxe.com)

27 선셋 선사이드
Sunset Sunside
선셋 선사이드

1983년 롱바르 거리(Rue des Lombards)에 처음으로 자리 잡은 재즈 클럽이다. 파리 재즈 음악의 중심 역할을 했으며 유명 재즈 뮤지션들이 즐겨 찾는다. 공간이 매우 협소하지만, 뮤지션이 바로 앞에서 연주해주는 라이브 음악을 생생하게 들을 수 있다.

Tip 월요일에는 주로 무료 공연을 한다.

INFO P.269 **MAP** P.325L
구글 지도 GPS 48,859965, 2,347752 **찾아가기** 메트로 샤틀레(Châtelet) 역 레 알 거리(Rue des Halles) 출구에서 도보 2분 **주소** 60 Rue des Lombards, 75001 Paris **전화** 01-40-26-46-60 **홈페이지** www.sunset-sunside.com

---

ZOOM IN

백화점 주변

프렝탕, 라파예트 백화점 주변에는 슈퍼마켓, 화장품 가게, 책방, 스파 브랜드 등이 몰려 있으며, 상권이 발달해 쇼핑하기 매우 편리하다. 백화점의 특별한 윈도 디스플레이로 크리스마스 시즌에는 거리가 더욱 아름다워지지만, 그만큼 사람도 많아 매우 복잡하다.

1 프랭탕
Printemps
프행땅

패션관(Femme/Mode), 남성관(Homme), 그리고 뷰티 & 홈(Beauté&Maison)관 등 세 건물로 이루어져 있다. 뷰티 & 홈관 옥상 테라스에서는 파리의 멋진 풍경을 무료로 구경할 수 있으니 놓치지 말 것. 프랭탕 백화점 건물 3개와 시타다운은 모두 맞닿아 있으니, 서로 가장 가까운 출구를 찾는다면 쇼핑 시간을 절약할 수 있다.

INFO P.222 **MAP** P.325C
구글 지도 GPS 48,873988, 2,327795 **찾아가기** 메트로 3·9호선 아브르 코마르탱(Havre Caumartin) 역 백화점 출구(Grands Magasins) 이용 **주소** 64 Boulevard Haussmann, 75009 Paris **전화** 01-42-82-50-00 **시간** 월~토요일 10:00~20:00, 일요일 11:00~20:00 **홈페이지** www.printemps.com/paris-haussmann

2 시타디움
Citadium
씨따디움 ★★★

젊은 파리지앵들에게 인기가 많으며 좋은 가격에 퀄리티 높은 물건을 구입할 수 있는 곳이다. 이벤트도 자주 열리고 흔히 '요즘 뜨는' 스트리트 웨어 브랜드 숍이 입점해 있으니 스트리트 웨어에 관심이 많다면 꼭 들러보자. 시계나 안경 등 느낌 있는 액세서리도 많이 보유하고 있다.

ⓜ MAP P.325C
ⓖ 구글 지도 GPS 48,874323, 2,328593 ⓒ 찾아가기 메트로 3·9호선 아브르 코마르탱(Havre Caumartin) 역 백화점 출구(Grands Magasins) 이용, 프랭탕 백화점 두 건물 사잇길로 들어가 약 20m 이동, 작은 사거리 오른쪽에 위치 ⓐ 주소 56 Rue de Caumartin, 75009 Paris ⓟ 전화 01-55-31-74-00 ⓣ 시간 월~토요일 10:00~20:00, 일요일 11:30~19:30 ⓗ 홈페이지 www.citadium.com

3 갤러리 라파예트
Galeries Lafayette
갈르히 라파예뜨 ★★★★

1894년 문을 열어 오늘날까지 계속 확장해 가며 파리지앵들의 쇼핑 영역을 넓히고 있는 갤러리 라파예트 백화점은 파리 최고의 백화점이라 불릴 만큼 규모가 크고 명성이 높다. 1912년 지은 현재 본관의 쿠폴은 아르 누보 양식의 형태로 보는 사람들의 탄성을 자아낸다. 갤러리 라파예트 백화점의 윈도 디스플레이와 본관 중앙 행사장의 머천다이징 또한 뛰어나 시즌별로 디스플레이를 감상하기 위해 방문하는 사람이 있을 정도. 파리지앵들이 우스갯소리로 '프랑스 사람보다 중국인이 더 많은 백화점'이라고 할 정도로 중국인 관광객이 많지만, 역사가 깊고 아름다운 쿠폴과 건축양식만으로도 방문할 만한 가치가 있다.

ⓘ INFO P.220 ⓜ MAP P.325C
ⓖ 구글 지도 GPS 48,873785, 2,295022 ⓒ 찾아가기 메트로 7·9호선 쇼세 당탱 라 파예트(Chaussée d'Antin La Fayette) 역 백화점 출구(Grands Magasins) 이용 ⓐ 주소 40 Boulevard Haussmann, 75009 Paris ⓟ 전화 01-42-82-34-56 ⓣ 시간 월~토요일 10:00~20:30, 일요일 및 공휴일 11:00~20:00 ⓗ 홈페이지 https://haussmann.galerieslafayette.com

4 모노프리
Monoprix
모노프히 ★★★★

파리 시민들이 애용하는 대형 슈퍼마켓 체인이다. 파리 곳곳에 위치하며 매장의 규모가 큰 일반 모노프리부터 우리나라의 편의점과 콘셉트가 비슷한 모노프(Monop) 등의 매장이 있다. 모노프리에서는 식료품은 물론 생활 잡화들까지 쉽게 구매할 수 있어, 관광객들의 필수 코스가 되기도 한다.

ⓘ INFO P.251 ⓜ MAP P.325C
ⓖ 구글 지도 GPS 48,874513, 2,328681 ⓒ 찾아가기 메트로 3·9호선 아브르 코마르탱(Havre Caumartin) 역 백화점 출구(Grands Magasins) 이용, 프랭탕 백화점 두 건물 사잇길로 약 30m 이동 후 시타디움을 지나 오른쪽에 위치 ⓐ 주소 47 Rue Joubert, 75009 Paris ⓟ 전화 01-44-53-79-79 ⓣ 시간 월~토요일 08:00~22:00, 일요일 10:00~22:00 ⓗ 홈페이지 www.monoprix.fr

5 파사주 뒤 아브르
Passage du Havre
빠사쥬 뒤 아브흐 ★★★

유명 백화점들이 위치한 오스만 대로에서 멀지 않은 곳에 있어 늘 사람들로 북적이는 쇼핑몰이다. 1845년에 건축된 파사주이지만 1990년대 리모델링 후 현대적인 모습으로 변신했다. 2층에 걸쳐 40여 개의 매장이 입주해 있으며 규모가 크지는 않지만 꼭 필요한 매장이 많다. 프랑스 최대 서적 및 문화 상품 매장인 프낙(FNAC)나 코즈메틱 매장 세포라(Sephora)와 같은 매장이 입점해 있다.

ⓜ MAP P.325C
ⓖ 구글 지도 GPS 48,875551, 2,327984 ⓒ 찾아가기 메트로 3·9호선 아브르 코마르탱(Havre Caumartin) 역에서 도보 2분, 프랭탕 백화점과 생라자르 역 사이에 위치 ⓐ 주소 109 Rue Saint Lazare, 75009 Paris ⓟ 전화 01-44-53-09-23 ⓣ 시간 월~수·토요일 09:30~20:00, 목·금요일 09:30~20:30, 일요일 11:00~19:00 ⓗ 홈페이지 www.passageduhavre.com

6 상트르 코메르시알 생라자르
Centre Commercial Saint-Lazare
쌍트흐 꼬메흐씨알 쌩라자흐

★★★

1837년에 세운 생라자르 기차역의 남는 공간을 이용해 오픈한 대형 쇼핑몰이다. 오래된 건축물인 만큼 10년의 리모델링 기간을 거쳐 2012년에 오픈했다. 기차역을 이용하는 여행객들과 생라자르 역 주변 주민들의 소비 형태와 동선을 치밀하게 고려해 만든 쇼핑몰로, 1만㎡가 넘는 규모에 층별 매장의 구성이 완벽하게 짜여 있다. 플랫폼 주변에는 약국이나 은행, 레스토랑 등 여행객에게 필요한 매장들이 있고, 지하철 입구나 대로변으로는 까르푸나 모노프리 같은 슈퍼마켓이 입점해 있다.

MAP P.325C

구글 지도 GPS 48,876269, 2,325287 찾아가기 생라자르 기차역 내에 위치 주소 1 Cour de Rome, 75008 Paris 전화 01-53-42-12-54 시간 월~금요일 07:30~20:00, 토요일 09:00~20:00, 일요일 10:00~19:00 홈페이지 www.st-lazare-paris.klepierre.fr

7 세포라
Sephora
세포하

★★★★

블랙 컬러 바탕에 간결한 화이트 로고로 강렬한 인상을 주며, 강한 향기로 행인들의 발목을 잡는다. 코즈메틱 전문 매장인 이곳은 거의 모든 제품의 테스트가 가능하다는 강점으로 고객들에게 어필한다. 심플하고 모던한 매장 인테리어는 제품을 더욱 돋보이게 하며, 용도와 브랜드별로 디스플레이되어 있다.

MAP P.325C

구글 지도 GPS 48,872689, 2,333683 찾아가기 갤러리 라파예트 백화점 정문에서 대각선 방향에 위치 주소 21-23 Boulevard Haussmann, 75009 Paris 전화 01-53-24-99-65 시간 월~토요일 10:00~20:00, 일요일 11:00~19:00 홈페이지 www.sephora.fr

8 애플 스토어
Apple Store
애플 스토어

★★★

오페라와 백화점 부근에 위치한 파리 오페라 애플 스토어는 애플의 기술력과 최신 제품을 선보이는 곳으로, 파리지앵들은 물론 관광객들도 즐겨 찾는다. 티셔츠를 입고 곳곳에서 근무하는 직원들이 어떤 질문에나 친절하게 답변해주니 쇼핑이 즐겁다.

MAP P.325C

구글 지도 GPS 48,872369, 2,333312 찾아가기 메트로 7·9호선 쇼세 당탕 라파예트 (Chaussée d'Antin Lafayette) 역 백화점 출구 (Grands Magasins) 이용, 백화점 건너편 세포라 오른쪽 골목 안쪽에 위치 주소 12 Rue Halévy, 75009 Paris 전화 01-44-83-42-00 시간 월~토요일 10:00~20:00, 일요일 11:00~19:00 홈페이지 www.apple.com/fr/retail/opera

9 라파예트 메종 & 구르메
Lafayette Maison & Gourmet
라파예트 메종 에 구흐메

★★★★★

갤러리 라파예트 백화점의 홈 데코와 식품 매장이다. 지하 1층에는 식료품점과 슈퍼마켓이, 0층에는 유명 디저트와 빵 브랜드 숍이 위치하며, 프랑스 요리를 간단하게 맛볼 수 있는 레스토랑도 자리한다. 1층에서는 각종 와인과 기타 주류를 구매할 수 있다.

INFO P.248 **MAP** P.325C

구글 지도 GPS 48,873117, 2,330249 찾아가기 메트로 3·9호선 아브르 코마르탱(Havre Caumartin) 역 백화점 출구(Grands Magasins) 이용, 프랭탕 백화점 앞에서 길을 건너 왼쪽으로 약 50m 이동, 자라 매장 지나 오른쪽에 위치 주소 35 Boulevard Haussman, 75009 Paris 전화 01-40-23-52-67 시간 메종 월~토요일 10:00~20:30, 일요일 11:00~20:00 / 구르메 월~토요일 09:30~21:30, 일요일 11:00~20:00 홈페이지 https://haussmann.galerieslafayette.com

10 에클레르 드 제니 크리스토프 아담
Eclair de Génie Christophe Adam
에끌레흐 드 제니 크히스또프 아당

★★★★★

파리의 특급 호텔 크리용과 포숑을 거친 크리스토프 아담이 오픈한 에클레르 전문점이다. 기존의 에클레르보다 작지만 아름다운 디자인에 새로운 맛과 향을 느낄 수 있다. 쿠키, 초콜릿 등 다양한 상품을 판매하지만 그래도 그중 단연 최고는 에클레르다.

INFO P.200 **MAP** P.325C

구글 지도 GPS 48,873070, 2,330541 찾아가기 라파예트 구르메 매장 0층에 위치 주소 35 Boulevard Haussmann, 75009 Paris 전화 01-40-23-52-67 시간 월~토요일 09:30~21:30, 일요일 11:00~20:00 홈페이지 http://leclairdegenie.com

AREA 03 MONTMARTRE
[몽마르트르 언덕 주변 : 9·18구]

운치 있는 아코디언 연주가 흐르는 낭만적인 언덕

날씨가 화창해 구름이 예쁜 날 몽마르트르 언덕에 오르면 운치 있게 흐르는 아코디언 연주가 마치 영화의 한 장면처럼 아름답게 느껴진다. 파리에서 흔하지 않은 언덕에 있지만 신록이 가득한 주택가를 따라 거닐다 보면 어느새 테르트르 광장에 도착해 몽마르트르의 낭만을 한껏 느낄 수 있다. 예술의 도시 파리를 마음껏 느껴볼 수 있는 몽마르트르 언덕에서 여유롭게 파리를 느껴보자.

MUST SEE
이것만은 꼭 보자!

NO. 1
한눈에 바라보는 파리 풍경
사크레쾨르 성당

NO. 2
몽마르트르 예술의 중심
테르트르 광장

MUST BUY
이것만은 꼭 사자!

NO. 1
아멜리에의 크렘 브륄레
카페 데 두 물랭

NO. 2
분위기 좋은 테라스에서의 디너
호텔 아무르

MUST DO
이것만은 꼭 해보자!

NO. 1
샹송을 즐겨보자!
라팽 아질

NO. 2
사크레쾨르 성당에 오르는
퓌니퀼레르

351

몽마르트르 언덕 주변 교통 한눈에 보기

기준역 ★ 아베스 Abbesses

❶ 앙베르 Anvers 2호선
Tip 앙베르 역에서 내리면 사크레쾨르 성당까지 빠르게 올라갈 수 있다.

❷ 오페라 Opéra 3·7·8호선
⏱ 시간 마들렌(Madeleine) 역에서 12호선 환승, 7정거장, 9분

❸ 레 알 Les Halles 4호선

⏱ 시간 마르카데 푸아소니에(Marcadet – Poissonniers) 역에서 12호선 환승, 12정거장, 15분

❹ 상 드 마르스 투르 에펠 Champ de Mars-Tour Eiffel RER C선
⏱ 시간 앵발리드(Invalides) 역에서 8호선 환승, 마들렌 역에서 12호선 환승, 9정거장, 18분

❺ 몽파르나스 Montparnasse-Bienvenüe 12호선

⏱ 시간 14정거장 18분

❻ 플라스 디탈리 Place d'Italie 5호선
⏱ 시간 앙베르 하차 기준) 스탈린그라드(Stalingrad) 역에서 2호선 환승, 16정거장, 24분

❼ 북역 Gare du Nord 4호선
⏱ 시간 (앙베르 하차 기준) 바르베스로슈아(Barbès–Rochechouart) 역에서 2호선 환승, 2정거장, 3분

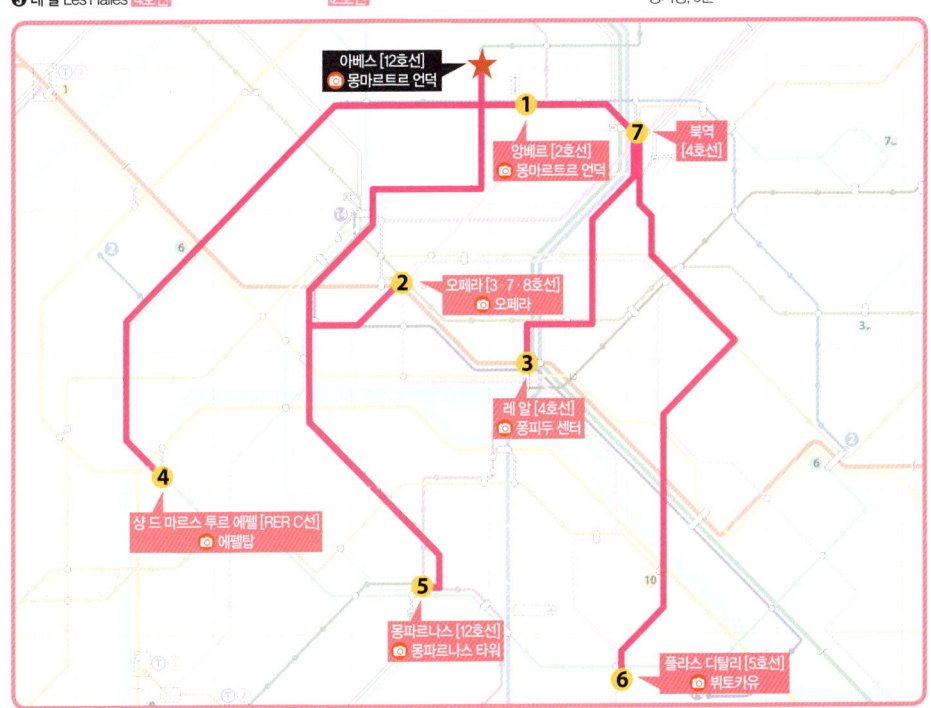

몽마르트르 언덕 주변, 이렇게 여행하자

사크레쾨르 성당이 파리에서 가장 높은 곳에 있다고 하지만, 서울의 남산보다 훨씬 낮은 '언덕' 수준의 높이이다. 하지만 꽤 가파른 편이라 급하게 여행을 다니면 빨리 힘이 빠질 수도 있다. 몽마르트르 언덕은 여유롭게 돌아다니며 산책하듯 주변을 자세히 관찰하며 여행하기 좋은 코스다. 아베스 역에서 내린다면 오르막길로 가는 길 내내 예쁜 주택과 카페를 볼 수 있으며 아기자기한 기념품 가게도 들러보면 좋다.

주변 시설 정보

치안 여행 준비를 하다 보면 몽마르트르 언덕 주변의 치안이 별로 좋지 않다는 것을 알 수 있을 것이다. 하지만 여행의 즐거움을 잊게 하는 지나친 경계 또한 금물이다. 몽마르트르 언덕 특유의 분위기를 한껏 즐기기 위해서는 몇 군데 주의해야 할 곳이 있다. 앙베르 역 주변, 테르트르 광장과 사크레쾨르 대성당 앞 공원, 물랭 루주 근처는 집시나 소매치기가 자주 출몰하는 곳이니 주의하자.

라마르크 콜랭쿠르 역
Lamarck - Caulaincourt

나투랄리아
Naturalia

생투앙 벼룩시장
Puces de Saint-Ouen 방면(2km) P.358

달리다 광장
Place Dalida P.357

라팽 아질
Au Lapin Agile P.359

메종 로즈
La Maison Rose P.358

몽마르트르 포도 농장
Clos Montmartre P.357

앙 브라크
En Vrac 방면(1km) P.359

벽을 뚫는 남자
Le Passe-Muraille P.357

몽마르트르 박물관
Musée de Montmartre P.357

물랭 드 라 갈레트
Moulin de la Galette P.358

스타벅스
Starbucks

사크레쾨르 대성당
Basilique du Sacré-Cœur de Montmartre P.356

테르트르 광장
Place du Tertre P.356

랑데부 데 자미
Le Rendez-vous des Amis P.358

퓌니쿨레르 역
Funiculaire

몽마르트르 언덕
Montmartre

아페쎄 쉬르플뤼스(아웃렛)
A.P.C. Surplus

카페 스프리
Café Spree

사랑해 벽
Les je T'aime P.356

아베스 역
Abbesses

퓌니쿨레르 역
Funiculaire - Gare Basse

마르셰 생피에르 원단 시장
Marché Saint-Pierre

제뺑
G20

맥도날드
Mc Donald's

피갈 역
Pigalle

앙베르 역
Anvers

Boulevard de Rochechouart

우체국
La Poste

메종 키츠네
Maison Kitsuné

프랑프리
Franprix

아무르 호텔
Hôtel Amour P.359

생조르주 역
Saint-Georges

몽마르트르의 낭만 산책 코스

아베스 역에서 시작해 천천히 언덕 주변 분위기를 느껴보거나 테르트르 광장으로 올라가 몽마르트르 언덕의 화가들을 만나볼 수 있다. 아름다운 사크레쾨르 성당에서 파리 풍경을 감상한 뒤 성당 뒷골목을 따라 몽마르트르 언덕의 진정한 낭만을 느낄 수 있는 좁은 골목을 걸으며 주민들의 일상을 엿볼 수 있을 것이다.

S 아베스 역
Abbesses

주변 지역이 높은 곳에 있기 때문에 메트로에서 내려 역 입구까지 한참 올라가야 한다. 플랫폼에서 계단 방향으로 위치한 다인승 엘리베이터를 이용하면 편하게 올라갈 수 있다.

→ 아베스 역에서 나오자마자 왼쪽으로 꺾어 나오는 길을 따라 오른쪽 얕은 오르막길(Rue la Vieuville)로 올라간다. 길 끝에서 왼쪽으로 꺾은 후 계단을 따라 올라가 직진한 다음 왼쪽으로 살짝 꺾어 오른쪽 계단을 다시 한번 올라간다. → 테르트르 광장 도착

1 테르트르 광장
Place du Tertre

몽마르트르 언덕이 '예술가의 언덕'이라고 불리게 된 이유를 알 수 있는 곳이다. 수많은 화가들이 다양한 화풍으로 지나가는 관광객들의 발목을 잡는다.

→ 테르트르 광장에서 오른쪽으로 꺾으면 사크레쾨르 성당이 보인다. → 사크레쾨르 대성당 도착

2 사크레쾨르 대성당
Basilique du Sacré-Cœur de Montmartre

새하얀 돔에 햇살에 비치면 아름다운 사크레쾨르 대성당의 자태가 황홀하기까지 하다. 대성당은 몽마르트르 언덕 가장 꼭대기에 위치해 파리 풍경을 감상하기에 좋다.

→ 테르트르 광장 쪽으로 다시 나와 도보 3분 → 몽마르트르 박물관 도착

3 몽마르트르 박물관
Musée de Montmartre

작고 아담한 박물관으로 사크레쾨르 성당 뒷길에서 포도 농장 쪽으로 내려가는 길에 있다.

→ 박물관에서 나와 오른쪽으로 골목을 따라 도보 5분 → 르피크 거리 도착

4 르피크 거리
Rue Lepic

몽마르트르 언덕에서 물랭 루주로 내려가는 길목에 위치한 길.

→ 거리를 따라 100m 정도 내려오면 오른쪽 빨간 외관 카페가 나온다. → 카페 데 두 물랭 도착

5 카페 데 두 물랭
Café des Deux Moulins

영화 <아멜리에>에 나오는 1950년대 프랑스 분위기의 카페.

→ 다시 르피크 거리를 따라 내려가 메트로 블랑슈(Blanche) 역에서 오른쪽 → 물랭 루주 도착

TIP
테르트르 광장 주변에 레스토랑이 많지만, 관광지 주변이라 맛이 그리 좋은 편은 아니며 가격도 비싸다. 또 사람이 몰리는 곳인 만큼 소매치기들이 관광객을 노린다는 것을 잊지 말자.

😊 분위기 ★★★★★ 파리의 낭만
😊 이동 편리성 ★★★☆☆ 언덕이 많아요.
😊 볼거리 ★★★★☆ 동네 구경하는데 시간 가는 줄 몰라요.
😊 식도락 ★★★☆☆ 맛집이 별로 없거나 분산되어 있어요.
😊 쇼핑 ★★★★☆ 르피크 거리에서 식료품 쇼핑, 언덕에서 기념품 쇼핑
😊 액티비티 ★★☆☆☆ 짧지만 신기한 퓨니쿨레르!

코스 무작정 따라하기
START

S.	아베스 역
	도보 357m, 6분
1.	테르트르 광장
	도보 256m, 3분
2.	사크레쾨르 대성당
	도보 327m, 3분
3.	몽마르트르 박물관
	도보 666m, 8분
4.	르피크 거리
	도보 150m, 1분
5.	카페 데 두 물랭
	도보 184m, 2분
6.	물랭 루주
	도보 503m, 6분
7.	낭만주의 박물관
	도보 652m, 8분
F.	아무르 호텔

○ **TIP**
물랭 루주가 있는 클리시 거리(Boulevard de Clichy)는 오래 전부터 파리의 환락가가 모여 있던 곳으로 유명하다. 늦은 시간 혼자 주변을 서성이는 일은 피하자.

○ **TIP**
앙베르 역보다 아베스 역
메트로 2호선 앙베르 역에서 내리면 호객 행위를 하는 상인들은 물론 사인을 요구하는 집시, 구걸하는 걸인의 모습을 쉽게 볼 수 있다. 사크레쾨르 대성당까지 빨리 올라갈 수 있는 만큼 많은 관광객이 몰리기 때문에 상인과 걸인을 피하다가 오히려 피곤함을 느낄 수 있다. 그러니 2호선 앙베르 역보다는 조금 돌아가더라도 12호선 아베스 역으로 가는 것을 더욱 추천한다.

6 물랭 루주
Moulin Rouge
영화 〈물랭 루주〉로 더욱 유명한 파리의 역사 깊은 카바레.
→ 블랑슈 거리(Rue Blanche)를 따라 3~4분 정도 걸어 내려와 왼쪽의 샤프탈 거리(Rue Chaptal)로 도보 1분 → **낭만주의 박물관 도착**

7 낭만주의 박물관
Musée de la vie Romantique
파리 9구의 숨어 있는 보석 같은 박물관.
→ 박물관에서 나와 왼쪽으로 도보 10분. 나바랭 거리 8번지에 위치 → **아무르 호텔 도착**

F 아무르 호텔
Hôtel Amour
9구의 핫 플레이스. 조용한 거리지만 'Amour'라고 쓰인 작은 네온사인이 한눈에 띄며, 내부의 테라스에서 편안한 분위기의 식사를 즐길 수 있어 인기가 많다.

ZOOM IN

몽마르트르 언덕 주변

몽마르트르 언덕 주변에는 오르막길, 내리막길이 많고 골목도 많지만, 사크레쾨르 성당으로 가기 위해서는 아베스 역에 내려 오르막을 따라 올라가기만 하면 된다. 몽마르트르 언덕 내의 골목을 헤매는 것은 괜찮지만 앙베르 역 주변이나 블랑슈, 피갈 같은 역 주변에서는 혼자 서성이지 말자. 몽마르트르 언덕은 좁은 구역이지만 볼 것이 많으므로 코스 주변의 길을 둘러보는 것도 나쁘지 않다.

1 테르트르 광장
Place du Tertre
쁠라스 뒤 떼흐트흐

몽마르트르 언덕에서 가장 중심이라고 할 수 있는 테르트르 광장은 피카소, 모딜리아니, 위트릴로 등의 화가가 19세기 말부터 20세기 초까지 활동한 곳으로 유명하다. 화가뿐 아니라 샹소니에, 시인 등 다양한 장르의 예술인들이 자주 모였던 곳으로, 오늘날에는 상업적으로 변질되기는 했지만 그 시절의 분위기만은 느껴진다. 테르트르 광장 6번지의 '라 메르 카트린(La Mère Catherine)' 레스토랑은 1793년 문을 열어 이곳에서 '비스트로(bistro)'라는 말이 처음으로 사용되었다고 전해진다. 테르트르 광장 주변으로는 초상화를 그려주는 화가가 워낙 많다 보니 허가를 받지 않고 길가에서 막무가내로 초상화를 그려주려 하는 사람도 있으니 주의하자.

INFO P.059 **MAP** P.353C
구글 지도 GPS 48.8865, 2.3408 **찾아가기** 아베스 역에서 나오자마자 왼쪽으로 꺾은 후 역 뒤쪽 오르막길을 따라 계속 올라간다. 계단도 올라야 한다. **주소** Place du Tertre, 75018 Paris

2 사크레쾨르 대성당
Basilique du Sacré-Cœur de Montmartre
바질리끄 뒤 싸크헤-꾀흐 드 몽마흐트흐

1923년 공식적으로 완공된 사크레쾨르 대성당은 고딕 양식의 성당이 많은 파리에서 흔치 않은 로마, 비잔틴 양식의 건축물로, 20세기에 건축된 다른 성당들의 건축양식에 큰 영향을 주었다. 또 일반적인 바실리카 회당식의 설계가 아닌 그리스 십자 형태에 4개의 돔이 조화를 이룬 형태로, 새하얀 외벽이 파란 하늘과 대비를 이루며 아름다운 자태를 뽐낸다. 성당 내부는 무료로 관람할 수 있으며, 돔에 직접 올라가 파리 풍경을 감상하는 것은 유료다. 300개가 넘는 계단을 올라가야 하니 마음의 준비를 해둘 것. 성당 앞 계단과 성당 주변에서 크고 작은 공연이 열리니 놓치지 말고 즐기자. 단, 공연에 집중하는 만큼 소지품에도 계속 주의를 기울이자.

INFO P.058 **MAP** P.353C
구글 지도 GPS 48.88618, 2.34303 **찾아가기** 테르트르 광장에서 성당의 돔이 보이는 방향의 골목으로 향한다. **주소** 1 Parvis du Sacré-Cœur, 75018 Paris **전화** 01-53-41-89-00 **시간** 성당 06:00~22:00(동절기에는 일찍 문을 닫을 수 있다) / 돔 여름 10:00~20:00, 겨울 09:30~17:00 **가격** 성당 무료, 돔 €5~8 **홈페이지** www.sacre-coeur-montmartre.com

3 사랑해 벽
Le Mur des Je t'aime
르 뮈흐 데 쥬뗌므

아베스 역 근처 작은 공원 내부에 있으며, 타일 벽 위에 250개의 언어로 300단어가 넘는 '사랑해'를 표현한 프레데리크 바롱과 클레르 키토의 작품이다. 한국어도 찾아볼 수 있으며, 다양한 언어 앞에서 기념사진을 찍는 연인들의 모습을 볼 수 있다.

MAP P.353G
구글 지도 GPS 48.8848, 2.33856 **찾아가기** 아베스 역에서 나와 역 출구 바로 뒤편 작은 공원 내부에 위치 **주소** Square Jehan Rictus, Place des Abbesses, 75018 Paris **시간** 월~금요일 08:00~, 토·일요일 09:00~(폐장 시간은 계절에 따라 변동) **가격** 무료 **홈페이지** www.lesjetaime.com

4 몽마르트르 박물관
Musée de Montmartre
뮈제 드 몽마흐트흐

몽마르트르 지역의 역사를 한눈에 볼 수 있는 박물관이다. 박물관 창밖 바로 옆에 위치한 몽마르트르 포도 농장을 볼 수 있으며, 박물관의 정원인 '르누아르 정원'은 아담하지만 정갈한 매력으로 주민들이 사랑하는 공간이다.

◉ MAP P.353C
구글 지도 GPS 48.8877, 2.34067 ◉ 찾아가기 사크레쾨르 성당 등을 두고 오른쪽 성당 옆 길을 따라 이동한 후 왼쪽 첫 번째 골목에서 왼쪽으로 꺾어 길 끝까지 간 다음 오른쪽으로 꺾는다. 내리막길을 걷다 보면 오른쪽에 몽마르트르 박물관이 보인다. ◉ 주소 12-14 Rue Cortot, 75018 Paris ◉ 전화 01-49-25-89-39 ◉ 시간 4~9월 10:00~19:00, 10~3월 10:00~18:00 ◉ 가격 €15 ◉ 홈페이지 http://museedemontmartre.fr

5 몽마르트르 포도 농장
Clos Montmartre
끌로 몽마흐트흐

파리시에서 운영하는 포도 농장으로 포도를 직접 재배·수확하며, 2016년에는 1950kg의 포도를 수확한 것으로 알려져 있다. 매년 10월 포도를 수확하며 수확하는 날에는 '몽마르트르 포도 수확 축제'가 열린다. 포도 농장의 방문은 불가능하지만, 푸르른 농장은 농장 외부에서도 확인 가능하다.

◉ MAP P.353C
구글 지도 GPS 48.8883, 2.34021 ◉ 찾아가기 몽마르트르 박물관에서 나와 오른쪽으로 꺾어 이동한 후 오른쪽 두 번째 길에서 오른쪽으로 꺾는다. ◉ 주소 22 Rue des Saules, 75018 Paris ◉ 전화 01-42-62-21-21 ◉ 홈페이지 www.montmartre-guide.com

6 달리다 광장
Place Dalida
쁠라스 달리다

프랑스의 국민 가수로 칭해지는 달리다는 광장 근처 오르샹 거리(Rue d'Orchampt)에 거주했으며, 배우 알랭 들롱과 함께 부른 'Paroles, Paroles'로 우리나라에서도 유명하다. 달리다 동상 뒤쪽 골목을 통해 빌라 레앙드르로 갈 수 있으며, 동상 왼쪽 길로 내려오면 벽을 뚫는 남자를 볼 수 있다.

◉ MAP P.353C
구글 지도 GPS 48.88853, 2.33807 ◉ 찾아가기 몽마르트르 박물관에서 나와 오른쪽으로 꺾어 분홍색 외관의 메종 로즈 레스토랑을 지나 계속 직진해 내려가다 보면 황동으로 된 달리다상이 보인다. ◉ 주소 Place Dalida, 75018 Paris

7 벽을 뚫는 남자
Le Passe-Muraille
르 빠스-뮈하이

프랑스의 소설가 마르셀 에메의 《벽을 뚫는 남자》를 표현한 작품으로, 그가 세상을 떠난 자 에메가 오랫동안 거주한 나바랭 거리(Rue Navarin) 근처에 동상을 만들어 그의 문학적 업적을 기리고자 했다. 에메가 집필한 다수의 작품에서 몽마르트르 지역이 등장한다.

◉ MAP P.353C
구글 지도 GPS 48.88753, 2.33807 ◉ 찾아가기 달리다 광장에서 지라동 거리(Rue Giradon)를 따라 내려와 첫 번째 사거리에서 왼쪽으로 꺾는다. ◉ 주소 Place Marcel Aymé, 75018 Paris

8 빌라 레앙드르
Villa Léandre
빌라 레앙드흐

몽마르트르 지역에 위치한 한적한 빌라 단지다. 파리에서 흔하지 않은 벽돌로 지은 단독주택들의 모습이 마치 영국의 작은 마을을 보는 듯한 기분을 선사한다. 지리적 이점으로 예술인이나 유명인이 많이 거주하기도 했으며 집값이 비싸기로도 유명하다. 장미가 많이 피는 5월에는 인생사진을 찍을 수 있는 숨은 스폿이다.

◉ MAP P.352B
구글 지도 GPS 48.88827, 2.33486 ◉ 찾아가기 달리다 광장에서 지라동 거리(Rue Giradon)를 따라 내려와 첫 번째 사거리에서 오른쪽으로 꺾어 자노 거리(Avenue Janot)를 따라 2~3분 정도 가면 왼쪽에 빌라 레앙드르가 보인다. ◉ 주소 Villa Léandre, 75018 Paris

9 르피크 거리
Rue Lepic
휘 르삑

르피크 거리 높은 번지 쪽의 주민들이 거주하는 주거지이며, 낮은 번지 쪽으로 내려올수록 상점이 많은 번화가다. 빵집, 치즈 가게, 생선 가게, 과일 가게 등의 상점이 있고, 카페도 많아 장을 보며 커피를 즐기는 주민들을 볼 수 있다. 르피크 거리 54번지에는 화가 고흐가 동생 테오도르와 함께 거주했던 집이 있다.

◉ MAP P.352F
구글 지도 GPS 48.88577, 2.33472 ◉ 찾아가기 달리다 광장에서 지라동 거리(Rue Giradon)를 따라 끝까지 내려와 오른쪽으로 꺾는다. ◉ 주소 31 Rue Lepic, 75018 Paris

Tip 현재 고흐가 거주했던 집은 따로 방문할 수는 없으며, 건물 앞에 그가 거주했다는 내용의 명패만 확인할 수 있다.

10 물랭 루주
Moulin Rouge
물랭 후즈 ★★★★

몽마르트르 언덕에서 가장 유명한 물랭 루주는 파리에서도 가장 오래된 카바레 중 하나로 꼽힌다. 1889년 문을 열었으며 사교춤인 '프렌치 캉캉'으로 더욱 유명해졌다. 공연만 감상하거나 저녁 식사를 즐기며 공연을 감상할 수도 있다. 화려한 의상과 아름다운 무희들의 춤은 황홀함 그 자체다.

ⓘ INFO P.059, 268 ⓜ MAP P.352F
🚶 구글 지도 GPS 48.88412, 2.33225 ⓕ 찾아가기 몽마르트르 언덕에서 르피크 거리를 따라 내려오면 르피크 거리 가장 끝 오른쪽에 위치한다. 또는 메트로 블랑슈 역에서 도보 1분. 🏠 주소 82 Boulevard de Clichy, 75018 Paris 📞 전화 01-53-09-82-82 🕐 시간 공연 19:00, 21:00, 23:00(홈페이지를 통해 예매할 것) 💶 가격 공연 €113~ 🌐 홈페이지 www.moulinrouge.fr

11 낭만주의 박물관
Musée de la vie Romantique
뮈제 드 라 비 호망띠끄 ★★★★

19세기 유럽 낭만주의의 영향을 받은 화가와 작가들의 작품을 전시하는 작지만 알찬 박물관이다. 아담한 크기지만, 테라스에 있는 카페 덕분에 날씨가 좋은 날에는 동네 주민들로 북적인다. 시에서 운영하는 박물관으로 상설 전시는 무료로 개방한다.

ⓘ INFO P.077 ⓜ MAP P.352J
🚶 구글 지도 GPS 48.88111, 2.3335 ⓕ 찾아가기 물랭 루주를 등에 두고 길을 건너 스타벅스 왼쪽 길 (Rue Blanche)을 따라 3분 정도 내려간 후 샤프탈 거리(Rue Chaptal)에서 왼쪽으로 꺾는다. 🏠 주소 16 Rue Chaptal, 75009 Paris 📞 전화 01-55-31-95-67 🕐 시간 10:00~18:00 ⓧ 휴무 월요일, 1/1, 5/1, 12/25 💶 가격 상설 전시 무료 🌐 홈페이지 https://museevieromantique.paris.fr/fr

12 생투앙 벼룩시장
Puces de Saint-Ouen
퓌쓰 드 쌍뚜앙 ★★★★★

현재 세계에서 가장 큰 골동품상 시장으로 알려져 있으며 매년 500만 명의 방문객이 이곳을 방문한다. 구역별로 정돈이 잘되어 있기 때문에 벼룩시장 묘미를 더욱 잘 느낄 수 있다. 스타일이 다른 7개의 시장으로 나뉘는데, 주말에 가는 것을 추천한다.

ⓘ INFO P.242 ⓜ MAP P.353D
🚶 구글 지도 GPS 48.901554, 2.343401 ⓕ 찾아가기 메트로 4호선 포르트 드 클리냥쿠르(Porte de Clignancourt) 역보다 13호선 가리발디(Garibaldi) 역을 추천한다. 포르트 드 클리냥쿠르 역에서 내리면 많이 걸어야 하고 치안이 그리 좋지 않다. 가장 쉽게 가는 방법은 85번 버스를 타는 것으로, 시장 안쪽에서 바로 내릴 수 있다. 🏠 주소 Marché aux Puces de Saint-Ouen, Rue des Rosiers, 93400 Saint-Ouen 🕐 시간 토·일요일 10:00~18:00, 월요일 11:00~17:00 ⓧ 휴무 화~금요일

13 랑데부 데 자미
Le Rendez-vous des Amis
르 헝데-부 데 자미 🍽 ★★★

몽마르트르 언덕 주변에 거주하는 젊은이들이 즐겨 찾는 레스토랑-바로, 친근한 분위기와 소박한 인테리어가 잘 어울린다. 식사보다는 테라스에 앉아 와인이나 맥주 한잔에 치즈 플레이트를 함께 마시는 것을 추천한다.

ⓜ MAP P.353G
🚶 구글 지도 GPS 48.8857, 2.34047 ⓕ 찾아가기 아베스 역에서 테르트르 광장으로 올라가는 길목에 있다. 테르트르 광장 올라가기 바로 전 계단 맞은편에 위치. 🏠 주소 23 Rue Gabrielle, 75018 Paris 📞 전화 01-46-06-01-60 🕐 시간 09:00~02:00 💶 가격 치즈 플레이트 €15.5, 스테이크 €17.5 🌐 홈페이지 http://aurendezvousdesamis.com/fr

14 메종 로즈
La Maison Rose
메종 호즈 🍽 ★★★★

운치 있는 언덕길을 내려가다 보면 분홍색 외관이 유난히 눈에 띄는 레스토랑이다. 1850년대에 지은 것으로 추정되며 피카소 같은 예술인들이 즐겨 찾던 곳이었다. 주로 관광객이 많이 이용하는 레스토랑이었지만, 2017년 리모델링과 메뉴 개편 후 깔끔하고 파리지앵스러운 레스토랑으로 탈바꿈했다.

ⓜ MAP P.353C
🚶 구글 지도 GPS 48.88795, 2.33965 ⓕ 찾아가기 사크레쾨르 성당에서 내려와 몽마르트르 박물관 내리막길을 따라 조금 더 내려가면 분홍색의 건물이 보인다. 🏠 주소 2 Rue de l'Abreuvoir, 75018 Paris 📞 전화 01-42-64-49-62 🕐 시간 수~금요일 12:00~22:00 토·일요일 11:30~22:00 ⓧ 휴무 월·화요일 💶 가격 런치 €15~, 주말 브런치 €29 🌐 홈페이지 http://lamaisonrose-montmartre.com

15 물랭 드 라 갈레트
Le Moulin de la Galette
르 물랭 드 라 갈레뜨 🍽 ★★★

몽마르트르 언덕에 있던 30여 개의 풍차 중 거의 유일하게 아직도 작동하는 풍차가 있는 프렌치 레스토랑으로, 한때는 대중적인 무도회장이었다. 화가 르누아르의 작품 '물랭 드 라 갈레트의 무도회'의 배경이기도 하다.

ⓜ MAP P.353C
🚶 구글 지도 GPS 48.88741, 2.33713 ⓕ 찾아가기 달리다 광장에서 내리막길을 따라 1분 정도 걷다 보면 오른쪽에 위치 🏠 주소 83 Rue Lepic, 75018 Paris 📞 전화 01-46-06-84-77 🕐 시간 08:00~02:00 💶 가격 런치 세트 메뉴 €31~ 🌐 홈페이지 www.moulindelagaletteparis.com

16 라팽 아질
Au Lapin Agile
오 라팽 아질

20세기 초 피카소가 즐겨 찾던 카바레로 1875년 앙드레 질이 그린 토끼 그림이 유명해지면서 '민첩한 토끼'라는 뜻의 라팽 아질로 불렸다. 그림은 오늘날에도 건물 외벽에서 볼 수 있으며 저녁 9시에서 새벽 1시까지 상송 공연이 열린다.

◎ MAP P.353C
⊙ 구글 지도 GPS 48.88863, 2.33999 ⊙ 찾아가기 몽마르트르 박물관에서 나와 오른쪽으로 꺾어 내려가다 다시 오른쪽으로 꺾는다. 길을 따라 1분 정도 내려가면 오른쪽에 위치 ⊙ 주소 22 Rue des Saules, 75018 Paris ⊙ 전화 01-46-06-85-87 ⊙ 시간 21:00~01:00 ⊙ 휴무 월·수·일요일 ⊙ 가격 €35(음료 1잔 포함) ⊙ 홈페이지 www.au-lapin-agile.com

17 카페 데 두 물랭
Café des Deux Moulins
까페 데 물랭

영화 <아멜리에>의 아멜리에가 일하던 카페의 배경이 된 곳이다. 빨간색 간판에 1950년대 스타일의 인테리어가 정겨운 분위기이며, 르피크 거리에 있어 늘 사람으로 북적인다. 영화 속 아멜리에가 먹던 크렘 브륄레와 따뜻한 음료 한잔을 함께 즐기길 수 있다.

⊙ INFO P.119 ◎ MAP P.352F
⊙ 구글 지도 GPS 48.88491, 2.33362 ⊙ 찾아가기 르피크 거리 15번지에 위치하며 물랭 루주와 메트로 2호선 블랑슈 역에서 가깝다. ⊙ 주소 15 Rue Lepic, 75018 Paris ⊙ 전화 01-42-54-90-50 ⊙ 시간 월~금요일 07:30~02:00, 토·일요일 09:00~02:00 ⊙ 가격 아멜리에의 크렘 브륄레 €8.9, 런치 €14.9~ ⊙ 홈페이지 http://cafedesdeuxmoulins.fr/

18 아무르 호텔
Hôtel Amour
오뗄 아무흐

파리 9구에서 가장 힙한 곳이다. 호텔이지만 멋진 테라스에서 먹는 브런치와 디너가 특히 사랑받는다. 호텔에 투숙하지 않아도 이용할 수 있으며 계절별로 신선한 재료로 요리하기 때문에 퀄리티와 맛이 일품이다.

◎ MAP P.353K
⊙ 구글 지도 GPS 48.87964, 2.33942 ⊙ 찾아가기 메트로 12호선 생조르주(Saint-Georges) 역에서 앙리 모니에 거리(Rue Henri Monnier)를 따라 100m 정도 올라가다 나바랭 거리(Rue Navarin)에서 오른쪽으로 꺾는다. ⊙ 주소 8 Rue de Navarin, 75009 Paris ⊙ 전화 01-48-78-31-80 ⊙ 시간 조식 08:00~11:30, 12:00~23:30, 주말 브런치 12:00~16:30 ⊙ 가격 브런치 €22, 디너 €19~ ⊙ 홈페이지 https://amour.hotelamourparis.fr/hotel-amour/amour-restaurant

19 앙 브라크
En Vrac
엉 브학

1960년대의 프랑스에서는 커다란 와인 통에서 와인을 덜어 팔곤 했다. 그 시대의 기억을 간직하고 있던 주인장 티에리가 옛날처럼 와인을 리터로 파는 와인 가게를 2011년 오픈했다. 와인뿐만 아니라 다양한 수제 담금주, 지방 특산 주류 등을 병에 덜어 리터당 구매할 수 있다. 와인을 담아갈 통이 있다면 와인 값만 받고, 병이 따로 없다면 €2~3에 유리병을 판매한다. 전문가와 함께 직접 와인을 만들어보는 와인 아틀리에 클래스는 홈페이지를 통해 확인할 수 있다.

⊙ INFO P.187 ◎ MAP P.353D
⊙ 구글 지도 GPS 48.890184, 2.361365 ⊙ 찾아가기 메트로 12호선 막스 도로미(Marx Dormoy) 역에서 도보 2분 ⊙ 주소 2 Rue de l'Olive 75018 Paris ⊙ 전화 01-53-26-03-94 ⊙ 시간 월~토요일 11:00~24:00, 일요일 11:00~15:00 ⊙ 홈페이지 www.vinenvrac.fr

20 에피스리 코스
Épicerie Causses
에뻬쓰리 꼬스

파리의 프리미엄 슈퍼마켓이다. 백화점의 식품관과 같이 정리 정돈이 잘되어 있는 모습이 일반 슈퍼마켓과는 확연히 차이 나며, 지역 특산물이나 전통 음식 등을 선보인다. 당일 현지에서 공수한 제품을 판매하기도 하며 유기농 제품을 쉽게 구입할 수 있다. 다양한 유기농 향신료를 찾는다면 꼭 들러야 할 곳.

◎ MAP P.352J
⊙ 구글 지도 GPS 48.88002, 2.33531 ⊙ 찾아가기 낭만주의 박물관에서 나와 왼쪽으로 꺾어 오거리에서 노트르담 드 로레트 거리(Rue Notre-Dame-de-Lorette)에 들어서 약 50m 이동하면 오른쪽에 위치 ⊙ 주소 55 Rue Notre-Dame-de-Lorette, 75009 Paris ⊙ 전화 01-53-16-10-10 ⊙ 시간 월~토요일 10:00~21:00, 일요일 10:00~13:00 ⊙ 홈페이지 www.causses.org

AREA

04 SAINT-GERMAIN

[생제르맹데프레 : 6·7·15구]

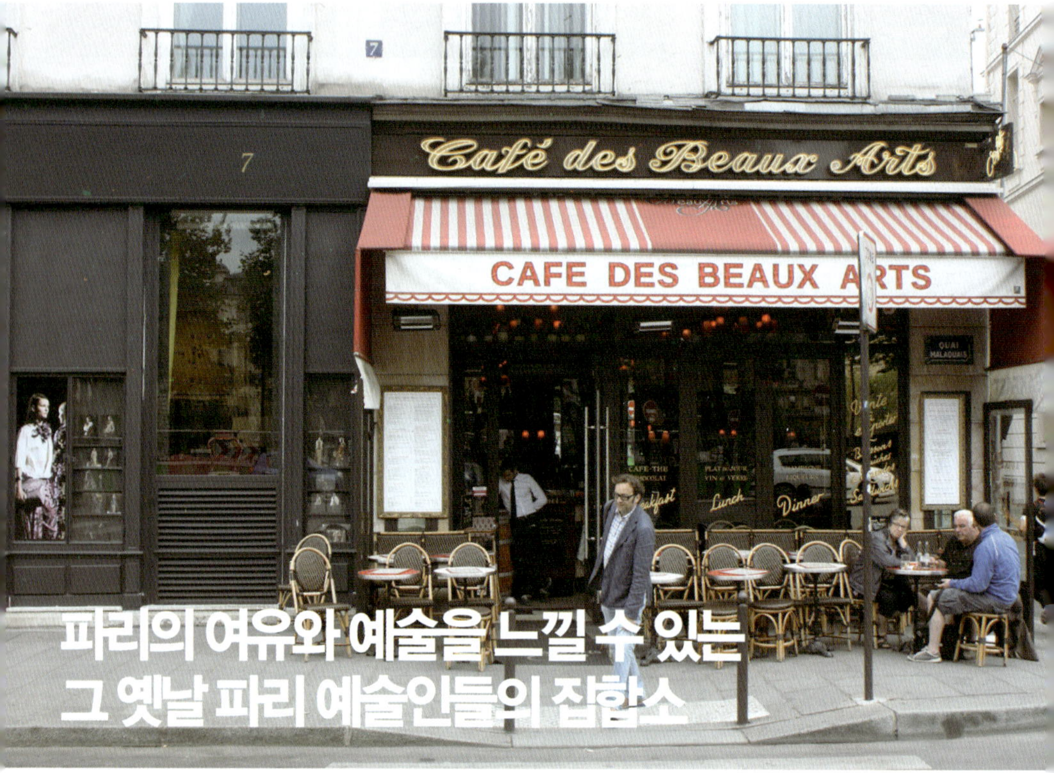

파리의 여유와 예술을 느낄 수 있는 그 옛날 파리 예술인들의 집합소

메트로 생제르맹데프레 역을 나서면 정겨운 파이프오르간 소리가 들려오며 영화 속 오래전 파리의 풍경으로 빠져드는 듯한 느낌을 받는다. 생제르맹 지구에는 558년에 건립되어 파리에서 가장 오래된 성당으로 꼽히는 생제르맹데프레 성당은 물론, 줄지어 늘어선 갤러리 덕에 파리의 다른 어느 지역보다 앤티크하면서도 아티스틱한 분위기를 느낄 수 있다.

MUST SEE
이것만은 꼭 보자!

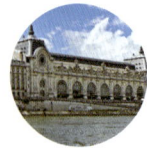

No. 1
인상파 화가들을 사랑한다면, **오르세 미술관**

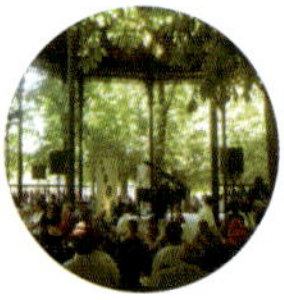

No. 2
유럽인들의 여유를 느낄 수 있는, **뤽상부르 정원**

MUST EAT
이것만은 꼭 먹자!

No. 1
감미로운 커피 한잔의 시간
쿠튐 카페

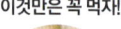

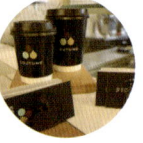

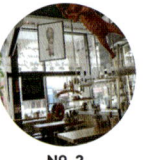

No. 2
맛있는 안주,
라방 콩투아 뒤 마르셰

MUST BUY
이것만은 꼭 사자!

No. 1
엘리제 궁에 납품하는 치즈
바르텔레미

No. 2
마음에 드는 인테리어 소품 고르기, **더 콘란 숍**

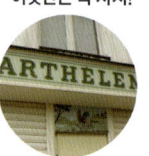

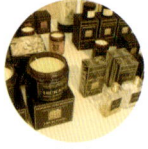

DES-PRÉS 361

생제르맹데프레 주변 교통 한눈에 보기

기준역 ★ 생제르맹데프레 Saint-Germain-des-Prés

❶ 레 알 Les Halles [4호선]
- 시간 5정거장, 10분

❷ 오페라 Opéra [7호선]
- 시간 샤틀레(Châtelet) 역에서 4호선 환승, 8정거장, 15

❸ 샹 드 마르스 투르 에펠 Champ de Mars-Tour Eiffel [RER C선]
- 시간 생미셸 노트르담(Saint-Michel – Notre-Dame) 역에서 4호선 환승, 5정거장, 20분

❹ 몽파르나스 Montparnasse Bienvenüe [4호선]
- 시간 3정거장, 7분

❺ 플라스 디탈리 Place d'Italie [6호선]
- 시간 라스파이(Raspail) 역에서 4호선 환승, 10정거장, 19분

❻ 북역 Gare du Nord [RER B선]
- 시간 생미셸 노트르담(Saint-Michel Notre-Dame) 역에서 4호선 환승, 4정거장, 13분
- Tip 갈아타지 않고 4호선으로 한번에 갈 수도 있다.

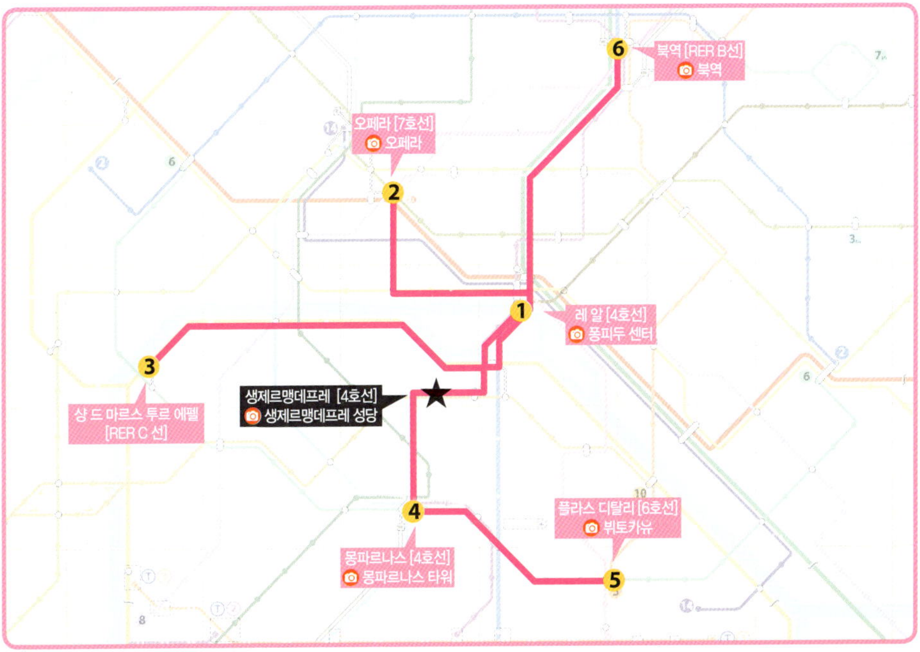

여행 이동 정보

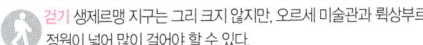 **걷기** 생제르맹 지구는 그리 크지 않지만, 오르세 미술관과 뤽상부르 정원이 넓어 많이 걸어야 할 수 있다.

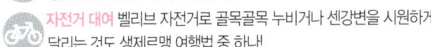 **자전거 대여** 벨리브 자전거로 골목골목 누비거나 센강변을 시원하게 달리는 것도 생제르맹 여행법 중 하나!

버스 생제르맹 성당 앞에서 95번 버스를 타면 북쪽으로는 오페라 쪽으로 이동할 수 있고, 남쪽으로는 몽파르나스 역까지 갈 수 있다.

TIP

오페라에서 생제르맹으로 이동할 때는 오페라 정면을 바라볼 때 왼쪽 오베르 거리(Rue Auber) 브레드(Bred) 은행 앞에 위치한 버스 정류장에서 95번을 타고 이동하는 것이 가장 빠르다. 95번 버스는 센강을 건너 센강 남쪽으로 이동하기 때문에 아름다운 파리를 감상할 수 있다.

363

🧭 N 0 200m

- 루브르 박물관
  Musée du Louvre P.338
- 포럼 데 알
  Forum des Halles P.346
- 예술의 다리
  Pont des Arts P.368
- 불리 1803 Officine Universelle
  Buly 1803 P.371
- 프랑스 학사원
  Institut de France
- 국립 미술학교 보자르
  École Nationale Supérieure des Beaux-Arts P.368
- 센강 갤러리 거리
  Rue de Seine P.368
- 생트샤펠 성당
  Sainte-Chapelle P.393
- 라뒤레
  Ladurée
- 르 쇼콜라 알랭 뒤카스
  Le Chocolat Alain Ducasse
- 카페 레 두 마고
  Café Les deux Magots P.370
- 생제르맹데프레 성당
  Eglise de Saint Germain des Prés P.369
- 시테섬
  Île de la Cité
- 마비용 역
  Mabillon
- 코메르스 생탕드레 안뜰
  Cour du Commerce Saint-André P.369
- 노트르담 대성당
  Cathédrale Notre-Dame de Paris P.392
- 생루이섬
  Île Saint-Louis
- 시티파르마 약국
  Citypharma P.371
- 크레므리
  La Crèmerie P.371
- 오데옹 역
  Odéon
- 피에르 에르메
  Pierre Hermé
- 르 꽁투아 뒤 마르셰
  Le Comptoir du Marché P.371
- 생쉴피스 성당
  Eglise Saint-Sulpice P.369
- 스타벅스 오데옹
  Starbucks
- 일 젤라토 델 마르케제
  Il Gelato del Marchese P.371
- 봉쁘앙
  Bonpoint
- Boulevard Saint-Germain
- 르 봉 생 푸르생
  Le Bon Saint Pourçain P.370
- 오데옹 극장
  Odéon Theatre P.369
- 소르본 대학교
  Université Paris-Sorbonne P.382
- 팡테옹
  Panthéon P.382
- 뤽상부르 정원
  Le jardin du Luxembourg P.370
- 프랑프리
  Franprix
- RER 포르트 루아얄 역
  Port-Royal
- 몽주 약국
  Pharmacie Monge P.385

생제르맹데프레 랜드마크 코스

COURSE 1

오르세 미술관, 프랑스 학사원, 국립 미술학교 보자르 등 오래전부터 예술인들이 모여들었던 프랑스 예술 중심지, 생제르맹 지구를 제대로 돌아보는 코스다. 골목골목 아트 갤러리와 디자이너 숍, 각종 상을 휩쓴 출판사 등이 모여 있다.

S 오르세 미술관
Musée d'Orsay

RER C선 오르세 미술관(Musée d'Orsay) 역에서 하차했다면 출구 바로 앞에서 오르세 미술관을 볼 수 있고, 메트로 솔페리노(Solférino) 역에서 하차했다면 2번 출구에서 3분 정도 걸어가면 오르세 미술관에 도착한다.
→ 미술관에서 나와 센강을 따라 900m 정도 걷는다. 미술관에서 세 번째 다리가 예술의 다리. → **예술의 다리 도착**

> **TIP**
> 오르세 미술관과 프랑스 학사원, 국립 미술 학교 사이에는 수많은 갤러리와 골동품상이 있다.

1 예술의 다리
Pont des Arts

루브르 박물관과 프랑스 학사원을 끼고 흐르는 아름다운 센강 위에서 인생사진을 찍어보자.
→ 예술의 다리에서 다시 오르세 미술관 방향으로 약 130m 이동한 후 왼쪽 보나파르트 거리(Rue Bonaparte)에서 8분 정도 직진 → **생제르맹데프레 성당 도착**

2 생제르맹데프레 성당
Église de Saint-Germain-des-Prés

생제르맹 지구의 랜드마크로 6세기경 건축되었으며 원래 수도원으로 쓰였다.
→ 성당 맞은편 길 모서리에 초록색 간판 카페 레 두 마고가 보인다. → **카페 레 두 마고 도착**

3 카페 레 두 마고
Café Les deux Magots

프랑스의 인텔리들이 모였다는 카페. 옛날 방식 그대로 만든다는 쇼콜라를 마셔보자.
→ 생제르맹 거리(Boulevard Saint-Germain)를 약 5분 이동한다. → **코메르스 생탕드레 안뜰 도착**

4 코메르스 생탕드레 안뜰
Cour du Commerce Saint-André

테라스 카페와 레스토랑이 즐비한 곳으로 활기찬 분위기를 느낄 수 있다.
→ 오데옹 극장 방향으로 걷다가 심거리에서 맨 오른쪽 길을 따라 카트르방 거리(Rue des Quatre Vents)로 약 200m 이동 → **라방 콩투아 뒤 마르셰 도착**

5 라방 콩투아 뒤 마르셰
L'avant Comptoir du Marché

신선한 재료로 만든 여러 가지 먹을거리가 있다.
→ 레스토랑에서 나와 오른쪽으로 몇 걸음 걷다 왼쪽 길에 들어서다. → **생쉴피스 성당 도착**

- 분위기 ★★★★★ 예술의 도시 파리다운 모습
- 이동 편리성 ★★★★☆ 메트로, 도보 모두 가능
- 볼거리 ★★★★★ 볼거리로 꽉꽉
- 식도락 ★★★★☆ 생제르맹에서는 잘~ 먹기!
- 쇼핑 ★★★★☆ 북적북적 생제르맹 거리
- 액티비티 ★★★☆☆ 센강변 따라 걷기

코스 무작정 따라하기
START

S. 오르세 미술관
도보 898m, 11분
1. 예술의 다리
도보 673m, 8분
2. 생제르맹데프레 성당
도보 95m, 1분
3. 카페 레 두 마고
도보 495m, 6분
4. 코메르스 생탕드레 안뜰
도보 338m, 4분
5. 라방 콩투아 뒤 마르셰
도보 86m, 1분
6. 생쉴피스 성당
도보 880m, 11분
7. 뤽상부르 정원
도보 1510m, 19분
F. 몽파르나스 타워

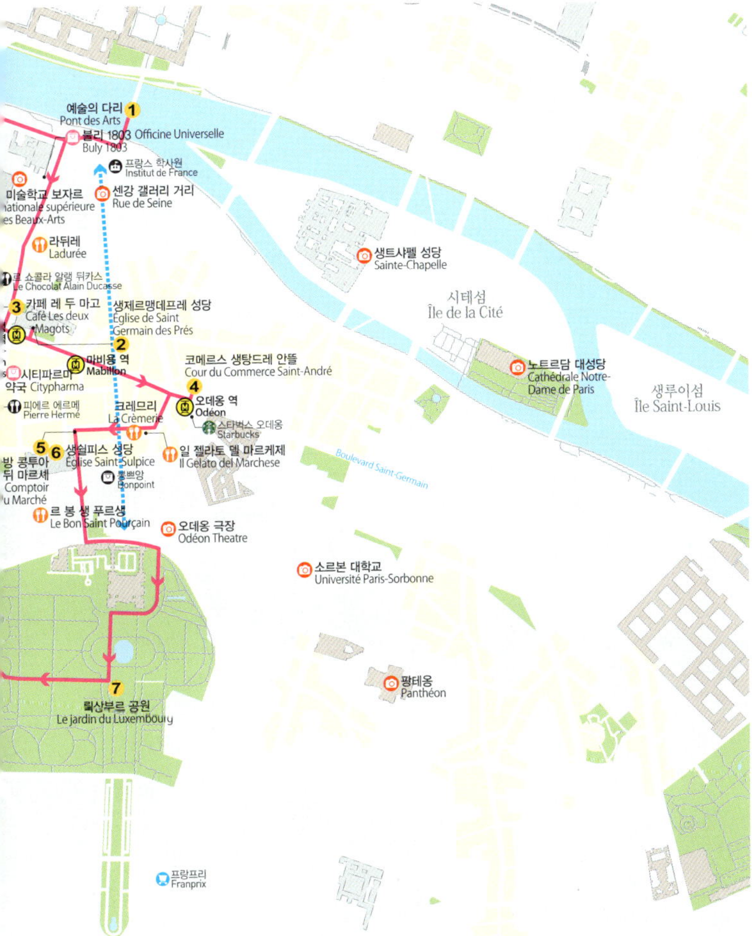

---

6 생쉴피스 성당
Église Saint-Sulpice

1세기가 넘는 시간 동안 건축되면서 여러 건축양식의 영향을 받은 성당.
→ 뒤편 그랑시에 거리(Rue Garancière) 에서 성당을 등지고 직진 → 뤽상부르 정원 도착

7 뤽상부르 정원
Jardin du Luxembourg

앙리 4세의 부인 마리 드 메디시스가 자신의 고향 이탈리아 피렌체 지방을 그리며 만들었다고 한다.
→ 렌 거리(Rue de Rennes)를 따라 이동하다 마지막 삼거리에서 왼쪽으로 이동 → 몽파르나스 타워 도착

F 몽파르나스 타워
Tour Montparnasse

파리에서 가장 못생긴 건물로 꼽히지만, 아름다운 야경을 가장 잘 볼 수 있는 곳이기도 하다.

> 야경을 보겠다고 저녁에 타워에 오르면 실망할 수 있다. 파리는 전체적으로 건물이 모두 낮기 때문에 홍콩의 마천루 야경처럼 아름답지 않을 수 있다. 낮이나 해 질 녘에 올라가는 것을 추천한다.

파리지앵처럼 즐기는 하루 코스

COURSE 2

생제르맹을 여유롭게 거닐며 쇼핑도 하고 맛있는 커피도 마시고 센강변에서 강바람을 맞으며 시간을 보낼 수 있는 여유로운 코스. 살짝 분위기 좋은 골목으로 이동해 돌아가도 된다. 특히 그르넬 거리와 바크 거리에는 쇼핑할 수 있는 매장이 많으므로 여유롭게 돌아보자.

S 봉 마르셰 백화점
Le Bon Marché

프랑스 최초의 백화점이자 세계 최초의 백화점 중 한 곳으로 꼽힌다. 봉 마르셰 백화점은 메트로 10호선 세브르 바빌론(Sèvres–Babylone) 역 2번 봉 마르셰 출구를 통해 나오면 바로 보인다.
→ 봉 마르셰 백화점 바로 뒤편 → **그랑드 에피스리 도착**

1 그랑드 에피스리
La Grande Épicerie de Paris

봉 마르셰 백화점의 식품관이라고 할 수 있으며, 세계 각국의 독특하고 다양한 제품부터 프랑스의 지방별 특산품까지 퀄리티 있는 상품을 만나볼 수 있다.
→ 바크 거리(Rue du Bac)를 따라 약 150m 이동하다 보면 오른쪽 1층에 있다.
→ **더 콘란 숍 도착**

2 더 콘란 숍
The Conran Shop

멀티 인테리어 디자인 숍, 가구 및 주방용품은 물론 아이들을 위한 인테리어 제품까지 다양한 디자인 제품을 판매한다.
→ 바빌론 거리(Rue de Babylone)를 따라 3~4분 정도 걷다 보면 왼쪽에 카페가 보인다. → **쿠틈 카페 도착**

3 쿠틈 카페
Coutume Café

고소한 라테 한잔이 예술!
→ 더 콘란 숍 사거리로 돌아가 바크 거리(Rue du Bac) 내림차순 번지 방향 이동
→ **그르넬 거리 도착**

4 그르넬 거리
Rue de Grenelle

꼭 필요한 상점이 모여 있어 생제르맹 지구 주민들이 쇼핑하는 거리.
→ 바크 거리 45번지에서 오른쪽 길로 돌아 약 50m 이동하면 오른쪽에 위치 → **라신 데 프레 도착**

5 라신 데 프레
Racines des Prés

심플하면서도 엘레강스한 프랑스 미식을 맛볼 수 있다.
→ 바크 거리를 따라 센강 방향으로 이동, 오르세 미술관 앞 강변 → **센강변 공원 도착**

367

😊 분위기 ★★★★☆ 고풍스러우면서 부유한 생제르맹
😊 이동 편리성 ★★★★☆ 메트로, 도보 모두 가능
😊 볼거리 ★★★☆☆ 랜드마크보다는 파리 즐기기
😊 식도락 ★★★★☆ 맛은 있지만 가격대가 높아요.
😊 쇼핑 ★★★★★ 백화점과 쇼핑 거리가 한곳에!
😊 액티비티 ★★★☆☆ 센강변 공원에서 시간 보내기

코스 무작정 따라가기
START

- **S. 봉 마르셰 백화점**
  - 도보 165m, 2분
- **1. 그랑드 에피스리**
  - 도보 201m, 2분
- **2. 더 콘란 숍**
  - 도보 389m, 4분
- **3. 쿠팀 카페**
  - 도보 775m, 9분
- **4. 그르넬 거리**
  - 도보 290m, 4분
- **5. 라신 데 프레**
  - 도보 770m, 9분
- **F. 센강변 공원**

Area 04 생제르맹데프레 | 추천 여행 코스 | ZOOM IN

- 포럼 데 알 Forum des Halles
- 루브르 박물관 Musée du Louvre
- 예술의 다리 Pont des Arts
- 불리 1803 Officine Universelle Buly 1803
- 프랑스 학사원 Institut de France
- 미술학교 보자르 nationale supérieure des Beaux-Arts
- 센강 갤러리 거리 Rue de Seine
- 생트샤펠 성당 Sainte-Chapelle
- 라뒤레 Ladurée
- 르 쇼콜라 알랭 뒤카스 Le Chocolat Alain Ducasse
- 카페 레 두 마고 Café Les deux Magots
- 생제르맹데프레 성당 Eglise de Saint Germain des Prés
- 시테섬 Île de la Cité
- 시티파르마 약국 Citypharma
- 마비용 역 Mabillon
- 코메르스 생탕드레 안뜰 Cour du Commerce Saint-André
- 피에르 에르메 Pierre Hermé
- 크레므리 La Crèmerie
- 오데옹 역 Odéon
- 스타벅스 오데옹 Starbucks
- 노트르담 대성당 Cathédrale Notre-Dame de Paris
- 생루 Île Sa...
- 방 콩투아 뒤 마르셰 t Comptoir du Marché
- 생쉴피스 성당 Eglise Saint Sulpice
- 봉마르셰 Bonpoint
- 일 젤라토 델 마르케제 Il Gelato del Marchese
- 르 봉 생 푸르생 Le Bon Saint Pourçain
- 오데옹 Odéon Theatre
- 소르본 대학교 Université Paris-Sorbonne
- 팡테옹 Panthéon

F 센강변 공원
Berges de Seine

차도로 이용하던 강변 도로를 정비해 공원으로 탈바꿈했다.

TIP
생제르맹데프레 지구 서쪽에 옛 저택들이 그대로 남아 있어 걷다 보면 건물에서 '오텔(Hôtel)'이라는 표시를 자주 볼 수 있다. '오텔'은 숙박업소를 뜻하기도 하지만 저택을 뜻하기도 한다.

🔍 ZOOM IN

생제르맹데프레

이름에서 느껴지듯 부르주아 감성이 가득한 곳, 생제르맹데프레. 그르넬 거리, 바크 거리, 보나파르트 거리, 생제르맹 거리와 렌 거리 등에 다양한 상점이 밀집해 쇼핑하기에 편하다. 번화가 한편으로는 조용하고 한적한 골목들이 이어져 발길이 닿는 대로 걷는 것도 좋은 방법이다.

1 오르세 미술관
Musée d'Orsay
뮈제 도흐세

루브르 박물관과 함께 파리에서 꼭 방문해야 할 미술관 중 하나다. 인상주의 화가들의 작품이 주를 이루어 반 고흐, 모네, 마네, 르누아르 등 한국인에게도 유명한 화가의 작품이 많이 전시되어 있다. 오르세 미술관은 옛 기차역을 리모델링해 만든 미술관으로 전체적인 구조에서 그 모습을 찾아볼 수 있으며, 특히 외국의 기차역에서나 볼 수 있는 대형 시계들이 인상 깊다. 강 건너편에서 오르세 미술관을 바라보면 센강과 어우러져 아름다운 우편엽서 한 장을 보고 있는 듯한 느낌을 주고, 미술관에서 바라보는 강 건너편 풍경 또한 놓치기 싫을 것이다.

ⓘ **INFO** P.068, 112　◉ **MAP** P.362B

📍 **구글 지도** GPS 48.860724, 2.326476　🚇 **찾아가기** RER C선 오르세 미술관(Musée d'Orsay)역 오르세 미술관 출구 이용　🏠 **주소** 1 Rue de la Légion d'Honneur, 75007 Paris　📞 **전화** 01-40-49-48-14　🕘 **시간** 09:30~18:00(목요일 09:30~21:45)　🚫 **휴무** 월요일, 5/1, 12/25　💶 **가격** €16(온라인 사전 구매), €14(현장 판매), 목요일 18시부터 €12(온라인 사전 구매), €10(현장 판매)　🌐 **홈페이지** www.musee-orsay.fr

2 국립 미술학교 보자르
École Nationale des Beaux-Arts de Paris
에꼴 나씨오날 데 보자르 드 빠히

프랑스 미술의 자존심. 국립 미술학교 보자르는 1817년 설립되어 프랑스인은 물론 세계 각국의 다양한 인종이 모여 미술과 미술에 관련된 학업을 이어가는 곳이다. 관광객이 학교 내부를 특별히 관람할 수는 없지만, 학교 내부의 전시실에서 개최하는 각종 전시회에 참여해 보자르의 모습을 엿볼 수 있다.

◉ **MAP** P.363C

📍 **구글 지도** GPS 48.856932, 2.333814　🚇 **찾아가기** 메트로 4호선 생제르맹데프레(Saint-Germain-des-Prés)역 1번 생제르맹데프레 성당 출구에서 오른쪽 길로 약 300m 이동　🏠 **주소** 14 Rue Bonaparte, 75006 Paris　📞 **전화** 01-47-03-50-00　🕘 **시간** 전시에 따라 다름(홈페이지에서 미리 확인할 것)　💶 **가격** 전시에 따라 다름　🌐 **홈페이지** www.beauxartsparis.fr

3 예술의 다리
Pont des Arts
뽕 데 자흐

예술의 다리는 루브르 박물관과 프랑스 학사원을 잇는 인도교이며, 목조와 철조 구조물로 이루어져 운치 있다. 예술의 다리에서 바라보는 시테섬의 풍경이 특히나 아름다우며 저녁에는 젊은이들이 삼삼오오 모여 맥주 한잔과 함께 밤을 지샌다.

ⓘ **INFO** P.047　◉ **MAP** P.363C

📍 **구글 지도** GPS 48.858636, 2.337486　🚇 **찾아가기** 메트로 1호선 루브르 리볼리(Louvre-Rivoli)역에서 센강까지 걸은 후 큰길을 건너 오른쪽으로 약 130m 이동하면 예술의 다리가 보인다.　🏠 **주소** Pont des Arts, 75006 Paris

4 센강 갤러리 거리
Rue de Seine
휘 드 센느

예술의 다리를 건너 생제르맹 지구에 들어서면 프랑스 학사원 뒤로 갤러리가 밀집한 갤러리 거리가 있다. 센 거리(Rue de Seine), 보자르 거리(Rue des Beaux-Arts), 마자린 거리(Rue Mazarine) 등 골동품부터 현대미술, 조각품 등을 전시하는 갤러리가 모여 있으니 미술에 관심이 있다면 꼭 들러보자.

◉ **MAP** P.363C

📍 **구글 지도** GPS 48.85716, 2.33651　🚇 **찾아가기** 메트로 1호선 루브르 리볼리(Louvre-Rivoli)역에서 센강까지 걸은 후 큰길을 건너 오른쪽으로 약 130m 이동하면 예술의 다리가 보인다. 예술의 다리를 건너 프랑스 학사원 뒤쪽 거리로 이동하면 된다. 어느 하나의 길이 아니라 프랑스 학사원 뒤쪽부터 오르세 미술관에 이르는 길 사이사이 골목에 갤러리들이 있다.　🏠 **주소** 6 Rue de Seine, 75006 Paris

5 생제르맹데프레 성당
Église Saint-Germain-des-Prés
에글리즈 생제흐맹데프헤

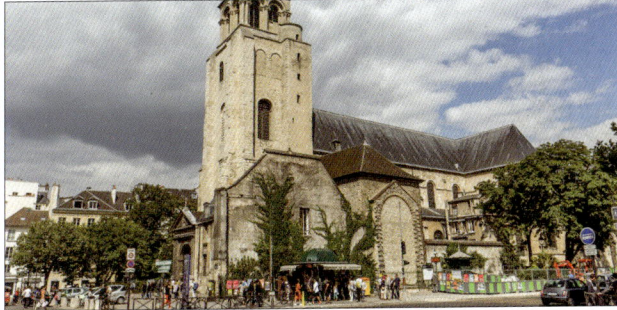

558년 건축이 시작되어 생제르맹 지구를 오래전부터 지켜온 수호신과 같은 존재다. 그 앞에 서면 위엄이 느껴질 정도다. 생제르맹데프레 성당은 왕립 수도원이었으며, 교황 직속 수도원이었다고 알려져 있다. 558년 건축이 시작되어 시대에 따라 19세기까지 지었다. 무너뜨리기를 반복하며 증축과 개축이 이어져 오늘날의 모습을 갖추었다. 육안으로도 확연히 성당 사방의 건축양식이 조금씩 다르다는 것을 확인할 수 있다. 성당 건물은 1862년 프랑스 역사적 기념물에 등록되었으며, 주변의 유적지 또한 1953년 역사적 기념물로 등록되어 보호되고 있다.

📍 **MAP** P.363G

구글 지도 GPS 48.85396, 2.33435 찾아가기 메트로 4호선 생제르맹데프레(Saint-Germain-des-Prés) 역 1번 생제르맹데프레 성당 출구 이용 주소 3 Place Saint-Germain-des-Prés, 75006 Paris 전화 01-55-42-81-10 가격 무료 홈페이지 www.eglise-saintgermaindespres.fr

6 코메르스 생탕드레 안뜰
Cour du Commerce Saint-André
꾸흐 뒤 꼬메흐스 생탕드레

1776년에 조성한 길로, 상점이 모여 있어 붙은 이름이다. 오늘날에는 주로 레스토랑과 카페 등이 위치하며, 안뜰과 같은 아늑한 느낌을 주면서도 테라스가 많아 항상 활발한 분위기다. 짙은 네이비 색상의 프로코프(Procope) 카페는 역사적으로 수많은 예술인과 정치인이 드나들던 곳으로 유명하다.

📍 **MAP** P.363G

구글 지도 GPS 48.852458, 2.339288 찾아가기 메트로 4・10호선 오데옹(Odéon) 역 1번 출구 길 건너편에 위치. 신문 가판대 키오스크가 입구 바로 앞에 있어 찾기 쉽다. 주소 130 Boulevard Saint-Germain, 75006 Paris

7 생쉴피스 성당
Église Saint-Sulpice
에글리즈 생쉴삐스

한적한 생쉴피스 광장에 위치한 생쉴피스 성당은 1646년에 건축되기 시작해 200여 년 뒤인 1870년 준공되었다. 정면에 건축된 2개의 타워는 노트르담의 타워보다 높다고 알려져 있다. 생쉴피스 성당은 소설가 빅토르 위고가 결혼식을 올린 곳으로도 유명하며, 소설 《다빈치 코드》에도 등장한다.

📍 **MAP** P.363G

구글 지도 GPS 48.851039, 2.335007 찾아가기 메트로 4호선 생쉴피스(Saint-Sulpice) 역에서 생쉴피스 성당 출구 이용. 약 250m 주소 2 Rue Palatine, 75006 Paris 전화 01-46-33-21-78 시간 08:00~20:00(미사 09:00, 12:05, 18:50) 홈페이지 www.paroissesaintsulpice.paris

8 오데옹 극장
Théâtre de l'Odéon
떼아트흐 드 로데옹

프랑스의 국립극장으로 1782년에 세워져 모차르트의 걸작 《피가로의 결혼》이 1784년에 공연되어 당시 큰 화제가 되었다. 시대별 유명 연출가들이 거쳐 간 곳이며, 현재도 극장으로 쓰이고 있으며 1947년 프랑스의 역사적 기념물로 등록되었다.

📍 **MAP** P.363G

구글 지도 GPS 48.849531, 2.338705 찾아가기 메트로 4・10호선 오데옹(Odéon) 역 오데옹 극장 출구에서 스타벅스 오른쪽 골목으로 직진 주소 Place de l'Odéon, 75006 Paris 전화 01-44-85-40-40 시간 공연에 따라 다름(홈페이지에서 미리 확인한 후 예매할 것) 가격 €6~40 홈페이지 www.theatre-odeon.eu/fr

9 몽파르나스 타워
Tour Montparnasse
투흐 몽빠흐나스

파리 시내에서 가장 높은 건물로 꼽히지만, 가장 못생긴 건물로 꼽히기도 하며 끊임없이 재건축 논란의 대상이 되었다. 1969년에서 1973년까지 건축되어 17년간 유럽에서 가장 높은 건물로 기록되어 있으며, 2011년까지 프랑스에서 가장 높은 건물이었다. 파리 시내 풍경을 감상하기 좋다.

📍 **MAP** P.362J

구글 지도 GPS 48.860724, 2.326476 찾아가기 메트로 4・6・12・13호선 몽파르나스(Gare Montparnasse Bienvenüe) 역 이용 주소 33 Avenue du Maine, 75015 Paris 전화 01-45-38-52-56 시간 09:30~22:30(시기에 따라 운영 시간 변동, 주중 ~19:00, 주말 및 공휴일 ~20:00) 가격 €18(온라인 사전 구매), €22(현장 판매, 주말 및 공휴일 €1 추가) 홈페이지 www.tourmontparnasse56.com

10 뤽상부르 정원
Jardin du Luxembourg
자흐댕 뒤 뤽성부흐

앙리 4세의 부인 마리 드 메디시스가 자신의 고향 피렌체 지방을 그리워하며 만든 정원이라고 전해지며, 이탈리아의 화려한 건축양식처럼 조경도 건축물도 화려한 정원이다. 오늘날 뤽상부르 정원은 프랑스 상원에 속하며, 파리 시민의 쉼터가 되어준다. 다양한 문화 행사가 열릴 때 사람들로 북적인다.

ⓘ INFO P.085 ⓜ MAP P.363K
ⓖ 구글 지도 GPS 48.846142, 2.337170 ⓕ 찾아가기 오데옹 극장 뒤편으로 가면 뤽상부르 정원 입구가 있다. ⓐ 주소 Jardin du Luxembourg, 75006 Paris ⓣ 전화 01-42-34-20-00 ⓗ 시간 07:30~08:15 사이 오픈, 16:30~21:30 폐장(월마다 운영 시간이 다르니 홈페이지를 통해 미리 확인할 것) ⓦ 홈페이지 www.senat.fr/visite/jardin

11 까르띠에 현대미술 재단
Fondation Cartier pour l'art contemporain
퐁다씨옹 까르띠에 뿌흐 라흐 꽁떵뽀항

명품 주얼리 브랜드 까르띠에가 1984년 오픈한 현대미술관이다. 전 세계의 유명 작가 혹은 신인 작가들에게 전시 공간을 후원하는 것으로도 유명하다. 전시회뿐만 아니라 각종 콘퍼런스, 콘서트 등 다양한 문화 행사를 열어 아티스트와 대중의 만남을 주선하고 있다.

ⓘ INFO P.110 ⓜ MAP P.362J
ⓖ 구글 지도 GPS 48.837324, 2.331912 ⓕ 찾아가기 메트로 4·6호선 라스파이(Raspail) 역에서 도보 3분 ⓐ 주소 261 Boulevard Raspail 75014 Paris ⓣ 전화 01-42-18-56-50 ⓗ 시간 화~일요일 11:00~20:00(화요일 ~22:00) ⓗ 휴무 월요일 ⓟ 가격 €11 ⓦ 홈페이지 www.fondationcartier.com

12 방브 벼룩시장
Puces de Vanve
퓌스 드 방브

파리 북쪽에 생투앙이 있다면 남쪽에는 방브가 있다. 파리 벼룩시장의 양대 산맥 중 하나로, 생투앙보다는 규모가 작지만 18·19세기 가구나 장식품, 1950~1970년대 가구 등을 찾아볼 수 있다. 다양하고 신기한 물건이 가득해 시간 가는 줄 모른다. 오전에 방문하는 것이 좋다.

ⓘ INFO P.244 ⓜ MAP P.362J
ⓖ 구글 지도 GPS 48.825390, 2.311200 ⓕ 찾아가기 메트로 13호선 포르트 드 방브(Porte de Vanves) 역에서 도보 5분 ⓐ 주소 Marché aux puces de la porte de Vanves, 75014 Paris ⓗ 시간 토·일요일 07:00~14:00 ⓗ 휴무 월~금요일

13 카페 드 플로르
Café de Flore
까페 드 플로흐

1887년 문을 연 카페로, 바로 옆 카페 레 두 마고와 함께 생제르맹데프레 지구에서 가장 유명한 카페다. 카페 드 플로르의 단골 고객이었던 기욤 아폴리네르는 카페 1층을 보도국으로 이용할 만큼 카페에 자주 들렀으며, 앙드레 브르통과 루이 아라공이 카페 테라스에서 초현실주의에 대한 대화를 나누었다고 한다.

ⓘ INFO P.209 ⓜ MAP P.362F
ⓖ 구글 지도 GPS 48.854171, 2.332602 ⓕ 찾아가기 메트로 4호선 생제르맹데프레(Saint-Germain-des-Prés) 역에서 생제르맹데프레 성당 바로 맞은편 초록색 간판의 카페 레 두 마고를 지나 조금 더 걷다 보면 길가에 위치 ⓐ 주소 172 Boulevard Saint-Germain, 75006 Paris ⓣ 전화 01-45-48-55-26 ⓗ 시간 07:30~01:30 ⓟ 가격 에스프레소 €4.9, 쇼콜라 €9.5 ⓦ 홈페이지 http://cafedeflore.fr/menu

14 카페 레 두 마고
Café les deux Magots
까페 레 두 마고

19세기 초 실크와 같은 이국적인 원단 등을 판매하던 상점이었으나, 1885년 문을 닫고 카페 레 두 마고가 들어선다. 폴 베를렌, 아르튀르 랭보와 같은 문학인들이 이곳을 드나들며 프랑스 문학에 있어 중요한 역할을 하게 된다.

ⓘ INFO P.209 ⓜ MAP P.363G
ⓖ 구글 지도 GPS 48.854077, 2.333105 ⓕ 찾아가기 메트로 4호선 생제르맹데프레(Saint-Germain-des-Prés) 역에서 생제르맹데프레 성당 바로 맞은편, 초록색 간판 ⓐ 주소 6 Place Saint-Germain-des-Prés, 75006 Paris ⓣ 전화 01-45-48-55-25 ⓗ 시간 07:30~01:00 ⓟ 가격 에스프레소 €5, 쇼콜라 €9.5 ⓦ 홈페이지 www.lesdeuxmagots.fr

15 르 봉 생 푸르생
Le Bon Saint Pourçain
르 봉 쌩 뿌흐쌩

모던한 프렌치 비스트로 인테리어의 정석을 보여주는 곳으로, 음식 맛 또한 모던하고 섬세하다. 신선한 재료를 바탕으로 예쁜 플레이팅까지, 퀄리티 높은 식사를 할 수 있는 곳이다. 음식과 어울리는 와인 리스트를 보유하고 있으며, 메뉴는 날마다 달라진다.

ⓘ INFO P.168 ⓜ MAP P.363G
ⓖ 구글 지도 GPS 48.85007, 2.33465 ⓕ 찾아가기 생쉴피스 성당에서 뤽상부르 정원 쪽으로 가는 골목길 중 세르반도니 거리(Rue Servandoni)를 이용해 도보 1분, 오른쪽에 위치 ⓐ 주소 10 bis Rue Servandoni, 75006 Paris ⓣ 전화 01-42-01-78-24 ⓗ 시간 런치 12:00~14:15, 디너 19:30~22:15 ⓗ 휴무 일·월요일 ⓟ 가격 €40~ ⓦ 홈페이지 www.bonsaintpourcain.com

16 라방 콩투아 뒤 마르셰
L'avant Comptoir du Marché
라방 꽁뚜아 뒤 마흐쉐

활기차고 시끌벅적한 분위기에서 간단하게 와인 한잔하고 싶다면 라방 콩투아를 찾자. 생쉴피스 성당 근처에 위치하며, 생제르맹 실내 시장 건물에 있어 찾기도 쉽다. 시장 분위기와 잘 어울리는 라방 콩투아 뒤 마르셰에서는 시장 재료를 바탕으로 한 수준급 먹거리를 맛볼 수 있다. 양이 많지 않아 타파스처럼 술안주로 딱이다. 샐러드, 파테, 햄버거 등 간단하고 먹기 쉬운 요리가 주를 이루며, 디저트 맛 또한 뛰어나다. 다양한 와인이 준비되어 있으며 잔으로도 팔기 때문에 추천에 따라 마셔 볼 수 있다.

🅑 INFO P.169 🌐 MAP P.363G

🔹 구글 지도 GPS 48.860724, 2.326476 🔹 찾아가기 메트로 10호선 마비용(Mabillon) 역에서 생쉴피스 성당으로 가는 길목 로비노 거리(Rue Lobineau) 왼쪽에 위치 🔹 주소 14 Rue Lobineau, 75006 Paris 🔹 전화 01-44-27-07-97 🔹 시간 12:00~23:00 🔹 가격 €16~

17 일 젤라토 델 마르케제
Il Gelato Del Marchese
일 젤라또 델 마흐케제

화려한 인테리어에 이끌려 문을 열면 달콤한 향기가 발목을 잡는다. 정통 이탈리언 아이스크림을 추구하는 부부가 2014년 문을 연 이곳은 맛과 향이 일품인 수제 아이스크림과 아기자기하면서도 고급스러운 패키징으로 유명하다.

🌐 MAP P.363G

🔹 구글 지도 GPS 48.85166, 2.33812 🔹 찾아가기 메트로 4·10호선 오데옹(Odéon) 역에서 오데옹으로 가는 삼거리로 진입해 가장 오른쪽 길을 따라가면 나오는 카트르 방 거리(Rue des Quatre Vents)로 이동한다. 🔹 주소 3 Rue des Quatre Vents, 75006 Paris 🔹 전화 01-46-34-75-63 🔹 시간 월~목요일 13:00~20:00, 금요일 13:00~21:00, 토요일 11:00~22:00, 일요일 11:00~20:00 🔹 가격 €3,2~ 🔹 홈페이지 www.ilgelatodelmarchese.com

18 크레므리
La Crèmerie
라 크헤므히

1880년대 문을 연 식료품점에 위치한 와인바, 크레므리. 푸른 바다색의 오래된 외관 덕분에 한 눈에 띄고, 왁자지껄한 분위기에 마음이 끌린다. 400종이 넘는 와인을 소장하고 있으며, 신선한 샤퀴테리와 치즈 플레이트를 선보인다. 와인과 어울리는 안주거리들의 솜씨가 보통이 아니다.

🌐 MAP P.363G

🔹 구글 지도 GPS 48.851703, 2.337790 🔹 찾아가기 오데옹(Odéon) 역에서 나와 HSBC 은행이 있는 골목으로 들어가 오른쪽 첫번째 골목에서 4번째 건물에 위치 🔹 주소 9 Rue des Quatre Vents, 75006 Paris 🔹 전화 01-43-54-99-30 🔹 시간 18:30~22:30 🔹 휴무 일요일 🔹 가격 €16~ 🔹 홈페이지 www.ilgelatodelmarchese.com

19 시티파르마 약국
Citypharma
씨티파흐마

약국 화장품에 관심이 많다면 놓쳐서는 안 될 곳이다. 생제르맹데프레 지구 중심에 위치해 찾기도 쉽고 보유한 제품도 다양해 파리지앵들은 물론 관광객들이 줄을 선다. 시내 다른 일반 약국보다 가격이 저렴하고 이벤트성 상품도 많으므로 꼭 한번 들러볼 만하다.

🅑 INFO P.257 🌐 MAP P.363G

🔹 구글 지도 GPS 48.85276, 2.33335 🔹 찾아가기 메트로 4호선 생제르맹데프레(Saint-Germain-des-Prés) 역 보나파르트 거리(Rue Bonaparte) 출구에서 왼쪽 첫 번째 길로 들어서 약 100m 이동하면 왼쪽 길목에 위치 🔹 주소 26 Rue du Four, 75006 Paris 🔹 전화 01-46-33-20-81 🔹 시간 월~금요일 08:30~21:00, 토요일 09:00~21:00, 일요일 12:00~20:00 🔹 홈페이지 http://pharmacie-citypharma.fr

20 불리 1803
Officine Universelle Buly 1803
오피신 유니베흐셀 뷜리 1803

인테리어만 보면 화장품 가게라기보다 앤티크 숍의 분위기를 풍긴다. 18세기 후반 식초를 바탕으로 한 화장수로 큰 인기를 끈 장 뱅상 불리에게서 영감을 받아 탄생한 브랜드로, 핸드크림이 특히 유명하다.

🌐 MAP P.363C

🔹 구글 지도 GPS 48.85721, 2.33485 🔹 찾아가기 생제르맹데프레 성당 정문에서 오른쪽으로 꺾어 보나파르트 거리(Rue Bonaparte)를 따라 센강변까지 가면 왼쪽에 위치 🔹 주소 6 Rue Bonaparte, 75006 Paris 🔹 전화 01-43-29-02-50 🔹 시간 11:00~19:00 🔹 휴무 일요일 🔹 홈페이지 www.buly1803.com/fr

ZOOM IN

봉 마르셰 백화점 ~센강

파리지앵들도 '리얼 파리지앵 스타일'이라 칭하는 곳이 바로 생제르맹데프레다. 그곳의 중심에 봉 마르셰 백화점이 있다. 오스만 거리에 위치한 프랭탕 백화점과 갤러리 라파예트 백화점과는 확연히 차이 난다. 그 주변 또한 마찬가지. 번잡하지 않은 상점과 갤러리를 따라 센강까지 여유롭게 걸어보자.

1 센강변 공원
Berges de Seine Rive Gauche
베흐쥬 드 센 히브 고쉬

차도였던 센강변이 공원으로 탈바꿈하며 오르세 미술관 앞부터 알렉상드르 3세 다리에 이르는 넓은 공간이 파리 시민에게 돌아왔다. 아이들이 몸으로 직접 체험하며 놀 수 있는 공간부터 어른을 위한 독서 공간, 음악을 들으며 춤 출 수 있는 공간 등 다양한 형태의 여가를 즐길 수 있는 공간을 갖추었다. 날씨가 좋은 날이면 수많은 파리 시민과 관광객이 모여 활발한 분위기가 형성된다. 오르세 미술관 앞 나무 계단에 앉아 유유히 흐르는 센강의 모습을 바라봐도 좋고 센강변을 따라 걸으며 여러 체험 활동을 해보는 것도 나쁘지 않다.

◎ MAP P.362B

🌐 구글 지도 GPS 48.86092, 2.32561 ◎ 찾아가기 RER C선 오르세 미술관(Musée d'Orsay) 역 오르세 미술관 출구에서 센강 쪽으로 이동해 계단을 내려간다. ◎ 주소 Quai Anatole France, 75007 Paris

2 마욜 미술관
Musée Maillol
뮈제 마욜

프랑스 조각가 아스트리드 마욜의 조각 작품들을 주로 전시해 놓은 미술관이다. 로댕과 함께 프랑스 최고의 조각가 중 한 명으로 손꼽히는 작가인 만큼 미술관의 가치도 높다. 마욜의 작품뿐만 아니라 그림, 조각, 데생 같은 20세기 현대 예술 작품도 볼 수 있다.

◎ INFO P.111 ◎ MAP P.362F

🌐 구글 지도 GPS 48.854781, 2.324906 ◎ 찾아가기 메트로 12호선 뤼 뒤 바크(Rue du Bac) 역에서 도보 2분 ◎ 주소 59-61 Rue de Grenelle, 75007 Paris ◎ 전화 01-42-22-59-58 ◎ 시간 10:30~18:30(수요일 ~22:00) ◎ 가격 €16.5 ◎ 홈페이지 www.museemaillol.com

3 봉 마르셰 백화점
Le Bon Marché
르 봉 마흐쉐

프랑스 최초의 백화점이자 생제르맹데프레의 자존심 봉 마르셰 백화점은 1838년 봉제 재료를 파는 상점으로 처음 문을 열어 1872년 정식 백화점으로서 영업을 시작했다. 봉 마르셰 백화점은 고객에게 우편으로 패션 카탈로그를 보내는 등 당시에도 획기적인 마케팅을 했으며, 오늘날에는 프랑스 최고의 럭셔리 브랜드 기업 LVMH 그룹에 속해 있다. 오스만 거리에 위치한 프랭탕이나 갤러리 라파예트 백화점과는 완전히 다른 분위기가 인상 깊은데, 고풍스러우면서도 차분한 분위기다. 백화점의 규모가 크지는 않지만, 파리 최고의 부르주아 지역인 생제르맹데프레에 위치한 만큼 고급스럽다.

◎ INFO P.219 ◎ MAP P.362F

🌐 구글 지도 GPS 48.85102, 2.32451 ◎ 찾아가기 메트로 10·12호선 세브르 바빌론(Sèvres-Babylone) 역 봉 마르셰 백화점 출구로 나오면 백화점이 바로 보인다. ◎ 주소 24 Rue de Sèvres, 75007 Paris ◎ 전화 01-44-39-80-00 ◎ 시간 월~토요일 10:00~19:45, 일요일 11:00~19:45(시즌에 따라 변동되므로 홈페이지에서 미리 확인할 것) ◎ 홈페이지 www.lebonmarche.com

4 클라란스
Clarins
끌라항스

코즈메틱 브랜드 클라란스의 제품을 구매할 수도 있고 스파나 마사지를 받을 수도 있는 곳이다. 깔끔한 매장 내부에서는 클라란스 최고의 전문가들이 피부에 맞는 제품을 추천해 준다. 마사지나 피부 관리 등을 받거나, 화장법에 관련된 클래스도 참여할 수도 있다.

ⓜ MAP P.362F
ⓖ 구글 지도 GPS 48.85183, 2.32536 ⓐ 찾아가기 메트로 10·12호선 세브르 바빌론(Sèvres-Babylone) 역 봉 마르셰 백화점 출구에서 백화점을 왼쪽, 공원을 오른쪽에 두고 직진, 바빌론(Babylone) 카페가 나오면 우회전 ⓐ 주소 10 Rue de Babylone, 75007 Paris ⓣ 전화 01-45-44-06-19 ⓗ 시간 09:15~19:15 ⓒ 휴무 일요일 ⓨ 가격 스파·마사지 각 €100~ ⓦ 홈페이지 www.clarins.fr

6 봉통
Bonton
봉똥

브랜드 봉쁘앙과 마레 지구의 메르시 매장을 오픈한 것으로 유명한 코엔 부부의 아들이 2001년 오픈한 아동용품 전문 매장이다. 아동용품 전문 매장답게 유아용품부터 아동 의류까지 아동용품에 관련된 스타일리시한 모든 제품을 찾아볼 수 있으며, 인테리어 제품도 판매한다.

ⓜ MAP P.362F
ⓖ 구글 지도 GPS 48.85526, 2.32492 ⓐ 찾아가기 그랑드 에피스리와 봉 마르셰 백화점 사이 바크 거리(Rue du Bac)를 따라 약 500m 올라가다 세 번째 사거리(Rue de Grenelle)에서 왼쪽으로 1분 ⓐ 주소 82 Rue de Grenelle, 75007 Paris ⓣ 전화 01-44-39-09-20 ⓗ 시간 월~토요일 10:00~19:00 ⓒ 휴무 일요일 ⓦ 홈페이지 www.bonton.fr

5 그랑드 에피스리
La Grande Épicerie de Paris
라 그헝드 에뻬쓰히 드 빠히

세브르 거리 38번지에 위치하며, 1923년 식료품을 파는 '새로운 콘셉트'를 앞세운 매장으로 문을 열었다. '이탈리아'나 '영국' 같은 테마를 가지고 식료품 판매를 기획하기도 했으며, 외국에서 온 이국적인 과일과 차를 소개하기도 했다. 그 정신을 이어받아 현재도 그랑드 에피스리는 다른 곳에서는 찾아볼 수 없는 제품을 많이 갖추었으며, 생선 가게, 치즈 가게, 정육점 등 코너별로 분리되어 시장에서 상인들과 직접 구매하는 것과 같은 방식으로 운영된다. 푸드코트가 따로 마련되어 있지는 않지만, 시식 코너가 있으며, 여행 선물을 쇼핑하기에도 좋다.

ⓘ INFO P.191, 247 ⓜ MAP P.362F
ⓖ 구글 지도 GPS 48.85027, 2.32378 ⓐ 찾아가기 메트로 10·12호선 세브르 바빌론(Sèvres-Babylone) 역 봉 마르셰 백화점 출구에서 백화점을 오른쪽에 두고 세브르 거리(Rue de Sèvres)를 따라 2분 ⓐ 주소 38 Rue de Sèvres, 75007 Paris ⓣ 전화 01-44-39-81-00 ⓗ 시간 월~토요일 08:30~21:00, 일요일 10:00~20:00 ⓦ 홈페이지 www.lagrandeepicerie.com

7 더 콘란 숍
The Conran Shop
더 콘한 숍

봉 마르셰 백화점 바로 옆에 위치하며, 가구, 조명, 인테리어 액세서리 제품 등 영국에서 온 인테리어 디자인 전문 브랜드다. 19세기 귀스타브 에펠이 디자인한 옛 봉 마르셰 백화점의 창고에 있으며, 3층에 걸쳐 다양한 제품을 소개한다. 영국 브랜드임에도 생제르맹데프레 지구에 위치한 만큼 파리지앵들의 마음을 사로잡는 인테리어 제품으로 오랫동안 사랑받고 있으며, 콘란 숍의 가구와 조명은 특히 인기 높다. 한번 들어가면 빈손으로 나오기 어렵다는 콘란 숍에서 디자인 소품을 기념으로 구매하는 것도 추억이 될 것이다.

ⓘ INFO P.234 ⓜ MAP P.362F
ⓖ 구글 지도 GPS 48.8518, 2.32372 ⓐ 찾아가기 그랑드 에피스리와 봉 마르셰 백화점 사이 바크 거리(Rue du Bac)를 따라 2분 정도 이동하면 첫 번째 사거리 오른쪽에 위치 ⓐ 주소 117 Rue du Bac, 75007 Paris ⓣ 전화 01-42-84-10-01 ⓗ 시간 월~금요일 10:00~19:30, 토요일 10:00~20:00, 일요일 11:00~19:00 ⓦ 홈페이지 www.conranshop.fr/nos-magasins/paris

8 구딸
Goutal
구딸

조향사 아닉 구딸이 그녀의 딸을 위해 만들었다는 '프티트 쉐리' 향수로 우리 나라에서도 유명한 향수 전문점 아닉 구딸의 매장이다. 오르세 미술관 근처에 위치하며 매혹적인 향기가 발길을 붙잡는다. 우아하고 고혹적인 향기의 향수로 사랑받고 있으며, 고급스러운 향수병의 디자인이 눈길을 사로잡는다.

MAP P.362B
구글 지도 GPS 48,85915, 2,32367 찾아가기 오르세 미술관과 맞은편 레지옹 도뇌르 박물관 사잇길을 따라 약 120m 직진, 오른쪽에 위치 주소 16 Rue de Bellechasse, 75007 Paris 전화 01-45-51-36-13 시간 11:00~14:00, 15:00~19:00 휴무 일·월요일 홈페이지 www.goutalparis.com

9 스몰라블
Smallable
스몰라블

유아용품 전문 매장을 확장해 패밀리 스토어가 되었다. 아기자기하면서도 스타일리시한 매장에는 유아용품에서부터 어른을 위한 제품까지, 없는 것이 없다. 심플하면서도 색감이 아름답고 베이스가 탄탄한 재료로 만들어진 품질 좋은 제품들을 소개하며 꾸준한 사랑을 받고 있다.

INFO P.233 MAP P.362J
구글 지도 GPS 48,84755, 2,32305 찾아가기 그랑드 에피스리와 봉 마르셰 백화점 사거리에서 생플라시드 거리(Rue Saint-Placide)를 150m 정도 걷다가 사거리가 나오면 오른쪽으로 돌아 다시 약 200m 이동 주소 81 Rue du Cherche-Midi, 75006 Paris 전화 09-67-87-29-43 시간 월요일 14:00~19:00, 화~토요일 11:00~19:00 휴무 일요일 홈페이지 https://fr.smallable.com

10 그르넬 거리
Rue de Grenelle
휘 드 그호넬

생제르맹데프레 지구에 있는 대표적인 쇼핑 거리 중 하나. 그 외에도 생제르맹 거리(Boulevard Saint-Germain), 렌 거리(Rue de Rennes), 그르넬 거리(Rue de Grenelle), 바크 거리(Rue du Bac) 등이 있다.

MAP P.362A·B·F
구글 지도 GPS 48,852400, 2,329766 찾아가기 메트로 4호선 생제르맹데프레 역에서 생제르맹 거리 홀수 번지 오름차순을 따라 걷다가 드라공 거리(Rue du Dragon)에서 왼쪽으로 꺾어 도보 3분 후 오른쪽으로 꺾는다. 주소 3 Rue de Grenelle, 75007 Paris

11 쿠튐 카페
Coutume Café
꾸뜀 꺄뻬

카페가 흔하디흔한 파리에서 커피 맛이 좋기로 유명한 카페 가운데서도 다섯 손가락에 안에 꼽히는 곳이다. 생제르맹데프레의 분위기 그대로 심플하지만 지적이며, 인더스트리얼한 인테리어가 모던한 느낌을 준다. 파리에서 '커피가 팔릴 만한 시간'인 오전부터 오후 5~6시까지만 영업한다. 2011년 최고의 로스터로 꼽힌 앙투안 네티앙이 오픈해, 원두 구매부터 커피를 담은 잔을 내가는 마지막 순간까지 온 정성을 다해 내린 커피는 설탕을 따로 넣지 않아도 달콤하고, 고소하며 향기롭다. 다른 커피도 맛있지만, 카페 크렘(Café Crème)을 특히 추천하며 마들렌 곁들이면 좋다.

INFO P.205 MAP P.362E
구글 지도 GPS 48,85159, 2,3184 찾아가기 더 콘란 숍 사거리에서 바빌론 거리를 따라 오름차순 번지 방향으로 약 400m 이동 주소 47 Rue de Babylone, 75007 Paris 전화 09-88-40-47-99 시간 월~금요일 08:30~17:30, 토·일요일 09:00~18:00 가격 카페라테 €4.5 홈페이지 http://coutumecafe.com

12 카트르옴 치즈 가게
Fromagerie Quatrehomme
프호마쥬히 꺄트호옴므

프랑스 여성 최초로 '프랑스 최고 기술 장인'의 타이틀을 얻게 된 마리 카트르옴(Marie Quatrehomme)의 치즈 가게이다. 2014년에는 프랑스 최고 권위의 훈장인 레지옹 도뇌르 훈장을 받기도 했으며, 치즈에 대한 끊임없는 연구와 배움의 자세로 늘 새롭고 맛 좋은 치즈를 소개한다.

INFO P.191 MAP P.362F
구글 지도 GPS 48,84809, 2,31955 찾아가기 그랑드 에피스리에서 세브르 거리(Rue de Sèvres) 오름차순 번지를 따라 약 400m 이동. 오른쪽에 위치 주소 62 Rue de Sèvres, 75007 Paris 전화 01-47-34-33-45 시간 화~토요일 09:00~19:45, 일요일 09:00~13:00 휴무 월요일 홈페이지 www.quatrehomme.fr

13 파티스리 시릴 리냐크
La Pâtisserie Cyril Lignac
라 빠띠쓰히 씨힐 리냑

'코너에 위치한 작은 동네빵집 같지만, 매장에 진열된 한폭의 그림같은 디저트들을 보면 "아, 여기가 시릴 리냐크 제과점이구나" 하게 된다. 시릴 리냐크의 시그니처 메뉴인 크림이 올라간 바바 오 럼(Baba au rhum)과 레몬 타르트(Tarte au citron)을 추천한다.

⊙ MAP P.362I ⊙ 구글 지도 GPS 48,847261, 2,318105 ⊙ 찾아가기 그랑드 에피스리 앞 세브르 거리(Rue de Sèvres)를 오름차순 번지를 따라 600m 가량 이동하다 좌측편에 있다. ⊙ 주소 133 Rue de Sèvres, 75006 Paris ⊙ 전화 01-55-87-21-40 ⊙ 시간 월요일 07:00~19:00, 화~일요일 07:00~20:00 ⊙ 홈페이지 www.gourmand-croquant.com

14 카페 피에르 에르메
Café Pierre Hermé
꺄페 피에흐 에흐메

마카롱의 장인 피에르 에르메의 카페 겸 레스토랑. 마카롱은 물론 피에르 에르메의 다양한 디저트와 핑거 푸드, 스낵, 요깃거리 등의 음식을 맛볼 수 있다. 매우 파리지앵스러운 테라스에 앉아 커피 한잔과 함께 달콤한 맛의 향연을 만끽해보자.

⊙ MAP P.362F ⊙ 구글 지도 GPS 48,85485, 2,32475 ⊙ 찾아가기 메트로 뤼 뒤 박(Rue du Bac)역에서 라스파이 거리(Boulevard Raspail) 짝수 번지를 오름차순 쪽에서 걷다 나오는 오른쪽 첫번째 골목으로 들어가 왼쪽편 파사주 내 위치 ⊙ 주소 53 - 57 Rue de Grenelle, 75007 Paris ⊙ 전화 01-82-73-27-21 ⊙ 시간 월~목요일 10:00~19:00, 금·토요일 10:00~20:00, 일요일 10:00~19:00 ⊙ 홈페이지 www.pierreherme.com

15 바르텔레미 치즈 가게
Barthélémy
바흐뗄레미

동네의 일반 치즈 가게와 별다를 바 없는 이 평범한 치즈 가게는 샤를로트 갱스부르, 카트린 드뇌브 같은 프랑스의 유명 배우는 말할 것도 없고, 프랑스의 청와대, 엘리제 궁에 납품까지 하는, 그야말로 스타 치즈 가게다. 부드러운 퐁텐블로 치즈와 고소한 생 넥테르를 추천한다.

⊙ INFO P.191 ⊙ MAP P.362F ⊙ 구글 지도 GPS 48,85445, 2,32553 ⊙ 찾아가기 더 콘란 숍 사거리에서 바크 거리 내림차순 번지 방향으로 직진. 두 번째 사거리에서 우회전한 후 도보 2분 ⊙ 주소 51 Rue de Grenelle, 75007 Paris ⊙ 전화 01-42-22-82-24 ⊙ 시간 08:30~19:30 ⊙ 휴무 일·월요일

16 르 바질
Le Basile
르 바질

그르넬 거리에서 쇼핑을 즐기다 목이 마를 때 들를 만한 바(bar)다. 빈티지 인테리어가 무채색 거리에서 눈에 띄며, 근처에 파리 정치대학(Sciences Po)이 위치해 학생들이 주로 많이 이용한다. 샐러드와 버거 등이 €10대의 저렴한 가격으로, 가볍게 식사도 할 수 있는 것이 장점이다.

⊙ MAP P.362F ⊙ 구글 지도 GPS 48,85378, 2,32771 ⊙ 찾아가기 더 콘란 숍 사거리에서 바크 거리 내림차순 번지 방향으로 직진, 두 번째 사거리에서 우회전한 후 약 250m 직진. 지상 메트로 12호선이 지나가는 라스파이 거리(Boulevard Raspail)를 건너야 있다. ⊙ 주소 34 Rue de Grenelle, 75007 Paris ⊙ 전화 01-42-22-59-46 ⊙ 시간 월~금요일 07:30~23:30, 토요일 08:30~19:30 ⊙ 휴무 일요일 ⊙ 가격 카페라테 €5.5 ⊙ 홈페이지 http://lebasile.fr/fr

17 라신 데 프레
Racines des Prés
하신 데 프헤

프랑스의 일간지 르 피가로는 레스토랑 라신 데 프레를 '매혹적인 비스트로'라고 칭했다. 프랑스의 톱 셰프 크리스티앙 콩스탕, 알랭 뒤카스, 프레데리크 앙통을 거쳐 라신 데 프레의 셰프가 된 알렉상드르 나바로는 섬세한 터치로 아름다운 플레이팅 솜씨를 발휘한다. 레스토랑 라신 데 프레는 크레므리, 봉 생 푸르생, 카페 스테른 등을 론칭한 다비드 라네르의 아홉 번째 작품으로, 그의 다른 레스토랑들과 마찬가지로 항상 좋은 평가를 받는다. 점심 메뉴는 €40에서 €50 안팎, 저녁 메뉴는 €69에서 €80을 맴돌지만 그만큼 입안을 즐겁게 한다.

⊙ INFO P.167 ⊙ MAP P.362B ⊙ 구글 지도 GPS 48,85611, 2,32706 ⊙ 찾아가기 메트로 12호선 뤼 뒤 바크(Rue du Bac) 역에서 오거리를 지난 후 바크 거리(Rue du Bac)의 첫 번째 삼거리에서 오른쪽으로 돈다. 길 끝 오른쪽에 있다. ⊙ 주소 1 Rue de Gribeauval, 75007 Paris ⊙ 전화 01-45-48-14-16 ⊙ 시간 런치 12:00~13:30, 디너 19:30~22:00 ⊙ 휴무 토·일요일 ⊙ 가격 단품 €36~ ⊙ 홈페이지 www.racinesdespres.com

AREA 05 QUARTIER LATIN
[라탱 지구 : 5구]

시끌벅적하지만 학구적인 분위기

오래전부터 파리의 인텔리들이 모여 학문을 닦고, 담소를 나누던 분위기가 그대로 남아 있다. 유명 고등학교와 대학교가 굳건히 자리를 지키며 파리의 지성인을 육성하는 라탱 지구는 학생이 많아 학구적인 모습을 띠면서도 생미셸 역 근처나 무프타르 거리 근처에 먹자골목이 발달해 레스토랑, 카페, 펍 등이 몰려 있다. 팡테옹 광장 주변에는 아기자기하고 몹시 '파리스러운' 골목이 많으니 골목골목 누벼보자.

MUST SEE
이것만은 꼭 보자!

№.1
파리의 쾌적한 상설 시장
무프타르 시장

№.2
고즈넉한 뒷길을 걸어보자.
생테티엔뒤몽 성당

MUST EAT
이것만은 꼭 먹자!

№.1
달콤한 슈의 향연
오데트

MUST BUY
이것만은 꼭 사자!

№.1
화장품 쇼핑의 성지
몽주 약국

№.2
신선한 과일을 맛보자!
무프타르 시장

라탱 지구 교통 한눈에 보기

기준역 ★ 클뤼니 라 소르본 Cluny - La Sorbonne

❶ 생미셸 노트르담 Saint-Michel Notre-Dame 4호선 RER B·C선
⏱ **시간** 도보 3분
🚇 RER과 메트로가 모두 정차하기 때문에 편리하다.

❷ 레 알 Les Halles 4호선
⏱ **시간** (생미셸 노트르담 역 하차 기준) 3정거장, 10분

❸ 오페라 Opéra 7호선
⏱ **시간** 쥐시외(Jussieu) 역에서 10호선 환승, 10정거장, 17분
🚇 쥐시외 역에서 하차해도 라탱 지구 관광을 할 수 있다.

❹ 몽파르나스 Montparnasse Bienvenüe 4호선
⏱ **시간** 5정거장, 10분

❺ 플라스 디탈리 Place d'Italie 7호선

⏱ **시간** 쥐시외(Jussieu) 역에서 10호선 환승, 7정거장, 12분

❻ 북역 Gare du Nord RER B선
⏱ **시간** (생미셸 노트르담 역 하차 기준) 2정거장, 5분

❼ 샹 드 마르스 투르 에펠 Champ de Mars-Tour Eiffel RER C선
⏱ **시간** (생미셸 노트르담 역 하차 기준) 3정거장, 10분

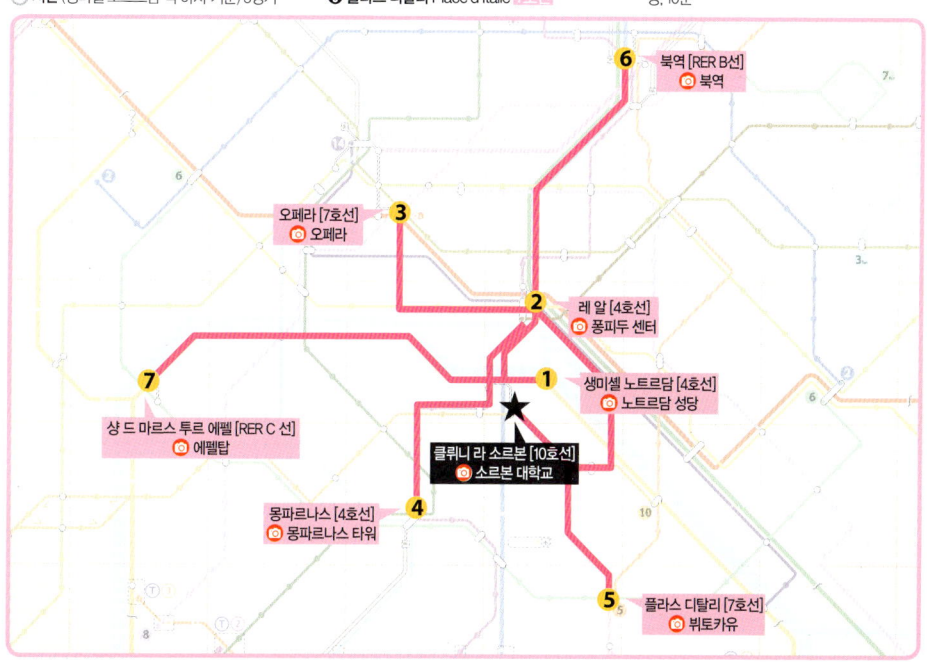

라탱 지구, 이렇게 여행하자

노트르담이 보이는 센강변에서 복작복작한 생미셸 거리를 지나 학구열이 넘치는 라탱 지구에 들어서면 실제로 학생들의 모습을 많이 볼 수 있다. 한국처럼 교복을 입고 다니지는 않지만 길거리에서 카페에서 앳된 얼굴로 조잘조잘 수다를 떠는 학생들이 삼삼오오 모여 있다. 학생들을 따라 골목골목 살피다 보면 라탱 지구에 교육기관이 얼마나 많이 모여 있는지 금방 깨닫게 된다.

여행 이동 정보

🚶 걷기 무프타르 시장에서 팡테옹 쪽으로는 약간의 오르막길이 있다. 그러니 무프타르 시장에서 팡테옹 방향으로 코스를 잡기보다는 팡테옹에서 무프타르 시장 쪽으로 내려가는 코스를 잡는 것이 훨씬 편하다.

라탱 지구 샅샅이 훑기 코스

이 코스 하나로 라탱 지구는 다 돌아보는 것이라 해도 과언이 아니다. 소르본 대학, 루이르그랑 고등학교, 파리 법과대학 등 프랑스 지성인들의 산지를 돌아보고, 서민적이고 활기찬 분위기가 가득한 무프타르 거리를 따라 라탱 지구의 분위기를 한껏 느껴보자.

S 생미셸 분수
Fontaine Saint-Michel

생미셸 분수 앞은 늘 다양한 버스킹으로 사람들이 모인다. 파리지앵들의 흔한 약속 장소이기도 하다.
→ 분수대를 등지고 왼쪽에 있는 생미셸 거리를 따라 약 2~3분 이동해 사거리를 건너면 왼쪽에 중세 박물관이 보인다. → **중세 박물관 도착**

1 중세 박물관
Musée de Cluny - Musée National du Moyen Âge

13세기 저택이던 중세 박물관은 2만3000여 점이 넘는 소장품으로 다양한 볼거리가 있다.
→ 정문으로 나와 소르본 거리를 따라 이동한다. → **소르본 대학교 도착**

2 소르본 대학교
Université Paris-Sorbonne

프랑스 문학이 꽃을 피울 수 있었던 이유.
→ 정문을 등에 지고 왼쪽 길로 들어서 대학교가 끝나는 지점까지 이동한 후 왼쪽으로 꺾는다. 약 2~3분 이동하면 팡테옹 광장이 나온다. 광장 도착 전 왼쪽 건물은 루이르그랑 고등학교, 오른쪽은 파리 법과대학이다. → **팡테옹 도착**

3 팡테옹
Panthéon

팡테옹 광장에서 바라보는 풍경이 훌륭하다.
→ 소르본 대학교에서 오던 길을 따라 팡테옹 뒤쪽으로 이동한다. → **생테티엔뒤몽 성당 도착**

4 생테티엔뒤몽 성당
Église Saint-Étienne-du-Mont

운이 좋으면 성당 결혼식 장면을 볼 수도 있다.
→ 성당 정면을 바라보고 왼쪽 내리막길을 따라 내려가다 보면 작은 광장에 있는 초록색 간판의 레스토랑 → **라 메토드 도착**

5 라 메토드
La Méthode

날마다 메뉴가 달라지며 작은 광장에 위치해서 아늑하다.
→ 레스토랑을 등지고 오른쪽 오르막길인 데카르트 거리(Rue Descartes)를 따라 도보 10분 → **무프타르 시장 도착**

- 분위기 ★★★☆ 학구적이면서도 활기찬!
- 이동 편리성 ★★☆☆ 여기저기 오르막길이 숨어 있어요.
- 볼거리 ★★★☆ 학교가 많아요.
- 식도락 ★★★★☆ 학교 근처지만, 한국처럼 싸지 않아요!
- 쇼핑 ★★★☆☆ 몽주 약국 들르는 것 정도?
- 액티비티 ★★☆☆☆ 시내 식물원·동물원 만끽하기

코스 무작정 따라하기
START

S. 생미셸 분수
도보 436m, 5분
1. 중세 박물관
도보 231m, 3분
2. 소르본 대학교
도보 393m, 5분
3. 팡테옹
도보 119m, 2분
4. 생테티엔뒤몽 성당
도보 96m, 1분
5. 라 메토드
도보 842m, 10분
6. 무프타르 시장
도보 1010m, 13분
7. 파리 식물원 & 메나주리 동물원
도보 1250m, 16분
F. 아랍 세계 연구소

6 무프타르 시장
Marché Mouffetard

오전에 열리지만, 오후에도 시장의 활기찬 기운이 느껴진다.
→ 무프타르 거리를 따라 왼쪽에 성당이 보일 때까지 내려온다. 성당 직전 왼쪽 골목인 도방통 거리(Rue Daubenton)를 따라 약 7분 → 파리 식물원 & 동물원 도착

7 파리 식물원 & 메나주리 동물원
Jardin des Plantes & la Ménagerie

식물원, 동물원, 자연사 박물관 등이 모여 있어 가족 단위로 피크닉을 즐기는 모습을 쉽게 볼 수 있다.
→ 식물원 안쪽까지 이동하면 센강이 나오고, 그 길을 따라 왼쪽으로 이동한다. → 아랍 세계 연구소 도착

F 아랍 세계 연구소
Institut du Monde Arabe

아랍 문화에 대한 자세한 정보와 관련된 작품을 전시한다. 저녁 6시까지만 운영하지만 테라스에서는 멋진 파리 시내 풍경을 볼 수 있다.

ZOOM IN

라탱 지구

라탱 지구는 전통 깊은 고등교육기관이 많아 학구적인 분위기의 지역이지만 복작복작하고 활기찬 모습이 가득한 곳이기도 하다. 생미셸 분수 근처에는 먹자골목이 형성되어 있고, 무프타르 시장에서 콩트르스카르프 광장 사이에도 레스토랑과 펍, 상점이 줄지어 있어 대중적인 파리의 분위기를 한껏 느낄 수 있다.

1 생미셸 분수
Fontaine Saint-Michel
퐁텐 생미셸
★★★★

나폴레옹 3세와 오스만 남작이 주도한 파리 근대화 계획으로 1860년 완공된 분수다. 번잡한 생미셸 거리에서 '약속의 장소'로 유명한 곳이다. 프랑스인과 관광객이 모두 몰리기 때문에 매우 혼잡한 틈을 타 소매치기들이 활개를 친다. 분수대 광장에서 버스킹이 자주 열리는데, 짐을 항상 조심하자.

◎ MAP P.378B
◎ 구글 지도 GPS 48.853244, 2.343820 ◎ 찾아가기 메트로 4호선 생미셸(Saint-Michel) 역 2번 생미셸 광장(Place Saint-Michel) 출구 ◎ 주소 7B Place Saint-Michel, 75006 Paris

2 중세 박물관
Musée de Cluny - Musée National du Moyen Âge
뮈제 드 끌뤼니
★★★

파리의 국립 중세 박물관은 복잡한 생미셸 거리에 있지만, 13세기에 지은 저택의 건축양식 덕분에 단번에 전혀 다른 분위기로 빠져들게 만든다. 수도원, 교황 대사의 관저로는 물론 한때 천문대로 사용되기도 했던 중세 박물관은 2만3000여 점의 작품을 소장하고 있다.

◎ MAP P.378B
◎ 구글 지도 GPS 48.850521, 2.344078 ◎ 찾아가기 메트로 10호선 클뤼니 라 소르본(Cluny – La Sorbonne) 역 3번 생자크 거리(Rue Saint-Jacques) 출구 이용 ◎ 주소 28 Rue Du Sommerard, 75005 Paris ◎ 전화 01-53-73-78-00 ◎ 시간 화~일요일 09:30~18:15 ◎ 휴무 월요일 ◎ 가격 €12 ◎ 홈페이지 www.musee-moyenage.fr

3 셰익스피어 & 컴퍼니
Shakespeare & Company
셰익스피어 에 꽁빠니
★★★★

소설가 헤밍웨이가 즐겨 찾고, 영화 〈비포 선셋〉과 〈미드나잇 인 파리〉를 촬영한 파리의 오래된 서점이며, 영미 문학이 주를 이룬다. 〈타임〉지가 추천하는 '파리에서 열 가지 할 일 코스' 중 한 곳이기도 한 셰익스피어 & 컴퍼니 서점은 실제로도 많은 관광객이 일부러 찾는 코스이기도 하다.

◎ INFO P.137 ◎ MAP P.378B
◎ 구글 지도 GPS 48.852565, 2.347280 ◎ 찾아가기 메트로 4호선 생미셸 노트르담(Saint-Michel–Notre-Dame) 역 생미셸 강변 도로(Quai Saint-Michel) 방면 출구로 나와 센강을 왼쪽에 두고 생미셸 거리를 따라 1분 ◎ 주소 37 Rue de la Bûcherie, 75005 Paris ◎ 전화 01-43-25-40-93 ◎ 시간 월~토요일 10:00~20:00, 일요일 12:00~19:00 ◎ 홈페이지 www.shakespeareandcompany.com

4 소르본 대학교
Université Paris-Sorbonne
유니베르시떼 빠히–쏘흐본
★★★

빅토르 위고, 몽테뉴 같은 위인을 배출한 소르본 대학교는 1257년 설립되었다. 관광을 목적으로 소르본 대학 내부 방문은 불가능하지만, 프랑스어로 진행하는 가이드와 함께 돌아보는 코스로 내부를 방문할 수 있다. 예약 및 문의는 아래 홈페이지를 통해 할 수 있다.

◎ MAP P.378F
◎ 구글 지도 GPS 48.848674, 2.342924 ◎ 찾아가기 메트로 10호선 클뤼니 라 소르본(Cluny–la Sorbonne) 역에서 중세 박물관 방면으로 나와 중세 박물관을 왼쪽에 두고 생제르맹 거리를 걷는다. 첫 번째 사거리에서 왼쪽으로 돌아 약 400m 직진한 후 왼쪽 ◎ 주소 1 Rue Victor Cousin, 75005 Paris ◎ 전화 01-40-46-22-11 ◎ 홈페이지 http://lettres.sorbonne-universite.fr

5 팡테옹
Panthéon
빵떼옹
★★★

로마 팡테옹을 본떠 신전으로 지은 건물이지만, 오늘날에는 프랑스를 빛낸 위인들이 잠들어 있는 '국립묘지'와도 같은 곳이다. 신고전주의 양식의 건축양식은 팡테옹의 웅장함을 더욱 돋보이게 한다. 퀴리 부인, 빅토르 위고, 볼테르, 에밀 졸라, 장자크 루소 등과 같은 프랑스 위인들의 무덤이 지하에 자리한다.

◎ MAP P.378F
◎ 구글 지도 GPS 48.846256, 2.346379 ◎ 찾아가기 소르본 대학교 정면에서 오른쪽 길을 따라 학교가 끝나는 지점 작은 사거리에서 왼쪽 퀴자스 거리(Rue Cujas)에 들어서 약 2~3분 이동하면 오른쪽 ◎ 주소 Panthéon, Place du Panthéon, 75005 Paris ◎ 전화 01-44-32-18-00 ◎ 시간 10:00~18:00 ◎ 휴무 1/1, 5/1, 12/25 ◎ 가격 €13(파노라마 뷰 €3.5 추가, 11~3월 파노라마 뷰 불가능) ◎ 홈페이지 www.paris-pantheon.fr

6 생테티엔뒤몽 성당
Église Saint-Étienne-du-Mont ★★★★
에글리즈 쌩떼띠엔뒤몽

화려한 고딕 양식의 건축물인 생테티엔뒤몽 성당은 영화 <미드나잇 인 파리>의 배경이 된 장소이기도 하다. 화려하지만 채광이 좋아 내부가 밝은 편이며, 프랑스의 작가이자 평론가 위스망스는 생테티엔뒤몽 성당을 가리켜 '파리에서 가장 아름다운 성당'이라고 칭하기도 했다.

◉ **MAP** P.378F
Ⓘ **구글 지도** GPS 48.846602, 2.348076 Ⓘ **찾아가기** 소르본 대학교에서 팡테옹까지 이르는 길을 따라 1분 정도 걷다 보면 성당이 나온다. Ⓘ **주소** Place Sainte-Geneviève, 75005 Paris Ⓘ **전화** 01-43-54-11-79 Ⓘ **시간** 월요일 18:30~19:30, 화~금요일 08:45~19:45, 토·일요일 08:45~12:00·14:30~19:45 Ⓘ **홈페이지** www.saintetiennedumont.fr

7 루이르그랑 고등학교
Lycée Louis-le-Grand ★★★
리쎄 루이르그랑

프랑스 최고의 명문으로 꼽히는 루이르그랑 고등학교 또한 라탱 지구에 위치한다. 1563년 개교했으며, 프랑스의 유명 철학가이자 작가 장 폴 사르트르, 프랑스 19대 대통령 조르주 퐁피두, 22대 대통령 자크 시라크, 타이어와 가이드북으로 유명한 앙드레 미슐랭까지 모두 이 학교의 졸업생이다.

◉ **MAP** P.378F
Ⓘ **구글 지도** GPS 48.848020, 2.344254 Ⓘ **찾아가기** 소르본 대학교 바로 뒤편에 위치 Ⓘ **주소** 123 Rue Saint-Jacques, 75005 Paris Ⓘ **전화** 01-44-32-82-00 Ⓘ **홈페이지** http://louislegrand.org

8 뤼테스 원형경기장
Arènes de Lutèce ★★★
아헨 드 뤼떼스 도보 00분

1세기에 지은 것으로 추정되는 갈로로망의 원형경기장이다. 연극을 상연하거나 검투사들의 결투가 있을 때 쓰였을 것으로 보이며 약 1만5000명을 수용할 수 있다. 뤼테스 원형경기장은 중세 박물관의 온천장(공동 목욕탕)과 함께 파리에서 현재까지 남아 있는 거의 유일한 갈로로망시대의 유적이다.

◉ **MAP** P.379G
Ⓘ **구글 지도** GPS 48.845151, 2.352837 Ⓘ **찾아가기** 메트로 10호선 카르디날 르무안(Cardinal Lemoine) 역에서 몽주 거리(Rue Monge) 혹은 오름차순 번지를 따라 3분 Ⓘ **주소** 49 Rue Monge, 75005 Paris Ⓘ **시간** 09:00~18:00(계절에 따라 약간 달라질 수 있음) Ⓘ **가격** 무료

9 파리 이슬람 사원
Grande Mosquée de Paris ★★★
그헝 모스께 드 빠히

33m 높이의 첨탑이 있는 무어 양식의 파리 이슬람 사원은 1926년 세웠으며, 프랑스 주요 도시에 세운 회교 사원 중에서도 가장 오래된 것으로 알려져 있다. 이슬람 신자가 아니어도 금요일을 제외한 중, 주말에 방문 가능하다.

◉ **MAP** P.379K
Ⓘ **구글 지도** GPS 48.841868, 2.355174 Ⓘ **찾아가기** 메트로 7호선 플라스 몽주(Place Monge) 역 몽주 광장 출구에서 몽주 거리를 건너면 75번지와 77번지 사이 라레이 거리(Rue Larrey)를 따라 끝까지 이동한다. 도방똥 거리(Rue Daubenton)에서 왼쪽으로 돌아 1분 정도 걷다 보면 이슬람 사원이 보인다. Ⓘ **주소** 2 bis Place du Puits de l'Ermite, 75005 Paris Ⓘ **전화** 01-45-35-97-33 Ⓘ **시간** 09:00~18:00 Ⓘ **휴무** 금요일, 이슬람 공휴일 Ⓘ **가격** €3 Ⓘ **홈페이지** www.grandemosqueedeparis.fr

10 파리 식물원 & 메나주리 동물원
Jardin des Plantes & La Ménagerie ★★★★
자흐뎅 데 쁠랑뜨 & 라 메나쥬리

파리의 식물원으로 자연사 박물관이 함께 있다. 1635년 '왕의 정원'이라고 불리며 약초를 키우는 정원으로 시작되었으며, 루이 16세 시대에는 식물 연구의 중심지가 되었다. 1793년 식물원 내에 문을 연 메나주리 동물원은 베르사유 왕립 동물원의 동물들이 이전되며 문을 열었으며, 현재는 작은 규모로 코끼리와 같은 커다란 동물은 뱅센 동물원으로 이전되었고, 오랑우탄과 같은 포유류와 덩치가 작은 육식동물, 설치류, 조류, 파충류 등의 동물을 볼 수 있다. 식물원 내에는 장미 정원, 붓꽃 정원, 알프스 정원 등이 있어 산책하기 좋으며, 식물학 학교와 온실 등이 있어 다양한 볼거리를 제공한다.

◉ **MAP** P.379G · H · K · L
Ⓘ **구글 지도** GPS 48.850521, 2.344078 Ⓘ **찾아가기** 메트로 7호선 플라스 몽주(Place Monge) 역 몽주 광장 출구에서 몽주 거리를 건너 홀수 내림차순 번지를 따라 사거리까지 이동 후 오른쪽으로 돌아 라세페드 거리(Rue Lacépède) 끝까지 이동하면 정원이 보인다. Ⓘ **주소** 57 Rue Cuvier, 75005 Paris Ⓘ **전화** 01-40-79-56-01 Ⓘ **시간** 정원 08:00~19:30, 동물원 09:00~18:00(시기에 따라 운영시간이 변경되니 방문 전 반드시 홈페이지를 확인하자) Ⓘ **가격** 정원 무료, 동물원 €13 Ⓘ **홈페이지** www.jardindesplantesdeparis.fr

11 아랍 세계 연구소
Institut du Monde Arabe
앵스띠뛰 뒤 몽드 아합
★★★

1987년 프랑스와 미테랑 대통령 때 설립된 아랍 세계 연구소는 일종의 아랍 문화원이라고 볼 수 있다. 연구소 9층(우리나라의 10층에 해당) 테라스에는 파리 시내 풍경을 볼 수 있는 테라스가 있으며, 센강, 노트르담 성당이 어우러져 멋진 노을을 볼 수 있는 곳이기도 하다.

ⓞ **MAP** P.379C
ⓢ **구글 지도** GPS 48.848945, 2.357232 ⓕ **찾아가기** 메트로 10호선 카르디날 르무안(Cardinal Lemoine) 역에서 도보 6분 ⓐ **주소** 1 Rue des Fossés Saint-Bernard, 75005 Paris ⓣ **전화** 01-40-51-38-38 ⓞ **시간** 화~금요일 10:00~18:00, 토·일요일 10:00~19:00(테라스 10:00~18:00) ⓧ **휴무** 월요일, 5/1 ⓟ **가격** €8(박물관을 관람할 경우) ⓗ **홈페이지** www.imarabe.org

12 오데트 파리
Odette Paris
오데트 빠히
★★★

슈 전문점으로 다양한 색상의 슈가 군침을 돌게 한다. 초콜릿, 캐러멜, 피스타치오, 블루베리 등 다양한 맛이 있으며, 달콤하고 신선한 크림을 넣어 디저트로 먹기 좋다. 17세기에 건축된 오데트 매장의 건물 또한 눈여겨볼 만하다.

ⓘ **INFO** P.200 ⓞ **MAP** P.378B
ⓢ **구글 지도** GPS 48.852067, 2.346504 ⓕ **찾아가기** 셰익스피어 & 컴퍼니 서점에서 나와 오른쪽으로 꺾어 걷다가 다시 오른쪽으로 꺾어 길 끝까지 걸어가면 초록색 건물 바로 오른쪽에 위치 ⓐ **주소** 77 Rue Galande, 75005 Paris ⓣ **전화** 01-43-26-13-06 ⓞ **시간** 10:00~19:45 ⓟ **가격** 슈 6개 1박스 €11.5~ ⓗ **홈페이지** www.odette-paris.com

13 카페 드 라 누벨 메리
Café de la Nouvelle Mairie
까페 드 라 누벨 메히
★★★

오래되고 작은 동네 비스트로 같은 외관이 눈에 잘 띄지 않는다. 한적한 지역이라 테라스에서 여유롭게 목을 축일 수 있다. 타파스같이 양이 적은 요리가 주를 이루지만, 맛은 일품이다. 루아르 와인과 수제 맥주를 맛보기에 좋다.

ⓞ **MAP** P.378F
ⓢ **구글 지도** GPS 48.845489, 2.344836 ⓕ **찾아가기** 팡테옹 광장에서 팡테옹을 마주 보고 오른쪽 골목길 클로테르 거리(Rue Clotaire)로 들어서 작은 사거리가 나올 때까지 직진한 후 사거리에서 왼쪽으로 꺾으면 바로 보인다. ⓐ **주소** 19 Rue des Fossés Saint-Jacques, 75005 Paris ⓣ **전화** 01-44-07-04-41 ⓞ **시간** 08:00~24:00 ⓧ **휴무** 토·일요일 ⓟ **가격** €16~

14 라 메토드
La Méthode
라 메뜨도
★★★

생테티엔뒤몽 성당 뒤편의 조용하고 분위기 있는 골목에 위치한다. 근처에 학교가 많아 늘 학생들로 붐빈다. 작은 광장에 놓인 테라스는 아늑한 분위기에서 시끌벅적하고 활달한 분위기를 한껏 느끼게 하며, '프렌치 집밥'을 표방한다.

ⓞ **MAP** P.378F
ⓢ **구글 지도** GPS 48.847254, 2.348365 ⓕ **찾아가기** 생테티엔뒤몽 성당 정면을 바라보고 왼쪽 길을 따라 내려가 오른쪽 ⓐ **주소** 2 Rue Descartes, 75005 Paris ⓣ **전화** 01-43-54-22-43 ⓞ **시간** 09:00~02:00 ⓟ **가격** €16~

15 파라디 라탱
Paradis Latin
빠하디 라땡
★★★

1802년 문을 연 카바레로, 화재 때문에 문을 닫았지만 1800년대 후반 귀스타브 에펠이 설계하며 재탄생해 매일 밤 매진될 정도로 인기가 많았다. 1977년 카바레로 다시 문을 연 파라디 라탱은 프랑스 관객이 주를 이루며, 친근하고 유머러스한 분위기이다.

ⓞ **MAP** P.379G
ⓢ **구글 지도** GPS 48.848009, 2.352865 ⓕ **찾아가기** 메트로 10호선 카르디날 르무안(Cardinal Lemoine) 역에서 내려 카르디날 르무안 거리 짝수 내림차순 번지 방향으로 약 200m 이동 ⓐ **주소** 28 Rue du Cardinal Lemoine, 75005 Paris ⓣ **전화** 01-43-25-28-28 ⓞ **시간** 19:30~23:30 ⓧ **휴무** 화요일(겨울에는 공연 횟수가 많이 줄어든다) ⓟ **가격** €70~ ⓗ **홈페이지** www.paradislatin.com

16 생키엠 크뤼
5e Cru
쌩끼엠므 크휘
★★★★

소박한 분위기의 와인 바. 각 지방의 다양한 와인이 준비되어 있으며, 와인과 함께 즐길 수 있는 안주가 맛있기로 유명하다. 샤르퀴트리와 치즈 플레이트 또한 맛있고 푸짐해 친구들과 함께 찾는다면 적당한 가격에 즐거운 분위기로 파리의 밤을 느낄 수 있다.

ⓞ **MAP** P.379C
ⓢ **구글 지도** GPS 48.849042, 2.354173 ⓕ **찾아가기** 메트로 10호선 카르디날 르무안(Cardinal Lemoine) 역에서 카르디날 르무안느 거리 홀수 내림차순 번지 방향으로 약 300m 이동 ⓐ **주소** 7 Rue du Cardinal Lemoine, 75005 Paris ⓣ **전화** 01-40-46-86-34 ⓞ **시간** 월~토요일 12:00~14:30, 19:00~24:00 ⓧ **휴무** 일요일 ⓟ **가격** €20~

17 투르 다르장
Tour d'argent
뚜흐 다흐정

노트르담 성당과 센강이 보이는 고급 미식 레스토랑. 미슐랭 가이드의 1스타 레스토랑 이지만, 한때 3스타로 빛나는 영광을 누리기도 했다. 40만 병에 육박하는 와인을 보유하고 있으며, 프랑스 정통의 창의적이고 고급스러운 음식을 먹고 싶을 때 가기 좋은 곳이다. 정장이나 단정한 복장이어야 출입이 가능하다. 리모델링 공사 후 2023년 상반기 재오픈한다.

ⓘ **INFO** P.114, 153 ⓜ **MAP** P.379R
ⓖ **구글 지도** GPS 48.849815, 2.354944 ⓣ **찾아가기** 메트로 10호선 카드리널 르무안(Cardinal Lemoine) 역에서 센강 방향으로 약 400m 이동한다. ⓐ **주소** 15 Quai de la Tournelle, 75005 Paris
ⓟ **전화** 01-43-54-23-31 ⓞ **시간** 12:00~14:00, 19:00~22:00 ⓒ **휴무** 일 · 월요일 ⓔ **가격** €100~
ⓗ **홈페이지** www.tourargent.com

18 카페 데 자르
Café des Arts
꺄페 데 자흐

콩트르스카르프 광장에 위치한 캐주얼한 카페 겸 레스토랑이다. 주변의 레스토랑들이 관광객을 위한 곳이 많아 '파리스러움'을 느끼기 어려운 곳에서 동네 주민들이 많이 이용하는 카페 레 자르는 밝고 영한 분위기와 파리스러움을 동시에 느낄 수 있는 곳이다.

ⓜ **MAP** P.378F
ⓖ **구글 지도** GPS 48.844450, 2.349720 ⓣ **찾아가기** 콩트르스카르프 광장에 위치해 있어 찾기 쉽다. ⓐ **주소** 3 Place de la Contrescarpe, 75005 Paris ⓟ **전화** 01-56-81-79-41 ⓞ **시간** 09:00~02:00 ⓔ **가격** €15~

19 지베르 죈 서점
Gibert Jeune
지베호 죈

1886년 문을 연 역사가 깊은 서점이다. 지베르 죈과 지베르 조세프(Gibert Joseph) 서점이 있으며, 두 서점은 두 형제가 각각 시작한 것으로 현재 재정상의 어려움으로 합병을 논의하고 있다. 중고 서적과 교육 서적이 주를 이루기 때문에 원서를 찾기 좋다.

ⓜ **MAP** P.378B
ⓖ **구글 지도** GPS 48.853287, 2.344385 ⓣ **찾아가기** 생미셸 분수를 등지고 오른쪽에 노란색 간판이 바로 보인다. ⓐ **주소** 5 Place Saint-Michel, 75005 Paris ⓟ **전화** 01-56-81-22-22 ⓞ **시간** 10:00~19:00 ⓒ **휴무** 일요일 ⓗ **홈페이지** www.gibertjeune.fr

20 몽주 & 무프타르 시장
Marché Monge & Marché Mouffetard
마흐셰 몽쥬 & 마흐셰 무프타흐

몽주 시장은 몽주 광장에서 수·금·일요일 오전 중에 열리며, 무프타르 시장은 파리의 다른 시장과 달리 상설 시장이라 월요일을 제외한 매일 오전 중에 열린다.

몽주 시장
ⓘ **INFO** P.239 ⓜ **MAP** P.379K
ⓖ **구글 지도** GPS 48.842910, 2.351975 ⓣ **찾아가기** 메트로 플라스 몽주(Place Monge) 역 바로 앞. ⓐ **주소** 1 Place Monge, 75005 Paris ⓞ **시간** 수·금·일요일 07:00~14:30 ⓒ **휴무** 월·화·목·토요일

무프타르 시장
ⓘ **INFO** P.239 ⓜ **MAP** P.378J
ⓖ **구글 지도** GPS 48.84025, 2.34976 ⓣ **찾아가기** 메트로 7호선 상시에 도방통(Censier Daubenton) 역에서 하차, 도방통 거리(Rue Daubenton)를 오른차순 번지 방향으로 따라가면 무프타르 거리가 나온다. ⓐ **주소** 115~127 Rue Mouffetard, 75005 Paris ⓞ **시간** 화~일요일 08:00~13:00 ⓒ **휴무** 월요일

21 몽주 약국
Pharmacie Monge
파흐마씨 몽쥬

한국인들에게 너무나 유명한 약국이다. 몽주 광장 바로 맞은편에 위치해 찾기 쉬우며, 다양한 제품을 저렴한 가격에 판매해 화장품을 쇼핑하기에 좋다. 효능이 뛰어난 프랑스 약국 제품을 구입할 수 있으며, 할인 이벤트를 자주 하기 때문에 선물을 고르기에도 좋다.

ⓘ **INFO** P.257 ⓜ **MAP** P.379K
ⓖ **구글 지도** GPS 48.842592, 2.351919 ⓣ **찾아가기** 메트로 7호선 플라스 몽주(Place Monge) 역에서 몽주 광장 방면으로 나오면 바로 맞은편. ⓐ **주소** 1 Place Monge, 75001 Paris ⓟ **전화** 01-43-31-39-44 ⓞ **시간** 월~토요일 08:00~20:00 ⓒ **휴무** 일요일 ⓗ **홈페이지** http://notre-dame.pharmacie-monge.fr/mapharmacie

AREA 06 ÎLE DE LA CITÉ &

[시테섬 & 생루이섬 : 1·4구]

파리의 시작, 파리의 중심

센강 위, 파리에서 가장 중심이 되는 시테섬은 파리의 발상지로 여겨진다. '파리'라는 이름이 생기기 전, 고대 로마인들은 파리를 뤼테스(Lutèce)라고 불렀으며, 그 옛날 파리시의 심장이었던 곳이 바로 시테섬이라고 전해진다. 시테섬은 파리 교통의 중심 샤틀레 지구와 생제르맹데프레 지구를 잇는 중심지이자, 노트르담 대성당, 퐁뇌프 다리, 생트샤펠 성당 등의 관광 유적지가 위치한 곳이기도 해서 유동 인구가 많다.

MUST SEE
이것만은 꼭 보자!

№. 1
파리의 또 하나의 명물,
노트르담 대성당

№. 2
노을지는 센강 바라보기
투르넬 다리

№. 3
한가로운 시간이 흐르는
생루이섬의 골목길

MUST BUY
이것만은 꼭 사자!

№. 1
선물로 딱!
레피스리의 수제 잼

MUST DO
이것만은 꼭 하자!

№. 1
피크닉을 즐길 수 있는
베르갈랑 공원

LE SAINT-LOUIS 387

시테섬 & 생루이섬 교통 한눈에 보기

기준역 ★ 시테 Cité
기준역 ★ 쉴리모를랑 Sully-Morland

❶ 레 알 Les Halles `4호선`
⏱ **시간** (시테 역 하차 기준) 2정거장, 2분
❷ 오페라 Opéra `7호선`
⏱ **시간** (쉴리모를랑 역 하차 기준) 6정거장, 8분
❸ 샹 드 마르스 투르 에펠 Champ de Mars
Tour Eiffel `RER C선`
⏱ **시간** (생미셸 노트르담 역 하차 기준) 4정거장, 17분
🚇 생미셸 노트르담 역에서 다리만 건너면 시테섬이다.
❹ 몽파르나스 Montparnasse Bienvenüe `4호선`
⏱ **시간** (시테 역 하차 기준) 6정거장, 7분
❺ 플라스 디탈리 Place d'Italie `7호선`
⏱ **시간** (쉴리모를랑 역 하차 기준) 5정거장, 7분
❻ 북역 Gare du Nord `5호선`
⏱ **시간** (시테 역 하차 기준) 7정거장, 11분

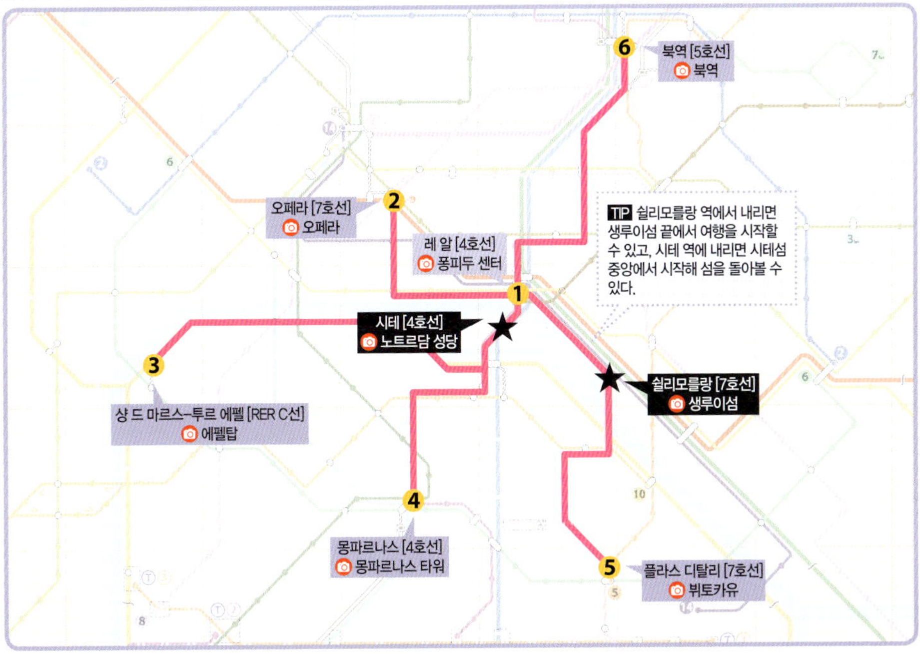

> **TIP** 쉴리모를랑 역에서 내리면 생루이섬 끝에서 여행을 시작할 수 있고, 시테 역에 내리면 시테섬 중앙에서 시작해 섬을 돌아볼 수 있다.

시테섬과 생루이섬, 이렇게 여행하자

시테섬과 생루이섬은 각각 22.5헥타르, 11헥타르로 규모가 굉장히 작다고 할 수 있다. 그 때문에 모든 여행이 도보로 가능하고 짧은 시간 내에 파리를 느낄 수 있다. 시테섬에 정차하는 메트로 4호선이 있어 시테 역에서 내려 여행을 시작해도 되지만, 시테섬과 생루이섬을 모두 여유롭게 돌아보고 싶다면 7호선 쉴리모를랑 역에서 내려 생루이섬에서부터 관광을 시작하면 된다. 생루이섬이 작고 길도 단순하기 때문에 금방 돌아볼 수 있고, 다리만 건너면 노트르담 대성당에 도착해, 시테섬 끝에 자리한 베르갈랑 공원까지 헤매지 않고 돌아다닐 수 있다.

여행 이동 정보

 걷기 걸어 다니기 가장 좋은 코스다. 길이 대체로 좁기 때문에 산책하듯 골목골목 다니며 돌아보는 것이 좋다.

 자전거 대여 벨리브 자전거를 이용해 둘러볼 수는 있으나 섬 규모가 작고 섬 내 많은 도로가 돌로 이루어진 구식 도로이기 때문에 불편할 수 있다.

 유람선 유람선을 타며 볼 수 있는 곳이긴 하지만, 섬 내부를 자세히 돌아보지 못한다는 단점이 있다.

389

관광안내소
Office du Tourisme

파리 시청
Hôtel de Ville P.404

풍마리 역
Pont Marie

생루이 다리
Pont Saint-Louis P.392

필론 PYLONES

아모리노
Amorino P.395

클레르 드 레브
Clair de Rêve P.395

생루이앙릴 거리
Rue Saint-Louis-en-l'île P.392

오베르주 드 라 렌 블랑슈
Auberge de la Reine Blanche P.395

베르티옹
Berthillon Glacier P.395

쉴리모를랑 역
Sully-Morland

랑베르 저택
Hôtel Lambert

투르넬 다리
Pont Tournelle P.392

쉴리 다리
Pont de Sully

아랍 세계 연구소
Institut du Monde Arabe P.384

옛 파리를 돌아보는 코스

COURSE 1

생루이섬의 생루이앙릴 거리가 코스의 주요 도로지만, 길이 몇 개뿐이라 천천히 모두 돌아봐도 시간이 그리 오래 걸리지 않는다. 오래된 저택이 많기 때문에 건물들의 문에 주목해보자. 오래되어 조금씩 형태가 변하긴 했지만, 세월의 흐름이 그대로 느껴지는 디테일이 남아 있다.

S 쉴리모를랑 역
Sully-Morland

센강변에 위치한 메트로 7호선 역으로, 생루이섬으로 들어갈 때 가장 가까운 메트로 역이다. 역에서 나오면 바로 작은 공원이 보이는데, 공원 쪽으로 이동하면 센강이 보인다.
→ 역에서 나와 생미셸-생제르맹 방향 이정표를 따라 길을 건넌다. → **생루이앙릴 거리 도착**

1 생루이앙릴 거리
Rue Saint-Louis-en-l'Île

생루이섬을 가로지르는 주요 도로지만 광장히 좁다. 오래된 저택들의 건축양식을 눈여겨보자.
→ 생루이앙릴 거리 끝까지 이동하면 생루이섬과 시테섬을 잇는 생루이 다리가 있다. 생루이 다리를 건너 공원 거리를 따라 걷거나 공원 내부로 들어가 노트르담 대성당 앞쪽으로 이동한다. → **노트르담 대성당 도착**

2 노트르담 대성당
Cathédrale Notre-Dame de Paris

에펠탑과 함께 파리에서 가장 유명한 건축물로 꼽힌다. 웅장한 규모와 섬세한 디테일이 감탄을 자아낸다. 해가 비치면 성당 내부의 스테인드글라스가 특히 아름답게 보인다.
→ 노트르담 대성당을 등에 두고 광장 끝까지 걸어간다. 시테 거리(Rue de la Cité)에 다다르면 길을 건너 오른쪽으로 돌아 1~2분 정도 걷다 보면 왼쪽으로 뤼테스 거리(Rue de Lutèce)가 나온다. 뤼테스 거리에 들어서자마자 오른쪽에 꽃 시장이 바로 보인다. → **파리 꽃 시장 도착**

3 파리 꽃 시장
Marché aux Fleurs - Reine Elisabeth II

규모는 작지만 파리 시민들에게 매우 사랑받는 꽃 시장.
→ 뤼테스 거리로 나와 오른쪽으로 돌면 정면에 파리 최고 재판소를 마주 보고 길을 건너 왼쪽으로 돌아 걷는다. → **생트샤펠 성당 도착**

4 생트샤펠 성당
Sainte-Chapelle

스테인드글라스가 아름답기로 유명한 성당이다.
→ 성당에서 나와 오른쪽으로 돌아 생미셸 센강변까지 간 후 다시 오른쪽으로 돌아 퐁뇌프 다리를 가로지른다. → **베르갈랑 공원 도착**

F 베르갈랑 공원
Square du Vert-Galant

배 모양을 한 시테섬의 선미에 해당하는 곳에 위치한 작은 공원. 강변에서 수다 삼매경에 빠진 파리지앵들이 삼삼오오 모여있다.

2019년 4월 화재로 인해 성당 주변과 내부는 현재 통제되고 있다.

😊 분위기 ★★★★★ 오래된 파리를 느낄 수 있는 곳
😊 이동 편리성 ★★★★★ 섬은 작고 메트로 역이 섬 주변 곳곳에 있다.
😊 볼거리 ★★★★★ 노트르담 대성당의 위엄!
😊 식도락 ★★★☆☆ 관광객 대상 레스토랑이 너무 많은 곳
😊 쇼핑 ★☆☆☆☆ 특별한 쇼핑 거리는 없어요.
😊 액티비티 ★★☆☆☆ 베르갈랑 공원에서 수다 삼매경!

코스 무작정 따라하기
START

S.	쉴리모를랑 역
	도보 210m, 4분
1.	생루이앙릴 거리
	도보 631m, 7분
2.	노트르담 대성당
	도보 275m, 3분
3.	꽃 시장
	도보 151m, 1분
4.	생트샤펠 성당
	도보 684, 9분
F.	베르갈랑 공원

ZOOM IN

시테섬 & 생루이섬

길이 몇 개뿐이기 때문에 돌아보기 수월하다. 생루이섬에는 크게 가로로 3개의 길이 있고, 그 길을 가로지르는 세로의 길이 몇 개 더 있다고 보면 된다. 강변을 따라 걸어도 되고, 가운데 길을 따라 저택들을 구경하며 돌아봐도 된다. 생루이섬에서 시테섬으로 이동하기 쉽고 시테섬에서 중앙길, 혹은 강변 도로를 따라 이동하면 되니 여행하기 편하다.

1 생루이앙릴 거리
Rue Saint-Louis-en-l'île
쌩-루이-엉-릴

생루이섬의 중심을 가르는 길로, 섬 서쪽으로 갈수록 상점과 레스토랑이 밀집해 있다. 17~18세기에 지은 저택이 많아 분위기가 고풍스럽고 세월의 흐름을 고스란히 느낄 수 있다. 특히 생루이앙릴 거리 2번지에 위치한, 1642년에 지은 랑베르 저택(Hôtel Lambert)을 눈여겨볼 만하다.

ⓜ MAP P.389G · L
🌐 구글 지도 GPS 48.85183, 2.35654 ⓕ 찾아가기 쉴리모를랑(Sully-Morland) 역에서 내려 센강 쪽으로 길을 건너 쉴리 다리(Pont Sully)를 건넌 후 오른쪽 생루이섬으로 들어가면 바로 생루이앙릴 거리에 도착한다. ⓐ 주소 2 Rue Saint-Louis en l'île, 75004 Paris

2 투르넬 다리
Pont de la Tournelle
뽕 드 라 뚜흐넬

현재 우리가 볼 수 있는 투르넬 다리는 1930년 완공된 비교적 '최근에' 건축된 다리로, 중세에는 나무로 된 다리가 섬을 이었다고 한다. 그다지 특별할 것 없는 다리지만, 다리에서 바라보는 노을 지는 센강 풍경은 황홀할 지경이니 시간이 맞으면 꼭 보는 것이 좋다.

ⓜ MAP P.389K
🌐 구글 지도 GPS 48.85078, 2.35561 ⓕ 찾아가기 생루이앙릴 거리에 들어서서 두 번째 사거리에서 왼쪽으로 꺾어 센강 쪽으로 향한다. ⓐ 주소 Pont de la Tournelle, 75004 Paris

3 생루이 다리
Pont Saint-Louis
뽕 쌩-루이

시테섬과 생루이섬을 이어주는 유일한 다리다. 승용차 같은 모터가 달린 차는 통행이 금지되며, 도보나 자전거로만 이용할 수 있다. 마술이나 콘서트 같은 아티스트들의 공연이 자주 열려 로맨틱한 분위기를 한껏 달아오르게 한다.

ⓜ MAP P.389G
🌐 구글 지도 GPS 48.85276, 2.3527 ⓕ 찾아가기 생루이앙릴 거리 서쪽 끝 쪽에 위치 ⓐ 주소 Pont Saint-Louis, 75004 Paris

4 노트르담 대성당
Cathédrale Notre-Dame de Paris
까떼드할 노트흐-담 드 빠히

레옹의 대관식 같은 다양한 국가 행사가 이곳에서 치러졌다. 정면에서 볼 수 있는 2개의 탑은 69m에 다다르며 일반에 공개되어 직접 올라 아름다운 파리의 전경을 감상할 수 있다. 성당의 정문 쪽은 물론 성당 사방으로 건축물 곳곳에 위치한 조각상들의 섬세함에 입을 다물 수 없을 것이다. 성당 내부의 스테인드글라스는 크고 아름다워 카메라에서 손을 뗄 수 없게 만든다. 특히 해가 비출 때 아름답다.

Tip 2019년 4월 화재로 첨탑과 목재 지붕이 소실되었다. 이로 인해 현재 성당 내부는 출입할 수 없으며, 잦은 공사로 성당 부근의 통행 또한 통제될 수 있다.

ⓘ INFO P.049 ⓜ MAP P.388F
🌐 구글 지도 GPS 48.8533, 2.34904 ⓕ 찾아가기 생루이 다리를 건너면 노트르담 대성당 뒤쪽으로 들어오게 된다. 공원을 따라 성당 앞으로 이동해야 출입문을 찾을 수 있다. ⓐ 주소 6 Parvis Notre-Dame - Place Jean-Paul II, 75004 Paris ⓗ 홈페이지 www.notredamedeparis.fr

1163년 건축되기 시작해 1345년 완공되었다. 매년 1300만 명의 방문객이 성당을 방문해, 파리에서 가장 방문객이 많은 관광지로 꼽히기도 한다. 잔다르크의 명예 회복 재판이나 나폴

5 푸앵 제로
Point Zéro
뿌앵 제호

노트르담 대성당 앞 광장에 위치한 푸앵 제로는 '제로 포인트'라는 말로, 프랑스의 거리 측정에 있어 기준점이 되는 곳이다. 성당 입구에서 50m가량 떨어져 있으며, 청동의 작은 팔각형 무늬로 이루어져 있다. 푸앵 제로를 밟으면 파리로 다시 오게 된다는 설이 있으니 프랑스로 돌아오고 싶다면 꼭 찾아보자.

◉ MAP P.388F
ⓘ 구글 지도 GPS 48.8534, 2.34878 ⓘ 찾아가기 노트르담 성당 정문 앞쪽에 위치 ⓘ 주소 Parvis Notre-Dame – Pl. Jean-Paul II, 75004 Paris

Tip 노트르담 대성당 재건 공사로 광장이 통제될 수 있다.

6 파리 꽃 시장
Marché aux Fleurs - Reine Elisabeth II
마흐셰 오 플뢰흐 – 헨 엘리자베스 두

노트르담 대성당 가까이에 위치한 파리 꽃 시장은 시테섬의 숨은 명소 중 하나이다. 메트로 시테 역 바로 뒤에 위치하며 규모는 작지만, 접근성이 좋아 파리 시민들에게 많은 사랑을 받는 장소 중 하나이다. 19세기 초부터 시장이 열리기 시작했다고 알려져 있으며, 꽃 시장이 위치한 파빌리온은 1900년대 모습 그대로다. 매주 일요일에는 꽃 시장의 가게가 대부분 문을 닫고, 새 시장이 열려 시내에서 들리는 아름다운 새소리를 감상할 수 있다. 다양한 꽃은 물론 작은 관상용 식물부터 나무까지 다양한 식물종을 볼 수 있으며, 인테리어 소품을 판매하는 가게도 몇 군데 있다.

ⓘ INFO P.245 ◉ MAP P.388F
ⓘ 구글 지도 GPS 48.85487, 2.34728 ⓘ 찾아가기 노트르담 성당에서 성당을 등에 두고 광장을 따라 직진하다가 시테 거리(Rue de la Cité)에 들어서면 길을 건너 오른쪽으로 꺾어 1분 정도 걷다 뤼테스 거리(Rue de Lutèce)에서 길을 건너 왼쪽으로 꺾는다. 1분 정도 걷다 보면 오른쪽 메트로 시테(Cité) 역 바로 옆으로 꽃 시장이 보인다. ⓘ 주소 Allée Célestin Hennion, 75004 Paris ⓘ 시간 월~일요일 09:30~19:00 ⓘ 홈페이지 http://en.parisinfo.com/shopping-paris/73784/Marche-aux-fleurs

7 생트샤펠 성당
Sainte-Chapelle
쌩뜨-샤펠

1248년 완공된 생트샤펠 성당은 아름다운 스테인드글라스로 유명해 여행객들의 발길이 끊이지 않는다. 규모는 그리 크지 않으나 길고 화려한 형태의 스테인드글라스는 눈이 부실 정도로 아름답다. 파리에서 가장 오래된 스테인드글라스로 알려져 있으며 성경에 나오는 장면이 새겨져 있다.

◉ MAP P.388F
ⓘ 구글 지도 GPS 48.85504, 2.34555 ⓘ 찾아가기 꽃 시장에서 나와 뤼테스 거리에 들어서서 오른쪽으로 꺾어 파리 최고 재판소 앞까지 간다. 길을 건너 왼쪽으로 꺾어 조금 걷다 보면 오른쪽에 생트샤펠 성당 입구가 있다. ⓘ 주소 8 Boulevard du Palais, 75001 Paris ⓘ 전화 01-53-40-60-80 ⓘ 시간 09:00~17:00 ⓘ 휴무 1/1, 5/1, 12/25 ⓘ 가격 €13(생트샤펠 성당+콩시에르주리 통합권 €20) ⓘ 홈페이지 www.sainte-chapelle.fr

8 파리 최고 재판소
Palais de Justice de Paris
빨레 드 쥬스띠스 드 빠히

꽃 시장 근처 작은 광장 앞에 웅장하고 근엄한 건축물이 자리해 의아할 수 있다. 관광지는 아니지만, 건축물 자체만으로 감탄을 자아내는 이곳은 파리 최고 재판소이다. 우리나라 법원처럼 내부로 들어갈 수는 있지만, 지나친 관광객의 모습을 보이면 제지당할 수 있으며, 근엄한 분위기에 위축될 수 있다.

◉ MAP P.388F
ⓘ 구글 지도 GPS 48.85549, 2.34577 ⓘ 찾아가기 꽃 시장에서 나와 뤼테스 거리에 들어서서 오른쪽으로 꺾으면 앞에 보이는 건물이 파리 최고 재판소다. ⓘ 주소 10 Boulevard du Palais, 75001 Paris ⓘ 전화 01-44-32-52-52 ⓘ 시간 09:00~17:00 ⓘ 홈페이지 www.ca-paris.justice.fr

9 콩시에르주리
Conciergerie
꽁씨에르쥬히

14세기 건축양식을 잘 보여주는 건축물로 왕실의 건물로 쓰이다 프랑스혁명 당시 감옥으로 사용되었다. 많은 수용자들 사이에서 이곳에 들어가면 나오지 못하게 되는 것으로 악명이 높았으며, 루이 16세의 왕비 마리 앙투아네트 또한 이곳에서 감옥 생활을 했다.

◉ MAP P.388F
ⓘ 구글 지도 GPS 48.85601, 2.34549 ⓘ 찾아가기 최고 재판소 앞에서 건물을 등지고 왼쪽으로 돌아 직진한다. ⓘ 주소 2 Boulevard du Palais, 75001 Paris ⓘ 전화 01-53-40-60-80 ⓘ 시간 09:30~18:00 ⓘ 휴무 5/1, 12/25 ⓘ 가격 €13(생트샤펠 성당+콩시에르주리 통합권 €20) ⓘ 홈페이지 www.paris-conciergerie.fr

10 베르갈랑 공원
Square du Vert-Galant
스퀘어 뒤 베흐-갈렁

★★★★

파리의 로맨틱한 분위기를 한껏 느껴볼 수 있는 베르갈랑 공원은 섬보다 위치가 낮아 안타깝게도 비가 많이 오면 침수되는 경우가 많다.

◉ MAP P.388A
🚇 구글 지도 GPS 48.85749, 2.34008 ◉ 찾아가기 생샤펠 성당에서 나와 오른쪽으로 돌아 걷다가 센강이 보이는 곳에서 오른쪽으로 꺾는다. 길을 따라 걷다가 삼거리에서 다시 오른쪽으로 꺾어 아를레 거리(Rue Harlay)를 따라 가다가 도핀 광장을 지나 퐁뇌프 다리를 가로지른다. 앙리 4세 기마상 뒤로 센강변으로 내려갈 수 있는 계단이 있다. ◉ 주소 15 Place du Pont Neuf, 75001 Paris ◉ 홈페이지 www.parisinfo.com/musee-monument-paris/71519/Square-du-Vert-Galant

11 퐁뇌프 다리
Pont Neuf
퐁 뇌프

★★★★

영화 〈퐁뇌프의 연인들〉로 유명해진 퐁뇌프 다리는 센강의 다리 중에서도 가장 오래된 다리로, 1578년 건축되어 1607년에 완공된 역사가 깊은 다리다. 12개의 아치형이 하나의 다리를 이루며 파리 북쪽과 시테섬, 남쪽을 하나로 잇는 238m 길이로 인도와 차도가 함께 있다. 시테섬에서 바라보는 퐁뇌프 북단은 사마리텐 백화점과 어우러져 아름다운 야경을 자아낸다.

◉ INFO P.047 ◉ MAP P.338A
🚇 구글 지도 GPS 48.85764, 2.3418 ◉ 찾아가기 메트로 7호선 퐁뇌프(Pont Neuf) 역에서 내려 퐁뇌프 다리 방향으로 간다. ◉ 주소 Pont Neuf, 75004 Paris ◉ 홈페이지 www.parisinfo.com/transports/73137/Pont-Neuf

12 LV 드림
LV Dream
엘베 드림

★★★★

루이비통의 복합 문화 공간으로 총 9개의 전시 공간으로 구성되어, 그동안 협업해온 아티스트들과의 다양한 작품 및 제품을 관람할 수 있다. 카페 겸 초콜릿 판매점과 선물 가게가 있어 기념품을 구매할 수 있다. 이 공간은 계속해서 또 다른 형태의 복합 문화 공간으로 사용될 예정이다.

◉ INFO P.033 ◉ MAP P.388A
🚇 구글 지도 GPS 48.85854, 2.34289 ◉ 찾아가기 메트로 7호선 퐁뇌프(Pont Neuf) 역에서 내려 지상으로 올라오면 보이는 사마리텐 백화점 바로 맞은편 ◉ 주소 2 Rue du Pont Neuf, 75001 Paris ◉ 시간 11:00~20:00(전시 오늘이 사전 예약 필수, 판매 공간은 예약 없이 방문 가능) ◉ 홈페이지 http://lvdream.seetickets.com/timeslot/lv-dream?lang=en-GB

13 사마리텐 백화점
La Samaritaine
라 싸마히뗀

★★★★

퐁뇌프 다리 북단, 센강변에 위치한 백화점이다. 1870년 문을 열어 2005년 문을 닫았다. 총 4만 8000m², 4개의 건물로 이루어졌으며, 아르누보와 아르데코 양식의 건축물이 아름답다. 창립자 에르네스트 코냐크는 퐁뇌프 다리 근처에 위치한 작은 가게로 시작해 봉 마르셰 백화점에서 영감을 받아 다양한 방식으로 새로운 물건을 소개하며 날로 사업 규모를 넓혀갔다. 1970년대 들어 백화점을 찾는 고객이 줄기 시작했으며, 재정적인 어려움으로 결국 2001년 프랑스 럭셔리 그룹 LVMH가 사마리텐을 인수했다. 사마리텐을 현대화하려는 움직임에 문화유산을 지키려는 반대파와 오랫동안 문제가 이어져왔으나, 2015년 해결되었고, 2021년 6월, 16년만에 재개장했다.

◉ INFO P.033 ◉ MAP P.388A
🚇 구글 지도 GPS 48.858791, 2.342260 ◉ 찾아가기 메트로 7호선 퐁뇌프(Pont Neuf) 역에서 나오면 센강변에 바로 위치 ◉ 주소 9 Rue de la Monnaie, 75001 Paris ◉ 전화 01-88-88-60-00 ◉ 시간 10:00~20:00 ◉ 홈페이지 www.dfs.com/en/samaritaine

14 샤틀레 극장
Théâtre du Châtelet
떼아트흐 뒤 샤뜰레

★★★

1862년 문을 연 극장으로 당시 파리에서 가장 큰 규모로 주목을 받았다. 장르와 출신을 불문하고 다양한 작품이 공연된 것으로 유명하며, 오늘날에는 주로 뮤지컬, 클래식, 재즈 등의 콘서트가 열린다. 세계적인 디바 조수미가 2006년 공연을 펼친 곳이기도 하다. 2017년에서 2019년까지 2년에 걸친 리모델링을 통해 더욱 쾌적하고 편안한 실내에서 공연을 즐길 수 있다.

◉ MAP P.388B
🚇 구글 지도 GPS 48.85772, 2.34631 ◉ 찾아가기 메트로 7호선 퐁뇌프(Pont Neuf) 역에서 시청(Hôtel de Ville) 방향으로 센강을 따라 도보 약 3분 ◉ 주소 1 Place du Châtelet, 75001 Paris ◉ 전화 01-40-28-28-40 ◉ 홈페이지 www.chatelet.com

15 생자크 탑
Tour Saint-Jacques
뚜흐 쌩-자끄

생자크 공원에 위치한 생자크 탑은 다른 건축물이 따로 없이 탑만 있는 형태로 16세기 초에 건축되었다. 15세기 유행하던 화려한 플랑부아 고딕 양식을 그대로 간직하고 있으며, 함께 건축되었던 성당은 18세기 말 헐물어졌다. 안전상의 이유로 6월부터 12월 금·토·일요일에만 관람 가능하다.

MAP P.388B

구글 지도 GPS 48.85806, 2.3489 찾아가기 시테섬 꽃 시장에서 북쪽 센강 쪽으로 걸어 노트르담 다리(Pont Notre-Dame)를 건넌다. 그대로 직진해 2분 정도 걷다 보면 왼쪽에 탑이 보인다. 주소 Square de la Tour Saint-Jacques, 75004 Paris 전화 01-78-90-26-67/문의 contact@toursaintjacques.fr 가격 €12 홈페이지 http://boutique.toursaintjacques.fr

16 오베르주 드 라 렌 블랑슈
Auberge de la Reine Blanche
오베흐주 드 라 헨 블렁슈

시테섬과 생루이섬에는 관광객을 위한 레스토랑이 많아 가능하다면 섬에서의 식사는 추천하지 않지만, 생루이섬에서 그래도 가볼 만한 레스토랑이다. 생루이앙글 거리에 위치하며 양파 수프, 푸아그라, 뵈프 부르기뇽 등 클래식한 프렌치 요리를 맛볼 수 있다. 관광지치고 저렴한 가격에 한 끼 식사하기 좋다.

MAP P.389K

구글 지도 GPS 48.85157, 2.35674 찾아가기 쉴리모를랑 역에서 생루이앙글 거리에 들어서 첫 번째 사거리를 지나면 오른쪽에 빨간 간판을 단 레스토랑이 보인다. 주소 30 Rue Saint-Louis en l'Île, 75004 Paris 전화 01-85-15-21-30 시간 12:00~14:30, 18:00~21:00 휴무 월요일 가격 런치 €17.5~ 홈페이지 www.aubergedelareineblanche.fr

17 아모리노
Amorino
아모히노

생루이섬의 유명한 아이스크림 맛집 베르티옹의 경쟁자. 콘 위에 꽃 모양으로 아이스크림을 올려주어 보는 즐거움까지 더한다. 날씨가 좋은 날 아모리노 아이스크림과 함께 생루이섬을 걷다 보면 달콤한 맛에 기분까지 덩달아 좋아질 것이다.

MAP P.388F · 389G

구글 지도 GPS 48.854077, 2.333105 찾아가기 쉴리모를랑 역에서 생루이앙글 거리에 들어서 두 번째 사거리 왼쪽 길목에 위치 주소 47 Rue Saint-Louis en l'Île, 75004 Paris 전화 09-51-83-30-18 시간 월·목요일 12:00~22:15, 화·수요일 12:00~18:15, 금·일요일 11:30~23:15, 토요일 10:30~23:45 가격 아이스크림 €3.6~ 홈페이지 www.amorino.com

18 베르티옹
Berthillon
베흐띠옹

생루이섬에서 가장 유명한 아이스크림 집으로 주로 관광객들이 많이 찾아 줄이 길기 때문에 찾아가기도 쉽다. 1950년대 레이몽 베르티옹과 그의 가족들이 오픈했으며 지금도 계속 가족들이 운영하고 있다. 직접 제조한 다양하고 특별한 맛의 아이스크림으로 승부한다.

MAP P.389K

구글 지도 GPS 48.851715, 2.356701 찾아가기 메트로 7호선 쉴리모를랑 역에서 생루이앙글 거리로 이동 후 길 중간쯤 왼쪽에 위치 주소 29-31 Rue Saint-Louis en l'Île, 75004 Paris 전화 01-43-54-31-61 시간 수~일요일 10:00~20:00 휴무 월·화요일 가격 €4~ 홈페이지 www.berthillon.fr

19 클레르 드 레브
Clair de Rêve
끌레흐 드 헤브

쇼핑보다는 눈으로 보기 위해 들어가는 작은 박물관과도 같은 곳이다. 자동 인형과 꼭두각시 인형 등을 제작하는 회사로, 크리스마스 같은 특별한 행사에 윈도 디스플레이로 사용하는 인형을 직접 제작한다. 프랑스 장인들이 직접 손으로 제작해 가치가 높다.

MAP P.389K

구글 지도 GPS 48.85188, 2.35632 찾아가기 쉴리모를랑 역에서 생루이앙글 거리에 들어서 첫 번째 사거리를 지나 왼쪽에 위치 주소 35 Rue Saint-Louis en l'Île, 75004 Paris 전화 01-43-29-81-06 시간 11:30~17:30 휴무 일~수요일 홈페이지 www.clairdereve.com

AREA 07 QUARTIER DU
[마레 지구 : 3·4구]

역사와 트렌드가 공존하는
매력적인 마레 지구

파리의 수많은 랜드마크와 함께 이제는 파리를 방문하는 관광객들의 필수 코스가 된 마레 지구. 고풍스러운 저택과 유서 깊은 건축물이 많아 특유의 분위기를 지니고 있다. 유대인과 중국인의 커뮤니티는 물론 성소수자들의 커뮤니티까지 다양한 커뮤니티가 공존하며, 트렌디한 숍과 바가 많아 파리의 유행 아이템을 가장 먼저 볼 수 있는 곳이기도 하다.

MUST SEE
이것만은 꼭 보자!

№. 1
고풍스러운
보주 광장

№. 2
파리 3대 미술관
퐁피두 센터

MUST BUY
이것만은 꼭 사자!

№. 1
핫한 편집숍의 인테리어 소품
메르시

№. 2
다양한 향신료가 있는
메종 플리송

MUST EAT
이것만은 꼭 먹자!

№. 1
마레 지구의 가장 핫한 바,
마리 셀레스트

№. 2
오리 가슴살 요리 맛집
프티 마르셰

MARAIS

마레 지구 교통 한눈에 보기

- 기준역1 ★ 레퓌블리크 République
- 기준역2 ★ 오텔 드 빌 Hôtel de Ville
- 기준역3 ★ 바스티유 Bastille

❶ 탕플 Temple [3호선]
❷ 피 뒤 칼베르 Filles du Calvaire [8호선]
❸ 생세바스티앙 푸아사르 Saint-Sébastien Froissart [8호선]
❹ 슈맹 베르 Chemin Vert [8호선]
❺ 생폴 Saint-Paul [1호선]
❻ 랑뷔토 Rambuteau [11호선]

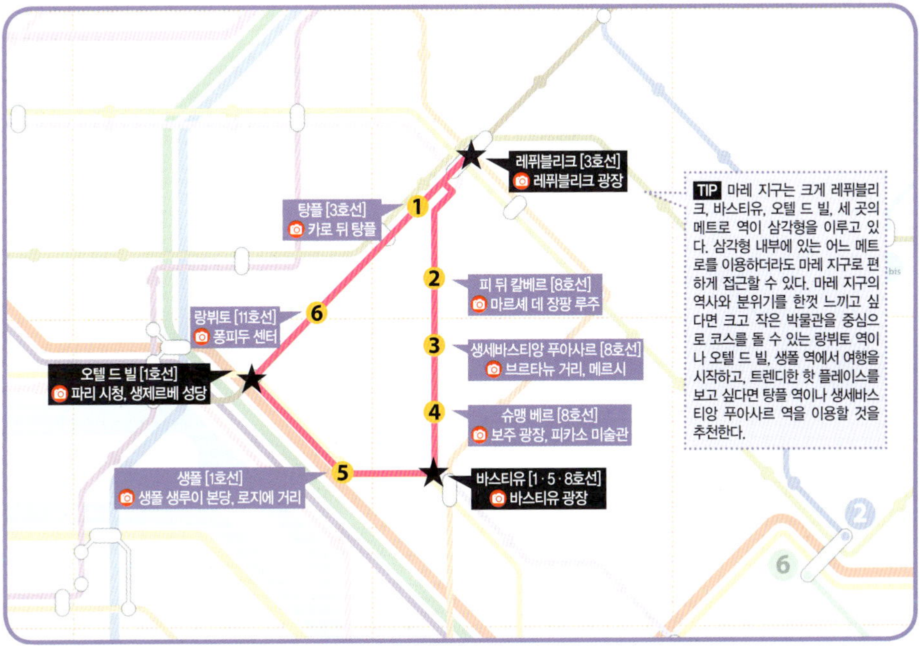

- 레퓌블리크 [3호선] / 레퓌블리크 광장
- 탕플 [3호선] / 카로 뒤 탕플
- 피 뒤 칼베르 [8호선] / 마르셰 데 장팡 루주
- 생세바스티앙 푸아사르 [8호선] / 브르타뉴 거리, 메르시
- 랑뷔토 [11호선] / 퐁피두 센터
- 오텔 드 빌 [1호선] / 파리 시청, 생제르베 성당
- 슈맹 베르 [8호선] / 보주 광장, 피카소 미술관
- 생폴 [1호선] / 생폴 생루이 본당, 로지에 거리
- 바스티유 [1·5·8호선] / 바스티유 광장

TIP 마레 지구는 크게 레퓌블리크, 바스티유, 오텔 드 빌, 세 곳의 메트로 역이 삼각형을 이루고 있다. 삼각형 내부에 있는 어느 메트로를 이용하더라도 마레 지구로 편하게 접근할 수 있다. 마레 지구의 역사와 분위기를 한껏 느끼고 싶다면 크고 작은 박물관을 중심으로 코스를 돌 수 있는 랑뷔토 역이나 오텔 드 빌, 생폴 역에서 여행을 시작하고, 트렌디한 핫 플레이스를 보고 싶다면 탕플 역이나 생세바스티앙 푸아사르 역을 이용할 것을 추천한다.

마레 지구, 이렇게 여행하자

마레 지구는 특히 볼 것이 많은 지역이다. 에펠탑이나 개선문 같은 웅장한 건축물은 없지만 17~18세기에 지은 저택이 많아 개성이 각기 다른 건축물을 쉽게 볼 수 있으며, 미술관, 박물관, 갤러리 등이 곳곳에 위치해 취향에 따라 방문할 수 있다. 전통적으로 상점이 많은 곳은 로지에 거리, 프랑부르주아 거리, 비에이 뒤 탕플 거리지만 최근 들어 마레 지구 곳곳에 디자이너 브랜드의 매장이나 트렌디한 편집숍이 문을 열었다. 마레 지구의 또 하나의 매력은 저택의 커다랗고 오래된 대문인데, 골목마다 산책하면서 대문 형태를 눈여겨보는 것도 또 하나의 재미가 될 것이다.

주변 시설 정보

관광안내소 파리 시청 내에 관광안내소가 있다. 지도와 관광 안내 브로슈어가 다양하게 비치되어 있고 뮤지엄 패스도 구매할 수 있다.

- 주소 29 Rue de Rivoli, 75004 Paris
- 전화 01-49-52-42-63
- 시간 10:00~18:00
- 휴무 12/25

COURSE 1

마레 지구 핵심 코스

마레 지구의 대표적인 미술관과 거리를 함께 돌아보는 코스이기 때문에 짧은 시간 동안 파리를 여행하는 사람들이 마레 지구를 돌아볼 때 선택하면 좋다. 퐁피두 센터와 파리 시청, 보주 광장, 피카소 미술관 등의 코스를 돌아보며 마레 지구의 트렌디한 거리까지 들를 수 있어 효과적인 코스!

S 랑뷔토 역 퐁피두 센터 출구
Rambuteau

퐁피두 센터에서 가장 가까운 역이다. 퐁피두 센터와 마레 지구로 바로 연결되기 때문에 편리하다.
→ 역에서 나오자마자 바로 퐁피두 센터가 보인다. → 퐁피두 센터 도착

1 퐁피두 센터
Centre Pompidou

퐁피두 센터 앞 광장 정면에 출입구가 있다. 입구에서 안전을 위해 가방을 검사하기 때문에 가끔 기획전을 열 때는 대기 줄이 길 수 있다.
→ 퐁피두 센터 건물 뒤편 르나르 거리(Rue du Renard)로 나와 센강 방향으로 도보 5분 → 파리 시청 도착

2 파리 시청
Hôtel de Ville

신르네상스 양식의 화려한 건축물이라 멀리서도 한눈에 띈다.
→ 시청 옆 리볼리 거리(Rue de Rivoli)에서 BHV 백화점을 마주 보고 오른쪽 방향을 따라 걷다가 HSBC가 있는 사거리에서 왼쪽에 있는 비에이 뒤 탕플 거리(Rue Vieille du Temple)로 꺾어 약 200m 걸어가면 나오는 오른쪽 골목 → 로지에 거리 도착

● TIP
시청에서 전시회가 있다면 꼭 둘러보는 것을 추천한다. 입장은 건물 뒤편에서.

3 로지에 거리
Rue des Rosiers

유대인 상점이 밀집된 곳으로, 유서 깊은 마레 지구 대표 거리.
→ 로지에 거리에서 약 100m 직진한다. → 라스 뒤 팔라펠 도착

4 라스 뒤 팔라펠
L'as du Fallafel

이스라엘에서 건너온 정통 팔라펠 전문점.
→ 200m 정도 되는 로지에 거리를 걷다 왼쪽으로 꺾어 우체국이 있는 사거리에서 우회전 → 프랑부르주아 거리 도착

5 프랑부르주아 거리
Rue des Francs-Bourgeois

마레 지구에서 가장 번화한 쇼핑 거리.
→ 길을 따라 걷다 보면 오른쪽에 보주 광장이 나온다. → 보주 광장 도착

401

Area 07 마레 지구 / 추천 여행 코스 / ZOOM IN

코스 무작정 따라하기
START

S. 랑뷔토 역
도보 271m, 3분
1. 퐁피두 센터
도보 653m, 8분
2. 파리 시청 광장
도보 657m, 8분
3. 로지에 거리
도보 115m, 1분
4. 라스 뒤 팔라펠
도보 324m, 4분
5. 프랑부르주아 거리
도보 311m, 4분
6. 보주 광장
도보 214m, 2분
7. 프티 마르셰
도보 513m, 6분
F. 피카소 미술관

- 분위기 ★★★★★ 고풍스러운 건물들
- 이동 편의성 ★★★★☆ 어디든 접근성이 좋아요!
- 볼거리 ★★★★★ 박물관, 미술관, 갤러리 천지
- 식도락 ★★★★★ 입이 즐거운 마레 여행
- 쇼핑 ★★★★☆ 지갑이 열리는 마레 여행

지도상 표시 장소:
- Rouges
- 파비앙 브루바르 사진관 Images & Portraits | Fabien breuvart photography
- 톰 그레이하운드 Tom Greyhound Paris
- 마리 셀레스트 Le Mary Celeste
- 뒤팽 Dupain
- 메종 키츠네 Maison Kitsuné
- 봉통 BONTON
- 생세바스티앙푸아사르 역 Saint-Sébastien - Froissart
- 브레이즈 카페 Breizh Café
- 메르시 Merci
- 라 페를 La Perle
- 프랑프리 Franpri
- 피카소 미술관 Musée National Picasso
- 비에유 뒤 탕플 거리 Vieille du Temple
- 메종 플리송 Maison Plisson
- 그라치에 Grazie
- 카페 피카-스웨덴 문화원 Café Fika-Institut Suédois
- 카가야키 Kagayaki
- 보마르셰 거리 Boulevard Beaumarchais
- 폴카 갤러리 Polka Galerie
- 순 그릴 Soon Grill
- 카르나발레 박물관 Musée Carnavalet
- 카브 생질 Les Caves Saint Gilles
- 프티 마르셰 Le Petit Marché
- 슈맹 베르 역 Chemin Vert
- 메르스리 파리지엔 수예 재료 판매점 La Mercerie Parisienne
- 꼬달리 부티크 스파 Caudalie Boutique Spa
- 딥티크 Diptyque
- 셰 자누 Chez Janou
- 옛 생폴 목욕탕 Hammam Saint-Paul
- 레클레르 드 제니 L'Éclair de génie
- 프랑부르주아 거리 Rue des Francs-Bourgeois
- 메종 랑드맹 Maison Landemaine
- 스타벅스 Starbucks
- 보주 광장 Place des Vosges
- 생폴 역 Saint-Paul
- 생트카트린 광장 Place Sainte-Catherine
- 빅토르 위고의 집 Maison de Victor Hugo

6 보주 광장
Place des Vosges

파리 시내 광장 중 가장 고풍스러운 광장. 빅토르 위고의 집이 광장 6번지에 있다.
→ 중간에 있는 베아른 거리(Rue du Béarn)로 들어가 두 번째 사거리 왼쪽 → 프티 마르셰 도착

7 프티 마르셰
Le Petit Marché

오리 가슴살 요리가 유명한 레스토랑.
→ 튀렌 거리(Rue de Turenne)를 따라 200m 정도 직진한 후 생트아나스타즈 거리(Rue Sainte-Anastase)로 꺾어 약 150m → 피카소 미술관 도착

F 피카소 미술관
Musée National Picasso

5000여 점이 넘는 작품을 소장해 층층이 알찬 컬렉션을 감상할 수 있다.

마레 지구 파리지앵처럼 코스

핫 플레이스와 트렌디 숍의 집결지라고 할 수 있는 마레 지구는 파리 시민들도 '파리에서 가장 선호하는 지역'으로 꼽을 만큼 특유의 분위기와 매력이 있다. 시간적 여유가 없는 여행객들에게 추천하는 실제 파리지앵들의 마레 지구 필수 코스.

- 😊 분위기 ★★★★★ 프렌치 시크
- 😊 이동 편리성 ★★★★★ 접근성이 좋아요!
- 😊 볼거리 ★★★★☆ 골목골목이 다 볼거리
- 😊 식도락 ★★★★☆ 파리지앵처럼 런치 즐기기
- 😊 쇼핑 ★★★★☆ 패션에 관심이 많다면!

S 탕플 역
Temple
메트로 3호선 지하철역으로 카로 뒤 탕플 문화센터나 브르타뉴 거리로 갈 때 편리하다.
→ 슈퍼마켓 모노프리(Monoprix)가 있는 쪽으로 길을 건너 오른쪽으로 꺾어 걷다 왼쪽 첫 번째 길에서 꺾는다. 2분 정도 걷다 보면 철골로 된 구조물이 보인다. → 카로 뒤 탕플 도착

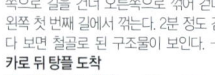

1 카로 뒤 탕플
Le Carreau du Temple
옛 시장 건물로 오늘날에는 다양한 문화 행사가 열린다.
→ 카로 뒤 탕플 정문 쪽에 위치한 공원 앞 페레 거리(Rue Perrée)에서 오른쪽으로 꺾어 오른쪽 두 번째 건물 → 더 브로큰 암 도착

2 더 브로큰 암
The Broken Arm
공원 쪽에서 바라봤을 때 왼쪽에는 카페가, 오른쪽에는 편집숍이 위치한다.
→ 구청과 공원 사이 길이 끝나는 사거리에서 왼쪽으로 꺾는다. 100m 정도 브르타뉴 거리(Rue de Bretagne)를 걷다 보면 오른쪽에 입구가 보인다. → 마르셰 데 장팡 루주 도착

3 마르셰 데 장팡 루주
Marché des Enfants Rouges
마레 지구에 위치한 특이한 구조의 시장이다.
→ 브르타뉴 거리를 200m 정도 걸으면 나오는 육거리에서 튀렌 거리(Rue de Turenne)를 걷다가 왼쪽으로 꺾은 퐁 오 슈 거리(Rue du Pont aux Choux) 끝에서 오른쪽 → 메르시 도착

4 메르시
Merci
현재 파리에서 최고의 인기를 달리고 있는 편집숍.
→ 메르시에서 나와 보마르셰 거리(Boulevard Beaumarchais)를 따라 2분 정도 걷다 보면 오른쪽에 위치 → 메종 플리송 도착

5 메종 플리송
Maison Plisson
프리미엄 슈퍼마켓 겸 레스토랑으로 특히 브런치가 인기이다.
→ 보마르셰 거리를 3분 정도 걷다 생질 거리(Rue Saint-Gilles)에서 우회전한 후 1분 정도 걷다가 폴카 갤러리 맞은편 길로 들어서 직진 → 보주 광장 도착

6 보주 광장
Place des Vosges
파리 시내 광장 중 가장 고풍스러운 광장. 빅토르 위고의 집이 광장 6번지에 있다.
→ 생탕투안 거리(Rue Saint-Antoine)로 나가 길을 건너 우회전 후 2분 → 생폴 생루이 본당 도착

7 생폴 생루이 본당
Paroisse Saint-Paul Saint-Louis
생폴 성당이라고도 부른다. 마레 지구 여행의 시작점이 되기도 하는 곳.
→ 프랑수아 미롱 거리(Rue François Miron)를 따라 도보 7분 → 생제르베 성당 & 바르 거리 도착

F 생제르베 성당 & 바르 거리
Église Saint-Gervais & Rue des Barres
생제르베 성당 바로 옆 조용하고 한적한 골목길이다. 날씨가 좋은 날 골목 사이에 위치한 레스토랑들이 테라스를 오픈해 분위기가 좋다.

코스 무작정 따라하기
START

S.	탕플 역
	도보 301m, 3분
1.	카로 뒤 탕플
	도보 89m, 1분
2.	더 브로큰 암
	도보 273m, 3분
3.	마르셰 데 장팡 루주
	도보 498m, 6분
4.	메르시
	도보 167m, 2분
5.	메종 플리송
	도보 594m, 7분
6.	보주 광장
	도보 485m, 6분
7.	생폴 생루이 본당
	도보 729m, 8분
F.	바르 거리

TIP
마레 지구를 걷다 보면 'hôtel(오텔)'이라는 단어를 많이 볼 수 있다. '오텔'이란 우리가 흔히 생각하는 숙박업소인 호텔을 말할 수도 있지만, 관저, 저택 혹은 공공 건축물이라는 뜻으로 쓰이기도 한다. 예를 들어, Hôtel de Ville(오텔 드 빌)은 시청이라는 뜻이고, Hôtel Delisle-Mansart(오텔 드 리슬망사르), Hôtel de Chatillon(오텔 드 샤티용)과 같이 쓰일 때의 오텔은 누군가의 저택이라는 뜻이다. 마레 지구에서는 유서 깊은 오텔을 자주 마주치니 주의 깊게 살펴보자.

ZOOM IN

마레 지구

마레 지구는 주변에 메트로 역이 많아 접근성이 매우 좋다. 물론 마레 지구 구석구석에는 버스나 택시가 지나가기 힘들 정도로 좁은 골목이 많으니 마레 지구 여행은 주변 메트로를 이용해 도보로 다니는 것이 가장 편리하다. 코스별로 랑뷔토 역이나 탕플 역에서 하차하면 되고, 시간이 없어 짧은 시간 동안 '마레 지구의 느낌만 경험해보겠다' 하는 여행객들은 메트로 1호선 생폴 역을 이용하면 된다.

1 퐁피두 센터
Centre Pompidou
썽트흐 퐁삐두

루브르 박물관, 오르세 미술관과 함께 파리의 3대 미술관으로 불리며, 프랑스 현대미술의 단면을 보여주는 유럽의 대표적인 현대미술관이다. 현대미술을 사랑했던 조르주 퐁피두 대통령이 1977년 건립했으며, 파리 시민들은 물론 파리를 찾는 관광객들에게도 사랑 받는 미술관이다. 전시회장과 영화관, 공연장, 도서관 등의 문화 예술 복합 센터를 운영하며, 회화, 조각, 미디어 등을 어우르는 세계 각국의 명작이 센터 4층과 5층에 전시되어 있다. 건물 외벽에는 배수관과 가스관, 통풍구 등이 밖으로 노출되어 있어 시선을 사로잡는다. 센터 오른쪽의 스트라빈스키 분수(Fontaine Stravinsky)도 놓치지 말자. 퐁피두 센터는 2025년부터 2030년까지 긴 리모델링 공사가 예정되어 있으니 공사 전 꼭 방문하도록 하자!

INFO P.073, 112 MAP P.398E · F
구글 지도 GPS 48,86064, 2,35224 찾아가기 메트로 11호선 랑뷔토(Rambuteau) 역 퐁피두 센터 출구에서 도보 2분 주소 Place Georges-Pompidou, 75004 Paris 전화 01-44-78-12-33 시간 월·수·금~일요일 11:00~21:00, 목요일 11:00~23:00 휴무 화요일, 5/1 가격 €15 홈페이지 www.centrepompidou.fr

2 파사주 몰리에르
Passage Molière
빠사쥬 몰리에흐

퐁피두 센터 인근에 위치한 다른 파사주들과는 달리 지붕이 없는 형태의 파사주다. 짧지만 정겨운 돌길과 색색의 부티크들이 눈길을 사로잡는다. 18세기 목조 건축물의 형태를 띠며 날이 좋은 날에는 좁은 돌길 위로 테라스 자리에 빈틈이 없다.

MAP P.398E
구글 지도 GPS 48,8623, 2,35157 찾아가기 퐁피두 센터를 등지고 숍들이 있는 맞은편 쪽으로 언덕을 살짝 올라가 오른쪽 길로 꺾는다. 생마르탱 거리(Rue Saint-Martin) 155번지 옆에 파사주 몰리에르 입구가 있다. 주소 Passage Molière, 75003 Paris 시간 12:00~19:00(일요일에는 되도록이면 오후에 방문하는 것이 좋다)

3 파리 시청
Hôtel de Ville
오텔 드 빌

화려함이 돋보이는 신르네상스 양식의 시청 건물은 파리 코뮌 당시 전소되어 19세기 후반 오늘날의 모습으로 재건축되었다. 시청 광장에는 사시사철 시민을 위한 행사가 열리며, 내부 관람은 불가능하지만, 퀄리티 높은 기획 전시가 곧잘 열리기 때문에 전시회장을 무료로 방문할 수 있다.

INFO P.092 MAP P.398I
구글 지도 GPS 48,85648, 2,35241 찾아가기 메트로 1호선 오텔 드 빌(Hôtel de Ville) 역에서 도보 2분 주소 본관 Place de l'Hôtel de Ville, 75004 Paris, 전시회장 29 Rue de Rivoli, 75004 Paris 전화 01-42-76-40-40 시간 10:00~19:00 휴무 일요일, 공휴일 가격 무료 홈페이지 www.paris.fr

4 생제르베 성당 & 바르 거리
Église Saint-Gervais & Rue des Barres
에글리즈 쌩-제흐베 & 휘 데 바흐

본명칭은 파리 생제르베 생프로테 성당으로 15세기에 건축되기 시작한 가톨릭교회다. 성당 뒤편으로 이동하면 작은 골목길인 바르 거리가 나오는데, 성당이 있어 고요하면서도 테라스를 갖춘 카페들이 자리해 활기찬 분위기가 굉장히 파리스러운 장소다.

MAP P.398J
구글 지도 GPS 48,85561, 2,35445 찾아가기 파리 시청 뒤편으로 이동한 후 시청 맞은편 가운데 보이는 길(Place Saint-Gervais)을 따라간다. 바르 거리는 성당 바로 뒤편 작은 골목길이다. 주소 13 Rue des Barres, 75004 Paris 전화 01-48-87-32-02 시간 07:00~19:00 홈페이지 http://jerusalem.cef.fr/paris-saint-gervais

5 로지에 거리
Rue des Rosiers
휘 데 호지에

유대인들의 이주 역사와 삶이 담긴 곳이다. 오늘날에는 각종 상점과 팔라펠 레스토랑이 즐비하지만, 1865년 문을 연 유대인 제과점이 27번지에서 현재도 영업하고 있으며, 17번지와 25번지에는 유대교 회당이 있다. 4번지에서는 1863년 문을 연 옛 생폴 목욕탕의 외관을 볼 수 있다.

◉ **MAP** P.398J
◉ **구글 지도 GPS** 48,85786, 2,35796 ◉ **찾아가기** 파리 시청에서 리볼리 거리(Rue de Rivoli)를 건너 BHV 백화점을 지나 왼쪽으로 꺾는다. 약 200m 직진하다 두 번째 사거리에서 오른쪽으로 꺾는다. 길 끝에서 다시 왼쪽으로 꺾어 오른쪽 첫 번째 길이다. ◉ **주소** Rue des Rosiers, 75004 Paris

6 카르나발레 박물관
Musée Carnavalet
뮈제 꺄흐나발레

파리의 역사를 한눈에 볼 수 있는 박물관으로, 프랑스혁명 당시의 각종 유물은 물론, 다양한 시대의 회화 작품, 가구, 조각품 등 다양한 예술품을 전시한다. 카르나발레 저택에 박물관이 건립되면서 명칭을 그대로 유지했다. 잘 정돈된 정원이 눈길을 끈다.

◉ **MAP** P.399K
◉ **구글 지도 GPS** 48,85731, 2,36254 ◉ **찾아가기** 로지에 거리를 내림차순 방향으로 걷다 길 끝에서 왼쪽으로 꺾어 우체국(La Poste)이 있는 작은 사거리에서 오른쪽으로 꺾는다. ◉ **주소** 16 Rue des Francs–Bourgeois, 75003 Paris ◉ **전화** 01–44–59–58–58 ◉ **시간** 10:00~18:00 ◉ **휴무** 월요일. 1/1, 5/1, 12/25 ◉ **가격** 상설 전시 무료 ◉ **홈페이지** www.carnavalet.paris.fr

7 유럽 사진 미술관
Maison Européenne de la Photographie
메종 유호삐엔느 드 라 포토그하피

1996년 오픈한 사진 전문 미술관으로, 1706년에 건축된 저택에 자리 잡았다. 2만 점이 넘는 작품을 소장하고 있으며, 사진이나 비디오가 주를 이룬다. 어빙 펜이나 마틴 파, 앙리 카르티에 브레송 등 사진 거장들의 작품을 전시하며, 기획전의 퀄리티가 높아 인기가 많다.

◉ **MAP** P.398J
◉ **구글 지도 GPS** 48,85513, 2,35892 ◉ **찾아가기** 메트로 1호선 생폴(Saint–Paul) 역에서 생탄투안 거리(Rue Saint–Antoine) 홀수 번지 오름차순 방향을 따라 걷다 135번지에서 왼쪽으로 꺾는다. ◉ **주소** 5/7 Rue de Fourcy, 75004 Paris ◉ **전화** 01–44–78–75–00 ◉ **시간** 11:00~20:00 ◉ **휴무** 월·화요일, 공휴일(전시회 사이에 휴무 기간이 있을 수 있으니 홈페이지에서 미리 체크할 것) ◉ **가격** €13(온라인 사전 예매 €14) ◉ **홈페이지** www.mep-fr.org

8 생폴 생루이 본당
Paroisse Saint-Paul Saint-Louis
빠후아쓰 쌩–뽈 쌩–루이

성당 전면에 있는 대형 시계가 아름다운, 마레 지구를 대표하는 성당이다. 규모는 크지 않지만, 성당 내부의 조개 모양 성수대는 빅토르 위고가 기증한 것으로 알려져 유명하다. 17세기에 건축되었으며 프랑스의 역사적 기념물에 등록되었다.

◉ **INFO** P.092 ◉ **MAP** P.399K
◉ **구글 지도 GPS** 48,85446, 2,36145 ◉ **찾아가기** 메트로 1호선 생폴(Saint–Paul) 역에서 오른쪽으로 도보 약 1분 ◉ **주소** 99 Rue Saint–Antoine, 75004 Paris ◉ **전화** 01–42–72–30–32 ◉ **시간** 08:00~20:00 ◉ **홈페이지** www.spsl.fr

9 보주 광장 & 빅토르 위고의 집
Place des Vosges & Maison de Victor Hugo
쁠라스 데 보쥬 & 메종 드 빅또흐 위고

역사 깊은 파리의 광장 중에서도 가장 오래된 만큼, 가장 고풍스러운 분위기를 풍긴다. 사각형 정원은 저택으로 둘러싸여 있으며, 저택 1층은 파사주와 비슷한 형태로 레스토랑, 갤러리 등이 입점해 있다. 시간을 머금은 듯한 벽돌로 지은 보주 광장의 저택들과 저택 입구에 위치한 오래된 대문을 감상하는 것도 보주 광장을 관람하는 묘미일 것이다. 몇 세대에 걸쳐 많은 정치인과 유명인이 거주했던 것으로 유명하며, 특히 6번지에는 프랑스의 대문호 빅토르 위고가 16년간 거주해 '빅토르 위고의 집' 박물관으로 일반에 공개되었다.

◉ **INFO** P.092 ◉ **MAP** P.399K
◉ **구글 지도 GPS** 48,85561, 2,36552 ◉ **찾아가기** 카르나발레 박물관이 있는 프랑부르주아 거리에서 홀수 번지 내림차순 방향으로 약 5분

보주 광장 ◉ **주소** Place des Vosges, 75004 Paris ◉ **시간** 09:00~19:00(하절기에는 폐장 시간이 늦춰질 수 있고 동절기에는 폐장 시간이 당겨질 수 있음) ◉ **가격** 무료

빅토르 위고의 집 ◉ **주소** 6 Place des Vosges, 75004 Paris ◉ **전화** 01–42–72–10–16 ◉ **시간** 10:00~18:00 ◉ **휴무** 월요일, 1/1, 5/1, 12/25 ◉ **가격** 무료(기획 전시 유료) ◉ **홈페이지** www.maisonsvictorhugo.paris.fr

10 피카소 미술관
Musée National Picasso-Paris
뮈제 나씨오날 삐까소-빠히 ★★★★

피카소의 삶과 그의 작품에 집중한 미술관이다. 17세기 중반에 건축된 저택에 위치하며, 1985년 미술관으로 일반인에게 공개되었다. 생전에 4만 여 점이 넘는 작품을 남긴 피카소는 자신의 작품 일부와 그가 긴밀하게 교류하던 브라크, 마티스, 미로 등의 화가들의 작품을 비롯, 그가 존경했던 세잔, 드가 등의 화가들의 작품을 함께 국가에 기증했다. 스페인에서 태어났지만 프랑스에서 더욱 왕성한 작품 활동을 한 피카소의 회화 작품 약 250점과 데생 1500여 점, 조각 200여 점 등 다양한 작품이 전시되어 있다.

INFO P.077 MAP P.399G
구글 지도 GPS 48,85987, 2,36228 찾아가기 메트로 8호선 슈맹 베르(Chemin Vert) 역에서 도보 7분 주소 5 Rue de Thorigny, 75003 Paris 전화 01-85-56-00-36 시간 화~금요일 10:30~18:00, 토·일요일 09:30~18:00 휴무 월요일, 1/1, 5/1, 12/25 가격 €14 홈페이지 www.museepicassoparis.fr

11 마르셰 데 장팡 루주
Marché des Enfants Rouges
마흑셰 데 장팡 후주 ★★★★

파리에서 가장 오래된 시장인 마르셰 데 장팡 루주는 16~17세기, 이 지역에 있던 고아원의 아이들이 입고 있던 빨간 망토에서 유래된 명칭이다. 파리에서 오늘날 가장 힙한 시장이 된 것은 유기농 제품을 판매하는 것은 물론, 푸드 마켓처럼 시장에서 직접 먹거리를 먹을 수 있다는 점 때문일 것이다.

INFO P.240 MAP P.399C
구글 지도 GPS 48,86288, 2,36202 찾아가기 메트로 8호선 피 뒤 칼베르(Filles du Calvaire) 역에서 도보 6분 주소 39 Rue de Bretagne, 75003 Paris 시간 화~토요일 08:30~20:30, 일요일 08:30~17:00 휴무 월요일

12 카로 뒤 탕플
Carreau du Temple
까호 뒤 떵쁠 ★★★

시에서 운영하는 공간으로, 문화 예술과 스포츠 등을 즐길 수 있다. 1863년 건축되어 시장으로 사용되던 건축물에 자리한다. 요가, 태권, 무술, 탁구 등과 같은 스포츠를 즐길 수 있으며, 패션쇼를 열거나 팝업 스토어가 문을 열기도 한다.

INFO P.092 MAP P.399C
구글 지도 GPS 48,86454, 2,36223 찾아가기 메트로 3호선 탕플(Temple) 역에서 도보 약 5분 주소 4 Rue Eugène Spuller, 75003 Paris 전화 01-83-81-93-30 시간 월~금요일 10:00~21:00, 토요일 10:00~19:00(프로그램에 따라 다름) 휴무 일요일 가격 €8~ 홈페이지 www.carreaudutemple.eu

13 브르타뉴 거리
Rue de Bretagne
휘 드 브흐딴느 ★★★

카로 뒤 탕플에서 생세바스티앙 푸아사르 역 부근까지 이어지는 길로 마르셰 데 장팡 루주는 물론 정육점, 꽃집, 레스토랑 등 다양한 상점이 위치해 마레 지구 주민들이 장을 보러 오는 곳이다. 그런 만큼 마레 지구 로컬 분위기를 한껏 느낄 수 있어 매력적이다.

INFO P.091 MAP P.399C
구글 지도 GPS 48,86246, 2,36332 찾아가기 탕플 스퀘어 공원과 파리 3구 구청 바로 옆 약 500m의 길 주소 Rue de Bretagne, 75003 Paris

14 게테 리리크
Gaîté Lyrique
게떼 리히끄 ★★★

© Nicolas Jacquemin-2

19세기 극장으로 사용되던 공간을 2011년 디지털 아트와 음악이 공존하는 센터로 변신시켰다. 1년에 몇 차례 기획전이 열리며 전시, 페스티벌, 상영, 콘서트 등 다양한 문화 행사를 1년 내내 개최해 파리지앵에게 사랑받는다.

INFO P.270 MAP P.398B
구글 지도 GPS 48,86655, 2,35339 찾아가기 메트로 3·4호선 레오뮈르 세바스토폴(Réaumur-Sébastopol) 역에서 도보 1분 주소 3 bis Rue Papin, 75003 Paris 전화 01-53-01-52-00 시간 화~금요일 09:00~22:00, 토~일요일 11:00~19:00 (매표소는 일찍 마감할 수 있음) 휴무 월요일 가격 €3~(프로그램에 따라 다름) 홈페이지 www.gaite-lyrique.net

15 조르주
Georges
죠흐쥬

퐁피두 센터 꼭대기 층에 위치한 레스토랑. 노트르담 성당이 보이는 뷰와 멋진 석양을 볼 수 있는 것으로 유명하다. 모던하고 세련된 인테리어 덕분에 파리지앵들이 중요한 미팅이나 회의가 있을 때 혹은 가족 행사가 있을 때 애용하는 레스토랑이기도 하다.

ⓘ **INFO** P.156 ⓜ **MAP** P.398E
ⓖ 구글 지도 **GPS** 48,88795, 2,33965 ⓕ **찾아가기** 퐁피두 센터 6층에 위치 ⓐ **주소** Palais Beaubourg, Place Georges Pompidou, 75004 Paris ⓣ **전화** 01-44-78-47-99 ⓣ **시간** 12:00~02:00 ⓗ **휴무** 화요일 ⓟ **가격** 스테이크 €48~, 쉬프렘 드 볼라이(닭가슴살 요리) €29 ⓦ **홈페이지** http://restaurantgeorgesparis.com/fr

16 카페 루스틱
Café Loustic
까페 루스띠끄

커피에 대한 자부심이 넘치는 카페로, 파리에서 찾기 힘든 얼탑이 들어 있는 커피를 마실 수 있는 곳이기도 하다. 마레 지구에서도 중국인이 주로 거주하는 외딴 곳에 있지만, 달콤한 마들렌과 고소한 커피를 맛보려는 사람들로 오전부터 오후까지 줄이 늘어선다.

ⓘ **INFO** P.208 ⓜ **MAP** P.398B
ⓖ 구글 지도 **GPS** 48,86392, 2,35461 ⓕ **찾아가기** 메트로 11호선 랑뷔토(Rambuteau) 역에서 홀수 번지 오름차순 방향으로 2분 정도 걷다 샤퐁 거리(Rue Chapon)에서 왼쪽으로 꺾는다. ⓐ **주소** 40 Rue Chapon, 75003 Paris ⓣ **전화** 09-80-31-07-06 ⓣ **시간** 월~금요일 08:30~17:00, 토~일요일 10:00~17:30 ⓟ **가격** 아이스 필터 커피 €4.5 ⓦ **홈페이지** www.cafeloustic.com

17 카페오테크
Caféothèque de Paris
까페오떼끄 드 빠히

파리 시청사와 생폴 성당 중간쯤, 센강변에 자리한다. 커피를 판매하는 것은 물론 2시간 동안 받을 수 있는 커피 클래스도 운영해 바리스타를 꿈꾸는 파리지앵에게도 인기가 많다.

ⓘ **INFO** P.204 ⓜ **MAP** P.398J
ⓖ 구글 지도 **GPS** 48,85444, 2,35574 ⓕ **찾아가기** 생제르베 성당 바로 옆길인 오텔 드 빌 거리(Rue de l'Hôtel de ville)에서 짝수 번지 내림차순 방향으로 이동한다. ⓐ **주소** 52 Rue de l'Hôtel de ville, 75004 Paris ⓣ **전화** 01-53-01-83-84 ⓣ **시간** 09:00~19:00 ⓟ **가격** 에스프레소 €3 ⓦ **홈페이지** www.lacafeotheque.com

카페라테 투 숏 €5.8

18 라스 뒤 팔라펠
L'as du Fallafel
라쓰 뒤 팔라펠

로지에 거리에 위치한 가장 오래된 팔라펠 레스토랑이다. 팔라펠은 중동 지방의 대표 음식이다. 작은 패스트푸드 레스토랑처럼 보이지만, 하루에 1500~3000여 개의 팔라펠을 판매하며, 직원만 50명이 넘는다. 15분에서 30분 정도의 대기 시간이 기본이다.

ⓜ **MAP** P.398J
ⓖ 구글 지도 **GPS** 48,85737, 2,35916 ⓕ **찾아가기** 메트로 1호선 생폴(Saint-Paul) 역에서 도보 5분 ⓐ **주소** 32-34 Rue des Rosiers, 75004 Paris ⓣ **전화** 01-48-87-63-60 ⓣ **시간** 일~목요일 11:00~23:00, 금요일 11:00~15:00 ⓗ **휴무** 토요일 ⓟ **가격** €9~ ⓦ **홈페이지** http://l-as-du-fallafel.zenchef.com

19 카페 피카-스웨덴 문화원
Café Fika-Institut Suédois
까페 피카-앵스띠뛰 쉐두와

마레 지구에서 조용한 카페를 찾는다면 추천할 만한 곳이다. 마레 지구 중심이면서도 저택들 수변에 둘러싸여 한적하고 화질기에는 문화원의 정원에 테라스를 개방해 여유로운 시간을 즐길 수 있다. 커피와 함께 스웨덴의 디저트를 맛볼 수 있어 인기가 많다.

ⓜ **MAP** P.399G
ⓖ 구글 지도 **GPS** 48,85829, 2,36211 ⓕ **찾아가기** 카르나발레 박물관 바로 옆 파옌 거리(Rue Payenne)를 따라 도보 2분 ⓐ **주소** 11 Rue Payenne, 75003 Paris ⓣ **전화** 01-44-71-99-79 ⓣ **시간** 10:00~19:00 ⓗ **휴무** 월요일 ⓟ **가격** 샌드위치 €7.5 ⓦ **홈페이지** www.fika.paris

20 라 페를
La Perle
라 뻬흘

젊은 파리지앵들이 친구들과 함께 마레 지구를 찾을 때 1차로 즐겨 찾는 레스토랑 & 바. 요즘 말로 '썸을 타는' 연인들을 쉽게 볼 수 있으며, 석양이 지기 시작하면 테라스에 자리를 찾을 수 없을 정도로 인기가 많다. 현대미술 광팬인 라 페를 주인장의 눈썰미를 바 곳곳에서 확인할 수 있다.

ⓜ **MAP** P.399G
ⓖ 구글 지도 **GPS** 48,8598, 2,36069 ⓕ **찾아가기** 메트로 1호선 생폴(Saint-Paul) 역에서 도보 10분. 피카소 미술관으로 가는 페를 거리에 빨간 간판이 보인다. ⓐ **주소** 78 Rue Vieille du Temple, 75003 Paris ⓣ **전화** 01-42-72-69-93 ⓣ **시간** 07:30~02:00 ⓟ **가격** 베이글 €14.9, 스테이크 €22.7 ⓦ **홈페이지** http://cafelaperle.com

21 브레이즈 카페
Breizh Café
브헤이즈 까페

밀가루 반죽에 속 재료를 넣어 먹는 프랑스인들이 사랑하는 간단한 브르타뉴 지방의 요리다. 설탕이나 누텔라 초콜릿을 발라 디저트로 먹기도 하고, 햄이나 치즈, 버섯, 달걀 등을 넣어 식사 대신 먹기도 한다. 브레이즈 카페에서는 다양한 크레프를 맛볼 수 있어 간단히 요기하기에 좋다.

⊙ MAP P.399G

구글 지도 GPS 48.86063, 2.3618 ⊙ 찾아가기 피카소 미술관에서 나와 왼쪽 첫 번째 사거리 오른쪽에 위치 ⊙ 주소 109 Rue Vieille du Temple, 75003 Paris ⊙ 전화 01-42-72-13-77 ⊙ 시간 09:00~23:00 ⊙ 가격 €6~ ⊙ 홈페이지 http://breizhcafe.com/fr

22 셰 자누
Chez Janou
셰-자누

한국인 관광객들에게도 맛집으로 알려진 셰 자누는 프로방스 요리 전문점으로, 보주 광장 근처에 있어 찾기 쉽다. 한국인들도 먹기 편안한 음식이 주를 이루며, 디저트로 나오는 대접 무스 오 쇼콜라가 인기 높다. 2023년 말 리모델링 공사 후 2024년 재오픈 예정이다.

⊙ MAP P.399L

구글 지도 GPS 48.85671, 2.3672 ⊙ 찾아가기 보주 광장에서 프랑부르주아 거리 쪽으로 나가 오른쪽으로 꺾은 후 첫 번째 사거리에서 왼쪽으로 꺾으면 초록색 간판의 셰자누 레스토랑이 보인다. ⊙ 주소 2 Rue Roger Verlomme, 75003 Paris ⊙ 전화 01-42-72-28-41 ⊙ 시간 08:00~02:00 ⊙ 가격 등심구이 €28 ⊙ 홈페이지 http://chezjanou.com

23 카브 생질
Les Caves Saint Gilles
레 꺄브 쌩 질

조용한 길목에 위치한 스페인 타파스 레스토랑으로, 타파스와 스페인 와인을 맛볼 수 있다. 파리에서 느끼는 스페인 분위기는 색다를 뿐만 아니라 맛있는 타파스를 저렴한 가격에 먹을 수 있어 마레 지구 주민들에게 사랑받는다. 2022년 리모델링으로 한층 더 깔끔한 분위기로 재오픈 했다.

⊙ INFO P.176 ⊙ MAP P.399L

구글 지도 GPS 48.85809, 2.36701 ⊙ 찾아가기 보주 광장에서 프랑부르주아 거리 쪽으로 나와 곧장 길 끝(Rue de Béam)까지 가서 오른쪽으로 꺾는다. ⊙ 주소 4 Rue Saint-Gilles, 75003 Paris ⊙ 전화 01-48-87-22-62 ⊙ 시간 월~토요일 12:00~24:00, 일요일 12:00~23:00 ⊙ 가격 토르티야 €6.5, 초리소 €8, 감바스 샐러드 €12 ⊙ 홈페이지 www.caves-saint-gilles.fr

24 프티 마르셰
Le Petit Marché
르 쁘띠 마흐셰

마레 지구에서 오리 가슴살 요리(Magret de Canard)가 가장 맛있기로 유명한 레스토랑. 오리 고기 말고도 참치 요리 같은 신선한 생선 요리도 꾸준히 사랑받고 있다. 보주 광장 가까이 위치하며, 프랑스인과 미국인 손님이 많아 항상 시끌벅적하고 활기찬 분위기다.

⊙ INFO P.172 ⊙ MAP P.399K

구글 지도 GPS 48.85726, 2.36604 ⊙ 찾아가기 보주 광장에서 프랑부르주아 거리로 나와 약 2분간 직진 ⊙ 주소 9 Rue du Béam, 75003 Paris ⊙ 전화 01-42-72-06-67 ⊙ 시간 12:00~15:00, 19:00~23:30 ⊙ 가격 오리 요리 €23, 참치 요리 €21 ⊙ 홈페이지 www.lepetitmarche.eu

25 순 그릴
Soon Grill
순 그히

여행 중 한식이 너무나 먹고 싶을 때 들르면 좋은 곳이다. 보주 광장과 보마르셰 거리 근처에 있으며, 세련되고 모던한 인테리어가 유럽의 보통 한국 식당과는 분명 다르다. 고급스러운 분위기에서 파리 로컬들이 사랑하는 한식을 맛볼 수 있으니 꼭 들러보자.

⊙ INFO P.178 ⊙ MAP P.399H

구글 지도 GPS 48.85809, 2.36743 ⊙ 찾아가기 보주 광장에서 프랑부르주아 거리 쪽으로 나와 곧장 길 끝(Rue de Béarn)까지 가서 오른쪽으로 꺾은 후 첫 번째 사거리에서 왼쪽으로 꺾는다. ⊙ 주소 78 Rue des Tournelles, 75003 Paris ⊙ 전화 01-42-77-13-56 ⊙ 시간 12:00~14:30, 19:00~22:30 ⊙ 휴무 1/1, 1/2, 5/1, 7/14, 12/25 ⊙ 가격 돌솥비빔밥 €20, 불고기 €26 ⊙ 홈페이지 http://soon-grill.com

26 마리 셀레스트
Le Mary Celeste
르 마히 쎌레스트

퇴근 시간 후 도착하면 자리를 찾기 힘들 정도로 핫한 바다. 간단한 안줏거리가 주를 이루지만 식사도 가능하다. 칵테일로 유명한 만큼 타파스와 칵테일 한잔은 꼭 맛보자.

◎ MAP P.399G
ⓐ 구글 지도 GPS 48,86174, 2,36501 ⓑ 찾아가기 메트로 8호선 생세바스티앙 푸아사르(Saint-Sébastien–Froissart) 역 앞 봉통과 아크네 매장 사이 골목으로 100m 정도 걷다 보면 나오는 첫 번째 사거리 대각선 방향 ⓒ 주소 1 Rue Commines, 75003 Paris ⓓ 전화 01-42-77-98-37 ⓔ 시간 월~금요일 12:00~14:30, 18:00~2:00, 토·일요일 12:00~02:00 ⓕ 가격 웨프 드 디아블(구운 달걀 요리) €7 ⓖ 홈페이지 www.lemaryceleste.com

27 뒤팽
Dupain
뒤팽

2015년 문을 연 뒤팽은 제과와 제빵을 모두 다루는 빵집으로, 유기농 밀가루를 사용하고 담백한 빵 맛으로 꾸준히 사랑받고 있다. 먹음직스러운 디저트가 많으며, 특히 과일을 올린 타르트는 꼭 한번 맛봐야 하는 이곳의 대표 제품이다.

◎ MAP P.399H
ⓐ 구글 지도 GPS 48,86195, 2,36728 ⓑ 찾아가기 메르시 편집숍에서 맞은편으로 길을 건너 왼쪽으로 꺾어 도보 약 2분, 오른쪽에 위치 ⓒ 주소 20 Boulevard des Filles du Calvaire, 75011 Paris ⓓ 전화 01-58-30-72-36 ⓔ 시간 화~금요일 08:00~20:00, 토요일 08:30~19:00, 일요일 08:00~17:00 ⓕ 휴무 월요일 ⓖ 가격 과일 타르트 €4,5 ⓗ 홈페이지 www.dupain.paris

28 그라치에
Grazie
그라찌에

편집숍 메르시와 거의 동시에 오픈한 이탈리아식 피자 전문점이다. 런치와 디너 타임 이외의 시간에는 바(bar)로 운영하며, 로프트 스타일의 인테리어로 여성들의 마음을 사로잡는다. 깊은 맛의 피자를 맛볼 수 있으며, 신선한 모차렐라를 올린 디바가 추천 메뉴.

◎ MAP P.399H
ⓐ 구글 지도 GPS 48,85937, 2,36727 ⓑ 찾아가기 메르시에서 나와 도보 약 2분, 오른쪽 검은색 외관 ⓒ 주소 91 Boulevard Beaumarchais, 75003 Paris ⓓ 전화 01-42-78-11-96 ⓔ 시간 월~금요일, 12:00~15:00, 19:00~23:00, 토·일요일 12:00~21:00, 바 18:00~22:30 ⓕ 가격 마르게리타 피자 €14, 디바 €19 ⓖ 홈페이지 www.graziegrazie.fr

29 르노트르
Lenôtre
르노트흐

20세기 프랑스 제과업계를 혁신했다고 평가받는 제과업계의 장인, 가스통 르노트르의 제과점이다. 리셉션이나 이벤트, 행사 등의 럭셔리 케이터링에 더욱 심혈을 기울이기 때문에 그의 명성에 비해 바스티유 지점은 아담하기 그지없다.

ⓘ INFO P.196 ◎ MAP P.399L
ⓐ 구글 지도 GPS 48,853670, 2,366910 ⓑ 찾아가기 메트로 1·5·8호선 바스티유(Bastille) 역에서 생탕투안 거리(Rue Saint-Antoine)로 나와 도보 2분 ⓒ 주소 10 Rue Saint-Antoine, 75004 Paris ⓓ 전화 01-53-01-91-91 ⓔ 시간 09:00~20:00 ⓕ 가격 조각 케이크 오페라 €8,5 ⓖ 홈페이지 www.lenotre.fr

30 이탈리 파리 마레
Eataly Paris Marais
이딸리 빠히 마헤

Eat(먹다)과 Italy(이탈리아)의 합성어를 이름으로 삼은 이탈리(Eataly)는 세계적인 식품 브랜드로, 2019년 4월 오픈했다. 프랑스에서조차 찾기 어려운 이탈리아 식료품을 구매할 수 있으며, 이탈리아 현지에서 느낄 수 있는 '진짜' 에스프레소와 피자, 와인, 젤라토, 치즈 등을 맛볼 수 있어 파리에서 이탈리아를 한껏 느낄 수 있는 곳이다.

◎ MAP P.398F
ⓖ 구글 지도 GPS 48,858606, 2,354285 ⓐ 찾아가기 메트로 1·11호선 오텔 드 빌(Hôtel de Ville) 역에서 도보 3분 ⓢ 주소 37 Rue Sainte-Croix de la Bretonnerie, 75004 Paris ⓣ 전화 01-83-65-81-00 ⓞ 시간 일~수요일 10:00~22:30, 목~토요일 10:00~23:00 ⓗ 홈페이지 www.eataly.net/fr_fr/magasins/paris-marais

31 베아쉬베 백화점
BHV
베아쉬베

베아쉬베 백화점은 리빙이나 디자인, 문구, 인테리어 제품 등의 제품에 '전문화'된 백화점이다. 파리지앵들이 셀프 인테리어를 할 때 공구를 사기 위해 즐겨 찾는 곳이다.

◎ MAP P.398J
ⓖ 구글 지도 GPS 48,85746, 2,3533 ⓐ 찾아가기 시청 광장에서 시청을 바라보고 왼쪽 리볼리 거리(Rue de Rivoli) 건너 바로 맞은편에 위치 ⓢ 주소 52 Rue de Rivoli, 75004 Paris ⓣ 전화 09-77-40-14-00 ⓞ 시간 월~토요일 10:00~20:00, 일요일 11:00~19:30 ⓗ 홈페이지 www.bhv.fr

Tip 백화점 옥상에 루프톱 바 페르슈아(Le Perchoir) 마레점이 있다. 운영 시간은 수~토요일 20:00~01:00지만 유동적이고 동절기에는 운영하지 않는다.

32 마리아주 프레르
Mariage Frères
마히아쥬 프헤흐

프랑스에 처음으로 홍차를 소개한 홍차 전문 브랜드로 한국에서도 직구를 할 만큼 널리 알려져 있다. 450종 이상의 차를 보유하고 있으며 매장 혹은 슈퍼마켓에서도 구매할 수 있다. 가장 유명한 홍차는 마르코 폴로와 웨딩 임페리얼로 선물 세트로 마련하기에 좋다.

◎ INFO P.250 ◎ MAP P.398J
ⓖ 구글 지도 GPS 48,857853, 2,356386 ⓐ 찾아가기 메트로 1·11호선 오텔 드 빌(Hôtel de Ville)에서 도보 4분 ⓢ 주소 35 Rue du Bourg Tibourg, 75004 Paris ⓣ 전화 01-42-72-28-11 ⓞ 시간 티 엠포리움 10:30~19:30, 레스토랑 & 티 살롱 12:00~19:00 ⓗ 홈페이지 www.mariagefreres.com

33 프랑부르주아 거리
Rue des Francs-Bourgeois
휘 데 프헝-부흐주아

마레 지구에서 가장 번화한 길로 다양한 상점들이 줄지어 있다. 여성·남성 의류점은 물론 화장품, 신발, 향수, 안경, 주얼리 등 유명한 브랜드의 매장은 대부분 프랑부르주아 거리에서 찾아볼 수 있다. 평소에도 쇼핑을 즐기는 파리지앵을 많이 볼 수 있지만, 크리스마스 시즌에는 줄을 서서 지나가야 할 정도다.

◎ MAP P.398F·399K
ⓖ 구글 지도 GPS 48,85688, 2,36293 ⓐ 찾아가기 카르나발레 박물관 바로 앞. 상점이 많은 번화한 거리 ⓢ 주소 Rue des Francs-Bourgeois, 75003 Paris

34 메르스리 파리지엔 수예 재료 판매점
La Mercerie Parisienne
라 메흐쓰히 빠히지엔느

프랑부르주아 거리에 위치한 수예 재료 판매점으로, 건물 안쪽에 위치해 그냥 지나치기 쉽다. 아늑한 안뜰 쪽에 있기 때문에 편안한 분위기를 자아내고, 다양한 수예 재료를 갖추어 수예를 즐기는 사람들에게는 보석 같은 장소다.

◎ MAP P.399K
ⓖ 구글 지도 GPS 48,85674, 2,36367 ⓐ 찾아가기 프랑부르주아 거리 8번지 건물 앞에서 안뜰 쪽으로 걸어 들어가야 보인다. ⓢ 주소 8 Rue des Francs-Bourgeois, 75003 Paris ⓣ 전화 01-48-87-58-98 ⓞ 시간 10:30~19:00 ⓧ 휴무 일요일 ⓗ 홈페이지 www.lamercerieparisienne.com/fr

35 딥티크
Diptyque
딥띠끄

프랑스에서 가장 잘나가는 향초 및 방향 제품 전문 매장으로, 중요한 선물이 필요할 때 들르면 좋다. 이곳에서만 찾아볼 수 있는 향기로 만든 다양한 향초 중에서도 불가리안 로즈 향의 베이(Baies)가 베스트셀러다. 우아한 디자인으로 고급스러운 느낌을 주므로 선물용으로 탁월한 선택이 될 것이다.

◎ MAP P.399K
ⓖ 구글 지도 GPS 48,8567, 2,36365 ⓐ 찾아가기 프랑부르주아 거리 8번지에 위치 ⓢ 주소 8 Rue des Francs-Bourgeois, 75003 Paris ⓣ 전화 01-48-04-95-57 ⓞ 시간 월·일요일 11:00~19:00, 화~토요일 10:30~19:30 ⓗ 홈페이지 www.diptyqueparis.com

36 메종 플리송
Maison Plisson
메종 쁠리송

보마르셰 거리에 위치한 프리미엄 슈퍼마켓 겸 레스토랑이다. 이곳의 식재료는 맛과 신선도를 최우선으로 하고 지역 특산물과 소규모 생산자의 제품을 우대하는 메종 플리송의 철학이 담긴 제품이다. 간단하게 먹기 좋은 바삭하고 고소하고 신선한 샐러드도 추천한다.

ⓘ INFO P.174, 249 ⓜ MAP P.399H
구글 지도 GPS 48.85955, 2.36729 찾아가기 메르시 편집숍에서 나와 오른쪽으로 꺾어 도보 약 1분 주소 93 Boulevard Beaumarchais, 75003 Paris 전화 01-71-18-19-09 시간 월~토요일 08:30~21:00, 일요일 08:30~20:00 홈페이지 www.lamaisonplisson.com

37 메르시
Merci
메흐씨

프랑스 럭셔리 아동복 브랜드 '봉쁘앙(Bonpoint)'의 창립자 베르나르와 마리프랑스 코헨이 2009년 오픈했다. 의류부터 주얼리, 가구, 조명, 디자인 소품, 문구 등 다양하고 특별한 제품을 판매한다. 지상 1층에는 분위기 있는 카페가 있고, -1층에는 건강하고 균형 잡힌 식사를 할 수 있는 레스토랑이 있다.

ⓘ INFO P.230 ⓜ MAP P.399H
구글 지도 GPS 48.8608, 2.36698 찾아가기 메트로 8호선 생세바스티앙 푸아사르(Saint-Sébastien–Froissart) 역내 계단 왼쪽 출구 이용 후 역을 나와 뒤쪽으로 돌아 1분 정도 걸어가면 오른쪽에 위치 주소 111 Boulevard Beaumarchais, 75003 Paris 전화 01-42-77-00-33 시간 월~목요일 10:30~19:30, 금·토요일 10:30~20:00, 일요일 11:00~19:30 홈페이지 www.merci-merci.com/fr

38 보마르셰 거리
Boulevard Beaumarchais
불바흐 보마흐셰

마레 지구 끝자락에 위치해 있던 보마르셰 거리에는 원래 악기 판매상과 오토바이 판매상이 즐비했던 곳이다. 2009년 메르시 편집숍이 오픈한 이후로 아페쎄(A.P.C), 메종 키츠네(Maison Kitsuné), 봉통(Bonton) 등의 브랜드에서 앞다퉈 매장을 오픈했으며 다양한 레스토랑과 바가 자리 잡고 있다.

ⓘ INFO P.091 ⓜ MAP P.399H · L
구글 지도 GPS 48.86107, 2.36708 찾아가기 메트로 8호선 생세바스티앙 푸아사르(Saint-Sébastien–Froissart) 역에서 나오면 보이는 대로 주소 Boulevard Beaumarchais, 75003 Paris

---

39 파비앙 브루바르 사진관
Images & Portraits / Fabien Breuvart Photographie
이마쥬 & 뽀흐트헤 / 파비앙 포토그하피

마르셰 데 장팡 루주 시장 안에 위치한 사진관이다. 비록 스튜디오는 아니지만 인물 사진을 찍을 수 있으며, 파리에 관련된 오래된 사진 작품이나 익명의 인물 사진, 이미지, 오래된 엽서 등을 구매할 수 있다. 정리되지 않은 듯한 디스플레이가 마치 오래된 서점에 들어선 듯한 느낌을 풍긴다.

ⓜ MAP P.399C
구글 지도 GPS 48,86276, 2.36227 찾아가기 마르셰 데 장팡 루주 시장 내부에 위치 주소 37 Rue Charlot, 75003 Paris 전화 06-65-23-95-03 시간 수~토요일 11:00~19:00, 일요일 11:00~17:00 휴무 월·화요일

40 더 브로큰 암
The Broken Arm
더 브로큰 암

편집매장과 카페가 벽 하나를 사이에 두고 나란히 자리한다. 깔끔한 크림색 외벽은 더 브로큰 암의 상징으로, 지상 1층과 지하 1층의 매장에서는 의류, 액세서리, 디자인 북 등을 판매하고, 매장 한켠에 입점한 드리밍 맨(Dreamin Man) 카페에서 파리 힙스터들을 만날 수 있다.

ⓘ INFO P.232 ⓜ MAP P.399C
구글 지도 GPS 48,86469, 2.36157 찾아가기 메트로 3호선 탕플(Temple) 역에서 오른쪽 길 건너편 모노프리(Monoprix) 슈퍼마켓 쪽으로 길을 건너 오른쪽으로 꺾는다. 왼쪽 첫 번째 길에서 꺾어 오른쪽 두 번째 길로 꺾는다. 탕플 스퀘어 공원 맞은편 길 끝에 있다. 주소 12 Rue Perrée, 75003 Paris 전화 01-44-61-53-60 시간 화~토요일 11:00~19:00 휴무 월·일요일 홈페이지 www.the-broken-arm.com

41 꼬달리 부티크 스파
Caudalie Boutique Spa
꼬달리 부띠끄 스빠

포도의 유익한 성분만 이용해 제품을 만드는 것으로 한국에도 잘 알려진 꼬달리에서 운영하는 부티크 스파. 꼬달리 제품으로 얼굴과 전신 관리를 받을 수 있다. 안티에이징, 미백, 수분 보충 등의 관리를 50여 분간 받을 수 있다.

ⓜ MAP P.399K
구글 지도 GPS 48,856693, 2.363764 찾아가기 프랑브루주아 거리 8번지에 위치. 메트로 1호선 생폴(Saint-Paul) 역에서 도보 5분 주소 Caudalie Boutique SPA, 8 Rue des Francs-Bourgeois, 75003 Paris 전화 01-44-78-11-61 시간 10:00~19:00 휴무 월요일 가격 얼굴 관리 50분 €95~, 전신 관리 50분 €95~ 홈페이지 http://fr.caudalie.com/boutique-caudalie-le-marais

AREA

08 GARE DE LYON
[리옹 역에서 바스티유까지 : 11 · 12구]

조금 더 알고 싶은 파리

에펠탑, 샹젤리제 거리, 시테섬 등 로맨틱하고 고풍스러운 파리를 눈에 담았다면 대중적이고 서민적인 파리의 모습을 고스란히 간직한 바스티유 광장 근처로 가보자. 프랑스혁명이 일어난 1789년, 시민들이 바스티유 감옥을 점령했고, 얼마 지나지 않아 감옥은 흔적도 없이 사라졌지만, 광장 가운데 세운 혁명 기념탑이 그 정신을 기리고 있다.

MUST SEE
이것만은 꼭 보자!

№. 1
나만 알고 싶은 숨겨진 안뜰
파사주 롬므

MUST EAT
이것만은 꼭 먹자!

№. 1
예술적인 식사를 경험하자!
세팀

MUST DO
이것만은 꼭 해보자!

№. 2
시장에서 저녁 재료 준비를!
알리그르 시장

№. 1
핫한 클럽에서 신나게 몸 풀기
바다붐

ASTILLE

리옹 역~바스티유 교통 한눈에 보기

기준역 ★ 리옹 역 Paris Gare de Lyon

❶ 바스티유 Bastille `1호선`
- **시간** 1정거장, 2분

❷ 레 알 Les Halles `RER A선, 14호선`
- **시간** 1정거장, 2분
- **Tip** 메트로 4호선(레 알), 14호선(샤틀레), RER A·B선(샤틀레 레 알)은 비교적 서로 가까이 있어 환승하기 좋다.

❸ 오페라 Opéra `RER A선`
- **시간** 9분, 2정거장
- **Tip** 오페라 역 내에서 RER A선이 다니는 오베르(Auber) 역으로 이동해야 한다.

❹ 샹 드 마르스 투르 에펠 Champ de Mars-Tour Eiffel `RER C선`
- **시간** 비블리오테크 프랑수아 미테랑 역에서 14호선 환승, 8정거장, 23분

❺ 몽파르나스 Montparnasse Bienvenüe `4호선`

❻ 플라스 디탈리 Place d'Italie `6호선`
- **시간** 샤틀레 역에서 14호선 환승 8정거장, 12분

❼ 북역 Gare du Nord `RER D선`
- **시간** 베르시(Bercy) 역에서 14호선 환승, 5정거장, 6분
- **시간** 2정거장, 9분

리옹 역에서 바스티유까지, 이렇게 여행하자

파리의 대중적인 면모를 둘러보는 코스인 만큼 메트로보다는 걸으면서 얻는 것이 더 많다. 특히 바스티유 근처에는 건물과 건물 사이에 예쁜 안뜰이 자리한 경우가 많다. 포부르 생탄투안 거리(Faubourg Saint-Antoine), 샤론 거리(Rue de Charonne), 로케트 거리(Rue de la Roquette)에서는 사이사이 골목길과 건물 사이 안뜰을 주의 깊게 살펴보자. 여행객들은 모르는 나만의 골목길을 찾아낼 수 있을 것이다. 포부르 생탄투안 거리에서는 대형 브랜드 숍이 들어서 쇼핑하기에 편하고, 샤론과 라프 거리(Rue de Lappe)에는 레스토랑과 바들이 밀집해 나이트라이프를 즐기기에 좋다.

여행 이동 정보

걷기 거리 사이사이 골목에 아기자기하고 예쁜 곳이 많아 걸어 다니며 둘러보기 좋다. 구역이 넓지 않아 쉽게 돌아볼 수 있다.

자전거 대여 걷기 좋은 코스지만, 자전거를 타며 이동하기에도 좋은 코스다. 벨리브 정거장이 많은 만큼 조금 지치기 시작할 때 벨리브 자전거를 이용해서 걷는 시간을 줄이는 것도 방법이다.

415

메종 랑드멘 볼테르
Maison Landemaine Voltaire 1권 P.194

까르푸 시티
Carrefour City

샤론 역
Charonne

Rue de Charonne

바다붐
Badaboum P.421

세팀 라 카브
Septime La Cave

클라마토
Clamato

포즈 카페
Pause Café P.421

파리 하노이
Paris Hanoï P.420

세팀
Septime P.420

퓌르 카페
Le Pure Café

파사주 롬므
Passage l'Homme P.419

샬레 사보야르
Le Chalet Savoyard

샤르드누
Le Chardenoux P.420

파티스리 시릴 리냐크
La Pâtisserie Cyril Lignac P.420

Rue de Charonne

뫼뉴
Menue

비스트로 폴 베르
Bistrot Paul Bert

포부르 생탄투안 거리
Rue du Faubourg Saint-Antoine P.421

무지
Muji

모노프리
Monoprix

유니코
Unico

레드뤼롤랭 역
Ledru-Rollin

이스트 마마
East Mamma

폴 베르 6번지
Le 6 Paul Bert

노마드 카페
Nomade Café

맥도날드
McDonald's

포부르 생탄투안 거리
Rue du Faubourg Saint-Antoine P.421

페데르브샬리니 역
Faidherbe - Chaligny

레 카브 드 프라그
Les Caves de Prague

토메트(와인 바)
Tomette

Rue Faidherbe

불랑제리 보
Boulangerie bo

바롱 루주(와인 바)
Le Baron Rouge P.420

타블 달리그르
La Table d'Aligre P.420

프랑프리
Franprix

알리그르 광장
La Place d'Aligre

알리그르 시장
Marché d'Aligre P.419

생탄투안 병원
Hôpital Saint-Antoine

알리그르 벼룩시장
Puces d'Aligre 1권 P.244

Rue Crozatier

Rue de Charenton

쿨레 베르트 산책길
Coulée verte René-Dumont P.418

우체국
La Poste

우체국
La Poste

Avenue Daumesnil

파리 리옹 역
Gare de Lyon P.418

파리 리옹 역
Paris Gare de Lyon

색다른 파리를 좀 더 알아보는 코스

파리에서 가장 대중적이고 규모가 큰 시장 중 하나인 알리그르 시장에 들러보는 코스. 과일, 채소, 꽃, 커피 등 다양한 물건을 매우 저렴한 가격에 구매할 수 있어 파리지앵에게 사랑받는다. 전체적으로 11, 12구에는 바와 레스토랑이 많고, 특히 라프 거리 주변으로는 펍이나 바가 밀집해 시끌벅적한 저녁을 보내기에 안성맞춤이다.

S 리옹 역
Paris Gare de Lyon

아름다운 시계탑이 있는 리옹 역은 기차역과 RER, 메트로 등의 교통수단이 모인 교통 요지다. 조금 복잡해 보일 수 있지만 디드로 거리(Boulevard Diderot)로 나가는 출구를 이용하면 된다.

→ 시계탑을 등에 두고 길을 건너 오른쪽 디드로 거리(Boulevard Diderot)를 따라 5분 정도 걸으면 이비스 호텔이 있는 사거리 다리 밑으로 산책길 입구가 있다. →
쿨레 베르트 산책길 도착

● TIP
멀지 않은 곳에 있는 아기자기하고 예쁜 크레미유 거리(Rue Crémieux)에 사진을 찍으러 가는 것도 추천한다.

1 쿨레 베르트 산책길
Coulée Verte René-Dumont

기찻길로 쓰이던 선로를 재정비해서 조성한 산책길이다. 꽤 멀리까지 이어져 있으니 시간이 있다면 천천히 걸어보는 것도 좋다.

→ 쿨레 베르트에서 내려와 도보 5분 →
알리그르 시장 도착

● TIP
쿨레 베르트 산책길 입구와 계단이 한적한 편이다. 혼자 여행한다면 되도록 빨리 걸어 올라가자.

● TIP
꼭 산책길을 돌아봐야 할 필요는 없지만, 가게 된다면 바스티유 방향보다는 그 반대편으로 산책하는 것이 더욱 볼거리가 많다.

2 알리그르 시장
Marché d'Aligre Beauvau

파리의 시장 중에서도 가장 분위기가 활기찬 시장이다. 다양한 물건과 저렴한 가격으로 항상 사람이 많다.

→ 시장 끝까지 이동한 후 포부르 생탕투안 거리(Rue du Faubourg Saint-Antoine)에 들어서 트루소 거리(Rue Trousseau)로 들어가 직진. 샤론 거리(Rue de Charonne)에 도착하면 오른쪽으로 꺾어 걷는다. → **셉팀 도착**

3 셉팀
Septime

모던하고 창의적인 메뉴의 미슐랭 1스타 레스토랑.

→ 레스토랑에서 나와 왼쪽으로 꺾어 샤론 거리를 따라 5분. 28번지 바로 옆에 입구가 있다. → **파사주 롬므 도착**

4 파사주 롬므
Passage l'Homme

바스티유 근처 파사주와 골목의 안뜰 중에 가장 아름다운 곳.

→ 파사주에서 나와 왼쪽으로 1분 정도 걸으면 라프 거리(Rue de Lappe) 입구가 있다. → **라프 거리 & 로케트 거리 도착**

5 라프 거리 & 로케트 거리
Rue de Lappe & Rue de la Roquette

바와 펍이 밀집해 외국인부터 파리의 젊은이들까지 많은 사람이 모인다.

→ 로케트 거리에서 바스티유 광장 쪽으로 이동. 메트로 입구 오른쪽 건물 2개의 카페 사이에 입구가 있다. → **다모아 안뜰 도착**

코스 무작정 따라하기
START

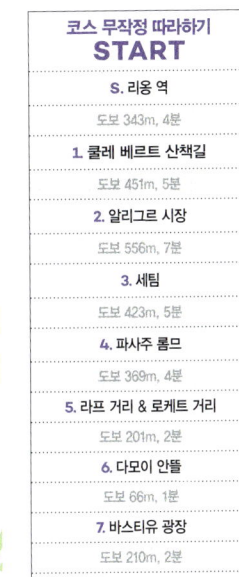

S. 리옹 역	
도보 343m, 4분	
1. 쿨레 베르트 산책길	
도보 451m, 5분	
2. 알리그르 시장	
도보 556m, 7분	
3. 셉팀	
도보 423m, 5분	
4. 파사주 롬므	
도보 369m, 4분	
5. 라프 거리 & 로케트 거리	
도보 201m, 2분	
6. 다모이 안뜰	
도보 66m, 1분	
7. 바스티유 광장	
도보 210m, 2분	
F. 아르스날 항구	

- 분위기 ★★★☆ 대중적이고 서민적인 분위기
- 이동 편리성 ★★★★☆ 걸어 다녀야 좋은 코스
- 볼거리 ★★★☆☆ 파리지앵의 삶 속으로!
- 식도락 ★★★★★ 넘쳐나는 맛집
- 쇼핑 ★★★☆☆ 군데군데 위치한 숍들 들러보기
- 액티비티 ★★★☆☆ 쿨레 베르트 산책하기

F 아르스날 항구
Port de l'Arsenal

센강과는 분위기가 또 다른 항구. 오후부터 저녁까지 파리지앵들이 삼삼오오 모여 피크닉을 즐긴다.

6 다모이 안뜰
Cour Damoye

시끌벅적한 광장 옆에 숨은 조용한 안뜰.
→ 다모이 안뜰에서 나와 바로 → 바스티유 광장 도착

7 바스티유 광장
Place de la Bastille

프랑스혁명의 중심지. 혁명 기념탑이 그 정신을 이어받고 있다.
→ 바스티유 거리(Boulevard de la Bastille)에 들어서서 항구 쪽으로 내려간다.
→ 아르스날 항구 도착

ZOOM IN

리옹 역에서 바스티유까지

리옹 역에서 시작해 알리그르 시장을 거쳐 샤론 거리, 라프 거리, 바스티유까지 이어지는 그리 길지 않은 코스다. 코스는 최소 시간으로 잡았지만 마음에 드는 골목이 있다면 지나치지 말고 돌아가도 좋다. 조용한 거리도 많은 반면 활기가 넘치는 길도 많아 다양한 분위기가 조화를 이룬다.

1 리옹 역
Paris Gare de Lyon
빠히 갸흐 드 리옹

1849년 문을 연 리옹 역은 파리에서 리옹, 그르노블, 마르세유, 니스 같은 프랑스 동남부 지방을 주로 연결하며, 제네바, 밀라노, 바르셀로나 같은 주변 국가의 도시까지 이동하는 기차가 정차하는 역이다. 리옹 역 외부에는 아름다운 시계가 있는 탑이 아직까지도 여행객들에게 시간을 알려준다.

ⓘ INFO P.095 ⓜ MAP P.415K
구글 지도 GPS 48.8457, 2.373 찾아가기 메트로 1·14호선 리옹(Gare de Lyon) 역 디드로 거리(Boulevard Diderot) 출구에서 리옹 역 앞 광장으로 나간다. 주소 20 Boulevard Diderot, 75012 Paris 전화 08-92-35-35-35 시간 04:45~01:30 홈페이지 www.gares-sncf.com

2 크레미유 거리
Rue Crémieux
휘 크헤미외

크레미유 거리에 도착하면 파리에서 런던의 작은 동네를 보는 듯한 느낌이 들 것이다. 색색으로 칠한 귀엽고 아기자기한 집들이 모여 있어 사진 찍기에 좋다. 길은 약 150m로 짧지만 리옹 역에서 가까워 한번 들러볼 만하다.

ⓘ INFO P.095 ⓜ MAP P.414J
구글 지도 GPS 48.84735, 2.37162 찾아가기 리옹 역 바로 앞 삼거리에서 길을 건너 리옹 거리(Rue de Lyon) 홀수 번지 길에 들어서 170m 정도 이동한 후 홀리데이 인 파리 호텔을 지나 바로 주소 Rue Crémieux, 75012 Paris

3 쿨레 베르트 산책길
Coulée verte René-Dumont
꿀레 베흐뜨 흐네-뒤몽

서울 연남동 경의선 철길, 서울로 7017 등 서울에도 도시 재생 사업의 바람이 불기 시작한 것처럼 파리 12구 리옹 역 근처에는 1859년부터 철길로 쓰이던 고가를 철거하고 지은 쿨레 베르트 산책길이 있다. 1993년 완공되어 4.7km에 달하는 길이의 공원으로, 근처 주민들에게 많은 사랑을 받고 있다. 프롬나드 플랑테(Promenade Plantée)로 더 잘 알려졌으며, 초록색 오솔길이 도심에서 자연을 느낄 수 있는 쉼터가 되어 주중, 주말 모두 조깅이나 산책을 하는 사람들이 많다. 산책길 아래에는 아치형 부티크가 들어서 있는데, 액세서리나 예술 작품, 인테리어 소품 등을 판매하는 상점이 주를 이룬다.

ⓘ INFO P.095 ⓜ MAP P.415K
구글 지도 GPS 48.84699, 2.37642 찾아가기 리옹 역 시계탑을 등에 두고 길을 건너 오른쪽 디드로 거리(Boulevard Diderot)를 따라 5분 정도 걸으면 이비스 호텔이 있는 사거리 다리 밑으로 산책길 입구가 있다. 주소 217 Avenue Daumesnil, 75012 Paris 전화 01-53-40-60-80 시간 여름 월~금요일 08:00~21:30, 토·일요일 09:00~21:30 / 겨울 월~금요일 08:00~17:30, 토·일요일 09:00~17:30 홈페이지 http://en.parisinfo.com/paris-museum-monument/71237/Coulee-verte-Rene-Dumont

4 라프 거리 & 로케트 거리
Rue de Lappe, Rue de la Roquette
휘 드 라쁘, 휘 드 라 호께뜨

로케트 거리와 샤론 거리를 잇는 라프 거리에는 바와 레스토랑이 즐비하게 들어서 있으며, 프랑스인들도 많지만 주로 외국인들이 많이 이용한다. 19세기 중반부터 무도회장이나 카바레 같은 유흥 상점이 들어서기 시작해 오늘날 파리의 대표적인 유흥 지역 중 한 곳이 되었다.

ⓜ MAP P.414B
구글 지도 GPS 48.85427, 2.37154 찾아가기 메트로 1·5·8호선 바스티유(Bastille) 역 바스티유 광장에서 로케트 거리와 연결 주소 Rue de Lappe, Rue de la Roquette, 75011 Paris

5 알리그르 시장
Marché Beauvau - Marché d'Aligre
마흐셰 보보–마흐셰 달리그흐

작은 마을과도 같은 분위기의 알리그르 시장은 알리그르 광장을 중심으로 형성되었으며, 다양한 물건과 저렴한 가격으로 모든 파리 지역에서 일부러 찾아오는 시장으로 유명하다. 원래 명칭은 마르셰 보보, 마르셰 달리그르이며 알리그르 광장에 위치한 1843년에 세운 건축물이 지금도 자리를 지키고 있다. 보보 시장은 내부에서 열리는 상설 시장으로, 주로 수산물, 치즈 등의 물건을 판매하며 외부에서 열리는 알리그르 시장과 다르게 오전과 오후 모두 문을 연다. 알리그르 광장에는 벼룩시장이 열려 저렴한 가격에 재미있는 아이템을 찾아볼 수 있다.

ⓘ **INFO** P.095, 238 ◎ **MAP** P.415G
ⓖ 구글 지도 **GPS** 48.84959, 2.37862 ⓒ 찾아가기 쿨레 베르트에서 나와 왼쪽으로 돌아 샤랑통 거리(Rue de Charenton)에 들어서 왼쪽으로 꺾는다. 조금 걷다 오른쪽 첫 번째 길로 꺾으면 알리그르 광장으로 가는 알리그르 거리에 도착한다. ⓣ **시간** 실내 시장 화~금요일 09:00~13:00, 16:00~19:30, 토요일 09:00~13:00, 15:30~19:30, 일요일 09:00~13:30 / 실외 시장 화~금요일 07:30~13:30, 토 · 일요일 07:30~14:00 ⓔ **휴무** 월요일 ⓗ **홈페이지** http://en.parisinfo.com/shopping-paris/93225/Marche-Beauvau-Marche-d-Aligre

6 다모이 안뜰
Cour Damoye
꾸흐 다모이

바스티유 광장 근처에 위치하며 혼잡한 바깥 분위기와는 달리 조용하고 아늑한 안뜰이라 밖에서는 이러한 길이 있다는 것을 상상하기 힘들다. 내부에는 카페, 아틀리에, 스튜디오 등과 같은 가게가 있고, 주민들이 거주하기 때문에 저녁에는 문을 닫는다. 고소한 커피 향을 다모이 안뜰 한가득 풍기는 '아틀리에 드 토레팍시옹(L'atelier de Torréfaction)'에서 커피 한잔을 즐겨보자.

ⓘ **INFO** P.094 ◎ **MAP** P.414B
ⓖ 구글 지도 **GPS** 48.85361, 2.37005 ⓒ 찾아가기 바스티유 광장 메트로 입구 오른쪽 건물 2개의 카페 사이로 다모이 안뜰의 입구가 보인다. ⓐ **주소** Cour Damoye, 75011 Paris ⓣ **시간** 08:00~21:00(아틀리에 드 토레팍시옹 11:00~19:00, 일요일 12:00~19:00)

7 파사주 롬므
Passage l'Homme
빠싸쥬 롬므

바스티유 지역 주변에는 작은 파사주와 골목길, 건물과 건물 사이에 위치한 안뜰 등이 자주 눈에 띈다. 그중에서도 가장 아름다운 파사주 롬므는 라프 거리에서 샤론 거리 초입에 위치하며, 입구가 작기 때문에 그냥 지나치실 수도 있다. 18세기 건물과 무성한 나무들, 넝쿨이 마치 이곳에서 시간이 멈춘 듯한 느낌이 들게 한다. 악기를 만들거나 거울, 가구 등을 제조하는 공장이 있던 곳으로, 아직도 그 당시의 간판이나 상점 이름 등을 찾아볼 수 있다. 남다른 기념사진을 찍고 싶다거나 색다른 장소를 찾고 있다면 꼭 방문해야 하는 곳이다.

ⓘ **INFO** P.094 ◎ **MAP** P.415C
ⓖ 구글 지도 **GPS** 48.8531, 2.37546 ⓒ 찾아가기 샤론 거리 28번지 바로 옆에 입구가 있다. ⓐ **주소** Passage l'Homme, 75011 Paris
Tip 저녁에는 문을 닫을 수도 있으니 낮에 가는 것이 좋다.

8 오페라 바스티유
Opéra Bastille
오뻬하 바스띠이

오페라 가르니에와 함께 국립 오페라 극장이다. 1989년 프랑스혁명 발발 200주년을 기념해 세웠으며, 모던한 외관이 눈길을 사로잡는다. 2700여 석 규모로 주로 오페라와 발레 공연이 열린다. 오페라 바스티유 앞 광장은 젊은 이들의 약속 장소로 이용되며, 버스킹이 열릴 때도 있다.

ⓘ **INFO** P.267 ◎ **MAP** P.414B
ⓖ 구글 지도 **GPS** 48.85243, 2.3702 ⓒ 찾아가기 메트로 바스티유(Bastille) 역에서 바스티유 광장 · 오페라 바스티유 출구 이용 ⓐ **주소** Place de la Bastille, 75012 Paris ⓟ **전화** 08-92-89-90-90 ⓣ **시간** 9/1~7/16(내부 투어 가능, 예매 필수) ⓔ **휴무** 1/1, 5/1, 7/16~8/31 ⓟ **가격** €17/개인 투어, 프랑스어 가이드) ⓗ **홈페이지** www.operadeparis.fr

9 바스티유 광장
Place de la Bastille
쁠라스 드 라 바스띠이

역사 깊은 광장이지만, 당시의 흔적은 찾아볼 수 없다. 1840년 혁명을 기념하기 위해 세운 7월 기념탑이 탑 맨 끝에 위치한 자유의 정령과 함께 자리를 지키고 있을 뿐이다. 프랑스의 권력을 상징하던 바스티유 감옥이 위치하던 곳으로, 오늘날에도 다양한 문화 행사가 광장 근처에서 열리며, 각종 파업에 따른 행진의 시작점이기도 하다. 감옥의 흔적은 메트로 바스티유 5호선 보비니 방향 플랫폼에 일부가 전시되어 있어, 원한다면 메트로를 이용할 때 쉽게 찾을 수 있다.

ⓘ MAP P.414B
구글 지도 GPS 48,85318, 2,36914 찾아가기 메트로 1·5·8호선 바스티유(Bastille) 역에서 바스티유 광장·오페라 바스티유 출구 이용 주소 Place de la Bastille, 75011 Paris

10 바스티유 시장
Marché Bastille
마흐셰 바스띠이

바스티유 광장 바로 옆에 위치해 찾아가기 쉽다. 리샤르 르누아르(Boulevard Richard Lenoir) 거리를 따라 길게 늘어선 정기 시장이다. 파리에서 가장 큰 시장 중 하나로 꼽히며 정육점, 치즈 가게, 채소 가게, 과일 가게, 꽃집 등 다양한 제품을 취급하는 가게가 있다.

ⓘ INFO P.241 ⓘ MAP P.414B
구글 지도 GPS 48,855056, 2,369917 찾아가기 메트로 1·5·8호선 바스티유(Bastille) 역에서 리샤르 르누아르 거리 쪽으로 도보 2분 주소 Marché Bastille, Boulevard Richard Lenoir, Paris 75011 시간 목요일 07:00~13:30, 일요일 07:00~14:30 휴무 월~수·금·토요일

11 아르스날 항구
Port de l'Arsenal
뽀흐 드 라흑쓰날

바스티유 광장 근처의 작은 항구로 센강과 생마르탱 운하를 연결한다. 상품이나 화물을 운반하는 항구로 쓰였으나 1980년대 후반부터는 요트와 유람선 항구로 활용된다. 강아지와 산책하는 파리지앵의 모습이 눈에 띄며, 늦은 오후에는 친구들과 모여 맥주 한잔을 즐기는 모습을 볼 수 있다.

ⓘ INFO P.094 ⓘ MAP P.414B
구글 지도 GPS 48,85158, 2,36914 찾아가기 오페라 바스티유 정문을 등지고 바스티유 광장을 바라본 다음 왼쪽 길을 따라 이동하면 항구가 보인다. 주소 Esplanade du Port de l'Arsenal, 75004 Paris 홈페이지 http://en.parisinfo.com/transport/73151/Port-de-l-Arsenal

12 타블 달리그르
La Table d'Aligre
라 따블 달리그흐

알리그르 시장 중심부에 있으며 가장 신선한 재료를 사용한다. 다양한 방법으로 요리된 신선한 생선 요리를 맛볼 수 있고 조개류, 갑각류 등의 해산물 요리를 즐길 수 있는 곳이다. 유리창 너머 셰프와 그의 팀이 요리하는 것을 볼 수 있어 더욱 믿음이 간다.

ⓘ INFO P.173 ⓘ MAP P.415G
구글 지도 GPS 48,849153, 2,378548 찾아가기 메트로 8호선 레드뤼롤랑(Ledru-Rollin) 역에서 알리그르 시장으로 가는 길에 위치 주소 11 Place d'Aligre, 75012 Paris 전화 01-43-07-84-88 시간 12:00~15:00, 19:00~23:00 휴무 일요일 홈페이지 www.tabledaligre.com

13 바롱 루주
Le Baron Rouge
르 바홍 후즈

알리그르 시장 한쪽에 위치해 장을 보러 오는 파리지앵들에게 지나칠 수 없는 약속의 장소다. 시장 특유의 복작복작한 분위기가 정겨운 곳이며, 일요일에는 신선한 굴과 맛 좋은 샹세르 화이트 와인을 맛볼 수 있다. 예약은 받지 않고, 카드는 €20부터 가능하다.

ⓘ INFO P.186 ⓘ MAP P.415G
구글 지도 GPS 48,849483, 2,377367 찾아가기 메트로 8호선 레드뤼롤랑(Ledru-Rollin) 역에서 알리그르 시장으로 가는 길에 위치 주소 1 Rue Théophile Roussel, 75012 Paris 전화 01-43-43-14-32 시간 월요일 17:00~22:00, 화~금요일 10:00~14:00·17:00~22:00, 토요일 10:00~22:00, 일요일 10:00~16:00 홈페이지 http://lebaronrouge.net

14 세띰
Septime
쎄띰

모던하고 창의적인 메뉴가 주를 이루는 세띰은 미슐랭 1스타에 빛나는 레스토랑이다. 셰프 베르트랑 그레보(Bertrand Grébaut)가 진두지휘하며 파리의 미식 문화의 새로운 시대를 열었다는 평가를 받는다.

ⓘ INFO P.160 ⓘ MAP P.415D
구글 지도 GPS 48,85357, 2,38073 찾아가기 알리그르 거리에서 생탄투안 거리를 건너 투루소 거리를 따라 직진한 후 샤론 거리에서 오른쪽으로 꺾어 80번지에 위치 주소 80 Rue de Charonne, 75011 Paris 전화 01-43-67-38-29 시간 12:15~14:00, 19:30~23:00 휴무 토·일요일 가격 런치 €70~, 디너 €120~ 홈페이지 www.septime-charonne.fr

15 샤르드누
Le Chardenoux
르 샤흐드누

프랑스 톱 셰프 시릴 리냐크의 프렌치 레스토랑으로 미슐랭 스타 셰프의 요리를 적정한 가격에 맛볼 수 있다. 샤르드누가 자리한 비스트로는 1908년 문을 열어 프랑스 역사적 기념물로 등록되어 있다.

MAP P.415D
구글 지도 **GPS** 48.852766, 2.384930 찾아가기 알리그르 시장에서 샤론 거리로 가는 트루소 거리에서 오른쪽 두 번째 길(Rue Charles Delescluze)에서 꺾어 약 400m 직진하면 왼쪽에 있다. 주소 1 Rue Jules Vallès, 75011 Paris 전화 01-43-71-49-52 시간 12:30~14:30, 19:30~23:00 가격 €26~ 홈페이지 www.restaurantlechardenoux.com

16 파티스리 시릴 리냐크
La Pâtisserie Cyril Lignac
라 빠띠쓰히 씨힐 리냐크

부드러운 케이크와 신선한 빵으로 문을 닫기 전 매진되므로 일찍 찾아가는 것이 좋다. 바닐라를 넣은 초콜릿 케이크와 럼을 넣은 카스텔라의 일종인 바바오럼이 유명하다.

INFO P.199 MAP P.415D
구글 지도 **GPS** 48.8526, 2.38501 찾아가기 알리그르 시장에서 샤론 거리로 가는 트루소 거리에서 오른쪽 두 번째 길(Rue Charles Delescluze)에서 꺾는다. 약 400m 직진하면 왼쪽에 레스토랑 샤르드누가, 오른쪽에 파티스리 시릴 리냐크가 있다. 주소 24 Rue Paul Bert, 75011 Paris 전화 01-55-87-21-40 시간 월요일 07:00~19:00, 화~일요일 07:00~20:00 홈페이지 www.gourmand-croquant.com

17 파리 하노이
Paris Hanoï
빠히 아노이

파리에서 제일 가는 베트남 요리 맛집이다. 저렴한 가격에 신선한 재료로 요리해 항상 사람이 많으므로 대기할 준비를 해야 한다. 가게가 좁고 정신이 없어 서둘러 먹게 되지만, 그만한 가치가 있다. 사람이 너무 많을 경우 테이크아웃해 주변 공원에서 먹는 것도 방법이다.

INFO P.179 MAP P.415C
구글 지도 **GPS** 48.85345, 2.38004 찾아가기 레스토랑 세팀에서 나와 왼쪽으로 약 50m 이동하면 노란 간판이 눈에 띈다. 주소 74 Rue de Charonne, 75011 Paris 전화 01-47-00-47-59 시간 12:00~14:30, 19:00~22:30 가격 €12.5~ 홈페이지 www.parishanoi.fr

18 포즈 카페
Pause Café
뽀즈 꺄페

샤론 기리, 레드뤼롤랭 거리, 켈러 거리 등으로 갈 수 있는 길목에 위치해 사람으로 항상 북적인다. 식사보다는 간단한 요깃거리와 맥주나 와인 한잔을 즐기는 파리지앵이 많다. 사람이 항상 많아 친절함을 기대하기는 어려울 수도 있지만, 20~30대 젊은층이 많아 그들만의 분위기를 느끼기에 좋다.

MAP P.415C
구글 지도 **GPS** 48.85341, 2.37676 찾아가기 알리그르 시장에서 트루소 거리를 지나 왼쪽으로 꺾어 샤론 거리에서 라프 거리 방향으로 약 200m 이동한다. 샤론 거리 홀수 번지 내림차순 길을 따라가면 된다. 주소 41 Rue de Charonne, 75011 Paris 전화 01-48-06-80-33 시간 월~토요일 08:00~02:00, 일요일 09:00~20:00 가격 €16~

19 포부르 생탄투안 거리
Rue du Faubourg Saint-Antoine
휘 뒤 포부르 쌩-떵뚜안

알리그르 시장에서 나와 포부르 생탄투안 거리에 도착하면 왼쪽에는 (바스티유 광장 방향) 조금 더 상업적이고 대중적인 매장이 있고, 오른쪽에는 주로 빵집이나 정육점, 반찬 가게 등과 같은 서민적인 상점이 있다. 모노프리, 무지, 하비타트 등의 매장도 있어 쇼핑하기 편리하다.

MAP P.415G · H
구글 지도 **GPS** 48.85141, 2.37567 찾아가기 오페라 바스티유를 등지고 오른쪽 두 번째 길이 포부르 생탄투안 거리다. 오페라 극장 바로 옆의 사랑통 거리(Rue de Charenton)니 주의하자. 주소 99 Rue du Faubourg Saint-Antoine, 75011 Paris

20 바다붐
Badaboum
바다붐

요즘 파리의 대표적인 클럽 중 하나다. 젊은 이들이 많이 모이는 11구에 위치해, 활기차고 젊은 분위기를 즐길 수 있다. 주로 유명한 DJ들의 콘서트 일정이 잡혀 밤에는 인산인해를 이루며 저녁에는 비교적 조용한 분위기에서 칵테일과 함께 음악을 들을 수 있다.

MAP P.415C
구글 지도 **GPS** 48.85352, 2.37575 찾아가기 포즈 카페에서 라프 거리 방향으로 가다 오른쪽 첫 번째 길에서 꺾어 타일랑디에 거리(Rue des Thaillandiers)에 들어서면 바로 볼 수 있다. 주소 2bis, Rue des Taillandiers, 75011 Paris 전화 01-48-06-50-70 시간 수~토요일 19:00~, 일요일 23:00~(프로그램에 따라 운영 시간 다름) 휴무 월·화요일 가격 입장료 €10~ 홈페이지 www.badaboum.paris

AREA 09 CANAL SAINT-MARTIN &

[생마르탱 운하 & 벨빌 & 라 빌레트 : 10 · 11 · 19 · 20구]

파리의 또 다른 발견!

파리 북동 지역은 도축장이나 이민자의 터전으로 시작해 오늘날에는 저렴한 임대료 덕택에 젊은 파리지앵이 하나둘 유입되어 트렌디하고 힙한 레스토랑이 점차 늘어나고 있다. 이곳의 랜드마크인 생마르탱 운하나 라 빌레트 공원, 뷔트쇼몽 공원 이외에 볼거리가 특별히 많은 것은 아니지만, 나름의 분위기와 매력으로 가득하다. 대중적이고 다문화적인 파리의 또 다른 모습을 발견하고 싶다면 이곳들을 놓치지 말자.

MUST SEE
이것만은 꼭 보자!

№. 1
영화 〈아멜리에〉의
생마르탱 운하

№. 2
꼭꼭 숨은 안뜰 찾기
오베르캄프 거리

MUST EAT
이것만은 꼭 먹자!

№. 1
홀리벨리식 아침 식사
홀리벨리

№. 2
달콤한 카페라테 한잔의 여유
텐 벨

MUST BUY
이것만은 꼭 사자!

№. 1
북유럽풍 인테리어 소품
칸 콘셉트 스토어

№. 2
디자인 서적과 문구가 가득!
아르타자르

ELLEVILLE & LA VILLTTE 423

생마르탱 운하 & 벨빌 & 라 빌레트 교통 한눈에 보기

기준역 ★ 자크 봉세르장 Jacques Bonsergent
① 레 알 Les Halles `4+5호선`
⊙ 시간 동역(Gare de l'Est) 환승, 6정거장, 8분
② 샹 드 마르스 투르 에펠 Champ de Mars-Tour Eiffel `RER C선+5호선`
⊙ 시간 오스테를리츠 역(Gare d'Austerlitz) 환승, 12정거장, 25분
③ 플라스 디탈리 Place d'Italie `5호선`
⊙ 시간 10정거장, 15분

기준역 ★ 피레네 Pyrénées
① 레 알 Les Halles `11호선`
⊙ 시간 샤틀레(Châtelet)로 이동, 7정거장, 8분
② 샹 드 마르스 투르 에펠 Champ de Mars-Tour Eiffel `RER C+8+11호선`
⊙ 시간 앵발리드 · 레퓌블리크 환승, 13정거장, 21분
③ 플라스 디탈리 Place d'Italie `5+11호선`
⊙ 시간 레퓌블리크(République) 환승, 12정거장, 19분

기준역 ★ 조레스 Jaurès
① 레 알 Les Halles `4+5호선`
⊙ 시간 동역(Gare de l'Est) 환승, 8정거장, 11분
② 샹 드 마르스 투르 에펠 Champ de Mars-Tour Eiffel `6+2호선`
⊙ 시간 비르아켐 출발, 샤를 드골 에투알 역(Charles de Gaulle Étoile) 환승, 18정거장, 25분
③ 플라스 디탈리 Place d'Italie `5호선`
⊙ 시간 14정거장, 22분

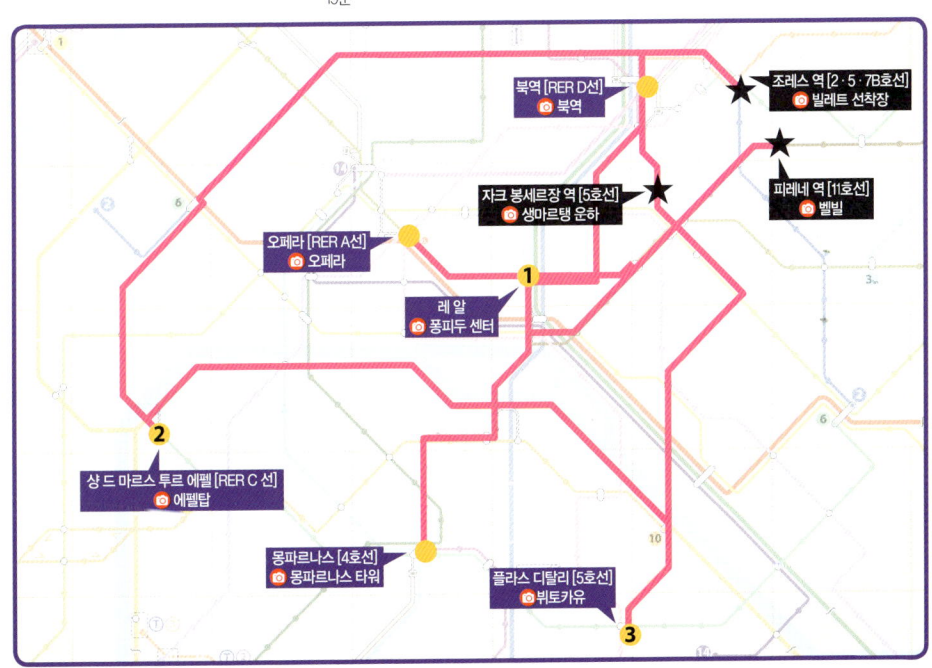

생마르탱 운하 & 벨빌 & 라 빌레트, 이렇게 여행하자

레퓌블리크 광장에서 생마르탱 운하를 거쳐 빌레트 선착장을 지나 라 빌레트 공원까지는 시간을 넉넉하게 잡고 걸어서 무난하게 돌아볼 수 있는 코스다. 하지만 뷔트쇼몽 공원이나 벨빌 지역은 오르막이 상당히 높은 지역으로 되도록이면 주르댕(Jourdain), 피레네(Pyrénées) 등의 메트로에서 벨빌(Belleville)이나 메닐몽탕(Ménilmontant) 쪽으로 내려오는 코스를 짜는 것이 좋다. 또 대부분의 19, 20구를 다닐 때는 혼자 다니지 말고 여럿이 함께 모여서 여행하는 것이 좋다.

여행 이동 정보 & 주변 시설 정보

걷기 생마르탱 운하, 빌레트 선착장, 라 빌레트 공원, 뷔트쇼몽 공원 등 걸어 다녀야 하는 코스가 많으니 편안한 신발을 신고 짐은 가볍게 하자.

치안 파리 20구에 속한 벨빌은 치안이 좋지 않기로 소문이 나 있다. 프랑스어를 자유롭게 구사하지 못하는 여행자 혼자 카메라를 들고 다니는 것은 절대 추천하지 않는다.

425

상카트르
Le Centquatre P.438

라 빌레트 공원
Parc de la Villtte P.438

리케 역
Riquet

파남 브루잉 컴퍼니
Paname Brewing Company P.439

포르트 드 팡탱 역
Porte de Pantin

빌레트 선착장
Le Bassin de la Villette P.438

카노라마 운하 유람선
Canauxrama P.439

무자이아(다뉘브) 지구
Mouzaïa(Danube) P.439

and Marché Stalingrad - La Rotonde

빌라 아말리아
Villa Amalia

맥도날드
McDonald's

빌라 드 퐁트네
Villa de Fontenay

다뉘브 역
Danube

서브웨이
SUBWAY

빌라 클로드 모네
Villa de Claude Monet

빌라 뒤 프로그레
Villa du Progrès

뷔트쇼몽 공원
Parc des Buttes Chaumont P.439

빌라 마르소
Villa Marceau

빌라 알렉상드르 리보
Villa Alexandre Ribot

로자 보뇌르
Rosa Bonheur P.439

봇자리 역
Botzaris

제너레이터 호스텔
Generator Hostels

빌라 데 릴라
Villa des Lilas

파비옹 푸에블라
Pavillon Puebla

뷔트쇼몽 역
Buttes Chaumont

맥도날드
McDonald's

피레네 역
Pyrénées

벨빌 역
Belleville

몽쾨르
Moncoeur Belleville P.436

셰 라모나
Chez Ramona P.436

벨빌 공원
Parc de Belleville P.435

빌라 드 레르미타주
Villa de l'Ermitage P.435

레 피올
Les Piaules

e Châteaubriand

쿠론 역
Couronnes

생마르탱 운하 & 아멜리에 다리
Canal Saint-Martin & Pont d'Amélie P.432

오베르캄프 거리 156번지
156 Rue Oberkampf P.436

벨빌루아즈
La Bellevilloise P.437

푸드 마켓
Le Food Market P.435

오베르캄프 거리 160번지
160 Rue Oberkampf P.436

PNY 오베르캄프
PNY Oberkampf P.436

메닐몽탕 역
Ménilmontant

파르망티에 역
Parmentier

페르슈아
Le Perchoir P.437

메종 랑드멘 볼테르
Maison Landemaine Voltaire P.437

오베르캄프 거리 104번지
104 Rue Oberkampf P.436

피에르 상
Pierre Sang

뤼 생모르 역
Rue Saint-Maur

뷔베트
La Buvette P.437

페르 라셰즈 역
Père Lachaise

페르 라셰즈 묘지
Cimtière du Père Lachaise P.435

세르방
Le Servan P.437

몽트뢰유 벼룩시장 방면
Puces de Montreuil P.436

맛있는 생마르탱 운하 산책 코스

COURSE 1

길게 늘어선 플라타너스 나무들이 운치 있는 생마르탱 운하 주변으로 트렌디한 레스토랑과 카페, 빵집이 모여 있다. 규모는 작지만 각자의 개성과 매력을 뽐내는 매장이 많아 젊은 파리지앵들이 많이 찾는다. 코스 출발 방향은 상관없지만 운하 서쪽으로 볼거리가 더 많다는 것을 잊지 말자.

S 자크 봉세르장 역
Jacques Bonsergent

레퓌블리크 역만큼 생마르탱 운하에서 가깝다.
→ 역에서 나와 출구 반대쪽으로 돌아 마장타 거리(Boulevard de Magenta) 홀수 번지 오름차순 방향으로 이동하다 왼쪽 루시앙 샹페 거리(Rue Lucien Sampaix)로 꺾어 약 50m → **홀리벨리 도착**

1 홀리벨리
Holybelly

파리 10구에서 절대 놓쳐서는 안 되는 조식&브런치 카페.
→ 홀리벨리에서 나와 왼쪽 사거리를 지나 루시앙 샹페 거리(Rue Lucien Sampaix) 39번지 → **리베르테 도착**

2 리베르테
Liberté

프랑스 빵과 디저트업계를 이끌어가는 새로운 세대로 꼽히는 빵집.
→ 오른쪽으로 생마르탱 운하가 보일 때까지 2분 정도 이동, 운하 다리를 건너 1분 정도 직진하면 오른쪽 → **텐 벨 도착**

3 텐 벨
Ten Belles

좋은 원두와 식재료를 쓰는 것으로 유명한 커피숍.
→ 다시 생마르탱 운하를 건너 왼쪽으로 꺾으면 빨간색 간판의 가게 → **아르타자르 도착**

4 아르타자르
Artazart

예술 서적과 디자인 소품을 판매하는 서점.
→ 서점에서 나와 왼쪽 골목으로 들어가 바로 → **베르 볼레 도착**

5 베르 볼레
Le Verre Volé

신선한 재료로 만든 다양한 먹을거리가 있는 레스토랑.
→ 아르타자르가 있는 거리로 나가 운하를 따라 150m 정도 내려가 오른쪽 자주색 간판 → **셰 프륀 도착**

427

- 😊 분위기 ★★★☆ 젊은 분위기 가득!
- 😊 이동 편의성 ★★★☆ 메트로가 곳곳에 있어요.
- 😊 볼거리 ★★☆☆ 특별한 볼거리가 많은 곳은 아니에요.
- 😊 식도락 ★★★☆ 금강산도 식후경
- 😊 쇼핑 ★★☆☆ 아기자기한 소품 숍이 많아요.
- 😊 액티비티 ★☆☆☆ 특별한 액티비티는 없지만 많이 걸어요.

코스 무작정 따라하기
START

S. 자크 봉세르장 역
도보 153m, 1분
1. 홀리벨리
도보 271m, 3분
2. 리베르테
도보 258m, 3분
3. 텐 벨
도보 121m, 2분
4. 아르타자르트
도보 38m, 1분
5. 베르 볼레
도보170m, 2분
6. 셰 프륀
도보 267m, 3분
7. 생마르탱 운하 & 아멜리에 다리
도보 412m, 5분
F. 레퓌블리크 광장

- 무자이아(다뉘브) 지구 Mouzaïa(Danube)
- 빌라 아말리아 Villa Amalia
- 빌라 드 퐁트네 Villa de Fontenay
- 빌라 클로드 모네 Villa de Claude Monet
- 다뉘브 역 Danube
- 빌라 뒤 프로그레 Villa du Progrès
- 빌라 마르소 Villa Marceau
- 빌라 알렉상드르 리보 Villa Alexandre Ribot
- 뷔트쇼몽 공원 Parc des Buttes Chaumont
- 로자 보뇌르 Rosa Bonheur
- 봇자리 역 Botzaris
- 빌라 데 릴라 Villa des Lilas
- 뷔트쇼몽 역 Buttes Chaumont
- 맥도날드 McDonald's
- 피레네 역 Pyrénées
- 몽쾨르 Moncoeur Belleville
- 셰 라모나 Chez Ramona
- 벨빌 공원 Parc de Belleville
- 빌라 드 레르미타주 Villa de l'Ermitage
- 쿠론 역 Couronnes
- 오베르캄프 거리 156번지 156 Rue Oberkampf
- 벨빌루아즈 La Bellevilloise
- 푸드 마켓 Le Food Market
- 오베르캄프 거리 160번지 160 Rue Oberkampf
- 메닐몽탕 역 Ménilmontant
- 페르슈아 Le Perchoir
- 오베르캄프 거리 104번지 104 Rue Oberkampf

6 셰 프륀
Chez Prune
생마르탱 운하에서 가장 유명하고 사람이 많은 술집.
→ 운하를 따라 200m 정도 이동 → 생마르탱 운하 & 아멜리에 다리 도착

7 생마르탱 운하 & 아멜리에 다리
Canal Saint-Martin & Pont d'Amélie
영화 <아멜리에>에서 오드리 토투가 물수제비를 뜨던 곳.
→ 운하를 따라 1분 정도 걷다가 사거리가 나오면 오른쪽 포부르 탕플 거리(Rue du Faubourg du Temple)에서 약 200m 직진
→ 레퓌블리크 광장 도착

F 레퓌블리크 광장
Place de la République
각종 대회나 시위 등의 행사가 있을 때 사용하는 광장으로, 밑으로는 5개 선의 메트로가 지나간다.

COURSE 2
파리를 더 깊이 살펴보는 벨빌 코스

많이 걸어야 하는 코스다. 특정한 관광지가 있는 것은 아니지만, 파리 시민들의 다양한 일상을 볼 수 있다. 벨빌 근처로는 저녁보다는 오후에 돌아다니는 것이 좋고, 으슥한 골목으로는 가지 말자. 현지인에게는 특별히 위험한 코스는 아니지만 익숙하지 않은 여행객에게는 그렇게 느껴질 수 있다.

S 피레네 역
Pyrénées

파리에서 흔치 않은 높은 지역에 위치한 메트로이다 보니, 역사를 나오면 내리막 길이 조금 어색할 수 있다.
→ 벨빌가를 따라 짝수 번지 내림차순 방향을 따라 내려가다 첫 번째 왼쪽 피아 거리(Rue Piat)를 따라 약 300m 직진, 벨빌 공원 위쪽 테라스 맞은편에 위치한다. → 몽쾨르 도착

1 몽쾨르
Moncoeur Belleville

파리의 아름다운 풍경을 감상할 수 있는 벨빌 공원 가장 꼭대기에 있는 레스토랑.
→ 앙비에르주 거리(Rue des Envierges)를 따라 300m 정도 이동하면 사거리가 나온다. 시계 반대 방향 세 번째 길 카스카드 거리(Rue des Cascades)를 따라 이동하다 왼쪽의 계단길(Rue Fernand Reynaud)을 올라가 오른쪽으로 꺾는다. 왼쪽 첫번째 골목이 빌라 드 레르미타주. → 빌라 드 레르미타주

2 빌라 드 레르미타주
Villa de l'Ermitage

싱그러운 녹색 식물이 가득한 정겨운 시골 같은 모습의 골목길.
→ 골목을 다시 나와 왼쪽으로 꺾어 보이에 거리(Rue Boyer)와 비다소아 거리(Rue de la Bidassoa)를 따라 약 10분 직진 → 페르 라세즈 묘지 도착

3 페르 라셰즈 묘지
Cimtière du Père Lachaise

유명 인사들이 잠들어 있는 묘지.
→ 메트로 페르 라셰즈 역을 지나 메닐몽탕 거리(Rue de Ménilmontant) 오름차순 번지 방향으로 올라가 메닐몽탕 역 사거리에서 왼쪽 → 오베르캄프 거리 104번지 도착

4 오베르캄프 거리 104번지
104 Rue Oberkampf

건물 사이 사이 위치한 투박하지만 정성스럽게 손질된 안뜰을 구경할 수 있다.
→ 104번지에서 조금 더 이동해 96번지까지 간다. → PNY 오베르캄프 도착

> **TIP**
> 오베르캄프 거리 156, 160번지에 있는 안뜰도 놓치지 말자.

429

코스 무작정 따라하기
START

S. 피레네 역
도보 466m, 6분
1 몽쾨르
도보 516m, 7분
2 빌라 드 레르미타주
도보 1420m, 17분
3 페르 라셰즈 묘지
도보 1,680m, 20분
4 오베르캄프 거리 104번지
도보 70m, 1분
5 PNY 오베르캄프
도보 421m, 6분
F 페르슈아

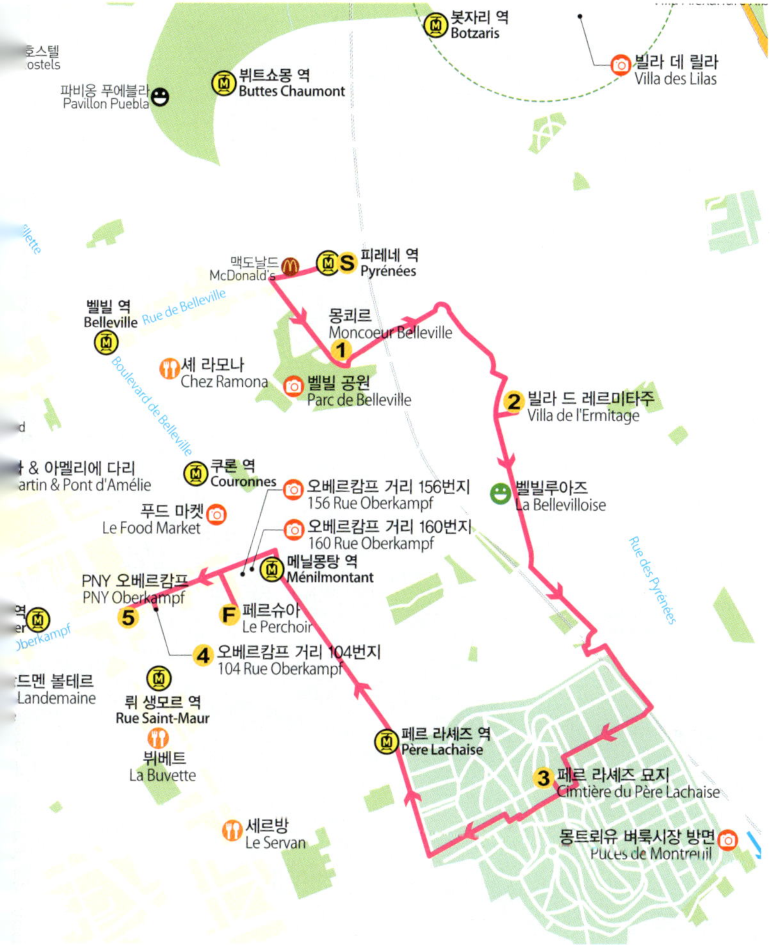

😊 분위기 ★★★☆☆ 다양한 민족이 모여 있는 곳이에요.
😊 이동 편리성 ★★★☆☆ 언덕이 많아 다니기 조금 힘들어요.
😊 볼거리 ★★☆☆☆ 대단한 볼거리가 있는 지역은 아니에요.
😊 식도락 ★★★★☆ 트렌디한 레스토랑부터 전통적인 레스토랑까지 다양해요.
😊 쇼핑 ★☆☆☆☆ 쇼핑할 곳은 별로 없어요.

[지도: 피레네 역(Pyrénées), 맥도날드(McDonald's), 몽쾨르 벨빌(Moncoeur Belleville), 뷔트쇼몽 역(Buttes Chaumont), 파비옹 푸에블라(Pavillon Puebla), 봇자리 역(Botzaris), 빌라 데 릴라(Villa des Lilas), 벨빌 역(Belleville), 셰 라모나(Chez Ramona), 벨빌 공원(Parc de Belleville), 쿠론 역(Couronnes), 푸드 마켓(Le Food Market), 오베르캄프 거리 156번지(156 Rue Oberkampf), 오베르캄프 거리 160번지(160 Rue Oberkampf), 메닐몽탕 역(Ménilmontant), 빌라 드 레르미타주(Villa de l'Ermitage), 벨빌루아즈(La Bellevilloise), PNY 오베르캄프(PNY Oberkampf), 페르슈아(Le Perchoir), 오베르캄프 거리 104번지(104 Rue Oberkampf), 뤼 생모르 역(Rue Saint-Maur), 뷔베트(La Buvette), 랑드멘(Landemaine), 세르방(Le Servan), 페르 라셰즈 역(Père Lachaise), 페르 라셰즈 묘지(Cimtière du Père Lachaise), 몽트뢰유 벼룩시장 방면(Puces de Montreuil)]

5 PNY 오베르캄프
PNY Oberkampf

수제 버거 전문점.
→ 오던 길을 다시 따라 돌아가다가 오른편 크레스팽 뒤 가스트 거리(Rue Crespin du Gast)로 꺾어 직진 → 페르슈아 도착

F 페르슈아
Le Perchoir

건물 옥상에 위치한 루프톱 바. 각종 허브와 들꽃이 심어져 있어 하늘과 맞닿은 듯한 루프톱에서 즐기는 시원한 와인 한잔은 가게에 들어올 때까지 서서 기다려야 했던 힘든 시간을 보상해준다.

COURSE 3

문화와 여가를 한번에 잡는 라 빌레트 코스

실제로 파리에 거주하는 젊은 엄마들이 요즘 아이들을 데리고 가장 많이 찾는 곳이 포함된 코스. 빌레트 선착장 주변에서는 각종 문화 행사를 즐길 수 있고, 라 빌레트 공원에는 어린이 과학관과 파리 필하모니-음악 박물관 등이 있어 아이들과 시간을 보내기에 안성맞춤이다. 오르막길과 내리막길이 있으니 편안한 신발을 신자.

S 조레스 역
Jaurès

통행량이 많아 길이 조금 복잡해 보이지만 여기저기 서 있는 이정표를 따라가거나 플라타너스 나무가 특별히 많아 보이는 쪽으로 가면 된다.
→ 지상 메트로 다리를 따라 길을 건너 빌레트 선착장으로 향한다. → **빌레트 선착장 도착**

1 빌레트 선착장
Le Bassin de la Villette

19세기 초 인공적으로 조성된 선착장.
→ MK2 영화관에서 수아송 거리(Rue de Soissons)를 따라 3분 이동한 후 로타리에서 우회전. 탕제르 거리(Rue de Tanger)를 따라 5분 정도 직진하면 왼쪽에 상카트르가 보인다. → **상카트르 도착**

2 상카트르
Le Centquatre

옛 시립 장례식장을 리모델링해 문화원으로 문을 열었다.
→ 리케 거리(Rue Riquet)를 따라 5분 정도 이동해 다시 빌레트 선착장으로 간다. 왼쪽 선착장 끝에 좌우로 레스토랑이 있는데, 그중 오른쪽에 위치 → **파남 브루잉 컴퍼니 도착**

3 파남 브루잉 컴퍼니
Paname Brewing Company

빌레트 선착장을 바라보며 시원하게 맥주 한잔 즐길 수 있는 곳.
→ 마른 부두(Quai de la Marne)를 따라 8분 정도 직진 → **라 빌레트 공원 도착**

4 라 빌레트 공원
Parc de la Villtte

이전에는 도축장이 있던 곳을 개조해 조성한 공원.
→ 메트로 포르트 드 팡탱(Porte de Pantin) 역에서 다뉘브(Danube) 역까지 걷는다. 도보 약 15분 → **다뉘브 지구 도착**

5 무자이아(다뉘브) 지구
Mouzaïa(Danube)

조용한 주택가 산책 코스.
→ 제네랄 브뤼네 거리(Rue du Général Brunet)를 따라 뷔트쇼몽 공원 안쪽 → **로자 보뇌르 도착**

지도 라벨

- 막스 도로미 역 / Marx Dormoy
- 앙 브라크 / En Vrac
- 2 상카트르 / Le Centquatre
- 리케 역 / Riquet
- 스탈린그라드 역 / Stalingrad
- MK2 영화관
- 1 빌레트 선착 / Le Bassin de
- 카노라마 운하 / Canauxrama
- 그랑 마르셰 스탈린그라드 / Grand Marché Stalingrad - L
- 맥도날드 / McDonald's
- 북역 / Gare du Nord
- 푸앵 에페메르 / Point Éphémère
- S 조레스 역 / Jaurès
- 서브웨이 / SUBWAY
- 제너레이터 호스텔 / Generator Hostels
- 콜로넬 파비앙 역 / Colonel Fabien
- 동역 / Gare de l'Est
- 이케반아트 / IKEBANART
- 칸 디자인 / Kann Design
- 오텔 뒤 노르 / Hôtel du Nord
- 텐 벨 / Ten Belles
- Boulevard de Magenta
- Boulevard de la Villette

- 분위기 ★★★★☆ 다양한 민족이 모여 있는 곳이에요.
- 이동 편리성 ★★★☆☆ 언덕길이 조금 있어요.
- 볼거리 ★★★☆☆ 그냥 눈이 편안해지는 곳!
- 식도락 ★★☆☆☆ 한잔하기 좋아요.
- 액티비티 ★★★★☆ 라 빌레트 공원에서 찾아보세요.

코스 무작정 따라하기 START
S. 조레스 역
도보 290m, 4분
1. 빌레트 선착장
도보 1010m, 13분
2. 상카트르
도보 887m, 11분
3. 파남 브루잉 컴퍼니
도보 1240m, 15분
4. 라 빌레트 공원
도보 1440m, 19분
5. 무자이아(다뉘브) 지구
도보 656m, 8분
F. 로자 보뇌르

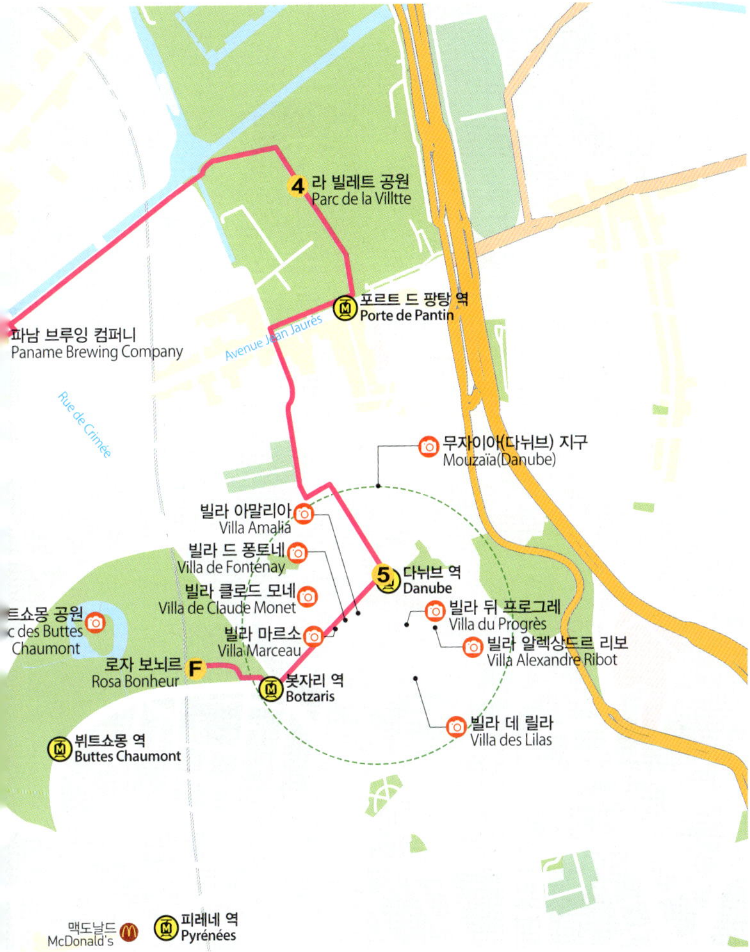

4 라 빌레트 공원
Parc de la Villtte
포르트 드 팡탕 역
Porte de Pantin
파남 브루잉 컴퍼니
Paname Brewing Company
Avenue Jean Jaurès
Rue de Crimée
무자이아(다뉘브) 지구
Mouzaïa(Danube)
빌라 아말리아
Villa Amalia
빌라 드 퐁트네
Villa de Fontenay
5 다뉘브 역
Danube
빌라 클로드 모네
Villa de Claude Monet
빌라 뒤 프로그레
Villa du Progrès
트쇼몽 공원
c des Buttes
Chaumont
빌라 마르소
Villa Marceau
빌라 알렉상드르 리보
Villa Alexandre Ribot
로자 보뇌르 F
Rosa Bonheur
봇자리 역
Botzaris
빌라 데 릴라
Villa des Lilas
뷔트쇼몽 역
Buttes Chaumont
맥도날드
McDonald's
피레네 역
Pyrénées

F 로자 보뇌르
Rosa Bonheur

뷔트쇼몽 공원 내부에 위치한 인기 레스토랑 & 바. 테라스에서 음악 공연이 자주 열린다. 메트로 봇자리(Botzaris) 역에서 가면 빨리 찾을 수 있다.

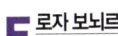

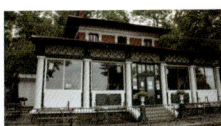

ZOOM IN

생마르탱 운하 주변

생마르탱 운하에서 가장 가까운 역은 자크 봉세르장 역과 레퓌블리크 역이다. 운하를 따라 산책하며 여유로운 시간을 보내기에 좋다. 아멜리에 다리를 등지고 운하를 바라봤을 때 운하 왼쪽에 레스토랑과 카페, 편집숍이 많이 위치해 있다.

1 생마르탱 운하 & 아멜리에 다리
Canal Saint-Martin & Pont d'Amélie
까날 쌩-마흐탱 & 뽕 다멜리

젊은 파리지앵들이 매우 사랑하는 지역이다. 마레 지구가 고풍스러우면서도 트렌디해 젊은이들이 많이 찾는 지역이라면 생마르탱 운하 주변은 고풍스러울 것은 없지만 평온하면서도 활발한 분위기를 쉽게 느낄 수 있는 장소다. 생마르탱 운하를 따라 친구들과 삼삼오오 모여 앉아 수다꽃을 피우는 프랑스인들을 많이 볼 수 있으며, 조용히 독서를 즐기는 시민들도 눈에 띈다. 운하의 초반부에 있는 철제 인도교는 영화 〈아멜리에〉에서 주인공 아멜리에가 물수제비를 뜨는 장면을 촬영한 곳으로 아멜리에 다리라고 불리기도 한다.

🟧 **INFO** P.096 📍 **MAP** P.424F · J

구글 지도 GPS 48.86978, 2.36645 찾아가기 메트로 5호선 자크 봉세르장(Jacques Bonsergent) 역에서 도보 5분, 또는 3·5·8·9·11호선 레퓌블리크(République) 역에서 도보 4분 주소 47 Quai de Valmy, 75010 Paris

2 레퓌블리크 광장
Place de la République
쁠라스 드 라 헤퓌블리끄

파리의 거의 모든 시위와 행사의 시작과 끝 포인트가 되는 광장이다. 5개의 메트로가 광장 아래를 지나고 수많은 버스의 교차로로 교통의 중심지인 이유 때문도 있지만 프랑스의 자유, 평등, 박애를 상징하는 마리안상이 주는 상징적인 의미 때문일 것이다. 광장 주변에는 맥도날드, 버거킹 등과 같은 패스트푸드점은 물론 다양한 비스트로, 레스토랑들이 많이 있고, 고 스포츠(GO Sport, 스포츠용품 판매점), 다르티(Darty, 가전 제품 판매점), 아비타 (Habitat, 가구 전문점) 등 대형 체인점의 매장도 위치해 있어 쇼핑하기 편리하다.

Tip 프랑스에서는 시위가 격렬해지는 경우도 있다. 혹시라도 여행 중 폭력적으로 보이는 시위 행렬과 마주치면 무조건 자리를 피하자.

📍 **MAP** P.424J

구글 지도 GPS 48.86766, 2.36403 찾아가기 메트로 3·5·8·9·11호선 레퓌블리크(République) 역 3·4번 출구 이용 주소 12 Place de la République, 75010 Paris

3 셰 프륀
Chez Prune
쉐 프휸느

생마르탱 운하 주변에 있는 비스트로 바 중에서도 가장 인기 높고 유명한 바일 것이다. 운하 바로 옆, 길목에 위치한 지리적인 장점 덕분에 테라스에는 늘 사람들로 북적인다. 특별히 맛있는 음식을 먹을 수 있는 곳은 아니지만, 맥주 한잔에 북적북적한 분위기를 좋아하는 사람들이 몰린다.

📍 **MAP** P.424F

구글 지도 GPS 48.87165, 2.36458 찾아가기 아멜리에 다리를 등에 두고 운하변을 따라 약 250m 올라간다. 주소 36 Rue Beaurepaire, 75010 Paris 전화 01-42-41-30-47 시간 월~토요일 08:00~02:00, 일요일 10:00~02:00 가격 €12~

4 리베르테
Liberté
리베흐떼

담백하고 깔끔한 디저트가 특히 인기 많다. 레몬 크림과 바삭한 비스킷이 잘 어울리는 타르트 시트롱(Tarte au citron)을 추천한다.

ⓘ **INFO** P.097, 195 ⓜ **MAP** P.424F

◎ **구글 지도 GPS** 48,87308, 2,36156 ◎ **찾아가기** 메트로 5호선 자크 봉세르장(Jacques Bonsergent) 역에서 마장타 거리(Boulevard de Magenta)를 걷다가 32번지 골목에서 오른쪽으로 꺾는다. 200m 정도 이동하면 나오는 사거리에서 오른쪽 ◎ **주소** 39 Rue des Vinaigriers, 75010 Paris ◎ **전화** 01-42-05-51-76 ◎ **시간** 월~토요일 07:30~20:00, 일요일 08:30~17:00 ◎ **가격** 타르트 오 시트롱(Tarte au citron) €6,2 ◎ **홈페이지** www.liberte-paris.com

5 홀리벨리
Holybelly
올리벨리

생마르탱 운하 주변을 통틀어 가장 핫한 카페 & 레스토랑이다. 주메뉴는 조식. 프랑스에는 '제대로 된 아침 식사 문화'가 없다고 생각한 주인장이 호주와 캐나다에서 직접 영감을 받아 차린 브렉퍼스트 & 브런치 전문점이다. 오후 5시까지 문을 열어 오전과 오후에만 즐길 수 있다. '단 것'을 위주로 하는 프랑스 아침 식단에 '짠 것'을 더하는 식의 새로운 변화를 선보이고 싶다는 이곳에서는 달걀 프라이와 베이컨을 넣은 팬케이크나 수제 그래놀라 등 건강하고 맛있는 아침 식사를 즐길 수 있다. 손님이 많아 대기 시간이 있을 수 있고 예약은 받지 않는다. 팬케이크, 달걀 요리, 커피와 수제 맥주 등을 즐길 수 있다.

ⓘ **INFO** P.097, 174 ⓜ **MAP** P.424F

◎ **구글 지도 GPS** 48,87103, 2,35985 ◎ **찾아가기** 메트로 5호선 자크 봉세르장(Jacques Bonsergent) 역에서 마장타 거리(Boulevard de Magenta) 홀수 번지 오른차순 방향으로 걷다 왼쪽 두 번째 골목에서 왼쪽으로 꺾는다. ◎ **주소** 5·19 Rue Lucien Sampaix, 75010 Paris ◎ **전화** 01-82-28-00-80 ◎ **시간** 09:00~17:00 ◎ **가격** 조식 €8,5~ ◎ **홈페이지** http://holybellycafe.com

6 베르 볼레
Le Verre Volé
르 베흐 볼레

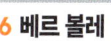

생마르탱 운하 주변 와인 맛집을 찾고 있다면 추천하는 곳이다. 소소한 먹거리와 다양한 와인을 갖추었으며, 잘 모를 경우에는 추천받을 수도 있다. 유명 와인뿐 아니라 지역에서 나는 특산 와인이나 유기농 와인도 맛볼 수 있어 인기가 많다.

ⓘ **INFO** P.187 ⓜ **MAP** P.424F

◎ **구글 지도 GPS** 48,87284, 2,36351 ◎ **찾아가기** 메트로 5호선 자크 봉세르장(Jacques Bonsergent) 역에서 랑크리 거리(Rue de Lancry) 오른차순 번지 방향으로 끝까지 이동 ◎ **주소** 67 Rue de Lancry, 75010 Paris ◎ **전화** 01-48-03-17-34 ◎ **시간** 12:30~14:00, 19:30~24:00 ◎ **가격** 런치 €19~ ◎ **홈페이지** www.leverrevole.fr

7 텐 벨
Ten Belles
텐 벨

파리에서 가장 알아주는 바리스타가 있는 카페 텐 벨은 '맛있는 커피'를 제공하기 위해 끊임없이 노력한다. 커피와 잘 어울리는 마들렌과 쿠키뿐 아니라 간단한 아침 식사도 판매한다. 규모는 매우 작지만 복층으로 이루어져 위층에서 조용히 담소를 나눌 수도 있다. '커피 바'라는 별칭에 걸맞게 바 앞에서 혹은 테라스 자리에서 커피를 즐기는 사람이 많다. 바스티유 광장과 보주 광장에서 멀지 않은 곳에 위치한 텐 벨 브레드(Ten Belles Bread, 17-19 Rue Breguet)도 꼭 들러보자.

ⓘ **INFO** P.097, 207 ⓜ **MAP** P.424F

◎ **구글 지도 GPS** 48,8735, 2,36479 ◎ **찾아가기** 메트로 5호선 자크 봉세르장(Jacques Bonsergent) 역에서 랑크리 거리(Rue de Lancry) 오른차순 번지 방향으로 끝까지 이동한 후 운하를 건너 1분 거리에 위치 ◎ **주소** 10 Rue de la Grange aux Belles, 75010 Paris ◎ **전화** 09-83-08-86-69 ◎ **시간** 월~금요일 08:00~17:30, 토·일요일 09:00~18:00 ◎ **가격** 카페라테 €4 ◎ **홈페이지** www.tenbelles.com

8 오뗄 뒤 노르
Hôtel du Nord
오뗄 뒤 노흐

프랑스인들에게 많은 사랑을 받은 1930년대 프랑스 영화 〈북 호텔〉의 배경이 된 곳이다. 실제로 촬영은 똑같이 본뜬 세트장에서 이루어졌지만, 프랑스인들에게는 추억의 장소로 기억된다. 한때 철거 위기에 처했지만, 오늘날에는 영화의 배경에 가장 가깝게 리모델링되어 레스토랑으로 사랑받고 있다.

MAP P.424F
구글 지도 GPS 48,87349, 2,3641 찾아가기 메트로 5호선 자크 봉세르장(Jacques Bonsergent) 역에서 랑크리 거리(Rue de Lancry) 오름차순 번지 방향으로 끝까지 이동한 후 운하를 건너자마자 왼쪽으로 꺾으면 오른쪽에 위치 주소 102 Quai de Jemmapes, 75010 Paris 전화 01-40-40-78-78 시간 08:00~01:00 가격 런치 €17~ 홈페이지 www.hoteldunord.org/fr

9 솔 세미야
Sol Semilla
솔 세미야

유기농 베지테리언 레스토랑으로 신선한 재료와 슈퍼푸드가 어우러져 건강하면서도 맛있게 한 끼를 해결할 수 있다.

MAP P.424F
구글 지도 GPS 48,87305, 2,36309 찾아가기 메트로 5호선 자크 봉세르장(Jacques Bonsergent) 역에서 마장타 거리(Boulevard de Magenta)로 이동한 후 32번지 골목에서 오른쪽으로 꺾는다. 약 200m 이동하면 나오는 사거리에서 오른쪽으로 꺾어 약 1분, 오른쪽에 위치 주소 23 Rue des Vinaigriers, 75010 Paris 전화 01-42-01-03-44 시간 월·일요일 12:00~15:00, 화~토요일 12:00~15:00, 19:00~22:00 가격 오늘의 메뉴 €23,5~ 홈페이지 www.sol-semilla.fr

10 아르타자르
Artazart
아흐타자흐

생마르탱 운하 길을 걷다 보면 빨간색 외벽이 눈에 띈다. 예술 관련, 특히 디자인에 관련된 서적과 소품을 판매하는 곳으로 간혹 신진 작가와의 만남이나 전시회를 기획하기도 한다. 무겁지 않은 간단한 디자인 소품을 구매하기에도 좋다.

MAP P.424F
구글 지도 GPS 48,8727, 2,36374 찾아가기 메트로 5호선 자크 봉세르장(Jacques Bonsergent) 역에서 랑크리 거리(Rue de Lancry) 오름차순 번지 방향으로 끝까지 이동한 후 운하가 나오면 오른쪽으로 꺾는다. 주소 83 Quai de Valmy, 75010 Paris 전화 01-40-40-24-00 시간 월~토요일 10:30~19:30, 일요일 11:00~19:30 홈페이지 www.artazart.com

11 칸 디자인
Kann Design
칸 디자인

1950년대 스타일에서 영감을 받은 가구와 소품은 물론, 북유럽풍 디자인 제품까지, 다양한 소품을 만나볼 수 있는 곳이다. 파리에는 생마르탱 지구와 바티뇰 지구에 매장이 있으며 온라인 판매도 한다. 심플하지만 실용적인 제품을 찾고 있다면 적격이다. 비네그리에 거리(Rue des Vinaigriers) 51번지에 쇼룸이 있고, 28번지에 카페를 오픈했다. 카페는 세련되면서 매력적인 레트로풍 가구로 꾸며 공간의 매력에 흠뻑 빠질 것이다. 쿠팀 카페에서 공수해온 원두를 사용해 고소한 커피 맛이 일품이다.

INFO P.235 MAP P.424F
구글 지도 GPS 48,8732, 2,36285 찾아가기 메트로 5호선 자크 봉세르장(Jacques Bonsergent) 역에서 랑크리 거리(Rue de Lancry) 오름차순 번지 방향으로 끝까지 이동한 후 운하가 나오기 직전 마지막 왼쪽 골목에서 왼쪽으로 꺾는다. 길을 따라 도보 1분, 오른쪽에 위치. 주소 51·28 Rue des Vinaigriers, 75010 Paris 전화 09-62-54-42-03 시간 월~목요일 09:30~13:00, 14:00~19:00, 금요일 09:30~13:00, 14:00~18:00(토요일 예약제) / 카페 월~금요일 08:30~17:30, 토·일요일 10:00~18:30 휴무 일요일 홈페이지 www.kanndesign.com/fr

12 이케반아트
IKEBANART
이케바나호

생마르탱 운하와 너무나 잘 어울리는 이케반아트 플로리스트. 꽃보다는 식물 위주이고 인테리어에 쉽게 활용할 수 있도록 매달아서 키우는 식물을 디자인한다. €40 정도면 1시간 30분 동안의 클래스에 참여할 수 있고, 만든 제품은 집으로 가져갈 수 있다.

◎ MAP P.424F
◎ 구글 지도 GPS 48.87441, 2.36258 ◎ 찾아가기 메트로 5호선 자크 봉세르장(Jacques Bonsergent) 역에서 마장타 거리(Boulevard de Magenta) 짝수 번지 오름차순 방향으로 이동하다 32번지 골목에서 오른쪽으로 꺾는다. 길 끝자락의 공원이 나올 때까지 직진. 왼쪽에 위치. ◎ 주소 49 Rue Lucien Sampaix, 75010 Paris ◎ 전화 09-81-79-79-86 ◎ 시간 10:00~19:00 ◎ 홈페이지 www.ikebanart.com

ZOOM IN

벨빌·페르 라셰즈·오베르캄프

파리 유명 관광지만 여행하다 놓치기 쉬운 장소들이다. 동선이 조금 길고 언덕길이 있어 편안하기만 한 코스는 아니다. 되도록이면 내리막길을 이용할 수 있도록 코스를 구성했지만 간혹 오르막길이 나올 수도 있으니 마음의 준비를 해둘 것. 벨빌 근처는 혼자 다니지 않도록 한다.

1 벨빌 공원
Parc de Belleville
빠끄 드 벨빌

높은 지역에 위치해 파리의 풍경을 감상하기에 안성맞춤이다. 계단식으로 정돈된 분수와 정원이 인상적이며 벨빌 지역 시민들이 애용한다. 19세기 초반까지 포도를 키우는 포도 농장이 있었으며, 비록 그때와 똑같은 모습은 아니지만 지금도 포도나무가 많이 심어져 있는 것을 볼 수 있다.

◎ MAP P.425G
◎ 구글 지도 GPS 48.87106, 2.3847 ◎ 찾아가기 메트로 11호선 피레네(Pyrénées) 역에서 나와 맥도날드가 보이는 내리막길 왼쪽으로 내려간다. 2분 정도 내려가다 첫 번째 왼쪽 길에서 왼쪽으로 꺾어 약 200m 이동하면 오른쪽에 공원 입구가 보인다. ◎ 주소 47 Rue des Couronnes, 75020 Paris ◎ 시간 08:00~20:00(겨울에는 17:00에 닫는 경우도 있으니 주의) ◎ 가격 무료

2 페르 라셰즈 묘지
Cimtière du Père Lachaise
씸띠에흐 뒤 페르 라쉐즈

공식적으로 1804년 문을 열었으나 당시 '서민적이고 가난한 지역'이라는 오명을 얻어 초반에는 매장지로 인기가 많지 않았다. 이곳에 묻힌 대표적 유명인으로는 쇼팽, 발자크, 이브 몽탕, 오스카 와일드, 짐 모리슨 등이 있으며 정원식으로 꾸며 파리 시민들의 산책로로 애용되기도 한다.

◎ MAP P.425L
◎ 구글 지도 GPS 48.863454, 2.397255 ◎ 찾아가기 메트로 2·3호선 페르 라셰즈(Père Lachaise) 역이나 3호선 감베타(Gambetta) 역에서 내리면 이정표가 있어 찾기 쉽다. ◎ 주소 16 Rue du Repos, 75020 Paris ◎ 전화 01-55-25-82-10 ◎ 시간 08:00~18:00(동절기 운영시간이 달라질 수도 있다) ◎ 가격 무료 ◎ 홈페이지 http://pere-lachaise.com

3 빌라 드 레르미타주
Villa de l'Ermitage
빌라 드 레흐미타쥬

오랫동안 파리에 거주한 사람들에게도 익숙하지 않은 빌라 드 레르미타주는 파리의 무분별한 개발을 피해 조용하고 고즈넉한 시골 마을 같은 풍경을 유지하고 있는 골목이다. 초록 식물이 무성하고 잘 가꾼 정원이 특히 아름답다.

◎ MAP P.425L
◎ 구글 지도 GPS 48.87035, 2.39214 ◎ 찾아가기 벨빌 공원 꼭대기 몽꼬르 레스토랑 바로 옆길 (Rue des Envierges)을 따라 사거리가 나올 때까지 걷다 사거리에서 시계 반대 방향으로 세 번째 길을 따라 이동한다. 작은 레스토랑들을 지나자마자 왼쪽 계단을 따라 올라가 오른쪽으로 꺾은 뒤 첫 번째 왼쪽 길이다. ◎ 주소 Villa de l'Ermitage, 75020 Paris

4 푸드 마켓
Le Food Market
르 푸드 마켓

아쉽게도 한 달에 한 번만 열리지만, 시간이 맞는다면 꼭 방문해야 하는 곳이다. 쿠론 역과 메닐몽탕 역 사이 인도에서 파리 최대의 푸드 마켓이 열리는데, 특유의 활기찬 분위기가 있다. 저렴한 가격에 맛있는 길거리 음식을 맛볼 수 있어 항상 북적거린다.

◎ INFO P.287 ◎ MAP P.425K
◎ 구글 지도 GPS 48.86799, 2.38169 ◎ 찾아가기 메트로 2호선 메닐몽탕() 역에서 찾아가기 가장 편하다. 벨빌 거리 오름차순 방향으로 살짝 오르막길이다. ◎ 주소 ◎ 시간 홈페이지나 인스타그램에 공지 ◎ 가격 8~ ◎ 홈페이지

5 오베르캄프 거리 160·156·104번지
160·156·104 Rue Oberkampf
휘 오베흐껑프

오베르캄프 거리는 상가가 많이 발달해 다양한 매장에 현혹되어 쉽게 지나칠 수 있는 숨은 안뜰이 많다. 오베르캄프 거리를 따라 160번지, 156·104번지에 파사주와 같은 아늑한 안뜰이 위치하며 160번지보다는 156번지와 104번지의 정원이 잘 가꾸어져 있다.

⊙ MAP P.425K

구글 지도 GPS 48,86678, 2,38249(160번지 기준) ⊙ 찾아가기 페르 라셰즈 묘지 정문으로 나와 메닐몽탕 거리(Boulevard de Ménilmontant) 오른차순 번지 방향으로 걷다 메트로 메닐몽탕 역에서 왼쪽으로 꺾는다. 역에서 도보 1분. ⊙ 주소 160 Rue Oberkampf, 75011 Paris

6 몽트뢰유 벼룩시장
Puces de Montreuil
퓌스 드 몽트호이

한때는 파리에서 가장 잘 나가는 벼룩시장이었지만 그 규모는 점차 작아져 오늘날 몽트리유 벼룩 시장은 빈티지 옷 판매로 자리를 지키고 있다. 밀리터리 의상이나, 잠바, 두꺼운 겉옷, 가죽 장화 등의 빈티지 용품 및 의상을 많이 찾아볼 수 있다. 치안이 좋지 않으니 소지품을 조심하고 월요일보다는 주말에 가는 것이 좋다.

⊙ INFO P.244 ⊙ MAP P.425L

구글 지도 GPS 48,855689, 2,414741 ⊙ 찾아가기 메트로 9호선 포르트 드 몽트리유(Porte de Montreuil) 역에서 나와 외곽 순환도로를 건너 왼쪽 ⊙ 주소 Marché aux puces de la Porte de Montreuil, Avenue du Professeur André Lemierre, 75020 Paris ⊙ 전화 01-48-85-93-30 ⊙ 시간 토~월요일 08:00~18:30 ⊙ 홈페이지 www.parisinfo.com/shopping/73781/Puces-de-Montreuil

7 몽쾨르
Moncoeur Belleville
몽꾀흐 벨빌

벨빌 공원 가장 높은 곳과 마주 보는 위치 덕분에 사랑받는 레스토랑이다. 테라스가 한적하고 일방통행 길만 건너면 벨빌 공원과 파리 풍경을 감상할 수 있다. 주말에는 브런치를 즐기는 사람들이 많고, 주중에는 테라스에서 맥주나 시원한 음료를 마시는 사람들이 많다.

⊙ MAP P.425K

구글 지도 GPS 48,8716, 2,38586 ⊙ 찾아가기 메트로 11호선 피레네(Pyrénées) 역에서 맥도날드가 보이는 내리막길 왼쪽으로 내려간다. 약 2분 내려가다 나오는 첫 번째 왼쪽 길에서 왼쪽으로 꺾어 끝까지 이동하다 보면 왼쪽에 위치 ⊙ 주소 1 Rue des Envierges, 75020 Paris ⊙ 전화 01-43-66-38-54 ⊙ 시간 10:00~02:00 ⊙ 휴무 화요일 ⊙ 가격 €14~ ⊙ 홈페이지 http://moncoeurbelleville.com

8 셰 라모나
Chez Ramona
쉐 하모나

외관이 볼품없고 레스토랑 내부도 투박해서 '과연 맛있을까?' 싶지만, 가성비 최고의 스페인 요리를 맛볼 수 있다. 파에야는 물론 감바스, 토르티야도 일품이다. 여름에는 한 달씩 바캉스로 문을 닫으니 유의하자.

⊙ MAP P.425G

구글 지도 GPS 48,87128, 2,37967 ⊙ 찾아가기 메트로 2·11호선 벨빌(Belleville) 역에서 나와 걷다 왼쪽 두 번째 길로 꺾는다. 약 1분 살짝 오르막길을 걷다 보면 왼쪽에 빨간색 원반에 그려진 파에야가 있어 찾기 쉽다. ⊙ 주소 17 Rue Ramponeau, 75020 Paris ⊙ 전화 01-46-36-83-55 ⊙ 시간 18:30~02:00 ⊙ 휴무 월요일, 7~9월 초 ⊙ 가격 €15~ ⊙ 홈페이지 www.belleville-belleville.com/chez-ramona

9 PNY 오베르캄프
PNY Oberkampf
PNY 오베흐껑프

바와 펍이 모여 있는 오베르캄프 거리에 위치해 해장으로 기름진 음식을 먹는 파리의 젊은이들에게 많은 사랑을 받고 있다. 뉴욕 스타일의 수제 버거를 추구하며 햄버거 단품은 €12 정도지만, 함께 먹는 감자튀김이 유명하기 때문에 추가로 주문해야 한다.

⊙ INFO P.177 ⊙ MAP P.425K

구글 지도 GPS 48,86569, 2,37773 ⊙ 찾아가기 메트로 2호선 메닐몽탕(Ménilmontant) 역과 3호선 파르망티에(Parmentier) 역 사이 오베르캄프 거리(Rue Oberkampf) 96번지 ⊙ 주소 96 Rue Oberkampf, 75011 Paris ⊙ 전화 01-88-47-98-12 ⊙ 시간 월~금요일 12:00~15:00, 19:00~23:00 / 토·일요일 12:00~23:00 ⊙ 가격 햄버거 단품 €13.5~ ⊙ 홈페이지 http://pnyburger.com

10 페르슈아
Le Perchoir
르 뻬흐슈아 ★★★★

로프트 스타일의 큰 창과 인더스트리얼하고 모던한 인테리어로 파리지앵들에게 사랑받는다. 옥상에서는 스낵과 음료를 즐길 수 있으며, 바로 아래층은 프렌치 레스토랑이다. 레스토랑은 예약제이고 저렴한 편은 아니지만, 매번 새로운 메뉴로 입을 즐겁게 한다. 메뉴는 공개되지 않으며 셰프의 결정에 따라 애피타이저부터 후식까지 서빙하므로 서프라이즈 식단이라고 할 수 있으니, 이 점이 불편하다면 루프톱만 이용하는 것도 좋다. 다만, 루프톱은 일찍 도착해도 기다려서 들어가야 할 정도로 사람이 많다. 마레 지구 BHV 백화점에 마레점이, 뷔트쇼몽 공원 내에 파비용 푸에블라 지점이 있다.

ⓢ **MAP** P.425K

ⓖ 구글 지도 **GPS** 48,86545, 2,38201 ⓒ 찾아가기 오베르캄프 거리(Rue Oberkampf) 152번지에서 길을 꺾어 130m 정도 이동한다. ⓐ 주소 14 Rue Crespin du Gast, 75011 Paris ⓣ 전화 01-48-06-18-48 ⓣ 시간 18:00~02:00(레스토랑은 19:00~) ⓧ 휴무 월·화·일요일 ⓦ 가격 스낵 €7~, 디너 €95~ ⓗ 홈페이지 http://leperchoir.tv

11 뷔베트
La Buvette
라 뷔베뜨 ★★★★

작지만 분위기 있는 와인 바다. AOC 마크를 단 프랑스의 유명 와인이 아니라, 주인장이 직접 발로 뛰며 만난 작은 와인 생산업자나 패밀리 컴퍼니에서 만든 와인을 소개한다. 와인을 잘 모른다면 무조건 추천해주는 와인으로 가볍게 시작해보자.

ⓘ **INFO** P.186 ⓢ **MAP** P.425K

ⓖ 구글 지도 **GPS** 48,862914, 2,379224 ⓒ 찾아가기 메트로 3호선 뤼 생모르 역(Rue Saint-Maur)에서 생모르 거리 67번지로 도보 2분 ⓐ 주소 67 Rue Saint-Maur, 75011 Paris ⓣ 전화 09-83-56-94-11 ⓣ 시간 17:00~22:00

12 세르방
Le Servan
르 세흐벙 ★★★★

프렌치와 아시안 퓨전 요리를 선보이며 11구에서 가장 맛있는 비스트로로 선정되었다. 메뉴는 매일 바뀌며 신선한 재료를 쓰는 것이 입안에서 느껴질 정도이다. 세르방이 위치한 생모르 거리(Rue Saint-Maur)에는 바(bar)나 펍이 많아서 식사 후 나이트 라이프를 즐기기 좋다.

ⓘ **INFO** P.162 ⓢ **MAP** P.425K

ⓖ 구글 지도 **GPS** 48,861022, 2,381453 ⓒ 찾아가기 메트로 3호선 뤼 생모르 역(Rue Saint-Maur)에서 생모르 거리 32번지로 도보 6분 ⓐ 주소 32 Rue Saint-Maur, 75011 Paris ⓣ 전화 01-55-28-51-82 ⓣ 시간 월~토요일 12:00~14:00, 19:30~22:30 ⓧ 휴무 일요일 ⓗ 홈페이지 http://leservan.com

13 메종 랑드멘
Maison Landemaine
메종 랑드멘 ★★★★

전통성을 살려 제대로 구워내는 빵으로 유명하다. 매일 신선한 재료를 사용하며, 적당히 구운 빵의 모양이 특히 아름답다. 샌드위치나 타르트, 키슈 등 테이크아웃이 가능한 간단한 식사도 판매한다. .

ⓘ **INFO** P.194 ⓢ **MAP** P.425K

ⓖ 구글 지도 **GPS** 48,86446, 2,37153 ⓒ 찾아가기 메트로 5·9호선 오베르캄프(Oberkampf) 역에서 도보 2분, 오베르캄프 거리(Rue Oberkampf) 41번지에 위치 ⓐ 주소 41 Rue Oberkampf, 75011 Paris ⓣ 전화 09-73-89-45-77 ⓣ 시간 월~토요일 07:00~20:30, 일요일 07:00~20:00 ⓧ 휴무 수요일 ⓗ 홈페이지 www.maisonlandemaine.com

14 벨빌루아즈
La Bellevilloise
라 벨빌루아즈 ★★★

우리나라로 치면 복합 문화 공간이라고 할 수 있다. 전시나 영화 상영, 재즈 공연, 일렉트로 뮤직 등 다양한 장르의 문화와 음악을 소개해 금·토요일에는 클럽으로, 주말에는 브런치 장소로 사랑받는다.

ⓢ **MAP** P.425L

ⓖ 구글 지도 **GPS** 48,86872, 2,39204 ⓒ 찾아가기 메트로 2호선 메닐몽탕(Ménilmontant) 역에서 도보 8분, 빌라 드 레르미타주에서 왼쪽으로 꺾어 약 200m ⓐ 주소 19-21 Rue Boyer, 75020 Paris ⓣ 전화 01-46-36-07-07 ⓣ 시간 목~토요일 18:30~01:00, 일요일 재즈 브런치 11:30~14:00(프로그램에 따라 운영 시간 다름, 홈페이지 확인 필수) ⓧ 휴무 월~수요일 ⓦ 가격 식사 €14~ ⓗ 홈페이지 www.labellevilloise.com

🔍 ZOOM IN

라 빌레트 지구·무자이아(다뉘브) 지구

치안이 좋지 않은 19·20구에 위치해 관광객들에게는 편치 않은 코스일 수 있다. 하지만 라 빌레트 지구와 무자이아 지구는 가족 단위의 젊은층이 많이 거주하기 때문에 의외로 활기차면서도 여유가 가득한 풍경을 볼 수 있다.

1 빌레트 선착장
Le Bassin de la Villette
르 바쌩 드 라 빌레뜨

햇볕이 잘 드는 빌레트 선착장에는 여유 있게 산책을 즐기는 프랑스인들의 모습을 쉽게 볼 수 있다. 선착장 양옆 인도에는 흙으로 된 공터가 마련되어 프랑스의 전통 놀이인 페탕크를 즐기는 어르신들이 삼삼오오 모여 있고, 조깅을 즐기는 젊은이들도 쉽게 눈에 띈다. 파리 시민들이 사랑하는 빌레트 선착장에는 다양한 문화 행사 또한 많이 열려 가족 단위 혹은 친구끼리 즐겨 찾으며, 특히 여름에는 밤늦게까지 각종 이벤트를 즐기는 시민들이 몰려 선착장 주변의 자리가 부족할 지경이다. 피크닉을 하고 싶다면 조레스 역 맥도날드에 들러 햄버거를 포장해서 선착장 주변에서 즐기는 것도 나쁘지 않다. 여름에는 파리 플라주가 열린다.

ⓘ **INFO** P.083 ⓜ **MAP** P.425C
구글 지도 **GPS** 48.88397, 2.37136 **찾아가기** 메트로 2·5·7B호선 조레스(Jaurès) 역에서 내려 선착장 방향 이정표를 따라간다. **주소** Le Bassin de la Villette, 75019 Paris

2 상카트르
Le Centquatre(Le 104)
르 썽카트흐

2008년 문을 연 예술·문화 복합 센터. 19세기 파리 시립 장례식장이었던 이곳은 1997년 문을 닫은 후 2000년대 초반부터 대대적인 리모델링 공사를 했다. 초반에는 운영에 어려움도 있었지만, 지금은 파리 시민들에게 사랑받는 19구의 대표적인 문화센터가 되었다.

ⓘ **INFO** P.271 ⓜ **MAP** P.425C
구글 지도 **GPS** 48.88998, 2.37143 **찾아가기** 빌레트 선착장 MK2 영화관을 지나 왼쪽으로 꺾어 사거리가 나올 때까지 약 200m 이동한다. 오른쪽 첫 번째 길을 따라 도보 약 5분, 첫 번째 사거리 지나 바로 왼쪽에 위치. **주소** 104 Rue d'Aubervilliers, 75019 Paris **전화** 01-53-35-50-00 **시간** 화~금요일 12:00~19:00, 토·일요일 11:00~19:00 **휴무** 월요일 **가격** 프로그램에 따라 다름 **홈페이지** www.104.fr

3 라 빌레트 공원
Parc de la Villette
빠끄 드 라 빌레뜨

1987년 오픈했으며, 다양한 문화 행사를 즐길 수 있는 파리의 대표적인 '문화 공원'이다. 파리의 도축장이었다는 사실을 믿을 수 없을 만큼 깔끔하고 아름답게 정돈되어 있는 라 빌레트 공원은 가족 단위 방문객이 특히 많은 곳이다. 우르크 운하(Canal de l'Ourq)가 공원을 지나가기 때문에 평화로운 오후를 즐기는 시민들이 많다. 라 빌레트 공원에는 크게 과학 산업관, 제니스 콘서트장, 음악 박물관, 파리 필하모니 등 문화 행사 및 공연 관련 센터가 위치해 어린이, 청·장년층 등 나이에 상관없이 모든 연령층이 즐거운 시간을 보낼 수 있다.

ⓘ **INFO** P.083 ⓜ **MAP** P.425D
구글 지도 **GPS** 48.89103, 2.3909 **찾아가기** 메트로 2·5·7B호선 조레스(Jaurès) 역에서 선착장을 따라 끝까지 이동한 후 다시 7분 직진하면 공원 입구가 나온다. **주소** 211 Avenue Jean Jaurès, 75019 Paris **전화** 01-40-03-75-75 **가격** 무료 **홈페이지** http://lavillette.com

4 뷔트쇼몽 공원
Parc des Buttes-Chaumont
빠끄 데 뷔뜨쇼몽 ★★★

1867년 나폴레옹 3세 시대에 문을 연 이곳은 영국식 정원의 모습을 표방하며 바위, 절벽, 폭포, 동굴 등 파리의 다른 공원에서는 볼 수 없는 다양하고 새로운 형태의 면모를 갖추고 있다. 원래 파리 시내의 건물을 건축하기 위해 석, 규석 같은 돌을 채석하던 곳이었지만, 현재는 그 모습을 찾아볼 수 없다.

INFO P.084　**MAP** P.425G
구글 지도 GPS 48.88094, 2.38276　**찾아가기** 메트로 7B호선 뷔트쇼몽(Buttes-Chaumont)역·봇자리(Botzari)역에서 하차　**주소** 1 Rue Botzaris, 75019 Paris　**전화** 01-48-03-83-10　**시간** 07:00~21:00(겨울에는 해가 지는 17:00에도 폐장하는 경우가 있음)　**가격** 무료　**홈페이지** www.paris.fr/lieux/parc-des-buttes-chaumont-1757

5 무자이아(다뉴브) 지구
Mouzaïa(Danube)
★★★

파리 시민들도 잘 알지 못하는 조용한 주택가 산책 코스다. 파리 시내와는 전혀 다른 풍경을 자랑하지만 넓은 구역은 아니니 지도에 표시된 몇몇 빌라 골목만 돌아봐도 충분하다. 미구엘 이달고 거리(Rue Miguel Hidalgo)와 무자이아 거리(Rue de Mouzaïa) 사이사이에 있는 빌라를 돌아보면 된다. 주택가라 특별한 볼거리나 맛집이 있는 것은 아니지만, 조용하고 여유로운 산책이 필요할 때 가면 좋다.

MAP P.425D·H
구글 지도 GPS 48.882003, 2.392864　**찾아가기** 메트로 7B호선 다뉴브(Danube) 역

6 파남 브루잉 컴퍼니
Paname Brewing Company
빠남 브루잉 꽁빠니 ★★★

빌레트 선착장 끝자락에 위치해 테라스에서 바라보는 경치가 특히 여유롭고 아름답다. 수제 맥주로 유명한 파남 브루잉 컴퍼니에는 사시사철 이용 고객이 많지만, 여름에는 특히 시원한 음료를 즐기는 사람들로 넓은 테라스 자리가 부족할 정도로 붐빈다.

INFO P.083　**MAP** P.425C
구글 지도 GPS 48.88786, 2.37898　**찾아가기** 빌레트 선착장 가장 끝자락에 위치　**주소** 41 bis Quai de la Loire, 75019 Paris　**전화** 01-40-36-43-55　**시간** 11:00~02:00　**가격** 맥주 맥주 €4.5~, 피자 €13.5~　**홈페이지** www.panamebrewingcompany.com

7 푸앵 에페메르
Point Éphémère
뿌앙 에페메흐 ★★★

예술인들의 작업 공간과 콘서트장으로 쓰이는 이곳은 생마르탱 운하 끝자락에 있으며 건물 전체가 그래피티 아트로 뒤덮여 마치 폐쇼 같은 모습이다. 하지만 가까이 다가갈수록 크게 울리는 음악 소리와 테라스에서 맥주를 즐기는 평범한 파리지앵들의 모습을 볼 수 있을 것이다.

MAP P.424F
구글 지도 GPS 48.88127, 2.36834　**찾아가기** 메트로 2·5·7B호선 조레스(Jaurès) 역에서 내려 생마르탱 운하 방향 내리막길로 향하면 그래피티에 덮인 건물을 볼 수 있다.　**주소** 200 Quai de Valmy, 75010 Paris　**전화** 09-50-63-40-07　**시간** 월·화요일 17:00~2:00, 수·목요일 12:00~2:00, 금·토요일 12:00~3:00, 일요일 12:00~23:00　**가격** 맥주 €5~　**홈페이지** www.pointephemere.org

8 로자 보뇌르
Rosa Bonheur
호자 보뇌흐 ★★★★

타파스와 함께 와인 한잔을 즐기며 춤을 출 수 있는 공간이다. 공원 내부에 위치하기 때문에 푸른 자연을 즐기며 시간을 보낼 수 있다. 이따금 음악 공연이 기획되어 멋진 DJ들과 함께 자연 속 클럽 분위기를 한껏 느낄 수 있다.

INFO P.084　**MAP** P.425G
구글 지도 GPS 48.879978, 2.386245　**찾아가기** 메트로 7B선 봇자리(Botzari) 역에서 가장 가깝다.　**주소** 2 Avenue de la Cascade, 75019 Paris　**전화** 01-42-00-00-45　**시간** 목~일요일 12:00~24:00(프로그램에 따라 운영시간이 다르니 홈페이지를 확인하자)　**휴무** 월·수요일　**가격** 맥주 €5~　**홈페이지** http://rosabonheur.fr/rosa-buttes

9 카노라마 운하 유람선
Canauxrama
카노라마 ★★★

생마르탱 운하에서 배를 타고 센강까지 내려가는 유람선. 운하에서 출발하는 만큼 운하의 원리를 몸소 체험하며 배를 탈 수 있어, 조금 더 색다른 경험을 할 수 있다. 운행 횟수가 많지 않아 반드시 사이트를 통해 예약해야 한다.

INFO P.263　**MAP** P.425C
찾아가기 아르스날 선착장 메트로 1·5·8호선 바스티유(Bastille) 역 아르스날 선착장 출구(Port de l'Arsenal)에서 도보 3분 빌레트 선착장 메트로 2·5·7B호선 조레스(Jaurès) 역 빌레트 선착장(Bassin de la Villette) 쪽 출구에서 도보 3분　**주소** 13 Quai de la Loire, 75019 Paris　**전화** 01-42-39-15-00　**시간** 09:45, 14:30(계절에 따라 다름)　**휴무** 화요일(계절에 따라 다름)　**가격** €18(온라인 사전 구매)　**홈페이지** www.canauxrama.com

AREA 10
BUTTE-AUX-CAILLES & BE
[뷔토카유 & 베르시 & 뱅센 숲 : 12 · 13구]

파리의 구석구석,
남들이 가지 않는 곳까지

아름답고 로맨틱한 파리에서 에펠탑, 개선문, 센강만 보고 간다면 너무 아쉽다. 토요일 오후 친구들끼리 모여 도란도란 대화를 나누며 커피를 마시고, 쇼핑을 즐기고 밤 늦게까지 클럽에서 음악에 몸을 맡기는 파리지앵들을 보고싶다면 이 지역에 주목해보자. 로컬들이 사랑하고 찾아가는, 다른 관광객들이 가지 않는 곳까지 찾아 파리를 조금 더 알고 싶다면 뷔토카유, 베르시, 뱅센 숲을 추천한다.

MUST SEE
이것만은 꼭 보자!

№. 1
한가로운
뱅센 숲

№. 2
그래피티 아트가 가득
뷔토카유

MUST BUY
이것만은 꼭 사자!

№. 1
작은 시골 마을 같은 쇼핑몰
베르시 빌라주

MUST DO
이것만은 꼭 해보자!

№. 1
파리의 밤을 만끽
센강변 클럽

№. 2
파리의 야외 수영장
조세핀 베커 수영장

Y & BOIS DE VINCENNES 441

뷔토카유 & 베르시 & 뱅센 숲 교통 한눈에 보기

기준역 ★ 플라스 디탈리 Place d'Italie
❶ 레 알 Les Halles 7호선
⏱ **시간** 7정거장, 10분
❷ 샹 드 마르스 투르 에펠 Champ de Mars-Tour Eiffel 6호선
⏱ **시간** 비르아켐(Bir-Hakeim) 출발, 13정거장, 16분
❸ 북역 Gare du Nord 5호선
⏱ **시간** 12정거장, 21분

기준역 ★ 쿠르 생테밀리옹 Cour Saint-Emilion
❶ 레 알 Les Halles 14호선
⏱ **시간** 4정거장, 7분
❷ 샹 드 마르스 투르 에펠 Champ de Mars-Tour Eiffel RER C+14호선
⏱ **시간** 비블리오테크 프랑수아 미테랑 (Bibliothèque François Mitterrand) 환승, 6정거장, 23분
❸ 북역 Gare du Nord RER B+14호선
⏱ **시간** 샤틀레(Châtelet) 환승, 4정거장, 19분

기준역 ★ 포르트 도레 Porte Dorée
❶ 레 알 Les Halles 1+8호선
⏱ **시간** 샤틀레(Châtelet) 출발, 바스티유 (Bastille) 환승, 10정거장, 29분
❷ 샹 드 마르스 투르 에펠 Champ de Mars-Tour Eiffel 6+8호선
⏱ **시간** 비르아켐(Bir-Hakeim) 출발, 도메닐 (Daumesnil) 환승, 21정거장, 34분
❸ 북역 Gare du Nord 5+8호선
⏱ **시간** 바스티유(Bastille) 환승, 14정거장, 38분

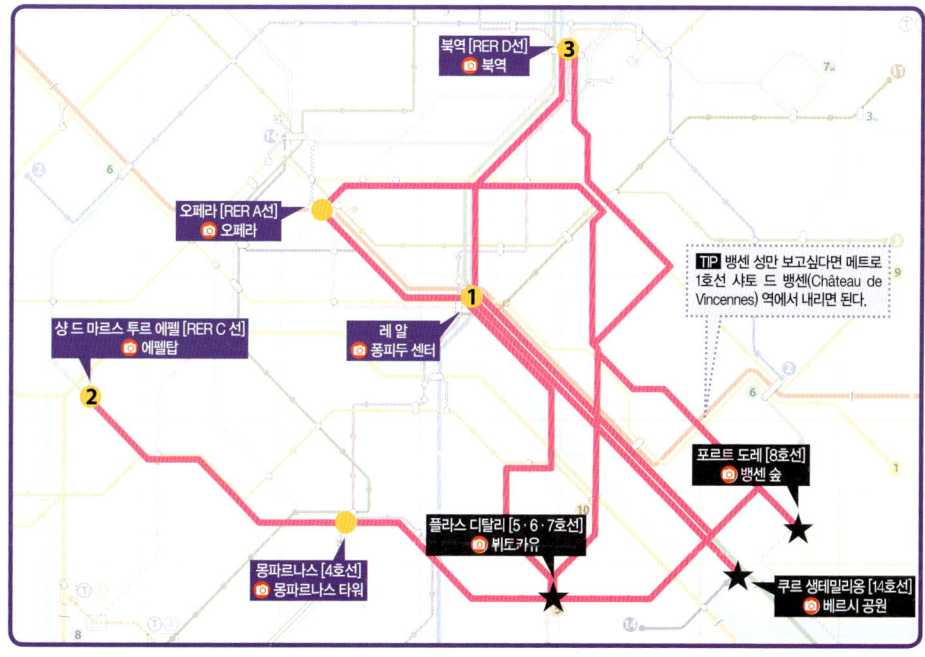

TIP 뱅센 성만 보고싶다면 메트로 1호선 샤토 드 뱅센(Château de Vincennes) 역에서 내리면 된다.

뷔토카유 & 베르시 & 뱅센 숲, 이렇게 여행하자

조용한 분위기의 한적한 시골 같은 느낌을 원한다면 뷔토카유로, 쇼핑도 하고 공원도 가고 밤에는 술 한잔에 클럽에서 춤추러도 가고 싶다면 베르시, 여유롭게 산책을 하거나 공원에 누워 책을 읽고 싶다면 뱅센 숲을 선택하면 된다. 세 지역을 모두 여행하고 싶다면, 세 지역 모두 12, 13구에 있어 가까이에 있지만, 걸어서 이동하기에는 꽤 멀 수 있으니 메트로를 이용하며 여행하는 것이 가장 좋다.

여행 이동 정보

뷔토카유 자전거나 자동차보다는 걸어서 코스를 도는 것이 더 많은 것을 볼 수 있을 것이다. 높지는 않지만 언덕이 많이 있으니, 편안한 신발을 준비하자.

베르시 공원을 돌고 쇼핑을 하고 센강 주변을 걷는 코스다. 센강변을 자전거로 이동할 수도 있지만, 걷다 보면 마음에 드는 자리에 앉아 맥주 한잔하고 싶을 때 자전거가 조금 귀찮을 수도 있다.

뱅센 숲 당연히 걷는 것이 가장 좋은 코스다. 숲이 워낙 넓기 때문에 멀리 이동할 필요 없이 도메닐 호수(Lac Daumesnil) 근처에 머물면서 산책하는 것이 좋다.

파리의 작은 마을 뷔토카유 산책 코스

파리 13 행정구역에 위치한 뷔토카유는 17세기 광산 및 채석장으로 쓰이던 곳으로, 파리에서도 드물게 언덕이 많은 곳이다. 언덕 위에 위치한 뷔토카유는 조용한 시골의 작은 마을 같은 모습을 띠면서도 동네 주민들이 애용하는 바가 많아 저녁에는 시끌벅적하기도 하다.

S 플라스 디탈리 역
Place d'Italie

13구의 교통 요지로 주변에 상권이 발달했다. 플라스 디탈리에 위치한 이탈리 두(Italie 2) 쇼핑몰 출구로 나오면 된다.
→ 쇼핑몰을 등지고 바로 왼쪽에 있는 보비요 거리(Rue Bobillot)로 400m 직진 → 폴 베를렌 광장 도착

1 폴 베를렌 광장
Place Paul Verlaine

폴 베를렌 광장에는 공동 우물이 있다.
→ 놀이터 쪽으로 길을 건너 다시 보비요 거리를 따라 직진 세 번째 오른쪽 길(Rue Martin Bernard)을 따라 조금 걸으면 오른쪽으로 파사주 부아통(Passage Boiton) 길이 나온다. → 파사주 부아통 도착

2 파사주 부아통
Passage Boiton

뷔토카유의 매력을 느낄 수 있는 작은 골목길.
→ 길 끝에서 왼쪽으로 꺾어 1분 정도 걷는다. → 파리 코뮌 광장 도착

3 파리 코뮌 광장
Place Commune de Paris

다양한 형태의 그래피티를 볼 수 있다.
→ 오던 길을 따라 계속 직진 레스페랑스 거리(Rue de l'Espérance)를 1분 정도 내려가다 나오는 첫 번째 사거리 → 미샬 거리 도착

4 미샬 거리
Rue Michal

왼쪽 골목 사이로 성당 돔이 보인다.
→ 오른쪽 길로 끝까지 이동한 후 오른쪽으로 꺾고 바로 왼쪽으로 꺾은 다음 또 한 번 왼쪽으로 꺾는다. → 빌라 다비엘 도착

5 빌라 다비엘
Villa Daviel

아기자기한 집들이 늘어선 골목을 구경하자.
→ 파리 코뮌 광장으로 돌아가 식료품점 왼쪽 길(Rue des cinq Diamants)을 따라 150m 정도 직진 → 셰 글라딘 도착

F 셰 글라딘
Chez Gladines

저렴한 가격의 안주를 2~3개 시켜 와인 한잔하며 쉬어 가기 좋다.

😊 분위기 ★★★☆☆ 낮에는 조용, 밤에는 시끌벅적
🚶 이동 편의성 ★★★★☆ 메트로 가까이 위치, 도보로 이동
👀 볼거리 ★★★☆☆ 파리에서 느끼는 시골 마을
🍴 식도락 ★★★☆☆ 뷔토카유에서는 밥보다 술!
🛍 쇼핑 ★☆☆☆☆ 쇼핑은 그다지…
😀 액티비티 ★☆☆☆☆ 특별한 액티비티는 없어요!

코스 무작정 따라하기
START

S.	플라스 디탈리 역
	도보 491m, 5분
1.	폴 베를렌 광장
	도보 282m, 3분
2.	파사주 부아통
	도보 123m, 1분
3.	파리 코뮌 광장
	도보 78m, 1분
4.	미샬 거리
	도보 192m, 2분
5.	빌라 다비엘
	도보 428m, 5분
F.	셰 글라딘

파리 아시안 지구 (차이나타운)
Quartiers asiatiques de Paris

+ TIP
산책 코스인 만큼 어느 곳에서 얼마나 시간을 보내는지는 정해져 있지 않다. 분위기 있는 장소들을 포인트로 모았으니 천천히 거닐고 원하는 만큼 머물며 나만의 추억을 만들어 보자.

COURSE 2

낮부터 밤까지 베르시 만끽 코스

베르시 빌라주에서 쇼핑을 즐기고 근처 베르시 공원에서 한가롭게 자연을 만끽할 수 있다. 베르시 공원에서 센강을 건너 프랑수아 미테랑 도서관 쪽 강변에는 클럽과 테라스 바 등이 강을 따라 늘어서 있다. 밤늦게까지 음악을 크게 틀고 디제잉을 하는 DJ 클럽에서 파리의 젊음을 느껴보자.

S 베르시 빌라주
Bercy Village

메트로 14호선 쿠르 생테밀리옹(Cour Saint-Émilion) 역에서 베르시 빌라주 출구로 나오면 바로 앞에 입구가 있다.
→ 들어갔던 출구로 다시 나오면 지하철 역 입구 뒤쪽으로 바로 → **베르시 공원 도착**

1 베르시 공원
Parc de Bercy

베르시 아레나 경기장과 베르시 빌라주 사이에 위치한 공원.
→ 베르시 공원 중간쯤 오다가 센강이 있는 왼쪽으로 방향을 튼다. 인도교와 공원을 잇는 계단은 넓고 분수가 있기 때문에 찾기 쉽다. → **시몬 드 보부아르 인도교 도착**

2 시몬 드 보부아르 인도교
Passerelle Simone-de-Beauvoir

12구와 13구를 잇는 다리로 사람만 건널 수 있는 인도교다.
→ 인도교를 건너 마주 보이는 유리로 된 건축물 쪽으로 이동 → **프랑수아 미테랑 국립 도서관 도착**

오스테를리츠 역
Gare d'Austerlitz

카페 오즈 루프탑
Café Oz Rooftop

시테 드 라 모드 F
Cité de la Mode et du Design

원더러스
Wanderlu

피티에 살페트리에르 병원
Hôpitaux Universitaires Pitié Salpêtrière

Boulevard Vincent Auriol

플라스 디탈리 역
Place d'Italie

이탈리 두
Italie Deu

코르비사르 역
Corvisart

셰 글라디딘
Chez Gladines

레 타뇌르
Les Tanneurs de la Butte

폴 베를렌 광장

> **TIP**
> 센강변에 있는 클럽이나 바, 레스토랑은 위치적 특성상 강수량이 많거나 날씨가 좋지 않은 날에는 영업하지 않는다.

3 프랑수아 미테랑 국립 도서관
Bibliothèque Nationale de France - François-Mitterrand

13구에서 가장 눈에 띄는 건물. 지대가 높아 센강이 한눈에 보이지만 바람이 항상 세게 분다.
→ 도서관 계단을 내려와 센강변을 따라 이동한다. → **프티 뱅 도착**

4 프티 뱅
Petit Bain

선탠을 즐길 수도 있고 테라스에 앉아 시원한 음료를 한잔 할 수도 있다.
→ 베르시 다리(Pont de Bercy) 쪽으로 강변을 따라 700m 정도 이동 → **시테 드 라 모드**

F 시테 드 라 모드
Cité de la Mode et du Design

프랑스에서 최고로 꼽히는 패션 마케팅 고등교육 기관 IFM이 있는 곳. 지층(센강변), 0층, 그리고 옥상에 바와 클럽이 있어 신나는 밤을 보내기 좋다.

코스 무작정 따라하기
START

S. 베르시 빌라주
도보 297m, 4분

1. 베르시 공원
도보 600m, 7분

2. 시몬 드 보부아르 인도교
도보 479m, 6분

3. 프랑수아 미테랑 국립 도서관
도보 504m, 6분

4. 프티 뱅
도보 751m, 9분

F. 시테 드 라 모드

- 분위기 ★★★☆ 센강만 있다면 어디든 분위기는 최고!
- 이동 편리성 ★★☆☆ 역이 조금 멀어요.
- 볼거리 ★★☆☆ 특별한 볼거리는 없어요.
- 식도락 ★★★☆☆ 간단하고 편하게!
- 쇼핑 ★★★★☆ 베르시 빌라주에서 특별한 쇼핑
- 액티비티 ★★★★☆ 센강변에서 수영해본 사람?

TIP
프랑수아 미테랑 도서관 앞 프티뱅과 조세핀 수영장이 자리한 곳은 날씨 좋은 낮에 가서 여유로운 시간을 누리는 것이 좋고, 시테 드 라 모드에는 루프톱이 있으니 해 질 녘에 올라가 석양을 감상하는 것도 좋다. 시테 드 라 모드 내에 있는 클럽을 즐기기 위해서는 밤에 가는 것이 좋지만, 늦은 밤에는 거리가 한적하니 몇몇이 함께 다니거나 택시, 우버 등의 교통수단을 이용하는 것이 좋다.

힐링하는 뱅센 숲 코스

COURSE 3

파리에서 가장 여유로움을 느낄 수 있는 곳은 주말의 뱅센 숲이다. 잔디밭에 자리 잡고 누워 무성한 나뭇가지 사이로 파란 하늘을 바라보고 있으면 10분 만에 힐링이 되는 것을 느낄 수 있다. 동물원에 특별히 관심이 없다면 2~3시간 정도 뱅센 숲에서 시간을 보내보자.

S 포르트 도레 역
Porte Dorée

뱅센 숲으로 가는 가장 가까운 전철역. 메트로 1호선 샤토 드 뱅센(Château de Vincennes) 역으로 가면 뱅센 성을 볼 수 있지만, 숲까지 거리가 꽤 되고 동물원까지 멀다. 가장 중요한 사실은 아름답고 평화로운 도메닐 호수가 멀다는 것. 그러니 포르트 도레 역을 이용하는 것을 추천한다.
→ 뱅센 숲 출구를 통해 나와 전철역 입구에서 약간 오르막길을 따라 이동한다. →
뱅센 숲 도착

1 뱅센 숲
Bois de Vincenne

이름은 '뱅센 숲'이지만, 뱅센시가 아니라 파리시에 속한다. 파리 서쪽의 불로뉴 숲과 함께 '파리의 허파'라고 불린다.
→ 도메닐 호숫가를 시계 방향으로 걷다 보면 왼쪽에 동물원을 가리키는 안내판이 있다. → **파리 동물원 도착**

F 파리 동물원
Parc Zoologique de Paris

최근 리모델링 공사를 거쳐 깔끔하고 쾌적하다. 뱅센 숲을 둘러보기 전에 동물원을 먼저 구경하고 숲으로 이동하는 코스도 나쁘지 않다.

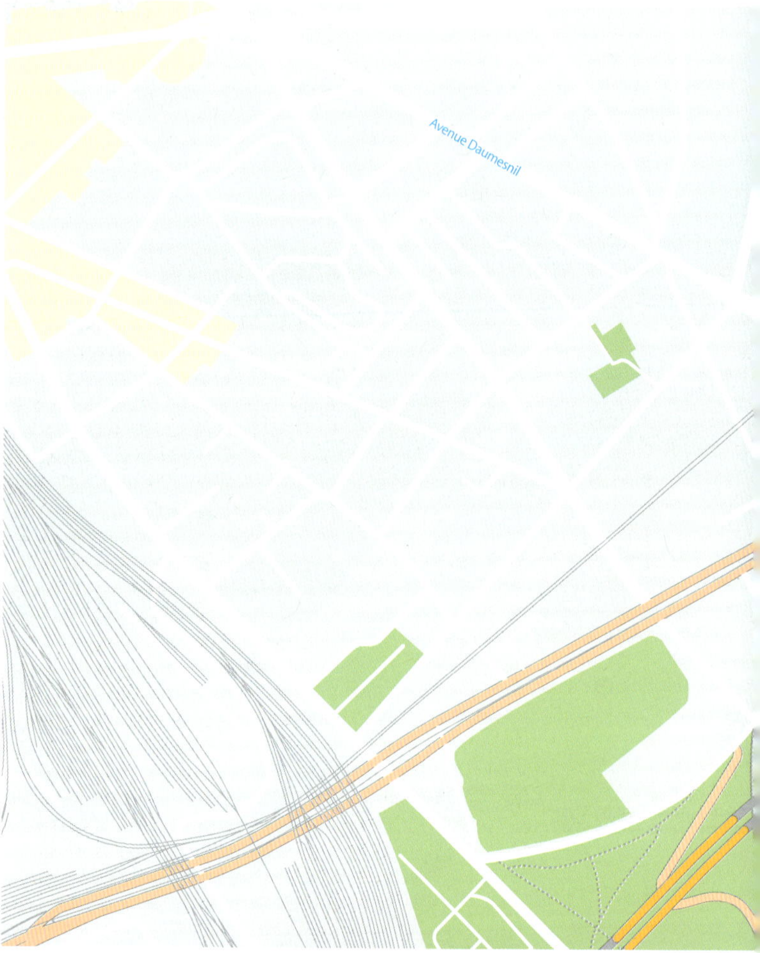

TIP
드넓은 뱅센 숲에서 어디로 가야 할지 모르겠다면 도메닐 호수를 따라 한 바퀴 천천히 돌며 쉬고 싶은 지점에서 피크닉을 하면 좋다.

449

코스 무작정 따라하기 **START**
S. 포르트 도레 역
도보 170m, 3분
1. 뱅센 숲
도보 591m, 7분
F. 파리 동물원

😊 분위기 ★★★★★ 걷는 것 자체로 힐링이 되는 공간
😊 이동 편리성 ★★★☆☆ 숲이다 보니 역에서는 조금 멀 수 있어요.
😊 볼거리 ★★★☆☆ 눈이 편안해지는 곳
😊 식도락 ★☆☆☆☆ 피크닉 준비를 해주세요.
😊 액티비티 ★★★★☆ 도메닐 호수에서 돛단배 타기

TIP
미리 도시락을 준비해 가는 것이 좋다. 준비하지 못했다면 포르트 도레 역 뱅센 숲 출구 반대편 쪽에 맥도날드 등의 패스트푸드 숍이 있으니 포장해 가는 것도 좋은 방법.

서브웨이 Subway
버거킹 Burger King Paris Porte Dorée
맥도날드 McDonald's
포르트 도레 역 Porte Dorée
뱅센 숲 Bois de Vincennes
뱅센느 공원 돛단배 Location de barques du lac Daumesnil
샤토 드 뱅센 성 방향 Château de Vincennes
파리 동물원 Parc Zoologique de Paris
도메닐 호수 Lac Daumesnil

ZOOM IN
뷔토카유

파리의 북쪽에 몽마르트르 언덕이 있다면, 파리의 남쪽에는 뷔토카유가 있다. 작은 언덕들로 이루어진 파리의 작은 마을로, 플라스 디탈리(Place d'Italie) 역과 코르비사르(Corvisart) 역에서 가깝다. 코스 하나하나의 목적지보다 동선 자체가 중요한 코스다. 골목골목 분위기를 살피며 걸어보자.

1 폴 베를렌 광장
Place Paul Verlaine
빨라스 뽈 베흘렌

프랑스 시인 폴 베를렌이 1871년 파리 코뮌에 가입하게 된 것에 대한 경의를 표하는 의미로 그의 이름을 붙였다. 광장에는 1863년 시공한 공동 우물이 있는데, 최근에 리모델링해 현재까지 파리 시민의 음용수로 사용되고 있다.

Tip 폴 베를렌 광장에는 1782년 인류 최초로 몽골피에 형제의 열기구가 하늘을 날고 착지한 곳이라는 기념비도 있다.

◉ **MAP P.442**
◉ **구글 지도 GPS** 48.82748, 2.35234 ◉ **찾아가기** 메트로 5·6·7호선 플라스 디탈리(Place d'Italie) 역에서 이탈리 두(Italie Deux) 쇼핑몰 출구로 나와 바로 옆 보비요 거리(Rue Bobillot)를 따라 약 400m 이동하면 왼쪽에 있는 작은 광장 ◉ **주소** 6 Place Paul Verlaine, 75013 Paris

2 파사주 부아통
Passage Boiton
빠사쥬 부아통

뷔토카유의 매력을 잘 보여주는 곳으로 얕은 오르막길이다. 작은 건물들과 아늑한 안뜰 등 아기자기한 단독주택들이 줄지어 있으며 뷔토카유 거리(Rue de la Butte-aux-Cailles)로 올라갈수록 벽면에 그려진 그래피티를 많이 볼 수 있다.

◉ **MAP P.442**
◉ **구글 지도 GPS** 48.82766, 2.35028 ◉ **찾아가기** 폴 베를렌 광장에서 길을 건너 보비요 거리 짝수 번지 오름차순 방향으로 가다 오른쪽 세 번째 골목에서 오른쪽으로 꺾어 마르탱 베르나르 거리(Rue Martin Bernard)에 들어선다. 마르탱 베르나르 거리를 따라 걷다 오른쪽에 작은 골목길이 보이면 오른쪽으로 꺾는다. ◉ **주소** 13 Passage Boiton, 75013 Paris

3 파리 코뮌 광장 & 미샬 거리
Place de la Commune de Paris & Rue Michal

파리 코뮌은 1871년 72일간 파리 시민과 노동자들에 의해 수립된 정권을 말하며 그에 관련된 여러 사건 사고가 이 부근에서 일어나, 그를 기념하기 위해 파리 코뮌 광장이라는 이름으로 불린다. 코뮌 광장에서 가까운 미샬 거리에서는 뷔토카유 생탄 성당(Église Sainte-Anne de la Butte-aux-Cailles)이 멀리 보여 기념 사진을 찍기에 좋다.

◉ **MAP P.442**
◉ **구글 지도 GPS** 48.82751, 2.34877 ◉ **찾아가기** 파사주 부아통에서 뷔토카유 거리(Rue de la Butte-aux-Cailles)에 도착하면 왼쪽으로 꺾어 쭉 내려오면 식료품 가게를 지나 바로 작은 광장이 나온다. ◉ **주소** Place de la Commmune de Paris, 75013 Paris

4 빌라 다비엘
Villa Daviel
빌라 다비엘

파리지앵들이 뷔토카유를 사랑하는 이유는 파리임에도 아파트가 아닌 주택이 많기 때문인데, 그중에서도 가장 인기 있는 거리다. 빌라 다비엘 거리에 들어서는 길목 반대편에는 1912년 건축된 알자스 지방의 전통 가옥 방식 스타일의 '프티트 알자스(La Petite Alsace)'가 는 길을 끈다.

◉ **MAP P.442**
◉ **구글 지도 GPS** 48.827621, 2.346445 ◉ **찾아가기** 파리 코뮌 광장에서 뷔토카유 거리를 따라 내려가다 왼쪽으로 꺾고 바로 오른쪽으로 한 번 더 꺾어 다비엘 거리(Rue Daviel)에 도착하면 길을 건너 조금 내려오다 왼쪽의 빌라 다비엘 거리로 들어선다. ◉ **주소** 1 Villa Daviel, 75013 Paris

5 레 타뇌르
Les Tanneurs de la Butte
레 따뇌흐 드 라 뷔뜨

파사주 부아통에서 마주 보이는 비스트로로 테라스에 항상 해가 들어 날씨가 좋은 날에는 사람들로 붐빈다. 염소 치즈를 넣은 샐러드, 그릴로 구운 농어구이 등 맛깔나는 식사를 맛볼 수 있고 간단하게 맥주나 하우스 와인 한잔으로 목을 축일 수도 있다.

◉ **MAP P.442**
◉ **구글 지도 GPS** 48.827849, 2.350219 ◉ **찾아가기** 파사주 부아통 오르막길 맨 끝에 위치 ◉ **주소** 22 Rue de la Butte-aux-Cailles, 75013 Paris ◉ **전화** 01-45-89-22-11 ◉ **시간** 08:00~02:00 ◉ **가격** 와인 1잔 €4, 농어 요리 €21

6 셰 글라딘
Chez Gladines
쉐 글라딘

뷰토카유의 랜드마크와도 같은 곳으로 근처에 거주하는 주민들이 저녁마다 모이는 곳이다. 젊은 분위기의 바스크 레스토랑이며 신선하고 푸짐한 요리가 일품이다. 샤르퀴트리, 치즈, 감자 등의 안줏거리가 주를 이루고, 바스크 지방의 전통 요리를 맛볼 수 있다.

◎ MAP P.442E
구글 지도 GPS 48,828819, 2,350600 찾아가기 파리 코뱅 광장 삼거리에서 식료품점을 바라보고 왼쪽 길(Rue des Cinq Diamants)을 따라 도보 약 2분, 왼쪽에 위치 주소 30 Rue des cinq Diamants, 75013 Paris 전화 09-67-31-96-46 시간 월~목요일 12:00~15:00, 19:00~22:30, 금~토요일 12:00~15:00, 19:00~23:00, 일요일 12:00~16:00, 19:00~22:30 가격 샤르퀴트리 €6,5~, 치즈 €5~, 잔 와인 €4~ 홈페이지 http://chezgladines-butteauxcailles.fr

7 이탈리 두
Italie Deux
이딸리 두

파리 남동부에 위치한 가장 큰 쇼핑몰이다. 상가, 레스토랑, 극장 등이 모여 있어 쇼핑하기 편리해 주중, 주말 모두 사람으로 북적인다. 쇼핑몰 내에 위치한 카르푸에서 간단한 식재료를 구매할 수 있으며, 프랭탕 백화점도 규모는 작지만 입점해 있다.

◎ MAP P.442E
구글 지도 GPS 48,830262, 2,355157 찾아가기 메트로 5·6·7호선 플라스 디탈리(Place d'Italie) 역에서 이탈리 두(Italie, Deux) 쇼핑몰 출구 이용 주소 30 Avenue d'Italie, 75013 Paris 전화 01-45-80-72-00 시간 월~토요일 10:00~20:00, 일요일 11:00~19:00 홈페이지 www.italiedeux.com

ZOOM IN

베르시 지구 주변

센강을 따라 마주 보고 있는 12구와 13구 지역이다. 다리 하나만 건너면 13구로 바로 이동할 수 있고, 센강을 끼고 있어 조용히 산책할 공간이 많다. 베르시 빌라주와 베르시 공원이 12구에 프랑수아 미테랑 국립 도서관과 시테 드 라 모드가 13구에 있다. 센강변 산책으로 시작해 쇼핑으로 하루를 마감할 생각이라면 오스테를리츠 역에서, 쇼핑으로 시작해 센강변 루프톱에서 하루를 마감하고 싶다면 메트로 14호선 쿠르 생테밀리옹 역에서 시작하면 된다.

1 베르시 빌라주
Bercy Village
빌라쥬 베흐씨

베르시 지구에 위치한 베르시 빌라주는 작은 마을 형태의 쇼핑몰이며, 실외에 있어 파리의 다른 쇼핑몰과는 분위기가 확연히 다르다. 베르시 빌라주는 옛 술 창고와 물류 창고로 쓰던 곳을 개조하고 리모델링해 2002년 문을 열었으며, 형태가 보존되어 현재 프랑스 역사적 기념물에 등록되었다. 19세기에서 20세기 초 프랑스 와인 운송과 유통에 중요한 역할을 했던 곳으로, 오늘날에도 그 모습을 찾아볼 수 있다. 현재는 영화관, 의류 매장 등이 입점해 있으며, 그중에서도 올리브 오일을 구입할 수 있는 올리비에 & 코(Oliviers & Co)와 향기로운 차를 구매할 수 있는 다만 프레르(Dammann Frères), 특별한 소품을 살 수 있는 나튀르 에 데쿠베르트(Nature et Découvertes) 매장을 추천한다.

◎ MAP P.443H
구글 지도 GPS 48,833338, 2,386036 찾아가기 메트로 14호선 쿠르 생테밀리옹(Cour Saint-Émilion) 역에서 베르시 빌라주 출구로 나오면 바로 앞 주소 28 Rue François Truffaut, 75012 Paris 전화 01-40-02-90-80 시간 상점 10:00~20:00, 레스토랑 10:00~02:00 홈페이지 www.bercyvillage.com

2 베르시 공원
Parc de Bercy
빠끄 드 베흐씨

센강 바로 옆에 위치하며, 베르시 빌라주와 마찬가지로 옛 와인 창고들이 있던 곳이다. 와인 운반으로 이용하던 작은 철길을 아직도 찾아볼 수 있다. 나무들이 무성하게 숲을 이뤄 여름철에는 피서를 즐기는 가족 단위 이용객이 많고, 가을에는 단풍이 매우 아름답다.

◎ MAP P.443G
구글 지도 GPS 48,836528, 2,381284 찾아가기 베르시 빌라주 바로 맞은편 주소 128 Quai de Bercy, 75012 Paris 시간 월~금요일 08:00~20:30, 토·일요일 09:00~20:30(여름에는 운영 시간이 더 길어질 수 있고, 겨울에는 짧아질 수 있음)

3 프랑수아 미테랑 국립 도서관
Bibliothèque Nationale de France - François-Mitterrand
비블리오떼끄 나씨오날 드 프항스 - 프항쑤와 미떼항

13구 센강변에 위치한 프랑수아 미테랑 국립 도서관은 모던한 외관으로 행인들의 눈길을 사로잡는다. 국립 도서관의 역사는 1368년 시작되었으며, 1988년 프랑수아 미테랑 대통령의 대대적인 도서관 프로젝트로 현재 모습을 갖추게 되었다. 우리나라의 금속활자 '직지심체요절'이 보관되어 있는 것으로 알려진다.

MAP P.443G
구글 지도 GPS 48,833724, 2,375760 **찾아가기** 베르시 공원에서 시몬 드 보부아르 인도교를 통해 센강을 건너면 바로 맞은편에 위치 **주소** Bibliothèque nationale de France, Quai François Mauriac, 75706 Paris **전화** 01-53-79-59-59 **시간** 월요일 14:00~20:00, 화~토요일 09:00~20:00, 일요일 13:00~19:00 **홈페이지** www.bnf.fr/fr/francois-mitterrand

4 시몬 드 보부아르 인도교
Passerelle Simone-de-Beauvoir
빠쓰헬 씨몬-드-보부아흐

베르시 공원과 미테랑 도서관을 이어주는 다리로, 사람과 자전거 외에 자동차의 통행은 금지되어 있다. 아치형으로 1층과 2층이 나누어진 듯 특이한 형태의 다리로 1층에서 댄스 동아리 단원들이 연습 중인 것을 볼 수 있다.

MAP P.443G
구글 지도 GPS 48,835324, 2,378062 **찾아가기** 베르시 공원 중간쯤에 위치한 계단 분수를 따라 올라가면 프랑수아 미테랑 국립 도서관을 이어주는 다리를 볼 수 있다. **주소** Passerelle Simone-de-Beauvoir, 75012 Paris

5 시테 드 라 모드
Cité de la Mode et du Design
씨떼 드 라 모드 에 뒤 디자인

프랑수아 미테랑 도서관과 함께 센강 동쪽에서 가장 눈에 띄는 건축물이다. 프랑스 최고 패션 학교 IFM이 위치하며, 레스토랑, 바, 루프톱과 클럽이 있어 밤에 더욱 활기찬 분위기다. 다양한 문화 행사가 열리니 들러볼 만하다.

MAP P.442B
구글 지도 GPS 48,840778, 2,370150 **찾아가기** 시몬 드 보부아르 인도교에서 베르시 다리(Pont de Bercy) 쪽으로 강변을 따라 약 700m 이동 **주소** 34 Quai d'Austerlitz, 75013 Paris **전화** 01-76-77-25-30 **시간** 10:00~24:00 **홈페이지** www.citemodedesign.fr

6 원더러스트
Wanderlust
완데흐러스트

시테 드 라 모드 1층에 위치한 바 & 클럽이다. 평소에는 목~토요일에만 영업하고, 여름에는 화~토요일에 영업한다. 센강변 야외에 위치하며, 큰 음악 소리와 다이내믹한 분위기로 늦은 밤에도 파리지앵들의 발길이 끊이지 않는다.

INFO P.115 **MAP** P.442B
구글 지도 GPS 48,840349, 2,370450 **찾아가기** 시테 드 라 모드 건물 계단을 따라 올라가 찻길 옆으로 가면 입구가 있다. **주소** 32 Quai d'Austerlitz, 75013 Paris **전화** 06-12-74-07-28 **시간** 금·토요일 23:00~05:00(프로그램에 따라 운영 시간이 다를 수 있음, 인스타그램 계정 확인) **휴무** 일~목요일 **홈페이지** http://wanderlustparis.com, www.instagram.com/wanderlustparis

7 카페 오즈 루프탑
Café Oz Rooftop
까페 오즈 루프톱

시테 드 라 모드 옥상에 있는 루프톱 클럽 & 바(bar)다. 센강 바로 옆에 위치한 만큼 멋진 노을과 아름다운 파리의 야경을 볼 수 있는 장소다. 센강으로 울려 퍼지는 일렉트로 뮤직에 몸을 맡긴 젊은 파리지앵들의 모습을 볼 수 있다.

INFO P.115 **MAP** P.442B
구글 지도 GPS 48,841339, 2,369345 **찾아가기** 시테 드 라 모드 옥상 층에 위치 **주소** 34, 36 Quai d'Austerlitz, 75013 Paris **전화** 01-73-71-29-09 **시간** 수요일 17:00~02:00, 목요일 17:00~04:00, 금·토요일 17:00~05:00, 일요일 17:00~03:00(프로그램에 따라 오픈 시간대 변동) **휴무** 월·화요일 **홈페이지** http://cafe-oz.com

8 조세핀 베커 수영장
Piscine Joséphine Baker
삐씬느 조세핀 베커

센강에 떠 있는 수영장으로 여름에는 몇 시간씩 줄을 서 기다려야 할 정도로 인기가 많다. 날씨가 맑은 날에는 지붕을 열어 하늘을 볼 수 있으며 비가 오거나 바람이 많이 부는 날에는 지붕을 닫아 실내 수영장처럼 이용한다.

INFO P.265 **MAP** P.443G
구글 지도 GPS 48,836433, 2,375915 **찾아가기** 프랑수아 미테랑 국립 도서관에서 센강 쪽 계단을 따라 내려가 왼쪽으로 이동 **주소** Piscine Joséphine Baker, Quai François Mauriac, 75013 Paris **전화** 01-56-61-96-50 **시간** 월~금요일 07:00~08:30·13:00~20:00(목요일은 ~23:00), 토·일요일 11:00~19:00(시즌에 따라 운영 시간을 다르게 운영하고 있으니 반드시 홈페이지에서 미리 확인할 것) **휴무** 1/1, 5/1, 12/25 **가격** €3.5(성수기 가격 변동 가능) **홈페이지** www.piscine-baker.fr

9 프티 뱅
Petit Bain
프티 뱅

파리에서 가장 잘나가는 클럽 중 하나로 꼽힌다. 센강 위에 떠 있는 형태로 센강변에 테라스 좌석도 갖췄다. 일렉트로 뮤직뿐만 아니라 포크, 힙합, 록 등 다양한 형태의 음악을 들을 수 있으며, 저렴한 안줏거리와 맥주 한 잔으로 즐거운 시간을 보내는 파리지앵들의 모습을 쉽게 볼 수 있다.

INFO P.115　**MAP** P.443G
구글 지도 GPS 48.835603, 2.376692　찾아가기 프랑수아 미테랑 국립 도서관에서 센강 쪽 계단을 따라 내려와 왼쪽으로 이동　주소 7 Port de la Gare, 75013 Paris　시간 18:00~(프로그램에 따라 운영 시간 다름), 테라스 레스토랑 5월부터 월~금요일 17:00~, 토·일요일 12:00~　홈페이지 www.petitbain.org

ZOOM IN

뱅센 숲

가장 여유로운 파리 분위기를 경험할 수 있는 곳이다. 면적이 넓은 숲으로, 길이 아닌 곳으로 들어가면 길을 잃을 수도 있으니 조심하자. 뱅센 숲 주변은 주거지라 조용하고 한적하다. 뱅센 숲에서만 머물러도 좋고 아이들과 함께 있다면 뱅센 동물원까지 함께 코스를 도는 것도 좋은 방법이다. '뱅센 성'을 보고 싶다면 메트로 1호선의 종착역인 샤토 드 뱅센(Château de Vincennes) 역에서 내리면 되고, 뱅센 숲과 동물원에 조금 더 집중하고 싶다면 메트로 8호선 포르트 도레(Porte Dorée) 역에서 하차하면 찾아가기 쉽다.

1 뱅센 숲
Bois de Vincennes
부아 드 뱅센

파리 여행 중 꼭 들러야 할 코스다. 뱅센 숲은 파리 서쪽의 불로뉴 숲과 함께 '파리의 양대 녹색 허파'라고 불릴 정도로 숲이 울창하다. 오래전부터 왕의 사냥터로 이용되었으며, 오늘날 남아 있는 숲의 면적도 넓어 뉴욕 센트럴 파크의 3배에 가깝다. 메트로 8호선 포르트 도레 역에서 가까운 입구로 공원에 들어서면 도메닐 호수가 가까이 있어 공원을 천천히 둘러보기에 좋으며, 1호선 샤토 드 뱅센 역에서 내리면 뱅센 성을 둘러보기에 좋다. 여름에는 뱅센 숲 내부 플로랄 공원에서 재즈 페스티벌이 열리며, 다양한 문화 행사도 많이 개최된다. 도메닐 호수에서 돛단배를 타고 호수를 둘러볼 수 있어 연인끼리 이용하기 좋지만, 맑은 날에는 선크림을 꼭 발라야 한다.

INFO P.080　**MAP** P.443L
구글 지도 GPS 48.83453, 2.40834　찾아가기 8호선 포르트 도레(Porte Dorée) 역 뱅센 공원 출구로 나와 약간 오르막길 쪽으로 공원 이정표를 따라 올라간다.　주소 Bois de Vincennes, 75012 Paris

2 파리 동물원
Parc Zoologique de Paris
빠끄 조올로지끄 드 빠히

1934년 문을 연 동물원으로 최근 리모델링 후 깔끔하고 현대적인 동물원으로 탈바꿈했다. 다양하고 이국적인 동물을 만날 수 있으며, 수족관에서 물개나 펭귄 등도 볼 수 있다.

MAP P.443L
구글 지도 GPS 48.833382, 2.414291　찾아가기 도메닐 호수가 돛단배 선착장에서 왼쪽으로 이동하여 이정표를 따라가면 된다. 이정표를 찾을 수 없다면 숲 위로 커다란 바위가 보이는 쪽으로 따라가면 된다.　주소 Parc Zoologique de Paris, Avenue Daumesnil, 75012 Paris　전화 08-11-22-41-22　시간 10:00~17:00(시기별로 오픈 시간이 달라지니 홈페이지를 통해 미리 확인할 것, 1월 중 아예 문을 닫는 경우도 있다)　휴무 10월 말~3월 화요일(공휴일, 방학 기간 제외)　가격 어른(13세 이상) €22, 어린이(3~12세) €17　홈페이지 www.parczoologiquedeparis.fr

AREA 11
LA DÉFENSE & BC
[라 데팡스 & 불로뉴 숲 : 라 데팡스, 16구]

파리 서쪽 극과 극
매력 탐방

분위기가 서로 다른 라 데팡스와 불로뉴 숲은 모두 파리 서쪽에 위치한다. 라 데팡스는 유럽 비즈니스의 중심이라고도 불리는 현대적이고 모던한 지역인 반면 불로뉴 숲에서는 여유롭고 쾌적한 파리의 또 다른 모습을 볼 수 있다. 산책과 조깅을 할 수 있는 코스는 물론, 승마 코스도 마련되어 많은 시민들의 쉼터가 되어준다.

MUST SEE
이것만은 꼭 보자!

NO. 1
라 데팡스의 거대한
그랑드 아르슈

NO. 2
파리의 빌딩 숲
라 데팡스 마천루

NO. 3
파리의 허파
불로뉴 숲

NO. 4
불로뉴 숲의 랜드마크,
루이 비통 재단 미술관

NO. 5
서울 정원이 여기에
아클리마타시옹 정원

MUST BUY
이것만은 꼭 사자!

NO. 1
라 데팡스 대형 쇼핑센터
카르트 탕

라 데팡스 & 불로뉴 숲 교통 한눈에 보기

＋ TIP
라 데팡스의 경우 파리 시내와 달리 교통 구역 3존에 속하기 때문에 1·2존에 해당하는 대중교통 티켓이 있다면 RER을 이용할 경우 추가 요금이 있을 수 있다(메트로 이용 시 기본요금).

기준역 ★ 라 데팡스 La Défense
❶ 샤틀레 레 알 Châtelet-Les-Halles `RER A선`
  시간 3정거장, 9분
❷ 오페라 Opéra `RER A선`
  시간 오베르(Auber) 역 이동, 2정거장, 7분
❸ 비르아켐 Bir-Hakeim `6호선+RER A선`
  시간 샤를 드골 에투알(Charles de Gaulle Étoile) 역 환승, 7정거장, 11분
❹ 몽파르나스 Montparnasse Bienvenüe `13+1호선`
  시간 샹젤리제 클레망소(Champs-Élysées – Clemenceau) 역 환승, 14정거장, 20분
❺ 플라스 디탈리 Place d'Italie `7호선+RER A선`
  시간 오베르(Auber) 역 환승, 13정거장, 23분
❻ 북역 Gare du Nord `RER B · D+RER A선`
  시간 오베르(Auber) 역 환승, 4정거장, 12분

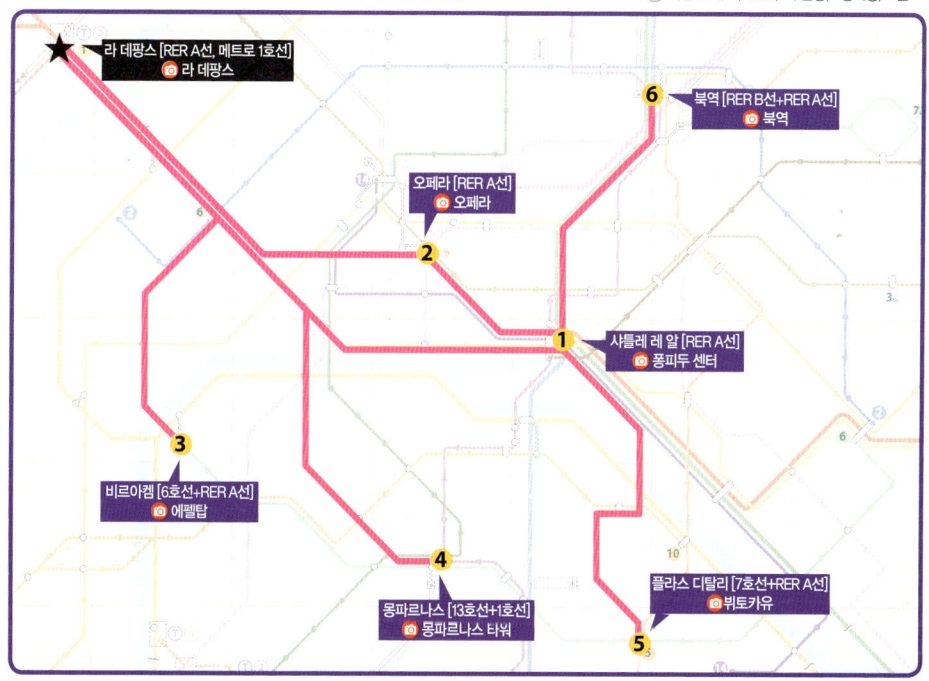

라 데팡스 & 불로뉴 숲, 이렇게 여행하자

파리 시내에서 조금 떨어져 있기 때문에 한 번에 묶어서 여행하면 좋다. 라 데팡스는 메트로와 RER이 모두 정차하므로 대중교통 이용 시간을 줄이고 싶다면 RER을, 그에 상관없이 저렴하게 다녀오고 싶다면 메트로를 이용하면 된다. 불로뉴 숲은 면적이 넓은 만큼 근처를 지나는 메트로나 RER 역도 꽤 많지만 파리 시내와 불로뉴 숲을 가르는 순환도로가 위치해 초행길이라면 조금 어려울 수 있다. 가장 좋은 방법은 라 데팡스에서 메트로 1호선을 타고 레 사블롱(Les Sablons) 역에서 하차해 불로뉴 숲으로 향하는 것이다.

＋ TIP
라 데팡스나 불로뉴 숲 근처에는 이렇다 할 맛집이 없다. 라 데팡스에서는 쇼핑몰 카트르 탕(Quatre Temps) 내부에서 간단하게 먹을 거리를 쇼핑하거나 패스트푸드 매장을 이용하면 되고 불로뉴 숲으로 이동해서 식사를 할 경우에는 레 사블롱 역 주변에 폴(Paul) 빵집이나 모노프리(Monoprix) 같은 슈퍼가 있으니 도움이 될 수 있다. 미리 샌드위치를 준비해 가는 것도 좋은 방법이다.

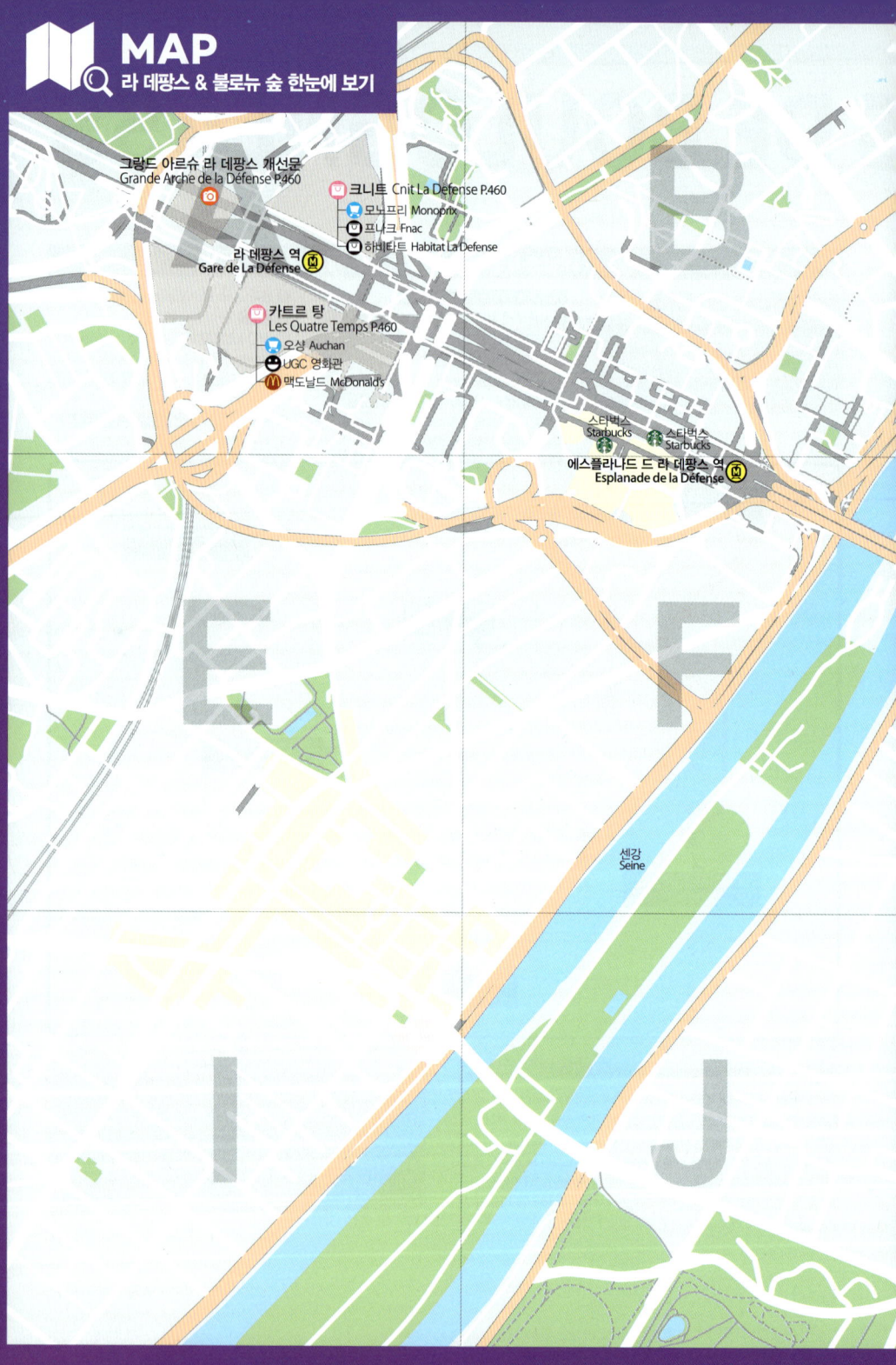

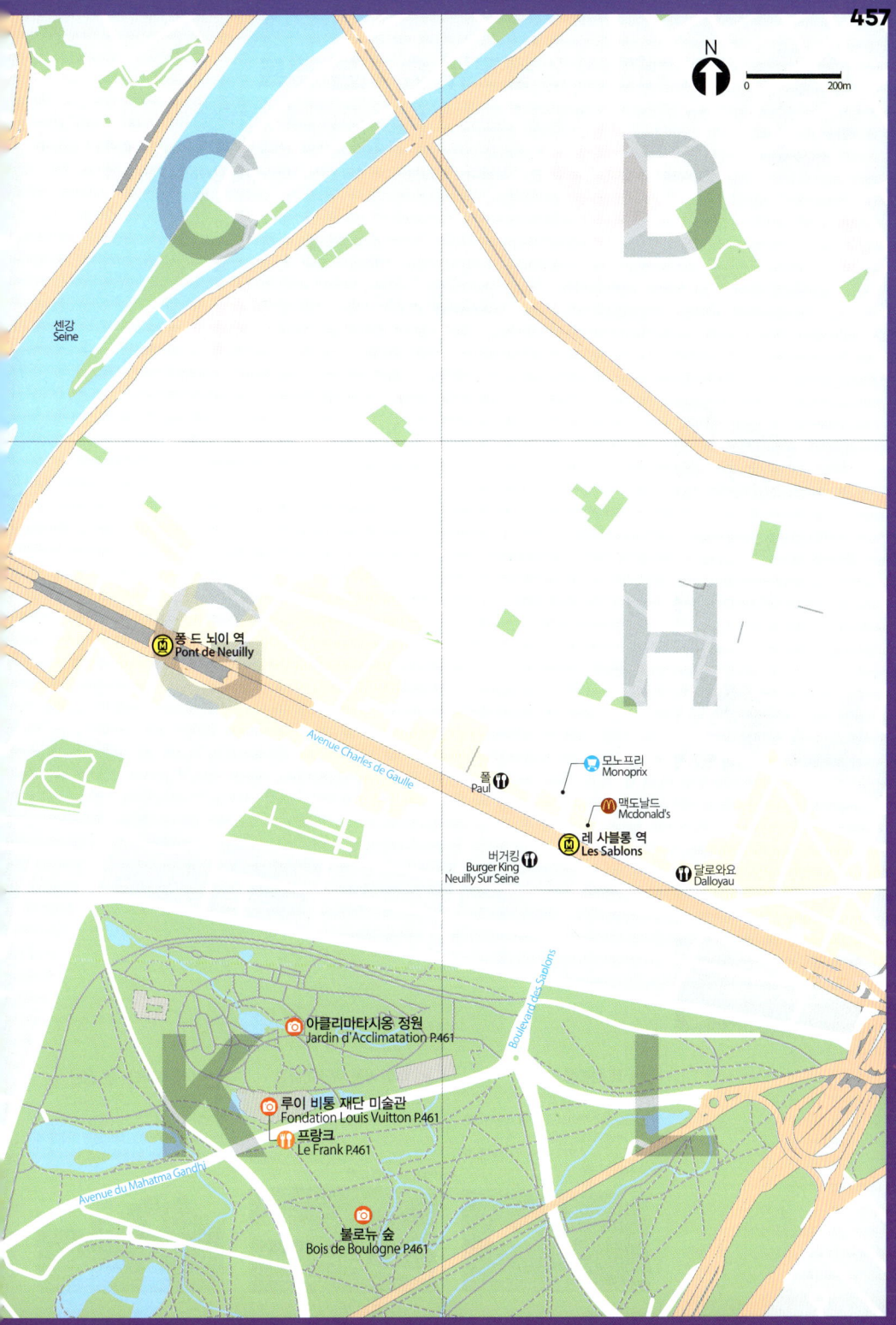

라 데팡스 & 불로뉴 숲 기본 루트

COURSE 1

역에서 내려 그랑드 아르슈를 감상하고 주변 상가 건물과 빌딩 숲을 봤다면 신속히 불로뉴 숲으로 이동하자. 불로뉴 숲은 면적이 넓기 때문에 시간 여유가 특별히 많은 것이 아니라면 레 사블롱 역에서 내려 바로 루이 비통 재단 미술관으로 직행하는 것이 좋다. 미술관을 둘러보고 천천히 나와 숲을 산책하는 기본 코스다.

S 라 데팡스 역
Gare de La Défense

라 데팡스 역은 RER과 메트로가 모두 지나기 때문에 규모가 크다. 출구는 파란색 표지판 내부에 관광지 표시를 나타내는 갈색으로 '그랑드 아르슈(Grande Arche)'라고 쓰여 있다.
→ 그랑드 아르슈(Grande Arche) 출구를 따라 나온다. → 그랑드 아르슈 라 데팡스 개선문 도착

1 그랑드 아르슈 라 데팡스 개선문
Grande Arche de la Défense

역에서 나오자 마자 한번에 알아볼 수 있다. 직사각형의 하얀색 건축물로, 가까이 다가갈수록 웅장하다.
→ 그랑드 아르슈를 등지고 오른쪽 유리 건물 쪽으로 향한다. → 카트르 탕 도착

2 카트르 탕
Les Quatre Temps

대형 슈퍼마켓과 영화관 등이 입점해 있어 인근 지역 주민들이 많이 이용하는 쇼핑몰이다.
→ 쇼핑몰에서 나와 다시 역으로 돌아간다. → 레 사블롱 역 도착

3 레 사블롱 역
Les Sablons

불로뉴 숲과 루이 비통 재단 미술관으로 가는 가장 가까운 전철역.
→ 역에서 도보 약 12분 → 루이 비통 재단 미술관 도착

4 루이 비통 재단 미술관
Fondation Louis Vuitton

불로뉴 숲에 위치한 미술관.
→ 미술관 1층 레스토랑 프랑크(Le Frank) 옆 출입문을 따라 나가면 바로 → 아클리마타시옹 정원 도착

F 아클리마타시옹 정원
Jardin d'Acclimatation

불로뉴 숲 내에 위치하며 문을 연 지 오래된 놀이공원이 있다. 아이들과 여유롭게 산책하며 시간을 보내기 좋다.

- 분위기 ★★★☆☆ '모던함'과 '자연'을 한번에!
- 이동 편리성 ★★☆☆☆ 불로뉴 숲은 많이 걸어야 해요.
- 볼거리 ★★★☆☆ 빌딩 숲 & 나무 숲
- 식도락 ★☆☆☆☆ 식사는 다른 곳에서 하는게 좋아요.
- 쇼핑 ★☆☆☆☆ 카트르 탕 쇼핑센터!
- 액티비티 ★★☆☆☆ 불로뉴 숲에서 이것저것

코스 무작정 따라하기
START

| S. 라 데팡스 역 |
| 도보 117m, 2분 |
| 1. 그랑드 아르슈 라 데팡스 개선문 |
| 도보 164m, 3분 |
| 2. 카트르 탕 |
| 메트로 3정거장, 10분 |
| 3. 레 사블롱 역 |
| 도보 952m, 12분 |
| 4. 루이 비통 재단 미술관 |
| 도보 156m, 3분 |
| F. 아클리마타시옹 정원 |

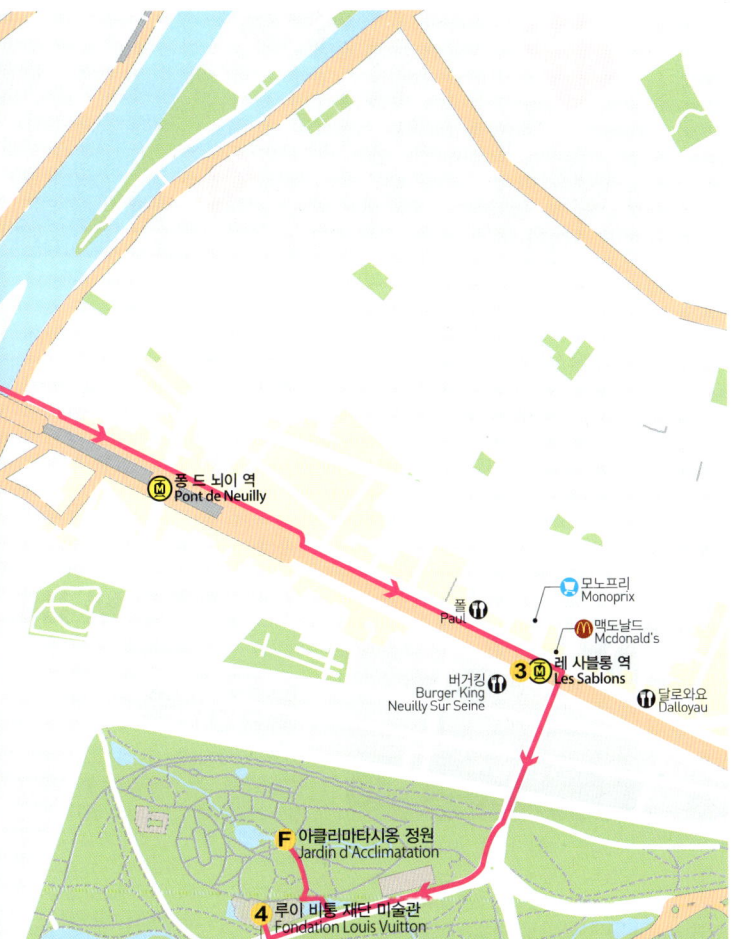

ZOOM IN

라 데팡스

라 데팡스는 행정적으로 파리시에 속하지 않지만, 메트로 1호선이 닿는 파리의 비즈니스 중심지라고 할 수 있다. 프랑스 대표 기업들의 본사가 있어 프랑스뿐만 아니라 '유럽 비즈니스의 중심지'라고도 불린다. 주말보다는 주중에 방문하는 것이 좋고, 이왕이면 프랑스의 근무 시간인 오전 9시에서 오후 6시 사이에 방문하는 것이 지역적인 특색을 느끼기에 좋다.

Tip 라 데팡스 역은 RER A선과 메트로 1호선이 모두 정차하지만 파리 1·2존을 이용할 수 있는 티켓을 가지고 RER A선을 이용하면 추가 요금을 내야 한다.

1 그랑드 아르슈 라 데팡스 개선문
Grande Arche de la Défense
그헝다흐슈 드 라 데팡스

파리 북동쪽에 위치한 퓌토(Puteaux)시 라 데팡스 지역에 1989년 세워 '신개선문'이라고 불리기도 한다. 파리 시내의 나폴레옹 개선문과 일직선상에 위치하며 시멘트와 철, 유리, 대리석으로 지어 모던한 인상을 준다. 파리 시내의 개선문과는 또 다른 웅장함으로 다가올 것이다. 그랑드 아르슈 건물은 현재 다양한 회사들의 사무실로 쓰이며, 꼭대기 층에는 파리의 파노라마 뷰를 즐길 수 있는 테라스를 갖추었으며 방문 가능하다. 보도 사진 전시를 여는 전시회장도 있으니 관심이 있다면 들러보자.

MAP P.456A

구글 지도 GPS 48.89243, 2.23664 **찾아가기** 라 데팡스(Gare de la Défense) 역 그랑드 아르슈 출구 이용 **주소** 1 Parvis de la Défense, 92044 Paris La Défense Cedex **전화** 01-40-90-52-20 **시간** 10:00~19:00 **가격** 파노라마 뷰 €15 **홈페이지** www.lagrandearche.fr

2 크니트
CNIT
끄니트

C.N.I.T는 프랑스 공업 기술 센터의 약자로, 1958년 현재의 위치에 자리 잡았으며, 기둥이 없는 건물로 텐트형의 독특한 건축 스타일이 눈길을 끈다. 두 차례의 레노베이션 끝에 한때는 국제 회의소로 쓰이기도 했지만, 현재는 힐튼 호텔과 다국적 기업들이 입주해 있고 프나크, 하비타트 등의 매장이 입점해 있다.

MAP P.456A

구글 지도 GPS 48.841868, 2.355174 **찾아가기** 그랑드 아르슈를 등지고 왼쪽에 위치한 유리 건물이다. **주소** 2 Parvis de La Défense, 92800 Puteaux **전화** 01-46-92-26-00 **시간** 월~토요일 10:00~20:00, 일요일 11:00~19:00 **홈페이지** www.ladefense.fr/fr/tour/cnit

3 카트르 탕
Les Quatre Temps
레 꺄트흐 떵

라 데팡스 지역에 위치한 가장 큰 규모의 쇼핑센터. 쇼핑센터 내에는 오샹(Auchan) 같은 대형 슈퍼마켓과 영화관, 각종 의류 브랜드 등의 매장이 밀집해 있어 쇼핑하기 편리하다. 라 데팡스 지역은 업무 중심 지구이기는 하나 주변에 주거지도 발달해 쇼핑센터에는 늘 사람들로 북적인다.

MAP P.456A

구글 지도 GPS 48.89076, 2.23732 **찾아가기** 그랑드 아르슈를 등지고 오른쪽에 위치한 유리 건물이다. **주소** Les Quatre Temps, Parvis de la Défense, 92800 Puteaux **전화** 01-47-73-54-44 **시간** 월~토요일 10:00~20:30, 일요일 10:00~20:00 **홈페이지** http://fr.westfield.com/les4temps

ZOOM IN

불로뉴 숲

850헥타르에 달하는 규모가 남다른 파리 시내의 숲으로, 넓은 면적 덕분에 숲 근처에 정차하는 대중교통이 있지만 초행길이라면 찾아가기 쉽지 않다. 접근하기 가장 쉬운 곳은 메트로 1호선 레 사블롱(Les Sablons) 역. 미술관 방문이 목적이 아니라 불로뉴 숲을 더 보고 싶다면 많이 걸을 준비를 해야 한다.

1 불로뉴 숲
Bois de Boulogne
부아 드 불론느

뱅센 숲과 함께 '파리의 허파'라고 불리는 불로뉴 숲은 규모가 어마어마해 이정표를 잘 보지 않으면 길을 잃기 십상이다. 행정상으로 파리 16구에 속하지만 파리 시내와 불로뉴 숲 사이에는 순환도로가 뚫려 있다. 한때 프랑스 왕의 사냥터로 쓰이기도 했던 불로뉴 숲에는 현재 동물원, 승마장 등이 위치하며 숲 서쪽에는 18세기에 건축된 바가텔 성(Château de Bagatelle)이 아직도 자리를 지키고 있다. 여유롭게 산책을 즐기는 파리 시민들의 모습을 쉽게 볼 수 있으나, 밤에는 매춘이 이루어지기도 하는 곳이기 때문에 해 질 녘 산책은 피하는 것이 좋다.

◎ MAP P.457K · L

구글 지도 GPS 48,86244, 2,24917 찾아가기 메트로 1호선 레 사블롱(Les Sablons) 역에서 나와 이정표를 따라 이동한다. 주소 Bois de Boulogne, 75016 Paris

2 아클리마타시옹 정원
Jardin d'Acclimatation
쟈흐댕 다끌리마따씨옹

불로뉴 숲에 위치한 정원 중 하나. 1860년 문을 열었으며 작은 기차와 승마 센터, 허브 박물관 등이 있어 어린이를 동반한 학부모들이 즐겨 찾는다. 특히 서울시와 파리시의 우정을 기념하기 위해 만든 서울 정원이 있어 눈길을 끈다.

◎ MAP P.457K

구글 지도 GPS 48,87807, 2,26407 찾아가기 루이 비통 재단 미술관 내부에서 프랑크 레스토랑 쪽 옆문으로 나가면 바로 들어갈 수 있다. 레 사블롱(Les Sablons) 역에서 출발할 경우 이정표를 따라가면 쉽게 찾을 수 있다. 주소 Jardin d'Acclimatation, Bois de Boulogne, Rue du Bois de Boulogne, 75116 Paris 전화 01-40-67-90-85 시간 월·화·목·금요일 11:00~18:00, 수·토·일요일·공휴일 10:00~18:00 가격 €7~ 홈페이지 www.jardindacclimatation.fr

3 루이 비통 재단 미술관
Fondation Louis Vuitton
퐁다씨옹 루이 뷔똥

캐나다의 유명 건축가 프랑크 게리가 설계한 루이 비통 재단 미술관은 불로뉴 숲 아클리마타시옹 정원 내부에 위치하며, 2014년 오픈했다. 프랑스 럭셔리 그룹 LVMH의 지원으로 운영되고 주로 현대미술 전시가 열리는데, 건축물 자체만으로도 방문 가치가 높다. 미술관의 옥상에서는 멀리 파리의 에펠탑은 물론 라 데팡스 지역까지 한눈에 볼 수 있다.

역 미술관 출구로 나와 이정표를 따라 도보 약 10분 이동. 셔틀버스 파리 개선문 근처 탑승, 홈페이지에서 예매 가능(왕복 €2) 주소 8 Avenue du Mahatma Gandhi, 75116 Paris 전화 01-40-69-96-00 시간 월·수·목 11:00~20:00, 금요일 11:00~21:00, 토·일요일 10:00~20:00(전시에 따라 변동 가능) 휴무 화요일 가격 €16 홈페이지 www.fondationlouisvuitton.fr

미술관 테라스에서 보는 파리 시내 모습

ⓘ INFO P.074, 113 ◎ MAP P.457K

구글 지도 GPS 48,877245, 2,267680 찾아가기 메트로+도보 1호선 레 사블롱(Les Sablons)

4 프랑크
Le Frank
르 프랑크

루이 비통 재단 미술관 내부에 위치한 레스토랑으로 미슐랭 스타 셰프인 장루이 노미코스의 메뉴가 준비되어 있다. 프랑스 전통 요리와 각국의 요리가 어우러져 모던하고 깔끔한 한 끼 식사를 맛볼 수 있으며 식사 시간 이외에는 커피나 티로 목을 축일 수도 있다.

◎ MAP P.457K

구글 지도 GPS 48,876675, 2,263355 찾아가기 루이 비통 재단 미술관 내부에서 아클리마타시옹 정원으로 나가는 게이트 옆에 위치 주소 8 Avenue du Mahatma Gandhi, 75116 Paris 전화 01-58-44-25-70 시간 일·월·수·목요일 12:00~19:00, 금·토요일 12:00~22:00 가격 €15,5~ 휴무 화요일 홈페이지 http://restaurant-le-frank.com

out of PARIS

AREA 01 VERSAILLES
[베르사유]

유럽 최고의 궁전

파리에서 남서쪽으로 약 20km 떨어진 곳에 위치한 베르사유 궁전은 '절대 권력의 상징'이며, 황금빛의 화려한 궁과 완벽하게 정돈된 드넓은 정원은 태양왕 루이 14세의 권력을 상징한다고 할 수 있다. 화려한 왕실의 방과 그 시대의 가구와 인테리어를 볼 수 있으며, 궁전 앞에 펼쳐진 정원에는 왕비들이 사용하던 공간과 한껏 여유를 즐길 수 있는 대운하 등 볼거리가 많다.

MUST SEE
이것만은 꼭 보자!

№. 1
베르사유 궁전의 스타
거울의 방

№. 2
여자들의 공간,
그랑 트리아농 & 프티 트리아농

№. 3
아름답게 정돈된 정원

베르사유 궁전 교통 한눈에 보기

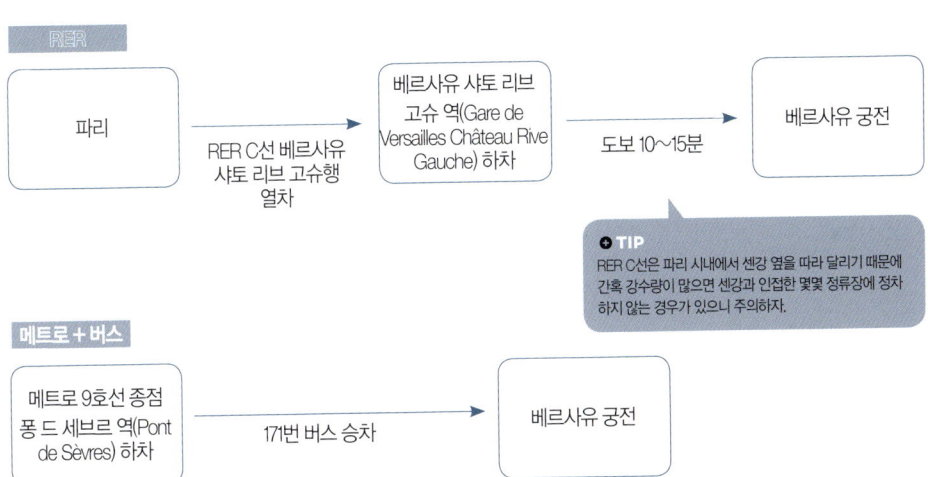

베르사유 궁전까지 가는 법

🚆 **RER** 센강을 따라 파리 시내를 관통하는 RER C선을 이용하면 베르사유까지 금방 갈 수 있다. 예를 들어 샹 드 마르스-투르 에펠(Champ de Mars-Tour Eiffel) 역에서 RER C선을 탑승하면 베르사유 샤토 리브 고슈 역까지 30분 정도 소요된다. 역에서 내려 궁전까지는 도보 15분 정도 걸린다. 역에서 나와 길을 건너 오른쪽으로 꺾은 뒤 큰 사거리에서 왼쪽으로 꺾어 그대로 직진하면 된다.

🚌 **버스** 버스를 이용하는 경우에는 메트로 9호선 종점인 퐁 드 세브르 역에서 하차해 버스(BUS/Gare Routière) 표시를 따라 나가다 보면 버스가 언제 도착하는지 알려주는 시스템 안내판을 볼 수 있다. 그곳에서 베르사유 궁전행(Ch. Versailles) 171번 버스를 확인하고 출구로 나가 정류장으로 가면 된다. 버스 번호가 분명하게 표시되어 있기 때문에 찾기 쉽다. 버스는 30분 정도 소요된다.

베르사유 역
- € **RER C선 요금** €4.15 (1~4존)
- € **171번 버스 요금** 파리 시내(1존)에서 퐁 드 세브르 역으로 이동한 후 버스 승차 시 €3.8, 퐁 드 세브르 역(2존)에서 바로 버스 이용 시 €2.15 (버스 내 티켓 구매 시 €2.5)
- ℹ️ **요금 및 시간 정보** www.vianavigo.com

베르사유 이렇게 여행하자

베르사유 궁전과 정원은 매우 넓기 때문에 제대로 보려면 여유 있게 하루를 할애하는 것이 좋다. 베르사유를 관람하는 방법은 프티 트랭(리틀 트레인)이나 자전거, 전기차, 도보 등의 방법이 있다 (INFO P.126 참고). 베르사유 궁전은 크게 궁전 건물과 정원, 그랑 & 프티 트리아농으로 구분할 수 있으며 도보나 자전거를 이용할 경우 궁전, 정원, 그랑 트리아농, 프티 트리아농 순으로 도는 코스가 많은 볼거리를 제공한다. 프티 트랭을 이용할 경우에는 정원이나 대운하를 거치지 않고 궁전부터 그랑 트리아농으로 바로 이동하게 된다(궁전-그랑 트리아농-프티 트리아농-대운하).

- ℹ️ **프티 트랭 정보** www.train-versailles.com
- ℹ️ **자전거 대여 정보** www.astel-versailles.com

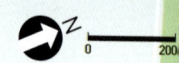

ZOOM IN

베르사유

베르사유는 궁전과 정원 모두 볼거리가 많고 규모가 크기 때문에 시간을 적절히 분배하고 여행 계획을 잘 세우는 것이 중요하다. 궁전 관람에 많은 시간을 할애하면 정원의 반도 보지 못하고 피곤해질 수 있으니 체력을 잘 조절하자. 베르사유 궁전은 애니메이션 〈베르사유의 장미〉와 영화 〈마리 앙투아네트〉, 〈아이언 마스크〉 등 다양한 작품의 배경이 되었으니 방문 전 미리 관련 영상을 찾아보는 것도 도움이 될 수 있다.

1 베르사유 궁전
Le Château de Versailles
르 샤또 드 베흐사이

유네스코 세계유산으로 등록되어 17세기 프랑스 예술의 꽃이라 불리는 궁전. 루이 13세가 사냥터로 쓰던 별장과 울창한 숲이 있던 곳에 루이 14세의 국정 운영과 함께 건축되어 루이 15세를 거쳐 루이 16세까지 왕궁으로 쓰였다. 프랑스혁명 당시 8000헥타르에 이르렀지만, 오늘날에는 815헥타르만 남아 있다. 궁정 의식을 치르거나 외부 인사 접견을 위한 거울의 방, 전쟁의 방, 평화의 방 등이 있으며, 수백 개의 크고 작은 방으로 이루어져 있다. 왕의 침실과 거울의 방은 베르사유 궁전에서 놓치지 말아야 하는 하이라이트다.

Tip 표를 사전에 예매해두면 그나마 줄을 덜 길게 설 수 있으며, 코로나 19 이후부터는 예매를 하는 것을 강력히 권고하고 있다.

Tip 뮤지엄 패스로 궁전과 트리아농의 입장이 가능하지만 정원 입장권은 따로 구매해야 한다.

ⓘ **INFO** P.124 ⓜ **MAP** P.466
ⓖ **구글 지도 GPS** 48.80462, 2.12183 ⓐ **주소** Château de Versailles, Place d'Armes, 78000 Versailles ⓣ **전화** 01-30-83-78-00 ⓢ **시간** 시즌과 장소별로 운영 시간이 다르니 홈페이지를 참고할 것(P.126 참고) ⓗ **휴무** 월요일, 1/1, 5/1, 12/25 ⓟ **가격** 궁전 €21, 트리아농 €12, 패스포트(궁전+트리아농+정원) €24(음악 분수 쇼가 있는 날에는 가격이 달라질 수 있음) ⓦ **홈페이지** www.chateauversailles.fr

---

정원 Les Jardin

베르사유 궁전에서 바라보는 대운하와 어우러진 정원의 모습은 아름답기 그지없다. 라토나의 계단을 거쳐 라토나 분수, 아폴론 분수까지 걷다 보면 기하학적으로 다듬은 나무들과 질서정연하게 정돈된 잔디를 가까이에서 볼 수 있다. 정원의 끝에는 잔디밭이 있고, 잔디밭 너머로 대운하가 펼쳐져 있다.

대운하 Grand Canal

1668년부터 1679년까지 총 11년의 공사 기간이 걸렸다. 1,670m 길이로 끝이 보이지 않는 운하의 규모에 감탄하게 된다. 대운하 근처에는 피크닉을 즐기는 사람들과 작은 보트를 빌려 운하를 감상하는 사람들을 볼 수 있으니 잠시 잔디밭에 누워 여유로운 시간을 보내보자.

그랑 트리아농 & 프티 트리아농
Grand Trianon & Petit Trianon

아름다운 분홍빛 대리석의 외관이 인상적인  그랑 트리아농은 루이 14세가 왕궁에서 벗어나 애첩들과 함께 즐거운 시간을 보낸 장소다. 루이 16세의 왕비 마리 앙투아네트는 그랑 트리아농보다 그녀 자신을 위해 재정비된 프티 트리아농에서 시간 보내는 것을 더욱 좋아했다고 알려진다.

왕비의 촌락 Hameau de la Reine

'마리 앙투아네트의 마을'이라고 불리기도 한다. 당시 유럽 귀족들 사이에서 유행하던 '전원생활'을 누리기 위해 지은 곳으로 왕비의 집, 농장, 방앗간 등 총 12채의 건물로 구성되어 있다. 건물마다 정원이 딸려 있으며 각종 채소와 과일 등을 재배했다.

AREA 02 LE MONT-SAINT
[몽생미셸]

천사의 수도원

프랑스 북부 노르망디와 브르타뉴 지방의 경계에 위치하며, '바다 위에 떠 있는 수도원'으로 유명하다. 프랑스 대표 관광지이며 수년 전 대한항공의 TV 광고 배경으로 안개가 자욱한 바다 위에 떠 있는 몽생미셸 수도원이 등장하며 이름을 알렸다. 수도원은 709년에 세워졌으며 현재는 주민 30여 명이 전부인, 수도원 외에 특별한 것이 없는 몽생미셸이지만 세월의 흐름을 그대로 간직한 모습은 가히 경이롭다고 할 수 있다.

MUST SEE
이것만은 꼭 보자!

№. 1
멀리서 바라보는
몽생미셸 풍경

№. 2
천 년에 걸쳐 지은
몽생미셸 수도원

№. 3
아름다운 몽생미셸의 야경

MICHEL 469

몽생미셸 교통 한눈에 보기

고속열차 + 버스

파리 몽파르나스 역 (Gare Montparnasse) → [테제베(TGV) 기차, 1시간 30분~2시간] → 렌 역 (Gare Rennes) → 렌 역 버스 터미널 (Gare Routière) → [1시간 10분] → 몽생미셸 르 베르제 역 (Le Berger) → [도보 약 30분 / 셔틀버스 약 10분] → 몽생미셸 (Le Mont-Saint-Michel)

> **TIP**
> 조수 간만의 차가 큰 '그랑드 마레(Grande Marée)' 기간에는 입장이 제한될 수 있으니 몽생미셸 관광안내소 홈페이지를 통해 미리 확인하는 것이 좋다.
> 홈페이지 www.ot-montsaintmichel.com

몽생미셸까지 가는 법

파리에서 몽생미셸까지 가는 방법은 다양하지만, 시간이 많이 걸리거나 갈아타는 것이 복잡하여 파리에서 렌까지 이동한 후 렌 버스 터미널에서 몽생미셸로 가는 버스를 타는 것이 가장 빠르고 간단하다. 파리 몽파르나스 역에서 렌으로 가는 기차는 자주 있지만, 총 이동 시간이 꽤 걸리기 때문에 오전 6, 7시부터 나서는 것이 좋다. 렌까지는 1시간 30분에서 2시간 정도 걸린다. 렌 역에서 내려 노르(Nord) 출구 방향을 따라가면 버스/버스 터미널(Bus/Gare Routière) 표시가 보이고, 버스 터미널에서 몽생미셸행 버스표를 구매하면 된다. 특별히 버스 번호가 있는 것은 아니고, 몽생미셸행이라고 표시되어 있으며 1시간 10분 정도 소요된다. 버스는 몽생미셸 수도원까지 들어가는 것이 아니라 수도원에서 도보 30분 거리인 르 베르제 정류장에서 정차하는데, 정류장에서 바로 몽생미셸행 무료 셔틀버스(Navette)를 타고 몽생미셸 수도원 아래까지 갈 수 있다.

ⓘ **기차 시간 정보** www.sncf-connect.com/billet-train
ⓘ **버스 시간 정보** http://keolis-armor.com

※ 버스는 기차 시간에 맞춰 있지만 시즌에 따라 다르니 버스 시간에 주의하자.

€ **요금** 기차 €19~, 버스 €15~

몽생미셸 버스 정류장에서 수도원까지 가는 법

🚶 **도보** 바닷길을 따라 천천히 경치를 구경하며 갈 수 있지만, 바닷바람이 매우 세다. 30~35분 소요.

🚌 **셔틀버스** 편안하게 수도원 입구까지 데려다준다. 12분, 무료.

MAP
몽생미셸 한눈에 보기

ZOOM IN

몽생미셸

셔틀버스가 몽생미셸 입구 근처에서 내려주고, 바로 옆에 관광안내소가 있으니 필요하다면 지도를 챙겨두자. 섬이 워낙 작고 수도원과 작은 골목길이 전부니 별도의 교통수단은 필요 없다. 수도원을 먼저 보고 내려오며 그랑드 거리(Grande Rue)에 위치한 작은 상점을 방문해도 좋고, 상점을 구경하며 올라가 수도원을 방문해도 좋다. 수도원과 그랑드 거리 관광을 모두 마쳤다면 방파제 쪽으로 내려가 아름다운 몽생미셸과 인증사진을 찍는 것도 잊지 말자. 하지만 밀물과 썰물 시간이 있으므로 주의하자. 밀물·썰물 시간은 입구 안내판이나 관광안내소에서 안내받을 수 있다.

Tip 몽생미셸은 애니메이션 〈라푼젤〉, 〈하울의 움직이는 성〉의 모티브가 되었다고 한다.

1 몽생미셸 수도원
Abbaye du Mont Saint-Michel
아베이 뒤 몽생미셸

몽생미셸 수도원은 708년 당시 아브랑슈의 주교 오베르의 꿈에 미카엘 대천사가 나타나 몽생미셸의 바위섬에 그를 기리는 수도원을 지으라는 계시에 따라 세웠다고 전해진다. 11세기에 4개의 지하 예배당과 교회 건물이 세워졌고, 13세기에 라 메르베이가 건축되었다. 백년전쟁 동안 성을 보호하기 위한 군사시설이 정비되었고 프랑스혁명부터 1863년까지 감옥으로 쓰이기도 했다. 완공되기까지 오랜 시간이 걸려 다양한 건축양식이 어우러진 모습을 볼 수 있다. 1879년 기하급수적으로 늘어나는 관광객을 맞이하기 위해 몽생미셸까지 제방을 세웠고, 1900년대 들어서는 수도원까지 이어지는 증기 전차를 만들어 몽생미셸은 '육지화'되었다. 그 때문에 몽생미셸이 물에 떠 있는 듯한 절경을 볼 수 없게 되었고, 환경이 조금씩 망가져 최근 들어 정부 차원의 복구 공사가 이루어지고 있다.

INFO P.142 **MAP** P.470B

구글 지도 GPS 48.63616, -1.51146 주소 Abbaye du Mont-Saint-Michel, 50170 Le Mont-Saint-Michel 전화 02-33-89-80-00 시간 5/2~8/31 09:00~19:00 9/1~4/30 09:30~18:00 휴무 1/1, 5/1, 12/25(홈페이지를 통해 휴무일을 미리 체크할 것) 가격 €13 홈페이지 www.ot-montsaintmichel.com(몽생미셸 관광안내소), http://mont-saint-michel.monuments-nationaux.fr(몽생미셸 수도원)

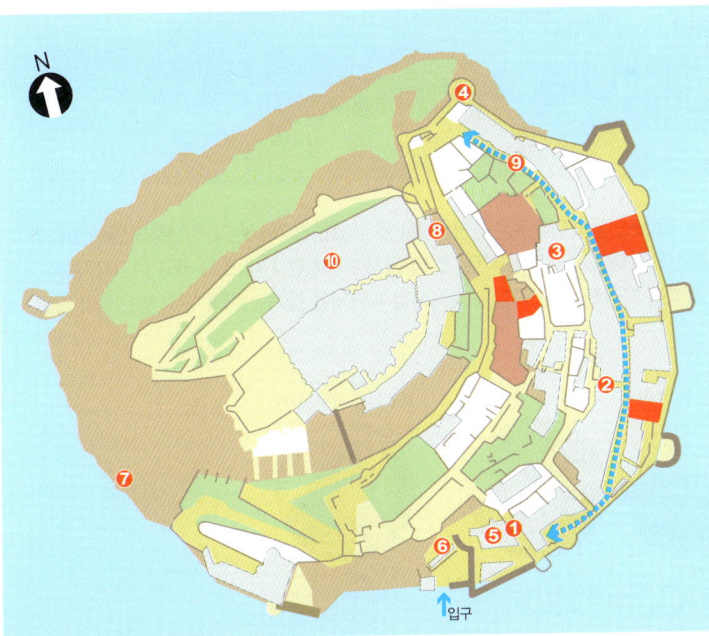

❶ 도개교 Pont-Levis
❷ 코퀴스 골목 Ruelle des Cocus
폭이 50cm밖에 되지 않는 섬에서 가장 좁은 길 코퀴스는 불륜을 저지르는 사람들을 말하며 그들이 숨어 있기 좋았다는 유머에서 길 이름이 유래되었다고 한다.
❸ 생피에르 성당 Église Paroissiale Saint-Pierre 11세기에 지어진 것으로 추정되지만 15, 16세기에 다시 건축된 것으로 알려져 있다. 1909년 프랑스의 역사적 기념물로 등재되었다.
❹ 북쪽 탑 Tour du Nord
❺ 메르 풀라르 레스토랑 La Mère Poulard 오믈렛과 사브레 과자가 유명한 집이다.
❻ 관광안내소 Office de Tourisme du Mont-Saint-Michel
❼ 가브리엘 탑 Tour Gabriel
❽ 수도원 입구
❾ 그랑드 거리 Grande Rue
입구에서부터 수도원까지 연결되는 길로, 차는 다닐 수 없는 좁은 언덕길이다. 오늘날에는 길을 따라 다양한 상점과 레스토랑, 호텔이 들어서 있다.
❿ 몽생미셸 수도원 Abbaye du Mont Saint-Michel

AREA 03 SCEAUX
[쏘]

여유로움이 묻어나는
작은 마을

파리에서 RER로 30분만 이동하면 프랑스인들의 여유로운 전원생활을 볼 수 있는 쏘가 나온다. 장년층의 인구밀도가 더 높은 쏘는 인구 1만9000여 명의 작은 마을과 같은 도시로, 쏘 역 근처에 위치한 시내 또한 작고 아기자기하다. 계절의 변화에 따라 아름다운 풍경을 자랑하는 쏘 공원은 사시사철 피크닉을 즐기는 가족 단위 방문객이 많이 찾는다.

MUST SEE
이것만은 꼭 보자!

№. 1
베르사유 궁전의 정원을 설계한 르 노트르 정원사의
쏘 공원

MUST EAT
이것만은 꼭 먹자!

№. 1
갓 구운 크루아상을 먹자
레투알 뒤 베르제

№. 2
쏘 성 옆 키오스크에서
에스프레소 한잔

MUST DO
이것만은 꼭 해보자!

№. 1
쏘 공원에서 한가롭게
즐기는 오후

쏘 교통 한눈에 보기

RER

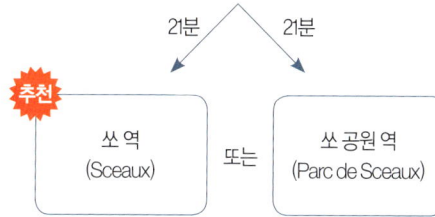

쏘까지 가는 법

쏘는 파리 시내에서 약 10km 떨어진 곳에 있으며 파리에서 RER B선을 이용해 가는 것이 가장 빠르다. RER B선 남쪽으로 샤틀레 레 알 역에서 출발했을 때 로뱅송(Robinson) 역 또는 생레미레슈브뢰즈(Saint-Rémy-lès-Chevreuse) 방향의 RER을 타면 된다. 다만, 로뱅송 방향의 RER을 이용했을 경우 쏘(Sceaux) 역에서 내려야 하고, 생레미레슈브뢰즈 방향의 RER을 이용했을 경우에는 쏘 공원(Parc de Sceaux) 역에서 하차한다는 차이점이 있다. 각각 역에서 공원까지 10분 정도 걸어야 한다. 쏘 역에서 내릴 경우 작지만 아기자기한 시내를 구경할 수 있고, 공원을 관람하는 코스도 오르막길에서 내리막길로 이동하기 때문에 더 편리하다.

쏘 역에서 쏘 공원까지 가는 법

쏘 역에서 내려 쏘 공원과 시내(Centre) 방향 출구로 나온다. 역 바로 앞의 얕은 오르막길을 직진으로 이동해 교차로에서 왼쪽으로 꺾는다. 바로 나오는 사거리에서 오른쪽으로 꺾어 길을 따라 4~5분 정도 걷다 보면 교차로 맞은편에 이비스 스타일 호텔(Ibis Style)이 보이고, 왼쪽으로는 작은 정원이 보인다. 사잇길로 들어가 100m 정도 이동하면 시내다. 시내에 들어서면 왼쪽 끝으로 작은 성당(생장바티스트 본당 Paroisse Saint-Jean Baptiste de Sceaux)이 있으며 성당 왼쪽 길, 오른쪽 길 모두 공원으로 들어갈 수 있는 입구가 있다.

ZOOM IN

쏘

쏘 역에서 시내로 향하는 길목에는 아기자기하고 예쁜 주택들이 줄지어 있다. 담장 너머 예쁜 정원을 가꾸는 주민들을 쉽게 볼 수 있으니 천천히 산책하듯 걸어보자. 시내는 성인 걸음으로 15분이면 다 돌 수 있을 정도로 작다. 시내의 메인 길 격인 우당 거리(Rue Houdan)에는 제과점, 미용실, 정육점, 카페, 서점, 생선 가게 등 다양한 상점이 있으며, 생장바티스트 본당 근처(66 Rue Houdan)에서는 매주 수요일과 토요일 오전 정기 시장이 들어서니 꼭 들러보자. 쏘 공원에 들어서면 왼쪽의 쏘 성(Château de Sceaux)이 먼저 눈에 띈다. 오른쪽으로는 끝없이 펼쳐진 잔디밭과 분수대를 볼 수 있으며 한가롭게 산책을 하거나 조깅하는 사람들이 많다.

1 쏘 공원
Parc de Sceaux
빠끄 드 쏘

루이 14세의 정원사이자 베르사유 궁전의 정원을 설계한 것으로 유명한 앙드레 르 노트르가 설계했다. 프랑스혁명을 겪으며 공원의 규모는 오늘날처럼 181헥타르가 되었다. 성은 현재 박물관으로 사용되고 있고, 일 드 프랑스 지역의 역사에 관련된 작품을 소장하고 있다. 쏘 성을 왼쪽에 두고 직진하면 계단식 분수대에 도착하며 분수대를 따라 내려가면 작은 호수가 있다. 호수 오른쪽에는 미루나무가 늘어선 대운하 그랑 카날이 있다. 카날 맞은편은 보스케 노르(Bosquet Nord)라는 작은 숲이 있으며, 4월 중순경에는 분홍빛 겹벚꽃이 만발한 장관을 볼 수 있다.

INFO P.132 ⊙ MAP P.474C~F
구글 지도 GPS 48.77437, 2.30007 찾아가기 쏘 역에서 내려 공원 방향 출구에서 직진한 후 교차로에서 왼쪽으로 꺾은 다음 바로 오른쪽으로 꺾어 길을 따라 5분 정도 이동한다. 시내에 들어서면 우당 거리(Rue Houdan)를 따라 생장 바티스트 본당까지 걸어가 오른쪽으로 꺾어 2분 정도 걷다 보면 왼쪽에 공원 입구가 보인다. 주소 Parc de Sceaux, 92330 Sceaux 전화 01-41-87-29-50 시간 07:00~20:30(시즌에 따라 운영 시간 변동), 쏘 성 박물관 14:00~18:30(월요일 휴무) 가격 공원 무료, 쏘 성 박물관 €4 홈페이지 http://domaine-de-sceaux.hauts-de-seine.fr

2 에투알 뒤 베르제
L'étoile du berger
레뚜알 뒤 베르제

빵은 프랑스인의 주식인 만큼 길지 않은 우당 가에도 몇 개의 제과점이 있지만, 그중에서도 가장 붐빈다. 쏘 공원 입구 근처에 위치해 있어 피크닉 가기 전 샌드위치나 디저트 빵을 구매하기에 좋다. 올리브를 넣은 팽 오 졸리브(Pain aux Olives), 무화과를 넣은 팽 오 피그(Pain aux Figues)를 특별히 추천할 만하고 크루아상이나 브리오슈 등의 비에누아즈리, 딸기를 넣은 프레지에(Fraisier), 밀푀유 등의 파티스리도 인기가 많다.

MAP P.474C
구글 지도 GPS 48.77684, 2.29556 찾아가기 생장 바티스트 본당 맞은편에 위치 주소 6 Rue du Dr Berger, 92330 Sceaux 전화 01-46-60-57-56 시간 07:00~20:00 가격 조각 케이크 €4.5~ 홈페이지 www.letoileduberger.fr

AREA 04 AUVERS-SUR-OI

[오베르쉬르우아즈]

고흐의 발자취를 따라

화가 빈센트 반 고흐가 생을 마감하기 전 70일 정도를 보내며 70여 점이 넘는 작품을 완성한 곳이다. 반 고흐는 네덜란드 사람이지만, 그의 대작들이 탄생하기 시작한 인생의 마지막 5년가량을 프랑스에서 보내 다양한 작품이 프랑스를 배경으로 한다. 오늘날 천재 화가로 불리는 그가 보여주는 안타깝도록 쓸쓸한 마지막 행적을 따라가보자.

MUST SEE
이것만은 꼭 보자!

№. 1
고흐가 머물던
라부 여인숙

№. 2
'까마귀가 나는 밀밭'의
배경이 된 **밀밭**

№. 3
우애 좋았던 형제의 무덤
반 고흐 무덤

> ● TIP
> 오베르쉬르우아즈를 방문하기 전 고흐의 인생에 대해 간단히라도 알아보고 가면 현지에 도착했을 때 느끼는 감동이 남다르다.

오베르쉬르우아즈 교통 한눈에 보기

기차

```
파리 생라자르 역
(Gare Saint-Lazare)
        ↓  트랑실리앵(Transilien) J선 | 40분
퐁투아즈 역
(Gare Pontoise)
        ↓  트랑실리앵(Transilien) H선 | 10~15분
오베르쉬르우아즈 역
(Gare Auvers-sur-Oise)
```

⊕ TIP 생라자르 역은 전철, 기차, 트랑실리앵 등 다양한 교통수단을 이용할 수 있는 큰 역이니, 트랑실리앵 표지를 잘 보고 찾아가자.

⊕ TIP 퐁투아즈 역에서 기차를 한번 갈아타야 한다. 방향에 주의하자.

오베르쉬르우아즈까지 가는 법

파리 생라자르 역에서 트랑실리앵 기차 J선을 타고 퐁투아즈까지 간 후, H선으로 환승해 오베르쉬르우아즈 역에서 하차한다. J선을 타고 퐁투아즈 역까지 가는 데 40분 정도 걸리고, H선을 타고 오베르쉬르우아즈 역까지 가는 데 10분에서 15분 정도 걸리는데, J선에서 H선으로 바로 환승할 수 있는 경우가 별로 없다. 퐁투아즈 역에서 조금 기다려야 하기 때문에 생라자르 역부터 오베르쉬르우아즈 역까지 총 1시간 20분 정도 걸린다고 보면 된다. 1존에서 5존까지 사용 가능한 나비고나 모빌리스, 파리 비지트 등의 티켓을 소지하고 있다면 별도로 표를 구매할 필요가 없다.

ⓘ **기차 시간 정보** http://www.transilien.com/fr, http://www.ratp.fr

오베르쉬르우아즈, 이렇게 여행하자

우아즈강을 낀 한적하고 고요한 시골 마을이다. 오베르쉬르우아즈 역에서 내려 왼쪽으로 가면 시청, 우체국, 제과점, 슈퍼마켓, 은행, 약국 등이 있는 시내가 나온다. 빠른 걸음으로 10분이면 다 돌아볼 정도로 규모가 작은데, 시청 맞은편에 위치한 라부 여인숙에 들르는 것을 잊지 말자. 라부 여인숙 맞은편에 위치한 시청 또한 화가 반 고흐의 작품의 소재가 되기도 했다. 라부 여인숙을 나와 오른쪽 첫 번째 길에서 꺾어 계속 이동하면 관광안내소가 나온다. 관광안내소에서 필요한 정보를 얻은 후 다시 오른쪽으로 이동하면 오베르쉬르우아즈 성당과 마주한다. 온 길을 등지고 성당 왼쪽이 모두 밀밭이다.

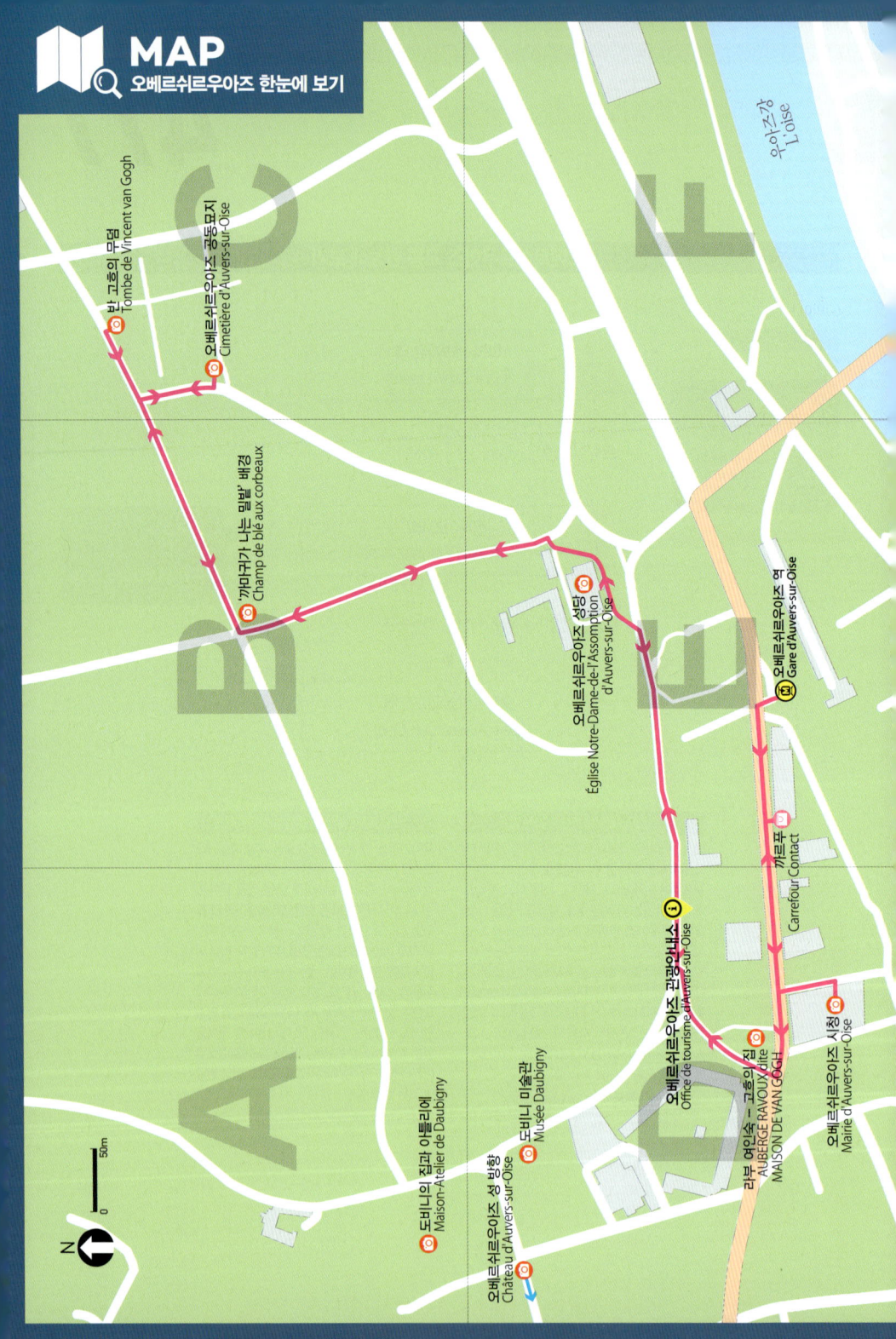

ZOOM IN

오베르쉬르우아즈

오베르쉬르우아즈 역에서 나와 왼쪽으로 걸어가다 시청과 라부 여인숙을 지나 오른쪽으로 꺾는다. 길을 따라 걷다 보면 성당으로 가는 오르막이 보이고 반대 길로 가면 우아즈강으로 갈 수 있다. 다리 밑 공원을 통해 강변으로 내려갈 수도 있으니 기차 시간이 촉박하지 않다면 여유롭게 들러가는 것도 나쁘지 않다.

1 오베르쉬르우아즈 성당
Église Notre-Dame-de-l'Assomption d'Auvers-sur-Oise
에글리즈 노트흐담 드 라쏭씨옹 도베흐쉬흐우아즈

필립 1세에 의해 11세기 말에 처음 건축을 시작했고 12세기에 다시 건축되었다. 로마네스크 양식과 고딕 양식 모두를 적용했으며, 16세기 중반 성모 예배당이 추가로 세워졌다. 전쟁으로 큰 피해를 보지 않았지만 19세기에 진행된 복구 작업의 실패로 역사적 기념물에 등재되지 못할 뻔했다. 반 고흐의 작품에서만큼 강렬하지는 않지만, 그의 그림과 함께 보면 흥미롭게 다가온다.

ⓘ INFO P.135 ⓜ MAP P.478E
구글 지도 GPS 48,5609, 3,29151 주소 Place de l'Église, 95430 Auvers-sur-Oise 전화 01-30-36-71-19 시간 09:30~19:00(성당 일정에 따라 변경될 수 있음. 미사는 일요일 10:30)

2 라부 여인숙
Auberge Ravoux(Maison de Van Gogh)
오베흐쥬 하부

화가 반 고흐가 오베르쉬르우아즈에서 머문 3개월 동안 지낸 여인숙이다. 밀밭에서 자살을 시도하고 돌아온 고흐가 여인숙 방에서 앓다가 생을 마감한 이후 그 방에는 사람을 받지 않았다고 전해진다. 지금은 '반 고흐의 집'이라는 명칭 아래 박물관으로 공개하며, 그가 살던 당시 방의 분위기와 가구를 갖춰놓았지만 썰렁함은 감출 수 없다.

ⓘ INFO P.135 ⓜ MAP P.478D
구글 지도 GPS 49,07071, 2,17154 주소 52 Rue du Général de Gaulle, 95430 Auvers-sur-Oise 전화 01-30-36-60-60 시간 수~일요일 12:00~17:30(레스토랑 12:00~18:00) 휴무 월·화요일, 11~2월 가격 €10 홈페이지 www.maisondevangogh.fr

3 '까마귀가 나는 밀밭'의 배경
Champ de blé aux corbeaux
샹 드 블레오 꼬흐보

고흐가 오베르쉬르우아즈에서 머문 기간 동안 작업한 여러 점의 작품 중 가장 유명한 명작 '까마귀가 나는 밀밭'을 그린 장소다. 주변은 밀밭이 끝없이 펼쳐져 있을 뿐 황량하기 그지없다. 이 밀밭이 고흐가 자살을 시도한 장소라는 연구가 있다.

ⓘ INFO P.135 ⓜ MAP P.478B
구글 지도 GPS 49,07434, 2,17584 주소 Champ de blé aux corbeaux, 95430 Auvers-sur-Oise

4 빈센트 반 고흐의 무덤
Tombe de Vincent van Gogh
똥브 드 뱅성 반 고그

작은 마을 오베르쉬르우아즈의 아담한 공동묘지 안쪽, 담벼락과 맞닿은 곳에서 빈센트 반 고흐의 무덤을 찾아볼 수 있다. 살아생전 고흐가 많이 의지한 동생 테오도르의 무덤이 형 반 고흐의 무덤 옆에 위치한다. 화려하지 않아 찾기가 쉽지 않지만, 잘 정돈되어 있다.

ⓘ INFO P.135 ⓜ MAP P.478C
구글 지도 GPS 49,07531, 2,17893 주소 Tombe de Vincent van Gogh, 95430 Auvers-sur-Oise 전화 01-30-36-70-30 시간 10:00~19:30

AREA 05 PROVINS
[프로뱅]

중세 프랑스의
풍경 속으로

프로뱅은 수도인 파리를 둘러싸고 있어 대한민국의 '경기도'와 비슷한 '일 드 프랑스' 지역에 위치해 접근성이 좋다. 유네스코 세계문화유산으로 등록된 역사적인 도시인 프로뱅에서는 중세 프랑스의 모습을 시간이 멈춘 듯 그대로 느낄 수 있다. 파리에서 멀지 않은 근교에서 영화에서나 볼 수 있을 법한 풍경을 만날 수 있으니 특별한 사진을 남기기에도 좋다.

MUST SEE
이것만은 꼭 보자!

№. 1
프로뱅 중세 마을의
랜드마크 세자르 탑

№. 2
시간의 흐름이 느껴지는
생키리아스 성당

№. 3
중세 특유의 분위기를
느낄 수 있는 돌담길

481

프로뱅 교통 한눈에 보기

기차

```
파리 동역
(Gare de l'Est)
      │
   트랑실리앵(Transilien) P선    1시간 20분~1시간 30분
      ↓
   프로뱅 역
   (Gare Provins)
```

프로뱅까지 가는 법

파리 동역에서 출발하는 트랑실리앵 기차가 오전 6시부터 오후 10시까지 매일 1시간에 1대 정도 있다. 이 기차는 직행이지만 속도가 빠르지 않아 프로뱅까지 1시간 20분에서 30분 소요되며, 주말에는 운행 횟수가 줄어드니 여행을 계획한다면 기차 시간을 미리 체크해야 한다. 일 드 프랑스 1존에서 5존까지 포함된 나비고를 소지하고 있다면 따로 기차표를 구매할 필요가 없으며, 기차표는 편도 €5 정도다. 파리 시내 나비고를 따로 구매하지 않았고 프로뱅에 다녀오기 전이나 후에 파리 시내에서 하루동안 계속 대중교통을 이용할 생각이라면 원데이 파리 비지트(Paris Visite) 표를 알아보는 것도 좋은 방법이다.

🚆 **기차 시간 정보** www.transilien.com

● TIP

프로뱅 기차역 앞에서 시내 혹은 관광지까지 이동할 수 있는 버스가 대기하고 있는데, 거리가 가까우니 편도 €2.5를 내고 굳이 탈 필요는 없다.

프로뱅, 이렇게 여행하자

프로뱅 기차역에서 시내를 거쳐 중세 마을을 돌아보는 데 2~3시간 정도면 충분하다. 물론 축제가 열리는 날이라면 조금 더 지체될 수 있겠지만, 마을이 워낙 작기 때문에 많은 시간이 걸리지 않는다. 프로뱅 시내는 전체적으로 구도심이기 때문에 건물이 낮고 낡았으며, 도심에도 역사가 깊은 건축물이 많으므로 유심히 살펴보자. 시청을 지나 생키리아스 성당으로 가는 길 언덕에서 생키리아스 성당의 웅장한 모습을 볼 수 있고, 성당 옆길로 조금 더 가면 프로뱅의 상징인 세자르 탑을 볼 수 있다. 세자르 탑을 지나 마을 끝 쪽으로 가면 성벽 길에 도착하게 되는데, 산책길이 마련되어 천천히 돌아볼 수 있다.

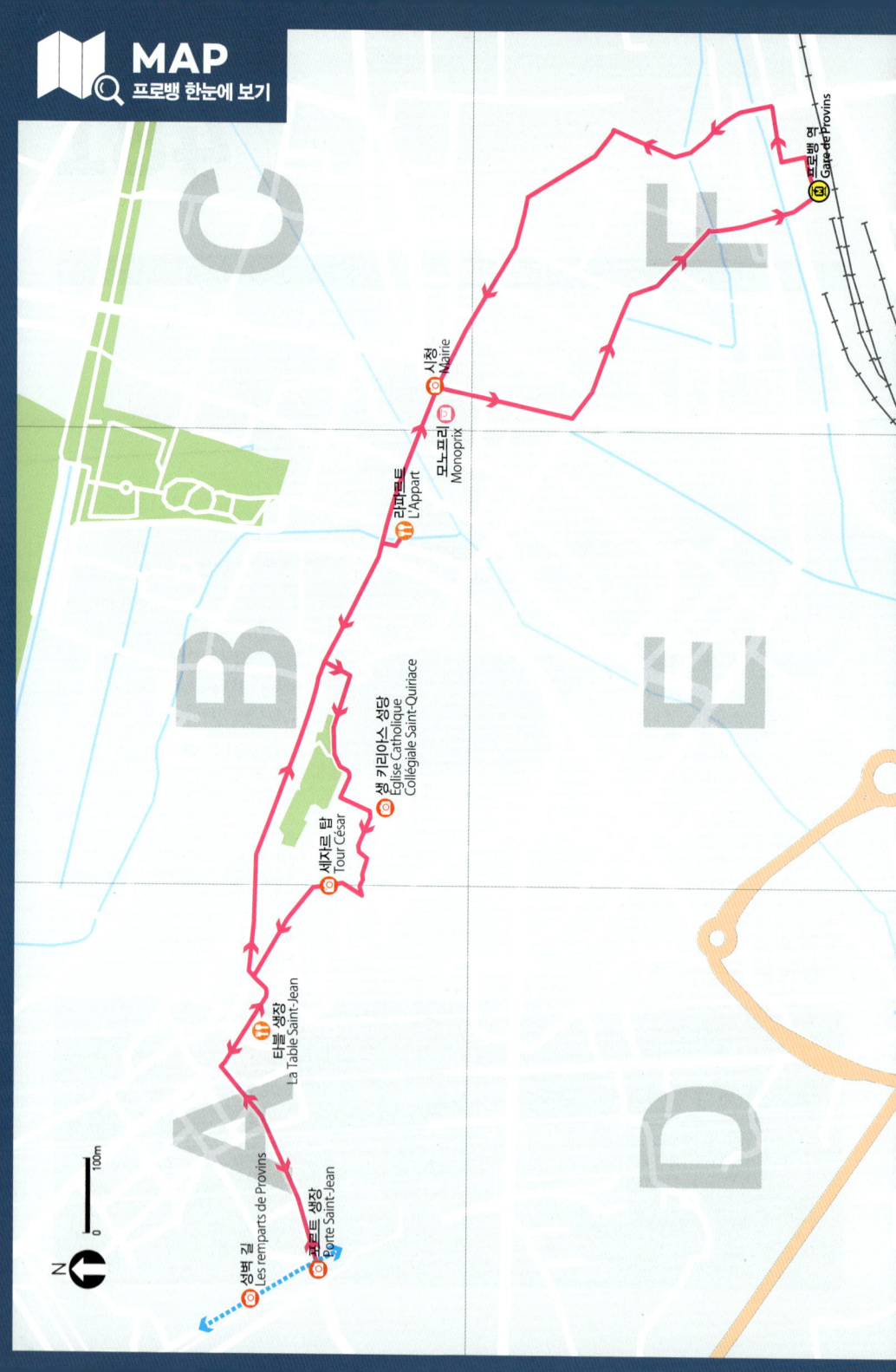

ZOOM IN

프로뱅

세계문화유산에 등재된 프로뱅은 역 근처 작은 도심 주변으로 상권이 발달했고 현 도심에서 멀어질수록 중세의 흔적을 더욱더 쉽게 찾아볼 수 있다. 로마 군인들이 이용했던 요새이자 길목으로 교통의 요지로서 상업 활동이 활발하게 이루어지던 곳인 만큼 중세의 모습을 상상하며 거닐어보자.

1 세자르 탑
Tour César
뚜흐 쎄자흐

12세기에 지은 망루다. 알려진 바로는 유일한 팔각 망루이며 한때 감옥으로 쓰이기도 했다고 한다. 시야를 확보하기 위해 높은 언덕 위에 지었으며 오늘날에도 탑 위에서 프로뱅의 전경을 감상할 수 있다. 탑 내부에는 볼 것이 별로 없지만, 전망대에서 바라보는 프로뱅의 전경이 특히 아름다워 추천한다. 중세를 배경으로 한 영화에서나 나올 법한 장면을 두 눈으로 직접 확인할 수 있다.

INFO P.138 **MAP** P.482B
구글 지도 GPS 48,56143, 3,29017 **주소** Rue de la Pie, 77160 Provins **전화** 01-64-60-26-26 **시간** 하절기(4~10월 말) 10:00~18:00, 동절기(11~3월 말) 14:00~17:00(시기별로 오픈 시간이 다르니 홈페이지를 통해 확인할 것) **휴무** 1/1, 12/25 **가격** €5 **홈페이지** www.provins.net

2 생키리아스 성당
Collégiale Saint-Quiriace
꼴레지알 쌩-끼히아쓰

압도적인 규모에 탄성을 지르게 되는 생키리아스 성당은 12세기에 건축되었지만, 금전적인 이유로 끝내 완성되지 못한 고딕 양식 건축물이다. 1840년 프랑스의 역사적 기념물로 등재되었다. 성당 지붕에 낀 이끼와 오래된 유리의 색깔은 한 자리에서 수백 년을 지켜온 성당의 지나온 시간과 역사를 말해주는 듯하다.

MAP P.482B
구글 지도 GPS 48,5609, 3,29151 **주소** Place Saint-Quiriace, 77160 Provins **전화** 01-64-60-26-26 **시간** 10:00~17:00

3 포르트 생장(성벽 길)
Les Remparts de Provins, Porte Saint-Jean
레 헝빠흐 드 프로방

세자르 탑 뒤쪽으로 조금만 더 걷다 보면 견고하고 웅장한 프로뱅 성벽 길의 시작인 포르트 생장(Porte Saint-Jean)에 도착한다. 우리나라의 숭례문, 흥인지문과 비슷한 것으로, 포르트 생장에서는 성벽 위로 올라가 성벽 길을 감상할 수 있다. 당시 성벽은 25m 높이에 5km 정도의 길이였다고 하나, 현재는 1,2km 정도의 성벽만 남아 있다.

MAP P.482A
구글 지도 GPS 48,56154, 3,2835 **주소** Porte Saint-Jean, 77160 Provins

4 라파르트
L'Appart
라빠흐뜨

프로뱅 시내에 위치한 작은 프렌치 레스토랑이다. 신선한 재료를 직접 손질해 요리한다. 메뉴는 그날그날 재료에 따라 바뀌며 신선도를 중시하기 때문에 메뉴가 많지는 않다. 정감 있는 인테리어와 식사에 잘 어울리는 와인 한 잔으로 맛있는 한끼를 해결할 수 있다.

INFO P.139 **MAP** P.482B
구글 지도 GPS 48,56071, 3,29667 **주소** 37-39 Rue du Val, 77160 Provins **전화** 01-64-08-32-91 **시간** 12:00~14:00, 18:45~21:45 **휴무** 일~화요일 **가격** 런치 세트 €25~ **홈페이지** www.appartevents.fr

AREA 06 GIVERNY
[지베르니]

인상파 화가 모네의 마을

'모네의 집'으로 더욱 유명한 지베르니는 파리에서 자동차로 70km 정도 떨어진 북서쪽에 위치하며, 인구 500여 명 정도의 매우 작은 마을이다. 1883년 지베르니에 자리 잡은 화가 클로드 모네가 작품을 남긴 집과 아름답게 가꾼 그의 정원 덕분에 작은 시골 마을임에도 늘 관광객으로 붐빈다. 모네의 집 반대쪽에 위치한 생트라드공드 성당 옆에는 모네의 무덤이 있으니, 기차 시간이 남는다면 천천히 돌아보자.

MUST SEE
이것만은 꼭 보자!

№. 1
모네의 작품을 볼 수 있는 모네의 작업실

№. 2
아름다운 모네의 정원

№. 3
동화 속 마을 같은 모네의 집 주변

485

지베르니 교통 한눈에 보기

기차 + 버스

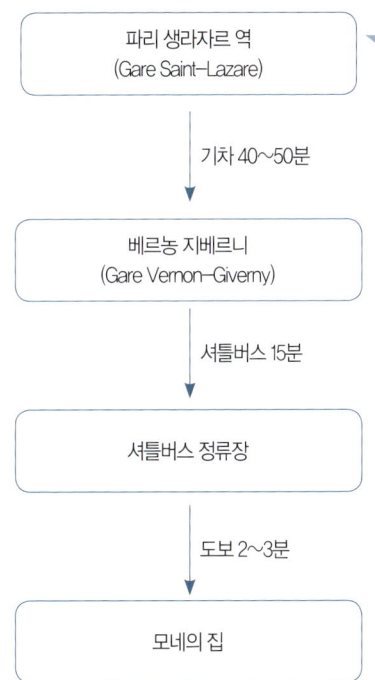

파리 생라자르 역
(Gare Saint-Lazare)

↓ 기차 40~50분

베르농 지베르니
(Gare Vernon-Giverny)

↓ 셔틀버스 15분

셔틀버스 정류장

↓ 도보 2~3분

모네의 집

> **● TIP**
> 파리 생라자르 역에서 미리 샌드위치나 식사 대용으로 먹을 수 있는 것을 사는 것이 좋다. 지베르니에도 레스토랑이 있지만, 비싸거나 관광객을 대상으로 하기 때문에 특별히 맛집으로 추천할 만한 곳이 없다.

지베르니까지 가는 법

파리 생라자르 역에서 베르농 지베르니(Vernon-Giverny)행 직행 기차를 타고 가는 것이 가장 빠르다. 중간에 갈아타는 방법도 있지만, 다음 열차까지 기다려야 하는 불편함도 있고, 기차 시간에 따라 당일치기 여행의 질이 좌지우지될 수도 있기 때문이다. 직행 기차를 타면 베르농 지베르니 역까지 40분에서 50분 정도 소요된다. 생라자르 역에서 기차표를 구매하고 출발 시간 약 15분 전부터 전광판을 통해 출발하는 플랫폼 정보를 볼 수 있다. 가격은 €9~16으로 시간대별로 다양하지만, 베르농 지베르니 역에 도착해서 셔틀버스를 타야 하니, 셔틀버스 시간대에 기차 시간을 맞추는 것이 좋다.

ⓘ **기차 시간 정보** www.sncf-connect.com/app/home/search

베르농 지베르니 역에서 지베르니 모네의 집까지

베르농 지베르니(Vernon-Giverny) 역에서 나오면 출구 오른쪽으로 모네의 집까지 운행하는 셔틀버스가 대기하고 있다. 셔틀버스는 오전 9시부터 운행하니 파리에서 너무 일찍 서둘러 출발할 필요도 없다. 베르농 역에서 지베르니까지 버스로 15~20분 정도 들어가야 하며, 티켓은 버스 내부에서 현금 혹은 카드로 구매할 수 있지만, 혹시 모르니 현금을 미리 준비해두는 것이 좋다. 셔틀버스 주차장에서 내려 이정표를 따라 2, 3분 정도 걸어가면 모네의 집에 도착하는데, 거의 모든 사람들이 모네의 집으로 향하기 때문에 이정표를 찾지 못하더라도 크게 걱정할 필요는 없다.

ⓘ **셔틀버스 정보** http://fondation-monet.com
ⓔ **가격** 왕복 €10

> **● TIP**
> 지베르니 여행은 당일치기로 충분하지만 셔틀버스 시간이 정해져 있기 때문에 여행 계획을 철저히 세워야 한다.

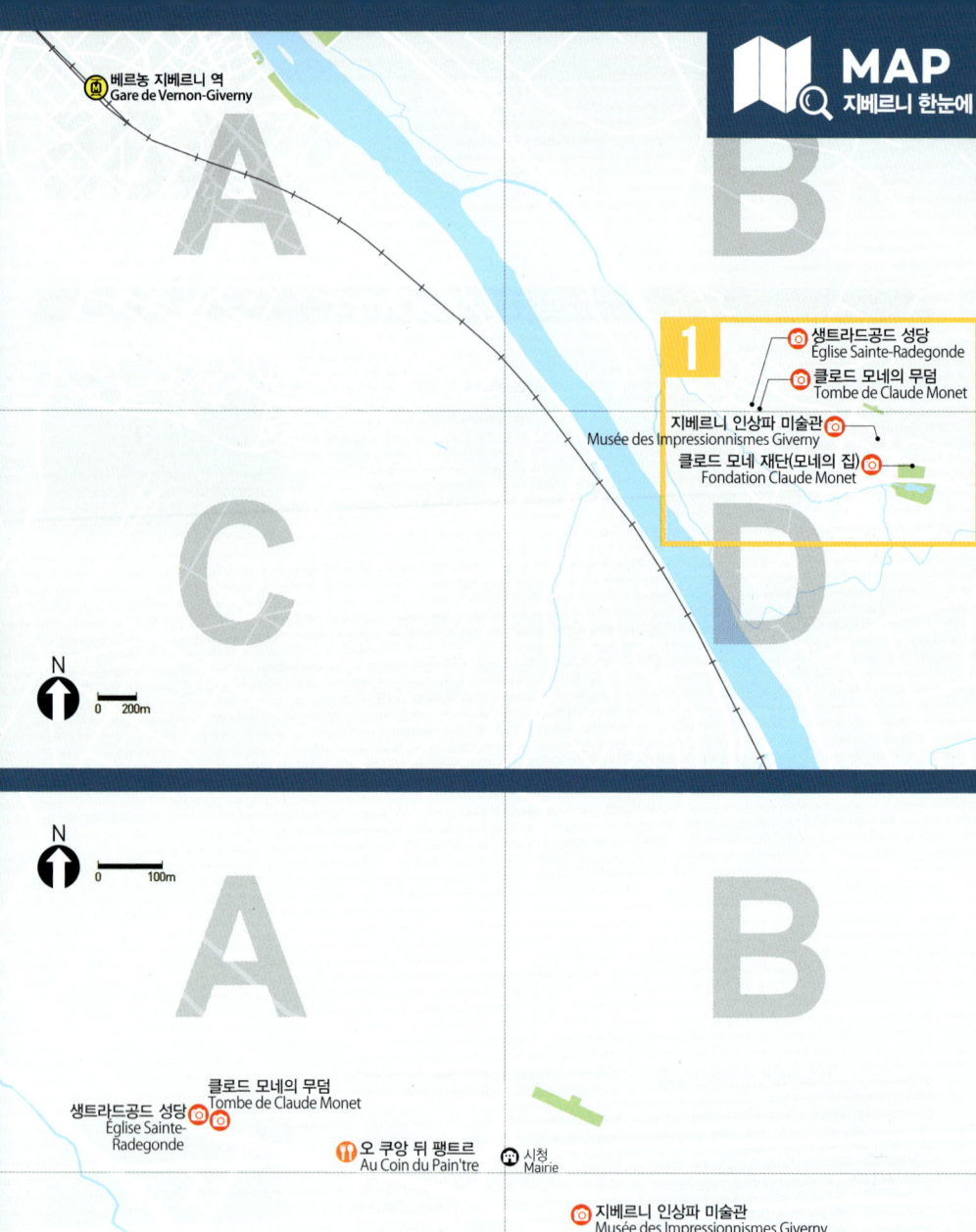

ZOOM IN

지베르니

베르농 지베르니(Vernon–Giverny) 역에서 셔틀버스를 타고 20분 정도 달리면 클로드 모네 재단이 위치한 지베르니 마을에 도착한다. 주말에는 사람이 많아 매표소의 줄이 길 수 있으니, 되도록 평일에 이용하는 것이 좋다. 모네의 집과 물의 정원을 모두 관람한 후에는 출입구를 통해 나와 왼쪽으로 꺾어 마을을 돌아볼 수 있다. 마을은 성인 걸음으로 빨리 돌면 15분 정도에 다 볼 수 있을 정도로 규모가 작으나 천천히 산책하듯 돌며 예쁜 사진을 남기기에 좋다. 모네의 집 반대편으로 걷다 보면 지베르니 인상파 미술관을 지나 모네의 무덤이 위치한 생트라드공드 성당에 도착한다. 마을이 작고 길도 별로 없으니 금방 한 바퀴를 돌아 셔틀버스 시간에 맞춰 정류장으로 이동하면 된다.

1 클로드 모네 재단(모네의 집)
Fondation Claude Monet
퐁다씨옹 끌로드 모네

1883년 모네 가족이 이사 온 지베르니의 한 주택은 포도를 압착하는 농장이었다. 정원 가꾸기를 즐기던 모네는 1890년 이 집을 구입한 후 연못을 만들었으며 40여 년간 조금씩 주변의 땅을 구입해 정원과 연못을 가꿨다. 아름다운 정원이 딸린 이 주택은 모네의 집이자 작업실이었으며 모네의 대표작인 '수련' 연작의 풍경을 그대로 볼 수 있는 장소이기도 하다.

INFO P.137 **MAP** P.486D
구글 지도 GPS 49.07538, 1.5337 주소 84 Rue Claude Monet, 27620 Giverny 전화 02-32-51-28-21 시간 4/1~11/1 09:30~18:00(운영 기간은 해마다 변경되니 홈페이지에서 미리 확인할 것) 휴무 동절기 가격 €11 홈페이지 http://fondation-monet.com

모네의 집

1층 : 살롱 블루, 에피스리, 작업실
모네의 집 1층에는 청량한 파란색이 바탕이 되는 살롱 블루 거실이 있고, 옆으로는 차와 식료품을 저장한 에피스리를 볼 수 있다. 이어지는 작업실은 모네가 사용하던 가구를 80% 이상 사용해 당시 모습을 재현한다. 작업실에서는 모네의 복제된 작품을 전시하고 있다.

2층 : 룸
클로드 모네와 알리스의 방을 볼 수 있다. 부부가 사용하던 가구와 모네의 작품은 물론, 모네의 친구들인 세잔, 르누아르 등 화가들의 작품 복제품이 전시되어 있다.

1층 : 주방, 거실
노란색의 화사한 거실에는 모네가 수집한 일본 판화가 전시되어 있으며, 아름다운 정원의 풍경을 감상할 수 있다.

정원

수준급 정원사이기도 했던 클로드 모네의 집은 특히 아름다운 정원으로 더욱 유명한데, 계절별로 꽃과 나무가 피기 때문에 언제 방문해도 좋지만, 장미가 만발하는 5~6월이 가장 인기 있다. 모네의 집 정원을 관람하고 나면 지하보도를 통해 길을 건너 물의 정원에 도착하는데, 일본식 다리와 어우러져 감탄을 자아낸다. 물에 비친 반영과 빛의 비침 정도를 작품에 담아낸 모네는 이곳에서 많은 시간을 보냈고, 1897년부터는 그의 대표작 '수련'을 그리기 시작했다.

아틀리에 – 부티크

출구 옆에 위치한 기념품 숍으로 모네의 작업실이었다. 모네가 '수련' 연작을 작업하기 위해 머문 마지막 아틀리에로 알려졌으며, 유리 천장이 인상적이다. 모네와 관련된 다양한 소품을 구매할 수 있으니 나가기 전에 꼭 들르자.

AREA 07 HONFLEUR
[옹플뢰르]

동화 같은 항구 마을

노르망디 지방의 작고 동화 같은 항구 마을이다. 12세기부터 영국과의 교류에서 중요한 역할을 해왔으며, 어항이자 무역항으로 발전해왔다. 노르망디 지방의 많은 도시가 제2차 세계대전 당시 파괴되어 재건되었지만, 옹플뢰르는 조금도 피해를 입지 않았다고 한다. 또 많은 화가가 영감을 받고 작품 활동을 펼친 마을이자 귀스타브 쿠르베, 외젠 부댕, 클로드 모네 등 인상주의파의 시발점이 되기도 한 곳이다.

MUST SEE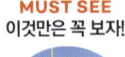
이것만은 꼭 보자!

№. 1
아기자기 아담한
구항구

№. 2
흔하지 않은 오래된 목조 성당
생트카트린 성당

MUST EAT
이것만은 꼭 먹자!

№. 3
산지에서 바로 먹는 해산물 요리
앙트르 테르 에 메르

MUST BUY
이것만은 꼭 사자!

№. 3
노르망디지방 특산품 시드르 사기
그리부이 특산품 판매점

옹플뢰르 교통 한눈에 보기

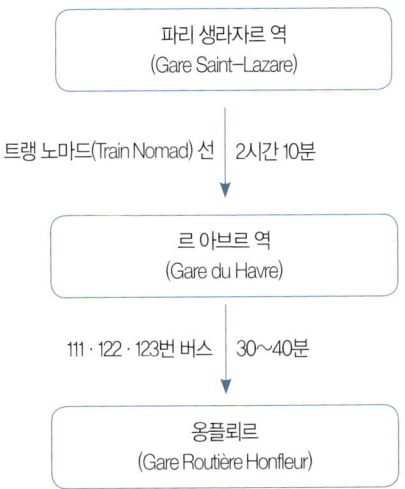

기차 + 버스

파리 생라자르 역
(Gare Saint-Lazare)

↓ 트랭 노마드(Train Nomad) 선 | 2시간 10분

르 아브르 역
(Gare du Havre)

↓ 111 · 122 · 123번 버스 | 30~40분

옹플뢰르
(Gare Routière Honfleur)

옹플뢰르까지 가는 법

파리 생라자르 역에서 앵테르시테 기차를 타고 르 아브르 역까지 간다. 생라자르에서 르 아브르까지는 대략 2시간 10분 거리. 역에서 내려 버스를 타야 하니 버스 표시(Gare Routière)를 따라가자. 버스 터미널은 기차역에서 나와 바로 왼쪽에 있어 찾기 쉽다. 버스는 111 · 122 · 123번이 모두 옹플뢰르에서 정차하지만 버스 시간이 이른 아침, 정오, 늦은 오후 식으로 운행 횟수는 많지 않다. 미리 버스 시간을 체크해보고 서두르는 게 좋다. 르 아르브 역에서 옹플뢰르 버스 터미널까지는 30~40분 정도 걸리며 요금은 €4.9(어른 기준, 편도)다. 버스 요금은 버스에서 직접 계산할 수 있으며, 미리 동전으로 준비해두는 것이 좋다.

ⓘ **기차 시간 정보** www.sncf-connect.com
ⓘ **버스 시간 정보** www.nomadcar14.fr/fr

⊙ TIP
기차 · 버스 시간 정보 홈페이지는 구글을 통해 들어가면 번역 서비스를 제공한다. 꽤 정확한 편이며, 혹시 불안하다면 프랑스어 버전에서 horaire(시간), ligne(버스 번호)만 알아도 쉽게 찾을 수 있다.

옹플뢰르, 이렇게 여행하자

오래전부터 항구 역할을 해왔기 때문에 도심이 꽤 활성화된 편이다. 구항구를 중심으로 관광지와 상권이 발달했다. 르 아브르에서 버스를 타고 옹플뢰르 버스 터미널에 도착했다면 수자상을 지나 구항구 방면으로 약 7분 걸어야 한다. 버스 정류장 뒤편 강가를 따라 왼쪽으로 걸어도 구항구에 도착하고, 내린 방향 그대로 도심을 거쳐 걸어가도 구항구에 도착할 수 있다. 구항구에는 아기자기한 색색의 집들이 옹기종기 모여 있어 예쁜 사진을 찍을 수 있다. 구 항구를 따라 상점과 경치를 감상한 뒤 성당 건물이 보이는 쪽으로 걸어가보자. 프랑스에서 흔치 않은 목조 성당을 볼 수 있을 것이다. 성당 뒤편에는 작은 상점과 다양한 레스토랑이 많으니 골목 구경도 잊지 말자.

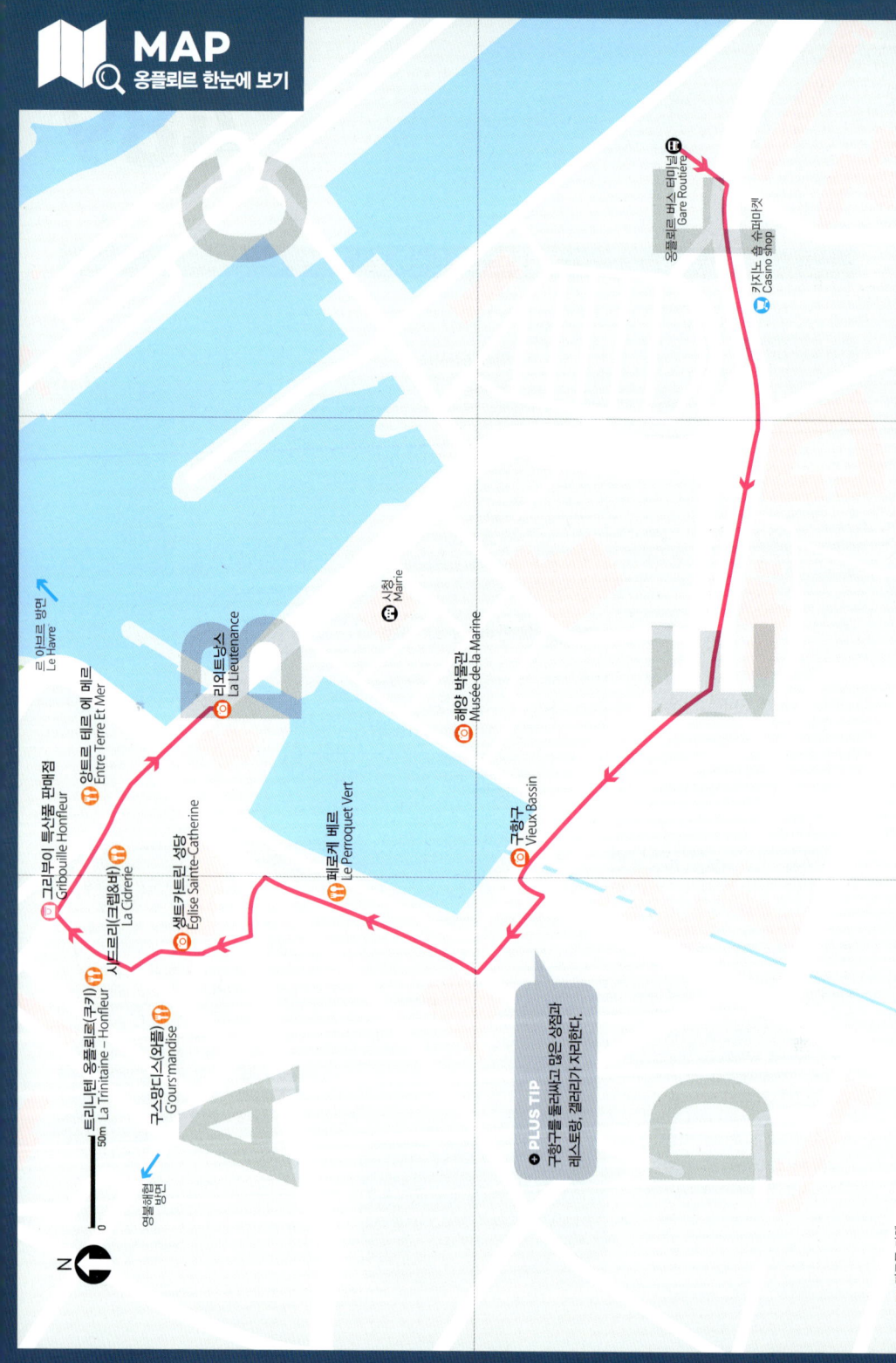

ZOOM IN

옹플뢰르

빨리 돌면 30분 만에 다 돌아볼 수 있을 정도로 옹플뢰르는 아주 작은 항구도시다. 화가들을 매료시켰던 아름다운 이 항구 마을에서는 여유를 갖고 천천히 돌아보는 것을 추천한다. 구항구에 위치한 테라스 카페에서 커피 한잔을 여유롭게 즐겨보자.

1 구항구 & 리외트낭스
Vieux Bassin & Lieutenance
비유 바쌍 & 리유뜨넝스
★★★★

노르망디 지방에 많은 피해를 입힌 제2차 세계대전도 옹플뢰르를 피해 갔다. 덕분에 운치 있는 오래된 집들과 목조 건축물이 도심에 많이 몰려 있다. 항구에 정박한 배와 그 뒤편에 옹기종기 모인 집에 물드는 분홍빛 노을이 특히 아름답다. 항구 끝 쪽에 위치한 리외트낭스는 중세에 세운 성벽과 17세기 왕의 부관들이 머물던 곳의 흔적이 남은 장소다. 지붕에 낀 이끼가 그 세월을 짐작게 한다.

ⓘ INFO P.140　ⓜ MAP P.490B · E
구글 지도 GPS 49.4196, 0.23275　주소 Vieux Bassin 14600 Honfleur　홈페이지 www.ot-honfleur.fr (옹플뢰르 관광안내소)

2 생트카트린 성당
Église Sainte-Catherine
에글리즈 생트 까트린
★★★

특이한 형태의 성당이 눈길을 사로잡는다. 백년전쟁이 막 끝난 15세기 중반부터 건축되기 시작해 1875년 프랑스의 역사적 기념물에 등록되었다. 프랑스에서 가장 큰 목조 성당으로 알려졌으며 성당의 실내에서 목조건축의 형태를 더욱 자세히 볼 수 있다. 일반 성당과는 분위기가 사뭇 다르다.

ⓜ MAP P.490A
구글 지도 GPS 49.42118, 0.23224　주소 Église catholique Sainte-Catherine, Place Sainte-Catherine, 14600 Honfleur　전화 02-31-89-11-83　시간 09:30~18:00　홈페이지 www.paroisse-honfleur.com

3 앙트르 테르 에 메르
Entre Terre et Mer
엉트흐 떼흐 에 메흐
★★★

생트카트린 성당 근처에 위치한 노르망디 해산물 전문 레스토랑이다. 편안하고 따뜻한 분위기의 레스토랑이며 노르망디 지방에서 생산한 재료와 유기농 제품을 사용한다. 남향이라 햇빛이 가득 들어오는 테라스 자리가 인기가 많으며, 와인 리스트는 미슐랭 가이드가 칭찬할 만큼 훌륭하다.

ⓜ MAP P.490B
구글 지도 GPS 49.42161, 0.2331　주소 12 Place Hamelin, 14600 Honfleur　전화 02-31-89-70-60　시간 12:15~14:30, 19:15~22:00　휴무 8월 여름 후 기간, 12월 크리스마스 전후　가격 €37~　홈페이지 www.entreterreetmer-honfleur.com

4 그리부이 특산물 판매점
Gribouille
그히부이
★★★★

노르망디 지방에서 생산된 다양한 제품을 판매하는 곳이다. 시드르(cidre), 칼바도스(calvados) 같은 술은 물론, 테린, 가염 버터로 만든 캐러멜, 잼, 사탕 등 다양한 먹을거리도 구매할 수 있다. 매장 천장에는 오래전부터 수집된 다양한 믹서를 볼 수 있다.

ⓜ MAP P.490A
구글 지도 GPS 49.42186, 0.23233　주소 16 Rue de l'Homme de Bois, 14600 Honfleur　전화 02-31-89-29-54　시간 월요일 10:30~18:00, 목·금요일 09:30~18:00, 토요일 10:00~19:00, 일요일 10:00~18:00　휴무 화·수요일　홈페이지 www.gribouillehonfleur.com

AREA 08 ÉTRETAT
[에트르타]

모네의 그림 속으로

수많은 문학인과 예술가에게 깊은 영감을 준 프랑스 북부 지방의 작은 바닷가 마을이다. 알퐁스 카, 기 드 모파상, 알렉상드르 뒤마, 빅토르 위고, 마르셀 푸르스트 등과 같은 문학인과 앙리 마티스, 클로드 모네, 귀스타브 쿠르베, 외젠 들라크루아 등의 화가가 에트르타에서 거주하고 작품 활동을 펼쳤다. 자연이 만들어낸 아름다운 절경으로 프랑스인들에게는 물론 외국 관광객들에게까지 많은 사랑을 받는 곳이다.

MUST SEE 이것만은 꼭 보자! **MUST DO** 이것만은 꼭 해보자!

№. 1
모네의 작품에 나온
코끼리 바위

№. 1
절벽 능선을 따라
산책하기

№. 2
에트르타 해변가에서
시간 보내기

에트르타 교통 한눈에 보기

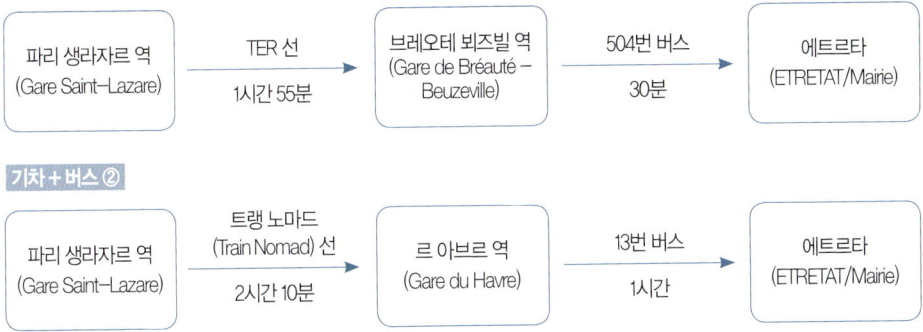

에트르타까지 가는 법

파리에서 에트르타로 가는 방법은 두 가지가 있는데, 파리에서 브레오테(Bréauté) 역으로 이동한 후 504번 버스를 타거나 파리에서 르 아브르(Le Havre) 역까지 간 다음 13번 버스를 타는 것이다. 504번 버스와 13번 버스의 이동 시간과 운행 횟수 등을 따져 여행 계획을 세우자.

브레오테 역까지는 1시간 55분 정도 걸리고 르 아브르 역까지는 2시간 10분 정도 걸린다. 브레오테를 거쳐 르 아브르로 가지만, 반드시 브레오테에 정차하는 것은 아니니 주의하자. 브레오테 역에서 내릴 경우 역 앞에서 연계된 504번 버스를 타면 에트르타까지 30분 정도 소요되고, 르 아브르 역에서 정차해 13번 버스를 타면 에트르타까지 1시간가량 걸린다. 하지만 504번 버스보다 13번 버스를 훨씬 자주 운행하니 이동 동선과 여행 계획에 따라 잘 체크하자. 버스비는 편도 €2 정도이며 버스에 탑승하기 전에 미리 구매한다.

① 기차 시간 정보 www.sncf-connect.com

⊕ TIP

❶ 돌아가는 버스 시간과 기차 시간을 미리 확인하자!
❷ 에트르타 관광 사무소 www.lehavre-etretat-tourisme.com
브레오테 뵈즈빌 역 버스 정보 www.keolis-seine-maritime.com/lignes-regulieres
르 아브르 역 버스 정보 www.transports-lia.fr

⊕ TIP

에트르타에서 식사를 해야 한다면 가능한 한 해변가에 있는 관광지 레스토랑은 피하자. 마리 앙투아네트 왕비가 '에트르타의 굴'만 고집했다고 하니, 시즌이라면 맛보는 것도 좋을 것이다.

에트르타, 이렇게 여행하자

르 아브르나 브레오테 뵈즈빌 역에서 버스를 타고 에트르타에 도착하면 시청(Marie) 앞에서 정차한다. 시청에서 내려 해변까지는 5분도 채 걸리지 않을 정도로 작은 마을이다. 마을을 구경하는 데는 천천히 하나하나 둘러보면 20분 정도 걸리지만, 시내에서 많은 시간을 소비하지는 말자. 좌우로 절벽에 감싸 안은 듯한 해변가에 도착하면 오른쪽이 예배당과 아기 코끼리 바위가 위치한 아몽 절벽, 왼쪽이 어미 코끼리 바위가 위치한 아발 절벽이다. 두 절벽 모두 산책 가능하고, 아무 쪽으로나 마음에 드는 곳으로 올라가면 된다. 선택하기 망설여진다면 오른쪽 절벽은 예배당까지만, 그리고 왼쪽 절벽은 조금 더 긴 코스의 산책을 하는 것으로 마무리 지으면 된다.

ZOOM IN

에트르타

몇 해 전 영국 일간지 텔레그래프는 모네의 작품 '에트르타 절벽의 일몰'의 정확한 시점은 1883년 2월 5일 4시 53분이라고 발표했다. 미국의 텍사스 대학교 천문학 연구 팀은 모네가 작업한 지점을 찾고 작업 지점과 절벽의 높이 등을 고려해 태양의 고도와 경로를 분석한 후 모네의 일지와 다양한 고증을 통해 정확한 시점을 찾아냈다고 한다.

1 아몽 절벽
Falaise d'Amont
팔레즈 다몽

해변가에서 바다를 바라보고 오른쪽에 위치한 절벽이다. 노트르담드라가르드 예배당이 위치해 관광객들이 많이 찾는다. 예배당은 1850년대에 건축되었지만, 전쟁과 함께 사라졌다 1950년대에 재건축되었다. 263개의 계단을 올라야 하지만, 아몽 절벽에서 바라보는 에트르타 마을과 아발 절벽의 절경은 평생 잊지 못할 정도로 황홀하다.

ⓘ **INFO** P.141 　◎ **MAP** P.494C
　구글 지도 GPS 49.713961, 0.206631

2 에트르타 해변
Plage d'Étretat
쁠라쥬 데트흐타

작은 에트르타 마을을 통과해 탁 트인 바다가 보이는 바닷가에 들어서면 해변 양옆으로 웅장하고 아름다운 절벽들이 바닷가를 감싸고 있는 것을 볼 수 있다. 절벽이 있어 해변이 그리 넓지는 않지만, 여름에는 휴양객으로 붐빈다. 밀물과 바람의 영향으로 해변은 조약돌이 있을 때도 있고, 모래사장이 있는 해변이 될 때도 있어 방문 시기에 따라 달라질 수 있다.

ⓘ **INFO** P.141 　◎ **MAP** P.494B
　구글 지도 GPS 49.707583, 0.200702

3 아발 절벽
Falaise d'Aval
팔레즈 다발

에트르타를 유명하게 한 코끼리 바위, 만포르트가 있는 해변가 왼쪽, 아몽 절벽 맞은편에 위치한 절벽이다. 절벽을 따라 멀리까지 산책 가능해 코끼리 바위를 지나 더 멀리에서도 코끼리 바위의 절경을 다각도로 감상할 수 있다. 코끼리 바위뿐만 아니라 포인트별로 절벽과 어우러진 바다의 아름다운 풍광을 감상하기에 좋다.

ⓘ **INFO** P.141 　◎ **MAP** P.494E
　구글 지도 GPS 49.707303, 0.193588

AREA 09 DISNEYLAND PARI
[디즈니랜드 파리 & 파크 아스테릭스]

즐거움이 가득한 테마파크!

파리 근교에 위치한 프랑스의 대표 테마파크. 그중 첫 번째는 바로 전 세계인에게 사랑받는 디즈니랜드 파리, 두 번째는 프랑스를 대표하는 만화 〈아스테릭스〉를 배경으로 해 프랑스인들의 사랑을 한 몸에 받는 파크 아스테릭스다. 디즈니랜드가 디즈니 영화와 애니메이션 등의 캐릭터와 설정으로 방문객을 유혹한다면, 파크 아스테릭스는 무엇보다 짜릿함이 넘치는 놀이 기구로 방문객들을 유혹한다.

MUST DO
이것만은 꼭 해보자!

№. 1
동화 속 친구들과 만나는
디즈니 퍼레이드

№. 2
인증사진 장소는 바로 여기!!
디즈니 성

№. 3
짜릿한 롤러코스터
오지리스

№. 4
가족 모두 함께
디스코벨릭스

PARC ASTERIX 497

디즈니랜드 교통 한눈에 보기

RER

파리 RER A선
↓
마른라발레 셰시 역
(Gare de Marne-la-Vallée-Chessy)
↓
디즈니랜드
(샤틀레 레 알 역에서 출발 시 약 50분 소요)

셔틀버스

디즈니랜드 셔틀버스(Disneyland Paris Express)
북역(Gare du Nord) 08:15 출발
오페라(Opéra) 08:35 출발
샤틀레(Châtelet) 08:55 출발
에펠탑 지역(Quartier Eiffel) 08:30 출발

디즈니랜드까지 가는 법

RER RER 이용 시 A선의 동쪽 가장 종착역인 마른라발레 셰시 역에서 하차해 1번 파크 디즈니랜드 출구를 이용하면 도보로 5분 정도 걸린다. RER 지도나 역 모두 디즈니를 상징하는 미키마우스 모양의 일러스트가 그려져 있어 찾기 쉽다.

셔틀버스 셔틀버스(Disneyland Paris Express)를 이용할 경우에는 셔틀버스 타는 곳과 시간을 꼭 지켜야 하며, 출발 15분 전에는 정류장에서 대기하는 것이 좋다. 북역, 오페라, 샤틀레, 에펠탑 인근에서 이용할 수 있다. 디즈니랜드에서 파리로 돌아오는 시간은 오후 8시다. 티켓은 디즈니랜드 입장권과 함께 구매할 수 있다.

- **북역** 83, Rue de Maubeuge, 75010 Paris
- **오페라** 8, Place de l'Opéra, 75002 Paris
- **샤틀레** 1, Place du Châtelet, 75001 Paris
- **에펠탑 지역** 14-16, Rue Jean Rey, 75015 Paris

파크 아스테릭스 교통 한눈에 보기

RER + 셔틀버스

파리 RER B선
↓
샤를 드골 공항 1 역
(Aéroport Charles de Gaulle 1)
↓
파크 아스테릭스 셔틀버스 창구
↓
파크 아스테릭스

파크 아스테릭스까지 가는 법

파리에서 RER B선을 이용해, 샤를 드골 공항 1역에서 파크 아스테릭스 셔틀버스를 타고 파크 아스테릭스에 도착하는 방법이 있다. RER B선을 이용한다면 샤를 드골 공항 1역에 내려 파크 아스테릭스 표지판을 따라 이동하면 된다. 찾지 못할 경우 공항 직원에게 문의하는 것이 가장 빠르다.

MAP
디즈니랜드 파리 & 파크 아스테릭스 한눈에 보기

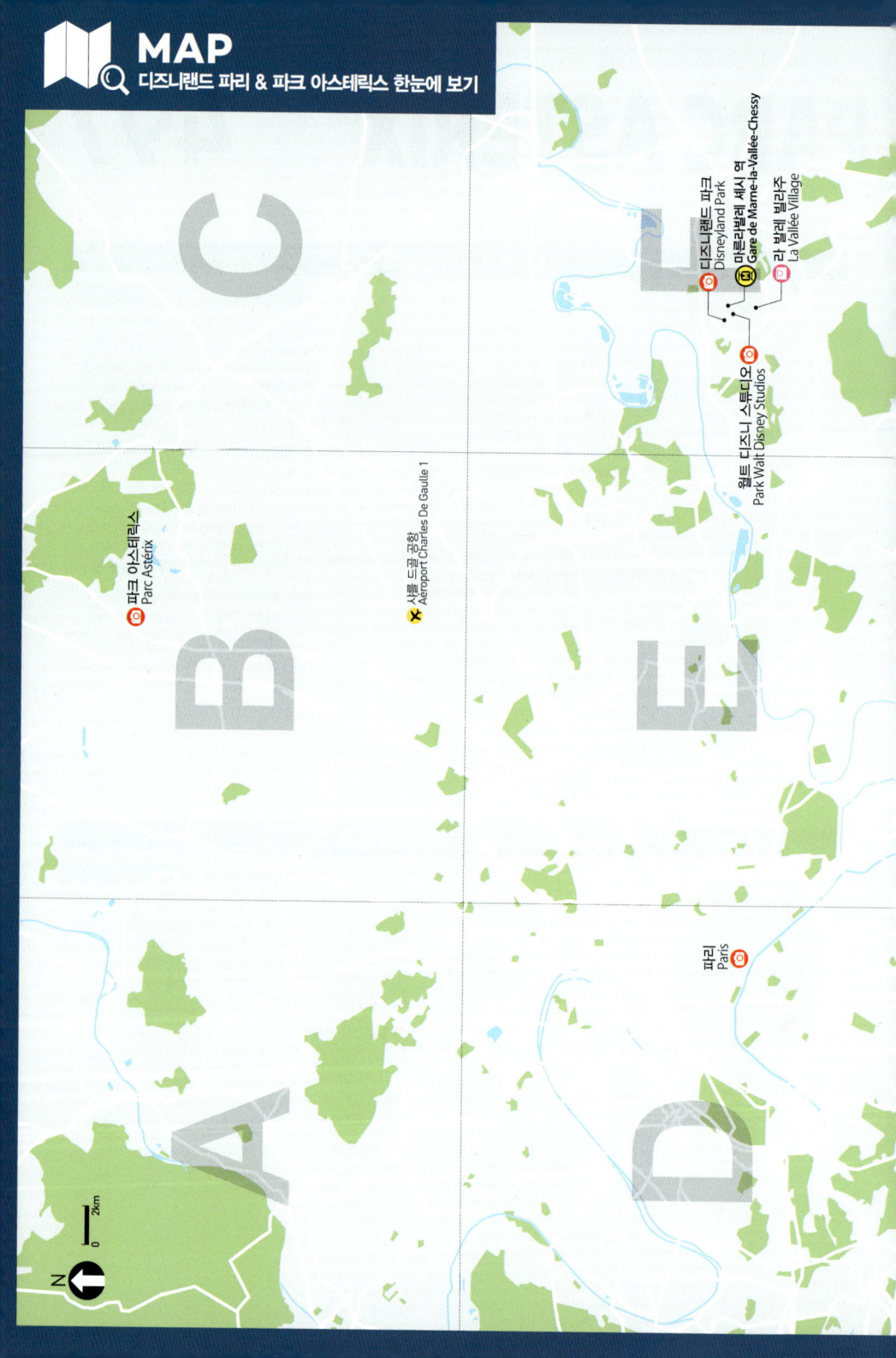

🔍 ZOOM IN

디즈니랜드 파리·파크 아스테릭스·라 발레 빌라주

세 곳 모두 파리 근교에 위치해 대중교통 혹은 셔틀버스를 이용해 당일치기로 다녀올 수 있다. 디즈니랜드의 경우 주변에 호텔이 많기 때문에 디즈니랜드를 좋아하거나 아이들과 함께 여행하고 있다면 숙박하기에도 편리하다. 또한 라 발레 빌라주 아웃렛도 근처에 있어 함께 묶어 방문할 수 있다.

1 디즈니랜드 파리
Disneyland Paris
디즈네랑드 빠히

© Disneyland Paris

파리에서 약 30km 거리에 있는 마른라발레시에 위치한다. 어린이뿐만 아니라 어른도 즐거운 시간을 보낼 수 있는 디즈니랜드 파리는 놀이 기구를 갖춘 디즈니랜드 파크와 디즈니 애니메이션 영화를 소재로 한 테마 스튜디오, 월트 디즈니 스튜디오로 이루어져 있다. 그 외에도 디즈니랜드 골프장과 호텔 등이 있어 단순히 놀이공원에 가는 것을 넘어서는 즐거움을 느낄 수 있다.

📖 INFO P.274   📍 MAP P.498F

🌐 구글 지도 GPS 48.8726, 2.77677   📍 주소 Disneyland Paris, Boulevard de Parc, 77700 Coupvray   📞 전화 08-25-30-05-00   🕐 시간 디즈니랜드 파크 09:00~22:00, 월트 디즈니 스튜디오 파크 09:00~21:00(시기에 따라 파크별 오픈 시간이 다르니, 미리 홈페이지에서 확인할 것)   💰 가격 1일 권 1Park 어른 €56~, 어린이(3~11세) €52~ / 2Park 어른 €81~, 어린이 €77~(판매 티켓 종류와 가격은 시기에 따라 달라지니 홈페이지를 통해 확인할 것)   🌐 홈페이지 www.disneylandparis.com

2 파크 아스테릭스
Parc Astérix
빠끄 아스테힉스

© Parc Astérix

미국에 디즈니가 있다면, 프랑스에는 아스테릭스가 있다. 디즈니랜드 파리보다 강도가 더 높은, 더 짜릿한 놀이 기구를 원한다면 파크 아스테릭스를 찾아야 한다. 1989년 오픈했으며 아스테릭스를 사랑하는 프랑스인들에게 꾸준히 사랑을 받고 있다. 파크 아스테릭스는 만화 아스테릭스와 관련 있는 6개의 테마로 이루어져 있으며, 대체로 스릴과 스피드를 즐기는 놀이 기구가 많다.

📖 INFO P.278   📍 MAP P.498B

🌐 구글 지도 GPS 49.13418, 2.57123   📍 주소 Parc Astérix, 60128 Plailly   🕐 시간 10:00~18:00(여름철, 금요일 등 시기에 따라 개장 시간이 다르니 홈페이지를 통해 미리 확인할 것)   💰 가격 어른 €59, 어린이(3~11세) €51(홈페이지에서 자주 프로모션이 있으니 미리 체크할 것)   🌐 홈페이지 www.parcasterix.fr

3 라 발레 빌라주
La Vallée Village
라 발레 빌라쥬

120개가 넘는 명품과 준명품 브랜드 숍이 입점한 아웃렛. 할인과 면세를 이용해 구매한다면 저렴한 가격에 알뜰하게 쇼핑할 수 있다.

📖 INFO P.226   📍 MAP P.498F

🌐 구글 지도 GPS 48.852857, 2.783427   🚇 찾아가기 RER A선 발 듀로프(Val d'Europe) 역 1번 출구 또는 '샹트르 코메르시알(Centre Commercial)' 표지판을 따라 나온다.   📍 주소 3 Cours de la Garonne, 77700 Serris   📞 전화 01-60-42-35-00   🕐 시간 10:00~20:00   🚫 휴무 5/1, 12/25   🌐 홈페이지 www.lavalleevillage.com

TF 셔틀 버스 이용 정보
[출발 장소] HOTEL PULLMAN Paris BERCY 1 rue de Libourne, 75012 Paris [출발 시간] 파리 출발 9:00, 13:30 아울렛 출발 14:30, 18:45 [예매] www.thebicestercollection.com

DAY-150
무작정 따라하기 디데이별 여행 준비

D-150
여권 만들기

해외여행을 준비하는데 가장 중요한 것이 여권이다. 출입국 시 필요할 뿐 아니라, 해외에서는 신분증의 역할을 하기 때문이다. 여전히 여권을 발급받는 데 짧게는 3일, 길게는 일주일 정도 걸리는 만큼 시간적 여유를 두고 만들어 두는 편이 좋다.

1. 여권 종류

일정기간 횟수에 상관없이 사용할 수 있는 '복수여권'과 딱 한 번만 이용할 수 있는 '단수여권'이 있다. 이번 해외여행이 마지막이라면 모를까, 이왕이면 10년짜리 복수여권을 발급받는 것이 좋다. 성인은 본인이 직접 방문해서 신청해야 하며, 미성년자는 부모나 법정대리인이 대리신청 할 수 있다. 24세 이하의 병역미필자의 경우 최장 5년 복수여권 또는 단수여권만 발급된다.

● **여권 발급에 필요한 서류**
1) 여권 발급 신청서
2) 여권용 사진 1매(6개월 내에 촬영한 사진)
3) 국외여행허가서 25~37세 병역 미필 남성의 경우 국외여행허가서 필요
4) 신분증
5) 수수료 10년 복수여권 5만 3000원, 5년 복수여권(8~18세) 4만 5000원, (8세 미만) 3만 3000원, 1년 단수여권 2만 원

2. 여권 발급 장소
전국의 240개 도, 시, 군, 구청 민원과에서 발급 가능.

3. 여권 유효기간
여권이 있다고 하더라도 유효기간이 얼마 남지 않았을 경우에는 재발급 받거나 유효기간을 연장해야 한다. 단, 전자여권만 가능하며, 구 여권은 유효기간 연장이 불가능하다. 프랑스의 경우 비자를 신청할 때 여권의 유효기간은 프랑스 입국 기준일로부터 15개월 이상 남아 있어야 한다. 그 외의 더욱 자세한 사항은 외교부 여권안내 홈페이지 (www.passport.go.kr)를 참고하자.

> **PLUS TIP 비자는 필요없나요?**
> 대한민국 국적을 가진 모든 이는 프랑스나 솅겐 지역 국가로 가족 방문, 단순 방문, 관광 등의 목적으로 비자 없이 90일 미만 단기 체류가 가능하다. 90일 이상의 장기 체류가 필요할 때는 반드시 주한 프랑스 대사관 영사과를 통해 비자를 발급받아야 하며 프랑스 입국 예정일을 기준으로 3개월 전부터 비자를 신청해야 한다. 단, 단순 관광 목적으로 장기 체류 비자를 신청할 수는 없다.

해외 여행자 보험 가입하기

해외여행을 떠날 때 혹시나 일어날지 모르는 사고 처리를 위해 가입하는 것으로, 장기 여행에는 필수다. 여행을 떠나는 누구나 가입할 수 있으며 보험사 홈페이지나 공항 보험사 부스, 스마트폰 등으로 손쉽게 가입할 수 있다. 여행 중 상해 사고, 질병으로 인한 사망, 치료비를 위한 의료비 보상, 타인에게 손해를 끼친 경우 배상금, 휴대품 도난 및 파손 등 보험마다 약관 내용과 보상 범위가 다르니 꼼꼼히 확인하자.

D-130
예상 여행 경비 체크하기

여행 경비는 체류일이나 여행 스타일, 소비 습관에 따라 천차만별이다. 초저가 배낭여행을 한다면 1일 €50선에서 해결되겠지만 남들만큼 먹고 즐기려면 넉넉잡아 1일 €120정도 잡는게 마음 편하다.

1. 항공권 – 80~170만 원

성수기(방학, 휴가철, 연휴 등)와 비수기 요금 차이가 크게 나고, 비수기에 다른 나라를 경유하는 항공편을 이용하면 항공권에 드는 비용을 줄일 수 있다. 다만 다른 나라를 경유하는 경우 경유 시간을 잘 파악해서 대기 시간을 최소화 으로 하는 것이 좋다.

2. 숙박비 – 1일 €80~140

어떤 곳에 묵는가에 따라 천차만별로 달라진다. 파리 시내 중심부에 가까울수록 가격이 비싸고 외곽으로 나갈수록 저렴해진다. 시내에 있으면서도 가격대가 €80~90 정도인 호텔이 있지만, 호텔 주변의 치안이 좋지 않을 수 있다. 시내에 있으면서 위치도 좋은 곳은 €100~140 정도로 생각하고 호텔 예약 사이트를 비교해 가며 체크해 보자. 파리에서 숙박비를 아끼기 위해서는 시내 곳곳에 위치한 게스트하우스를 이용하는 것도 좋은 방법이다.

3. 식비 – 1일 €30~50

물가가 비싼 만큼 식비가 많이 들어간다. 고급 미식 레스토랑을 이용하는 경우에는 한 끼에 €100 이상의 예산을 잡아야 하지만 그게 아니라면 점심 식사는 €15~25 정도, 저녁 식사는 €20~40 정도의 예산을 잡을 수 있다. 점심시간에는 세트메뉴가 많다. 전식+메인, 메인+디저트 혹은 전식+메인+디저트의 방식으로 일반 식사보다 저렴하게 먹을 수 있다. 간단한 요리가 가능하다면 슈퍼마켓에서 재료를 사서 숙소에서 직접 해 먹을 수도 있고 숙소가 오페라 부근이라면 근처에 위치한 한식, 일식 도시락집에서 저렴하게 한 끼를 해결할 수도 있다.

4. 입장료

미술관과 박물관, 유명 관광지가 많아 입장료가 차지하는 부분을 무시할 수 없다. 또 대부분 €10 이상이기 때문에 꼭 보고 싶은 곳의 입장료를 미리 체크해 두는 것이 좋다.

5. 기타 비용 – 1일 €20

밖에서 갑자기 급하게 화장실에 가야한다거나(€0.5) 날씨가 덥거나 추워서 커피, 음료를 마시는 등 자잘한 간식 비용이 들어갈 수 있다. 하루 최소 €20 정도의 비상금은 별도로 갖고 다니자.

6. 교통비

여행 일정에 따라 차이가 나지만 나비고(Navigo) 정액권이나 파리 비지트(Paris Visite)를 이용할 경우 무제한으로 이용할 수 있어 교통비가 비싼 편은 아니다.

7. 기타 비용 & 여행 준비 비용

유심칩, 포켓 와이파이 대여료 또는 데이터 로밍 요금, 쇼핑 비용 등 기타 비용과 여행자보험 가입, 공항과 집 사이 왕복 교통비, 여행 물품 구매 비용 등의 여행 준비 비용도 잘 따져봐야 한다.

> **PLUS TIP 파리 5박 6일 예상 비용**
> 수개월 전 항공편을 예매하고, 3~4성급 호텔에서 지낸다고 가정했을 때의 평균적인 여행 비용이다. 5성급 이상의 고급 호텔에 묵거나 비싼 항공편을 이용하는 경우, 성수기에는 비용이 더 든다.
>
> ☐ 항공 요금   80만 원
> ☐ 숙박비 (3성급 호텔 숙박 20만 원 X 5)   100만 원
> ☐ 체재비 (교통비+입장료+식비+기타 비용 20만 원 X 5)   100만 원
> 합계 80만 원 + 100만 원 + 100만 원 = 280만 원
>
> 총비용 280만 원에 50~100만 원 정도의 비상금을 가져가자. 멀리 가는 여행인 만큼 너무 아껴가며 여행하기보다는 먹고 싶은 것, 해보고 싶은 것, 보고 싶은 것들을 하루에 한두 가지씩은 꼭 할 수 있도록 넉넉하게 준비하는 것을 추천한다.

D-120
항공권 구입하기

여행의 첫 단계이자, 무시할 수 없는 비용이 드는 항공권 구입. 어떻게 하면 여행 경비를 조금이라도 아낄 수 있을까?

항공편

인천이 아닌 다른 지역에서 파리로 가는 직항은 없다. 다른 지역에서는 경유를 해서 파리로 들어갈 수 있지만 시간이 오래 걸릴 수 있으니 경유

시간을 잘 따져봐야 한다. 대한항공, 아시아나항공, 에어 프랑스가 파리행 직항을 운항하며, 대한항공과 에어 프랑스는 공동 운항하는 비행기 편이 있으니 미리 확인해야 한다. 인천에서 파리까지는 12시간 30분 정도가 걸리고 파리에서 인천까지는 11시간 정도 걸린다.

PLUS TIP 항공편 선택, 이렇게 하면 된다!

❶ 되도록 직항을, 항공권은 여행 예정일보다 4~5개월 먼저 사는 것이 좋다.
아무래도 비행시간이 길기 때문에 가능하면 직항을 타는 것이 좋다. 특히 어린이나 부모님을 모시고 여행할 경우에는 더욱더 그렇다. 여행 예정일보다 일찍 살수록 항공권은 저렴하고 주말, 연휴, 명절 등의 성수기에는 가격이 많이 올라가니 더 일찍부터 준비하는 것이 좋다.

❷ 프로모션, 이벤트를 노리자.
안타깝게도 파리까지 운항하는 저가 항공사는 없다. 하지만 경유를 해서 가는 비행기의 경우 해외 항공사들이 새롭게 인천-파리 노선에 취항하는 경우가 있다. 이럴 때 프로모션이나 이벤트를 하므로 훨씬 저렴한 가격에 티켓을 득템할 수 있다. 단, 경유지에서의 대기 시간을 꼭 확인해야 한다.

❸ 각 항공사 홈페이지와 항공권 가격비교사이트를 비교해가며 구입하는 것이 좋다.
스카이스캐너 www.skyscanner.co.kr
인터파크 투어 http://fly.interpark.com

D-100
숙소 예약하기

항공권 예약을 마친 이후의 가장 큰 관문은 여행 기간 중 묵을 호텔을 예약하는 것. 요즘은 해외 호텔 예약 사이트가 잘 되어 있어 클릭 몇 번이면 누구나 쉽게 예약을 할 수 있다.

호텔스컴바인 www.hotelscombined.co.kr
아고다 www.agoda.com/ko-kr
익스피디아 www.expedia.co.kr
부킹닷컴 www.booking.com
호텔스닷컴 kr.hotels.com

D-50
여행 정보 수집하기

여행을 앞두고 하나하나 준비를 하자니 막막하다면? 책과 온·오프라인에서 여행 정보를 모아보자.

1. 여행 블로그
네이버, 티스토리, 다음 등 포털사이트를 기반으로 하는 블로그를 참고하는 것도 좋은 방법. 내 여행 취향과 비슷한 블로그를 참고하면 여행 계획을 수립하는데 많은 도움이 된다.

2. 여행 가이드북
커뮤니티와 블로그를 통해 입맛에 맞는 스폿을 찾아봤다면, 가이드북으로 전체적인 동선과 밑그림을 그려볼 차례다. 개개인의 취향이 많이 반영된 블로그에 비해 좀 더 객관적인 관점의 여행 정보와 매력을 기술하고 있다는 부분도 가이드북을 참고해야 하는 이유.

3. 도움될 만한 애플리케이션

● 구글맵
현지에서 지도 대용으로 이용할 수 있어 인기 있는 앱. GPS를 이용해 현재위치와 방향을 가늠할 수 있으며, 목적지까지의 실시간 교통편도 쉽게 검색할 수 있다.

● 환율계산기
물건을 사고 싶은데, 도저히 환율 계산이 안 된다면? 환율계산기를 켜자. 전 세계 주요 화폐를 한국 원화로 계산해줘서 편리하다. 오프라인 상태에서도 이용 가능.

● 구글번역
음성인식 또는 카메라 촬영을 하면 번역을 해준다. 프랑스어 오프라인 번역 파일을 다운로드하면 오프라인 상태에서도 번역 기능을 사용할 수 있다.

● 파파고
네이버에서 개발한 번역 애플리케이션. 다른 애플리케이션에 비해 한국어 번역이 매끄럽다는 평가를 받고 있다. 프랑스어 번역도 가능하다.

D-40
여행 계획 세우기

먼 곳까지 돈 들여 여행가는 만큼 어느 정도의 여행 계획이 필요하다. 여행 기간과 목적을 고려하여 커다란 일정을 먼저 만든 후 주변 여행지들을 추가하면 된다. 알찬 파리 여행을 위해 누구와 함께 무엇을 하고 싶은지 생각해보자.

나홀로 여행자
알뜰 여행자들은 시내의 3성급 호텔 혹은 게스트하우스에, 금전적 여유가 있거나 혼자만의 공간이 필요하다면 조금 더 가격대가 높은 3~4성급 호텔에 묵는다. 교통이 편리한 곳에 숙소를 정하면 교통비가 그만큼 덜 든다. 여행 일정은 먼 곳/중요도가 높은 곳부터 먼저 소화하는 것을 추천한다.

친구끼리 여행자
여행을 떠나기 전에 충분한 대화를 통해 대충이라도 일정을 정하자. 개인의 취향을 고려해 중간에 서로 다른 일정으로 여행하는 날을 넣는 것도 좋은 방법이다.

커플·부부 여행자
한 사람이 주도적으로 여행계획을 세우는 것 보다는 두 사람의 의견을 모두 반영해 여행계획을 세우자. 너무 저렴한 게스트하우스나 호스텔 보다는 3성급이라도 시내에 있는 호텔이나 에어 비엔비가 좋고 여행하기에도 편하다.

가족 여행자
아무래도 일정 자체가 아이들 혹은 부모님 위주로 정해지기 쉽다. 너무 무리한 일정을 세우지 말고 가족들의 취향을 고려해 적당한 일정을 준비해야 한다.

D-20
면세점 쇼핑

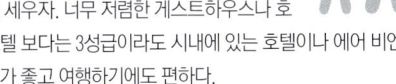

면세점은 크게 공항 면세점, 기내 면세점, 시내 면세점, 인터넷 면세점으로 나뉜다. 각각 장단점이 다르기 때문에 본인에게 맞는 면세점을 선택해서 이용하도록 하자.

1. 인터넷 면세점
중간 유통비와 인건비 등의 비용이 절감되어 공항 면세점보다 10~15% 더 저렴하게 구입할 수 있어서 알뜰 여행자들에게 인기다. 모바일을 통해 이벤트나 각종 쿠폰 등을 이용하면 정가보다 훨씬 더 저렴하게 구입할 수 있다. 또, 인터넷 면세점에서 구입한 다음, 출국 공항 인도장에서 직접 수령하기 때문에 시간적 여유가 없는 사람들이 이용하기에도 좋다. 대부분 출발 하루 전에 구매를 완료해야 하지만 출국 당일 숍이 따로 있어 출국 세 시간 전까지 구입한 물품도 있다.

신라 면세점 www.shilladfs.com
롯데 면세점 www.lottedfs.com
신세계 면세점 www.ssgdfs.com
워커힐 면세점 www.skdutyfree.com
동화 면세점 www.dutyfree24.com

2. 시내 면세점
출국 60일 전부터 출국일 전날 오후 5시까지 편하게 이용할 수 있다. 대신 주요 도시 이외 지역 거주자라면 이용하기가 쉽지 않다는 단점이 있다. 출국 사실을 증명할 수 있는 서류(여권, 출국 항공편 E-티켓)를 지참해야 한다. 구입한 면세품은 출국하는 공항 면세점 인도장에 상품 인도증을 내고 수령하면 된다.

3. 공항 면세점
공항 출국장에 있어서 탑승 대기시간 동안 이용할 수 있으며 면세품 수령을 바로 할 수 있다. 방학이나 휴가철, 연휴 등의 성수기에는 여유로운 쇼핑이 어려울 수 있다는 단점이 있다.

4. 기내 면세점
말 그대로 항공기 안에서 면세품을 살 수 있다. 품목이 제한적이지만 인기 있는 제품들을 판매하는 경우가 많다.

D-10
환전하기

외환을 다루는 전국의 주요 은행에서 유로를 취급하기 때문에 환전에 큰 어려움은 없다. 주로 지폐를 다루기 때문에 동전으로의 환전은 어렵고 특별히 현금으로 숙박비를 결제하지 않는 이상 고액의 지폐는 이용하는 데 불편할 수 있다.

1. 어디에서 환전할까?

✅ 시중은행
은행마다 현찰 매도율이 제각각 다르기 때문에 무작정 찾아가기보다는 인터넷 커뮤니티나 블로그 등을 참고해서 환율이 조금이라도 좋은 은행을 찾아가는 것이 요령. 은행별 환전 수수료 우대 쿠폰을 발급해주기도 하니, 이왕이면 우대쿠폰을 반드시 챙기자. 보통 주거래 은행의 환율 우대율이 더 높다.

✅ 사설 환전소
서울, 부산 등의 대도시라면 사설 환전소를 이용하는 것이 이득인 경우가 많다. 서울의 경우 서울역이나 명동, 이태원 등에 사설 환전소가 밀집해 있다.

✅ 공항 내 은행

미처 환전하지 못했을 때 쓸 수 있는 마지막 카드다. 그만큼 공항 내 은행은 시중은행보다 환전율이 낮아 고액일수록 손해를 많이 본다. 소액 환전은 큰 차이가 없다.

2. 현금과 카드 비율은?

프랑스에서는 아직도 현금을 많이 사용한다. 레스토랑이나 상점 등에서는 법적으로 카드 사용에 최소 금액을 명시할 수 있어 €15~20 이상부터 구매해야 카드 사용이 가능한 경우가 있다. 그 외에 카드 사용에 특별한 문제는 없으며 비자(Visa), 마스터카드(MasterCard), 아메리칸 익스프레스(American Express)를 많이 사용한다. 길거리 상점이나 시장 등에서는 대부분 현금을 사용해야 하니 미리

준비하는 것이 좋으며 현금이 부족할 경우에는 현지에서 ATM을 사용해 인출할 수 있다. 국내 체크·신용 카드의 경우 반드시 해외 사용 가능 여부를 미리 알아두어야 하고 한도가 있는지도 체크하자.

무선 인터넷 준비하기

프랑스에서 구글맵 애플리케이션을 이용하고 틈틈이 인터넷 검색도 해야 한다면 무선 인터넷 대책을 세우자. 각각의 서비스마다 장단점이 확실해 취향과 상황에 따라 고르면 된다.

1. 포켓 와이파이

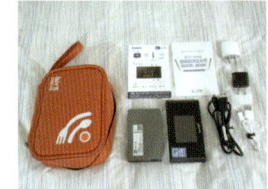

다수가 여행할 때 편리하긴 하지만 단말기와 보조 배터리를 항상 가지고 다녀야 하고 분실 시 배상책임이 있어 조심해야 한다. 파리 메트로에서 잘 터지지 않는 경우가 많아 이동하며 동선 검색이나 여행지 검색을 할 때 불편할 수 있다. 특히 유럽의 다른 국가와 함께 여행하는 경우, 파리는 그나마 유럽에서도 통신 환경이 좋은 편에 속하기 때문에, 복수 국가 단말기라면 실효성이 떨어질 수 있다. 또한 기계 문제로 와이파이를 이용하지 못하면 로밍 비용을 지원해 주지만 기계 대여금은 환불되지 않으니 주의하자.

2. 한국 통신사 데이터 로밍

가장 가격이 높지만, 한국 통신사 유심을 그대로 사용하기 때문에 한국에서 오는 전화나 문자 모두 수신이 가능하고 특별한 조작이 필요 없기 때문에 편리하다. 하지만 한국처럼 속도가 빠르진 않고 속도 제한이 있을 수도 있다.

3. 프랑스 통신사 데이터 유심

구매하고 유심을 갈아 끼고 불편할 수 있지만 가장 편리한 데이터 이용 방법이 될 수 있다. 현지 통신사망을 직접 이용하

기 때문에 속도가 빠르고 한국에서도 저렴한 가격에 구매할 수 있다.

D-3
짐 꾸리기 체크리스트

- [ ] 여권과 복사본 1부
- [ ] 항공권(E-티켓의 경우 프린트)과 복사본 1부
- [ ] 여행자 보험 최종확인
- [ ] 여행 경비, 신용카드, 국제현금카드
- [ ] 캐리어 또는 여행용 배낭
- [ ] 작은 가방 또는 가벼운 배낭
- [ ] 카메라, 사진 촬영 용품, 배터리, 충전기
- [ ] 계절에 따른 옷가지 어느 계절에도 가디건 하나 정도는 챙기는 것이 좋다.
- [ ] 세면도구 수건, 칫솔, 샴푸, 린스, 비누, 면도기 등
- [ ] 화장품 기초 화장품, 자외선 차단제, 립밤, 수면팩 등
- [ ] 신발 편안한 운동화가 좋고, 특별한 기념 사진 찍기를 원한다면 예쁜 신발 한 켤레 정도 챙겨가는 것이 좋다.
- [ ] 상비약 두통약, 진통제, 1회용 밴드, 연고, 종합 감기약 등
- [ ] 여성용품
- [ ] 우산, 선글라스, 모자

PLUS TIP 수하물 규정
기내 수하물의 경우 100ml 미만 용기에 담긴 액체(화장품, 약) 및 젤류는 투명한 지퍼백에 넣어야 반입이 허용된다. 용량은 잔여량에 상관없이 용기에 표시된 양을 기준으로 하기 때문에 쓰다가 치약이나 화장품의 경우 주의해야 한다. 용량 이상의 물품을 소지했을 경우, 그냥 짐으로 부치는 것이 좋다. 부칠 수 있는 수하물 크기와 개수는 항공사와 노선마다 다르므로 반드시 확인하도록 하자.

2. 출국 심사
탑승 수속 후 받은 탑승권과 여권을 챙겨 출국장으로 들어간다. 세관신고 및 보안 검색을 마친 후, 출국심사대로 가서 여권과 탑승권을 보여주면 된다. 출국 심사가 빠르게 진행되지만 대기시간을 줄이려면 자동출입국 심사나 도심 공항터미널을 이용하도록 하자.

PLUS TIP 세관 신고
보석이나 귀금속, 고가의 물건 등 미화 1만$ 이상의 물품 또는 현금을 반출하는 경우 세관에 미리 신고해야 귀국 시 불이익을 받지 않는다. 입국 시 1인당 면세금액은 미화 600$ 이하이며, 가족과 함께 입국하는 경우 가족 중 한 명이 세관신고서를 한 장만 대표로 작성하면 된다.

D-DAY
출국하기

출국할 때는 늦어도 3시간 전에는 공항에 도착하자. 한국으로 입국할 때는 출퇴근 시간과 겹치거나 비가 온다면 시간을 더 넉넉하게 잡아야 한다.

1. 탑승 수속 및 수하물 부치기
최소 출발 2시간, 성수기에는 3시간 전에는 공항에 도착하는 것이 안전하다. E-티켓에 적힌 항공편 명을 공항 내 안내 모니터와 대조해 항공사 카운터를 찾아가자. 여권과 E-티켓을 제출한 다음, 짐을 부치는 것이 첫 번째 순서다. 창가, 복도, 비상구 등 원하는 좌석이 있으면 미리 얘기하자.

3. 면세점 쇼핑
출국 심사가 모두 끝나면 면세점 쇼핑을 할 수 있다. 시내 면세점이나 인터넷 면세점에서 구입한 제품이 있을 경우에는 면세품 인도장에 가서 받으면 된다.

4. 비행기 탑승

보통 항공기 출발시간 20~30분 전부터 시작된다. 탑승 시작 시간에 맞춰 탑승구(Gate)를 찾아가면 된다.

OUTRO
무작정 따라하기 상황별 여행 회화

기본표현

안녕하세요. (오전/오후/저녁) Bonjour.
◀ 봉주흐

안녕하세요. (저녁). Bonsoir.
◀ 봉쑤아

안녕히 가세요. Au revoir.
◀ 오 흐부아

만나서 반갑습니다. Enchanté(e).
◀ 엉샹떼

저는 한국인입니다. Je suis coréen(남성). Je suis coréenne(여성).
◀ 주 쒸 꼬헤앙. 주 쒸 꼬헤엔느

고맙습니다. Merci.
◀ 메흐씨

실례합니다. 미안합니다. Pardon. / Excusez-moi.
◀ 빠흐동 / 엑스뀨제무아

정말 미안합니다. Je suis désolé(e여성).
◀ 주 쒸 데졸레.

괜찮습니다. Ce n'est rien.
◀ 쓰 네 히앙

잘 지내세요? Vous allez bien?
◀ 부 잘레 비앙?

네. Oui.
◀ Oui

아니요. Non.
◀ 농

이건 뭐예요? Qu'est-ce que c'est?
◀ 께스 끄 쎄?

화장실이 어디예요? Où sont les toilettes?
◀ 우 쏭 레 뚜알레뜨?

숫자

0	zéro ◀ 제호	9	neuf ◀ 뇌프	18	dix-huit ◀ 디즈위뜨	70	soixante-dix ◀ 수와썽디쓰
1	un ◀ 앙	10	dix ◀ 디스	19	dix-neuf ◀ 디즈뇌프	80	quatre-vingts ◀ 꺄트흐뱅
2	deux ◀ 두	11	onze ◀ 옹즈	20	vingt ◀ 뱅	90	quatre-vingt-dix ◀ 꺄트흐뱅디스
3	trois ◀ 트와	12	douze ◀ 두즈	21	vingt et un ◀ 뱅떼앙	100	cent ◀ 썽
4	quatre ◀ 꺄트흐	13	treize ◀ 트헤즈	22	vingt-deux ◀ 뱅두	200	deux cents ◀ 두 썽
5	cinq ◀ 쌩끄	14	quatorze ◀ 꺄또호즈	30	trente ◀ 트헝뜨	1000	mille ◀ 밀
6	six ◀ 씨스	15	quinze ◀ 껭즈	40	quarante ◀ 꺄헝뜨	2000	deux mille ◀ 두 밀
7	sept ◀ 쎄뜨	16	seize ◀ 쎄즈	50	cinquante ◀ 쌩껑뜨	10000	dix mille ◀ 디 밀
8	huit ◀ 위뜨	17	dix-sept ◀ 디쎄뜨	60	soixante ◀ 수와썽뜨	100000	cent mille ◀ 썽 밀

요일

월요일	Lundi	랭디	금요일	Vendredi	벙드흐디
화요일	Mardi	마흐디	토요일	Samedi	쌈디
수요일	Mercredi	메크흐디	일요일	Dimanche	디멍쉬
목요일	Jeudi	주디			

교통

생토노레 거리는 어디입니까? Est-ce que vous savez où est la rue Saint-Honoré?
◀ 에스 끄 부 싸베 우 에 라 휘 쌩또노헤?

가장 빨리 가는 방법은 뭐예요? Quel est le moyen le plus rapide pour y arriver?
◀ 껠 레 르 무아양 르 쁠뤼 하삐드 뿌흐 이 아히베?

얼마나 걸리나요? Ça prend combien de temps pour y aller?
◀ 싸 프헝 꽁비엥 드 떵 뿌흐 이 알레?

여기에서 먼가요? Est-ce que c'est loin d'ici?
◀ 에스 끄 쎄 루엥 디씨?

바스티유 시장으로 가 주세요. Marché Bastille, s'il vous plaît.
◀ 마흐셰 바스띠이, 씰 부 쁠레.

거스름돈은 가지세요. Gardez la monnaie.
◀ 갸흐데 라 모네.

쇼핑

화장품 코너를 찾고 있어요. Je cherche le rayon cosmétique.
◀ 주 쉐흐슈 르 헤이용 꼬스메띠끄.

다른 색도 있나요? Y a-t-il d'autres couleurs?
◀ 이 아띨 도트흐 꿀뢰흐?

이거 입어봐도 되나요? Je peux essayer celui-ci?
◀ 주 뿌 에쎄이에 쓰뤼씨?

이거 얼마예요? C'est combien?
◀ 쎄 꽁비엥?

(너무) 작아요. C'est (trop) petit.
◀ 쎄 (트호) 쁘띠.

(너무) 커요. C'est (trop) grand.
◀ 쎄 (트호) 그헝.

제 사이즈가 있나요? Avez-vous ma taille?
◀ 아베부 마 따이?

아플 때

머리가 아프다. J'ai mal à la tête.
◀ 쉐 말 아 라 떼뜨.

배가 아프다. J'ai mal au ventre.
◀ 쉐 말 오 벙트흐.

이가 아프다. J'ai mal aux dents.
◀ 쉐 말 오 덩.

감기에 걸리다. J'ai attrapé froid. Je suis enrhumé(e).
◀ 쉐 아트하뻬 푸화. 주 쒸 엉휘메.

기침하다. Je tousse.
◀ 주 뚜쓰.

콧물이 나다. J'ai le nez qui coule.
◀ 쉐 르 네 끼 꿀.

목이 아프다. J'ai mal à la gorge.
◀ 쉐 말 아 라 고흐주.

두통약 있나요? Est-ce que vous avez quelque chose pour calmer les maux de tête?
◀ 에스 끄 부 자베 껠끄 쇼즈 뿌흐 꺌메 레 모 드 떼뜨?

위급 상황

도와주세요! Au secours!
◀ 오 스꾸흐!

무슨 일이에요? Qu'est-ce qui se passe?
◀ 께스 끼 쓰 빠쓰?

움직일 수 없어요. Je ne peux pas bouger.
◀ 주 느 뿌 빠 부제.

경찰서가 어디예요? Où est le commissariat de police?
◀ 우 에 르 꼬미싸히아 드 뽈리스?

119를 불러주세요. Appelez le Samu, s'il vous plaît.
◀ 아쁠레 르 싸뮈, 씰 부 쁠레.

경찰을 불러주세요. Appelez la police, s'il vous plaît.
◀ 아쁠레 라 뽈리스, 씰 부 쁠레.

가방을 잃어버렸어요. J'ai perdu mon sac.
◀ 쉐 뻬흐뒤 몽 싹.

도난 신고를 하고 싶어요. Je voudrais faire une déclaration de vol.
◀ 주 부드헤 페흐 윈느 데끌라하씨옹 드 볼.

지갑을 훔쳐갔어요. On m'a volé mon portefeuille.
◀ 옹 마 볼레 몽 포흐트풰이.

INDEX

1 ~ A

11구-12구	93, 412
LV 드림	394
PNY 오베르캄프	177, 436

ㄱ

가브로슈	345
갈리에라 박물관	317
개선문	334
갤러리 라파예트	220, 348
갤러리 라파예트 샹젤리제점	336
갤러리 베로도다	103
갤러리 비비엔	104, 343
게테 리리크	270, 406
곤트란 셰리에 아르티장 불랑제	195
구 증권 거래소	343
구딸	374
국립 미술학교 보자르	368
국회의사당	72, 318
그라치에	409
그랑 베푸르	82, 342
그랑 팔레	55, 111, 334
그랑드 아르슈 라 데팡스 개선문	460
그랑드 에피스리 드 파리	247, 373
그르넬 거리	374
까르띠에 현대미술 재단	110, 370
까르무	251
꼬달리 부티크 스파	411

ㄴ

나투랄리아	251
낭만주의 박물관	77, 358
노트르담 대성당	49, 117, 392

ㄷ

다모이 안뜰	94, 419
달리다 광장	357
더 브로큰 암	232, 411
더 콘란 숍	234, 373
뒤팽	409
디즈니랜드 파리	274, 496
딥티크	410

ㄹ

라 메토드	384
라 발레 빌라주	226, 499
라 빌레트 공원	83, 438
라 페를	407
라뒤레	198, 335
라방 콩투어 뒤 마르셰	169, 371
라스 뒤 팔라펠	407
라신 데 프레	167, 375
라파예트 구르메	248, 349
라팽 아질	359
라프 거리 & 로케트 거리	418
랑데부 데 자미	358
레 두 마고	209, 370
레 타뇌르	450

레스토랑 쿠니토라야	178, 341
레퓌블리크 광장	432
로댕 미술관	76, 117, 318
로자 보뇌르	84, 439
로자 보뇌르 쉬르 센	264, 319
로지에 거리	405
루브르 박물관	62, 113, 120, 338
루스틱	208, 407
루이 비통 샹젤리제	336
루이 비통 재단 미술관	74, 113, 461
루이르그랑 고등학교	383
뤼테스 원형경기장	383
뤽상부르 정원	85, 370
르 바질	375
르 봉 생 푸르생	168, 370
르노트르	196, 409
르피크 거리	357
리도 두 파리	268, 337
리베르테	97, 195, 433
리옹 역	95, 418

ㅁ

마레 지구	90, 396
마르셰 데 장팡 루주	240, 406
마리 셀레스트	409
마리아주 프레르	250, 410
마욜 미술관	111, 372
메르스리 파리지엔 수예 재료 판매점	410
메르시	230, 411
메종 랑드맨	194, 437
메종 로즈	358
메종 플리송	174, 249, 411
모네의 집	117
모노프리	251, 348
몽마르트르	54, 119, 120, 350
몽마르트르 박물관	357
몽마르트르 포도 농장	357
몽생미셸	142, 468
몽주 시장	239, 385
몽주 약국	257, 385
몽쾨르	436
몽타이	179, 346
몽테뉴가	55, 225, 337
몽토르괴이 거리	87, 343
몽트뢰유 벼룩시장	244, 436
몽파르나스 타워	369
무슈 블루	114, 157, 318
무자이나(다뉘브) 지구	439
무프타르 시장	239, 385
물랭 드 라 갈레트	358
물랭 루주	59, 121, 269, 358
뮈르	175, 345

ㅂ

바다붐	421
바롱 루주	186, 420
바르텔레미	191, 375
바스티유 광장	420

바스티유 시장	241, 420	브르타뉴 거리	91, 406
바토 무슈	261, 320	블렌드	177, 346
바토 파리지앵	263, 320	비르아켐 다리	47, 120,
방돔 광장	339	비에이 뒤 탕플 거리	91
방브 벼룩시장	244, 370	빅토르 위고의 집	405
방비누	346	빌라 다비엘	450
뱅센 숲	80, 453	빌라 드 레르미타주	435
베르 볼레	187, 433	빌라 레앙드로	357
베르갈랑 공원	394	빌레트 선착장	83, 438
베르사유 궁전	124, 467		
베르시 공원	451	**ㅅ**	
베르시 빌라주	451	사랑해 벽	356
베르티옹	395	사마리텐 백화점	394
베아쉬베 백화점	410	사크레쾨르 대성당	58, 356
벨빌	99, 435	상업거래소 – 피노 콜렉시옹	342
벨빌루아즈	437	상카르트	271, 438
벽을 뚫는 남자	357	상트르 코메르시알 생라자르	349
보마르셰 거리	91, 411	생루이 다리	392
보주 광장	92, 118, 105	생루이섬	49
봉 마르셰	219, 372	생루이앙릴 거리	392
봉통	373	생마르탱 운하	96, 119, 432
불로뉴 숲	461	생미셸 분수	382
불리 1830	371	생쉴피스 성당	369
뷔베트	186, 437	생자크 탑	395
뷔토카유	98, 450	생제르맹데프레 성당	369
뷔트쇼몽 공원	84, 439	생제르베 성당 & 바르 거리	404
브데트 드 파리	262, 320	생키엠 크뤼	384
브라스리 투미유	166, 319	생테티엔뒤몽 성당	383
브레이즈 카페	408	생퇴스타슈 본당	342

생투앙 벼룩시장	242, 358	시 튀 부	347
생트샤펠 성당	393	시몬 드 보부아르 인도교	452
생폴 생루이 성당	92, 405	시타디움	348
샤르드누	421	시테 드 라 모드	452
샤요 궁	316	시테섬	49
샤틀레 극장	394	시티파르마	257, 371
샹젤리제 거리	52, 334	쏘	132, 472
선셋 선사이드	269, 347		
세르방	162, 437	**ㅇ**	
세바스티앙 고다르	199, 341	아랍 세계 연구소	384
세팀	160, 420	아르스날 항구	94, 420
세포라	349	아르타자르	434
센강	45	아모리노	395
센강 갤러리 거리	368	아무르 호텔	359
센강 유람선	44, 117, 261	아브르부아 거리	120
센강변 공원	372	아클리마타시옹 정원	461
셰 글라딘	451	알 66	336
셰 라모나	436	알렉상드르 3세 다리	317
셰 자누	408	알리그르 벼룩시장	243
셰 프륀	432	알리그르 시장	95, 238, 419
셰익스피어 & 컴퍼니 서점	117, 382	앙 브라크	187, 359
소르본 대학교	382	애플스토어	349
솔 세미야	434	앵발리드-군사 박물관	72, 317
순 그릴	178, 408	얌차	163, 341
스몰라블	233, 374	에드가르	89, 346
스파 눅스	347	에스카르고 몽토르괴이	88, 344
스파 르 브리스톨 바이 라 프레리	337	에클레르 드 제니 크리스토프 아담	200, 349
스파 발몽 드 뫼리스	337	에트르타	141, 492
스파 클라랑스 & 마이블렌드	337	에펠탑	39, 118, 316

에피스리 코스	359
예술의 다리	368
오 로셰 드 캉칼	89, 344
오데옹 극장	369
오데트	200, 384
오랑주리 미술관	76, 117, 339
오르세 미술관	68, 112, 368
오베르쉬르우아즈	134, 476
오베르주 드 라 렌 블랑슈	395
오베르캄프 거리 160 · 156 · 104번지	436
오텔 뒤 노르	434
오페라 가르니에	267, 339
오페라 바스티유	267, 419
옹플뢰르	140, 488
원더러스트	115, 452
유럽 사진 미술관	405
이케반아트	435
이탈리두	451
이딜리 피리 마레	410
일 젤라토 델 마르케제	371
일 피코	176, 342

ㅈ

자크마르앙드레 박물관	109, 335
조르주	156, 407
조세핀 베커 수영장	265, 452
주 드 폼 미술관	110, 339
중세 박물관	382
쥘 베른	43, 154, 318

지베르 죈 서점	385
지베르니	136, 484

ㅋ

카노라마	97, 263, 439
카로 뒤 탕플	92, 406
카르나발레 박물관	405
카브 생질	176, 408
카트르 탕	460
카트르옴	191, 374
카페 데 두 물랭	119, 359
카페 데 자르	385
카페 뒤 상트르	88, 345
카페 드 라 누벨 메리	384
카페 드 플로르	209, 370
카페 마를리	155, 340
카페 블랑	172, 340
카페 스테른	344
카페 오즈 루프탑	115, 452
카페 키츠네	82, 208, 340
카페 피에르 에르메	375
카페 피카 – 스웨덴 문화원	407
카페오테크	204, 407
칸 디자인	235, 434
케 브랑리 박물관	43, 316
코메르스 거리	320
코메르스 생탕드레 안뜰	369
콩시에르주리	393
콩코르드 광장	55, 335

쿠스미티	250, 340	파리 이슬람 사원	383
쿠앙스토 비노	186, 344	파리 장식미술관	340
쿠튐 카페	205, 374	파리 최고 재판소	393
쿨레 베르트 산책길	95, 117, 418	파리 카날	97, 433
크니트	460	파리 코퀸 광장 & 마살 거리	450
크레므리	371	파리 하노이	179, 421
크레미유 거리	95, 418	파비앙 브루바르 사진관	411
클라란스	373	파사주 데 파노라마	102, 343
클레르 드 레브	395	파사주 뒤 그랑세르	105, 343
		파사주 뒤 아브르	348
ㅌ		파사주 롬므	94, 419
타블 달리그르	173, 420	파사주 몰리에르	404
테르트르 광장	59, 356	파사주 부아통	450
텐 벨	97, 207, 433	파크 아스테릭스	278, 496
텔레스코프	206, 341	파티스리 스토러	88, 344
투르 다르장	114, 153, 385	파티스리 시릴 리냐크	199, 375, 421
투르넬 자리	392	팔레 드 도쿄	75, 109, 317
튈르리 정원	67, 81, 338	팔레 루아얄 정원	82, 338
		팡테옹	382
ㅍ		퍼블리시스 드러그스토어	335
파남 브루잉 컴퍼니	83, 439	페르 라셰즈 묘지	118, 435
파라디 라탱	384	페르메트	191
파리 꽃 시장	245, 393	페르슈아	437
파리 동물원	453	포 드 뱅	173
파리 시립 현대 미술관	75, 112, 317	포럼 데 알	346
파리 시청	92, 404	포부르 생탕투안 거리	421
파리 식물원 & 메나주리 동물원	383	포부르 생토노레 거리	225, 336
파리 아쿠아리움	320	포숑	250
파리 오페라 코미크 극장	343	포스트	115, 319

모즈 카페	421
폴 베를렌 광장	450
폴업	175, 344
퐁뇌프 다리	121, 394
퐁피두 센터	73, 112, 404
푸드 마켓	287, 435
푸앵 에페메르	439
푸앵 제로	393
프랑 브루주아 거리	91
프랑부르주아 거리	410
프랑수아 미테랑 국립 도서관	452
프랑크	461
프랑프리	251
프랭탕	222, 347
프렌치	89, 164, 187, 345
프로마주리 드 라 그랑드 에피스리 드 파리	191, 373
프로뱅	138, 480
프티 마르셰	172, 408
프티 뱅	115, 453
프티 팔레	55, 335
피에르 에르메	197, 335
피카소 미술관	77, 406

ㅎ

홀리벨리	97, 174, 433

사진 제공

P.288 화보
Christina Vartanova / Shutterstock.com

P.296 화보
Premier Photo / Shutterstock.com

AREA 02 샹젤리제에서 루브르까지
애플스토어 "Florian/ Filcker.com
포럼데알 olrat / Shutterstock.com

AREA 03 몽마르트르 언덕 주변
95번 버스 Marc Bruxelle / Shutterstock.com
바르텔레미 치즈 가게 외관 jean-michel gobet / Wikimedia Commons
바르텔레미 치즈 가게 내부 alisa/ Filcker.com
국립 미술학교 보자르 Selbymay / Wikimedia Commons
생제르맹데프레 교회 maziarz / Shutterstock.com

AREA 06 시테섬 & 생루이섬
랑뷔토 역 Markbenecke/ Wikimedia Commons
라스 뒤 팔라펠 vvoe / Shutterstock.com
생제르베 성당 & 바르 거리 olrat / Shutterstock.com
보마르셰 거리 Ralf.treinen/ Wikimedia Commons

AREA 07 마레 지구
몽마르트르 화보 Kemal Taner / Shutterstock.com

AREA 09 리옹 역에서 바스티유까지
레퓌블리크 광장 ilolab / Shutterstock.com

AREA 10 뷔토카유 & 벨빌 & 라 빌레트
베르시 공원 samanthainalaohlsen / Shutterstock.com

근교 AREA 02 지베르니
아틀리에-부티크 ArtStudio29 / Shutterstock.com

파리 메트로 노선도
Map of Metro

메트로 노선도

파리 전도

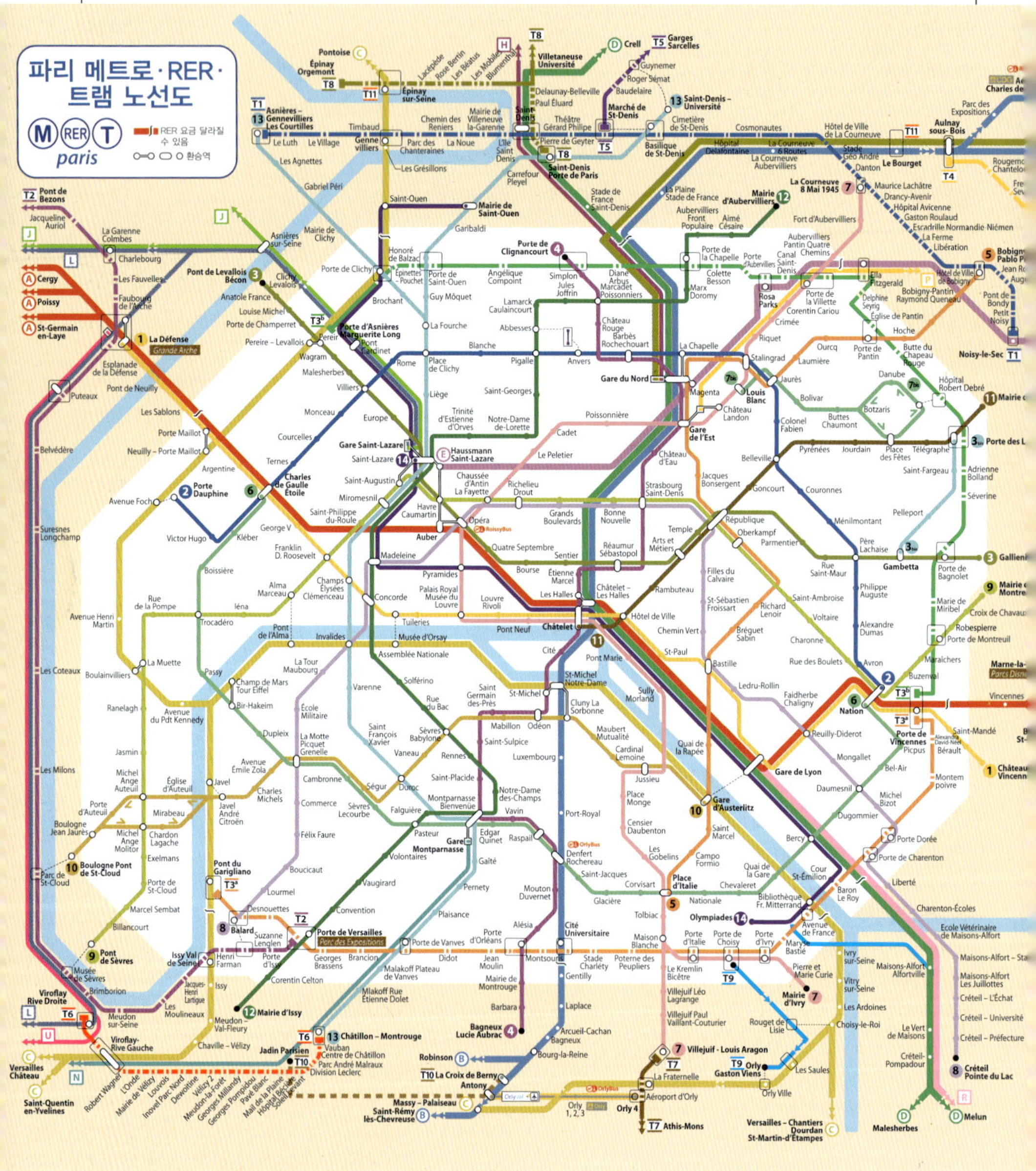